U0901196

黑龙江统计年鉴

HEILONGJIANG STATISTICAL YEARBOOK

2016

(总第30期NO.30)

黑　龙　江　省　统　计　局
国家统计局黑龙江调查总队　编
HEILONGJIANG PROVINCIAL BUREAU OF STATISTICS
SURVEY ORGANIZATION OF HEILONGJIANG OF NBS

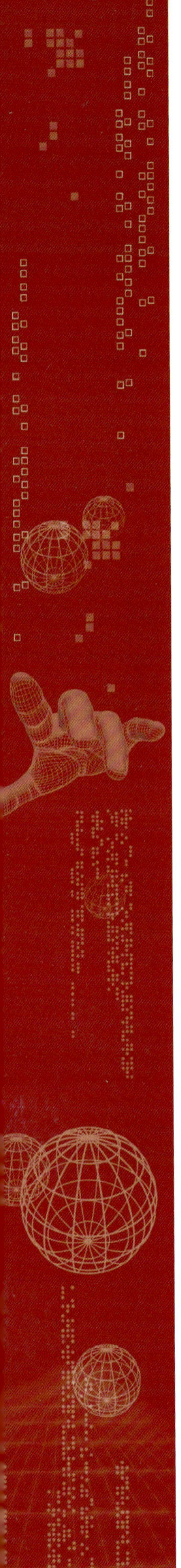

图书在版编目（CIP）数据

黑龙江统计年鉴. 2016 : 汉英对照 / 黑龙江省统计局, 国家统计局黑龙江调查总队编. -- 北京 : 中国统计出版社, 2016.9
ISBN 978-7-5037-7898-8

Ⅰ. ①黑… Ⅱ. ①黑… ②国… Ⅲ. ①统计资料－黑龙江省－2016－年鉴－汉、英 Ⅳ. ①C832.35-54

中国版本图书馆CIP数据核字(2016)第192228号

黑龙江统计年鉴—2016

作　　者/ 黑龙江省统计局　国家统计局黑龙江调查总队
责任编辑/ 余竞雄　熊威　安静
封面设计/ 哈尔滨雪枫林广告有限公司
出版发行/ 中国统计出版社
地　　址/ 北京市丰台区西三环南路甲6号　邮政编码/100073
电　　话/ 邮购（010）63376909　书店（010）68783171
网　　址/ http://www.zgtjcbs.com
印　　刷/ 哈尔滨博奇印刷有限公司
经　　销/ 新华书店
开　　本/ 890mm×1240mm　1/16
字　　数/ 1400千字
印　　张/ 40
版　　别/ 2016年11月第1版
版　　次/ 2016年11月第1次印刷
定　　价/ 438.00元

中国统计版图书，如有印装错误，本社发行部负责调换。

《黑龙江统计年鉴—2016》编委会和编辑工作人员

Heilongjiang Statisitcal Yearbook-2016 EDITORIAL BOARD AND STAFF

编辑说明

一、《黑龙江统计年鉴—2016》是一部全面反映黑龙江省经济和社会发展状况的资料性工具书。本书系统收录了全省及各市(地)、县2016年经济和社会各方面的统计数据，以及历史重要年份的主要统计数据。

二、全书主体共分19部分：1.综合；2.人口、就业人员和职工工资；3.国民经济核算；4.价格指数；5.人民生活；6.财政、金融和保险；7.资源与环境；8.能源；9.固定资产投资；10.对外经济贸易；11.农业；12.工业；13.建筑业；14.住房与房地产；15.国内贸易和旅游业；16.运输邮电软件业；17.教育与科技；18.文化、体育、卫生和社会服务；19.城市概况。同时附录两个部分：Ⅰ.各县(市)主要指标；Ⅱ.各类开发区情况。各部分附有主要统计指标解释。

三、资料中使用的度量衡单位均采用国际统一标准的计量单位。

四、本年鉴的资料大部分来自年度统计报表，部分数据来自抽样调查和专业部门年报，部分专业历史数据和资料来源口径有调整，请留意表中注释。

五、附录中的县域经济指标为各县(市)上报数，未做逐级核对，仅供参考。

六、由于数据来源和计算方法不同，一些指标分地区数据相加不等于全省数，请使用时注意。部分合计数或相对数因单位取舍不同而产生的计算误差均未做调整。

七、本年鉴中，各地区数据表增加了省直管试点绥芬河市和抚远县数据，未加特别说明的，则牡丹江不包含绥芬河数据，佳木斯不包含抚远县数据。

八、本年鉴中的符号使用说明："空格"表示该项数据不详或数据太小，不足本表计量单位；"#"表示其中主要项。

PREFACE

Ⅰ. *Heilongjiang Statistical Yearbook—2016* is an annual statistics publication, which covers very comprehensive data in 2016 and some selected data series in historically important years at provincial levels and local levels of cities, regions, and counties directly under the provincial government and therefore, reflects various aspects of social and economic development of Heilongjiang.

Ⅱ. The book contains the following 19 parts, 1. General Survey; 2. Population, Employment and Wages; 3. Nationd Accourts; 4. Price Indices; 5. People' s Living Conditions; 6. Finance, Banking and Insurance; 7. Resources and Environment; 8. Energy; 9. Investment in Fixed Assets; 10. Foreign Trade and Economic Cooperation; 11. Agriculture; 12. Industry; 13. Construction; 14.Housing and Real Estate; 15. Domestic Trade and Tourism; 16. Transport, Posts and Software Industry; 17. Education, Science and Technoloyy; 18. Culture, Sports, Public Health and Social Services; 19. General Survey of Cities;Appedix Ⅰ. Main Indicators of Counties; Appedix Ⅱ. General Survey of All Development Areas. In addition, explanatory notes on main statistical indicators are provided at the end of each part.

Ⅲ. The units of measurement used in this book are internationally standard measurement units.

Ⅳ. The major data sources of this publication are obtained from annual statistical reports, and some from sample surveys and professional departments. Statistical coverage of some professional historical data has adjusted. Please attention to explanatory notes in charts.

Ⅴ. Some statistical data gathering from regions are not the same as total of province. Please attention to use. Statistical discrepancies due to rounding are not adjusted in this yearbook.

Ⅵ. Economic indicators in appendix are statistical data of county. The data are not checked from level. It is reference only.

Ⅶ. In this yearbook, regional data table added Suifenhe city and Fuyuan County data ,without special instructions, Mudanjiang does not include the data of Suifenhe, Jia Musi contains no data of Fuyuan County.

Ⅷ. Notations used in this yearbook:

" (Blank) " indicates that the data not available or the figure is not large enough to be measured with the smallest unit in the table; " # " indicates the major items of the total.

篇 目 索 引

SUBJECT INDEX

耕地

黑龙江省是中国耕地面积最大的省份，是世界著名的三大黑土带之一。
全省人均耕地面积居全国第一位。

- 耕地面积1586.6万公顷
- 人均耕地面积0.4公顷

Heilongjiang province has the largest area of cultivated land among the provinces in China,Heilongjiang province lies in one of the largest blackland of the world.The cultivated land per capita list the first in China.

粮食

黑龙江省粮食产量连续5年居全国首位，是中国重要的商品粮基地。

- 粮食播种面积2015年1432.8万公顷
- 粮食产量2015年 6324.0万吨。

Heilongjiang province is also important base commercial grain,the production capacity of which have ranked first in the country for five consecutive years

大豆

黑龙江省大豆种植面积和产量居全国首位。

- 大豆播种面积2015年235.5万公顷
- 大豆产量2015年428.4万吨

The sown areas and yidld of soybean in Heilongjiang are standing number one in China

绿色食品

黑龙江省绿色食品监控面积、获得标识认证的产品数量均居全国第一位。

- 绿色食品认证数量2015年1620个
- 绿色食品种植面积2015年7309万亩

The supervising area and the number of certificated products of green food in Heilongjiang also stand the first in China.

草原

黑龙江省草地面积约206.3万公顷，优质的牧草为畜牧业发展提供了丰厚的天然条件,全省牛奶和乳制品产量居全国前列。

- 奶牛数量2015年193.4万头
- 乳制品产量2015年191.4万吨
- 牛奶产量2015年570.5万吨

The provincial' s grassland area is about 2,071,000 hectares,and the high-quality grazing provide rich natural condition for the development of the stock raising.The prodction of milk and dairy products rank the total accumulation of the nation.

旅游资源

黑龙江省冰雪旅游资源堪称中国之最。

- 亚布力是亚洲最大的滑雪场。
- 镜泊湖是中国最大的高山堰塞湖;
- 五大连池被誉为“天然火山博物馆”

The resources of ice-and-snow in Heilongjiang are praised the best of all in China.Yabuli skiing site is the biggest in Asia.Jingpohu lake is the largest mountain-and-wei stuffing lake in China.Wudalianchi is praised as the natural volcano museum.

原油

黑龙江省原油产量居全国第一，大庆油田是全国最大的油田,累计提供原油22.68亿吨。

- 原油产量2015年3838.6万吨

The Daqing Oil Field is the largest oil field in China and the production of crude oil list the first in China

森林

黑龙江省是我国重点林区之一，森林面积、森林总蓄积量和木材产量均居全国前列，是国家重要的木材战略储备基地。

- 森林面积2125万公顷
- 森林覆盖率46.74%
- 森林蓄积量18.89亿立方米
- 活立木总蓄积量19.28亿立方米

Heilongjiang Province is one of China's major forest areas. The forest area, total volume of forest and timber production rank the total accumulation of the nation, is an important national timber strategic reserve base.

地区生产总值(亿元)

Gross Domestic Product (100 million yuan)

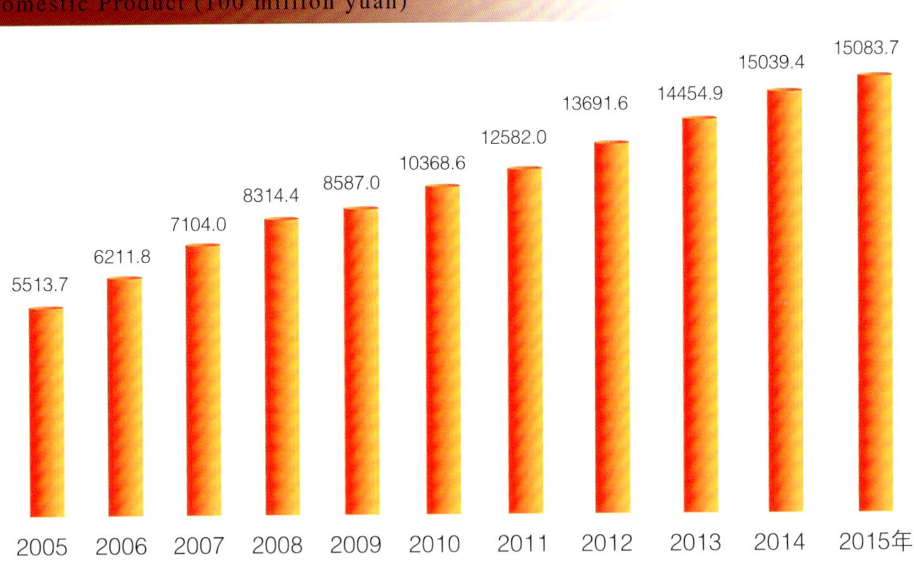

黑龙江的一天(2015年)

Selected Indicators Average daily Social and Economic Activities of Heilongjiang Province (2015)

地区生产总值41.33亿元
GDP 4133 million yuan

公共财政收入3.19亿元
Financial revenue 319 million yuan

公共财政支出11.02亿元
Financial expenditures
1102 million yuan

出生人口627人
Born in people 627 persons

死亡人口689人
Dead population 689 persons

粮食产量17.33万吨
Yield of grain 173259 tons

原油产量10.52万吨
Yield of crude oil105167tons

钢材产量1.11万吨
Yield of steel 11063 tons

汽车产量221辆
Yield of motor 221 unit

发电量2.38亿千瓦小时
Electricity 238 million kwh

牛奶产量1.56万吨
Yield of milk 15629 tons

乳制品产量0.52万吨
Yield of dairy product 5244 tons

肉类产量0.63万吨
Yield of meat 6266 tons

能源消费量29.49万吨标准
Energy consumption 294897 ton

社会消费品零售总额20.93
Total retail sale of consume
goods 2093 million yuan

进出口总额5750万美元
Total exports and imports
57.50 million USD

进口总额3549万美元
Total imports 35.49 million USD

出口总额2200万美元
Total exports 22.0 million USD

旅游收入4.73亿元
Earnings from tourism
473 million yuan

客运量121.9万人
Passenger traffic1218830persc

货运量163.3万吨
Freight traffic1632830 tons

邮电业务总量13457万元
Business volume of post and telecor
ications service 134.57 million yu

金融机构各项存款增加额5.38
Every deposit total value of financ
institution 538 million yuan

居民储蓄增加额4.34亿元
Savings deposit of rural and urb
residents 434 million yuan

三项专利批准数51.9件
Number of three types of pater
applications granted 51.9 unit

全社会固定资产投资27.9亿
Total investment in fixed asset
2790 million yuan

人均地区生产总值(元)
Per capita GDP(yuan)

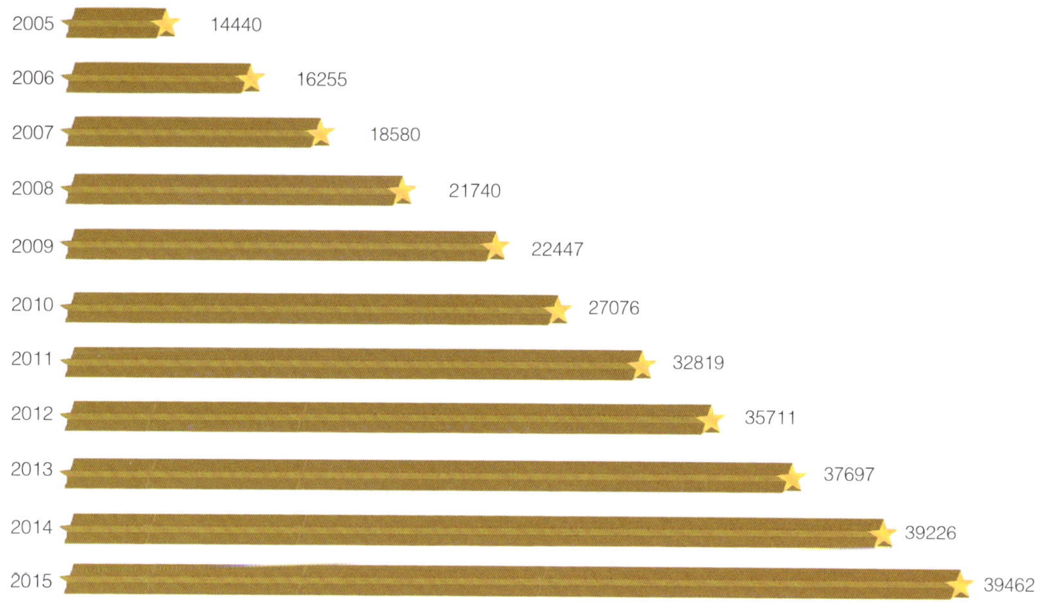

2005 14440
2006 16255
2007 18580
2008 21740
2009 22447
2010 27076
2011 32819
2012 35711
2013 37697
2014 39226
2015 39462

地区生产总值三次产业构成 (%)
Composition of GDP (%)

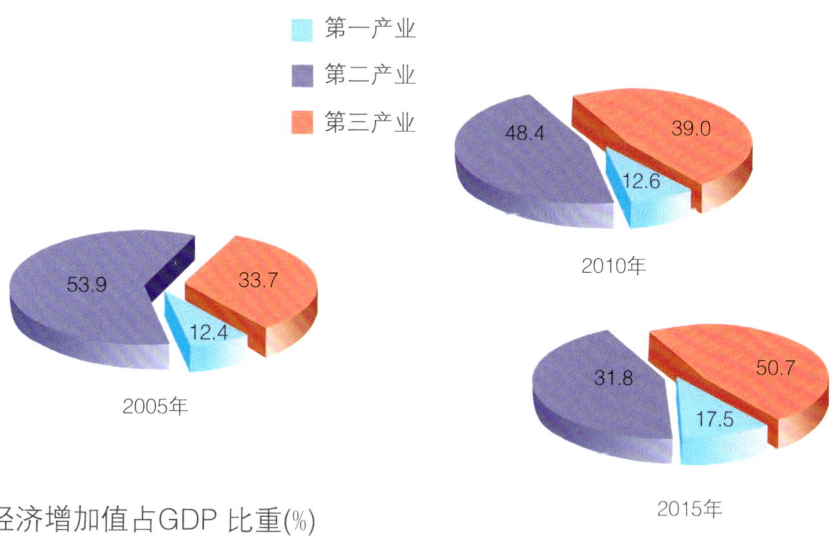

第一产业
第二产业
第三产业
48.4
39.0
12.6
2010年
53.9
33.7
12.4
2005年
31.8
50.7
17.5
2015年

非公有制经济增加值占GDP 比重(%)
Non-poblic economy take GDP proportion of the scale (%)

35.3
37.7
40.0
41.9
46.8
48.0
50.1
51.3
51.9
52.3
52.6
2005年
2006年
2007年
2008年
2009年
2010年
2011年
2012年
2013年
2014年
2015年

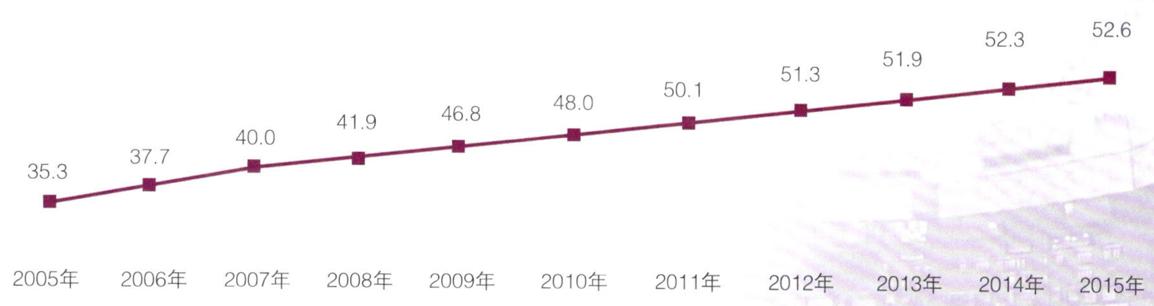

常住人口城镇化率(%)

Resident Population Urbanization Rate (%)

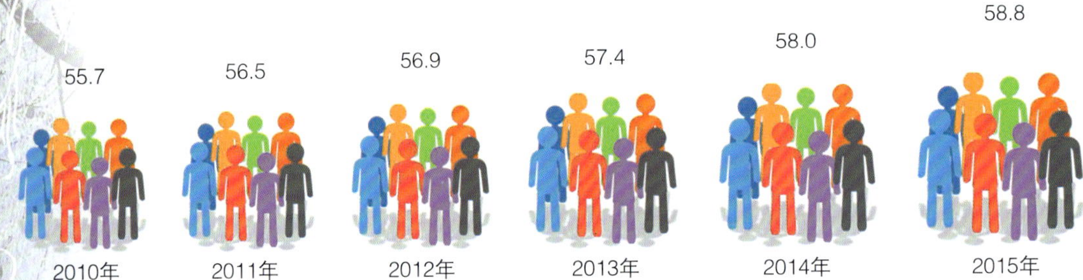

城镇非私营单位就业人员平均工资(元)

Average wage of Employed Persons In Urban Non-private Units(yuan)

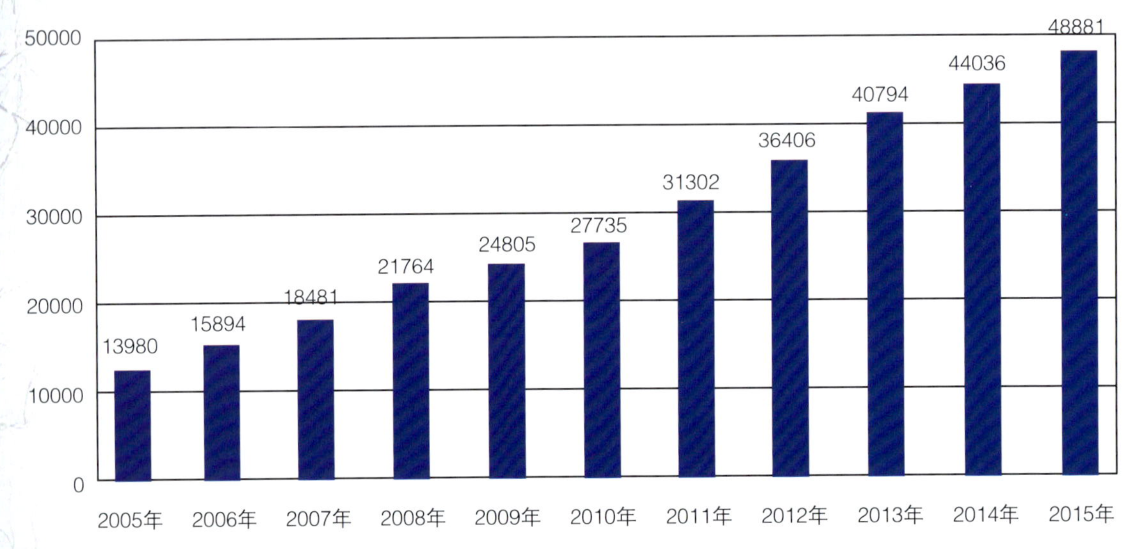

城镇常住居民人均可支配收入(元)

Annual Per Capita Disposable Income of Urban Households(yuan)

2010年	2011年	2012年	2013年	2014年	2015年
14741	16699	18894	20848	22609	24203

数字黑龙江

农村常住居民人均可支配收入(元)
Annual Per Capita Disposable Income of Rural Households(yuan)

城镇居民消费结构(%)
Urban Resident's Consumption Composition (%)

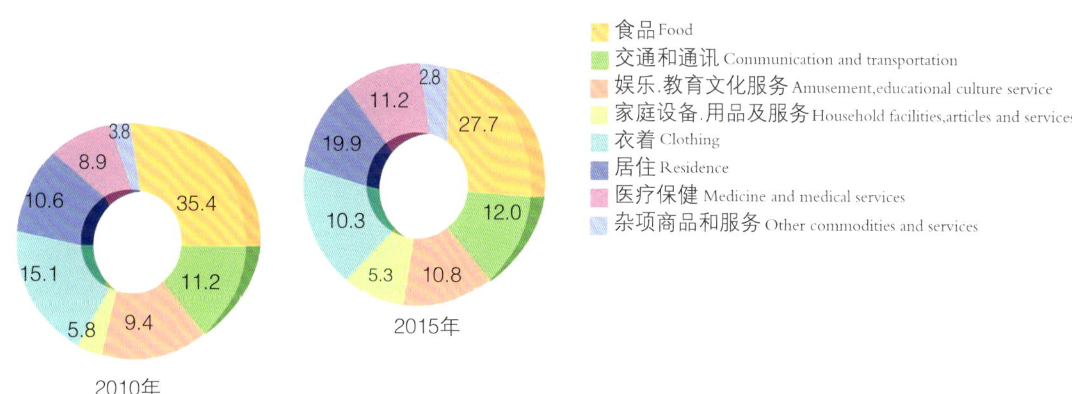

农村居民消费结构(%)
Rural Resident's Consumption Composition (%)

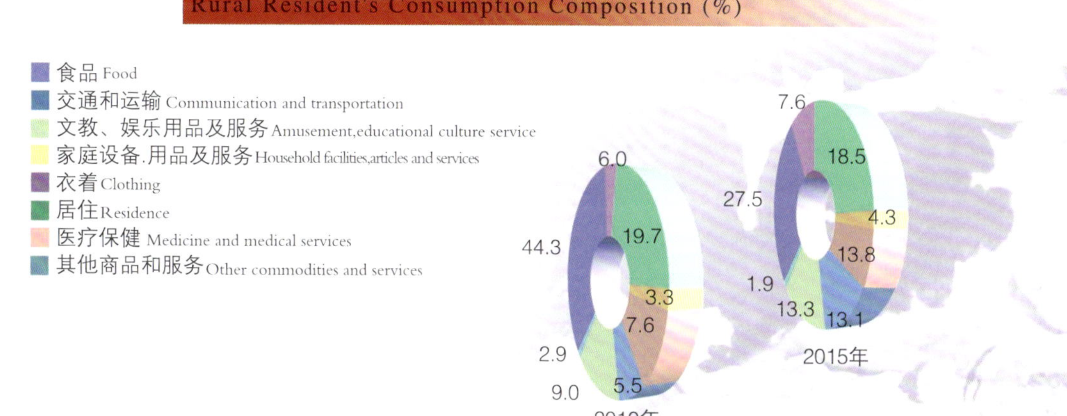

粮食产量(万吨)
Yield of Grain (10000 tons)

2010年	2011年	2012年	2013年	2014年	2015年
5012.8	5570.6	5761.3	6004.1	6242.2	6324.0

畜牧业产值(亿元)
Gross Output Value of Animal Husbandry (100 million yuan)

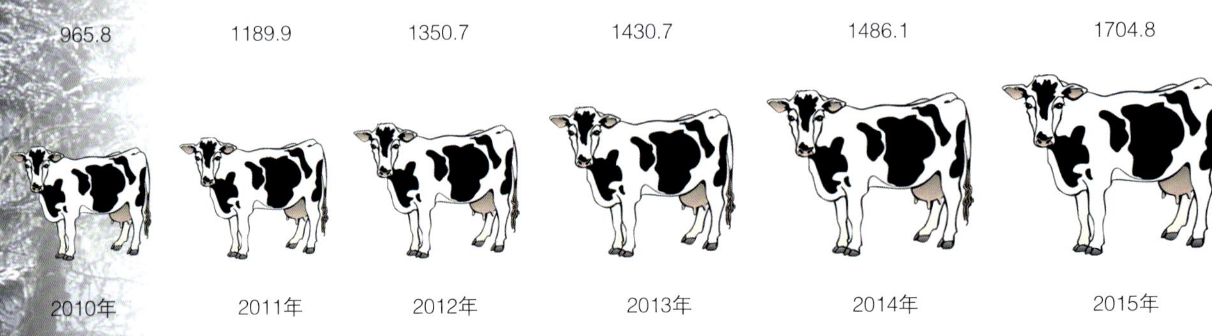

绿色食品产业发展
Green Food Industry Development

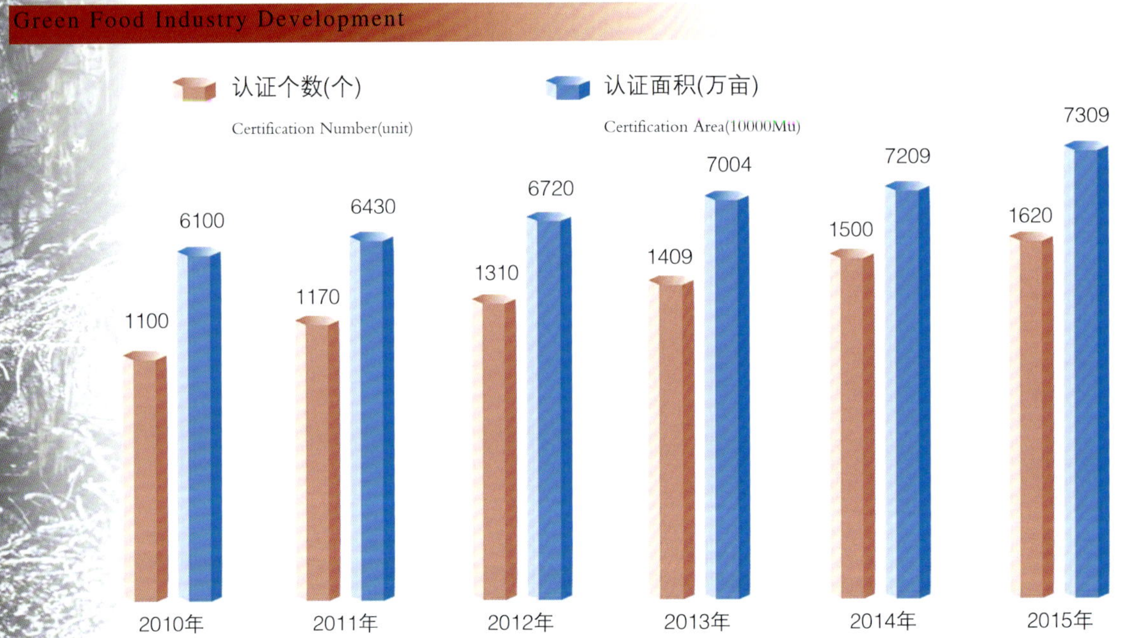

规模以上工业增加值(亿元)
Value-added of Industry Above Scale (100 million yuan)

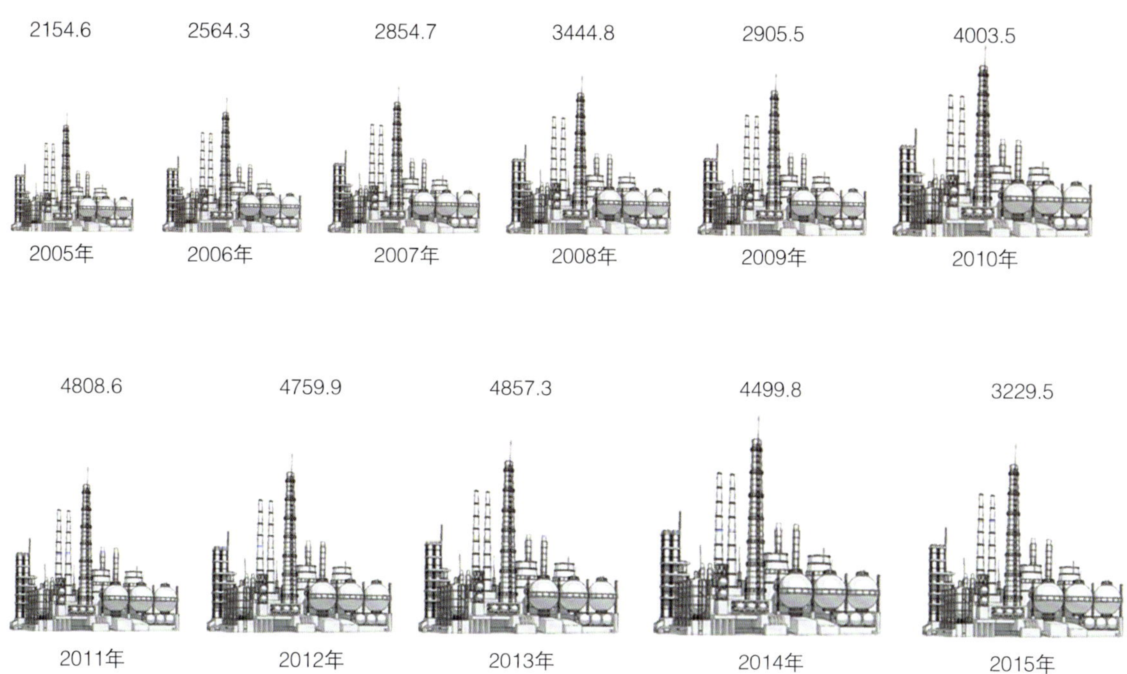

规模以上工业企业利润总额(亿元)
Total Profits of Industrial Enterprises Above Scale (100 million yuan)

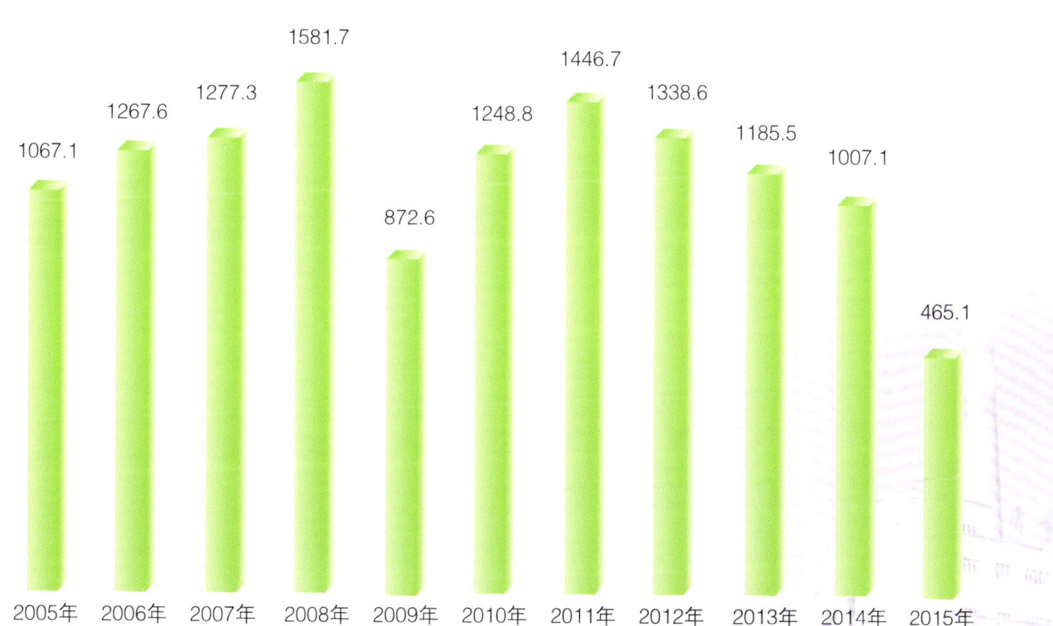

规模以上工业增加值结构 (%)
Structure of Value-added of Industry Above Scale (%)

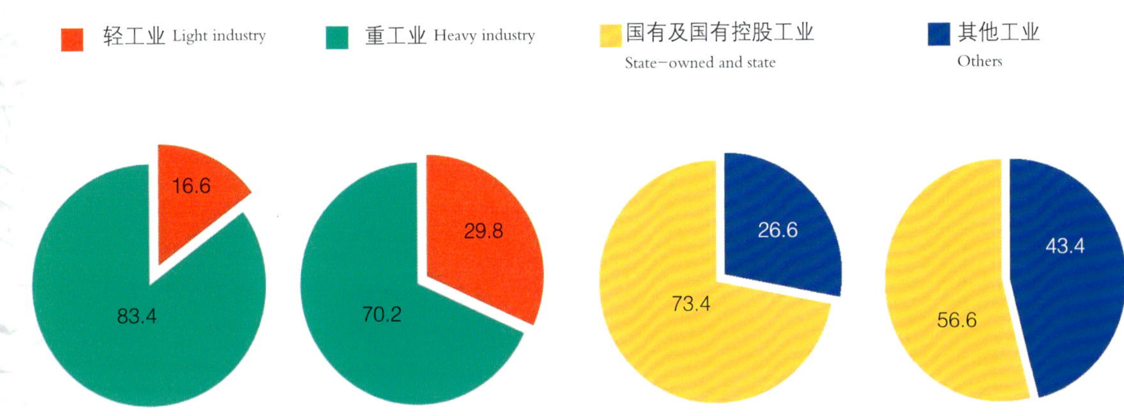

四大主导产业占规模以上工业增加值比重 (%)
Four Major Industries Accounted For the Propotion of Industries Value Added Above Scale (%)

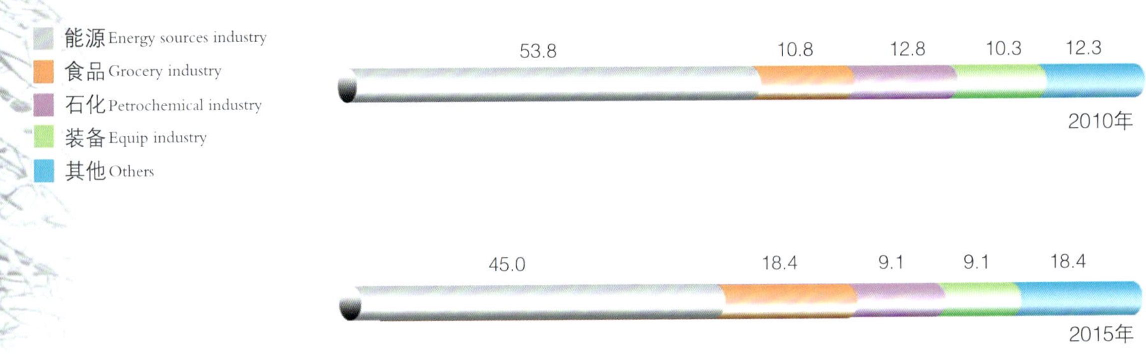

数字黑龙江

原油产量 (万吨)
Yield of Crude Oil (10000 tons)

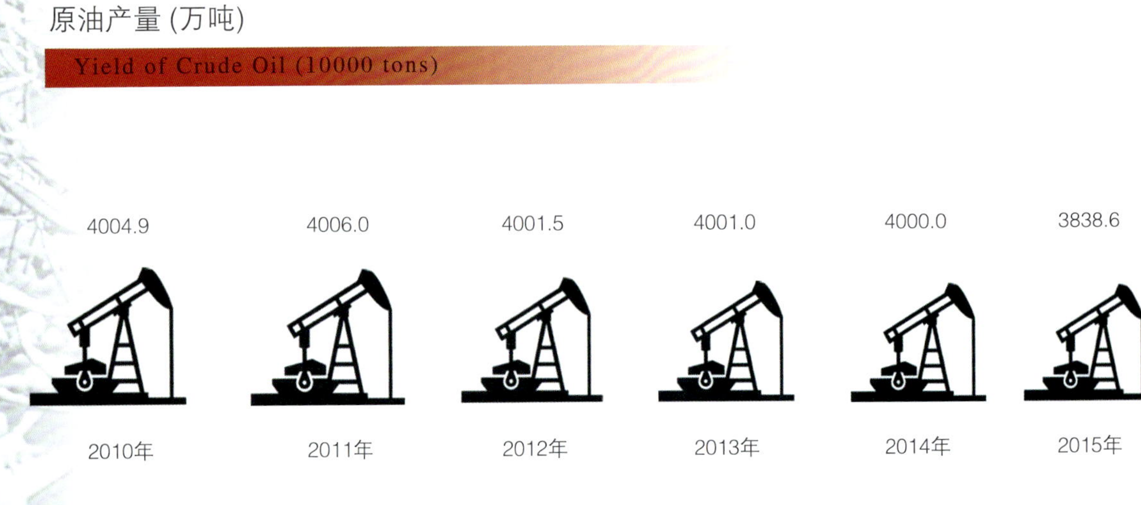

全社会固定资产投资总额(亿元)
Total Investment in Fixed Assets (100 million yuan)

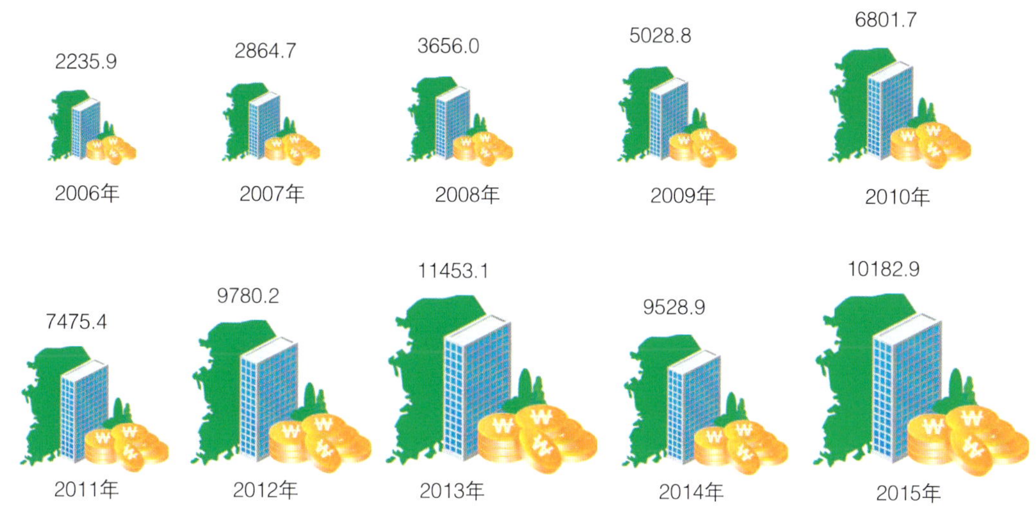

民间投资比重(%)
Proportion of individual investment (%)

亿元以上投资项目数(个)
Number of investment in fixed assets of the project of more than 100 million yuan (unit)

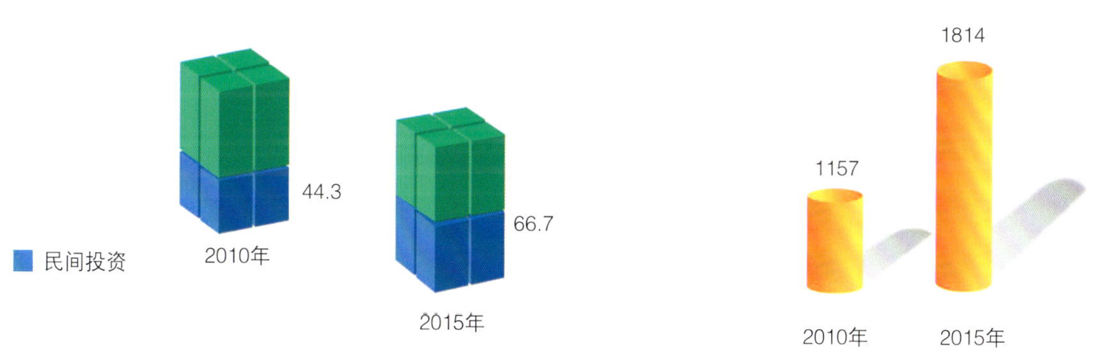

产业项目发展
Industry Project Development

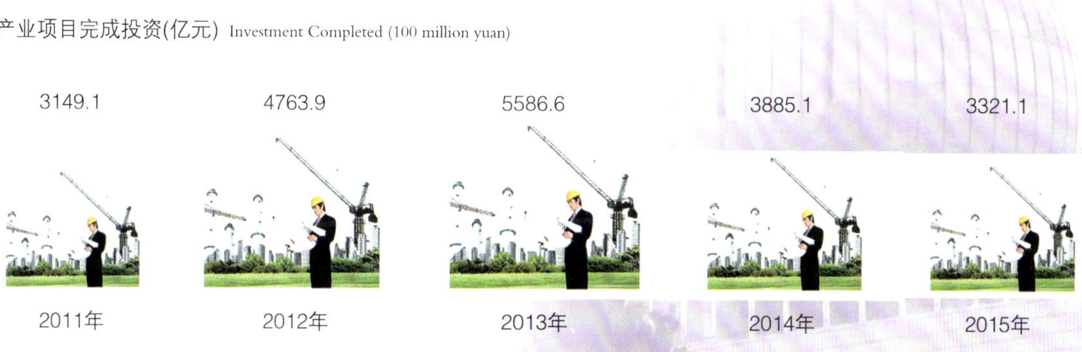

进出口总额(亿美元)

Total Value of Imports and Exports (USD 100 million)

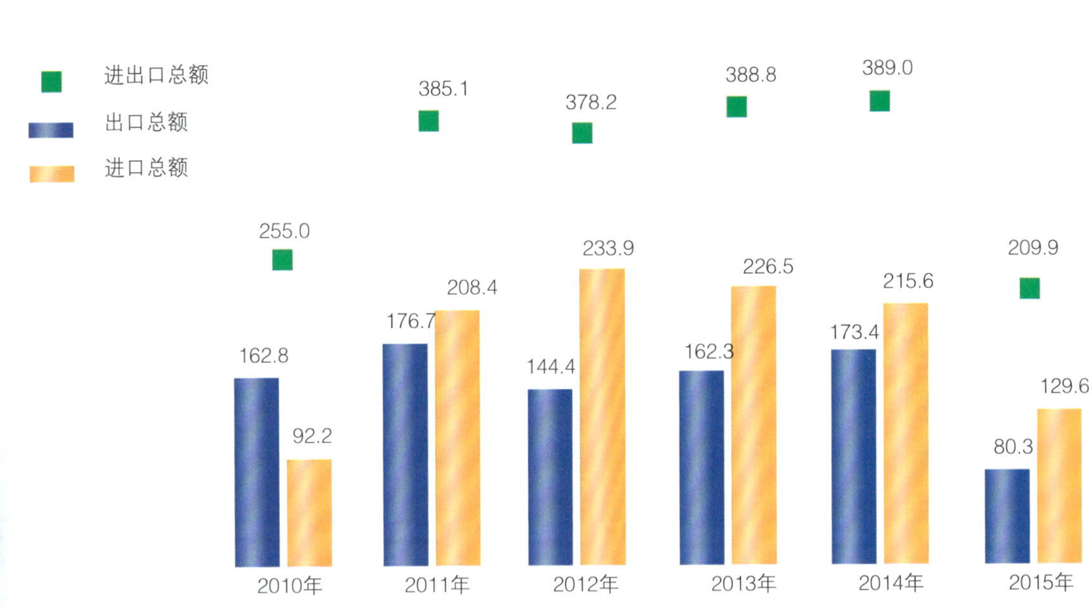

社会消费品零售总额(亿元)

Total Retail Sale of Consumer Goods (100 million yuan)

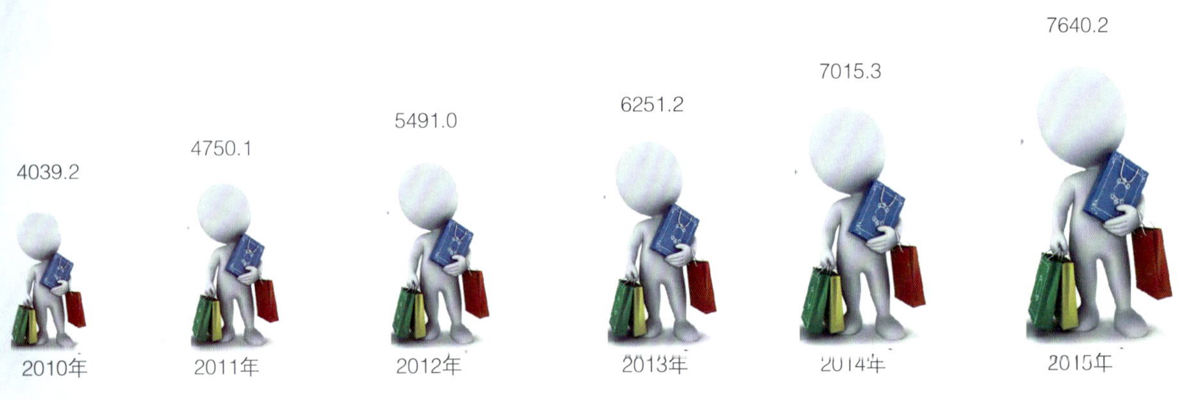

外贸依存度(%)

The foreign trade depending on degree (%)

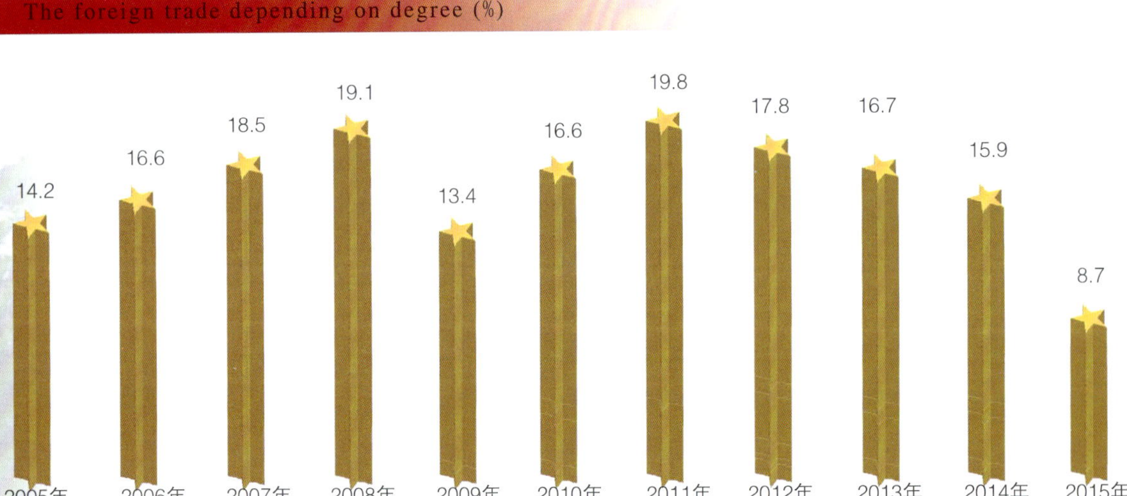

数字黑龙江

R&D经费内部支出总额(亿元)

Intramural expenditure on R&D（100 million yuan)

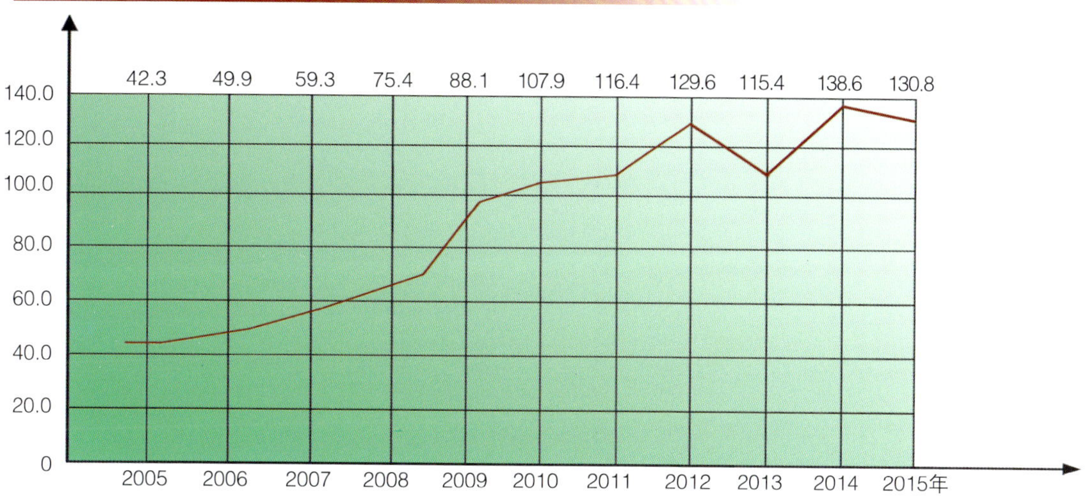

三项专利授权数(件)

Number of patent applications certified (item)

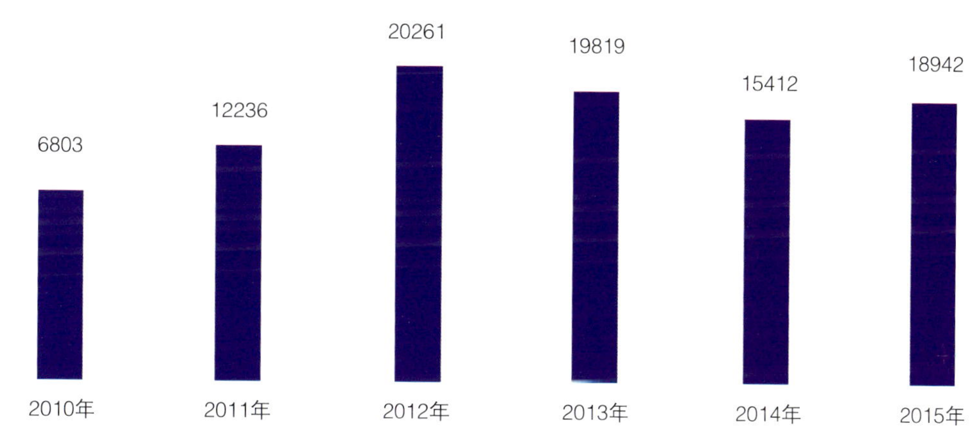

每万人拥有大学生数(人)

Number of University and College Students Per 10000 Population(person)

卫生机构数(个)
Health Care Institutions (unit)

8938

2010年

8656

2011年

8836
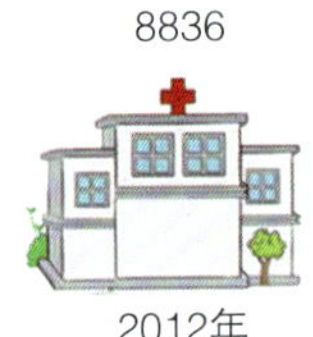
2012年

9582
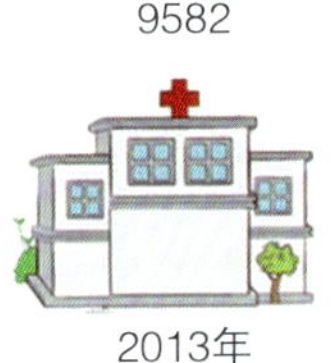
2013年

9603
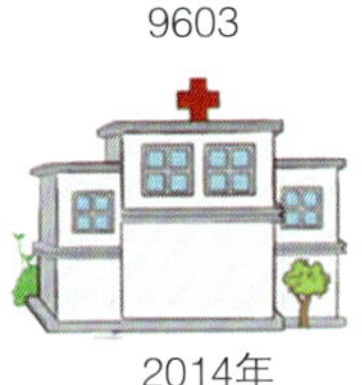
2014年

9304

2015年

每万人拥有卫生资源数
Number of Health Resources Per 10000 Population

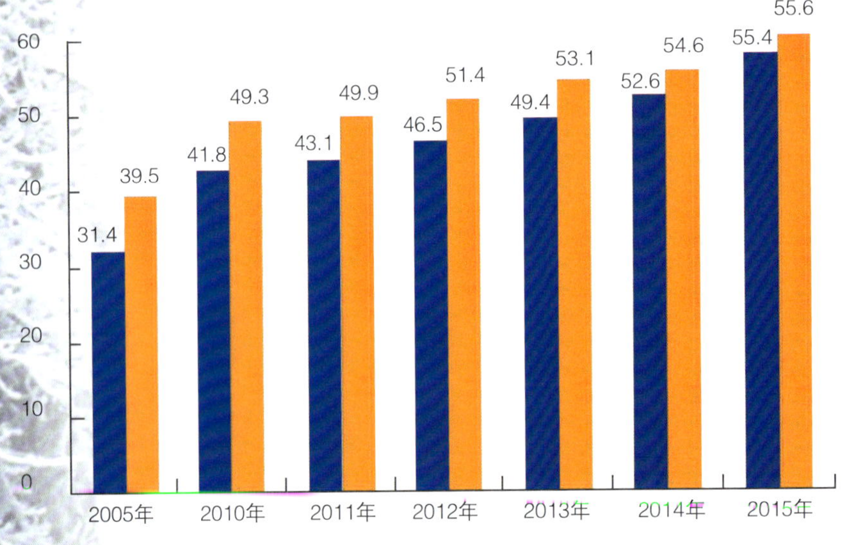

万人拥有卫生技术人员(人)
Number of Medical Technical Personnel per 10000 Persons (person)

万人拥有卫生机构床位(张)
Number of Health Institution Beds per 10000 Persons (unit)

单位GDP能耗(吨标准煤/万元)
Energy Consumption per Unit of GDP(ton of SCE/10000yuan)

1.16

2010年

1.04

2011年

1.00

2012年

0.86

2013年

0.82

2014年

0.79

2015年

目　录

CONTENTS

第一篇　综合

CHAPTER 1 GENERAL SURVERY

第二篇　人口、就业人员和工资

CHAPTER 2　POPULATION, EMPLOYMENT AND WAGES

第三篇 国民经济核算

CHAPTER 3 NATIONAL ACCOUNTS

第四篇 价格指数

CHAPTER 4 PRICE INDICES

第五篇　人民生活

CHAPTER 5　PEOPLE'S LIVING CONDITIONS

第六篇　财政、金融和保险

CHAPTER 6 FINANCE, BANKING AND INSURANCE

第七篇　资源与环境

CHAPTER 7 RESOURCES AND ENVIRONMENT

第八篇　能源

CHAPTER 8 ENERGY

第九篇 固定资产投资

CHAPTER 9 INVESTMENT IN FIXED ASSETS

第十篇 对外经济贸易

CHAPTER 10 FOREIGN TRADE AND ECONOMIC COOPERATION

第十一篇 农 业

CHAPTER 11 AGRICULTURE

第十二篇　工 业

CHAPTER 12　INDUSTRY

第十三篇 建 筑 业

CHAPTER 13 CONSTRUCTION

第十四篇 住房和房地产

CHAPTER 14 HOUSING AND REAL ESTATE

第十五篇 国内贸易和旅游业

CHAPTER 15 DOMESTIC TRADE AND TOURISM

第十六篇 运输邮电软件业

CHAPTER 16 TRANSPORT, POSTS AND SOFTWARE INDUSTRY

第十七篇 教育与科技

CHAPTER 17 EDUCATION, SCIENCE AND TECHNOLOGY

第十八篇 文化、体育、卫生和社会服务

CHAPTER 18 CULTURE, SPORTS, PUBLIC HEALTH AND SOCIAL SERVICES

第十九篇　城市概况

CHAPTER 19　GENERAL SURVEY OF CITIES

附录Ⅰ 各县、市主要指标(2015年)

附录Ⅱ 各类开发区情况

APPENDIX Ⅱ GENERAL SURVEY OF ALL DEVELOPMENT AREAS

第一篇　综　合

CHAPTER 1 GENERAL SURVERY

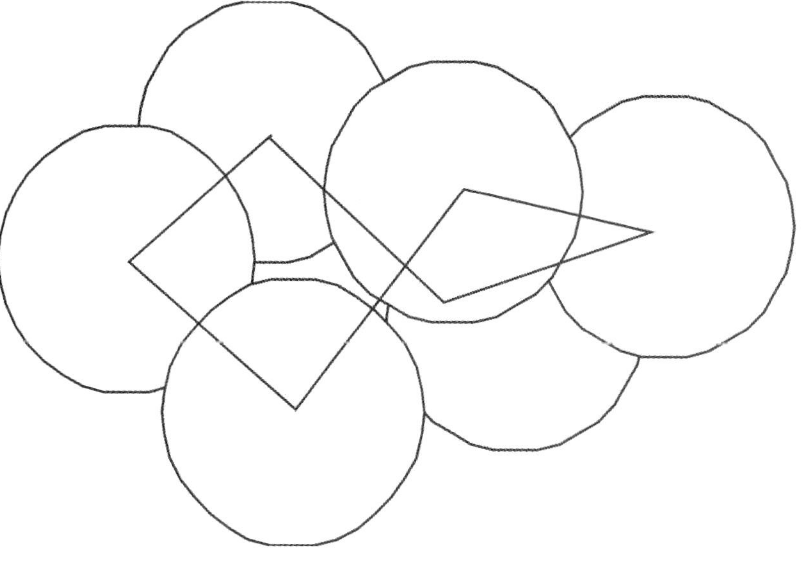

资料整理：安 静　高 健　陈 宇

1-1 行政区划(2015年)

DIVISIONS OF ADMINISTRATIVE AREAS(2015)

单位：个 (unit)

地 市	Prefecture and City at Prefecture Level	市、地辖区 Districts Under the Jurisdiction of Citities(Prefecture)	县级市 Cities at County Level	县、自治县 County, Autonomous Couties	镇 Towns	民族镇 Ethnic Towns	乡 Township	民族乡 Ethnic Community Township	城市街道办事处 Cities Street Communities	村民委员会 Village Board	自然屯 Natural Tun	社区居委会 Neighborhood community
合 计	**Total**	**69**	**18**	**45**	**501**	**11**	**322**	**52**	**348**	**9011**	**34660**	**2718**
哈尔滨	Harbin	9	2	7	109	3	49	11	121	1885	9529	799
齐齐哈尔	Qiqihar	7	1	8	68	3	46	6	38	1259	7356	258
鸡 西	Jixi	6	2	1	23		19	4	29	459	1625	142
鹤 岗	Hegang	6		2	11		8	2	32	211	328	122
双鸭山	Shuangyashan	4		4	21		19	2	24	482	690	124
大 庆	Daqing	5		4	31		24	3	0	482	2546	189
伊 春	Yichun	15	1	1	10		8	1	30	204	364	198
佳木斯	Jiamusi	4	2	4	41		26	4	28	908	1164	236
七台河	Qitaihe	3		1	9		6	2	0	220	130	98
牡丹江	Mudanjiang	4	5	1	43	2	6	4	23	887	1100	265
黑 河	Heihe	1	2	3	27		31	7	11	598	1369	70
绥 化	Suihua	1	3	6	82	3	71	4	6	1336	8393	179
大兴安岭	Daxinganling	4		3	26		9	2	6	80	66	38

1-1 续表1 CONTINUED

地 区	Region	县级市	City at County Level	县	County	区	District
哈尔滨市	**Harbin City**	尚志市	Shangzhi	宾 县	Binxian	道里区	Daoli
		五常市	Wuchang	方正县	Fangzheng	南岗区	Nangang
				依兰县	Yilan	道外区	Daowai
				巴彦县	Bayan	松北区	Songbei
				木兰县	Mulan	香坊区	Xiangfang
				通河县	Tonghe	平房区	Pingfang
				延寿县	Yanshou	呼兰区	Hulan
						阿城区	Acheng
						双城区	Shuangcheng
齐齐哈尔市	**Qiqihar City**	讷河市	Nehe	龙江县	Longjiang	龙沙区	Longsha
				依安县	Yian	建华区	Jianhua
				泰来县	Tailai	铁锋区	Tiefeng
				甘南县	Gannan	昂昂溪区	Angangxi
				富裕县	Fuyu	富拉尔基区	Fularji
				克山县	Keshan	碾子山区	Nianzishan
				克东县	Kedong	梅里斯达斡尔族区	Meilisi Daur Nationality District
				拜泉县	Baiquan		
鸡西市	**Jixi City**	密山市	Mishan	鸡东县	Jidong	鸡冠区	Jiguan
		虎林市	Hulin			恒山区	Hengshan
						城子河区	Chengzihe
						滴道区	Didao
						梨树区	Lishu
						麻山区	Mashan
鹤岗市	**Hegang City**			绥滨县	Suibin	向阳区	Xiangyang
				萝北县	Luobei	工农区	Gongnong
						南山区	Nanshan
						兴安区	Xingan
						东山区	Dongshan
						兴山区	Xingshan

1-1 续表2 CONTINUED

地　区	Region	县级市	City at County Level	县	County	区	District
双鸭山市	**Shuangyashan City**			集贤县	Jixian	尖山区	Jianshan
				友谊县	Youyi	岭东区	Lingdong
				宝清县	Baoqing	宝山区	Baoshan
				饶河县	Raohe	四方台区	Sifangtai
大庆市	**Daqing City**			林甸县	Lindian	萨尔图区	Sartu
				肇源县	Zhaoyuan	龙凤区	Longfeng
				肇州县	Zhaozhou	让胡路区	Ranghulu
				杜尔伯特蒙古族自治县	Durbote Mongolia Natio-nality Autonomous	红岗区	Honggang
						大同区	Datong
伊春市	**Yichun City**	铁力市	Tieli	嘉荫县	Jiayin	伊春区	Yichun
						南岔区	Nancha
						友好区	Youhao
						西林区	Xilin
						翠峦区	Cuiluan
						新青区	Xinqing
						美溪区	Meixi
						金山屯区	Jinshantun
						乌马河区	Wumahe
						汤旺河区	Tangwanghe
						乌伊岭区	Wuyiling
						五营区	Wuying
						带岭区	Dailing
						上甘岭区	Shangganling
						红星区	Hongxing
佳木斯市	**Jiamusi City**	同江市	Tongjiang	桦南县	Huanan	向阳区	Xiangyang
		富锦市	Fujin	桦川县	Huachuan	前进区	Qianjin
				汤原县	Tangyuan	东风区	Dongfeng
				抚远县	Fuyuan	郊　区	Suburb
七台河市	**Qitaihe City**			勃利县	Boli	新兴区	Xinxing
						桃山区	Taoshan
						茄子河区	Qiezihe
牡丹江市	**Mudanjiang City**	绥芬河市	Suifenhe	东宁县	Dongning	东安区	Dongan
		海林市	Hailin	林口县	Linkou	阳明区	Yangming
		宁安市	Ningan			爱民区	Aimin
		穆棱市	Muling			西安区	Xian
黑河市	**Heihe City**	北安市	Beian	嫩江县	Nenjiang	爱辉区	Aihui
		五大连池市	Wudalianchi	逊克县	Xunke		
				孙吴县	Sunwu		
绥化市	**Suihua City**	安达市	Anda	望奎县	Wangkui	北林区	Beilin
		肇东市	Zhaodong	兰西县	Lanxi		
		海伦市	Hailin	青冈县	Qinggang		
				庆安县	Qingan		
				明水县	Mingshui		
				绥棱县	Suiling		
大兴安岭地区	**Daxinganling Prefecture**			呼玛县	Huma	新林区	Xinlin
				塔河县	Tahe	呼中区	Huzhong
				漠河县	Mohe	松岭区	Songling
						加格达奇区	Jiagedaqi

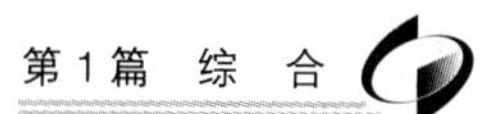

1-2 各部门机构数

GRASS-ROOTS UNIT IN VARIOUS SECTORS

单位：个 (unit)

部 门	Sector	机构数 Grass-roots Units 2014	2015	2015年比上年增长(%) Growth Rate in 2015 over 2014(%)
农村基层单位	**Rural Grassroots Units**			
乡政府	Township Governments	882	879	-0.3
镇政府	Town Governments	499	505	1.2
村民委员会	Village Committees	8994	8991	-0.03
乡村户数(万户)	Numbers of Rural Households(10000 households)	520	524	0.8
农垦系统农牧场	**Farms and Pastures of Land Reclamation System**	**113**	**113**	**持平**
规模以上工业企业	**Industrial Enterprises above Designated Size**	**4305**	**4162**	**-3.3**
内资企业	Domestic Funded Enterprises	4085	3964	-3.0
国有企业	State-owned Industry	134	135	0.7
集体企业	Collective-owned Industry	49	42	-14.3
股份合作企业	Cooperative Enterprises	19	16	-15.8
联营企业	Joint Ownership Enterprises	1	3	200.0
有限责任公司	Limited Liability Corporations	1565	1588	1.5
股份有限公司	Share Holding Enterprises	218	211	-3.2
私营企业	Private Enterprises	2080	1955	-6.0
港、澳、台商投资企业	Enterprises with Funds from Hong Kong, Macao and Taiwan	67	60	-10.4
外商投资企业	Foreign Funded Enterprises	153	138	-9.8
建筑企业	**Construction Enterprises and Units**	**1825**	**1599**	**-12.4**
内资企业	Domestic Funded Enterprises	1820	1594	-12.4
国有企业	State-owned Industry	125	110	-12.0
集体企业	Collective-owned Industry	108	83	-23.1
股份合作企业	Cooperative Enterprises	2	1	50.0
联营企业	Joint Ownership Enterprises	1	1	持平
有限责任公司	Limited Liability Corporations	793	732	-7.7
股份有限公司	Share Holding Enterprises	76	70	-7.9
私营企业	Private Enterprises	712	594	-16.6
港、澳、台商投资企业	Enterprises with Funds from Hong Kong, Macao and Taiwan	1	2	100.0
外商投资企业	Foreign Funded Enterprises	4	3	-25.0
限上批零贸易业企业	**Enterprise above Designated Size in Wholesale and Retail Trade**	**2059**	**1933**	**-6.1**
限上住宿和餐饮业企业	**Enterprise above Designated Size inHotels and Catering Services**	**403**	**379**	**-6.0**
外商投资企业	**Enterprise of Foreign-Funded**	**5016**	**4149**	**-17.3**
中外合资	Joint Ventures	771	462	-40.1
中外合作	Cooperative Operation	107	47	-56.1
外资企业	Foreign Investment	974	670	-31.2
教育(所)	**Education (unit)**			
普通高等学校	Regular Institutions of Higher Education	80	81	1.3
成人高等学校	Adult Education Schools	22	21	-4.5
中等专业学校	Specialized Secondary Schools	74	72	-2.7
成人中等专业学校	Secondary Schools for Adults	154	44	-71.4
普通中学	Regular Secondary Schools	1946	1940	-0.3
#高 中	#Senior Secondary Schools	378	377	-0.3
职业中学	Vocational Secondary Schools	134	127	-5.2
技工学校	Vestibule Schools	133	131	-1.5
小 学	Primary Schools	3115	2802	-10.0
幼儿园	Kingergartens	5853	5770	-1.4

1-2 续表 CONTINUED

单位：个 (unit)

部 门	Sector	机构数 Grass-roots Units		2015年比上年增长(%) Growth Rate in 2015 over 2014(%)
		2014	2015	
科学研究与开发机构数(个)	Number of R&D Institutions(unit)	226	226	持平
文化事业机构	**Cultural Establishments**	**2381**	**2397**	**0.7**
艺术事业	Art Institutions	73	89	21.9
图书馆	Library	107	107	持平
群众文化	Mass Cultural Establishments	1640	1641	0.1
艺术教育	Arts Education Establishments	6	6	持平
其他文化	Others	555	158	-71.5
博物馆	**Museums**	**158**	**396**	**150.6**
文物机构	**Cultural Relic Establishments**	**93**	**92**	**-1.1**
广播、电视	**Broadcasting and Television**			
广播电台(座)	Radio Stations(unit)	14	14	持平
电视台(座)	Television Stations(unit)	15	15	持平
出版、发行事业	**Publishing and Distribution Establishments**	**693**	**692**	**-0.1**
出版单位	Publishing Houses	419	418	-0.2
书刊印刷厂	Printing Houses	169	169	持平
书 店	Book Stores	105	105	持平
卫生事业	**Health Care**			
#医 院	#Hospitals	1003	1014	1.1
疗养院	Sanatoriums	3	2	-33.3
县(区)社区卫生服务站	Sanitation snd Service Agencies of Community of County	765	701	-8.4
卫生院	Health Cares	995	997	0.2
县(区)卫生所、医务室	Institutions of Sanitation of County	1413	1306	-7.6
门诊部	Clinics	340	338	-0.6
县(区)诊所	Cliniques of County	3574	3596	0.6
急救中心	First-aid Centers	14	14	持平
采供血机构	Institutions of Pick and Supply Blood	27	27	持平
妇幼保健院(所、站)	Institutes of Maternity and Child	148	142	-4.1
专科疾病防治院(所、站)	Specialized Disease Prevention and Treatment Institutes	112	109	-2.7
疾病预防控制中心	Diseases Prevent and control Centers	168	168	持平
卫生监督所	Medical Supervise Institutions	149	147	-1.3
医学科学研究机构	Research Institutes of Medical Sciences	10	10	持平
社会福利	**Social Welfare Establishments**			
社会福利事业单位	Social Welfare Institutions	1090	978	-10.3
社会福利企业单位	Social Welfare Enterprises	386	258	-33.2
收容遣送站	Collecting and Repatriation Units	75	77	2.7
殡葬事业单位	Funeral and Interment Institutions	149	141	-5.4

1-3 法人单位数 (2015年)

NUMBER OF CORPORATE UNITS (2015)

单位：个 (unit)

地 区	Region	总 计 Total	农、林、牧、渔业 Agriculture, Forestry, Animal Husbandry and Fishery	采矿业 Mining	制造业 Manufa-cturing	电力、热力、燃气及水生产和供应业 Production and Supply of Electric, heat, Gas and Water	建筑业 Construction	批发和零售业 Wholesale and Retail Trades
全 省	**Total**	**225316**	**32839**	**2064**	**27665**	**1626**	**7402**	**49972**
哈尔滨	Harbin	80150	9074	198	10285	348	3368	21390
齐齐哈尔	Qiqihar	24208	6342	90	3007	198	492	4291
鸡 西	Jixi	6832	1115	290	669	70	165	1029
鹤 岗	Hegang	4388	522	153	482	37	163	603
双鸭山	Shuangyashan	8002	1334	194	558	79	232	1367
大 庆	Daqing	21904	979	115	2344	156	806	7424
伊 春	Yichun	5481	451	67	834	68	201	564
佳木斯	Jiamusi	12842	2264	82	1258	94	297	2519
七台河	Qitaihe	3846	140	247	388	32	86	798
牡丹江	Mudanjiang	18831	361	389	3665	211	698	4290
黑 河	Heihe	7948	1558	80	422	56	196	1112
绥 化	Suihua	18148	6298	28	2218	83	278	1792
大兴安岭	Daxinganling	4593	920	54	317	29	155	509
农垦总局	ARB	4983	1279	58	870	147	190	1083
绥芬河	Suifenhe	2340	26		322	13	62	1037
抚 远	Fuyuan	820	176	19	26	5	13	164

注：本表国民经济行业分类采用《国民经济行业分类（GB/T 4754—2011）》（下同）。
Note: The national economy industry classification uses the 《national economy industry classification(GB/T 4754-2011)》 (the same below).

1-3 续表1 CONTINUED

单位：个 (unit)

地 区	Region	交通运输、仓储和邮政业 Transport, Storage and Post	住宿和餐饮业 Hotels and Catering Services	信息传输、软件和信息技术服务业 Information Transmission, Software and IT Softwares	金融业 Financial Intermediation	房地产业 Real Estate	租赁和商务服务业 Leasing and Business Services	科学研究和技术服务业 Scientific Research and Technical Services
全 省	**Total**	**5782**	**2661**	**4165**	**2215**	**7110**	**14052**	**8349**
哈尔滨	Harbin	2165	1110	2842	981	2708	7311	3575
齐齐哈尔	Qiqihar	513	224	95	137	583	807	497
鸡 西	Jixi	116	52	27	39	247	188	150
鹤 岗	Hegang	91	38	35	93	204	132	75
双鸭山	Shuangyashan	214	41	64	69	258	444	247
大 庆	Daqing	465	156	525	216	684	1842	1683
伊 春	Yichun	125	73	24	40	157	211	89
佳木斯	Jiamusi	370	114	125	144	389	617	288
七台河	Qitaihe	93	27	29	52	132	179	104
牡丹江	Mudanjiang	431	533	198	158	616	1087	910
黑 河	Heihe	233	83	71	83	248	363	168
绥 化	Suihua	463	87	46	122	432	260	243
大兴安岭	Daxinganling	151	65	41	41	116	252	138
农垦总局	ARB	161	37	18	18	153	126	126
绥芬河	Suifenhe	149	17	22	21	151	176	45
抚 远	Fuyuan	42	4	3	1	32	57	11

1-3 续表2 CONTINUED

单位：个 (unit)

地 区	Region	水利、环境和公共设施管理业 Management of Water Conservancy, Environment and Public Facilities	居民服务、修理和其他服务业 Services to Households Repair and Other Services	教 育 Education	卫生和社会工作 Health and Social Services	文化、体育和娱乐业 Culture, Sports and Entertainment	公共管理、社会保障和社会组织 Public Management Social Security and Social Organizations
全 省	**Total**	**1860**	**3199**	**8067**	**5866**	**4464**	**35958**
哈尔滨	Harbin	594	1369	2542	1276	1160	7854
齐齐哈尔	Qiqihar	216	304	835	773	505	4299
鸡 西	Jixi	101	65	290	323	213	1683
鹤 岗	Hegang	42	49	221	137	101	1210
双鸭山	Shuangyashan	99	61	298	219	257	1967
大 庆	Daqing	162	425	862	376	565	2119
伊 春	Yichun	87	38	203	199	185	1865
佳木斯	Jiamusi	103	203	533	350	197	2895
七台河	Qitaihe	48	57	163	114	162	995
牡丹江	Mudanjiang	139	293	662	941	378	2871
黑 河	Heihe	82	99	312	310	195	2277
绥 化	Suihua	85	115	753	548	263	4034
大兴安岭	Daxinganling	49	62	158	137	202	1197
农垦总局	ARB	40	41	172	136	53	275
绥芬河	Suifenhe	8	15	30	13	15	218
抚 远	Fuyuan	5	3	33	14	13	199

1-4 按地区和行业门类分组的产业活动单位数(2015年)

NUMBER OF INDUSTRIAL ACTIVITIES UNITS BY SECTOR AND REGION (2015)

单位：个 (unit)

地 区	Region	总 计 Total	农、林、牧、渔业 Agriculture, Forestry, Animal Husbandry and Fishery	采矿业 Mining	制造业 Manufacturing	电力、热力、燃气及水生产和供应业 Production and Supply of Electric, heat, Gas and Water	建筑业 Construction
全 省	**Total**	**281218**	**34812**	**2231**	**28284**	**3053**	**8207**
哈尔滨	Harbin	95825	9224	206	10539	737	3704
齐齐哈尔	Qiqihar	30597	6432	95	3087	430	561
鸡 西	Jixi	8285	1145	305	681	137	169
鹤 岗	Hegang	5994	584	183	496	69	178
双鸭山	Shuangyashan	10635	1393	216	577	174	294
大 庆	Daqing	25618	982	130	2397	227	947
伊 春	Yichun	7691	696	71	846	133	207
佳木斯	Jiamusi	16575	2322	86	1271	171	350
七台河	Qitaihe	4965	145	303	403	78	90
牡丹江	Mudanjiang	22934	551	391	3693	256	717
黑 河	Heihe	10433	1692	82	433	123	198
绥 化	Suihua	23388	6299	28	2223	135	302
大兴安岭	Daxinganling	5785	1051	56	330	44	177
农垦总局	ARB	8917	2081	60	960	311	235
绥芬河	Suifenhe	2486	27		322	14	62
抚 远	Fuyuan	1090	188	19	26	14	16

1-4 续表1 CONTINUED

单位：个 (unit)

地区	Region	批发和零售业 Wholesale and Retail Trades	交通运输、仓储和邮政业 Transport, Storage and Post	住宿和餐饮业 Hotels and Catering Services	信息传输、软件和信息技术服务业 Information Transmission, Software and IT Softwares	金融业 Financial Intermediation	房地产业 Real Estate	租赁和商务服务业 Leasing and Business Services
全　省	**Total**	**61763**	**8510**	**3256**	**7104**	**9562**	**7620**	**15215**
哈尔滨	Harbin	25617	2864	1430	3632	3073	2884	7862
齐齐哈尔	Qiqihar	5124	831	259	489	876	640	883
鸡　西	Jixi	1370	265	56	164	122	249	213
鹤　岗	Hegang	964	134	42	92	287	210	150
双鸭山	Shuangyashan	1898	357	54	240	418	286	481
大　庆	Daqing	8257	641	192	696	880	791	1971
伊　春	Yichun	935	226	100	161	332	181	246
佳木斯	Jiamusi	3463	437	126	240	549	392	650
七台河	Qitaihe	934	136	30	88	229	150	187
牡丹江	Mudanjiang	4865	712	573	412	771	660	1147
黑　河	Heihe	1458	321	104	205	382	254	403
绥　化	Suihua	3073	647	91	279	860	443	295
大兴安岭	Daxinganling	726	282	91	176	224	124	295
农垦总局	ARB	1846	445	85	187	444	171	187
绥芬河	Suifenhe	1044	159	18	26	77	152	180
抚　远	Fuyuan	189	53	5	17	38	33	65

1-4 续表2 CONTINUED

单位：个 (unit)

地区	Region	科学研究和技术服务业 Scientific Research and Technical Service	水利、环境和公共设施管理业 Management of Water Conservancy, Environment and Public Facilities	居民服务、修理和其他服务业 Services to Households Repair and Other Services	教育 Education	卫生和社会工作 Health and Socia Services	文化、体育和娱乐业 Culture, Sports and Entertainment	公共管理、社会保障和社会组织 Public Management Social Security and Social Organization
全　省	**Total**	**9371**	**2329**	**3477**	**11099**	**13131**	**5020**	**47174**
哈尔滨	Harbin	3880	668	1479	3409	2931	1250	10436
齐齐哈尔	Qiqihar	549	265	333	1735	1933	550	5525
鸡　西	Jixi	168	120	67	307	552	248	1947
鹤　岗	Hegang	116	55	59	248	384	114	1629
双鸭山	Shuangyashan	280	122	67	355	555	282	2586
大　庆	Daqing	1760	193	449	1149	577	595	2784
伊　春	Yichun	120	110	54	238	512	219	2304
佳木斯	Jiamusi	372	113	207	627	1366	264	3569
七台河	Qitaihe	131	51	60	198	399	166	1187
牡丹江	Mudanjiang	1001	172	310	915	1596	466	3726
黑　河	Heihe	244	124	109	369	601	256	3075
绥　化	Suihua	319	127	129	1086	1329	272	5451
大兴安岭	Daxinganling	156	67	70	158	145	215	1398
农垦总局	ARB	199	121	63	226	195	85	1016
绥芬河	Suifenhe	48	13	17	32	29	16	250
抚　远	Fuyuan	28	8	4	47	27	22	291

1-5 按地区和行业门类分组的单产业法人单位数(2015年)

NUMBER OF SINGLE INDUSTRIAL CORPORATE UNITS BY SECTOR AND REGION (2015)

单位：个 (unit)

地 区	Region	总 计 Total	农、林、牧、渔业 Agriculture, Forestry, Animal Husbandry and Fishery	采矿业 Mining	制造业 Manufacturing	电力、热力、燃气及水生产和供应业 Production and Supply of Electric, heat, Gas and Water	建筑业 Construction	批发和零售业 Wholesale and Retail Trades
全 省	**Total**	**216613**	**32608**	**2017**	**27321**	**1488**	**7152**	**48772**
哈尔滨	Harbin	77854	9056	194	10151	322	3231	20981
齐齐哈尔	Qiqihar	23122	6322	89	2954	174	468	4164
鸡 西	Jixi	6589	1111	285	664	62	164	989
鹤 岗	Hegang	4126	518	146	477	32	155	576
双鸭山	Shuangyashan	7385	1328	188	544	67	216	1299
大 庆	Daqing	21297	978	112	2313	142	792	7340
伊 春	Yichun	5049	429	65	817	60	197	516
佳木斯	Jiamusi	12351	2260	82	1244	86	286	2415
七台河	Qitaihe	3616	138	232	380	26	83	777
牡丹江	Mudanjiang	18159	355	388	3640	209	685	4217
黑 河	Heihe	7372	1548	79	416	45	191	1069
绥 化	Suihua	17532	6297	28	2213	81	274	1712
大兴安岭	Daxinganling	4404	906	53	304	24	151	480
农垦总局	ARB	4699	1163	57	857	142	185	1043
绥芬河	Suifenhe	2298	26		321	13	62	1033
抚 远	Fuyuan	760	173	19	26	3	12	161

1-5 续表1 CONTINUED

单位：个 (unit)

地 区	Region	交通运输、仓储和邮政业 Transport, Storage and Post	住宿和餐饮业 Hotels and Catering Services	信息传输、软件和信息技术服务业 Information Transmission, Software and IT Softwares	金融业 Financial Intermediation	房地产业 Real Estate	租赁和商务服务业 Leasing and Business Services	科学研究和技术服务业 Scientific Research and Technical Services
全 省	**Total**	**5529**	**2577**	**4056**	**1767**	**6915**	**13843**	**8207**
哈尔滨	Harbin	2094	1061	2811	895	2638	7205	3518
齐齐哈尔	Qiqihar	482	216	86	102	567	794	477
鸡 西	Jixi	109	51	23	26	246	186	149
鹤 岗	Hegang	85	38	31	72	199	130	70
双鸭山	Shuangyashan	196	40	58	34	245	433	241
大 庆	Daqing	449	148	516	172	648	1808	1674
伊 春	Yichun	111	72	20	13	150	208	89
佳木斯	Jiamusi	358	112	118	111	385	610	282
七台河	Qitaihe	83	27	25	31	128	178	102
牡丹江	Mudanjiang	409	527	191	123	593	1079	899
黑 河	Heihe	221	80	65	54	244	356	163
绥 化	Suihua	457	86	41	81	429	259	242
大兴安岭	Daxinganling	141	61	32	24	113	246	131
农垦总局	ARB	151	37	14	10	151	124	118
绥芬河	Suifenhe	143	17	22	19	147	172	41
抚 远	Fuyuan	40	4	3		32	55	11

1-5 续表2 CONTINUED

单位：个 (unit)

地 区	Region	水利、环境和公共设施管理业 Management of Water Conservancy, Environment and Public Facilities	居民服务、修理和其他服务业 Services to Households Repair and Other Services	教 育 Education	卫生和社会工作 Health and Social Services	文化、体育和娱乐业 Culture, Sports and Entertainment	公共管理、社会保障和社会组织 Public Management Social Security and Social Organizations
全 省	**Total**	**1794**	**3151**	**7568**	**5306**	**4400**	**32142**
哈尔滨	Harbin	578	1352	2394	1159	1143	7071
齐齐哈尔	Qiqihar	204	297	708	658	499	3861
鸡 西	Jixi	98	65	280	297	212	1572
鹤 岗	Hegang	36	49	214	114	100	1084
双鸭山	Shuangyashan	96	59	278	205	252	1606
大 庆	Daqing	158	416	815	345	558	1913
伊 春	Yichun	82	37	199	181	182	1621
佳木斯	Jiamusi	101	202	506	281	195	2717
七台河	Qitaihe	47	57	152	100	162	888
牡丹江	Mudanjiang	134	290	615	897	369	2539
黑 河	Heihe	80	98	296	299	188	1880
绥 化	Suihua	83	113	729	476	261	3670
大兴安岭	Daxinganling	48	61	157	134	200	1138
农垦总局	ARB	38	37	168	135	52	217
绥芬河	Suifenhe	8	15	30	12	14	203
抚 远	Fuyuan	3	3	27	13	13	162

1-6 按地区和行业门类分组的多产业法人单位数(2015年)

NUMBER OF MULTI-INDUSTRIAL CORPORATE UNITS BY SECTOR AND REGION (2015)

单位：个 (unit)

地 区	Region	总 计 Total	农、林、牧、渔业 Agriculture, Forestry, Animal Husbandry and Fishery	采矿业 Mining	制造业 Manufacturing	电力、热力、燃气及水生产和供应业 Production and Supply of Electric, heat, Gas and Water	建筑业 Construction
全 省	**Total**	**8703**	**231**	**47**	**344**	**138**	**250**
哈尔滨	Harbin	2296	18	4	134	26	137
齐齐哈尔	Qiqihar	1086	20	1	53	24	24
鸡 西	Jixi	243	4	5	5	8	1
鹤 岗	Hegang	262	4	7	5	5	8
双鸭山	Shuangyashan	617	6	6	14	12	16
大 庆	Daqing	607	1	3	31	14	14
伊 春	Yichun	432	22	2	17	8	4
佳木斯	Jiamusi	491	4		14	8	11
七台河	Qitaihe	230	2	15	8	6	3
牡丹江	Mudanjiang	672	6	1	25	2	13
黑 河	Heihe	576	10	1	6	11	5
绥 化	Suihua	616	1		5	2	4
大兴安岭	Daxinganling	189	14	1	13	5	4
农垦总局	ARB	284	116	1	13	5	5
绥芬河	Suifenhe	42			1		
抚 远	Fuyuan	60	3			2	1

1-6 续表1 CONTINUED

单位：个 (unit)

地 区	Region	批发和零售业 Wholesale and Retail Trades	交通运输、仓储和邮政业 Transport, Storage and Post	住宿和餐饮业 Hotels and Catering Services	信息传输、软件和信息技术服务业 Information Transmission, Software and IT Softwares	金融业 Financial Intermediation	房地产业 Real Estate	租赁和商务服务业 Leasing and Business Services
全 省	**Total**	**1200**	**253**	**84**	**109**	**448**	**195**	**209**
哈尔滨	Harbin	409	71	49	31	86	70	106
齐齐哈尔	Qiqihar	127	31	8	9	35	16	13
鸡 西	Jixi	40	7	1	4	13	1	2
鹤 岗	Hegang	27	6		4	21	5	2
双鸭山	Shuangyashan	68	18	1	6	35	13	11
大 庆	Daqing	84	16	8	9	44	36	34
伊 春	Yichun	48	14	1	4	27	7	3
佳木斯	Jiamusi	104	12	2	7	33	4	7
七台河	Qitaihe	21	10		4	21	4	1
牡丹江	Mudanjiang	73	22	6	7	35	23	8
黑 河	Heihe	43	12	3	6	29	4	7
绥 化	Suihua	80	6	1	5	41	3	1
大兴安岭	Daxinganling	29	10	4	9	17	3	6
农垦总局	ARB	40	10		4	8	2	2
绥芬河	Suifenhe	4	6			2	4	4
抚 远	Fuyuan	3	2			1		2

1-6 续表2 CONTINUED

单位：个 (unit)

地 区	Region	科学研究和技术服务业 Scientific Research and Technical Service	水利、环境和公共设施管理业 Management of Water Conservancy, Environment and Public Facilities	居民服务、修理和其他服务业 Services to Households Repair and Other Services	教 育 Education	卫生和社会工作 Health and Socia Services	文化、体育和娱乐业 Culture, Sports and Entertainment	公共管理、社会保障和社会组织 Public Management Social Security and Social Organization
全 省	**Total**	**142**	**66**	**48**	**499**	**560**	**64**	**3816**
哈尔滨	Harbin	57	16	17	148	117	17	783
齐齐哈尔	Qiqihar	20	12	7	127	115	6	438
鸡 西	Jixi	1	3		10	26	1	111
鹤 岗	Hegang	5	6		7	23	1	126
双鸭山	Shuangyashan	6	3	2	20	14	5	361
大 庆	Daqing	9	4	9	47	31	7	206
伊 春	Yichun		5	1	4	18	3	244
佳木斯	Jiamusi	6	2	1	27	69	2	178
七台河	Qitaihe	2	1		11	14		107
牡丹江	Mudanjiang	11	5	3	47	44	9	332
黑 河	Heihe	5	2	1	16	11	7	397
绥 化	Suihua	1	2	2	24	72	2	364
大兴安岭	Daxinganling	7	1	1	1	3	2	59
农垦总局	ARB	8	2	4	4	1	1	58
绥芬河	Suifenhe	4				1	1	15
抚 远	Fuyuan		2		6	1		37

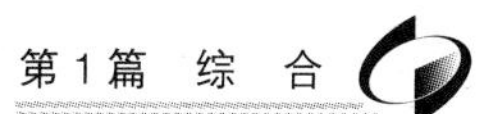

1-7 按地区和行业门类分组的多产业法人所属产业活动单位数(2015年)

NUMBER OF MULTI-INDUSTRIAL ACTIVITIES UNITS OF CORPORATION BY SECTOR AND REGION (2015)

单位：个 (unit)

地 区	Region	总 计 Total	农、林、牧、渔业 Agriculture, Forestry, Animal Husbandry and Fishery	采矿业 Mining	制造业 Manufacturing	电力、热力、燃气及水生产和供应业 Production and Supply of Electric, heat, Gas and Water	建筑业 Construction	批发和零售业 Wholesale and Retail Trades
全 省	**Total**	**64605**	**2204**	**214**	**963**	**1565**	**1055**	**12991**
哈尔滨	Harbin	17971	168	12	388	415	473	4636
齐齐哈尔	Qiqihar	7475	110	6	133	256	93	960
鸡 西	Jixi	1696	34	20	17	75	5	381
鹤 岗	Hegang	1868	66	37	19	37	23	388
双鸭山	Shuangyashan	3250	65	28	33	107	78	599
大 庆	Daqing	4321	4	18	84	85	155	917
伊 春	Yichun	2642	267	6	29	73	10	419
佳木斯	Jiamusi	4224	62	4	27	85	64	1048
七台河	Qitaihe	1349	7	71	23	52	7	157
牡丹江	Mudanjiang	4775	196	3	53	47	32	648
黑 河	Heihe	3061	144	3	17	78	7	389
绥 化	Suihua	5856	2		10	54	28	1361
大兴安岭	Daxinganling	1381	145	3	26	20	26	246
农垦总局	ARB	4218	918	3	103	169	50	803
绥芬河	Suifenhe	188	1		1	1		11
抚 远	Fuyuan	330	15			11	4	28

1-7 续表1 CONTINUED

单位：个 (unit)

地 区	Region	交通运输、仓储和邮政业 Transport, Storage and Post	住宿和餐饮业 Hotels and Catering Services	信息传输、软件和信息技术服务业 Information Transmission, Software and IT Softwares	金融业 Financial Intermediation	房地产业 Real Estate	租赁和商务服务业 Leasing and Business Services	科学研究和技术服务业 Scientific Research and Technical Services
全 省	**Total**	**2981**	**679**	**3048**	**7795**	**705**	**1372**	**1164**
哈尔滨	Harbin	770	369	821	2178	246	657	362
齐齐哈尔	Qiqihar	349	43	403	774	73	89	72
鸡 西	Jixi	156	5	141	96	3	27	19
鹤 岗	Hegang	49	4	61	215	11	20	46
双鸭山	Shuangyashan	161	14	182	384	41	48	39
大 庆	Daqing	192	44	180	708	143	163	86
伊 春	Yichun	115	28	141	319	31	38	31
佳木斯	Jiamusi	79	14	122	438	7	40	90
七台河	Qitaihe	53	3	63	198	22	9	29
牡丹江	Mudanjiang	303	46	221	648	67	68	102
黑 河	Heihe	100	24	140	328	10	47	81
绥 化	Suihua	190	5	238	779	14	36	77
大兴安岭	Daxinganling	141	30	144	200	11	49	25
农垦总局	ARB	294	48	173	434	20	63	81
绥芬河	Suifenhe	16	1	4	58	5	8	7
抚 远	Fuyuan	13	1	14	38	1	10	17

1-7 续表2 CONTINUED

单位：个 (unit)

地 区	Region	水利、环境和公共设施管理业 Management of Water Conservancy, Environment and Public Facilities	居民服务、修理和其他服务业 Services to Households Repair and Other Services	教 育 Education	卫生和社会工作 Health and Social Services	文化、体育和娱乐业 Culture, Sports and Entertainment	公共管理、社会保障和社会组织 Public Management Social Security and Social Organizations
全 省	**Total**	**535**	**326**	**3531**	**7825**	**620**	**15032**
哈尔滨	Harbin	90	127	1015	1772	107	3365
齐齐哈尔	Qiqihar	61	36	1027	1275	51	1664
鸡 西	Jixi	22	2	27	255	36	375
鹤 岗	Hegang	19	10	34	270	14	545
双鸭山	Shuangyashan	26	8	77	350	30	980
大 庆	Daqing	35	33	334	232	37	871
伊 春	Yichun	28	17	39	331	37	683
佳木斯	Jiamusi	12	5	121	1085	69	852
七台河	Qitaihe	4	3	46	299	4	299
牡丹江	Mudanjiang	38	20	300	699	97	1187
黑 河	Heihe	44	11	73	302	68	1195
绥 化	Suihua	44	16	357	853	11	1781
大兴安岭	Daxinganling	19	9	1	11	15	260
农垦总局	ARB	83	26	58	60	33	799
绥芬河	Suifenhe	5	2	2	17	2	47
抚 远	Fuyuan	5	1	20	14	9	129

1-8 按登记注册类型分组的法人单位数和产业活动单位数(2015年)

NUMBERS OF CORPORATE UNITS AND INDUSTRIAL ACTIVITIES UNITS OF BY REGISTER TYPE (2015)

单位：个 (unit)

项 目	Item	法人单位数 Unit Number of Legal Person	产业活动单位数 Unit Number of Industry Activity
合 计	**Total**	**225316**	**281218**
内资企业	**Domestic Funded Enterprises**	**224437**	**279439**
国有	State-owned Enterprises	35529	64635
集体	Collective-owned Enterprises	3348	7080
股份合作	Cooperative Enterprises	1550	2568
联营企业	Joint Ownership Enterprises	553	1055
国有联营	State Joint Ownership Enterprises	109	234
集体联营	Collective Joint Ownership Enterprises	151	336
国有与集体联营	State-Collective Joint Ownership Enterprises	98	137
其他联营	Other Joint Ownership Enterprises	195	348
有限责任公司	Limited Liability Corporations	41265	46099
国有独资公司	State-owned Proprietorship	427	521
其他有限责任公司	Other Limited Liability Corporations	40838	45578
股份有限公司	Share Holding Enterprises	4120	8584
私营企业	Private Enterprises	71426	75987
私营独资	Private Proprietorship	24494	26149
私营合伙	Private Partnership	2366	2538
私营有限责任公司	Private Limited Liability Corporations	42563	45090
私营股份有限公司	Private Share Holding Enterprises	2003	2210
其他企业	Others	66646	73431
港澳台商投资企业	**Enterprises with Funds from Hong Kong,Macao and Taiwan**	**339**	**610**
与港澳台资合资经营	Joint Ventures with Hong Kong,Macao and Taiwan	135	171
与港澳台资合作经营	Cooperative Operation with Hong Kong,Macao and Taiwan	19	25
港澳台商独资经营	Individual Proprietorship of Hong Kong,Macao and Taiwan	150	230
港澳台商投资股份有限公司	Share Holding Enterprises with Funds from Hong Kong, Macao and Taiwan	21	153
其他港、澳、台商投资	Others	14	31
外商投资	**Foreign Funded Enterprises**	**540**	**1169**
中外合资经营	Joint Ventures	215	329
中外合作经营	Cooperative Operation	21	28
外资企业	Foreign Investment	234	532
外商投资股份有限公司	Foreign Funded Share Holding Enterprises	40	223
其他外商投资	Others	30	57

1-9 按人口平均的主要工农业产品产量

PER CAPITA MAIN FARM PRODUCE AND INDUSTRIAL PRODUCTS

年 份 Year	粮豆薯 （千克） Grain (kg)	油 料 （千克） Oil-bearing Crops (kg)	猪牛羊肉 （千克） Pork, Beef and Mutton (kg)	牛 奶 （千克） Cow Milk (kg)	水产品 （千克） Aquatic Products (kg)	木 材 （立方米） Timber (cu. m)	钢 （千克） Steel (kg)	原 油 （吨） Crude Oil (ton)	发电量 （千瓦时） Electricity (kwh)
1978	476.4	2.8	10.3	4.4	0.7	0.50	17.6	1.62	347
1980	459.0	7.5	11.6	3.9	0.6	0.51	16.5	1.62	405
1985	420.2	8.5	9.4	12.9	2.0	0.50	22.7	1.65	559
1990	655.7	4.9	13.0	28.8	4.2	0.43	27.0	1.58	837
1991	608.1	4.3	14.3	31.6	4.6	0.38	28.0	1.56	889
1992	658.9	6.1	14.8	33.5	5.0	0.35	32.7	1.55	966
1993	659.7	4.4	14.5	30.8	5.2	0.34	34.5	1.54	1027
1994	705.3	4.3	16.9	30.3	5.7	0.34	30.3	1.53	1044
1995	703.2	5.4	19.1	32.9	6.9	0.30	25.4	1.52	1052
1996	820.2	4.5	25.1	35.9	7.8	0.35	22.7	1.51	1105
1997	830.2	4.9	26.8	37.6	8.6	0.31	23.6	1.50	1158
1998	799.7	4.5	29.8	37.8	9.5	0.25	21.0	1.49	1127
1999	812.8	10.4	31.6	37.8	9.6	0.22	20.5	1.44	1088
2000	670.0	11.5	33.1	40.6	10.1	0.18	23.4	1.40	1123
2001	696.2	9.5	35.3	49.6	10.6	0.17	24.2	1.35	1150
2002	771.6	13.9	38.8	61.9	11.0	0.16	37.8	1.32	1205
2003	658.7	11.7	43.9	78.8	11.0	0.20	43.4	1.27	1277
2004	821.6	12.1	53.3	98.1	11.3	0.16	47.4	1.22	1295
2005	942.8	15.9	63.5	115.3	11.7	0.20	60.8	1.18	1561
2006	989.1	16.5	67.3	120.5	8.7	0.20	82.5	1.14	1654
2007	1037.1	13.1	49.4	123.9	9.0	0.20	114.1	1.09	1782
2008	1104.7	7.5	63.3	151.8	9.3	0.23	111.5	1.05	1881
2009	1137.9	7.4	40.9	138.2	10.0	0.20	147.9	1.05	1879
2010	1309.0	7.2	43.2	144.3	10.4	0.20	147.8	1.05	2022
2011	1453.1	6.1	43.8	141.7	9.3	0.11	155.6	1.04	2149
2012	1502.7	5.9	47.0	146.1	11.8	0.10	159.2	1.04	2199
2013	1565.8	5.0	48.2	135.1	12.7	0.07	164.6	1.04	2155
2014	1628.1	4.5	50.9	145.2	13.4	0.06	126.1	1.04	2280
2005	1628.1	4.5	50.9	145.2	13.4	0.06	105.6	1.00	2276

注：2005、2006年钢产量为粗钢产量。
Note: In 2005, 2006 the output of steel is crude steel.

1-10 国民经济和社会发展总量与速度指标

部门	Item	总量指标	
		2000	2005
人口与就业	**Population and Employment**		
人口(万人)	**Population(10000 persons)**		
总人口	Population at Year-end	3807.0	3820.0
男性人口	Male	1945.8	1933.1
女性人口	Female	1861.2	1886.9
市镇人口	Urban	1977.4	2028.4
乡村人口	Rural	1829.6	1791.6
就业(万人)	**Employment (10000 persons)**		
就业人员数	Employment	1600.8	1748.9
#城镇就业人员	#Urban Employed Persons	722.8	799.9
城镇登记失业人数	Registered Unemployed in Urban Areas	25.3	31.3
宏观经济	**Macro Economy**		
国民经济核算(亿元)	**National Accounting(100 million yuan)**		
地区生产总值	Gross Domestic Product	3151.4	5513.7
第一产业	Primary Industry	383.2	684.6
第二产业	Secondary Industry	1731.7	2971.7
第三产业	Tertiary Industry	1036.6	1857.4
人均地区生产总值(元)	Per Capita GDP(yuan)	8294	14440
固定资产投资(亿元)	**Investment in Fixed Assets(100 million yuan)**		
全社会固定资产投资	Total Investment in Fixed Assets	859.2	1731.7
城镇	Urban	774.3	1575.9
#房地产开发	#Real Estate Development	104.1	267.6
#国有单位	#State-Owned Units	449.8	754.6
集体单位	Collective-Owned Units	35.9	21.1
个体经济	Individuals	90.8	288.6
消费	**Consumption**		
社会消费品零售总额(亿元)	Total Retail Sales of Consumer Goods(100 million yuan)	1094.0	1773.8
对外贸易	**Foreign Trade**		
进出口总额(万美元)	Total Exports and Imports(USD 10000)	298620	957216
出口额	Exports	145101	607202
进口额	Imports	153519	350014
实际利用外资额(万美元)	Total Amount of Foreign Capital Actually Used(USD 10000)	110359	152202
#外商直接投资	#Direct Foreign Investments	83085	144690
财政、金融(亿元)	**Public Finance and Banking(100million yuan)**		
公共财政收入	General Budgetary Financial Revenue	185.3	318.2
公共财政支出	General Budgetary Financial Expenditure	381.9	787.8
物价总指数(上年=100)	**Price Indices(preceding year=100)**		
居民消费价格总指数	General Consumer Price Index	98.3	101.2
商品零售价格总指数	General Retail Price Index	97.8	100.4
农业生产资料价格指数	Price Index for Means of Agricultural Production	98.6	108.6
工业生产者购进价格指数	Producer Price Index for Industrial Products	108.6	111.8
工业生产者出厂价格指数	Producer Price Index for Industrial Products	122.9	116.7
能源(万吨标准煤)	**Energy(10000 tons of SCE)**		
一次能源生产总量	Total Energy Production		13756
能源消费总量	Total Energy Consumption		8076

PRINCIPAL ECONOMIC AND SOCIAL INDICATORS AND THEIR GROWTH RATES

Aggregate Data			速度指标（%） Indices and Growth Rates (%)						
			指数（2015年为以下各年） Index(2015 as percentage of the following years)				年均增长 Average Annual Growth Rate		
2010	2014	2015	2000	2005	2010	2014	2001-2015	2006-2015	2011-2015
3833.4	3833.0	3812.0	100.1	99.8	99.4	99.5	0.01	-0.02	-0.11
1943.6	1925.1	1926.8	99.0	99.7	99.1	100.1	-0.07	-0.03	-0.17
1889.8	1907.9	1885.2	101.3	99.9	99.8	98.8	0.09	-0.01	-0.05
2133.7	2223.5	2241.5	113.4	110.5	105.1	100.8	0.90	1.00	0.99
1699.7	1609.5	1570.5	85.8	87.7	92.4	97.6	-1.08	-1.31	-1.57
1932.0	2079.7	2034.5	127.1	116.3	105.3	97.8	1.73	1.52	1.04
942.6	1096.8	1058.5	146.4	132.3	112.3	96.5	2.76	2.84	2.35
36.2	39.9	41.0	162.0	130.9	113.1	102.8	3.50	2.73	2.49
10368.6	15039.4	15083.7	434.0	262.3	148.8	105.7	11.05	10.12	8.27
1302.9	2611.4	2633.5	257.8	180.2	131.9	105.2	7.00	6.06	5.69
5025.2	5544.4	4798.1	440.3	253.7	138.5	101.4	11.17	9.76	6.73
4040.6	6883.6	7652.1	478.8	299.6	166.6	110.4	11.84	11.60	10.75
27076	39226	39462	432.2	262.4	149.2	106.0	11.02	10.13	8.34
6801.7	9828.9	10182.9	1185.2	588.0	149.7	103.6	19.32	19.38	8.41
6281.7	8659.4	8925.1	1152.7	566.3	142.1	103.1	19.08	18.93	7.28
843.1	1324.1	992.1	953.0	370.7	117.7	74.9	17.47	14.00	3.31
2660.6	2997.3	2877.1	639.6	381.3	108.1	96.0	14.17	14.32	1.58
115.1	68.8	76.9	214.2	364.5	66.8	111.8	5.59	13.81	-7.75
454.7	372.1	373.3	411.1	129.3	82.1	100.3	10.63	2.61	-3.87
4039.2	7015.3	7640.2	698.4	430.7	189.2	108.9	14.89	15.72	13.60
2550382	3890037	2098599	702.8	219.2	82.3	53.9	14.94	8.17	-3.82
1628176	1734041	803072	553.5	132.3	49.3	46.3	13.00	2.84	-13.18
922207	2155996	1295527	843.9	370.1	140.5	60.1	16.46	13.98	7.03
275851	515551	554509	502.5	364.3	201.0	107.6	12.22	13.80	14.99
266151	508791	544875	655.8	376.6	204.7	107.1	14.38	14.18	15.41
755.6	1301.3	1165.9	629.1	366.4	154.3	89.6	13.04	13.87	9.06
2253.3	3434.2	4020.7	1052.8	510.4	178.4	117.1	16.99	17.70	12.28
103.9	101.5	101.1							
103.1	100.8	100.1							
105.6	100.3	101.3							
114.5	97.6	88.2							
115.0	97.1	86.0							
13266	11245	10764		78.2	81.1	95.7		-2.42	-4.09
11139	11955	12126		150.2	108.9	101.4		4.15	1.71

1-10 续表1

部 门	Item	总量指标	
		2000	2005
产 业	**Industry**		
农 业	**Agriculture**		
乡村从业人员(万人)	Number of Rural Employees(10000persons)	913.2	950.1
主要农产品产量(万吨)	Output of Major Farm Products(10000 tons)		
粮豆薯	Grain	2545.5	3600.0
#水 稻	#Rice	1042.2	1172.5
玉 米	Corn	790.8	1379.5
大 豆	Soja	450.1	748.0
薯 类	Tubers	81.8	85.3
油 料	Oil-bearing Crops	43.8	60.6
麻 类	Fiber Crops	18.7	36.1
蔬菜、食用菌	Vegetables、Mushroom	1325.6	1153.5
烟 叶	Tobacco	9.6	7.4
瓜 果	Fruits	319.4	306.4
奶 类	Milk	156.5	444.2
水产品	Aquatic Products	38.2	44.6
木材(万立方米)	Timber(10000 cu.m)	691.5	764.1
工 业	**Industry**		
工业总产值(亿元)	Gross Industrial Output Value(100 million yuan)	2460.9	4714.9
轻工业	Light Industry	442.5	842.4
重工业	Heavy Industry	2018.4	3872.5
工业增加值	Value-added of Industry	1213.0	2154.6
利税总额(亿元)	Total Per-tax Profits(100 million yuan)	835.4	1483.1
主要工业产品产量	Output of Major Industrial Products		
原油(万吨)	Crude Oil(10000 tons)	5306.7	4495.0
天然气(亿立方米)	Natural Gas(100 million cu.m)	23.0	24.4
水泥(万吨)	Cement(10000 tons)	903.7	1113.3
成品钢材(万吨)	Steel Products(10000 tons)	76.3	232.3
汽车(万辆)	Automobile(10000 unit)	13.4	26.6
发电量(亿千瓦时)	Electricity(100 million kwh)	426.7	596.0
建筑业	**Construction**		
建筑业总产值(亿元)	Gross Output Value(100 million yuan)	334.1	572.9
房屋建筑施工面积(万平方米)	Floor Space of Buildings under Construction(10000 sq.m)	2962.6	4467.7
房屋建筑竣工面积(万平方米)	Floor Space of Buildings Completed(10000 sq.m)	1886.9	2249.7
交通运输业	**Transportation**		
货运量(万吨)	Freight Traffic(10000 tons)	57213	64612
铁 路	Railways	12959	15959
公 路	Highways	39685	44376
水 运	Waterways	788	1301
空 运	Civil Aviation	1.7	4.2
管 道	Pipelines	3779	2972
客运量(万人)	Passenger Traffic(10000 persons)	49806	55619
铁 路	Railways	9819	8251
公 路	Highways	39864	46808
水 运	Waterways	45	240
空 运	Civil Aviation	78	320
邮电通信业	**Postal and Telecommunication Services**		
邮电业务总量(亿元)	Business Volume of Postal and Telecommunication Services(100 million yuan)	167.1	346.8
邮政业务总量	Business Volume of Post	10.5	23.7
电信业务总量	Business Volume of Telecommunications	156.6	323.1
函件(万件)	Number of Letters Delivered(10000 pieces)	9114	13010
报刊期发数(万份)	Number of Newspapers and Magazines(10000 pieces)	240.0	386.0
固定电话年末用户(万户)	Number of Fixed Telephone Subscribers at Year-end(10000 subscribers)	486.9	1082.1
城市	Urban Telephone Subscribers	387.9	810.2
农村	Rural Telephone Subscribers	99.0	271.9
移动电话用户(万户)	Number of Mobile Telephone(10000 subscribers)	315.8	1132.3

CONTINUED

Aggregate Data			速度指标（%） Indices and Growth Rates (%)						
			指数（2015年为以下各年） Index(2015 as percentage of the following years)				年均增长 Average Annual Growth Rate		
2010	2014	2015	2000	2005	2010	2014	2001-2015	2006-2015	2011-2015
989.4	982.8	976.0	106.9	102.7	98.6	99.3	0.48	0.27	-0.27
5012.8	6242.2	6324.0	248.4	175.7	126.2	101.3	6.72	5.80	4.76
1843.9	2251.0	2199.7	211.1	187.6	119.3	97.7	5.48	6.49	3.59
2324.4	3343.4	3544.1	448.2	256.9	152.5	106.0	11.31	9.90	8.80
585.0	460.4	428.4	95.2	57.3	73.2	93.0	-0.35	-5.42	-6.04
126.2	107.1	100.3	122.7	117.6	79.5	93.7	1.47	1.64	-4.48
27.5	17.2	18.3	41.8	30.2	66.5	106.7	-6.04	-11.28	-7.82
2.2	2.5	2.0	10.7	5.5	90.9	80.2	-14.76	-25.12	-1.89
723.8	985.6	957.4	72.2	83.0	132.3	97.1	-2.30	-1.85	5.75
9.6	8.4	6.9	71.9	93.2	71.9	81.7	-2.33	-0.70	-6.39
233.0	201.1	161.6	50.6	52.7	69.4	80.4	-4.75	-6.20	-7.06
558.8	560.2	574.4	367.0	129.3	102.8	102.5	9.73	2.60	0.55
40.0	51.4	54.2	142.0	121.6	135.7	105.6	2.54	1.98	6.29
770.0	237.6	156.6	22.6	20.5	20.3	65.9	-10.07	-14.66	-27.28
9535.1	13423.5	11607.9				86.5			
2421.5	4774.9	4729.5				99.0			
7113.6	8648.6	6878.4				79.5			
4003.5	4499.8	3229.5				100.4			
1248.8	1007.1	465.1				42.5			
4004.9	4000.0	3838.6				96.0			
30.0	35.1	35.6				101.5			
3507.2	3672.1	3264.5				88.9			
566.0	483.5	403.8				83.5			
24.8	11.6	8.0				69.4			
774.5	874.1	870.0				99.5			
1769.7	2150.7	1675.1	501.4	292.4	94.7	77.9	12.20	11.33	-1.09
7171.0	7034.6	5617.1	189.6	125.7	78.3	79.8	4.68	2.32	-4.77
3620.0	3884.6	2966.8	157.2	131.9	82.0	76.4	3.29	2.81	-3.90
61950	65195	59591	104.2	92.2	96.2	91.4	0.29	-0.81	-0.77
17463	11442	8866	68.4	55.6	50.8	77.5	-2.67	-5.71	-12.68
40582	47173	44200	111.4	99.6	108.9	93.7	0.77	-0.04	1.72
1015	1262	1245	158.0	95.7	122.7	98.7	3.32	-0.44	4.17
7.6	11.3	12.0	705.9	285.7	157.9	106.2	14.98	11.07	9.57
2883	5306	5268	139.4	177.2	182.7	99.3	2.40	5.89	12.81
47612	48258	44480	89.3	80.0	93.4	92.2	-0.80	-2.21	-1.35
10468	10041	9794	99.7	118.7	93.6	97.5	-0.02	1.73	-1.32
36001	36379	32632	81.9	69.7	90.6	89.7	-1.42	-3.54	-1.95
292	366	372	826.7	155.0	127.4	101.6	16.28	4.48	4.96
851	1472	1682	2156.4	526.4	197.6	114.3	24.53	18.07	14.60
811.0	417.3	491.2	294.0	141.6	60.6	117.7	8.01	3.54	-9.54
34.6	31.3	31.6	301.0	133.4	91.3	101.0	8.19	2.92	-1.79
776.4	386.0	459.6	293.5	142.2	59.2	119.1	7.99	3.59	-9.96
9305	6842	4609	50.6	35.4	49.5	67.4	-4.75	-9.86	-13.11
367.7	312.3	297.3	123.9	77.0	80.8	95.2	1.54	-2.58	-4.16
813.5	640.5	596.0	122.4	55.1	73.3	93.1	1.45	-5.79	-6.03
620.4	536.6	503.8	129.9	62.2	81.2	93.9	1.88	-4.64	-4.08
193.1	103.9	92.2	93.1	33.9	47.7	88.7	-0.51	-10.25	-13.74
2243.0	3457.8	3329.8	1054.4	294.1	148.5	96.3	18.32	11.39	8.22

1-10 续表2

部 门	Item	总量指标	
		2000	2005
旅游业	**Tourism**		
国际旅游人数(万人)	Number of Tourists from Abroad(10000 persons)	55.2	82.2
国际旅游外汇收入(万美元)	Foreign Exchange Earnings from Tourism(USD 10000)	18905	34043
金融业 (亿元)	**Financial Intermediation(100 million yuan)**		
金融机构人民币各项存款余额	Deposits of National Banking System	3333.4	6135.1
金融机构人民币各项贷款余额	Loans of National Banking System	3145.1	3658.5
保险公司保费金额	Insurance Premium of Insurance Companies	40.8	139.6
保险公司赔款及给付金额	Indemnity Expenditure and Payment of Insurance Companies	11.1	25.2
教育、科技、文化	**Education, Science and Technology and Culture**		
教育	**Education**		
在校学生数(万人)	Students Enrollment(10000 persons)		
普通高等学校	Institutions of Higher Education	20.0	54.0
中等专业学校	Specialized Secondary Schools	11.5	9.8
普通中学	Regular Secondary Schools	248.7	228.0
小 学	Primary Schools	283.1	220.4
专任教师数(万人)	Full-time Teachers(10000 persons)		
普通高等学校	Institutions of Higher Education	1.62	3.51
中等专业学校	Specialized Secondary Schools	0.74	0.32
普通中学	Regular Secondary Schools	14.44	14.32
小 学	Primary Schools	19.3	16.3
科技	**Science and Technology**		
研究与发展经费支出(亿元)	Expenditures on Research and Development(100 million yuan)	13.6	42.3
授权专利数(件)	Total Patent Applications Certified(item)	2252	2906
技术市场成交额(亿元)	Volume of Transaction in Technical Markets(100 million yuan)	15.2	14.3
文化	**Culture**		
电视节目制作时间(小时)	Time for TV Programs Production(hour)	21266	47647
出版图书(万册)	Number of Books Published(10000 copies)	9944	5938
出版杂志(万册)	Number of Magazines Issued(10000 copies)	7919	3503
出版报纸(万份)	Number of Newspapers Issued(10000 copies)	73571	71410
人民生活	**People's Livelihood**		
生活	**Livelihood**		
城镇非私营单位就业人员平均工资(元)	Average Wage of Employed Persons In Urban Non-private Units(yuan)		
城镇常住居民人均可支配收入(元)	Annual Per Capita Disposable Income of Urban Households(yuan)		
农村常住居民人均可支配收入(元)	Annual Per Capita Disposable Income of Rural Households(yuan)		
城乡居民储蓄存款余额(亿元)	Outstanding Amount of Saving Deposits in Urban and Rural Areas(100 million yuan)	2286	4079
人均储蓄存款(元)	Per Capita Balance of Saving Deposit(yuan)	6003	10677
婚姻(万对)	**Marriages and Divorces(10000 couples)**		
结婚登记总数	Registered Number of Marriages	21.8	22.8
离婚数	Number of Divorces	7.5	9.6
卫生	**Public Health**		
卫生机构(个)	Health Institutions(unit)	8038	8326
卫生机构床位(万张)	Beds of Health Institutions(10000 unit)	12.0	12.0
卫生技术人员(万人)	Medical Technical Personnel(10000 persons)	17.1	15.1
城市市政建设	**Municipal Works**		
全年供水总量(亿立方米)	Annual Volume of Tap Water Supply(100 million cu. m)	15.4	12.0
城市排水管道长度（公里）	Length of City Sewage Pipes(km)	4877	5918
人工煤气供气量(万立方米)	Volume of Coal Gas Supply(10000 cu. m)	30347	40199
液化石油气供应量(万吨)	Volume of Liquefied Petroleum Gas Supply(10000 tons)	19.9	22.9
年末实有道路长度(公里)	Length of Paved Roads at Year-end(km)	8286	9318
园林绿地面积(公顷)	Green Areas(hectare)	33768	51415
清运垃圾(万吨)	Volume of Garbage Disposal(10000 tons)	918	1027

CONTINUED

Aggregate Data			速度指标（%） Indices and Growth Rates（%）						
			指数（2015年为以下各年） Index(2015 as percentage of the following years)				年均增长 Average Annual Growth Rate		
2010	2014	2015	2000	2005	2010	2014	2001-2015	2006-2015	2011-2015
172.4	141.7	83.5							
76250	56356	39533							
12835.7	19254.8	21218.9	636.6	345.9	165.3	110.2	14.13	13.21	10.58
7230.5	13391.7	16214.9	515.6	443.2	224.3	121.1	12.43	16.05	17.53
343.2	507.1	591.8	1449.8	423.8	172.4	116.7	19.51	15.53	11.51
77.6	154.8	169.3	1530.4	671.7	218.2	109.4	19.95	20.98	16.89
71.9	73.1	73.5	366.9	136.1	102.2	100.6	9.73	3.13	0.44
11.9	11.7	11.2	96.6	113.8	93.7	95.3	-0.25	1.30	-1.28
190.8	148.3	145.4	58.5	63.8	76.2	98.0	-3.76	-4.40	-5.29
188.0	148.6	147.8	52.2	67.1	78.6	99.5	-4.54	-3.92	-4.69
4.42	4.69	4.68	289.5	133.3	105.9	99.9	7.89	2.92	1.15
0.42	0.45	0.46	62.3	141.3	109.3	101.4	-3.32	3.52	1.79
14.22	15.49	15.30	105.9	106.8	107.6	98.7	0.41	0.66	1.48
15.1	11.5	10.9	56.5	66.8	72.1	95.2	-4.00	-3.95	-6.34
107.9	138.6	130.8	961.7	309.4	121.1	94.4	17.55	11.96	3.91
6803	15412	18942	841.1	651.8	278.4	122.9	16.43	20.62	22.73
53.4	121.2	127.3	835.1	892.4	238.4	105.0	16.37	24.47	18.98
81482	109622	97437	458.2	204.5	119.6	88.9	11.49	7.42	3.64
7420	7426	7170	72.1	120.7	96.6	96.6	-2.31	1.90	-0.68
5253	5279	4467	56.4	127.5	85.0	84.6	-4.01	2.46	-3.19
78219	69039	66308	90.1	92.9	84.8	96.0	-0.74	-0.74	-3.25
27735	44036	48881			176.2	111.0			12.00
14741	22609	24203			164.2	107.1			10.43
6040	10453	11095			183.7	106.1			12.93
7255	10857	12440	544.3	305.0	171.5	114.6	12.87	11.80	11.39
18944	28317	32544	542.1	304.8	171.8	114.9	12.83	11.79	11.43
30.9	35.2	31.8	146.1	139.4	103.0	90.3	2.75	3.38	0.60
14.0	18.7	19.0	253.5	197.7	135.9	101.3	6.87	7.05	6.32
8938	9603	9304	115.8	111.7	104.1	96.9	1.05	1.12	0.81
16.0	20.2	21.2	175.7	176.6	132.3	105.0	4.11	5.85	5.76
18.9	25.6	25.9	151.5	172.2	137.5	101.3	3.01	5.58	6.58
16.4	15.0	14.9	96.6	124.2	90.9	99.3	-0.25	2.19	-1.90
7504	9922	10345	212.1	174.8	137.9	104.3	5.52	5.74	6.63
7587	7783	7202	23.7	17.9	94.9	92.5	-9.76	-15.80	-1.04
22.0	21.4	21.0	105.8	91.9	95.7	98.2	0.40	-0.84	-0.88
10090	12252	12364	149.2	132.7	122.5	100.9	2.90	2.87	4.15
69581	76346	76501	226.5	148.8	109.9	100.2	6.02	4.05	1.91
782	553	523	57.0	50.9	66.8	94.6	-3.94	-6.52	-7.74

1-11 国民经济和社会发展结构指标

STRUCTURAL INDICATORS ON NATIONAL ECONOMIC AND SOCIAL DEVELOPMENT

单位：% (%)

指 标	Item	2000	2010	2014	2015
人口与就业	**Population and Employment**				
人口	**Population**				
性别结构	Sexual Structure				
男	Male	51.1	50.7	50.2	50.5
女	Female	48.9	49.3	49.8	49.5
城乡结构	Structure of Urban and Rural				
城 镇	Urban	51.9	55.7	58.0	58.8
乡 村	Rural	48.1	44.3	42.0	41.2
就业	**Employment**				
城乡结构	Structure of Urban and Rural				
城 镇	Urban	45.2	48.8	52.7	52.0
乡 村	Rural	54.8	51.2	47.3	48.0
宏观经济	**Macro Economy**				
国民经济核算	**National Accounting**				
地区生产总值产业结构	Structure of Gross Domestic Product				
第一产业	Primary Industry	12.2	12.6	17.3	17.5
第二产业	Secondary Industry	55.0	48.4	36.9	31.8
第三产业	Tertiary Industry	32.9	39.0	45.8	50.7
固定资产投资	**Investment in Fixed Assets**				
城乡结构	Structure of Urban and Rural				
城镇投资	Urban	90.1	92.4	89.4	87.6
农村投资	Rural	9.9	7.6	10.6	12.4
登记注册类型结构	Structure of Registration Status				
国 有	State-Owned	52.4	39.1	30.5	28.3
集 体	Collective-Owned	4.2	1.7	0.7	0.8
个 体	Individuals	9.8	6.7	3.8	3.7
其 他	Others	33.6	52.5	65.0	67.3
资金来源结构	Structure of Source of Funds				
国家预算内投资	State Budgetary Appropriation	4.7	5.4	3.5	4.5
国内贷款	Domestic Loans	17.3	7.8	2.0	2.6
债 券	Bonds	2.5	0.3	0.2	0.1
利用外资	Foreign Investment	2.5	0.5	0.3	0.1
自 筹	Fundraising	57.1	76.5	83.0	81.9
其他投资	Others	16.0	9.5	10.9	10.8
货物进出口	**Imports and Exports of Goods**				
进出口总额结构	Structure of Total Exports and Imports				
出 口	Exports	48.6	63.8	44.6	38.3
进 口	Imports	51.4	36.2	55.4	61.7
财政	**Finance**				
财政收入结构	Composition of Government Revenue				
省级	Province		21.7	25.4	22.3
地级	City		41.3	38.3	56.5
县级	County		35.6	35.3	21.3
乡镇级	Town & Township		1.4	1.0	
财政支出结构	Composition of Government Expenditure				
省级	Province		24.5	21.2	23.3
地级	City		27.5	28.2	39.2
县级	County		44.1	46.8	37.5
乡镇级	Town & Township		3.9	3.8	

1-11 续表1 CONTINUED

单位：%　　(%)

指　标	Item	2000	2010	2014	2015
能源	**Energy**				
一次能源生产总量结构	Structure of Total Energy Production				
原　煤	Coal		52.0	42.5	41.9
原　油	Petroleum Crude Oil		43.1	50.8	50.9
天然气	Natural Gas		3.0	4.2	4.4
水　电	Hydropower		0.7	0.6	0.6
风　电	Wind Power		1.2	1.9	2.1
能源消费总量结构	Structure of Total Energy Consumption				
原　煤	Coal		68.4	70.4	69.3
原　油	Petroleum Crude Oil		24.3	23.9	23.9
天然气	Natural Gas		3.6	3.9	3.9
水　电	Hydropower		0.8	0.5	0.5
风　电	Wind Power		1.2	1.8	1.9
产　业	**Industry**				
农业	**Agriculture**				
农林牧渔业总产值结构	Structure of Gross Output Value of Farming, Forestry, Animal Husbandry and Fishery				
农　业	Farming	66.3	54.0	61.6	57.7
林　业	Forestry	2.9	3.8	4.0	4.0
牧　业	Animal Husbandry	28.1	38.1	30.4	33.8
渔　业	Fishery	2.7	2.1	2.1	2.3
农林牧渔服务业	Svice Industry of Farming, Forestry, Animal Husbandry and Fishery		2.1	1.9	2.1
工业	**Industry**				
工业总产值结构	Structure of Gross Output Value of Industry				
国有及国有控股工业	State-owned and State Holding Majority Shares Enterprises	84.2	57.9	46.2	40.7
其他工业	Others	15.8	42.1	53.8	59.3
工业总产值轻重工业结构	Structure of Gross Output Value of Industry Grouped by Light & Heavy Industry				
轻工业	Light Industry	18.0	25.4	36.1	40.7
重工业	Heavy Industry	82.0	74.6	63.9	59.3
建筑业	**Construction**				
建筑业总产值结构	Composition of Gross Output Value of Construction Industry				
国有企业	State-owned Enterprise	53.3	32.0	16.1	14.7
集体企业	Collective-owned Enterprises	22.6	5.2	8.4	6.3
有限责任公司	Limited Liability Corporations	10.5	37.9	53.2	57.6
股份有限公司	Share Holding Enterprises	7.6	7.3	4.6	0.2
私营企业	Private Enterprises	2.9	17.2	16.8	15.4
其他	Other Enterprises	3.2	0.4	0.9	5.8
交通运输业	**Transportation**				
货运量结构	Structure of Freight Traffic				
铁　路	Railways	22.7	28.2	17.6	14.9
公　路	Highways	69.4	65.5	72.4	74.2
水　运	Waterways	1.4	1.6	1.9	2.1
管道输油(气)	Pipelines	6.6	4.7	8.1	8.8
客运量结构	Structure of Passenger Traffic				
铁　路	Railways	19.7	22.0	20.8	22.0
公　路	Highways	80.0	75.6	75.4	73.4
水　运	Waterways	0.1	0.6	0.8	0.8
民用航空	Civil Aviation	0.1	1.8	3.1	3.8

1-11 续表2 CONTINUED

单位：% (%)

指　标	Item	2000	2010	2014	2015
旅游业	**Tourism**				
国际游客人数结构	Structure of Tourists				
外国人	Foreigners	91.5	95.6	93.3	94.3
港澳台同胞	Compatriots form Hong Kong, Macao and Taiwan	8.5	4.4	6.7	5.7
教育、科技、卫生	**Education, Science and Health Care**				
教育	**Education**				
普通学校在校学生结构	Structure of Students Enrollment				
大学生	College and University Students	3.5	18.7	23.9	24.1
中学生	Secondary School Students	47.2	45.7	41.9	41.1
小学生	Primary School Students	49.3	35.6	34.2	34.8
普通学校专任教师结构	Full-time Teachers by Type				
普通高等学校	College and Universities	4.4	12.1	14.3	14.6
中等学校	Secondary Schools	43.4	46.6	50.8	51.4
小　学	Primary Schools	52.3	41.3	34.9	34.0
科技	**Science and Technology**				
研究与试验发展经费内部支出结构	Composition of Intramural Expenditure on R&D				
基础研究	Basic Research		6.3	8.3	11.0
应用研究	Applied Research		15.2	20.4	20.3
试验发展	Experimental Development		76.5	71.3	66.0
卫生	**Health Care**				
卫生技术人员结构	Composition of Medical Technical Personnel				
#执业(助理)医师	Licensed (Assistant) Doctors	45.9	40.8	37.4	37.4
注册护士	Registered Nurses	30.0	33.2	37.1	38.2
药师(士)	Pharmacist		5.9	5.5	9.5
人民生活	**People's Lifelihood**				
城镇居民消费结构	**Consumption Composition of Urban Residents**				
食　品	Food	38.4	35.4	27.5	27.7
衣　着	Clothing	13.3	15.1	11.0	10.3
居　住	Residence	9.4	10.6	21.3	19.9
家庭设备及用品	Household Facilities and Articles	5.9	5.8	5.5	5.3
交通通信	Transport and Communications	7.6	11.2	12.5	12.0
文教娱乐	Education, Culture and Recreation	12.0	9.4	10.5	10.8
医疗保健	Health Care and Medical Services	8.9	8.9	8.9	11.2
其他	Others	4.5	3.8	2.9	2.8
农村居民消费结构	**Consumption Composition of Rural Residents**				
食　品	Food	44.3	33.8	28.2	27.5
衣　着	Clothing	6.8	8.8	7.6	7.6
居　住	Residence	19.7	18.1	20.5	18.5
家庭设备、用品及服务	Household Facilities, Articles and Services	3.3	3.7	4.4	4.3
医疗保健	Medicine and Medical Services	7.6	10.1	12.7	13.8
交通和运输	Communication and Transportation	5.5	10.4	12.3	13.1
文化教育、娱乐用品及服务	Culture, Educational and Recreational Articles and Services	9.8	12.8	12.6	13.3
其他商品和服务	Other Commodities and Services	3.0	2.3	1.7	1.9
工业污染治理投资结构	**Composition of Investment in the Treatment of Industrial Pollution**				
治理废水	Waste Water Treatment		51.2	3.1	20.0
治理废气	Waste Gas Treatment		34.1	90.6	52.2
治理固体废物	Solid Waste Treatment			0.7	4.4
治理噪声	Noise Abatement				8.7
其他	Others		14.7	5.6	14.7

1-12 国民经济和社会发展比例与效益指标

INDICATORS ON PROPORTIONS AND EFFICIENCY IN NATIONAL ECONOMIC AND SOCIAL DEVELOPMENT

指 标	Item	2000	2010	2014	2015
人口与就业	**Population and Employment**				
出生率(‰)	Birth Rate(‰)	9.43	7.35	7.37	6.00
死亡率(‰)	Death Rate(‰)	5.50	5.83	6.46	6.60
自然增长率(‰)	Natural Growth Rate(‰)	3.93	1.52	0.91	-0.60
每一就业人员负担人口(含本人)(人)	Dependency Ratio (including the labour self)(person)	2.38	1.98	1.84	1.87
城镇登记失业率(%)	Unemployment Rate in Urban Areas(%)	3.30	4.27	4.47	4.48
国民经济核算	**National Accounting**				
三次产业增加值比例(第一产业=100)	Ratio of Value-added by Type of Industry (Value added in primary industry=100)				
第二产业	Secondary Industry	451.9	399.4	212.3	182.2
第三产业	Tertiary Industry	270.5	296.4	263.6	290.6
人均国内生产总值(元)	Per Capita GDP (yuan)	8295	27076	39226	39462
固定资产投资	**Investment in Fixed Assets**				
全社会固定资产投资相当于GDP比例(%)	Proportion of Investment in Fixed Assets to GDP(%)	27.3	65.6	65.4	67.5
全社会固定资产交付使用率(%)	Rate of Fixed Assets Completed and Put Into Use(%)	82.5	71.1	74.5	89.1
全社会房屋建筑竣工率(%)	Rate of Total Floor Space of Buildings Completed in Construction(%)	73.3	48.0	29.9	42.5
消费	**Consumption**				
人均消费品零售额(元)	Per Capita Retail Sales of Consumer Goods(yuan)	2879	10548	18295	19987
财政	**Public Finance**				
公共财政收入相当于GDP比例(%)	Proportion of General Budgetary Financial Revenue to GDP(%)	5.9	7.3	8.7	7.7
公共财政支出相当于GDP比例(%)	Proportion of General Budgetary Financial Expenditure to GDP(%)	12.1	21.7	22.8	26.7
对外贸易	**Foreign Trade**				
进出口总额相当于GDP比例(%)	Proportion of Total Imports & Exports to GDP(%)	7.8	16.6	15.9	8.7
实际利用外资占签订利用外资额比例(%)	Proportion of Foreign Capital for Utilization by Signed Contracts or Agreements(%)	101.7	93.4	83.9	95.0
能源	**Energy**				
能源生产弹性系数	Elasticity Ratio of Energy Production	-1.05	0.01	-1.11	-0.75
能源消费弹性系数	Elasticity Ratio of Energy Consumption	-1.35	0.55	0.15	0.25
单位国内生产总值能耗(吨标准煤/万元)	Energy Consumption per Unit of GDP (ton of SCE/ 10000 yuan)		1.16	0.82	0.79
农业	**Agriculture**				
农业从业者人均农产品产量(千克)	Per Capita Agricultural Output of Agricultural practitioners(kg)				
粮 食	Grain	3420	7363	9497	9802
油 料	Oil-bearing Crops	58.8	40.4	26.1	28.4
亚 麻	Flax	24.2	3.2	1.1	0.9
烤 烟	Flue-Cured Tobacco	10.9	12.5	11.9	9.6
水产品	Aquatic Products	51.3	58.7	781.3	840.6
每公顷播种面积农产品产量(公斤)	Output of Farm Crops per Hectare of Sown Area(kg)				
粮 食	Grain	3242	4376	5337	5337
#水 稻	Rice	6489	6659	7023	6988
大 豆	Soybean	1569	1649	1787	1785
亚 麻	Flax	2039	4138	5118	4029
甜 菜	Beetsroots	17482	22476	40098	35541
烤 烟	Flue-cured Tobacco	1810	2622	2541	2678

1-12 续表 CONTINUED

指　标	Item	2000	2010	2014	2015
工业	**Industry**				
总资产贡献率(%)	Ratio of Industrial Output Value(%)		22.1	15.4	8.7
资产负债率(%)	Assets-Liability Ratio(%)	58.1	55.2	57.0	56.4
成本费用利润率(%)	Ratio of Profits to Industrial Cost(%)	31.4	15.2	8.3	4.2
产品销售率(%)	Proportion of Products Sold(%)	98.1	97.2	97.9	99.3
建筑业	**Construction**				
全员劳动生产率(按总产值计算，元/人)	Overall Labor Productivity(in terms of Gross Output Value, yuan/person)	51580	183394	251080	228445
技术装备率(元/人)	Value of Machinery per Laborer(yuan/person)	10478	7771	9968	10425
动力装备率(千瓦/人)	Power of Machines per Laborer(kw/person)	7.1	3.4	3.9	4.2
产值利税率(%)	Ratio of Pre-tax Profit to Gross Output Value(%)	4.0	10.1	5.3	6.0
交通运输业	**Transportation**				
货运量弹性系数	Elasticity of Freight Traffic	0.14	0.96	0.96	0.86
客运量弹性系数	Elasticity of Passenger Traffic	0.32	0.96	0.98	0.95
铁路网密度(公里/万平方公里)	Railway Density(km/10000 sq. km)	120.4	124.3	130.5	135.2
公路网密度(公里/万平方公里)	Highway Density(km/10000 sq. km)	1108	3347	3590	3607
铁路货运密度(万吨公里/公里)	Railway Freight Traffic Density(10000 ton/km)	1315	1821	1313	970
公路货运密度(万吨公里/公里)	Highway Freight Traffic Density(10000 ton/km)	32.2	50.2	62.1	56.9
电话普及率（部/百人）	Access to Telephones(set/100 persons)	22.0	80.0	106.9	105.0
旅游业	**Tourism**				
每一国际游客花费(美元)	Per Capita Expenditure of International Tourists(USD)	342.7	442.2	397.6	473.6
国内旅游人均花费(元)	Expenditure per Domestic Tourist(yuan)	446.2	529.9	979.5	1034.3
金融业	**Finance**				
金融机构存款增加额相当于GDP比例(%)	Increaseing Deposits as Percentage of GDP(%)	10.0	17.5	7.5	13.0
金融机构贷款增加额相当于GDP比例(%)	Increaseing Loans as Percentage of GDP(%)	1.3	12.0	13.5	18.7
百元存款相应的贷款(元)	Loans to Per 100 yuan Deposits(yuan)	94.4	56.3	69.6	76.4
教育	**Education**				
学龄儿童入学率(%)	Rate of School-age Children Enrollment(%)	98.8	99.1	99.9	99.9
小学升学率(%)	Rate of Graduates of Primary Schools Entering Junior Secondary Schools(%)	95.9	99.9	98.5	98.8
学校教师负担系数(%)	Student-teacher Ratio (in percentage)(%)				
高等学校	Colleges and Universities	12.4	16.3	15.59	15.71
中等学校	Secondary Schools	16.9	13.9	10.0	9.9
小　学	Primary Schools	14.7	12.4	13.0	13.6
教育支出相当于GDP比例(%)	Expenditures for Operating Expenses of Education as Percentage of GDP(%)	1.55	2.89	3.36	3.64
科技	**Science and Technology**				
研究与发展经费相当于GDP比例(%)	R&D Expenditures as Percentage of GDP(%)	0.43	1.05	0.92	0.87
卫生	**Health Care**				
每万人拥有卫生技术人员(人)	Number of Doctors per 10000 Persons(person)	45.0	49.3	54.6	55.6
每万人拥有卫生机构床位(张)	Number of Hospital Beds per 10000 Persons(unit)	31.6	41.8	52.6	55.4
医疗机构病床使用率(%)	Beds Utilization Rate of Medical Organizations(%)	48.7	72.4	77.4	76.5
人民生活	**People's Livelihood**				
城镇居民家庭恩格尔系数(%)	Engel's Coefficient of Urban Households(%)	38.4	35.4	27.5	27.7
农村居民家庭恩格尔系数(%)	Engel's Coefficient of Rural Households(%)	44.3	33.8	28.2	27.5
城市市政建设	**Municipal Works**				
城市人口用水普及率(%)	Coverage Rate of Urban Population with Access to Tap Water(%)	74.7	89.1	96.2	97.2
城市燃气普及率(%)	Coverage Rate of Urban Population with Access to Tap Gas(%)	59.3	88.8	86.2	86.6
城市人均公园绿地面积(平方米)	Per Capita Public Green Areas(sq. m)	5.4	11.8	12.1	12.0

1-13 平均每天主要社会经济活动

SELECTED INDICATORS ON AVERAGE DAILY SOCIAL AND ECONOMIC ACTIVITIES

指　标	Item	2000	2005	2010	2014	2015
每天创造的财富	**Daily Production**					
地区生产总值(亿元)	Gross Domestic Product(100 million yuan)	8.63	15.11	28.41	41.20	41.33
第一产业	Primary Industry	1.05	1.88	3.57	7.15	7.22
第二产业	Secondary Industry	4.74	8.14	13.77	15.19	13.15
工　业	Industry	4.29	7.39	12.14	13.11	11.11
建筑业	Construction	0.45	0.75	1.63	2.32	2.33
第三产业	Tertiary Industry	2.84	5.09	11.07	18.86	20.96
公共财政收入(亿元)	General Budgetary Financial Revenue(100 million yuan)	0.51	0.87	2.07	3.57	3.19
公共财政支出(亿元)	General Budgetary Financial Expenditure(100 million yuan)	1.05	2.16	6.17	9.41	11.02
粮豆薯(万吨)	Grain(10000 tons)	6.97	9.86	13.73	17.10	17.33
#水　稻	#Rice	2.86	3.21	5.05	6.17	6.03
玉　米	Corn	2.17	3.78	6.37	9.16	9.71
大　豆	Soja	1.23	2.05	1.60	1.26	1.17
薯　类	Tuber	0.22	0.23	0.35	0.29	0.27
油料(吨)	Oil-bearing Crops(ton)	1200	1660	753	470	501
麻类(吨)	Fiber Crops(ton)	512	989	60	68	55
烟叶(吨)	Tobacco(ton)	263	203	263	231	189
瓜果类(吨)	Melon and Fruits(ton)	8751	8395	6384	5510	4427
水产品(吨)	Aquatic Products(ton)	1047	1222	1095	1407	1486
原油(万吨)	Crude Oil(10000 tons)	14.54	12.32	10.97	10.96	10.52
天然气(亿立方米)	Natural Gas(100 million cu. m)	0.06	0.07	0.08	0.10	0.10
水泥(万吨)	Cement(10000 tons)	2.48	3.05	9.61	10.06	8.94
粗钢(万吨)	Crude Steel(10000 tons)	0.24	0.68	1.79	1.30	1.15
成品钢材(万吨)	Steel Products(10000 tons)	0.21	0.64	1.55	1.32	1.11
汽车(辆)	Automobile(unit)	367	729	679	318	221
发电量(亿千瓦时)	Electricity(100 million kwh)	1.17	1.63	2.12	2.39	2.38
每天消费量	**Daily National Consumption**					
能源消费量(万吨标准煤)	Total Energy Consumption(10000 tons of SCE)		37.69	36.34	30.81	29.49
社会消费品零售总额(亿元)	Total Retail Sales of Consumer Goods(100 million yuan)	3.00	4.86	11.07	19.22	20.93

1-13 续表 CONTINUED

指　标	Item	2000	2005	2010	2014	2015
每天其他经济活动	**Other Daily Economic Activities**					
竣工住宅面积(万平方米)	Floor Space Completed of Residential Buildings(10000 sq.m)	7.07	7.35	14.18	7.46	6.52
农村个人住宅竣工面积(万平方米)	Private Buildings Completed in Rural Areas(10000 sq.m)	1.75	1.70	2.66	1.59	1.93
客运量(万人)	Passenger Traffic(10000 persons)	136.5	152.4	130.4	132.2	121.9
货运量(万吨)	Freight Traffic(10000 tons)	156.7	177.0	169.7	178.6	163.3
居民新增储蓄额(亿元)	Outstanding Amount of Savings Deposit(100 million yuan)	0.46	1.35	2.26	2.19	4.34
进出口额(万美元)	Total Value of Imports and Exports(USD 10000)	818	2623	6988	10658	5750
出　口	Total Exports	398	1664	4461	4751	2200
进　口	Total Imports	421	959	2527	5907	3549
实际利用外资额(万美元)	Foreign Capital Actually Used(USD 10000)	302	417	756	1414	1519
国际旅游人数(人)	Number of Tourists from Abroad(person)	1511	2251	4724	3883	2287
国际旅游外汇收入(万美元)	Foreign Exchange Earnings(USD 10000)	51.8	93.3	208.9	154.4	108.3
人口和社会活动	**Population and Social Activities**					
出生人口(人)	Births(person)	982	823	772	774	627
死亡人口(人)	Deaths(person)	573	544	528	678	689
结婚(对)	Marriages(couple)	597	626	846	965	872
离婚(对)	Divorces(couple)	205	263	383	513	520
发表科技论文(篇)	Scientific and Technological Papers(piece)		56.0	110.2	121.7	123.4
出版科技著作(种)	Scientific and Technological Composing(kind)		2.0	2.5	2.6	2.8
成交技术合同(件)	Number of Technical Contracts Completed(piece)	27.08	5.59	5.44	5.85	5.08
技术市场成交额(万元)	Transaction Value on Technical Market(10000 yuan)	417	391	1462	3321	3487
批准专利(件)	Number of Patent Applications Certified(item)	6.17	7.96	18.64	42.22	51.90
公共图书馆流通人次(万人次)	Circulation of Public Libraries(10000 person-times)	1.67	1.38	1.70	2.45	2.65
印刷图书(万册)	Printed Copies of Books(10000 copies)	27.2	16.3	20.3	20.3	19.6
印刷杂志(万册)	Printed Copies of Magazines(10000 copies)	21.7	9.6	14.4	14.5	12.2
印刷报纸(万份)	Printed Copies of Newspaper(10000 copies)	201.6	195.6	214.3	189.1	181.7
诊疗人次(万人次)	Total Number of Patients Treated(10000 person-times)	12.09	12.02	20.35	20.41	20.71
入院人数(万人)	Hospital Admissions(10000 patients)	0.41	0.55	1.02	1.32	1.39
工业废水排放量(万吨)	Volume of Industry Waste Water Discharged(10000 tons)	144	124	107	115	100
工业废气排放量(亿标立方米)	Total Volume of Waste Gas Emission(100 million cu.m)	11.9	14.4	27.7	33.1	29.7
工业固体废物产生量(万吨)	Volume of Industrial Solid Wastes Produced(10000 tons)	7.38	8.79	14.81	17.29	20.53
生活垃圾清运量(万吨)	Volume of Garbage Disposal(10000 tons)	2.51	3.08	2.14	1.52	1.43
受理劳动争议案件(件)	Number of Labor Dispute Cases Accepted(piece)	7.81	16.81	24.99	25.78	31.13
劳动争议结案案件(件)	Number of Labor Dispute Cases Settled(piece)	7.99	16.63	24.75	25.43	31.33

主要统计指标解释

行政区划 指国家对行政区域的划分。根据有关法规规定，我国的行政区域划分如下：(1)全国分为省、自治区、直辖市；(2)省、自治区分为自治州、县、自治县、市；(3)自治州分为县、自治县、市；(4)县、自治县分为乡、民族乡、镇；(5)直辖市和较大的市分为区、县；(6)国家在必要时设立的特别行政区。

平均增长速度 平均增长速度表明社会经济现象在一个较长的时期内逐期平均增长变化的程度，它不能根据各个环比增长速度直接求得，但与平均发展速度之间存在着一定的数量关系：平均增长速度＝平均发展速度－1。

平均发展速度是一种根据环比发展速度计算的序时平均数，由于各时期对比的基础不同，所以计算平均发展速度不能采用一般的序时平均数的计算方法，计算方法分为水平法和累计法。水平法，又称几何平均法，即将环比发展速度按连乘法用几何平均数公式计算。累计法，也称方程法，根据一段时期内各年发展水平总和与基期水平的关系，列出方程式计算平均发展速度。水平法着重考虑最后一年所达到的发展水平；累计法着重考虑整个时期累计发展水平的总量。

本《年鉴》内所列的平均增长速度，除固定资产投资用“累计法”计算外，其余均用“水平法”计算。从某年到某年平均增长速度的年份，均不包括基期年在内。如建国四十三年以来的平均增长速度是以1949年为基期计算的，则写为1950-1992年平均增长速度，其余类推。

国民经济行业分类 自2012年定期报表开始使用新的《国民经济行业分类》（GB/T4754-2011）。该分类是由国家统计局组织修订，国家质量监督检验检疫总局和中国国家标准化管理委员会于2011年4月29日发布。这次修订是在2002年分类标准的基础上，参照联合国《全部经济活动的国际标准产业分类》（ISIC/Rev.4）进行的。修订后的《国民经济行业分类》（GB/T4754-2012）共有门类20个，大类96个，中类432个，小类1094个。

企业(单位)登记注册类型 是以在工商行政管理机关登记注册的各类企业为划分对象，以工商行政管理部门对企业登记注册的类型为依据，将企业登记注册类型分为内资企业、港澳台商投资企业和外商投资企业三大类。内资企业包括国有企业、集体企业、股份合作企业、联营企业、有限责任公司、股份有限公司、私营企业和其他企业；港澳台商投资企业和外商投资企业分别包括合资经营企业、合作经营企业、独资经营企业和股份有限公司等。对不在工商行政管理部门进行登记注册的行政机关、事业单位和社会团体，主要按其经费来源和管理方式进行划分。

国有企业 指企业全部资产归国家所有，并按《中华人民共和国企业法人登记管理条例》规定登记注册的非公司制的经济组织。不包括有限责任公司中的国有独资公司。

集体企业 指企业资产归集体所有，并按《中华人民共和国企业法人登记管理条例》规定登记注册的经济组织。

股份合作企业 指以合作制为基础，由企业职工共同出资入股，吸收一定比例的社会资产投资组建，实行自主经营，自负盈亏，共同劳动，民主管理，按劳分配与按股分红相结合的一种集体经济组织。

联营企业 指两个及两个以上相同或不同所有制性质的企业法人或事业单位法人，按自愿、平等、互利的原则，共同投资组成的经济组织。联营企业包括国有联营企业、集体联营企业、国有与集体联营企业和其他联营企业。

有限责任公司 指根据《中华人民共和国公司登记管理条例》规定登记注册，由两个以上、五十个以下的股东共同出资，每个股东以其所认缴的出资额对公司承担有限责任，公司以其全部资产对其债务承担责任的经济组织。有限责任公司包括国有独资公司以及其他有限责任公司。

股份有限公司 指根据《中华人民共和国公司登记管理条例》规定登记注册，其全部注册资本由等额股份构成并通过发行股票筹集资本，股东以其认购的股份对公司承担有限责任，公司以其全部资产对其债务承担责任的经济组织。

私营企业 指由自然人投资设立或由自然人控股，以雇佣劳动为基础的营利性经济组织。包括按照《公司法》、《合伙企业法》、《私营企业暂行条例》规定登记注册的私营有限责任公司、私营股份有限公司、私营合伙企业和私营独资企业。

其他企业 指上述企业之外的其他内资经济组织。

合资经营企业（港或澳、台资） 指港澳台地区投资者与内地企业依照《中华人民共和国中外合资经营企业法》及有关法律的规定，按合同规定的比例投资设立、分享利润和分担风险的企业。

合作经营企业（港或澳、台资） 指港澳台地区投资者与内地企业依照《中华人民共和国中外合作经营企业法》及有关法律的规定，依照合作合同的约定进行投资或提供条件设立、分配利润和分担风险的企业。

港澳台商独资经营企业 指依照《中华人民共和国外资企业法》及有关法律的规定，在内地由港澳台地区投资者全额投资设立的企业。

港澳台商投资股份有限公司 指根据国家有关规定，经原外经贸部依法批准设立，其中港、澳、台商的股本占公司注册资本的比例达25%以上的股份有限公司。凡其中港、澳、台商的股本占公司注册资本的比例小于25%的，属于内资企业中的股份有限公司。

其他港澳台商投资企业 指在中国境内参照《外国企业或个人在中国境内设立合伙企业管理办法》和《外商投资合伙企业登记管理规定》，依法设立的港、澳、台商投资合伙企业等。

中外合资经营企业 指外国企业或外国人与中国内地企业依照《中华人民共和国中外合资经营企业法》及有关法律的规定，按合同规定的比例投资设立、分享利润和分担风险的企业。

中外合作经营企业 指外国企业或外国人与中国内地企业依照《中华人民共和国中外合作经营企业法》及有关法律的规定，依照合作合同的约定进行投资或提供条件设立、分配利润和分担风险的企业。

外资企业 指依照《中华人民共和国外资企业法》及有关法律的规定，在中国内地由外国投资者全额投资设立的企外

商投资股份有限公司 指根据国家有关规定，经原外经贸部依法批准设立，其中外资的股本占公司注册资本的比例达25%以上的股份有限公司。凡其中外资股本占公司注册资本的比例小于25%的，属于内资企业中的股份有限公司。

其他外商投资企业 指在中国境内依照《外国企业或个人在中国境内设立合伙企业管理办法》和《外商投资合伙企业登记管理规定》，依法设立的外商投资合伙企业等。

行政机关、事业单位和社会团体 参照企业登记注册类型，主要按其经费来源和管理方式划分。具体规定如下：

⑴行政机关：包括国家机关和政党机关，原则上均列为“国有”。但有特殊规定的，如供销社等，则列为“集体”。

⑵事业单位：包括经国家机构编制部门和有关业务主管部门批准成立的各类事业单位，不包括实行企业化管理的事业单位。事业单位的划分办法如下：

①由国家财政预算拨款或列入财政预算外资金管理以及经费主要来源于国有主管部门或国有上级单位的事业单位，列为“国有”。

②经费主要来源于集体单位的事业单位，列为“集体”。

③公民个人(或个人合伙)开办的事业单位，列为“私营”。

④上述以外的其他事业单位，如果其经费来源不明确，按管理方式进行归类。

⑶社会团体：包括经民政部门批准成立以及未纳入社会团体管理条例范围的工会、妇联等各类社会团体。社会团体的划分办法如下：

①未纳入民政部社会团体管理条例范围的工会、妇联、共青团、青联、工商联、科协、侨联等社会团体，国家拨款设立的基金会或基金管理组织以及经费主要来源于国有业务主管部门或国有上级单位的社会团体，列为“国有”。

②经费主要来源于集体单位的社会团体，列为“集体”。

③公民个人(或个人合伙)开办的社会团体，划为“私营”。

④上述以外的其他社会团体，如果其经费来源不明确，改按管理方式进行归类。

Explanatory Notes on Main Statistical Indicators

Divisions of Administrative Areas refer to the division of administrative areas by the State. The relative laws stipulate that 1) the whole country is divided into provinces, autonomous regions and municipalities directly under the Central Government; 2) provinces and autonomous regions are further divided into autonomous prefectures, counties, autonomous counties and cities; 3) autonomous prefectures are further divided into counties, autonomous counties and cities; 4) counties and autonomous counties are further divided into townships, ethnic townships and towns; 5) municipalities directly under the Central Government and large cities are divided into districts and counties, 6) the State shall, when necessary, establish special administrative regions.

Average Annual Growth Rate shows the average growth rate of social and economic development during a longer period. It can not be directly calculated by chain based growth rate. The relation is:

Average Annual Growth Rate = Average Speed of Development - 1

Average speed of development is the time series average of speed which calculated by chain based. Because the reference bases during the different periods are not same, average speed of development can not be calculated by the general method. Level approach and accumulative approach for calculating average speed of development rate are applied. The "level approach", or the method of calculating the geometric average, is derived by the formula of geometric average of the chain-based speeds of development, or comparing the level of the last year of the interval with that of the beginning year; the other is called the "accumulative approach" or the "algebraic average", "equation" method, which is derived by the summation of the actual figure of each year in the interval divided by the figure in the base year. The level approach focuses on the level of the last year, while the accumulative approach emphasizes the aggregate development in the duration.

The average annual growth rates listed in the Yearbook are calculated by the level approach except for the growth rate of investment in fixed assets. The base year is not listed in the duration for which average annual growth rates are computed. For instance, the average annual growth rate of the 43 years since 1949 is shown as the average annual growth rate of 1950-1992 without showing the base year 1949. Activities (ISIC/Rev. 4) of the United Nations. The new Classification was promulgated by the National Administration of Quality Supervision, Inspection and Quarantine and the Standardization Administration of the People's Republic of China on April 29, 2011. The revised version of the Industrial Classification of the National Economy (GB/T 4754-2012) is composed of 20 sections, 96 divisions, 432 groups and 1094 classes.

Registration Status of Enterprises (Units) Enterprises are classified into 3 categories, namely domestic-funded enterprises, enterprises with investment from Hong Kong, Macao and Taiwan, and enterprises with foreign investment, according to the registration status of an enterprise in industrial and commercial administration agencies. Domestic-funded enterprises include State-owned enterprises, collective-owned enterprises, cooperative enterprises, joint ownership enterprises, limited liability corporations, share-holding corporations Ltd., private enterprises and other enterprises. Included in the enterprises with investment from Hong Kong, Macao and Taiwan and enterprises with foreign investment are joint-venture enterprises, cooperative enterprises, sole investment enterprises and share-holding corporations Ltd. For government agencies, institutions and social organizations which are not registered in industrial and commercial administration agencies, they are classified mainly by their sources of funding and manner of management.

State-owned Enterprises refer to non-corporation economic units where the entire assets are owned by the State and which have been registered in accordance with the Regulation of the People' s Republic of China on the Management of Registration of Corporate Enterprises. Not included from this category are solely State-funded corporations in the limited liability corporations.

Collective-owned Enterprises refer to economic units where the assets are owned collectively and which have been registered in accordance with the Regulation of the People' s Republic of China on the Management of Registration of Corporate Enterprises.

Cooperative Enterprises refer to a form of collective economic units (enterprises) where capitals come mainly from employees as their shares, with certain proportion of capital from the outside, where production is organized on the basis of independent operation, independent accounting for profits and losses, joint work, democratic management, and a distribution system that integrates remuneration according to work with dividend according to capital share.

Joint Ownership Enterprises refer to economic units established by two or more corporate enterprises or corporate institutions of the same or different ownership, through joint investment on the basis of voluntary participation, equality, and mutual benefits. They include State joint ownership enterprises; collective joint ownership enterprises; joint State-collective enterprises; and other joint ownership enterprises.

Limited Liability Corporations refer to economic units established with investment from 2-50 investors and registered in accordance with the Regulation of the People' s Republic of China on the Management of Registration of Corporations, each investor bearing limited liability to the corporation depending on its share of investment, and the corporation bearing liability to its debt to the maximum of its total assets. Limited liability corporations include solely State-funded limited liability corporations and other limited liability corporations.

Share-holding Corporations Ltd. refer to economic units registered in accordance with the Regulation of the People' s Republic of China on the Management of Registration of Corporations, with total registered capital divided into equal shares and raised through issuing stocks. Each investor bears limited liability to the corporation depending on the holding of shares, and the corporation bears liability to its debt to the maximum of its total assets.

Private Enterprises refer to profit-making economic units invested and established by natural persons, or controlled by natural persons using employed labour. Included in this category are private limited liability corporations, private share-holding corporations Ltd., private partnership enterprises and private-funded enterprises registered in accordance with the Company Law, the Law on Partnership Business and Interim Regulations on Private Enterprises.

Other Domestic-funded Enterprises refer to domestic-funded economic units other than those mentioned above.

Joint Venture Enterprises(Funds are from Hong Kong, Macao or Taiwan.) are enterprises established by investors from Hong Kong, Macao and Taiwan with enterprises in the mainland of China in accordance with the Law of the People's Republic of China on Sino-foreign Equity Joint Ventures and other relevant laws, where the establishment of the investment and the sharing of profits and risks are stipulated under joint venture contracts.

Cooperative Enterprises(Funds are from Hong Kong, Macao or Taiwan.) established by investors from Hong Kong, Macao and Taiwan with enterprises in the mainland of China in accordance with the Law of the People's Republic of China on Sino-foreign Contractual Joint Venture and other relevant laws, where the investment or provision of facilities and the sharing of profits and risks are stipulated under cooperative contracts.

Enterprises with Sole (exclusive) Investment from Hong Kong, Macao and Taiwan refer to enterprises established in the mainland of China with exclusive investment from investors from Hong Kong, Macao and Taiwan in accordance with the Law of the People's Republic of China on Wholly Foreign-owned Enterprises and other relevant laws.

Share-holding Corporations Ltd. with Investment from Hong Kong, Macao and Taiwan refer to share-holding corporations Ltd. established with the approval from the former Ministry of Foreign Trade and Economic Relations in line with relevant State regulations, where the share of investment from Hong Kong, Macao or Taiwan businessmen exceeds 25% of the total registered capital of the corporation. In case the share of investment from Hong Kong, Macao or Taiwan is less than 25% of the total registered capital, the enterprise is to be classified as domestic-funded share-holding corporation Ltd.

Other Enterprises with Funds From Hong Kong, Macao and Taiwan refer to partnership enterprises with investments from Hong Kong, Macao and Taiwan established within the territory of China in accordance with Administrative Measures on the Establishment of Partnership Enterprises in China by Foreign Enterprises or Foreign Individuals and Regulations for the Administration of the Registration of Foreign-invested Partnership Enterprises.

Joint Venture Enterprises with Foreign Investment refer to enterprises jointly established by foreign enterprises or foreigners with enterprises in the mainland of China in accordance with the Law of the People's Republic of China on Sino-foreign Equity Joint Ventures and other relevant laws, where the sharing of investment, profits and risks is stipulated under contract.

Cooperative Enterprises with Foreign Investment refer to enterprises jointly established by foreign enterprises or foreigners with enterprises in the mainland of China in accordance with the Law of the People's Republic of China on Sino-foreign Contractual Joint Venture and other relevant laws, where the investment or provision of facilities and the sharing of profits and risks are stipulated under cooperative contracts.

Enterprises with Sole (exclusive) Foreign Investment refer to enterprises established in the mainland of China with exclusive investment from foreign investors in accordance with the Law of the People's Republic of China on Wholly Foreign-owned Enterprises and other relevant laws.

Share-holding Corporations Ltd. with Foreign Investment refer to share-holding corporations Ltd. established with the approval from the former Ministry of Foreign Trade and Economic Relations in line with relevant State regulations, where the share of investment from foreign investors exceeds 25% of the total registered capital of the corporation. In case the share of foreign investment is less than 25% of the total registered capital, the enterprise is to be classified as domestic-funded share-holding corporation Ltd.

Other Enterprises with Foreign Funds refer to partnership enterprises established within the territory of China in accordance with Administrative Measures on the Establishment of Partnership Enterprises in China by Foreign Enterprises or Foreign Individuals and Regulations for the Administration of the Registration of Foreign-invested Partnership Enterprises.

Government Agencies, Institutions and Social Organizations are classified into the following categories by source of funds and manner of management taking reference of the registration status of enterprises:

(1) Government agencies: include State and party agencies, classified in principle as State-owned. There are exceptions, such as supply and marketing cooperatives which are classified as collective-owned.

(2) Institutions: include institutions of various types established with the approval by organization and staffing departments of the government, but exclude institutions where enterprise management system is introduced. Institutions are further classified as follows:

(a) Institutions for which their main budgets are from government budget appropriations or extra-budget funds, or allocated from the budget of their competent government agencies. Such institutions are classified as state-owned.

(b) Institutions for which their budget mainly come from collective units. Such institutions are classified as collective-owned.

(c) Social institutions established by individual or a group of citizens, which are classified as private.

(d) Institutions other than those mentioned above for which their sources of budget are not clear. Such institutions are classified by the manner of management.

(3) Social organizations: include social organizations established with the approval from the Ministry of Civil Affairs, and organizations that are not covered by social organization management regulations such as trade unions, women' s federations etc.. Social organizations are further classified as follows:

(a) Social organizations that are not covered by social organization management regulations of the Ministry of Civil Affairs such as trade unions, women federations, communist youth leagues, youth associations, industrial and commerce associations, scientist associations, overseas Chinese associations, etc., foundations and fund management organizations established with funds from the state, and social organizations whose funds mainly come from the budget of their competent government agencies. Such institutions are classified as State-owned.

(b) Social organizations for which their budget mainly come from collective units. Such institutions are classified as collective-owned.

(c) Social organizations established by individual or a group of citizens, which are classified as private.

(d) Social organizations other than those mentioned above for which their sources of budget are not clear. Such organizations are classified by the manner of management.

第二篇　人口、就业人员和职工工资

CHAPTER 2 POPULATION.EMPLOYMENT AND WAGES

资料整理：董 铠　崔赫男　曹夏茵　魏 瑨

2-1 人口和就业基本情况
POPULATION AND EMPLOYMENT

指　标	Item	2011	2012	2013	2014	2015
人　口	**Population**					
总人口(万人)	Total Population(10000 persons)	3834.0	3834.0	3835.0	3833.0	3812.0
男	Male	1936.2	1943.8	1929.6	1925.1	1926.8
女	Female	1897.8	1890.2	1905.4	1907.9	1885.2
市　镇	Urban	2166.2	2181.5	2201.3	2223.5	2241.5
乡　村	Rural	1667.8	1652.5	1633.7	1609.5	1570.5
性别比(女性=100)	Sex Ratio(Female=100)	102.0	102.8	101.3	100.9	102.2
出生率(‰)	Birth Rate(‰)	6.99	7.30	6.86	7.37	6.00
死亡率(‰)	Death Rate(‰)	5.92	6.03	6.08	6.46	6.60
自然增长率(‰)	Natural Growth Rate(‰)	1.07	1.27	0.78	0.91	-0.60
就　业	**Employment**					
就业人员合计(万人)	Total Number of Employed Persons (10000 persons)	1977.8	2027.8	2060.4	2079.7	2034.5
城镇就业人员	Urban Employed Persons	988.6	1039.3	1067.6	1096.8	1058.5
国有单位	State-owned Units	333.6	335.4	291.9	277.1	267.8
集体单位	Collective-owned Units	16.1	15.3	15.8	14.7	14.1
其他单位	Units of Other Types of Ownership	116.5	120.2	159.7	159.0	151.6
私营单位	Private Units	145.1	158.7	159.2	148.2	151.8
个　　体	Self-employed Individuals	175.4	214.7	232.6	266.0	236.3
灵活就业	Obtain Employment Flexibly	201.9	195.0	208.4	231.8	236.9
乡村就业人员	Rural Employed Persons	989.2	988.5	992.8	982.9	976.0
城镇登记失业人数(万人)	Number of Registered Unemployed Persons in Urban Areas(10000 persons)	35.0	41.3	41.4	39.9	41.0
城镇登记失业率(%)	Registered Unemployment Rate in Urban Areas(%)	4.38	4.15	4.43	4.47	4.48
城镇非私营单位就业人员平均工资(元)	Average Wage of Employed Persons In Urban Non-private Units(yuan)	31302	36406	40794	44036	48881
国有单位	State-owned Units	31693	36814	39072	42794	49307
集体单位	Collective-owned Units	24712	28762	35819	37740	39063
私营单位	Private Units	19429	21753	24750	26960	28586
其他单位	Other Units	31200	36378	44381	46776	49062

2-2 年末人口数

TOTAL POPULATION AT YEAR-END

单位：万人、% (10000 persons,%)

年 份 Year	总人口 Total Population	按性别分 By Sex				按城乡分 By Residence			
		男 Male		女 Female		城镇 Urban		乡村 Rural	
		人口数 Population	比 重 Proportion	人口数 Population	比 重 Proportion	人口数 Population	比 重 Proportion	人口数 Population	比 重 Proportion
1952	1110.5	599.5	54.0	511.0	46.0	319.8	28.8	790.7	71.2
1953	1189.7	646.4	54.3	543.3	45.7	378.9	31.8	810.8	68.2
1954	1250.2	676.2	54.1	574.0	45.9	416.7	33.3	833.5	66.7
1955	1321.2	714.2	54.1	607.0	45.9	433.8	32.8	887.4	67.2
1956	1418.2	770.9	54.4	647.3	45.6	496.0	35.0	922.2	65.0
1957	1478.5	796.8	53.9	681.7	46.1	545.1	36.9	933.4	63.1
1958	1563.7	842.2	53.9	721.5	46.1	587.1	37.5	976.6	62.5
1959	1682.0	908.1	54.0	773.9	46.0	741.9	44.1	940.1	55.9
1960	1807.1	973.4	53.9	833.7	46.1	877.6	48.6	929.5	51.4
1961	1897.1	1018.4	53.7	878.7	46.3	900.1	47.4	997.0	52.6
1962	1893.5	1001.8	52.9	891.7	47.1	811.2	42.8	1082.3	57.2
1963	1972.0	1041.0	52.8	931.0	47.2	796.0	40.4	1176.0	59.6
1964	2053.3	1078.7	52.5	974.6	47.5	811.5	39.5	1241.8	60.5
1965	2133.9	1116.8	52.3	1017.1	47.7	805.6	37.8	1328.3	62.2
1966	2188.6	1143.9	52.3	1044.7	47.7	822.2	37.6	1366.4	62.4
1967	2258.9	1179.6	52.2	1079.3	47.8	842.0	37.3	1416.9	62.7
1968	2343.4	1218.8	52.0	1124.6	48.0	867.2	37.0	1476.2	63.0
1969	2440.8	1264.7	51.8	1176.1	48.2	865.9	35.5	1574.9	64.5
1970	2522.6	1306.9	51.8	1215.7	48.2	907.3	36.0	1615.3	64.0
1971	2627.2	1361.6	51.8	1265.6	48.2	936.7	35.7	1690.5	64.3
1972	2723.4	1409.7	51.8	1313.7	48.2	1007.3	37.0	1716.1	63.0
1973	2818.6	1459.4	51.8	1359.2	48.2	1034.0	36.7	1784.6	63.3
1974	2894.0	1496.6	51.7	1397.4	48.3	1059.1	36.6	1834.9	63.4
1975	2958.1	1528.7	51.7	1429.4	48.3	1078.8	36.5	1879.3	63.5
1976	3019.4	1558.3	51.6	1461.1	48.4	1093.7	36.2	1925.7	63.8
1977	3072.5	1585.3	51.6	1487.2	48.4	1118.2	36.4	1954.3	63.6
1978	3129.6	1614.2	51.6	1515.4	48.4	1122.9	35.9	2006.7	64.1
1979	3168.7	1629.2	51.4	1539.5	48.6	1181.4	37.3	1987.3	62.7
1980	3203.8	1642.4	51.3	1561.4	48.7	1232.7	38.5	1971.1	61.5
1981	3239.3	1660.3	51.3	1579.0	48.7	1275.3	39.4	1964.0	60.6
1982	3281.1	1677.9	51.1	1603.2	48.9	1309.4	39.9	1971.7	60.1
1983	3306.0	1692.0	51.2	1614.0	48.8	1356.8	41.0	1949.2	59.0
1984	3331.0	1706.0	51.2	1625.0	48.8	1398.0	42.0	1933.0	58.0
1985	3357.0	1718.2	51.2	1638.8	48.8	1440.5	42.9	1916.5	57.1
1986	3385.0	1733.6	51.2	1651.4	48.8	1485.3	43.9	1899.7	56.1
1987	3424.0	1753.0	51.2	1671.0	48.8	1536.0	44.9	1888.0	55.1
1988	3466.0	1774.4	51.2	1691.6	48.8	1589.9	45.9	1876.1	54.1
1989	3510.0	1796.6	51.2	1713.4	48.8	1646.5	46.9	1863.5	53.1
1990	3543.0	1812.0	51.1	1731.0	48.9	1699.2	48.0	1843.8	52.0
1991	3573.0	1827.3	51.1	1747.5	48.9	1753.2	49.0	1821.8	51.0
1992	3608.0	1844.0	51.1	1764.0	48.9	1809.1	50.1	1798.9	49.9
1993	3640.0	1861.1	51.1	1778.9	48.9	1866.2	51.3	1773.8	48.7
1994	3672.0	1873.0	51.0	1799.0	49.0	1924.9	52.4	1747.1	47.6
1995	3701.0	1887.5	51.0	1813.5	49.0	1985.9	53.7	1715.1	46.3
1996	3728.0	1901.3	51.0	1826.7	49.0	2007.5	53.8	1720.5	46.2
1997	3751.0	1912.0	51.0	1839.0	49.0	2021.8	53.9	1729.2	46.1
1998	3773.0	1923.5	51.0	1849.5	49.0	2037.4	54.0	1735.6	46.0
1999	3792.0	1933.2	51.0	1858.8	49.0	2055.3	54.2	1736.7	45.8
2000	3807.0	1945.8	51.1	1861.2	48.9	1977.4	51.9	1829.6	48.1
2001	3811.0	1948.2	51.1	1862.8	48.9	1996.2	52.4	1814.8	47.6
2002	3813.0	1953.0	51.2	1860.0	48.8	2004.5	52.6	1808.5	47.4
2003	3815.0	1940.4	50.9	1874.6	49.1	2006.3	52.6	1808.7	47.4
2004	3816.8	1937.8	50.8	1879.0	49.2	2014.5	52.8	1802.3	47.2
2005	3820.0	1933.1	50.6	1886.9	49.4	2028.4	53.1	1791.6	46.9
2006	3823.0	1942.5	50.8	1880.5	49.2	2045.3	53.5	1777.7	46.5
2007	3824.0	1931.1	50.5	1892.9	49.5	2061.1	53.9	1762.9	46.1
2008	3825.0	1933.2	50.5	1891.8	49.5	2119.0	55.4	1706.0	44.6
2009	3826.0	1943.6	50.8	1882.4	49.2	2123.4	55.5	1702.6	44.5
2010	3833.4	1943.6	50.7	1889.8	48.3	2133.7	55.7	1699.7	44.3
2011	3834.0	1936.2	50.5	1897.8	49.5	2166.2	56.5	1667.8	43.5
2012	3834.0	1943.8	50.7	1890.2	49.3	2181.5	56.9	1652.5	43.1
2013	3835.0	1929.6	50.3	1905.4	49.7	2201.3	57.4	1633.7	42.6
2014	3833.0	1925.1	50.2	1907.9	49.8	2223.5	58.0	1609.5	42.0
2015	3812.0	1926.8	50.5	1885.2	49.5	2241.5	58.8	1570.5	41.2

2-3 人口出生率、死亡率、自然增长率

BIRTH RATE, DEATH RATE AND NATURAL GROWTH RATE OF POPULATION

单位：‰ (‰)

年 份 Year	全省 Provincial			市 City			县 County		
	出生率 Birth Rate	死亡率 Death Rate	自然增长率 Natural Growth Rate	出生率 Birth Rate	死亡率 Death Rate	自然增长率 Natural Growth Rate	出生率 Birth Rate	死亡率 Death Rate	自然增长率 Natural Growth Rate
1957	36.59	10.45	26.14	48.33	9.50	38.83	33.01	10.74	22.27
1962	35.46	8.62	26.84	38.94	8.08	30.86	33.79	8.87	24.92
1965	40.38	8.00	32.38	40.11	6.08	34.03	40.47	8.67	31.80
1970	34.80	5.81	28.99	30.78	5.21	25.57	36.04	6.00	30.04
1975	21.98	5.43	16.55	16.21	5.11	11.10	23.70	5.53	18.17
1978	16.84	4.68	12.16	14.12	4.91	9.21	17.64	4.61	13.03
1980	13.49	4.86	8.63	11.74	4.77	6.97	14.07	4.89	9.18
1985	15.04	4.76	10.28	13.39	5.22	8.17	16.86	3.86	13.00
1990	18.11	6.35	11.76	15.43	5.92	9.51	20.71	6.79	13.92
1991	15.89	5.70	10.19	12.30	5.42	6.88	17.05	5.73	11.32
1992	16.25	6.12	10.13	12.88	5.40	7.48	17.65	6.55	11.10
1993	15.90	5.52	10.38	15.37	5.88	9.49	16.10	5.65	10.45
1994	15.15	5.47	9.68	14.91	5.06	9.85	15.39	6.18	9.21
1995	13.23	5.33	7.90	12.09	5.30	6.79	13.72	5.34	8.38
1996	12.40	5.05	7.35	12.28	5.02	7.26	12.43	5.06	7.37
1997	12.02	5.17	6.85	11.46	5.02	6.44	12.91	5.35	7.56
1998	11.68	5.32	6.36	10.24	4.67	5.57	13.31	6.07	7.25
1999	10.55	5.49	5.06	9.56	4.68	4.87	11.23	5.86	5.37
2000	9.43	5.50	3.93	8.76	4.94	3.82	10.11	6.10	4.01
2001	8.48	5.49	2.99	7.56	5.31	2.25	9.44	5.82	3.62
2002	7.98	5.44	2.54	7.30	5.29	2.01	9.12	5.61	3.51
2003	7.48	5.45	2.03	5.80	4.60	1.20	9.30	6.40	2.90
2004	7.27	5.45	1.82	5.15	3.97	1.18	9.53	7.02	2.51
2005	7.87	5.20	2.67	5.81	4.74	1.07	10.57	5.80	4.77
2006	7.57	5.18	2.39	5.82	4.86	0.96	9.18	4.90	4.28
2007	7.88	5.39	2.49	6.25	4.89	1.36	9.85	6.02	3.83
2008	7.91	5.68	2.23	6.94	5.77	1.17	9.21	5.55	3.66
2009	7.48	5.42	2.06	6.55	5.40	1.15	8.76	5.54	3.22
2010	7.35	5.83	1.52	6.45	5.36	1.09	7.78	5.98	1.80
2011	6.99	5.92	1.07	6.58	5.57	1.01	7.59	6.33	1.26
2012	7.30	6.03	1.27	6.52	5.21	1.31	8.27	7.06	1.21
2013	6.86	6.08	0.78	5.82	5.21	0.61	7.52	6.49	1.03
2014	7.37	6.46	0.91	6.47	5.51	0.96	7.92	7.11	0.81
2015	6.00	6.60	-0.60	5.96	6.17	-0.21	6.04	7.04	-1.00

2-4 人口年龄构成和抚养比

AGE COMPOSITION AND DEPENDENCY RATIO OF POPULATION

年份 Year	人口数（万人） Total Population (10000 persons)	0-14岁 Aged 0-14	15-64岁 Aged 15-64	65岁及以上 Aged 65 and over	总抚养比(%) Gross Dependency Ratio(%)	少年儿童抚养比 Children Dependency Ratio	老年人口抚养比 Old Dependency Ratio
1985	3357.0	1053.8	2175.1	128.0	54.3	48.5	5.9
1986	3385.0	1020.7	2230.6	133.7	51.8	45.8	6.0
1987	3424.0	993.4	2305.5	125.0	48.5	43.1	5.4
1988	3466.0	931.3	2403.4	131.3	44.2	38.7	5.5
1989	3510.0	957.1	2412.1	140.9	45.5	39.7	5.8
1990	3543.0	944.3	2463.7	135.0	43.8	38.3	5.5
1991	3575.0	990.9	2438.9	145.2	46.6	40.6	6.0
1992	3608.0	984.6	2474.0	149.4	45.8	39.8	6.0
1993	3640.0	881.6	2613.3	145.1	39.3	33.8	5.6
1994	3672.0	869.1	2649.9	153.1	38.6	32.8	5.8
1995	3701.0	868.1	2663.5	169.5	38.9	32.6	6.4
1996	3728.0	802.0	2732.5	193.5	36.4	29.4	7.1
1997	3751.0	798.9	2757.0	195.1	36.1	29.0	7.1
1998	3773.0	776.0	2800.5	196.5	34.7	27.7	7.0
1999	3792.0	778.1	2808.5	205.3	35.0	27.7	7.3
2000	3807.0	719.1	2876.0	211.7	32.4	25.0	7.4
2001	3811.0	699.0	2882.0	230.0	32.2	24.3	8.0
2002	3813.0	648.2	2922.3	242.5	30.5	22.2	8.3
2003	3815.0	604.3	2957.1	253.6	29.0	20.4	8.6
2004	3816.8	555.0	3002.6	259.2	27.1	18.5	8.6
2005	3820.0	563.7	2966.5	289.8	28.8	19.0	9.8
2006	3823.0	536.4	2979.3	307.4	28.3	18.0	10.3
2007	3824.0	501.3	2978.5	344.2	28.4	16.8	11.6
2008	3825.0	481.6	2990.4	353.0	27.9	16.1	11.8
2009	3826.0	464.1	2999.2	362.7	27.6	15.5	12.1
2010	3833.4	458.5	3056.0	318.9	25.4	15.0	10.4
2011	3834.0	453.6	3054.2	326.3	25.5	14.9	10.7
2012	3834.0	452.0	3041.1	340.9	26.1	14.9	11.2
2013	3835.0	450.1	3026.0	358.9	26.8	14.9	11.9
2014	3833.0	449.2	2998.2	385.6	27.8	15.0	12.8
2015	3812.0	423.1	2973.4	415.5	28.2	14.2	14.0

2-5 按年龄和性别分人口数

POPULATION BY AGE AND SEX

年 龄	Age	合计 Total			男 Male			女 Female		
		2005	2010	2015	2005	2010	2015	2005	2010	2015
人口数 (万人)	**Population (10000 persons)**									
总 计	**Total**	**3820.0**	**3833.0**	**3812.0**	**1932.9**	**1943.6**	**1926.8**	**1887.1**	**1889.8**	**1885.2**
0-4岁	Age 0-4	151.3	134.0	125.9	79.5	72.1	66.2	71.8	65.3	59.7
5-9岁	Age 5-9	178.8	150.4	141.7	92.4	77.8	74.9	86.4	71.3	66.8
10-14岁	Age 10-14	233.8	164.8	155.5	121.1	87.8	81.5	112.7	81.3	74.0
15-19岁	Age 15-19	280.4	189.5	172.7	144.8	114.6	87.9	135.6	110.5	84.8
20-24岁	Age 20-24	234.5	221.7	237.1	117.7	166.6	117.9	116.8	165.4	119.2
25-29岁	Age 25-29	276.6	258.8	299.7	140.2	142.0	151.2	136.4	139.7	148.5
30-34岁	Age 30-34	388.9	282.2	273.0	196.6	156.6	137.1	192.3	150.0	135.9
35-39岁	Age 35-39	413.3	297.3	300.7	210.5	202.7	153.4	202.8	192.3	147.3
40-44岁	Age 40-44	391.2	425.7	388.2	197.5	206.3	199.1	193.7	194.3	189.1
45-49岁	Age 45-49	324.3	400.1	391.1	163.9	186.7	199.3	160.4	179.9	191.8
50-54岁	Age 50-54	301.8	356.0	354.6	150.4	153.2	180.2	151.4	149.5	174.4
55-59岁	Age 55-59	212.4	320.1	292.9	103.5	132.9	145.6	108.9	135.2	147.3
60-64岁	Age 60-64	142.9	247.0	263.4	68.8	89.3	129.8	74.1	92.8	133.6
65-69岁	Age 65-69	126.4	151.8	173.5	63.0	55.4	85.4	63.4	60.1	88.1
70-74岁	Age 70-74	87.1	109.4	104.8	44.3	47.7	50.4	42.8	49.8	54.4
75-79岁	Age 75-79	47.4	71.5	77.1	25.2	29.8	37.3	22.2	29.5	39.8
80-84岁	Age 80-84	21.4	35.2	39.5	10.2	15.2	19.7	11.2	14.9	19.8
85-89岁	Age 85-89	5.8	13.5	15.5	2.6	5.3	7.6	3.2	5.7	7.9
90岁及以上	Age 90 and Over	1.7	4.0	5.1	0.7	1.7	2.3	1.0	2.1	2.8
构成(%)	**Composition(%)**									
总 计	**Total**	**100.0**	**100.0**	**100.0**	**100.0**	**100.0**	**100.0**	**100.0**	**100.0**	**100.0**
0-4岁	Age 0-4	4.0	3.5	3.3	4.1	3.7	3.4	3.8	3.5	3.2
5-9岁	Age 5-9	4.7	3.9	3.7	4.8	4.0	3.9	4.6	3.8	3.5
10-14岁	Age 10-14	6.1	4.3	4.1	6.2	4.5	4.2	6.0	4.3	3.9
15-19岁	Age 15-19	7.3	4.9	4.5	7.5	5.9	4.7	7.2	5.8	4.5
20-24岁	Age 20-24	6.1	5.8	6.2	6.1	8.6	6.1	6.2	8.8	6.3
25-29岁	Age 25-29	7.3	6.7	7.9	7.2	7.3	7.9	7.2	7.4	7.9
30-34岁	Age 30-34	10.2	7.4	7.2	10.2	8.1	7.1	10.2	7.9	7.2
35-39岁	Age 35-39	10.8	7.8	7.9	10.9	10.4	8.0	10.7	10.2	7.8
40-44岁	Age 40-44	10.2	11.1	10.2	10.2	10.6	10.3	10.2	10.3	10.0
45-49岁	Age 45-49	8.5	10.4	10.3	8.5	9.6	10.3	8.5	9.5	10.2
50-54岁	Age 50-54	7.9	9.3	9.3	7.8	7.9	9.4	8.0	7.9	9.3
55-59岁	Age 55-59	5.6	8.4	7.7	5.4	6.8	7.6	5.8	7.2	7.8
60-64岁	Age 60-64	3.7	6.4	6.9	3.6	4.6	6.7	3.9	4.9	7.1
65-69岁	Age 65-69	3.3	4.0	4.6	3.3	2.8	4.4	3.4	3.2	4.7
70-74岁	Age 70-74	2.3	2.8	2.7	2.3	2.5	2.6	2.2	2.6	2.9
75-79岁	Age 75-79	1.2	1.9	2.0	1.3	1.5	1.9	1.2	1.6	2.1
80-84岁	Age 80-84	0.6	0.9	1.0	0.5	0.8	1.0	0.6	0.8	1.1
85-89岁	Age 85-89	0.2	0.4	0.4	0.1	0.3	0.4	0.2	0.3	0.4
90岁及以上	Age 90 and Over		0.1	0.1		0.1	0.1	0.1	0.1	0.1

2-6 分地区年末人口数(2015年)

POPULATION AT YEAR-END BY REGION (2015)

单位：万人，%　　(10000 persons,%)

地区	Region	年底总户数（户） Total Households (household)	总人口 Total Population	按性别分 By Sex 男 Male 人口数 Population	男 Male 比重 Population	女 Female 人口数 Population	女 Female 比重 Population
全省	Total	15044449	3690.0	1861.5	50.4	1828.6	49.6
哈尔滨	Harbin	3870758	961.4	483.5	50.3	477.9	49.7
齐齐哈尔	Qiqihar	2128180	549.4	277.0	50.4	272.4	49.6
鸡西	Jixi	780631	181.2	91.0	50.2	90.2	49.8
鹤岗	Hegang	506955	105.6	52.8	50.0	52.8	50.0
双鸭山	Shuangyashan	643845	147.4	74.0	50.2	73.4	49.8
大庆	Daqing	1075478	277.5	138.7	50.0	138.8	50.0
伊春	Yichun	555843	121.2	60.3	49.8	60.8	50.2
佳木斯	Jiamusi	940127	229.2	115.7	50.5	113.5	49.5
七台河	Qitaihe	329273	83.1	42.8	51.6	40.3	48.4
牡丹江	Mudanjiang	1014529	255.0	127.9	50.1	127.2	49.9
黑河	Heihe	726136	167.9	84.8	50.5	83.2	49.5
绥化	Suihua	2198428	548.5	281.1	51.2	267.4	48.8
大兴安岭	Daxinganling	210643	47.2	24.2	51.2	23.0	48.8
绥芬河	Suifenhe	29259	7.0	3.5	50.0	3.5	50.0
抚远	Fuyuan	34364	8.4	4.3	51.1	4.1	48.9

注：本表根据公安年报计算。
Note: Data in this table are calculated in accordance with police annual report forms.

2-7 分地区城镇登记失业人员及失业率

REGISTERED UNEMPLOYED PERSONS AND UNEMPLOYMENT RATE IN URBAN AREA BY REGION

地区	Region	失业人员(万人) Unemployed Persons (10000 persons) 2011	2012	2013	2014	2015	失业率(%) Unemployment Rate(%) 2011	2012	2013	2014	2015
全省	Total	35.03	41.26	41.37	39.85	40.98	4.38	4.15	4.43	4.47	4.48
哈尔滨	Harbin	7.99	9.57	9.51	8.83	9.54	3.02	3.39	3.62	3.72	3.88
齐齐哈尔	Qiqihar	3.37	3.51	3.55	3.91	4.04	3.73	3.69	3.70	4.10	4.10
鸡西	Jixi	1.91	2.23	2.18	1.57	1.48	4.29	4.06	4.06	4.09	3.84
鹤岗	Hegang	2.03	1.66	1.68	1.44	1.80	3.90	3.91	4.11	4.11	4.10
双鸭山	Shuangyashan	0.95	1.24	1.05	1.11	1.12	3.67	3.72	3.71	4.00	4.03
大庆	Daqing	3.13	4.05	3.85	3.98	4.00	3.89	4.07	4.08	4.22	4.14
伊春	Yichun	2.08	2.23	2.26	2.23	2.17	4.10	4.17	4.24	4.19	4.14
佳木斯	Jiamusi	1.59	1.87	1.99	1.94	1.92	4.16	4.16	4.30	4.17	4.05
七台河	Qitaihe	0.67	0.77	0.75	0.80	0.82	3.50	3.97	4.00	4.21	4.30
牡丹江	Mudanjiang	1.78	1.78	2.10	2.02	2.02	3.36	2.98	3.49	3.39	3.38
黑河	Heihe	0.75	0.98	1.01	0.96	0.94	3.60	3.76	3.70	3.72	3.48
绥化	Suihua	1.30	2.13	1.96	1.98	1.92	3.50	3.72	3.63	3.69	3.37
大兴安岭	Daxinganling	0.45	0.50	0.48	0.59	0.56	3.12	3.40	3.24	3.87	3.90
绥芬河	Suifenhe	0.14	0.14	0.12	0.06	0.09	3.20	3.89	3.14	2.04	2.61
抚远	Fuyuan		0.09	0.09	0.09	0.15		4.12	4.29	4.30	4.28

2-8 三次产业年末就业人数

NUMBER OF EMPLOYED PERSONS AT YEAR-END BY THREE STRATA OF INDUSTRY

年 份 Year 地 区 Region	就业人员数(万人，人) Number of Employed Persons (10000 persons, person)					构 成(%) Composition(%)			
	合 计 Total	第一产业 Primary Industry	第二产业 Secondary Industry	#工业 Industry	第三产业 Tertiary Industry	第一产业 Primary Industry	第二产业 Secondary Industry	#工业 Industry	第三产业 Tertiary Industry
1978	1006.9	530.0	294.5	253.6	182.4	52.6	29.2	25.2	18.1
1980	1080.7	505.6		304.6	227.1	46.8	32.2	28.2	21.0
1985	1289.6	531.5	451.9	373.6	306.2	41.2	35.0	29.0	23.7
1990	1436.2	568.7	504.7	437.8	362.8	39.6	35.1	30.5	25.3
1991	1481.9	565.8	530.0	458.6	386.1	38.2	35.8	30.9	26.1
1992	1483.4	545.5	540.1	464.4	397.8	36.8	36.4	31.3	26.8
1993	1500.2	572.6	535.2	460.4	392.4	38.2	35.7	30.7	26.2
1994	1515.2	557.5	535.9	459.8	421.8	36.8	35.4	30.3	27.8
1995	1543.1	567.5	529.8	453.9	445.8	36.8	34.3	29.4	28.9
1996	1557.8	559.3	534.8	455.9	463.7	35.9	34.3	29.3	29.8
1997	1647.6	582.0	511.5	433.8	554.1	35.3	31.0	26.3	33.6
1998	1700.0	826.5	386.7	316.3	486.8	48.6	22.7	18.6	28.6
1999	1654.2	807.9	375.9	305.7	470.4	48.8	22.7	18.5	28.4
2000	1600.8	803.7	347.3	277.7	449.8	50.2	21.7	17.3	28.1
2001	1592.6	804.6	338.7	270.0	449.3	50.5	21.3	17.0	28.2
2002	1603.1	807.6	338.5	264.4	456.9	50.4	21.1	16.5	28.5
2003	1614.0	827.7	316.9	236.5	469.4	51.3	19.6	14.7	29.1
2004	1681.1	812.1	356.0	236.6	513.0	48.3	21.2	14.1	30.5
2005	1748.9	804.4	366.7	258.7	577.8	46.0	21.0	14.8	33.0
2006	1784.1	806.1	374.9	262.4	603.1	45.2	21.0	14.7	33.8
2007	1827.6	798.7	395.2	273.8	633.7	43.7	21.6	15.0	34.7
2008	1852.4	803.8	385.1	265.3	663.5	43.4	20.8	14.3	35.8
2009	1877.0	811.7	386.5	257.6	678.7	43.2	20.6	13.7	36.2
2010	1932.0	798.6	374.4	245.1	759.0	41.3	19.4	12.7	39.3
2014	2079.7	768.6	403.1		908.0	37.0	19.3		43.7
2015	2034.5	764.1	406.2		864.2	37.5	20.0		42.5

注：1. 1998年起从业人员中不含城镇单位离岗职工；乡村劳动力与农业普查数据衔接后，第一产业变化较大，故与以前年份不可比。
2. 2003年起执行新的国民经济行业分类标准，三次产业的划分有所调整，相关的历史数据未作调整。

Note: a)Since 1998, the number of employed persons has excluded off-post staff and workers in urban units;rural employed persons has been adjusted in accordance with the data obtained from general investigation of agriculture, as a result, the data of primary industry employed persons are not comparable with the data of the previous years.
b)From 2003, the new criteria for classification of national economy trade will be performed, accordingly the division of industry will change, the relevant historical data have not been ajusted.

2-9 分城乡就业人数

NUMBER OF EMPLOYED PERSONS AT YEAR-END IN URBAN AND RURAL AREAS

单位：万人、人　　　　　　　　　　　　　　　　　　　　　　　　　　　　(10000 persons, person)

行业 Sector 地区 Region	合计 Total	城镇 Urban Areas							乡村 Rural Areas
		小计 Subtotal	国有单位 State-owned Units	集体单位 Collective-owned Units	私营单位 Private Enterprises	城镇个体 Urban Self-employed Individuals	灵活就业 Obtain Employment Flexibly	其他单位 Units of Other Types of Ownership	
2005	1748.9	799.9	314.1	38.4	77.5	109.0	123.0	137.8	949.0
2006	1784.1	839.7	313.6	36.5	82.8	111.3	149.1	146.4	944.3
2007	1827.6	878.2	319.0	32.9	92.5	115.5	167.7	150.6	949.4
2008	1852.4	886.1	318.3	30.6	108.5	120.4	182.2	126.1	966.3
2009	1877.0	898.8	334.4	29.1	112.0	128.1	189.6	105.6	978.2
2010	1932.0	942.6	332.4	22.0	147.7	146.2	188.7	105.6	989.4
2011	1977.8	988.6	333.6	16.1	145.1	175.4	201.9	116.5	989.2
2012	2027.8	1039.3	335.4	15.3	158.7	214.7	195.0	120.2	988.5
2013	2060.4	1067.6	291.9	15.8	159.2	232.6	208.4	159.7	992.8
2014	2079.7	1096.8	277.1	14.7	159.0	148.2	266.0	231.8	982.9
2015	2034.5	1058.5	267.8	14.1	151.8	236.3	236.9	151.6	976.0
哈尔滨 Harbin		2473167	637920	68993	448938	599496	195310	522510	
齐齐哈尔 Qiqihar		870925	164363	15960	116823	290865	154389	128525	
鸡西 Jixi		535958	81533	4408	38391	119345	208317	83964	
鹤岗 Hegang		361830	67564	6176	41983	55294	140940	49873	
双鸭山 Shuangyashan		298801	71552	1900	36755	65294	59507	63793	
大庆 Daqing		1070796	254599	10949	234363	217868	98320	254697	
伊春 Yichun		557084	146409	1877	76838	69611	236655	25694	
佳木斯 Jiamusi		795387	113972	4952	106912	271358	245396	52797	
七台河 Qitaihe		268057	38191	3782	23919	56199	76266	69700	
牡丹江 Mudanjiang		706207	138025	11487	221974	149067	87396	98258	
黑河 Heihe		394222	94204	1816	48475	90264	133640	25823	
绥化 Suihua		828097	174999	7578	52392	228982	285541	78605	
大兴安岭 Daxinganling		228351	70142	656	28400	36750	83964	8439	
农垦总局 ARB		737932	451766	113	30468	88228	117813	49544	
绥芬河 Suifenhe		39083	6893	188	5052	20426	3466	3058	
抚远 Fuyuan		21709	6523	214	6310	3999	4300	363	
哈尔滨铁路局 Harbin Railway Bureau		159804	159804						
省森工总局 Longjiang Forestry Group		237412					237412		

2-10　分地区年末按登记注册类型分城镇单位就业人数

NUMBER OF EMPLOYMENT IN URBAN UNITS AT YEAR-END BY REGISTRATION STATUS

单位：人　　(person)

年份 地区	Year Region	城镇单位就业人数 Number of Urban Employed Persons	国有单位 State-owned Units	集体单位 Urban Collective-owned Units	其他单位 Units of Other Types of Ownership	内资 Domestic Funded Units	股份合作 Cooperative Units
2012		6296632	3354237	153364	1202233	1090386	83149
2013		6266144	2919007	158145	1597193	1435236	70516
2014		5990490	2770991	147269	1590568	1433065	57611
2015		5853144	2678459	141049	1515643	1377680	54302
哈尔滨	Harbin	1678361	637920	68993	522510	446872	46423
齐齐哈尔	Qiqihar	425671	164363	15960	128525	117892	382
鸡西	Jixi	208296	81533	4408	83964	80398	294
鹤岗	Hegang	165596	67564	6176	49873	48512	180
双鸭山	Shuangyashan	174000	71552	1900	63793	63479	2193
大庆	Daqing	754608	254599	10949	254697	243367	1844
伊春	Yichun	250818	146409	1877	25694	23393	1373
佳木斯	Jiamusi	278633	113972	4952	52797	47419	390
七台河	Qitaihe	135592	38191	3782	69700	68548	17
牡丹江	Mudanjiang	469744	138025	11487	98258	86346	120
黑河	Heihe	170318	94204	1816	25823	24258	109
绥化	Suihua	313574	174999	7578	78605	72167	295
大兴安岭	Daxinganling	107637	70142	656	8439	7459	98
农垦总局	ARB	531891	451766	113	49544	44330	576
绥芬河	Suifenhe	15191	6893	188	3058	2877	
抚远	Fuyuan	13410	6523	214	363	363	8
哈尔滨铁路局	Haerbin Railway Bureau	159804	159804				

2-10 续表　CONTINUED

单位：人　　(person)

年份 地区	Year Region	联营 Joint Ownership Units	有限责任公司 Limited Liability Corporations	股份有限公司 Share-Holding Corporations Ltd.	其他 Others	港澳台商投资 Units of Funds from Hong Kong, Macao & Taiwan	外商投资 Foreign Funded Units	私营单位 Private Units
2012		8336	711175	281302	6424	37373	74474	1586798
2013		4145	1046255	305320	9000	52854	109103	1591799
2014		4354	1059309	304826	6965	51198	106305	1481662
2015		3357	1010657	300355	9009	47402	90561	1517993
哈尔滨	Harbin	2891	298243	97518	1797	23003	52635	448938
齐齐哈尔	Qiqihar	30	85306	31711	463	5460	5173	116823
鸡西	Jixi		69091	10946	67	3124	442	38391
鹤岗	Hegang		46559	1512	261	776	585	41983
双鸭山	Shuangyashan	60	19696	41500	30	314		36755
大庆	Daqing		193043	47808	672	4563	6767	234363
伊春	Yichun	129	17299	4532	60	1066	1235	76838
佳木斯	Jiamusi		34597	11897	535	826	4552	106912
七台河	Qitaihe	124	63470	4894	43	1102	50	23919
牡丹江	Mudanjiang		63541	22343	342	4028	7884	221974
黑河	Heihe		17563	6412	174	382	1183	48475
绥化	Suihua	48	61309	10226	289	2293	4145	52392
大兴安岭	Daxinganling		5179	2182			980	28400
农垦总局	ARB	33	33564	6025	4132	314	4900	30468
绥芬河	Suifenhe		1949	784	144	151	30	5052
抚远	Fuyuan	42	248	65				6310
哈尔滨铁路局	Haerbin Railway Bureau							

2-11 分地区年末城镇非私营单位就业人数

NUMBER OF EMPLOYMENT IN URBAN NON-PRIVATE UNITS AT YEAR-END BY REGION

单位：人 (person)

年份 地区	Year Region	总计 Total	农、林、牧、渔业 Agriculture, Forestry, Animal Husbandry and Fishery	采矿业 Mining	制造业 Manufacturing	电力、热力、燃气及水的生产和供应业 Production and Supply of Electric, heat, Gas and Water	建筑业 Construction
2012		4709834	932627	413269	633458	157331	356205
2013		4674345	798383	323312	653326	181815	369628
2014		4508828	710984	359280	613082	180839	338497
2015		4335151	654595	318638	574066	180621	311202
哈尔滨	Harbin	1229423	34681	3875	238054	70273	117310
齐齐哈尔	Qiqihar	308848	4498	85	78430	13699	18331
鸡西	Jixi	169905	12044	53760	8578	5684	12339
鹤岗	Hegang	123613	8951	37321	19191	2801	6809
双鸭山	Shuangyashan	137245	5973	35303	6724	7003	6985
大庆	Daqing	520245	3437	119710	63648	31294	48305
伊春	Yichun	173980	93347	766	15318	4933	4561
佳木斯	Jiamusi	171721	20557	481	16993	7078	18735
七台河	Qitaihe	111673	4384	56528	6900	1858	2140
牡丹江	Mudanjiang	247770	35665	1826	38850	10861	29135
黑河	Heihe	121843	25771	3601	5718	6177	4542
绥化	Suihua	261182	12892	3472	45618	8699	20364
大兴安岭	Daxinganling	79237	44136	1415	1167	2402	2800
农垦总局	ARB	501423	346865	495	27062	7218	6929
绥芬河	Suifenhe	10139	93		468	465	238
抚远	Fuyuan	7100	1301		4	176	
哈尔滨铁路局	Harbin Railway Bureau	159804			1343		11679

2-11 续表1 CONTINUED

单位：人 (person)

年份 地区	Year Region	批发和零售业 Wholesale and Retail Trades	交通运输仓储和邮政业 Transport, Storage and Post	住宿和餐饮业 Hotels and Catering Services	信息传输、软件和信息技术服务业 Information Transmission, Software and IT Softwares	金融业 Financial Intermediation	房地产业 Real Estate	租赁和商务服务业 Leasing and Business Services
2012		159010	256089	45601	61105	160117	58534	48877
2013		196718	280624	109287	70793	159208	60212	59092
2014		187562	277461	45246	76385	169005	60346	62055
2015		182176	274955	41511	73668	187020	59870	62900
哈尔滨	Harbin	86739	52815	25644	35442	66057	28017	34547
齐齐哈尔	Qiqihar	10134	12915	551	5148	19748	4972	5265
鸡西	Jixi	5092	5705	282	2245	9910	1318	362
鹤岗	Hegang	3542	2778	391	1201	4604	1017	38
双鸭山	Shuangyashan	3834	6899	348	1757	5647	1498	2825
大庆	Daqing	18659	14736	2285	7162	22379	9618	818
伊春	Yichun	1792	3877	548	2430	4839	1062	656
佳木斯	Jiamusi	10294	7763	939	3178	8289	1627	944
七台河	Qitaihe	1560	3064	99	1093	4305	596	492
牡丹江	Mudanjiang	8832	7373	1831	3281	20459	3195	7340
黑河	Heihe	3945	7449	732	2483	5852	896	661
绥化	Suihua	13565	12125	596	3927	9069	3912	1456
大兴安岭	Daxinganling	1097	1626	595	1308	2652	315	776
农垦总局	ARB	10996	4767	1888	3004	1999	1156	4320
绥芬河	Suifenhe	444	450	95	9	948	477	107
抚远	Fuyuan	187	313	52		207	95	44
哈尔滨铁路局	Harbin Railway Bureau	1464	130300	4635		56	99	2249

2-11 续表2 CONTINUED

单位：人 (person)

年份 地区	Year Region	科学研究和技术服务业 Scientific Research and Technical Service	水利、环境和公共设施管理业 Management of Water Conservancy, Environment and Public Facilities	居民服务、修理和其他服务业 Services to Households Repair and Other Services	教育 Education	卫生和社会工作 Health and Social Services	文化、体育和娱乐业 Culture, Sports and Entertainment	公共管理、社会保障和社会组织 Public Management Social Security and Social Organization
2012		118926	102162	43857	469553	209837	42390	440886
2013		111528	104330	46290	450369	223051	45595	430784
2014		115422	101503	42642	453708	225950	40981	447880
2015		111809	108794	43100	442622	223709	39965	443930
哈尔滨	Harbin	38839	32537	7190	151085	70258	16092	119968
齐齐哈尔	Qiqihar	5851	12165	633	44939	26790	3378	41316
鸡西	Jixi	936	5112	282	16096	5989	1667	22504
鹤岗	Hegang	488	2489	162	8690	8631	1238	13271
双鸭山	Shuangyashan	1227	4132	241	13783	5598	1497	25971
大庆	Daqing	46377	4839	23667	40811	21811	4470	36219
伊春	Yichun	1703	2361	117	12585	7118	1067	14900
佳木斯	Jiamusi	2897	4363	438	23858	12361	1424	29502
七台河	Qitaihe	1363	2119	167	7599	4922	695	11789
牡丹江	Mudanjiang	2749	4395	493	26538	16359	2335	26253
黑河	Heihe	1558	4357	253	13875	7859	1448	24666
绥化	Suihua	3137	6646	651	50489	16386	2303	45875
大兴安岭	Daxinganling	1063	1521	20	4524	1978	687	9155
农垦总局	ARB	2041	20850	3250	24390	16085	1128	16980
绥芬河	Suifenhe	125	526		1402	853	99	3340
抚远	Fuyuan	38	382		1512	432	136	2221
哈尔滨铁路局	Haerbin Railway Bureau	1417		5536	446	279	301	

2-12 分地区年末国有单位就业人数

NUMBER OF EMPLOYMENT IN STATE-OWNED UNITS AT YEAR-END BY REGION

单位：人 (person)

年份 地区	Year Region	总计 Total	农、林、牧、渔业 Agriculture, Forestry, Animal Husbandry and Fishery	采矿业 Mining	制造业 Manufacturing	电力、热力、燃气及水的生产和供应业 Production and Supply of Electric, heat, Gas and Water	建筑业 Construction	批发和零售业 Wholesale and Retail Trades
2012		3354237	923644	184829	145416	113756	142808	57246
2013		2919007	790212	11744	70486	89916	96218	53685
2014		2770991	702780	9331	63476	86450	88314	46677
2015		2678459	647035	7789	69258	85612	68363	45404
哈尔滨	Harbin	637920	33098	495	40729	17892	26819	15072
齐齐哈尔	Qiqihar	164363	4483		3049	3060	1018	1870
鸡西	Jixi	81533	11988	68	353	2482	5872	1728
鹤岗	Hegang	67564	8660		16196	1212	681	1213
双鸭山	Shuangyashan	71552	5950	3	99	4082	517	1748
大庆	Daqing	254599	3291	2415	1532	25020	11015	8015
伊春	Yichun	146409	93210	165	1544	4134	792	503
佳木斯	Jiamusi	113972	20480	85	627	3294	3323	1812
七台河	Qitaihe	38191	4384			1230	93	448
牡丹江	Mudanjiang	138025	35665	145	275	5213	2162	3023
黑河	Heihe	94204	20822	126	886	4350	708	1014
绥化	Suihua	174999	12609	3035	1669	6023	2172	5002
大兴安岭	Daxinganling	70142	44136	1252	117	2088	165	188
农垦总局	ARB	451766	346865		835	5356	1347	2123
绥芬河	Suifenhe	159804	93					164
抚远	Fuyuan	6893	1301		4	176		17
哈尔滨铁路局	Haerbin Railway Bureau	6523			1343		11679	1464

2-12 续表1 CONTINUED

单位：人 (person)

年 份 地 区	Year Region	交通运输仓储和邮政业 Transport, Storage and Post	住宿和餐饮业 Hotels and Catering Services	信息传输、软件和信息技术服务业 Information Transmission, Software and IT Softwares	金融业 Financial Intermediation	房地产业 Real Estate	租赁和商务服务业 Leasing and Business Services	科学研究和技术服务业 Scientific Research and Technical Service
	2012	235375	21634	24755	58142	22451	32865	109663
	2013	255329	72907	22082	51414	15017	26177	99043
	2014	250879	22073	20135	56488	14570	31374	101157
	2015	245370	20231	19380	59693	13292	31133	100886
哈尔滨	Harbin	39246	9945	8291	23764	7441	13221	30633
齐齐哈尔	Qiqihar	9613	184	797	5858	1052	1850	5151
鸡西	Jixi	4676	98	27	1184	567	213	915
鹤岗	Hegang	1805	192	193	2754	501	22	488
双鸭山	Shuangyashan	4819	183	179	1355	419	509	1206
大庆	Daqing	12930	1234	3896	8276	353	316	45424
伊春	Yichun	3437	269	410	1989	89	310	1591
佳木斯	Jiamusi	6017	272	353	1875	485	753	2892
七台河	Qitaihe	2109	99	63	809	211	146	1330
牡丹江	Mudanjiang	6285	248	333	1513	213	5750	2347
黑河	Heihe	7309	209	612	3764	204	511	1468
绥化	Suihua	10758	338	1331	5032	902	1111	2984
大兴安岭	Daxinganling	1263	431	129	875	180	745	1054
农垦总局	ARB	4356	1839	2766	386	529	3399	1906
绥芬河	Suifenhe	249	3		203	2	11	50
抚远	Fuyuan	198	52			45	17	30
哈尔滨铁路局	Haerbin Railway Bureau	130300	4635		56	99	2249	1417

2-12 续表2 CONTINUED

单位：人 (person)

年 份 地 区	Year Region	水利、环境和公共设施管理业 Management of Water Conservancy, Environment and Public Facilities	居民服务、修理和其他服务业 Services to Households Repair and Other Services	教育 Education	卫生和社会工作 Health and Social Services	文化、体育和娱乐业 Culture, Sports and Entertainment	公共管理、社会保障和社会组织 Public Management Social Security and Social Organization
	2012	94414	40531	463587	202402	40368	440351
	2013	97903	37582	445445	213996	39741	430110
	2014	92670	36379	447551	217401	35943	447343
	2015	97350	36998	437422	214746	34957	443540
哈尔滨	Harbin	26132	1574	146187	64747	12977	119657
齐齐哈尔	Qiqihar	10661	511	44844	25714	3332	41316
鸡西	Jixi	4947	228	16096	5920	1667	22504
鹤岗	Hegang	2489	162	8690	7797	1238	13271
双鸭山	Shuangyashan	3418	217	13783	5597	1497	25971
大庆	Daqing	4770	23655	40805	21083	4350	36219
伊春	Yichun	2316	83	12585	7064	1018	14900
佳木斯	Jiamusi	4363	321	23858	12332	1402	29428
七台河	Qitaihe	2119	145	7599	4922	695	11789
牡丹江	Mudanjiang	4322	493	26389	16167	1229	26253
黑河	Heihe	4125	248	13875	7859	1448	24666
绥化	Suihua	6646	651	50466	16095	2300	45875
大兴安岭	Daxinganling	1267	20	4524	1923	630	9155
农垦总局	ARB	18867	3154	24390	16030	638	16980
绥芬河	Suifenhe	526		1373	785	99	3335
抚远	Fuyuan	382		1512	432	136	2221
哈尔滨铁路局	Haerbin Railway Bureau		5536	446	279	301	

2-13 分地区年末城镇集体单位就业人数

NUMBER OF EMPLOYMENT IN URBAN COLLECTIVE-OWNED UNITS AT YEAR-END BY REGION

单位：人 (person)

年 份 地 区	Year Region	总 计 Total	农、林、牧、渔业 Agriculture, Forestry, Animal Husbandry and Fishery	采矿业 Mining	制造业 Manufacturing	电力、热力、燃气及水的生产和供应业 Production and Supply of Electric, heat, Gas and Water	建筑业 Construction
	2012	153364	1678	13859	40565	1189	37494
	2013	158145	1538	13188	46735	829	33110
	2014	147269	881	7840	48279	888	32932
	2015	141049	767	7643	44383	835	28796
哈尔滨	Harbin	68993	40	2	27780	198	10112
齐齐哈尔	Qiqihar	15960	1	36	6879	259	1480
鸡 西	Jixi	4408	28	78	1005		1057
鹤 岗	Hegang	6176	291	3439	247		92
双鸭山	Shuangyashan	1900	2		280		561
大 庆	Daqing	10949		1382	5889		904
伊 春	Yichun	1877	137	50	209		492
佳木斯	Jiamusi	4952	77	34	334	247	1116
七台河	Qitaihe	3782		2607	63		241
牡丹江	Mudanjiang	11487		15	543		9346
黑 河	Heihe	1816			213		856
绥 化	Suihua	7578	191		841	131	1870
大兴安岭	Daxinganling	656					656
农垦总局	ARB	113			100		13
绥芬河	Suifenhe	188					
抚 远	Fuyuan	214					

2-13 续表1 CONTINUED

单位：人 (person)

年 份 地 区	Year Region	批发和零售业 Wholesale and Retail Trades	交通运输仓储和邮政业 Transport, Storage and Post	住宿和餐饮业 Hotels and Catering Services	信息传输、软件和信息技术服务业 Information Transmission, Software and IT Softwares	金融业 Financial Intermediation	房地产业 Real Estate	租赁和商务服务业 Leasing and Business Services
	2012	10153	2750	2636	211	20706	1424	4014
	2013	12578	2147	3521	193	19208	1166	6632
	2014	10150	2008	2346	63	19384	929	5160
	2015	11671	1569	2143	55	19239	503	7055
哈尔滨	Harbin	6394	709	1894	14	4624	86	5351
齐齐哈尔	Qiqihar	882	377	45		4041	11	97
鸡 西	Jixi	329	103	65		1543		128
鹤 岗	Hegang	147	158			1119	19	16
双鸭山	Shuangyashan	192	65					126
大 庆	Daqing	506	64	15		997	127	348
伊 春	Yichun	108	10	83		641		71
佳木斯	Jiamusi	1347	23			1485		177
七台河	Qitaihe	25	30			438	12	344
牡丹江	Mudanjiang	260	18	23		1175	15	8
黑 河	Heihe	155	11		41	471	14	48
绥 化	Suihua	1326		18		2311	219	334
大兴安岭	Daxinganling							
农垦总局	ARB							
绥芬河	Suifenhe		1			187		
抚 远	Fuyuan					207		7

2-13 续表2 CONTINUED

单位：人 (person)

年份 地区	Year Region	科学研究和技术服务业 Scientific Research and Technical Service	水利、环境和公共设施管理业 Management of Water Conservancy, Environment and Public Facilities	居民服务、修理和其他服务业 Services to Households Repair and Other Services	教育 Education	卫生和社会工作 Health and Social Services	文化、体育和娱乐业 Culture, Sports and Entertainment	公共管理、社会保障和社会组织 Public Management Social Security and Social Organization
	2012	1656	3835	1411	2674	6233	341	535
	2013	1677	3493	2863	2483	5928	678	178
	2014	1319	3851	2552	2498	5246	665	278
	2015	938	4912	2804	1962	5076	602	96
哈尔滨	Harbin	913	2775	2736	1931	2822	590	22
齐齐哈尔	Qiqihar		1464	19		369		
鸡西	Jixi	3				69		
鹤岗	Hegang					648		
双鸭山	Shuangyashan		673			1		
大庆	Daqing					717		
伊春	Yichun			22		54		
佳木斯	Jiamusi					29	9	74
七台河	Qitaihe			22				
牡丹江	Mudanjiang				8	76		
黑河	Heihe	2		5				
绥化	Suihua	20			23	291	3	
大兴安岭	Daxinganling							
农垦总局	ARB							
绥芬河	Suifenhe							
抚远	Fuyuan							

2-14 分地区年末城镇其他单位就业人数

NUMBER OF EMPLOYMENT IN URBAN OTHER UNITS AT YEAR-END BY REGION

单位：人 (person)

年份 地区	Year Region	总计 Total	农、林、牧、渔业 Agriculture, Forestry, Animal Husbandry and Fishery	采矿业 Mining	制造业 Manufacturing	电力、热力、燃气及水的生产和供应业 Production and Supply of Electric, heat, Gas and Water	建筑业 Construction	批发和零售业 Wholesale and Retail Trades
	2012	1202233	7305	214581	447477	42386	175903	91611
	2013	1597193	6633	298380	536105	91070	240300	130455
	2014	1590568	7323	342109	501327	93501	217251	130735
	2015	1515643	6793	303206	460425	94174	214043	125101
哈尔滨	Harbin	522510	1543	3378	169545	52183	80379	65273
齐齐哈尔	Qiqihar	128525	14	49	68502	10380	15833	7382
鸡西	Jixi	83964	28	53614	7220	3202	5410	3035
鹤岗	Hegang	49873		33882	2748	1589	6036	2182
双鸭山	Shuangyashan	63793	21	35300	6345	2921	5907	1894
大庆	Daqing	254697	146	115913	56227	6274	36386	10138
伊春	Yichun	25694		551	13565	799	3277	1181
佳木斯	Jiamusi	52797		362	16032	3537	14296	7135
七台河	Qitaihe	69700		53921	6837	628	1806	1087
牡丹江	Mudanjiang	98258		1666	38032	5648	17627	5549
黑河	Heihe	25823	4949	3475	4619	1827	2978	2776
绥化	Suihua	78605	92	437	43108	2545	16322	7237
大兴安岭	Daxinganling	8439		163	1050	314	1979	909
农垦总局	ARB	49544		495	26127	1862	5569	8873
绥芬河	Suifenhe	3058			468	465	238	280
抚远	Fuyuan	363						170

2-14 续表1 CONTINUED

单位：人 (person)

年 份 地 区	Year Region	交通运输仓储和邮政业 Transport, Storage and Post	住宿和餐饮业 Hotels and Catering Services	信息传输、软件和信息技术服务业 Information Transmission, Software and IT Softwares	金融业 Financial Intermediation	房地产业 Real Estate	租赁和商务服务业 Leasing and Business Services	科学研究和技术服务业 Scientific Research and Technical Service
2012		17964	21331	36139	81269	34659	11998	7607
2013		23148	32859	48518	88586	44029	26283	10808
2014		24574	20827	56187	93133	44847	25521	12946
2015		28016	19137	54233	108088	46075	24712	9985
哈尔滨	Harbin	12860	13805	27137	37669	20490	15975	7293
齐齐哈尔	Qiqihar	2925	322	4351	9849	3909	3318	700
鸡 西	Jixi	926	119	2218	7183	751	21	18
鹤 岗	Hegang	815	199	1008	731	497		
双鸭山	Shuangyashan	2015	165	1578	4292	1079	2190	21
大 庆	Daqing	1742	1036	3266	13106	9138	154	953
伊 春	Yichun	430	196	2020	2209	973	275	112
佳木斯	Jiamusi	1723	667	2825	4929	1142	14	5
七台河	Qitaihe	925		1030	3058	373	2	33
牡丹江	Mudanjiang	1070	1560	2948	17771	2967	1582	402
黑 河	Heihe	129	523	1830	1617	678	102	88
绥 化	Suihua	1367	240	2596	1726	2791	11	133
大兴安岭	Daxinganling	363	164	1179	1777	135	31	9
农垦总局	ARB	411	49	238	1613	627	921	135
绥芬河	Suifenhe	200	92	9	558	475	96	75
抚 远	Fuyuan	115				50	20	8

2-14 续表2 CONTINUED

单位：人 (person)

年 份 地 区	Year Region	水利、环境和公共设施管理业 Management of Water Conservancy, Environment and Public Facilities	居民服务、修理和其他服务业 Services to Households Repair and Other Services	教 育 Education	卫生和社会工作 Health and Social Services	文化、体育和娱乐业 Culture, Sports and Entertainment	公共管理、社会保障和社会组织 Public Management Social Security and Social Organization
2012		3913	1915	3292	1202	1681	
2013		2934	5845	2441	3127	5176	496
2014		4982	3711	3659	3303	4373	259
2015		6532	3298	3238	3887	4406	294
哈尔滨	Harbin	3630	2880	2967	2689	2525	289
齐齐哈尔	Qiqihar	40	103	95	707	46	
鸡 西	Jixi	165	54				
鹤 岗	Hegang				186		
双鸭山	Shuangyashan	41	24				
大 庆	Daqing	69	12	6	11	120	
伊 春	Yichun	45	12			49	
佳木斯	Jiamusi		117			13	
七台河	Qitaihe						
牡丹江	Mudanjiang	73		141	116	1106	
黑 河	Heihe	232					
绥 化	Suihua						
大兴安岭	Daxinganling	254			55	57	
农垦总局	ARB	1983	96		55	490	
绥芬河	Suifenhe			29	68		5
抚 远	Fuyuan						

2-15 年末分行业女性单位就业人员(2015年，不含私营单位)

NUMBER OF FEMALE EMPLOYED PERSONS AT YEAR-END BY SCTOR (2015，Excluding Private)

行　业	Sectors	女性单位就业人员（人） Number of Female Employed Persons (person)	占单位就业人员比重（%） Proportion of Female Employed Persons to Total (%)
总　计	**Total**	**1544959**	**35.6**
农、林、牧、渔业	Agriculture, Forestry, Animal Husbandry and Fishery	219376	33.5
采矿业	Mining	73478	23.1
制造业	Manufacturing	189724	33.0
电力、热力、燃气及水的生产和供应业	Production and Supply of Electric,Heat,Gas and Water	48106	26.6
建筑业	Construction	50731	16.3
批发和零售业	Wholesale and Retail Trade	84684	46.5
交通运输、仓储及邮政业	Transport, Storage and Post	62784	22.8
住宿和餐饮业	Hotels and Catering Services	21783	52.5
信息传输、软件和信息技术服务业	Information Transmission, Software and IT Services	28879	39.2
金融业	Financial Intermediation	87428	46.7
房地产业	Real Estate	20743	34.6
租赁和商务服务业	Leasing and Business Services	19651	31.2
科学研究和技术服务业	Scientific Research and Technical Services	30361	27.2
水利、环境和公共设施管理业	Management of Water Conservancy, Environment and Public Facilities	40910	37.6
居民服务、修理和其他服务业	Services to Households,Repair and Other Services	19550	45.4
教　育	Education	250530	56.6
卫生、社会工作	Health and Social Work	142970	63.9
文化、体育和娱乐业	Culture, Sports and Entertainment	16550	41.4
公共管理、社会保障和社会组织	Public Management,Social Securities and Social Organization	136721	30.8
国际组织	International Organizations		

2–16 按行业分城镇非私营单位就业人员劳动报酬总额

TOTAL LABOR REMUNERATION OF EMPLOYED PERSONS IN URBAN NON–PRIVATE UNITS BY SECTOR

单位：亿元、万元　　　　(100 million yuan, 10000 yuan)

年 份 地 区	Year Region	总 计 Total	农、林、牧、渔业 Agriculture, Forestry, Animal Husbandry and Fishery	采矿业 Mining	制造业 Manufacturing	电力、热力、燃气及水的生产和供应业 Production and Supply of Electric, heat, Gas and Water	建筑业 Construction	批发和零售业 Wholesale and Retail Trades
2012		1732.6	186.8	204.3	235.4	73.1	144.2	52.7
2013		1944.5	188.4	185.1	262.3	99.5	180.3	74.0
2014		2033.1	186.0	200.5	266.4	105.6	167.3	75.8
2015		2164.2	187.2	185.7	265.8	113.8	143.6	80.2
哈尔滨	Harbin	6932493	116119	15950	1255698	544321	536515	424246
齐齐哈尔	Qiqihar	1387410	13657	220	302581	67754	63127	39131
鸡 西	Jixi	737128	34668	232595	30625	25497	38614	20072
鹤 岗	Hegang	523483	19694	189630	34788	15419	22232	14161
双鸭山	Shuangyashan	599765	17056	134170	34052	34574	22545	14527
大 庆	Daqing	3521280	11133	1022435	437055	195812	238702	67732
伊 春	Yichun	592047	224991	5453	54419	20292	18835	7479
佳木斯	Jiamusi	825059	45662	1198	62551	42722	95778	33661
七台河	Qitaihe	471463	10823	201067	18668	12682	6793	7646
牡丹江	Mudanjiang	1130512	101072	9308	138408	71520	120339	44643
黑 河	Heihe	539893	58148	18373	18579	33912	17532	12958
绥 化	Suihua	1043077	25595	21357	152361	32423	88235	36160
大兴安岭	Daxinganling	313139	127795	4662	3217	6519	10778	4781
农垦总局	ARB	1761969	1061936	997	105180	32666	77791	60690
绥芬河	Suifenhe	52743	316		1167	1613	887	2437
抚 远	Fuyuan	34649	3774		8	659		481
哈尔滨铁路局	Haerbin Railway Bureau	1175598			8990		77226	11671

2–16 续表1 CONTINUED

单位：亿元、万元　　　　(100 million yuan, 10000 yuan)

年 份 地 区	Year Region	交通运输仓储和邮政业 Transport, Storage and Post	住宿和餐饮业 Hotels and Catering Services	信息传输、软件和信息技术服务业 Information Transmission, Software and IT Softwares	金融业 Financial Intermediation	房地产业 Real Estate	租赁和商务服务业 Leasing and Business Services	科学研究和技术服务业 Scientific Research and Technical Service
2012		113.7	13.9	30.7	87.8	18.4	18.1	66.2
2013		140.0	46.7	39.2	89.3	22.7	23.6	67.7
2014		157.8	17.8	45.3	97.0	24.7	24.4	72.2
2015		162.4	17.6	47.8	116.4	27.1	27.7	73.8
哈尔滨	Harbin	250675	112594	250532	478037	150230	169257	242315
齐齐哈尔	Qiqihar	55344	1360	31313	99173	18740	20620	35552
鸡 西	Jixi	28379	644	13609	50041	4717	912	4386
鹤 岗	Hegang	11532	1011	7767	29438	3480	285	2483
双鸭山	Shuangyashan	21678	1105	13199	39916	6177	5845	7037
大 庆	Daqing	82532	10729	49379	109085	38538	2778	345595
伊 春	Yichun	15808	1572	13280	31462	3235	1452	7920
佳木斯	Jiamusi	30108	2448	17548	50714	6204	5131	17893
七台河	Qitaihe	12629	262	6794	49370	2393	1472	6344
牡丹江	Mudanjiang	38223	5074	20631	94240	11222	24053	17743
黑 河	Heihe	26770	1803	11441	40707	4820	2528	8488
绥 化	Suihua	43313	1459	19805	48339	14385	4892	12640
大兴安岭	Daxinganling	7565	1694	8806	18247	859	5215	6737
农垦总局	ARB	15092	5045	14145	17187	3533	18283	11394
绥芬河	Suifenhe	2058	306	27	5811	1572	315	609
抚 远	Fuyuan	1790	119	0	2056	337	147	190
哈尔滨铁路局	Haerbin Railway Bureau	980599	28814	0	625	1034	14202	10899

2-16 续表2 CONTINUED

单位：亿元、万元 (100 million yuan, 10000 yuan)

年 份 地 区	Year Region	水利、环境和公共设施管理业 Management of Water Conservancy, Environment and Public Facilities	居民服务、修理和其他服务业 Services to Households Repair and Other Services	教 育 Education	卫生和社会工作 Health and Social Services	文化、体育和娱乐业 Culture, Sports and Entertainment	公共管理、社会保障和社会组织 Public Management Social Security and Social Organization
2012		24.3	19.0	185.9	82.6	15.3	160.2
2013		27.3	23.1	194.5	95.4	17.8	167.5
2014		28.9	23.0	223.7	106.7	17.6	192.4
2015		35.8	22.6	277.4	124.3	20.2	234.3
哈尔滨	Harbin	122851	39069	1021773	435103	87692	679516
齐齐哈尔	Qiqihar	38060	3033	249403	130443	14016	203882
鸡 西	Jixi	13239	1193	90433	32569	7058	107878
鹤 岗	Hegang	7735	648	53231	36077	5805	68069
双鸭山	Shuangyashan	13106	1309	85382	25273	7568	115246
大 庆	Daqing	25687	132987	317569	153842	23328	256363
伊 春	Yichun	8576	424	69525	31645	4932	70748
佳木斯	Jiamusi	16252	1872	158299	74732	7324	154961
七台河	Qitaihe	5534	448	44102	22961	3450	58026
牡丹江	Mudanjiang	16793	2354	168162	88609	11613	146507
黑 河	Heihe	13165	1041	89877	41545	7833	130374
绥 化	Suihua	22299	2233	250296	69218	7978	190090
大兴安岭	Daxinganling	4152	97	30882	12126	3797	55213
农垦总局	ARB	47931	6850	122862	78762	5371	76254
绥芬河	Suifenhe	1781		9149	5234	530	18935
抚 远	Fuyuan	1270		9586	2120	808	11305
哈尔滨铁路局	Harbin Railway Bureau		32520	3799	2286	2934	

2-17 分地区城镇非私营单位就业人员平均工资

AVERAGE WAGE OF EMPLOYED PERSONS IN URBAN NON-PRIVATE UNITS BY REGION

单位：元 (yuan)

年 份 地 区	Year Region	总 计 Total	农、林、牧、渔业 Agriculture, Forestry, Animal Husbandry and Fishery	采矿业 Mining	制造业 Manufacturing	电力、热力、燃气及水的生产和供应业 Production and Supply of Electric, heat, Gas and Water	建筑业 Construction
2012		36406	20830	49530	36787	46604	32089
2013		40794	23793	58079	39668	54355	36581
2014		44036	25816	56472	43254	58221	37389
2015		48881	28556	54707	45447	62714	37948
哈尔滨	Harbin	55940	35486	38059	52036	76970	40181
齐齐哈尔	Qiqihar	44179	30289	25835	37889	48800	28830
鸡 西	Jixi	42461	28583	41977	33415	44351	27959
鹤 岗	Hegang	38324	20993	38453	17837	56251	31007
双鸭山	Shuangyashan	42176	29146	33850	46235	49689	33400
大 庆	Daqing	66839	32898	86061	66909	62190	42644
伊 春	Yichun	34764	25880	66261	32134	41701	33277
佳木斯	Jiamusi	45352	22524	24855	36201	60037	33335
七台河	Qitaihe	40903	24420	33483	27004	69567	30976
牡丹江	Mudanjiang	44753	32801	52232	35483	65065	30373
黑 河	Heihe	43909	22812	50116	31315	54945	36947
绥 化	Suihua	39137	23728	61511	33484	37225	31594
大兴安岭	Daxinganling	39728	29311	36052	27848	26510	35640
农垦总局	ARB	33452	29183	19431	37847	45332	52786
绥芬河	Suifenhe	51780	33925		24468	34918	29069
抚 远	Fuyuan	48271	26669		21000	37432	62673
哈尔滨铁路局	Harbin Railway Bureau	72385			63712		

2-17 续表1 CONTINUED

单位：元 (yuan)

年份 地区	Year Region	批发和零售业 Wholesale and Retail Trades	交通运输仓储和邮政业 Transport, Storage and Post	住宿和餐饮业 Hotels and Catering Services	信息传输、软件和信息技术服务业 Information Transmission, Software and IT Softwares	金融业 Financial Intermediation	房地产业 Real Estate	租赁和商务服务业 Leasing and Business Services
	2012	33028	44616	30504	50042	55849	31379	36599
	2013	38346	50817	43308	55780	57385	36849	38722
	2014	41480	56406	39387	59055	58112	40002	39918
	2015	44654	58601	42095	64003	65140	44447	44945
哈尔滨	Harbin	49279	47680	44405	70370	75079	53798	51343
齐齐哈尔	Qiqihar	38288	42523	24688	60275	51436	37503	37201
鸡西	Jixi	39873	49735	22833	60350	52981	35437	25196
鹤岗	Hegang	40036	41888	27407	64616	64009	32981	74895
双鸭山	Shuangyashan	37616	31665	31761	64923	69955	40504	20359
大庆	Daqing	40859	54708	39960	68081	57359	39928	34767
伊春	Yichun	41756	40701	28573	54650	65410	30579	22128
佳木斯	Jiamusi	32978	38155	26011	54959	61220	39090	53341
七台河	Qitaihe	49680	41203	27851	62159	114281	39170	30224
牡丹江	Mudanjiang	50933	50400	27470	59887	49540	34991	32681
黑河	Heihe	33345	35880	23177	45874	70795	27233	38306
绥化	Suihua	27033	35468	25640	47189	53401	34274	33671
大兴安岭	Daxinganling	43070	47072	31131	66461	69222	27790	69910
农垦总局	ARB	53004	31182	26427	47136	86021	30222	42352
绥芬河	Suifenhe	53683	45319	30277	30444	64349	32740	29148
抚远	Fuyuan	22467	55748	22788		99314	33356	34233
哈尔滨铁路局	Haerbin Railway Bureau	73037	74375	59496		109719	99385	60537

2-17 续表2 CONTINUED

单位：元 (yuan)

年份 地区	Year Region	科学研究和技术服务业 Scientific Research and Technical Service	水利、环境和公共设施管理业 Management of Water Conservancy, Environment and Public Facilities	居民服务、修理和其他服务业 Services to Households Repair and Other Services	教育 Education	卫生和社会工作 Health and Social Services	文化、体育和娱乐业 Culture, Sports and Entertainment	公共管理、社会保障和社会组织 Public Management Social Security and Social Organization
	2012	57107	23666	42918	39994	39712	36117	36472
	2013	60617	26855	49320	43379	43194	39726	39335
	2014	62073	28993	52333	49503	47659	43083	43143
	2015	66168	32980	50275	62673	55776	50931	53007
哈尔滨	Harbin	65540	37323	52009	67896	62017	54848	57304
齐齐哈尔	Qiqihar	59660	31248	47844	55216	49341	41590	49414
鸡西	Jixi	45597	24654	42301	56089	54353	42313	47890
鹤岗	Hegang	50875	30680	40025	61263	42176	46891	51257
双鸭山	Shuangyashan	56842	32178	54987	61360	45735	50316	44397
大庆	Daqing	72589	49068	53295	77946	71194	50669	71131
伊春	Yichun	46450	35989	36256	55087	44684	46138	47386
佳木斯	Jiamusi	61424	37198	42747	66187	60365	51394	52467
七台河	Qitaihe	45058	25945	26850	58320	47275	49639	49091
牡丹江	Mudanjiang	61586	38667	48737	63259	54264	49436	55923
黑河	Heihe	54448	30187	40972	64350	52883	53759	52787
绥化	Suihua	39598	35166	34352	49609	42291	36413	41444
大兴安岭	Daxinganling	61981	27480	51211	67812	61458	54630	60184
农垦总局	ARB	55258	23883	18970	50115	48963	62599	45672
绥芬河	Suifenhe	48688	34115		65255	61356	53515	56707
抚远	Fuyuan	50026	35980		63402	50109	58158	51856
哈尔滨铁路局	Haerbin Railway Bureau	79551		59681	83672	78821	91972	

2-18 城镇非私营单位就业人员平均工资(2015年)

AVERAGE WAGE OF EMPLOYED PERSONS IN URBAN NON-PRIVATE UNITS (2015)

单位：元 (yuan)

行　业	Sectors	全部单位 Total	国有单位 State-owned Units	集体单位 Urban Collective-owned Units	其他单位 Others
总　计	**Total**	**48881**	**49307**	**39063**	**49062**
按隶属关系分组	**Grouped by Jurisdiction of Management**				
中　央	Central		60022		
省	Provincial		44607		
地　区	Prefectural(Cities at Prefectural level)		53347		
县及县以下	County and Under County level		48842		
其　他	Others		53951		
按企业、事业、机关分组	**Grouped by Enterprises,Institutions and Agencies**				
企　业	Enterprises	46553	44409	38894	49077
#地　方	#Local		40545		
事　业	Institutions	55155	55351	40950	39779
#地　方	#Local		54724		
机　关	Agencies & Organizations	52623	52693	38004	24422
#地　方	#Local		52459		
按行业分组	Grouped by Sector				
农、林、牧、渔业	Agriculture, Forestry, Animal Husbandry and Fishery	28556	28627	21659	22666
采矿业	Mining	54707	45471	44709	55165
制造业	Manufacturing	45447	48958	33319	46098
电力、热力、燃气及水的生产和供应业	Production and Supply of Electric,Heat,Gas and Water	62714	54168	54664	70495
建筑业	Construction	37948	39947	36615	37512
批发和零售业	Wholesale and Retail Trade	44654	55589	33247	41944
交通运输、仓储及邮政业	Transport, Storage and Post	58601	60376	31845	44547
住宿和餐饮业	Hotels and Catering Services	42095	47820	46459	35257
信息传输、软件和信息技术服务业	Information Transmission, Software and IT Services	64003	63774	35702	64114
金融业	Financial Intermediation	65140	74356	53758	61960
房地产业	Real Estate	44447	47055	31321	43860
租赁和商务服务业	Leasing and Business Services	44945	40818	41013	51135
科学研究和技术服务业	Scientific Research and Technical Services	66168	67252	54220	56157
水利、环境和公共设施管理业	Management of Water Conservancy, Environment and Public Facilities	32980	33136	25898	36261
居民服务、修理和其他服务业	Services to Households,Repair and Other Services	50275	50351	60850	42001
教　育	Education	62673	62739	48668	62165
卫生、社会工作	Health and Social Services	55776	56328	47047	36444
文化、体育和娱乐业	Culture, Sports and Entertainment	50931	51335	53138	47216
公共管理、社会保障和社会组织	Public Management,Social Security and Social Organization	53007	53018	55031	35571
国际组织	International Organizations				

2-19 分地区国有单位就业人员平均工资

AVERAGE WAGE OF EMPLOYED PERSONS IN STATE-OWNED UNITS BY REGION

单位：元 (yuan)

年 份 地 区	Year Region	总 计 Total	农、林、牧、渔业 Agriculture, Forestry, Animal Husbandry and Fishery	采矿业 Mining	制造业 Manufacturing	电力、热力、燃气及水的生产和供应业 Production and Supply of Electric, heat, Gas and Water	建筑业 Construction	批发和零售业 Wholesale and Retail Trades
2012		36814	20910	60327	44812	48945	36449	39393
2013		39072	23868	40007	43876	47990	38573	44178
2014		42794	25862	45310	51557	50904	38150	50711
2015		49307	28627	45471	48958	54168	39947	55589
哈尔滨	Harbin	58853	34853	24861	64193	59369	42194	64337
齐齐哈尔	Qiqihar	49461	30350		38994	40212	36704	56070
鸡 西	Jixi	44414	28586	39118	28363	30935	30443	53306
鹤 岗	Hegang	38555	21020		16902	40334	37175	60326
双鸭山	Shuangyashan	45765	29129	21333	23430	35731	17558	44164
大 庆	Daqing	64593	33371	54279	76382	61808	30682	47137
伊 春	Yichun	34131	25897	22579	39375	39065	25981	63076
佳木斯	Jiamusi	49892	22574	16765	31165	69778	34514	57080
七台河	Qitaihe	46725	24420			47933	20563	75209
牡丹江	Mudanjiang	51509	32801	42755	30534	81551	27816	81082
黑 河	Heihe	46312	24852	24746	25496	57065	38154	36302
绥 化	Suihua	41796	23493	49188	29852	34807	23306	31097
大兴安岭	Daxinganling	39208	29311	34738	38664	25302	38815	102021
农垦总局	ARB	31746	29183		16006	43703	36243	32062
绥芬河	Suifenhe	58415	33925					78828
抚 远	Fuyuan	47362	26669		21000	37432		40235
哈尔滨铁路局	Haerbin Railway Bureau	72385			63712		62673	73037

2-19 续表1 CONTINUED

单位：元 (yuan)

年 份 地 区	Year Region	交通运输仓储和邮政业 Transport, Storage and Post	住宿和餐饮业 Hotels and Catering Services	信息传输、软件和信息技术服务业 Information Transmission, Software and IT Softwares	金融业 Financial Intermediation	房地产业 Real Estate	租赁和商务服务业 Leasing and Business Services	科学研究和技术服务业 Scientific Research and Technical Service
2012		45456	34203	47875	65325	33821	38762	58468
2013		51796	47305	54993	65784	36493	37095	61761
2014		57840	44781	57864	67957	40097	36521	63643
2015		60376	47820	63774	74356	47055	40818	67252
哈尔滨	Harbin	44950	51160	77291	80842	50090	40599	69195
齐齐哈尔	Qiqihar	44311	29717	43039	74609	46419	35512	59292
鸡 西	Jixi	55792	28255	55667	75246	45067	29878	46121
鹤 岗	Hegang	47818	20871	43477	66011	35587	97818	50875
双鸭山	Shuangyashan	34450	38899	48894	76870	56148	42035	57050
大 庆	Daqing	54736	49100	70894	62759	58804	42051	71980
伊 春	Yichun	42031	28363	46940	72308	47528	26487	47385
佳木斯	Jiamusi	41747	24751	40550	84175	51047	60830	61499
七台河	Qitaihe	41926	27851	74222	78964	50488	46807	44895
牡丹江	Mudanjiang	54493	28570	47030	84370	42948	33968	64929
黑 河	Heihe	36141	20170	40967	73191	38086	39939	55249
绥 化	Suihua	35619	29303	35504	61620	34274	32111	40578
大兴安岭	Daxinganling	48113	31703	37985	77406	28428	71860	62148
农垦总局	ARB	30984	26392	48100	32345	23052	35491	55303
绥芬河	Suifenhe	55908	20333		82632	53000	29364	82920
抚 远	Fuyuan	46809	22788		109719	45457	37813	53767
哈尔滨铁路局	Haerbin Railway Bureau	74375	59496			99385	60537	79551

2-19 续表2 CONTINUED

单位：元 (yuan)

年份 地区	Year Region	水利、环境和公共设施管理业 Management of Water Conservancy, Environment and Public Facilities	居民服务、修理和其他服务业 Services to Households Repair and Other Services	教育 Education	卫生和社会工作 Health and Social Services	文化、体育和娱乐业 Culture, Sports and Entertainment	公共管理、社会保障和社会组织 Public Management Social Security and Social Organization
	2012	23028	44469	40042	39980	36416	36490
	2013	26760	51217	43377	43489	39770	39364
	2014	28936	53433	49462	48034	43258	43156
	2015	33136	50351	62739	56328	51335	53018
哈尔滨	Harbin	37161	55245	68215	63553	56182	57357
齐齐哈尔	Qiqihar	33044	51510	55244	49595	41459	49414
鸡西	Jixi	24702	40658	56089	54500	42313	47890
鹤岗	Hegang	30680	40025	61263	43355	46891	51257
双鸭山	Shuangyashan	34361	56419	61360	45740	50316	44397
大庆	Daqing	49153	53314	77952	71927	51071	71131
伊春	Yichun	36453	34181	55087	44765	47772	47386
佳木斯	Jiamusi	37198	49520	66187	60411	50861	52460
七台河	Qitaihe	25945	26269	58320	47275	49639	49091
牡丹江	Mudanjiang	38957	48737	63421	54478	53727	55923
黑河	Heihe	30024	40454	64350	52883	53759	52787
绥化	Suihua	35166	34352	49617	42314	36410	41444
大兴安岭	Daxinganling	28916	51211	67812	62604	57796	60184
农垦总局	ARB	23886	18572	50115	49007	62230	45672
绥芬河	Suifenhe	34115		65621	61845	53515	56747
抚远	Fuyuan	35980		63402	50109	58158	51856
哈尔滨铁路局	Haerbin Railway Bureau		59681	83672	78821	91972	

2-20 分地区城镇集体单位就业人员平均工资

AVERAGE WAGE OF EMPLOYED PERSONS IN URBAN COLLECTIVE-OWNED UNITS BY REGION

单位：元 (yuan)

年份 地区	Year Region	总计 Total	农、林、牧、渔业 Agriculture, Forestry, Animal Husbandry and Fishery	采矿业 Mining	制造业 Manufacturing	电力、热力、燃气及水的生产和供应业 Production and Supply of Electric, heat, Gas and Water	建筑业 Construction
	2012	28762	12565	36227	24237	30908	26995
	2013	35819	15662	37757	36004	54607	31823
	2014	37740	23913	46419	36207	45483	34562
	2015	39063	21659	44709	33319	54664	36615
哈尔滨	Harbin	41955	26366	27000	30085	74841	52642
齐齐哈尔	Qiqihar	30123	12000	10194	24695	57622	20260
鸡西	Jixi	41601	35571	14846	30086		38909
鹤岗	Hegang	33568	20193	27210	20023		45239
双鸭山	Shuangyashan	21909	67500		19811		22814
大庆	Daqing	57234		94807	59680		36064
伊春	Yichun	44227	15832	35860	63819		32087
佳木斯	Jiamusi	32709	9286	14088	15223	48667	30555
七台河	Qitaihe	41863		43316	22661		38498
牡丹江	Mudanjiang	30157		30820	29974		26499
黑河	Heihe	35450			6086		27816
绥化	Suihua	28658	30026		23104	28710	26626
大兴安岭	Daxinganling	52938					52938
农垦总局	ARB	17223			14863		38462
绥芬河	Suifenhe	88154					
抚远	Fuyuan	98266					

2-20 续表1 CONTINUED

单位：元 (yuan)

年份 地区	Year Region	批发和零售业 Wholesale and Retail Trades	交通运输仓储和邮政业 Transport, Storage and Post	住宿和餐饮业 Hotels and Catering Services	信息传输、软件和信息技术服务业 Information Transmission, Software and IT Softwares	金融业 Financial Intermediation	房地产业 Real Estate	租赁和商务服务业 Leasing and Business Services
2012		18964	19816	30409	14275	44901	24210	24488
2013		26732	29559	43635	25804	49174	26971	35845
2014		26941	31064	44848	31175	52725	25945	37392
2015		33247	31845	46459	35702	53758	31321	41013
哈尔滨	Harbin	42799	36117	48897	30857	64107	33218	44575
齐齐哈尔	Qiqihar	16414	21729	19044		48625	8182	34990
鸡西	Jixi	29807	19039	18692		59795		17047
鹤岗	Hegang	23014	47215			58066	12474	43375
双鸭山	Shuangyashan	17026	10617					45528
大庆	Daqing	37998	68281	27600		39505	16150	28618
伊春	Yichun	30037	11800	31145		37347		16127
佳木斯	Jiamusi	20413	14565			52675		24455
七台河	Qitaihe	25040	19200			55105	62500	23244
牡丹江	Mudanjiang	26561	6889	47957		59689	44200	69375
黑河	Heihe	17355	12455		37279	71129	12071	55080
绥化	Suihua	19169		40389		33722	40804	39375
大兴安岭	Daxinganling							
农垦总局	ARB							
绥芬河	Suifenhe		7000			88621		
抚远	Fuyuan					99314		67286

2-20 续表2 CONTINUED

单位：元 (yuan)

年份 地区	Year Region	科学研究和技术服务业 Scientific Research and Technical Service	水利、环境和公共设施管理业 Management of Water Conservancy, Environment and Public Facilities	居民服务、修理和其他服务业 Services to Households Repair and Other Services	教育 Education	卫生和社会工作 Health and Social Services	文化、体育和娱乐业 Culture, Sports and Entertainment	公共管理、社会保障和社会组织 Public Management Social Security and Social Organization
2012		16660	21286	38992	32497	31381	21572	
2013		42813	22201	45573	39942	35905	40800	31017
2014		42978	24479	49224	45846	40067	48922	29081
2015		54220	25898	60850	48668	47047	53138	55031
哈尔滨	Harbin	55121	31731	61538	48879	49877	53041	55227
齐齐哈尔	Qiqihar		17657	20105		49320		
鸡西	Jixi	12000				41783		
鹤岗	Hegang					35255		
双鸭山	Shuangyashan		19845			20000		
大庆	Daqing					48338		
伊春	Yichun			43636		34093		
佳木斯	Jiamusi					40897	64333	54973
七台河	Qitaihe			30682				
牡丹江	Mudanjiang				47375	59158		
黑河	Heihe	31000		66800				
绥化	Suihua	26050		31391	31391	41041	38000	
大兴安岭	Daxinganling							
农垦总局	ARB							
绥芬河	Suifenhe							
抚远	Fuyuan							

2-21 分地区城镇其他单位就业人员平均工资

AVERAGE WAGE OF EMPLOYED PERSONS IN URBAN OTHER UNITS BY REGION

单位：元 (yuan)

年 份 地 区	Year Region	总 计 Total	农、林、牧、渔业 Agriculture, Forestry, Animal Husbandry and Fishery	采矿业 Mining	制造业 Manufa-cturing	电力、热力、燃气及水的生产和供应业 Production and Supply of Electric, heat, Gas and Water	建筑业 Construction	批发和零售业 Wholesale and Retail Trades
	2012	36378	13278	41206	35341	40753	30080	30633
	2013	44381	16803	59698	39437	60556	36564	37067
	2014	46776	21506	56996	42868	65089	37677	39436
	2015	49062	22666	55165	46098	64742	37512	41944
哈尔滨	Harbin	54301	48689	40039	52657	9429	38132	46510
齐齐哈尔	Qiqihar	39239	11857	37327	39198	13714	28208	36649
鸡 西	Jixi	40641	20000	42019	34055	7081	23381	33432
鹤 岗	Hegang	38550		39314	23336		30141	29909
双鸭山	Shuangyashan	39069	30200	33851	48070	216	35998	33777
大 庆	Daqing	69473	22411	86640	67402	16934	46260	37323
伊 春	Yichun	37096		80521	29026	3450	35562	33864
佳木斯	Jiamusi	37762		27758	36839	563	33542	29192
七台河	Qitaihe	37822		33056	27044		30538	39630
牡丹江	Mudanjiang	37819		53787	35596	1302	32170	35397
黑 河	Heihe	36156	14608	51019	33602	234	39377	33166
绥 化	Suihua	34771	37446	147092	33823	7375	32888	25625
大兴安岭	Daxinganling	42844		45628	26641		29248	30973
农垦总局	ARB	47651		19431	38670	4444	55886	57946
绥芬河	Suifenhe	35109			24468		29069	39598
抚 远	Fuyuan	36353						20934

2-21 续表1 CONTINUED

单位：元 (yuan)

年 份 地 区	Year Region	交通运输仓储和邮政业 Transport, Storage and Post	住宿和餐饮业 Hotels and Catering Services	信息传输、软件和信息技术服务业 Information Transmission, Software and IT Softwares	金融业 Financial Intermediation	房地产业 Real Estate	租赁和商务服务业 Leasing and Business Services	科学研究和技术服务业 Scientific Research and Technical Service
	2012	37328	26724	51756	51717	30150	34605	41152
	2013	41889	34712	56212	54187	37244	41317	52606
	2014	43606	32995	59511	53138	40257	44550	51601
	2015	44547	35257	64114	61960	43860	51135	56157
哈尔滨	Harbin	56575	38868	68264	72759	55201	62272	51889
齐齐哈尔	Qiqihar	39429	22602	63399	38227	35195	38089	62288
鸡 西	Jixi	22520	20630	60407	47499	28291	27381	23778
鹤 岗	Hegang	27582	32990	68659	65576	31269		
双鸭山	Shuangyashan	25403	23375	66480	67805	34320	13954	44762
大 庆	Daqing	53986	25203	64683	55094	39533	34617	101064
伊 春	Yichun	30644	27777	56164	67067	29023	18764	33018
佳木斯	Jiamusi	26539	26547	56750	54954	33765	32071	18000
七台河	Qitaihe	40262		61421	131996	32294	14500	51848
牡丹江	Mudanjiang	28334	26990	61240	45635	34375	27828	41207
黑 河	Heihe	22407	24776	47709	65006	25801	21951	41602
绥 化	Suihua	34259	18826	52615	55581	33810	18273	19570
大兴安岭	Daxinganling	42716	29171	69559	65113	26899	23367	41889
农垦总局	ARB	32900	27776	35945	98874	36419	67305	54615
绥芬河	Suifenhe	32583	30582	30444	49200	32655	29124	25867
抚 远	Fuyuan	71333				23236	19800	36000

2-21 续表2　CONTINUED

单位：元　(yuan)

年份 地区	Year Region	水利、环境和公共设施管理业 Management of Water Conservancy, Environment and Public Facilities	居民服务、修理和其他服务业 Services to Households Repair and Other Services	教育 Education	卫生和社会工作 Health and Social Services	文化、体育和娱乐业 Culture, Sports and Entertainment	公共管理、社会保障和社会组织 Public Management Social Security and Social Organization
2012		45819	45819	33966	31931	29838	
2013		35497	35497	47305	36799	39255	17491
2014		33216	33216	57563	35322	40831	35726
2015		36261	36261	62165	36444	47216	35571
哈尔滨	Harbin	42828	42828	64468	37290	48485	35661
齐齐哈尔	Qiqihar	49500	49500	41474	40421	51000	
鸡西	Jixi	23094	23094				
鹤岗	Hegang				17561		
双鸭山	Shuangyashan	53205	53205				
大庆	Daqing	44856	44856	37000	14182	34518	
伊春	Yichun	11889	11889			12143	
佳木斯	Jiamusi					99923	
七台河	Qitaihe						
牡丹江	Mudanjiang	28271	28271	33858	21692	44694	
黑河	Heihe	33095	33095				
绥化	Suihua						
大兴安岭	Daxinganling	20205	20205		21473	19193	
农垦总局	ARB	23845	23845		35889	63738	
绥芬河	Suifenhe			47931	55721		30400
抚远	Fuyuan						

2-22 分地区城镇私营单位就业人员平均工资

AVERAGE WAGE OF EMPLOYED PERSONS IN URBAN PRIVATE UNITS BY REGION

单位：元　(yuan)

年份 地区	Year Region	总计 Total	农、林、牧、渔业 Agriculture, Forestry, Animal Husbandry and Fishery	采矿业 Mining	制造业 Manufacturing	电力、热力、燃气及水的生产和供应业 Production and Supply of Electric, heat, Gas and Water	建筑业 Construction
2012		21753	16960	25327	22133	20606	24127
2013		24750	18992	27912	24899	24063	27687
2014		26960	22241	27071	26571	27860	30191
2015		28586	25011	31468	27966	29179	32129
哈尔滨	Harbin	30155	26766	23759	28404	27784	36097
齐齐哈尔	Qiqihar	27518	27693	20673	29330	25547	29575
鸡西	Jixi	25625	21108	31416	25670	25893	26890
鹤岗	Hegang	25619	26035	28201	22606	27719	29213
双鸭山	Shuangyashan	25849	23140	26072	22971	27334	27415
大庆	Daqing	29016	14339	29437	29330	28111	28193
伊春	Yichun	22865	20071	30687	21889	22343	27129
佳木斯	Jiamusi	27089	26770	22847	25183	27868	26411
七台河	Qitaihe	23035	10846	32155	22795	20197	19475
牡丹江	Mudanjiang	25915	25505	31885	25990	28105	28609
黑河	Heihe	28547	16747	55450	23501	27947	27959
绥化	Suihua	26101		37460	26808	22587	27155
大兴安岭	Daxinganling	27211	29342	29472	27789	30230	28592
农垦总局	ARB	35139		28946	33978	38017	37476
绥芬河	Suifenhe	28055			24960	32685	24596
抚远	Fuyuan	29617	18000	33957	29595	33081	31917

2-22 续表1 CONTINUED

单位：元 (yuan)

年 份 地 区	Year Region	批发和零售业 Wholesale and Retail Trades	交通运输仓储和邮政业 Transport, Storage and Post	住宿和餐饮业 Hotels and Catering Services	信息传输、软件和信息技术服务业 Information Transmission, Software and IT Softwares	金融业 Financial Intermediation	房地产业 Real Estate	租赁和商务服务业 Leasing and Business Services
2012		21883	20160	19201	24169	25286	21659	17817
2013		23335	22793	22768	26667	31006	26322	21201
2014		26648	27677	24030	28065	31235	28268	23625
2015		27481	30996	25377	31261	32638	31287	26644
哈尔滨	Harbin	29500	34280	26807	33498	38664	35970	27335
齐齐哈尔	Qiqihar	23452	27475	25405	20042	27801	29590	24642
鸡 西	Jixi	23589	23259	20369	16906	18821	18823	20596
鹤 岗	Hegang	25945	21924	25096	35500	22727	23370	26661
双鸭山	Shuangyashan	27842	24509	26732	26917	26244	25293	25880
大 庆	Daqing	26183	23257	24709	25813	27187	28802	24638
伊 春	Yichun	21046	20255	24373	24627	27441	26833	26463
佳木斯	Jiamusi	27830	29925	34367	36218	28207	34416	32804
七台河	Qitaihe	14032	17229	17701	12083	11453	19908	17719
牡丹江	Mudanjiang	23857	30288	22777	30657	52375	26182	22079
黑 河	Heihe	17217	25930	15007	11571		25857	17758
绥 化	Suihua	20977	33037	20641	22609	22667	23555	18429
大兴安岭	Daxinganling	25972	23333	27209		20938	24161	25623
农垦总局	ARB	38370	34229	25452	26500		31206	55667
绥芬河	Suifenhe	30600	28477	22441		20400	29041	19608
抚 远	Fuyuan	27248	26784	21588			28790	24250

2-22 续表2 CONTINUED

单位：元 (yuan)

年 份 地 区	Year Region	科学研究和技术服务业 Scientific Research and Technical Service	水利、环境和公共设施管理业 Management of Water Conservancy, Environment and Public Facilities	居民服务、修理和其他服务业 Services to Households Repair and Other Services	教 育 Education	卫生和社会工作 Health and Social Services	文化、体育和娱乐业 Culture, Sports and Entertainment	公共管理、社会保障和社会组织 Public Management Social Security and Social Organization
2012		28047	17068	15659	20862	21135	16878	15000
2013		29169	19968	18300	24576	22782	19033	20500
2014		31204	22651	21346	27379	23488	23344	
2015		33246	26537	24661	28264	26033	23913	
哈尔滨	Harbin	33179	25050	24653	29186	23744	26357	
齐齐哈尔	Qiqihar	36372	32874	22195	31506	30146	26364	
鸡 西	Jixi	20281	16500	24594	26780	26309	20672	
鹤 岗	Hegang	30564		21468	25297	24483		
双鸭山	Shuangyashan	20953	26500	28075	24702	20580	29054	
大 庆	Daqing	30032	21107	22035	22092	25310	21461	
伊 春	Yichun	25214	25805	28308	26655	22981	22575	
佳木斯	Jiamusi	28631	36218	28800	28809	32201	23333	
七台河	Qitaihe	22302	15442	12183	15214		12051	
牡丹江	Mudanjiang	28323	21246	22445	27440	26521	21815	
黑 河	Heihe	20283	15143	17269	21053	13091	16533	
绥 化	Suihua	23354		24526	38759	48120	16500	
大兴安岭	Daxinganling	26069	30000	30944	26098	25124	20944	
农垦总局	ARB	81085	60571	60000		31579		
绥芬河	Suifenhe	21606	21000	19448	27735		18000	
抚 远	Fuyuan			19333	23689		25750	

主要统计指标解释

人口数　指一定时点、一定地区范围内有生命的个人总和。

年度统计的年末人口数指每年12月31日24时的人口数。年度统计的全国人口总数内未包括香港、澳门特别行政区和台湾省以及海外华侨人数。

城镇人口和乡村人口　城镇人口是指居住在城镇范围内的全部常住人口；乡村人口是除上述人口以外的全部人口。

出生率(又称粗出生率)　指在一定时期内(通常为一年)一定地区的出生人数与同期内平均人数(或期中人数)之比，用千分率表示。本资料中的出生率指年出生率，其计算公式为：

$$出生率=\frac{年出生人数}{年平均人数}\times 1000‰$$

式中：出生人数指活产婴儿，即胎儿脱离母体时(不管怀孕月数)，有过呼吸或其他生命现象。年平均人数指年初、年底人口数的平均数，也可用年中人口数代替。

死亡率(又称粗死亡率)　指在一定时期内(通常为一年)一定地区的死亡人数与同期内平均人数(或期中人数)之比，用千分率表示。本资料中的死亡率指年死亡率，其计算公式为：

$$死亡率=\frac{年死亡人数}{年平均人数}\times 1000‰$$

人口自然增长率　指在一定时期内(通常为一年)人口自然增加数(出生人数减死亡人数)与该时期内平均人数(或期中人数)之比，用千分率表示。计算公式为：

$$人口自然增长率=\frac{本年出生人数-本年死亡人数}{年平均人数}\times 1000‰=人口出生率-人口死亡率$$

总抚养比　也称总负担系数。指人口总体中非劳动年龄人口数与劳动年龄人口数之比。通常用百分比表示。说明每100名劳动年龄人口大致要负担多少名非劳动年龄人口。用于从人口角度反映人口与经济发展的基本关系。计算公式为：

$$GDR=\frac{P_{0\sim14}+P_{65^+}}{P_{15\sim64}}\times 100\%$$

其中：GDR为总抚养比；

$P_{0\sim14}$为0～14岁少年儿童人口数；

P_{65+}为65岁及65岁以上的老年人口数；

$P_{15\sim64}$为15～64岁劳动年龄人口数。

老年人口抚养比　也称老年人口抚养系数。指某一人口中老年人口数与劳动年龄人口数之比。通常用百分比表示。用以表明每100名劳动年龄人口要负担多少名老年人。老年人口抚养比是从经济角度反映人口老化社会后果的指标之一。计算公式为：

$$ODR=\frac{P_{65^+}}{P_{15\sim64}}\times 100\%$$

其中：ODR为老年人口抚养比；

P_{65+}为65岁及65岁以上的老年人口数；

$P_{15\sim64}$为15～64岁的劳动年龄人口数。

少年儿童抚养比 也称少年儿童抚养系数。指某一人口中少年儿童人口数与劳动年龄人口数之比。通常用百分比表示。以反映每100名劳动年龄人口要负担多少名少年儿童。计算公式为：

$$CDR=\frac{P_{0\sim14}}{P_{15\sim64}}\times100\%$$

其中：CDR为少年儿童抚养比；

$P_{0\sim14}$为0～14岁少年儿童人口数；

$P_{15\sim64}$为15～64岁劳动年龄人口数。

流动人口 是指人户分离人口中不包括市辖区内人户分离的人口。市辖区内人户分离的人口是指一个直辖市或地级市所辖区内和区与区之间，居住地和户口登记地不在同一乡镇街道的人口。

经济活动人口 指在16周岁及以上，有劳动能力，参加或要求参加社会经济活动的人口。包括就业人员和失业人员。

就业人员 指在一定年龄以上，有劳动能力，为取得劳动报酬或经营收入而从事一定社会劳动的人员。具体指年满16周岁，为取得报酬或经营利润，在调查周内从事了1小时（含1小时）以上的劳动或由于学习、休假等原因在调查周内暂时处于未工作状态，但有工作单位或场所的人口。

单位就业人员 指报告期末最后一日24时在本单位中工作，并取得工资或其他形式劳动报酬的人员数。该指标为时点指标，不包括最后一日当天及以前已经与单位解除劳动合同关系的人员，是在岗职工、劳务派遣人员及其他就业人员之和。就业人员不包括：

(1)离开本单位仍保留劳动关系，并定期领取生活费的人员；

(2)利用课余时间打工的学生及在本单位实习的各类在校学生；

(3)本单位因劳务外包而使用的人员。

城镇私营和个体就业人员 城镇私营就业人员指在工商管理部门注册登记，其经营地址设在县城关镇(含县城关镇)以上的私营企业就业人员，包括私营企业投资者和雇工。城镇个体就业人员指在工商管理部门注册登记，并持有城镇户口或在城镇长期居住，经批准从事个体工商经营的就业人员，包括个体经营者和在个体工商户劳动的家庭帮工和雇工。

在岗职工 指在本单位工作且与本单位签订劳动合同，并由单位支付各项工资和社会保险、住房公积金的人员，以及上述人员中由于学习、病伤、产假等原因暂未工作仍由单位支付工资的人员。在岗职工还包括：

(1)应订立劳动合同而未订立劳动合同人员(如使用的农村户籍人员)；

(2)处于试用期人员；

(3)编制外招用的人员；

(4)派往外单位工作，但工资仍由本单位发放的人员(如挂职锻炼、外派工作等情况)。

工资总额 指根据《关于工资总额组成的规定》(1990年1月1日国家统计局发布的一号令)进行修订，在报告期内(季度或年度)直接支付给本单位全部就业人员的劳动报酬总额。包括计时工资、计件工资、奖金、津贴和补贴、加班加点工资、特殊情况下支付的工资，是在岗职工工资总额、劳务派遣人员工资总额和其他就业人员工资总额之和。

工资总额是税前工资，包括单位从个人工资中直接为其代扣或代缴的房费、水费、电费、住房公积金和社会保险基金个人缴纳部分等。

工资总额不论是计入成本的还是不计入成本的，不论是以货币形式支付的还是以实物形式支付的，均应列入工资总额的计算范围。

平均工资 指单位就业人员在一定时期内平均每人所得的工资额。它表明一定时期工资收入的高低程度，是反映就业人员工资水平的主要指标。计算公式为：

$$平均工资=\frac{报告期就业人员工资总额}{报告期就业人员平均人数}$$

城镇登记失业人员　指有非农业户口，在一定的劳动年龄内(16周岁至退休年龄)，有劳动能力，无业而要求就业，并在当地劳动保障部门进行失业登记的人员。

城镇登记失业率　城镇登记失业人员与城镇单位就业人员(扣除使用的农村劳动力、聘用的离退休人员、港澳台及外方人员)、城镇单位中的不在岗职工、城镇私营业主、个体户主、城镇私营企业和个体就业人员、城镇登记失业人员之和的比。

Explanatory Notes on Main Statistical Indicators

Total Population refers to the total number of people alive at a certain point of time within a given area.

The annual statistics on total population is taken at midnight, the 31st of December, not including residents in Taiwan province, Hong Kong SAR and Macao SAR and Chinese national residing abroad.

Urban Population and Rural Population Urban population refers to all people residing in cities and towns, while rural population refers to population other than urban population.

Birth Rate (or Crude Birth Rate) refers to the ratio of the number of births to the average population (or mid-period population) during a certain period of time (usually a year), expressed in ‰. Birth rate in the chapter refers to annual birth rate. The following formula is used:

$$\text{Birth Rate} = \frac{\text{Number of Births}}{\text{Annual Average Population}} \times 1000‰$$

Number of births in the formula refers to live births, i.e. when a baby has breathed or showed any vital phenomena regardless of the length of pregnancy.

Annual average population is the average of the number of population at the beginning of the year and that at the end of the year. Sometimes it is substituted by the mid-year population.

Death Rate (or Crude Death Rate) refers to the ratio of the number of deaths to the average population (or mid-period population) during a certain period of time (usually a year), expressed in ‰. Death rate in the chapter refers to annual death rate. The following formula is used:

$$\text{Death Rate} = \frac{\text{Number of Deaths}}{\text{Annual Average Population}} \times 1000‰$$

Natural Growth Rate of Population refers to the ratio of natural increase in population (number of births minus number of deaths) in a certain period of time (usually a year) to the average population (or mid-period population) of the same period, expressed in ‰. The following formula is applied:

$$\frac{\text{Natural Growth}}{\text{Rate of Population}} = \frac{\text{Number of Births - Number of Deaths}}{\text{Annual Average Population}} \times 1000‰$$

Natural Growth Rate of Population = Birth Rate-Death Rate

Gross Dependency Ratio also called gross dependency coefficient, refers to the ratio of non-working-age population to the working-age population, express in %. Describing in general the number of non-working-age population that every100 people at working ages will take care of, this indicator reflects the basic relation between population and economic development from the demographic perspective. The gross dependency ratio is calculated with the following formula:

$$GDR = \frac{P_{0-14} + P_{65^+}}{P_{15-64}} \times 100\%$$

Where: GDR is the gross dependency ratio,

P0-14 is the population of children aged 0-14,

P65+ is the elderly population aged 65 and over, and

P15-64 is the working-age population aged 15-64.

Old Dependency Ratio also called old dependency coefficient, refers to the ratio of the elderly population to the working-age population, express in %. It describes the number of the elderly population that every 100 people at working ages will take care of. Old dependency ratio is one of the indicators reflecting the social implication of population aging from the economic perspective. The old dependency ratio is calculated with the following formula:

$$ODR = \frac{P_{65^+}}{P_{15\sim64}} \times 100\%$$

Where: ODR is the old dependency ratio,

P65+ is the elderly population aged 65 and over, and

P15-64 is the working-age population aged 15-64.

Children Dependency Ratio also called children dependency coefficient, refers to the ratio of the children population to the working-age population, express in %. It describes the number of children population that every 100 people at working ages will take care of. The children dependency ratio is calculated with the following formula:

$$CDR = \frac{P_{0\sim14}}{P_{15\sim64}} \times 100\%$$

Where: CDR is the children dependency ratio,

P0-14 is the children population aged 0-14, and

P15-64 is the working-age population aged 15-64.

Floating Population refer to the population of residence-registration inconsistency excluding those intra-city ones. Population of intra-city residence-registration inconsistency refer to those whose residing streets or towns and registered ones are inconsistent but still in the same municipality or prefecture city either the two are in the same district or different ones.

Economically Active Population refers to the population aged 16 and over who are capable of working, are participating in or willing to participate in economic activities, including employed persons and unemployed persons.

Employed Persons refers to persons above a specified age who had labour capacity and performed some social work for compensation or business gains. Specifically, it refers to all persons, aged 16 and over, who performed some work for compensation or business gains for one hour or more during the reference period; or who had work units or sites but were temporarily not at work during the reference period,

Persons Employed in Various Units refer to the total number of employees who work at his unit and obtain wages or other forms of payment at the end of the reporting period. This indicator is a kind of time point index and it equals to the sum of the number of employed staff and workers, labor dispatch personnel and other employed persons. Employed persons do not include:

1)persons who have left their working units while keeping their labour contract (employment relation) unchanged and receiving regular alimony;

2)students who do part-time jobs in spare time and all kinds of enrolled students who do internship in various units;

3)persons employed due to labor outsourcing;

4)persons who dissolve labor contracts with their units on the last day of reporting period or before.

Persons Employed in Private Enterprises and Self-Employed Individuals in Urban Areas Persons employed in private enterprises refer to the persons employed in the private enterprises which have been registered at the departments of industrial and commercial administration for which the business operation are situated at a county town (i.e. a town where the county government is located), or at urban areas with administrative hierarchy higher than a county town. The self-employed individuals in urban areas refer to persons who hold the certificates of residence in urban areas or have resided in the urban areas for a long time and have been registered at the departments of industrial and commercial administration and approved to be engaged in individual industrial or commercial business, including self-employed persons as well as helpers and hired laborers who work in individual households.

Employed Staff and Workers refer to persons who signed labor contracts with working units and working units would pay wages, social insurance and housing funds for them. Persons who have their work posts but are temporarily absent from work for reasons of study or on sick, injury or maternal leave and still receive wages from their working units are also included. Employed staff and workers also include:

1)Persons who should have signed the labor contracts but not (like people with rural household registration);

2)Employees on probation;

3)Employees beyond the staffing quota;

4)Employees who are sent to other working units but still obtain wages from their original units (situations like on-the-job placement, expatriated assignment, etc.)

1)Employed Staff and Workers do not include: Dispatched personnel who work and are paid directly by the working units; they shall be counted into "labour dispatch personnel" of the working units;

2)Personnel through labor outsourcing, they shall be counted into "employed staff and workers" of the units which contracted them.

Total Wage Bill It is revised according to the "Provision of Composition of Total Wages" (Order No.1 by National Bureau of Statistics on January, 1st, ,1990), total wage bill refers to the total remuneration payment to all employed persons in various units during the reporting period (by quarter or by year), including hourly-paid wages, piece-rate wages, bonuses, allowance and subsidies, overtime wages and wages paid under special circumstances. It equals to the sum of total wages of employed staff and workers, dispatch labors and other employed persons.

Total wage bill is pre-tax wages, including the room charges, utility bills, housing funds and social insurance paid or withheld by employee' s units.

Total wage bill, whether or not included in cost, whether or not paid in money or in kind, shall be included in the calculation of total wage.

Average Wage refers to the average per capita wage during a certain period of time for employed persons. It shows the general level of wage income during a certain period of time, one major indicator to reflect the wage level. It is calculated as follows:

$$\text{Average Wage} = \frac{\text{Total Wage Bill of Employed Persons at Reference Time}}{\text{Average Number of Persons Employed at Reference Time}}$$

Registered Unemployed Persons in Urban Areas refer to the persons with non-agricultural household registration at certain working ages (16 years old to retirement age), who are capable of working, unemployed and willing to work, and have been registered at the local employment service agencies to apply for a job.

Registered Unemployment Rate in Urban Areas refers to the ratio of the number of the registered unemployed persons to the sum of the number of persons employed in various units (minus the employed rural labour force, re-employed retirees, and Hong Kong, Macao, Taiwan or foreign employees), laid-off staff and workers in urban units, owners of private enterprises in urban areas, owners of self-employed individuals in urban areas, employees of private enterprises in urban areas, employee of self-employed individuals in urban areas, and the registered unemployed persons in urban areas.

第三篇　国民经济核算

CHAPTER 3 NATIDNAL ACCOUNTS

资料整理：高晓杰　陆　阳　翟　雪　刘　波

3-1 地区生产总值

GROSS DOMESTIC PRODUCT

年　份 Year	地　区 生产总值 (亿元) Gross Domestic Product (100 million yuan)	第一产业 Primary Industry	第二产业 Secondary Industry	工　业 Industry	建筑业 Construction	第三产业 Tertiary Industry	#交通运输仓储邮电通信业 Transport, Post & Telecommunication Services	#批发零售贸易餐饮业 Wholesale, Retail Trade & Catering Services	人均地区生产总值 (元) Per Capita GDP (yuan)
1953	32.0	12.9	10.7	9.3	1.4	8.4	2.1	3.4	278
1954	36.7	15.0	13.1	11.5	1.6	8.5	2.1	3.1	300
1955	38.2	16.6	12.1	10.6	1.6	9.4	2.3	3.7	297
1956	42.2	18.0	13.2	11.4	1.8	11.1	2.5	4.2	308
1957	44.4	17.2	15.0	13.4	1.6	12.3	2.7	4.4	307
1958	61.6	18.2	29.7	26.9	2.9	13.7	3.5	5.4	405
1959	73.5	17.4	38.1	34.7	3.4	18.0	5.3	6.5	453
1960	80.5	11.7	48.1	43.6	4.5	20.7	6.5	6.6	461
1961	54.2	10.9	25.5	23.3	2.1	17.8	4.7	5.0	292
1962	54.6	14.5	23.1	21.2	1.9	17.0	4.5	4.8	288
1963	61.8	17.9	28.1	25.2	3.0	15.8	3.6	4.1	320
1964	68.2	16.8	33.0	29.4	3.6	18.3	4.4	5.4	339
1965	78.9	19.6	40.1	36.4	3.7	19.1	4.8	5.5	377
1966	92.1	23.3	48.6	44.1	4.5	20.2	5.6	5.6	426
1967	90.9	26.0	45.1	41.0	4.1	19.9	5.3	5.5	409
1968	88.9	25.2	44.5	40.6	3.9	19.2	5.3	5.4	386
1969	101.0	24.4	55.9	51.0	4.9	20.7	6.4	5.7	422
1970	111.2	25.6	64.0	58.5	5.6	21.6	6.9	5.7	448
1971	115.6	25.9	66.7	60.9	5.8	23.0	7.4	5.6	449
1972	115.7	27.5	64.6	59.1	5.5	23.6	7.1	5.5	433
1973	123.5	30.1	69.3	63.9	5.4	24.1	7.2	5.5	446
1974	131.4	32.6	73.6	67.8	5.8	25.3	7.6	5.7	460
1975	141.5	33.4	81.6	74.8	6.8	26.5	8.5	6.2	484
1976	144.2	33.9	85.0	79.2	5.8	25.3	7.6	5.6	482
1977	155.7	38.0	92.1	86.2	5.9	25.7	7.7	5.7	511
1978	174.8	41.0	106.6	100.6	6.1	27.2	9.6	5.0	564
1979	187.2	44.3	113.9	107.3	6.6	29.0	11.0	5.7	594
1980	221.0	55.3	131.1	122.5	8.6	34.7	12.2	6.5	694
1981	228.3	57.8	132.4	122.6	9.8	38.1	11.9	8.5	709

注：1. 本表按当年价格计算。
2. 2005-2012年数据执行《国民经济行业分类》（GB/T 4754-2002），第一产业中增加了农、林、牧、渔服务业，交通运输仓储邮电通信业改为交通运输、仓储和邮政业，批发零售贸易餐饮业调整为批发和零售业、住宿和餐饮业。
3. 2013年数据执行《国民经济行业分类》（GB/T 4574-2011）。原第一产业中的农、林、牧、渔服务业，原工业中的开采辅助活动，金属制品、机械和设备修理业划入第三产业（下同）。
4. 2013年前的数据为全国第二次经济普查衔接修订后的数据（下同）。
5. 按照国家统计局核算制度要求，2010-2012年第二产业中工业增加值以及第三产业增加值最终核实数据进行了衔接和调整。
6. 2013年数据为全国第三次经济普查衔接修订后的数据（下同）。

Note: a) Data in value terms in this table are calculated at current prices.
b) Data of 2005-2012 execution "National Economic Industry Classification" (GB/T4754-2002), the relative service industry is newly added to farming, forestry, annimal husbandry and fishery, transport, storage, post & telecommunication services industry is changed transport, storage and post, the accommadition is changed to wholesale, retail trade & catering services.
c) Since 2013, data execution "National Economic Industry Classification" (GB / T 4754-2011), The first industry of agriculture, forestry, animal husbandry and fishery service industry, the original mining auxiliary activities in the industry, the original mining auxiliary activities in the industry, metal products, machinery and equipment repair included the third industry.
d) Data before 2013 have been adjusted according to the results of the second national economic census (the same as following tables).
e) According to National Bureau of Statistics Accounting System requirements, from 2010 to 2012, the Value-added of Industry in the Secondary Industry and the Tertiary Industry final verification data have been convergence and adjustment.
f) Data of 2013 have been adjusted according to the results of the third national economic census(the same as following tables).

3-1 续表 CONTINUED

年 份 Year	地 区 生产总值 (亿元) Gross Domestic Product (100 million yuan)	第一产业 Primary Industry	第二产业 Secondary Industry	工 业 Industry	建筑业 Construction	第三产业 Tertiary Industry	#交通运输仓储邮电通信业 Transport, Post & Telecommunication Services	#批发零售贸易餐饮业 Wholesale, Retail Trade & Catering Services	人均地区生产总值 (元) Per Capita GDP (yuan)
1982	248.4	63.8	140.8	127.3	13.5	43.9	13.4	7.2	762
1983	276.9	78.9	150.7	135.4	15.3	47.3	14.9	7.2	841
1984	318.3	86.0	175.0	154.9	20.1	57.3	16.9	9.9	959
1985	355.0	77.1	205.1	180.9	24.2	72.9	20.1	15.3	1062
1986	400.8	92.7	212.6	187.0	25.6	95.5	24.7	17.8	1189
1987	454.6	90.7	261.6	231.9	29.7	102.3	26.4	20.7	1335
1988	552.0	94.3	295.7	258.6	37.1	162.1	36.3	47.4	1602
1989	630.6	93.9	345.5	307.0	38.5	191.2	40.5	50.4	1808
1990	715.2	160.3	362.7	323.9	38.8	192.2	34.5	48.0	2028
1991	822.3	148.3	413.3	369.5	43.8	260.7	46.0	79.9	2310
1992	959.7	167.0	493.1	440.0	53.1	299.6	49.2	97.4	2672
1993	1198.4	198.4	649.7	580.4	69.3	350.2	56.9	113.6	3306
1994	1604.9	305.2	850.4	764.3	86.1	449.3	70.7	144.8	4390
1995	1991.4	371.2	1048.6	949.1	99.5	571.6	86.4	174.6	5402
1996	2370.5	444.2	1270.5	1160.0	110.5	655.8	104.1	197.3	6382
1997	2667.5	460.2	1432.9	1304.9	128.0	774.4	143.2	231.1	7133
1998	2774.4	429.1	1482.3	1332.0	150.3	863.0	160.1	246.6	7375
1999	2866.3	377.2	1556.7	1399.9	156.8	932.4	170.0	255.7	7578
2000	3151.4	383.2	1731.7	1566.4	165.3	1036.6	213.3	317.4	8294
2001	3390.1	435.6	1773.4	1592.0	181.3	1181.2	262.8	344.8	8900
2002	3637.2	474.2	1843.6	1650.8	192.8	1319.4	302.4	377.1	9541
2003	4057.4	504.8	2084.7	1874.8	209.9	1467.9	330.5	412.3	10638
2004	4750.6	593.3	2487.0	2242.3	244.7	1670.3	377.1	462.9	12449
2005	5513.7	684.6	2971.7	2696.3	275.4	1857.4	331.6	509.7	14440
2006	6211.8	750.1	3365.3	3049.0	316.3	2096.4	352.0	561.9	16255
2007	7104.0	915.4	3695.6	3326.9	368.7	2493.0	412.1	635.4	18580
2008	8314.4	1088.9	4319.8	3866.5	453.3	2905.7	434.0	778.4	21740
2009	8587.0	1154.3	4060.7	3549.7	511.0	3372.0	433.6	968.4	22447
2010	10368.6	1302.9	5025.2	4429.3	595.8	4040.6	486.0	1189.7	27076
2011	12582.0	1701.5	5962.4	5234.6	727.8	4918.1	568.8	1508.8	32819
2012	13691.6	2113.7	6037.6	5240.7	797.0	5540.3	598.8	1706.5	35711
2013	14454.9	2474.1	5846.7	5090.3	843.8	6134.1	601.5	1809.4	37697
2014	15039.4	2611.4	5544.4	4783.9	845.2	6883.6	683.1	2023.8	39226
2015	15083.7	2633.5	4798.1	4053.8	850.1	7652.1	707.0	2169.2	39462

3-2 地区生产总值构成
COMPOSITION OF GROSS DOMESTIC PRODUCT

年　份 Year	地　区 生产总值 Gross Domestic Product	第一产业 Primary Industry	第二产业 Secondary Industry	工　业 Industry	建筑业 Construction	第三产业 Tertiary Industry	#交通运输仓储邮电通信业 Transport, Post & Telecommunication Services	#批发零售贸易餐饮业 Wholesale, Retail Trade & Catering Services
1953	100.0	40.3	33.4	29.1	4.4	26.3	6.6	10.6
1954	100.0	40.9	35.7	31.3	4.4	23.2	5.7	8.4
1955	100.0	43.5	31.7	27.7	4.2	24.6	6.0	9.7
1956	100.0	42.7	31.3	27.0	4.3	26.3	5.9	10.0
1957	100.0	38.7	33.8	30.2	3.6	27.7	6.1	9.9
1958	100.0	29.5	48.2	43.7	4.7	22.2	5.7	8.8
1959	100.0	23.7	51.8	47.2	4.6	24.5	7.2	8.8
1960	100.0	14.5	59.8	54.2	5.6	25.7	8.1	8.2
1961	100.0	20.1	47.0	43.0	3.9	32.8	8.7	9.2
1962	100.0	26.6	42.3	38.8	3.5	31.1	8.2	8.8
1963	100.0	29.0	45.5	40.8	4.9	25.6	5.8	6.6
1964	100.0	24.6	48.4	43.1	5.3	26.8	6.5	7.9
1965	100.0	24.8	50.8	46.1	4.7	24.2	6.1	7.0
1966	100.0	25.3	52.8	47.9	4.9	21.9	6.1	6.1
1967	100.0	28.6	49.6	45.1	4.5	21.9	5.8	6.1
1968	100.0	28.3	50.1	45.7	4.4	21.6	6.0	6.1
1969	100.0	24.2	55.3	50.5	4.9	20.5	6.3	5.6
1970	100.0	23.0	57.6	52.6	5.0	19.4	6.2	5.1
1971	100.0	22.4	57.7	52.7	5.0	19.9	6.4	4.8
1972	100.0	23.8	55.8	51.1	4.8	20.4	6.1	4.8
1973	100.0	24.4	56.1	51.7	4.4	19.5	5.8	4.5
1974	100.0	24.8	56.0	51.6	4.4	19.3	5.8	4.3
1975	100.0	23.6	57.7	52.9	4.8	18.7	6.0	4.4
1976	100.0	23.5	58.9	54.9	4.0	17.5	5.3	3.9
1977	100.0	24.4	59.2	55.4	3.8	16.5	4.9	3.7
1978	100.0	23.5	61.0	57.6	3.5	15.6	5.5	2.9
1979	100.0	23.7	60.8	57.3	3.5	15.5	5.9	3.0
1980	100.0	25.0	59.3	55.4	3.9	15.7	5.5	2.9
1981	100.0	25.3	58.0	53.7	4.3	16.7	5.2	3.7
1982	100.0	25.7	56.7	51.2	5.4	17.7	5.4	2.9
1983	100.0	28.5	54.4	48.9	5.5	17.1	5.4	2.6
1984	100.0	27.0	55.0	48.7	6.3	18.0	5.3	3.1
1985	100.0	21.7	57.8	51.0	6.8	20.5	5.7	4.3
1986	100.0	23.1	53.0	46.7	6.4	23.8	6.2	4.4
1987	100.0	20.0	57.5	51.0	6.5	22.5	5.8	4.6
1988	100.0	17.1	53.6	46.8	6.7	29.4	6.6	8.6
1989	100.0	14.9	54.8	48.7	6.1	30.3	6.4	8.0
1990	100.0	22.4	50.7	45.3	5.4	26.9	4.8	6.7
1991	100.0	18.0	50.3	44.9	5.3	31.7	5.6	9.7

3-2 续表 CONTINUED

单位：% (%)

年 份 Year	地 区 生产总值 Gross Domestic Product	第一产业 Primary Industry	第二产业 Secondary Industry	工 业 Industry	建筑业 Construction	第三产业 Tertiary Industry	#交通运输仓储邮电通信业 Transport, Post & Telecommunication Services	#批发零售贸易餐饮业 Wholesale, Retail Trade & Catering Services
1992	100.0	17.4	51.4	45.8	5.5	31.2	5.1	10.1
1993	100.0	16.6	54.2	48.4	5.8	29.2	4.7	9.5
1994	100.0	19.0	53.0	47.6	5.4	28.0	4.4	9.0
1995	100.0	18.6	52.7	47.7	5.0	28.7	4.3	8.8
1996	100.0	18.7	53.6	48.9	4.7	27.7	4.4	8.3
1997	100.0	17.3	53.7	48.9	4.8	29.0	5.4	8.7
1998	100.0	15.5	53.4	48.0	5.4	31.1	5.8	8.9
1999	100.0	13.2	54.3	48.8	5.5	32.5	5.9	8.9
2000	100.0	12.2	55.0	49.7	5.2	32.9	6.8	10.1
2001	100.0	12.8	52.3	47.0	5.3	34.8	7.8	10.2
2002	100.0	13.0	50.7	45.4	5.3	36.3	8.3	10.4
2003	100.0	12.4	51.4	46.2	5.2	36.2	8.1	10.2
2004	100.0	12.5	52.4	47.2	5.2	35.2	7.9	9.7
2005	100.0	12.4	53.9	48.9	5.0	33.7	6.0	9.2
2006	100.0	12.1	54.2	49.1	5.1	33.7	5.7	9.0
2007	100.0	12.9	52.0	46.8	5.2	35.1	5.8	8.9
2008	100.0	13.1	52.0	46.5	5.5	34.9	5.2	9.4
2009	100.0	13.4	47.3	41.3	6.0	39.3	5.0	11.3
2010	100.0	12.6	48.4	42.7	5.7	39.0	4.7	11.5
2011	100.0	13.5	47.4	41.6	5.8	39.1	4.5	12.0
2012	100.0	15.4	44.1	38.3	5.8	40.5	4.4	12.5
2013	100.0	17.1	40.5	35.2	5.8	42.4	4.2	12.5
2014	100.0	17.3	36.9	31.8	5.6	45.8	4.5	13.5
2015	100.0	17.5	31.8	26.9	5.6	50.7	4.7	14.4

3-3 地区生产总值指数(上年=100)

INDICES OF GROSS DOMESTIC PRODUCT (PRECEDING YEAR=100)

年份 Year	地区生产总值 Gross Domestic Product	第一产业 Primary Industry	第二产业 Secondary Industry	工业 Industry	建筑业 Construction	第三产业 Tertiary Industry	人均地区生产总值 Per Capita GDP
1953	110.3	98.4	137.1	133.9	161.4	120.8	104.6
1954	110.4	106.1	128.6	130.3	118.6	102.9	104.1
1955	106.7	111.1	95.9	94.8	103.6	109.0	101.3
1956	106.5	95.8	122.3	122.1	123.6	115.7	100.0
1957	108.5	106.8	110.8	114.7	113.5	109.1	102.6
1958	140.5	133.4	175.9	178.7	153.7	114.1	133.7
1959	119.0	93.3	125.0	126.1	115.0	128.9	104.5
1960	108.2	66.1	123.9	123.3	130.6	113.3	92.6
1961	58.3	74.8	43.4	43.9	38.2	70.4	54.9
1962	98.0	120.6	89.1	101.5	106.5	93.2	102.8
1963	115.2	121.9	117.4	113.6	157.0	103.6	113.0
1964	114.6	100.5	115.4	116.1	109.3	115.2	110.2
1965	115.4	116.7	121.5	123.8	102.9	104.6	110.8
1966	116.6	118.7	121.1	121.1	120.6	105.7	113.1
1967	101.4	111.6	92.6	92.9	91.1	97.9	98.5
1968	97.5	96.9	98.7	98.9	96.5	96.9	94.3
1969	109.5	96.9	125.6	125.7	124.5	107.3	105.3
1970	110.1	110.9	121.4	121.5	120.9	108.5	110.7
1971	102.5	100.3	103.0	102.9	103.6	105.7	98.8
1972	99.1	85.8	106.0	106.3	103.3	108.4	95.4
1973	106.3	109.3	107.4	108.1	99.8	99.4	102.7
1974	106.6	108.2	106.1	106.1	106.6	104.9	103.4
1975	107.6	110.2	109.4	110.3	99.1	98.6	105.0
1976	101.0	94.5	105.5	105.9	100.2	101.3	98.9
1977	108.2	111.9	108.3	108.8	101.3	101.6	106.1
1978	111.1	105.3	118.2	119.1	105.2	100.6	109.2
1979	103.0	92.9	108.6	108.5	110.9	103.7	101.4
1980	110.0	112.1	108.1	107.2	122.8	113.3	108.7
1981	103.8	102.8	103.8	102.9	117.1	105.3	102.7
1982	106.6	107.8	104.8	102.4	135.3	111.0	105.3
1983	108.6	124.5	102.1	101.4	108.1	102.8	107.5
1984	111.1	102.0	116.2	114.5	131.2	113.7	110.3
1985	106.0	87.4	112.3	111.9	115.3	120.0	105.2
1986	103.5	117.9	91.9	91.6	94.1	120.5	102.7
1987	108.6	95.5	114.3	115.2	107.6	112.6	107.5
1988	108.6	97.6	101.6	100.2	112.3	138.5	107.4
1989	106.3	89.6	111.2	112.6	101.4	110.8	105.0
1990	105.8	141.8	97.4	97.7	94.7	97.7	104.6
1991	106.6	91.9	110.7	111.6	103.7	113.1	105.6

注：本表按可比价格计算。

Note: The indices in this table are calculated at constant prices.

3-3 续表 CONTINUED

年 份 Year	地区生产总值 Gross Domestic Product	第一产业 Primary Industry	第二产业 Secondary Industry	工 业 Industry	建筑业 Construction	第三产业 Tertiary Industry	人均地区生产总值 Per Capita GDP
1992	106.5	105.8	106.4	106.4	107.3	107.0	105.5
1993	107.4	104.3	108.7	108.3	111.7	107.6	106.5
1994	108.4	107.2	108.8	109.0	107.7	108.6	107.5
1995	109.2	106.8	110.2	110.0	111.9	109.0	108.3
1996	110.2	110.8	110.5	110.2	112.3	109.3	109.4
1997	110.0	106.2	110.1	109.5	115.0	112.7	109.3
1998	108.3	99.0	110.0	108.6	120.1	111.5	107.6
1999	107.5	103.0	107.6	107.5	107.9	109.9	106.9
2000	108.2	96.8	109.8	110.0	109.0	111.8	107.7
2001	109.3	106.9	110.0	109.8	112.6	108.8	109.0
2002	110.2	107.2	110.9	111.2	108.5	110.2	110.2
2003	110.2	102.4	111.9	112.2	109.2	110.1	110.1
2004	111.7	112.2	112.9	113.0	112.1	109.3	111.6
2005	111.6	108.7	112.6	112.9	110.1	110.8	111.5
2006	112.1	108.5	112.9	112.9	112.4	112.4	112.1
2007	112.0	104.1	112.0	112.2	110.5	114.8	111.9
2008	111.8	108.2	111.9	112.2	109.8	112.6	111.7
2009	111.4	105.2	113.1	112.5	118.9	110.7	111.4
2010	112.7	106.2	114.5	115.0	109.3	111.8	112.6
2011	112.3	106.2	113.0	113.3	111.1	113.4	112.2
2012	110.0	106.5	110.3	110.5	108.4	110.8	110.1
2013	108.0	105.1	106.7	107.0	104.0	110.3	107.9
2014	105.6	105.6	102.8	103.2	100.2	108.9	105.6
2015	105.7	105.2	101.4	100.9	102.0	110.4	106.0

3-4 地区生产总值指数(1978=100)

INDICES OF GROSS DOMESTIC PRODUCT (1978=100)

年份 Year	地区生产总值 Gross Domestic Product	第一产业 Primary Industry	第二产业 Secondary Industry	工业 Industry	建筑业 Construction	第三产业 Tertiary Industry	人均地区生产总值 Per Capita GDP
1953	22.3	45.4	11.1	8.9	18.2	36.3	62.4
1954	24.6	48.1	14.3	11.5	21.6	37.4	64.9
1955	26.3	53.5	13.7	10.9	22.4	40.8	65.8
1956	28.0	51.2	16.8	13.4	27.6	47.2	65.8
1957	30.4	54.7	18.6	15.3	31.4	51.5	67.5
1958	42.7	73.0	32.7	27.4	48.2	58.7	90.2
1959	50.8	68.1	40.9	34.5	55.4	75.7	94.2
1960	55.0	45.0	50.6	42.6	72.4	85.7	87.3
1961	32.0	33.7	22.0	18.7	27.7	60.4	47.9
1962	31.4	40.6	19.6	19.0	29.5	56.3	49.2
1963	36.2	49.5	23.0	21.6	46.2	58.3	55.7
1964	41.5	49.7	26.5	25.0	50.5	67.1	61.3
1965	47.9	58.0	32.2	31.0	52.0	70.2	67.9
1966	55.8	68.9	39.0	37.5	62.7	74.2	76.8
1967	56.6	76.9	36.1	34.9	57.1	72.7	75.7
1968	55.2	74.5	35.7	34.5	55.1	70.4	71.3
1969	60.4	72.2	44.8	43.3	68.7	75.6	75.1
1970	66.5	80.1	54.4	52.7	83.0	82.0	83.1
1971	68.2	80.3	56.0	54.2	86.0	86.7	82.1
1972	67.6	68.9	59.4	57.6	88.8	93.9	78.3
1973	71.8	75.3	63.8	62.3	88.6	93.4	80.4
1974	76.5	81.5	67.7	66.1	94.5	98.0	83.1
1975	82.4	89.8	74.0	72.9	93.6	96.6	87.3
1976	83.2	84.9	78.1	77.2	93.8	97.8	86.3
1977	90.0	95.0	84.6	84.0	95.1	99.4	91.6
1978	100.0	100.0	100.0	100.0	100.0	100.0	100.0
1979	103.0	92.9	108.6	108.5	110.9	103.7	101.4
1980	113.3	104.1	117.4	116.3	136.2	117.5	110.3
1981	117.6	107.1	121.9	119.7	159.5	123.7	113.2
1982	125.4	115.4	127.7	122.6	215.8	137.3	119.2
1983	136.1	143.7	130.4	124.3	233.2	141.2	128.2
1984	151.3	146.6	151.5	142.3	306.0	160.5	141.4
1985	160.3	128.1	170.1	159.2	352.8	192.6	148.8
1986	165.9	151.0	156.4	145.9	332.0	232.1	152.7
1987	180.2	144.2	178.7	168.0	357.3	261.3	164.2
1988	195.7	140.8	181.6	168.4	401.2	362.0	176.3
1989	208.0	126.1	201.9	189.6	406.8	401.1	185.1
1990	220.1	178.8	196.7	185.2	385.3	391.8	193.7
1991	234.6	164.3	217.7	206.7	399.5	443.2	206.1

注：本表按可比价格计算。
Note: The indices in this table are calculated at constant prices.

3-4 续表 CONTINUED

年 份 Year	地区生产总值 Gross Domestic Product	第一产业 Primary Industry	第二产业 Secondary Industry	工 业 Industry	建筑业 Construction	第三产业 Tertiary Industry	人均地区生产总值 Per Capita GDP
1992	249.8	173.8	231.7	219.9	428.7	474.2	217.3
1993	268.3	181.3	251.8	238.2	478.8	510.2	231.5
1994	290.9	194.4	274.0	259.6	515.7	554.1	248.7
1995	317.5	207.6	301.9	285.6	577.1	604.0	269.2
1996	350.0	230.1	333.6	314.7	648.0	660.1	294.5
1997	385.1	244.3	367.3	344.6	745.2	743.9	321.9
1998	416.8	241.9	404.0	374.2	895.0	829.4	346.3
1999	448.1	249.2	434.7	402.3	965.7	911.5	370.2
2000	484.7	241.2	477.3	442.4	1052.5	1019.1	398.6
2001	529.8	257.8	525.0	485.8	1185.1	1108.8	434.6
2002	583.8	276.4	582.3	540.2	1285.8	1221.9	478.9
2003	643.4	283.0	651.5	606.1	1404.1	1345.3	527.7
2004	718.7	317.5	735.6	684.8	1574.0	1470.4	588.9
2005	802.1	345.2	828.5	773.1	1733.1	1628.6	656.6
2006	899.2	374.5	935.4	872.8	1948.0	1830.5	736.0
2007	1007.1	390.0	1047.8	979.0	2152.5	2101.0	823.9
2008	1125.9	422.0	1172.5	1098.4	2363.4	2365.7	920.3
2009	1254.3	443.8	1325.7	1235.7	2810.1	2619.8	1025.2
2010	1413.6	471.5	1517.6	1421.1	3070.8	2928.2	1154.4
2011	1587.5	500.7	1714.9	1610.1	3411.7	3320.6	1295.2
2012	1746.3	533.2	1891.5	1779.2	3698.3	3679.2	1426.0
2013	1885.1	560.2	2017.5	1904.1	3847.0	4057.8	1539.2
2014	1990.9	591.4	2073.2	1965.6	3856.2	4418.9	1625.7
2015	2103.6	621.9	2101.7	1983.7	3934.9	4879.8	1722.9

3-5 第三产业增加值

VALUE-ADDED OF THE TERTIARY INDUSTRY

单位：亿元　　(100 million yuan)

年　份 Year	第三产业 Tertiary Industry	交通运输、仓储和邮政业 Transport, Storage and Post	批发和零售业 Wholesale and Retail Trades	住宿和餐饮业 Hotels and Catering Services	金融业 Financial Intermediation	房地产业 Real Estate	其他 Others
2002	1319.4	302.4	377.1		31.6	118.7	489.6
2003	1467.9	330.5	412.3		32.2	127.2	565.7
2004	1670.3	377.1	462.9		32.2	137.7	660.4
2005	1857.4	331.6	403.7	106.0	35.0	163.3	817.8
2006	2096.4	352.0	439.9	122.0	74.2	194.7	913.6
2007	2493.0	412.1	494.2	141.2	155.5	225.8	1064.3
2008	2905.7	434.0	610.5	167.9	177.4	244.5	1271.4
2009	3372.0	433.6	757.4	211.0	227.5	301.2	1441.3
2010	4040.6	486.0	935.9	253.8	304.6	391.9	1668.3
2011	4918.1	568.8	1199.8	309.0	370.8	492.1	1977.6
2012	5540.3	598.8	1339.1	367.4	485.1	522.3	2227.7
2013	6134.1	601.5	1421.7	387.7	606.2	552.0	2565.0
2014	6883.6	683.1	1585.0	438.8	707.5	581.3	2887.9
2015	7652.1	707.0	1689.2	480.0	847.7	597.2	3331.0

3-6 第三产业增加值指数(上年=100)

INDICES OF VALUE-ADDED OF THE TERTIARY INDUSTRY(PRECEDING YEAR=100)

年　份 Year	第三产业 Tertiary Industry	交通运输、仓储和邮政业 Transport, Storage and Post	批发和零售业 Wholesale and Retail Trades	住宿和餐饮业 Hotels and Catering Services	金融业 Financial Intermediation	房地产业 Real Estate	其他 Others
2002	110.2	110.0	112.0		105.3	106.7	110.3
2003	110.1	109.4	110.4		104.1	105.8	111.8
2004	109.3	109.4	109.9		100.0	104.0	110.8
2005	110.8	103.7	107.7	109.8	102.3	117.4	114.0
2006	112.4	107.5	109.9	112.0	198.4	116.2	111.1
2007	114.8	112.7	108.9	105.5	190.7	110.7	114.7
2008	112.6	104.0	119.5	106.2	106.1	101.8	116.5
2009	110.7	101.7	116.5	113.5	123.6	109.8	109.5
2010	111.8	108.3	112.6	113.0	121.3	117.5	110.1
2011	113.4	107.9	119.8	114.6	114.4	122.6	108.8
2012	110.8	108.6	110.3	112.7	126.6	101.9	110.7
2013	110.3	104.6	108.8	106.4	115.6	106.1	113.2
2014	108.9	105.2	107.4	108.7	115.8	102.7	110.5
2015	110.4	101.8	107.4	109.0	120.4	102.3	113.7

3-7 第三产业增加值构成

COMPOSITION OF VALUE-ADDED OF THE TERTIARY INDUSTRY

单位：%　　　　(%)

年　份 Year	第三产业 Tertiary Industry	交通运输、仓储和邮政业 Transport, Storage and Post	批发和零售业 Wholesale and Retail Trades	住宿和餐饮业 Hotels and Catering Services	金融业 Financial Intermediation	房地产业 Real Estate	其他 Others
2002	100.0	22.9	28.6		2.4	9.0	37.1
2003	100.0	22.5	28.1		2.2	8.7	38.5
2004	100.0	22.6	27.7		1.9	8.2	39.5
2005	100.0	17.9	21.7	5.7	1.9	8.8	44.0
2006	100.0	16.8	21.0	5.8	3.5	9.3	43.6
2007	100.0	16.5	19.8	5.7	6.2	9.1	42.7
2008	100.0	14.9	21.0	5.8	6.1	8.4	43.8
2009	100.0	12.9	22.5	6.3	6.7	8.9	42.7
2010	100.0	12.0	23.2	6.3	7.5	9.7	41.3
2011	100.0	11.6	24.4	6.3	7.5	10.0	40.2
2012	100.0	10.8	24.2	6.6	8.8	9.4	40.2
2013	100.0	9.8	23.2	6.3	9.9	9.0	41.8
2014	100.0	9.9	23.0	6.4	10.3	8.4	42.0
2015	100.0	9.2	22.1	6.3	11.1	7.8	43.5

3-8 第三产业增加值贡献率

SHARE OF VALUE-ADDED OF THE TERTIARY INDUSTRY

单位：%　　　　(%)

年　份 Year	第三产业 Tertiary Industry	交通运输、仓储和邮政业 Transport, Storage and Post	批发和零售业 Wholesale and Retail Trades	住宿和餐饮业 Hotels and Catering Services	金融业 Financial Intermediation	房地产业 Real Estate	其他 Others
2002	100.0	20.1	35.8		1.5	6.3	36.3
2003	100.0	19.2	32.1		1.1	5.3	42.3
2004	100.0	20.5	33.1			3.8	42.5
2005	100.0	4.5	18.6	5.6	0.5	13.9	56.9
2006	100.0	10.8	17.4	5.6	15.0	11.5	39.6
2007	100.0	14.7	12.8	2.1	20.4	6.6	43.3
2008	100.0	5.3	31.2	2.6	2.7	1.3	57.0
2009	100.0	2.5	32.8	6.2	11.5	7.2	39.9
2010	100.0	10.0	24.1	5.6	10.5	11.7	38.1
2011	100.0	5.2	29.3	9.7	11.1	16.5	28.3
2012	100.0	9.1	23.4	7.5	18.8	1.9	39.3
2013	100.0	4.9	20.3	3.9	12.9	5.5	52.5
2014	100.0	6.0	19.5	6.0	15.8	2.8	49.8
2015	100.0	1.8	16.5	5.2	18.5	1.9	56.1

3-9 全省三次产业贡献率

SHARE OF THE CONTRIBUTIONS OF THE THREE STRATA OF INDUSTRY TO THE INCREASE OF THE GDP

单位：%　　　　(%)

年　份 Year	地区生产总值 Gross Domestic Product	第一产业 Primary Industry	第二产业 Secondary Industry	工业 Industry	建筑业 Construction	第三产业 Tertiary Industry
2001	100.0	11.7	59.3	50.2	9.1	29.0
2002	100.0	10.9	58.6	52.8	5.8	30.5
2003	100.0	3.6	65.5	59.2	6.3	30.9
2004	100.0	14.4	61.5	54.5	7.0	24.1
2005	100.0	8.3	62.1	57.5	4.6	29.6
2006	100.0	8.7	57.0	51.9	5.1	34.3
2007	100.0	4.1	54.3	49.9	4.4	41.6
2008	100.0	7.8	55.1	51.0	4.1	37.1
2009	100.0	4.9	62.3	54.2	8.1	32.8
2010	100.0	5.0	62.9	59.1	3.8	32.1
2011	100.0	6.3	51.3	46.1	5.2	42.4
2012	100.0	7.6	50.1	45.3	4.8	42.3
2013	100.0	7.2	40.3	38.2	2.8	52.5
2014	100.0	10.9	23.4	24.7	0.2	65.7
2015	100.0	10.0	11.3	6.8	1.8	78.7

注：三次产业贡献率指各产业增加值增量与GDP增量之比。
Share of the contributions of the three strata of industry to the increase of the GDP refers to the proportion of the increment of the value-added of each industry to the increment of GDP.

3-10 三次产业对地区生产总值增长的拉动

CONTRIBUTION OF THE THREE STRATA OF INDUSTRY TO GDP GROWTH

单位：百分点　　　　(percentage points)

年　份 Year	地区生产总值 Gross Domestic Product	第一产业 Primary Industry	第二产业 Secondary Industry	工业 Industry	建筑业 Construction	第三产业 Tertiary Industry
2001	9.30	1.09	5.51	4.67	0.85	2.70
2002	10.20	1.11	5.98	5.39	0.59	3.11
2003	10.20	0.37	6.68	6.04	0.64	3.15
2004	11.70	1.68	7.20	6.38	0.82	2.82
2005	11.60	0.96	7.20	6.67	0.53	3.43
2006	12.10	1.05	6.90	6.28	0.62	4.15
2007	12.00	0.50	6.51	5.99	0.53	4.99
2008	11.80	0.92	6.50	6.01	0.49	4.38
2009	11.40	0.56	7.10	6.18	0.92	3.74
2010	12.70	0.64	7.98	7.50	0.48	4.08
2011	12.30	0.78	6.31	5.67	0.64	5.22
2012	10.00	0.76	5.01	4.53	0.48	4.23
2013	8.00	0.58	3.22	3.06	0.22	4.20
2014	5.60	0.61	1.31	1.38	0.01	3.68
2015	5.66	0.57	0.64	0.39	0.10	4.46

注：三次产业拉动指GDP增长速度与各产业贡献率之乘积。
Contribution of the three strata of industry to GDP growth refers to the growth rate of GDP multiplied by the contribution share of every industry.

3-11 分地区生产总值和指数

GROSS REGIONAL PRODUCT AND INDICES BY REGION

地 区 Region	地区生产总值(亿元) Gross Regional Product (100 million yuan)					指 数(上年=100) Indices (preceding year=100)				
	2011	2012	2013	2014	2015	2011	2012	2013	2014	2015
哈尔滨 Harbin	4242.2	4550.2	5017.0	5340.1	5751.2	112.3	110.0	109.0	106.9	107.1
齐齐哈尔 Qiqihar	1065.7	1176.1	1169.4	1209.3	1270.3	113.1	108.0	107.4	105.1	106.5
鸡 西 Jixi	507.8	582.3	546.3	516.0	514.7	114.0	113.6	100.9	101.0	104.1
鹤 岗 Hegang	313.1	358.2	304.0	259.5	265.6	114.1	113.5	90.5	90.3	104.0
双鸭山 Shuangyashan	502.9	565.4	510.1	432.7	433.3	115.8	113.5	101.6	88.5	103.0
大 庆 Daqing	3741.5	4001.1	4100.0	4077.5	2983.5	112.1	110.0	107.0	104.5	97.7
伊 春 Yichun	229.7	260.0	274.6	256.0	248.2	108.0	112.7	110.2	90.6	97.3
佳木斯 Jiamusi	625.3	668.3	720.7	766.0	810.2	114.2	113.8	110.2	106.8	106.5
七台河 Qitaihe	308.1	298.9	228.6	214.3	212.7	105.3	108.3	85.8	102.4	104.1
牡丹江 Mudanjiang	940.3	981.1	1057.1	1130.3	1178.6	115.5	114.1	112.0	107.2	106.1
黑 河 Heihe	316.0	366.1	389.5	421.4	447.7	110.7	113.0	107.5	108.0	107.1
绥 化 Suihua	912.1	1063.5	1116.3	1190.2	1272.2	113.8	112.3	111.6	106.7	106.5
大兴安岭 Daxinganling	124.7	147.7	121.6	128.4	135.1	115.5	113.9	108.4	104.1	106.1
绥芬河 Suifenhe		111.7	113.9	125.6	132.1		119.2	111.6	109.9	105.1
抚 远 Fuyuan		47.2	44.6	47.9	50.5		112.7	94.3	105.9	106.0

注：1.本表绝对数按当年价格计算，指数按不变价格计算。
2.2013年各地生产总值绝对数为第三次经济普查修订后数据，2013年指数为第三次经济普查修订前数据。
Note:a)Level data in this table are calculated at current prices while indices at constant prices.
b)Gross Regional Product of 2013 have been adjusted according to the results of the third national economic census. Indices of 2013 have been unadjusted .

3-12 分地区人均地区生产总值和指数

PER CAPITA GROSS REGIONAL PRODUCT AND INDICES BY REGION

地 区 Region	人均地区生产总值(元) Per Capita Gross Regional Product(yuan)					指 数(上年=100) Indices (preceding year=100)				
	2011	2012	2013	2014	2015	2011	2012	2013	2014	2015
哈尔滨 Harbin	42736	45810	50498	53872	59027	112.2	109.9	109.2	107.1	108.9
齐齐哈尔 Qiqihar	19903	22139	22219	23099	24430	114.0	108.9	108.4	105.7	107.2
鸡 西 Jixi	26864	31076	29332	27881	28222	114.6	114.6	101.5	101.4	105.7
鹤 岗 Hegang	28768	32968	29594	24154	24981	114.2	113.7	91.0	90.9	105.1
双鸭山 Shuangyashan	33215	37490	33985	28964	29230	115.6	114.0	102.1	88.9	103.8
大 庆 Daqing	133301	142067	148209	146518	110115	111.8	109.7	106.8	105.2	97.8
伊 春 Yichun	18142	20686	22113	20885	20413	108.5	113.5	111.5	90.6	98.1
佳木斯 Jiamusi	24853	27774	30494	32864	35069	114.9	114.7	112.2	108.3	107.4
七台河 Qitaihe	33209	32308	25598	25123	24823	104.2	108.5	87.6	102.9	109.4
牡丹江 Mudanjiang	33675	37001	39910	42792	44799	114.9	114.5	112.2	107.5	106.5
黑 河 Heihe	18103	18892	22713	24731	26575	114.5	113.0	108.1	108.8	108.3
绥 化 Suihua	15617	18474	20465	21467	23095	113.6	113.2	115.4	108.9	107.2
大兴安岭 Daxinganling	24050	28739	23862	25509	27816	116.6	115.0	109.3	105.4	110.0
绥芬河 Suifenhe		96158	104874	119148	128987		131.4	112.5	113.2	108.1
抚 远 Fuyuan		40030	38075	40466	42572		112.0	94.2	105.7	105.8

注：1.本表绝对数按当年价格计算，指数按不变价格计算。
2.2013年各地人均地区生产总值绝对数为第三次经济普查修订后数据，2013年指数为第三次经济普查修订前数据。
Note:a)Level data in this table are calculated at current prices while indices at constant prices.
b)Per Capita Gross Regional Product of 2013 have been adjusted according to the results of the third national economic census. Indices of 2013 have been unadjusted .

3-13 分地区三次产业增加值(2015年)

GROSS REGIONAL PRODUCT BY THREE STRATA OF INDUSTRY BY REGIONG(2015)

单位：亿元 (100 million yuan)

地 区 Region	地区生产总值(亿元) Gross Regional Product (100 million yuan)	第一产业 Primary Industry	第二产业 Secondary Industry	工 业 Industry	建筑业 Construction	第三产业 Tertiary Industry
哈尔滨 Harbin	5751.2	672.5	1862.8	1301.5	562.6	3215.9
齐齐哈尔 Qiqihar	1270.3	306.5	394.3	368.9	25.5	569.5
鸡 西 Jixi	514.7	187.5	133.6	125.4	8.4	193.6
鹤 岗 Hegang	265.6	93.5	79.4	74.5	4.9	92.8
双鸭山 Shuangyashan	433.3	165.6	98.7	84.6	14.0	169.1
大 庆 Daqing	2983.5	194.9	1935.7	1931.5	52.7	852.8
伊 春 Yichun	248.2	106.3	51.2	38.7	12.6	90.6
佳木斯 Jiamusi	810.2	267.9	178.3	148.1	30.2	364.0
七台河 Qitaihe	212.7	34.2	78.2	76.4	2.6	100.2
牡丹江 Mudanjiang	1178.6	222.8	454.6	401.8	53.2	501.1
黑 河 Heihe	447.7	214.1	67.9	53.9	14.0	165.7
绥 化 Suihua	1272.2	506.0	334.0	318.2	37.7	432.2
大兴安岭 Daxinganling	135.1	65.7	12.9	7.5	5.5	56.4
绥芬河 Suifenhe	132.1	1.0	14.8	13.8	0.9	116.3
抚 远 Fuyuan	50.5	35.0	3.2	2.2	1.0	12.3

注：本表绝对数按当年价格计算，指数按不变价格计算。
Level data in this table are calculated at current prices while indices at constant prices.

3-13 续表1 CONTINUED

单位：亿元 (100 million yuan)

地 区 Region	交通运输、仓储和邮政业 Transport, Storage and Post	批发和零售业 Wholesale and Retail Trades	住宿和餐饮业 Hotels and Catering Services	金融业 Financial Intermediation	房地产业 Real Estate	其 他 Others
哈尔滨 Harbin	283.4	701.1	217.0	371.9	178.1	1464.4
齐齐哈尔 Qiqihar	92.4	175.2	19.8	51.0	56.2	174.9
鸡 西 Jixi	28.4	43.0	9.5	19.8	16.3	76.6
鹤 岗 Hegang	7.5	15.1	6.4	11.1	5.9	46.8
双鸭山 Shuangyashan	12.4	27.9	10.6	42.6	9.1	66.5
大 庆 Daqing	54.1	227.7	40.7	52.6	131.0	346.7
伊 春 Yichun	8.1	12.0	7.2	10.5	10.0	42.8
佳木斯 Jiamusi	69.0	71.9	19.3	33.1	31.4	139.3
七台河 Qitaihe	12.7	21.4	4.0	13.3	10.8	38.0
牡丹江 Mudanjiang	35.6	132.5	23.4	28.4	48.3	232.9
黑 河 Heihe	8.3	24.2	8.7	18.4	15.5	90.6
绥 化 Suihua	65.6	99.0	37.2	9.2	38.3	182.9
大兴安岭 Daxinganling	5.7	10.4	3.6	4.6	3.9	28.2
绥芬河 Suifenhe	9.6	71.8	3.5	4.3	5.6	21.5
抚 远 Fuyuan	0.9	3.6	0.7	0.9	2.6	3.6

3-13 续表2 CONTINUED

地　区　Region	构　成（地区生产总值=100） Composition (GDP=100)			指　数（上年=100） Indices (preceding year=100)			
	第一产业 Primary Industry	第二产业 Secondary Industry	第三产业 Tertiary Industry	地区生产总　值 Gross Regional Product	第一产业 Primary Industry	第二产业 Secondary Industry	第三产业 Tertiary Industry
哈尔滨 Harbin	11.7	32.4	55.9	107.1	107.2	104.1	109.3
齐齐哈尔 Qiqihar	24.1	31.1	44.8	106.5	106.0	103.9	109.1
鸡　西 Jixi	36.4	26.0	37.6	104.1	106.0	103.3	103.6
鹤　岗 Hegang	35.2	29.9	34.9	104.0	102.2	102.1	108.4
双鸭山 Shuangyashan	38.2	22.8	39.0	103.0	103.0	96.4	108.8
大　庆 Daqing	6.5	64.9	28.6	97.7	103.7	95.4	106.0
伊　春 Yichun	42.8	20.7	36.5	97.3	100.5	83.7	105.3
佳木斯 Jiamusi	33.1	22.0	44.9	106.5	106.5	103.8	108.5
七台河 Qitaihe	16.1	36.8	47.1	104.1	107.5	103.4	104.1
牡丹江 Mudanjiang	18.9	38.6	42.5	106.1	106.7	107.1	104.8
黑　河 Heihe	47.8	15.2	37.0	107.1	107.7	103.7	108.1
绥　化 Suihua	39.8	26.3	33.9	106.5	105.7	105.1	108.6
大兴安岭 Daxinganling	48.7	9.5	41.8	106.1	105.8	106.8	106.3
绥芬河 Suifenhe	0.7	11.2	88.1	105.1	106.1	96.3	106.4
抚　远 Fuyuan	69.3	6.3	24.4	106.0	105.3	102.0	109.5

3-14 全省非公有制经济主要指标

PRINCIPAL GROSS INDICES OF NON-PUBLIC ECONOMIC

单位：亿元、个、人 (100 million yuan, unit, person)

地 区	Region	总产出 Total Output	增加值 Value Added	第一产业 Primary Industry	第二产业 Secondary Industry	第三产业 Tertiary Industry	单位数 Number of Units	从业人员数 Employed Persons
2004		4395.9	1600.0	242.0	644.3	713.7	1813730	5695972
2005		5649.1	1948.0	267.4	751.1	929.5	1786275	5506066
2006		6652.4	2340.0	288.8	929.0	1122.2	1772938	5228549
2007		8512.8	2841.8	303.0	1148.1	1390.7	1833059	5682662
2008		10140.1	3481.3	401.9	1476.5	1602.9	1856218	5968151
2009		10356.9	4019.0	463.8	1625.2	1930.0	1937617	6875095
2010		14294.4	4972.2	545.9	2230.0	2196.3	2076690	7154627
2011		17534.3	6303.3	696.4	2861.6	2745.3	2082299	7415800
2012		19726.1	7026.0	781.2	3208.3	3036.5	2077592	7456429
2013		21380.4	7508.6	857.3	3367.6	3283.7	1964767	7332642
2014		22096.7	7861.9	904.9	3189.0	3768.0	1916481	7383195
2015		23162.5	7934.9	902.9	2913.0	4119.0	1862905	7150464
哈尔滨	Harbin	8295.4	3120.5	178.7	1179.2	1762.6	360056	2054358
齐齐哈尔	Qiqihar	1867.0	723.0	114.8	288.1	320.1	225034	812195
鸡 西	Jixi	593.8	190.6	36.3	70.2	84.1	70053	239574
鹤 岗	Hegang	221.7	80.5	1.7	50.9	27.9	30442	160218
双鸭山	Shuangyashan	476.8	152.5	7.4	68.3	76.8	46940	142428
大 庆	Daqing	2178.9	798.0	67.0	192.6	538.4	173727	684356
伊 春	Yichun	263.3	105.9	41.8	24.0	40.1	90180	250252
佳木斯	Jiamusi	1344.8	367.6	66.9	96.3	204.4	180852	597312
七台河	Qitaihe	315.1	119.3	10.8	46.3	62.2	37455	121517
牡丹江	Mudanjiang	2693.4	743.1	32.9	375.9	334.3	147733	630109
黑 河	Heihe	314.6	117.7	13.4	39.3	65.0	108304	201991
绥 化	Suihua	2363.9	718.2	209.4	284.7	224.1	260970	910959
大兴安岭	Daxinganling	164.1	59.8	8.7	9.0	42.1	17354	44842
农垦总局	ARB	1681.7	514.5	108.4	174.5	231.6	102229	255354
绥芬河	Suifenhe	347.2	110.3	0.3	11.1	98.9	6785	30493
抚 远	Fuyuan	40.8	13.4	4.4	2.6	6.4	4791	14506

注：1. 非公有制统计范围为私营企业、个体经营户、非国有和非国有控股及非集体经济的各类企业、公司，以及港澳台商投资企业和外商投资企业。
2. 2015年，佳木斯市数据中不包含抚远县，牡丹江市数据中不包含绥芬河市。

Note: a) Non-public ownership system statistics scope for private enterprise, individual dealer, non-state-owned and non-state-owned holding and non-collective economy each kind of enterprise, company, as well as Hong-Kong, Macao and Taiwan business investment enterprise and foreign investment enterprise.
b) In 2015, the data of Mudanjiang does not contain Suifenhe, Jia Musi data does not contain Fuyuan.

主要统计指标解释

国内生产总值(GDP)　指按市场价格计算的一个国家（或地区）所有常住单位在一定时期内生产活动的最终成果。国内生产总值有三种表现形态，即价值形态、收入形态和产品形态。从价值形态看，它是所有常住单位在一定时期内生产的全部货物和服务价值与同期投入的全部非固定资产货物和服务价值的差额，即所有常住单位的增加值之和；从收入形态看，它是所有常住单位在一定时期内创造并分配给常住单位和非常住单位的初次收入之和；从产品形态看，它是所有常住单位在一定时期内最终使用的货物和服务价值与货物和服务净出口价值之和。在实际核算中，国内生产总值有三种计算方法，即生产法、收入法和支出法。三种方法分别从不同的方面反映国内生产总值及其构成。

对于一个地区来说，称为地区生产总值或地区GDP。

三次产业　三产业的划分是世界上较为常用的产业结构分类，但各国的划分不尽一致。根据《国民经济行业分类》（GB/T 4754—2011），我国的三次产业划分是：

第一产业是指农、林、牧、渔业（不含农、林、牧、渔服务业）。

第二产业是指采矿业（不含开采辅助活动），制造业（不含金属制品、机械和设备修理业），电力、热力、燃气及水生产和供应业，建筑业。

第三产业即服务业，是指除第一产业、第二产业以外的其他行业。

劳动者报酬　指劳动者因从事生产活动所获得的全部报酬。包括劳动者获得的各种形式的工资、奖金和津贴，既包括货币形式的，也包括实物形式的，还包括劳动者所享受的公费医疗和医药卫生费、上下班交通补贴、单位支付的社会保险费、住房公积金等。

生产税净额　指生产税减生产补贴后的余额。生产税指政府对生产单位从事生产、销售和经营活动以及因从事生产活动使用某些生产要素(如固定资产、土地、劳动力)所征收的各种税、附加费和规费。生产补贴与生产税相反，指政府对生产单位的单方面转移支出，因此视为负生产税，包括政策亏损补贴、价格补贴等。

固定资产折旧　指一定时期内为弥补固定资产损耗按照规定的固定资产折旧率提取的固定资产折旧，或按国民经济核算统一规定的折旧率虚拟计算的固定资产折旧。它反映了固定资产在当期生产中的转移价值。各类企业和企业化管理的事业单位的固定资产折旧是指实际计提的折旧费；不计提折旧的政府机关、非企业化管理的事业单位和居民住房的固定资产折旧是按照统一规定的折旧率和固定资产原值计算的虚拟折旧。原则上，固定资产折旧应按固定资产的重置价值计算，但是目前我国尚不具备对全社会固定资产进行重估价的基础，所以暂时只能采用上述办法。

营业盈余　指常住单位创造的增加值扣除劳动者报酬、生产税净额和固定资产折旧后的余额。它相当于企业的营业利润加上生产补贴，但要扣除从利润中开支的工资和福利等。

支出法国内生产总值　是从最终使用的角度反映一个国家(或地区)一定时期内生产活动最终成果的一种方法，包括最终消费支出、资本形成总额及货物和服务净出口三部分。计算公式为：

支出法国内生产总值=最终消费支出+资本形成总额+货物和服务净出口

最终消费支出　指常住单位为满足物质、文化和精神生活的需要，从本国经济领土和国外购买的货物和服务的支出。它不包括非常住单位在本国经济领土内的消费支出。最终消费支出分为居民消费支出和政府消费支出。

居民消费支出　指常住住户在一定时期内对于货物和服务的全部最终消费支出。居民消费支出除了直接以货币形式购买的货物和服务的消费支出外，还包括以其他方式获得的货物和服务的消费支出，即所谓的虚拟消费支出。居民虚拟消费支出包括如下几种类型：单位以实物报酬及实物转移的形式提供给劳动者的货物和服务；住户生产并由本住户消费了的货物和服务，其中的服务仅指住户的自有住房服务和付酬的家庭雇员提供的家庭和个人服务；金融机构提供的金融媒介服务。

政府消费支出　指政府部门为全社会提供的公共服务的消费支出和免费或以较低的价格向居民住户提供的货物和服务的净支出，前者等于政府服务的产出价值减去政府单位所获得的经营收入的价值，后者等于政府部门免费或以较低价格向居民住户提供的货物和服务的市场价值减去向住户收取的价值。

资本形成总额　指常住单位在一定时期内获得减去处置的固定资产和存货的净额，包括固定资本形成总额和存货变动两部分。

固定资本形成总额　指常住单位在一定时期内获得的固定资产减处置的固定资产的价值总额。固定资产是通过生产活动生产出来的，且其使用年限在一年以上、单位价值在规定标准以上的资产，不包括自然资产。可分为有形固定资本形成总额和无形固定资本形成总额。有形固定资本形成总额包括一定时期内完成的建筑工程、安装工程和设备工器具购置(减处置)价值，以及土地改良、新增役、种、奶、毛、娱乐用牲畜和新增经济林木价值。无形固定资本形成总额包括矿藏的勘探、计算机软件等获得减处置。

存货变动　指常住单位在一定时期内存货实物量变动的市场价值，即期末价值减期初价值的差额，再扣除当期由于价格变动而产生的持有收益。存货变动可以是正值，也可以是负值，正值表示存货上升，负值表示存货下降。存货包括生产单位购进的原材料、燃料和储备物资等存货，以及生产单位生产的产成品、在制品和半成品等存货。

货物和服务净出口　指货物和服务出口减货物和服务进口的差额。出口包括常住单位向非常住单位出售或无偿转让的各种货物和服务的价值；进口包括常住单位从非常住单位购买或无偿得到的各种货物和服务的价值。由于服务活动的提供与使用同时发生，一般把常住单位从非常住单位得到的服务作为进口，非常住单位从常住单位得到的服务作为出口。货物的出口和进口都按离岸价格计算。

Explanatory Notes on Main Statistical Indicators

Gross Domestic Product (GDP) refers to the final products at market prices produced by all resident units in a country during a certain period of time. Gross domestic product is expressed in three different perspectives, namely value, income, and products respectively. GDP in its value perspective refers to the balance of total value of all goods and services produced by all resident units during a certain period of time, minus the total value of input of goods and services of the nature of non-fixed assets; in other words, it is the sum of the value-added of all resident units. GDP from the perspective of income includes the primary income created by all resident units and distributed to resident and non-resident units. GDP from the perspective of products refers to the value of all goods and services for final demand by all resident units plus the net exports of goods and services during a given period of time. In the practice of national accounting, gross domestic product is calculated from three approaches, namely production approach, income approach and expenditure approach, which reflect gross domestic product and its composition from different angles.

For a region, it is called as Gross Regional Product(GRP) or regional GDP.

Three Strata of Industry Classification of economic activities into three strata of industry is a common practice in the world, although the grouping varies to some extent from country to country. In China, according to Industrial classification for National Economic Activities (GB/T 4754—2011), economic activities are categorized into the following three strata of industry:

Primary industry refers to agriculture, forestry, animal husbandry and fishery industries (not including services in support of agriculture, forestry, animal husbandry and fishery industries).

Secondary industry refers to mining and quarrying(not including support activities for mining), manufacturing(not including repair service of metal products, machinery and equipment), production and supply of electricity, heat, gas and water, and construction.

Tertiary industry refers to all other economic activities not included in the primary or secondary industries.

Compensation of Employees refers to the total payment of various forms to employees for the productive activities they are engaged in. It includes wages, bonuses and allowances, which the employees earn in cash or in kind. It also includes the free medical services provided to the employees and the medicine expenses, transport subsidies and social insurance, and housing fund paid by the employers.

Net Taxes on Production refers to taxes on production less subsidies on production. The taxes on production refers to the various taxes, extra charges and fees levied on the production units on their production, sale and business activities as well as on the use of some factors of production, such as fixed assets, land and labour in the production activities they are engaged in. In contrast to taxes on production, subsidies on production refer to the unilateral government transfer to the production units and are therefore regarded as negative taxes on production. They include subsidies on the loss due to implementation of government policies, price subsidies, etc.

Depreciation of Fixed Assets refers to the depreciation of fixed assets in a given period, drawn in accordance with the stipulated depreciation rate for the purpose of compensating the wear-and-tear loss of the fixed assets or the depreciation of fixed assets imputed in accordance with the stipulated unified depreciation rate in the national economic accounting system. It reflects the value of transfer of the fixed assets in the production of the current period. The depreciation of fixed assets in various enterprises and institutions managed as enterprises refers to the depreciation expenses actually drawn. In government agencies and institutions not managed as enterprises which do not draw the depreciation expenses, as well as for the houses of residents, the depreciation of fixed assets is the imputed depreciation, which is calculated in accordance with the stipulated unified depreciation rate. In principle, the depreciation of fixed assets should be calculated on the basis of the re-purchased value of the fixed assets. However, currently the conditions in China do not facilitate the revaluation of all the fixed assets. Therefore, only the above-mentioned methods can be adopted at present.

Operating Surplus refers to the balance of the value added created by the resident units after deducting the labourers remuneration, net taxes on production and the depreciation of fixed assets. It is equivalent to the business profit of the enterprises plus subsidies to production, but the wages and welfare expenses paid from the profits should be deducted.

GDP by Expenditure Approach refers to the method of measuring the final results of production activities of a country (region) during a given period from the perspective of final uses. It includes final consumption expenditure, gross capital formation and net export of goods and services. The formula for computation is.:

GDP by expenditure approach = final consumption expenditure + gross capital formation + net export of goods and services

Final Consumption Expenditure refers to the total expenditure of resident units for purchases of goods and services from both the domestic economic territory and abroad to meet the needs of material, cultural and spiritual life. It does not include the expenditure of non-resident units on consumption in the economic territory of the country. The final consumption expenditure is broken down into household consumption expenditure and government consumption expenditure.

Household Consumption Expenditure refers to the total expenditure of resident households on the final consumption of goods and services. In addition to the consumption of goods and services bought by the households directly with money, the household consumption expenditure also includes expenditure on goods and services obtained by the households in other ways, i.e. the so-called imputed consumption expenditure, which includes the following: (a) the goods and services provided to households by employers in the form of payment in kind and transfer in kind; (b) goods and services produced and consumed by the households themselves, in which the services refer to the owner-occupied housing and services offered by paid family employees; (c) financial intermediate services provided by financial institution.

Government Consumption Expenditure refers to the consumption expenditure spent for the provision of public services provided by the government to the whole country and the net expenditure on the goods and services provided by the government to households free of charge or at reduced prices. The former equals to the output value of the government services minus the value of operating income obtained by the government departments. The latter equals to the market value of the goods and services provided by the government free of charge or at reduced prices to the households minus the value received by the government from the households.

Gross Capital Formation refers to the fixed assets acquired less disposals and the net value of inventory, thus including gross fixed capital formation and changes in inventories.

Gross Fixed Capital Formation refers to the value of acquisitions less those disposals of fixed assets during a given period. Fixed assets are the assets produced through production activities with unit value above a specified amount and which could be used for over one year. Natural assets are not included. Gross fixed capital formation can be categorized into total tangible fixed capital formation and total intangible fixed capital formation. Total tangible fixed capital formation includes the value of the construction projects and installation projects completed and the equipment, apparatus and instruments purchased (less those disposed) as well as the value of land improved, the value of draught animals, breeding stock and animals for milk, for wool and for recreational purposes and the newly increased forest with economic value. Total intangible fixed capital formation includes the prospecting of minerals and the acquisition of computer software minus the disposal of them.

Changes in Inventories refers to the market value of the change in the physical volume of inventory of resident units during a given period, i.e. the difference between the values at the beginning and at the end of the period minus the gains due to the change in prices. The changes in inventories can have a positive or a negative value. A positive value indicates an increase in inventory while a negative value indicates a decrease in inventory. The inventory includes raw materials, fuels and reserve materials purchased by the production units as well as the inventory of finished products, semi-finished products and work-in-progress.

Net Export of Goods and Services refers to the exports of goods and services subtracting the imports of goods and services. Exports include the value of various goods and services sold or gratuitously transferred by resident units to non-resident units. Imports include the value of various goods and services purchased or gratuitously acquired resident units from non-resident units. Because the provision of services and the use of them happen simultaneously, the acquisition of services by resident units from abroad is usually treated as import while the acquisition of services by non-resident units in this country is usually treated as export. The exports and imports of goods are calculated at FOB.

第四篇　价格指数

CHAPTER 4 PRICE INDICES

资料整理：赵伟志　代传奎　张红艳　朱剑锋

4-1 各种价格指数

PRICE INDICES

上年=100 (preceding year=100)

年份 Year	商品零售价格指数 Retail Price Index	居民消费价格指数 Consumer Price Index	城市 Urban Areas	农村 Rural Areas	建筑安装工程价格指数 Construction and Installation	固定资产投资价格指数 Price Index for Investment In Fixed Assets	农业生产资料价格指数 Price Index for Means of Agricultural Production	工业生产者购进价格指数 Purchasing Price Index for Industrial Producers	工业生产者出厂价格指数 Producer Price Index for Industrial Products
1978	100.2	100.5	100.5						
1979	101.8	102.5	102.5						
1980	105.6	107.3	107.3						
1981	102.1	102.1	102.1						
1982	102.8	103.0	103.0						
1983	102.2	102.5	102.5						
1984	104.4	104.3	104.4	103.1					
1985	111.7	111.8	111.9	110.0					
1986	105.9	106.2	106.0	107.5					
1987	109.6	109.4	109.7	106.6					
1988	117.8	118.0	118.6	116.1			114.9		
1989	114.0	114.6	114.6	114.6			111.9		
1990	104.9	105.7	105.6	106.3	103.4		104.3		
1991	106.5	107.4	108.2	105.3	109.0	107.5	105.4		
1992	108.5	109.2	109.7	105.9	112.0	113.5	109.6	112.9	111.6
1993	114.6	114.8	115.2	113.7	132.9	128.0	124.6	139.6	141.3
1994	120.7	121.9	122.0	121.3	107.2	109.0	125.9	119.3	129.0
1995	114.3	116.1	115.9	116.2	104.8	106.5	123.1	112.7	116.1
1996	105.1	107.1	107.6	105.8	103.3	103.4	110.3	103.4	104.6
1997	102.2	104.4	104.5	103.8	103.8	102.7	100.6	104.4	102.3
1998	98.4	100.4	100.9	99.7	101.6	100.8	96.0	97.7	97.8
1999	96.1	96.8	97.0	96.3	99.7	99.7	96.5	98.2	107.4
2000	97.8	98.3	98.7	97.2	103.1	101.5	98.6	108.6	122.9
2001	100.4	100.8	100.8	100.4	100.6	100.1	98.9	99.5	96.0
2002	98.5	99.3	99.3	99.5	101.1	100.2	99.7	99.3	97.8
2003	99.7	100.9	100.8	101.2	102.7	102.3	101.8	107.6	111.9
2004	102.8	103.8	103.5	105.2	106.1	104.6	112.0	115.2	113.1
2005	100.4	101.2	100.8	102.3	102.2	102.2	108.6	111.8	116.7
2006	101.5	101.9	101.8	102.4	102.2	102.1	101.9	105.6	109.9
2007	105.6	105.4	105.4	105.4	105.5	104.5	109.4	105.0	105.3
2008	105.8	105.6	105.0	107.2	111.9	109.0	122.7	114.1	114.0
2009	98.9	100.2	99.8	101.2	94.8	97.6	94.2	93.4	87.4
2010	103.1	103.9	103.6	104.9	106.7	105.2	105.6	114.5	115.0
2011	104.5	105.8	105.6	106.4	109.9	107.5	110.2	111.1	112.0
2012	102.2	103.2	103.3	102.9	101.0	100.8	107.8	98.8	100.0
2013	101.1	102.2	102.0	103.1	100.4	100.1	104.1	98.7	98.0
2014	100.8	101.5	101.4	101.6	99.9	100.0	100.3	97.6	97.1
2015	100.1	101.1	101.1	101.1	98.7	99.0	101.3	88.2	86.0

注：1. 1994年后商品零售价格指数不包括农业生产资料。
2. 从2011年起工业品出厂价格指数改为工业生产者出厂价格指数，原材料、燃料、动力购进价格指数改为工业生产者购进价格指数(下同)。

Note: a)Since 1994,Retail Price Indices Exclude Agricultural Means of Production.
b)From 2011, the producer price index for manufactured goods and the purchasing price index for raw materials, fuel and power changed to the producer price index for industrial products and the purchasing price index for industrial producers.The same applies to the tables following.

4-2 各种价格定基指数

EIXED-BASE PRICE INDICES

年 份 Year	商品零售价格指数 Retail Price Index	居民消费价格指数 Consumer Price Index			建筑安装工程价格指数 Construction and Installation	固定资产投资价格指数 Price Index for Investment In Fixed Assets	农业生产资料价格指数 Price Index for Means of Agricultural Production	工业生产者购进价格指数 Purchasing Price Index for Industrial Producers	工业生产者出厂价格指数 Producer Price Index for Industrial Products
			城市 Urban Areas	农村 Rural Areas					
1978=100									
1979	101.8	102.5	102.5						
1980	107.5	110.0	110.0						
1981	109.7	112.3	112.3						
1982	112.8	115.7	115.7						
1983	115.3	118.6	118.6						
1984	120.4	123.7	123.8						
1985	134.6	100.0	138.6	100.0					
1986	142.5	106.2	146.9	107.5					
1987	156.2	116.2	161.1	114.6					
1988	184.0	137.1	191.1	133.1					
1989	209.8	157.1	219.0	152.5					
1990	220.1	166.1	231.3	162.1	100.0	100.0	100.0		
1991	234.4	178.4	250.3	170.7	109.0	107.5	105.4		
1992	254.3	194.8	274.6	180.8	122.1	122.0	115.5		
1993	291.5	223.6	316.3	205.6	162.2	156.2	143.9		
1994	351.8	272.6	385.9	249.4	173.9	170.2	181.2		
1995	402.1	316.5	447.3	289.8	182.3	181.3	223.1	100.0	100.0
1996	422.6	339.0	481.3	306.6	188.3	187.5	246.1	103.4	104.6
1997	431.9	353.9	503.0	318.3	195.4	192.5	247.5	107.9	107.0
1998	425.0	355.3	507.5	317.3	198.6	194.1	237.6	105.5	104.7
1999	408.0	343.8	491.8	305.4	198.0	193.5	229.3	103.6	112.4
2000	399.0	337.9	485.4	296.8	204.1	196.4	226.1	112.5	138.1
2001	400.6	340.6	489.3	298.0	205.3	196.6	223.6	111.9	132.6
2002	394.6	338.2	485.9	296.5	207.6	197.0	222.9	111.1	129.7
2003	393.4	341.2	489.8	300.1	213.2	201.3	226.9	119.5	145.1
2004	404.4	354.2	506.9	315.7	226.2	210.8	254.1	137.7	164.1
2005	406.0	358.5	510.9	322.9	231.2	215.4	276.0	153.9	191.5
2006	412.1	365.3	520.1	330.6	236.3	219.9	281.2	162.5	210.5
2007	435.2	385.0	548.2	348.5	249.3	229.8	307.6	170.6	221.7
2008	460.4	406.6	575.6	373.6	279.0	250.5	377.4	194.7	252.7
2009	455.3	407.4	574.4	378.1	264.5	244.5	355.5	181.8	220.9
2010	469.4	423.3	595.1	396.6	282.2	257.2	375.4	208.2	254.0
2011	490.5	447.8	628.4	422.0	310.2	276.5	413.7	231.3	284.5
2012	501.3	462.1	649.1	434.2	313.3	278.7	446.0	228.5	284.5
2013	506.8	472.3	662.1	447.7	314.6	279.0	464.3	225.5	278.8
2014	510.9	479.4	671.4	454.9	314.3	279.0	465.7	220.1	270.7
2015	511.4	484.7	678.8	459.9	310.2	276.2	471.8	194.1	232.8

注:居民消费价格总指数及农村居民消费价格指数以1985年为基期，农业生产资料、建筑安装工程价格指数和固定资产投资价格指数以1990年为基期，工业生产者出厂价格指数和工业生产者购进价格指数以1995年为基期。

Note:The index of year 1985 is defined as 100 in Consumer Price Index and Rural Consumer Price Index, the index of year 1990 is defined as 100 in Price Index for Means of Agricultural Production, Build-in Project Price Index and Price Index of Investment In Fixed Assets, the index of year 1995 is defined as 100 in Purchasing Price Index for Industrial Producers and Producer Price Index forIndustrial Products.

4-3 商品零售价格分类指数(上年=100)

RETAIL PRICE INDICES BY CATEGORY OF COMMODITIES(PRECEDING YEAR=100)

类　别	Category	全 省 Total		城市 Urban		农村 Rural	
		2014	2015	2014	2015	2014	2015
商品零售价格总指数	**Retail Price Index**	**100.8**	**100.1**	**100.8**	**100.1**	**100.7**	**100.2**
食品类	**Food**	**102.2**	**101.0**	**102.5**	**101.0**	**100.8**	**101.1**
粮　食	Grain	103.3	102.4	103.5	102.8	102.8	101.4
淀粉及薯类	Starches and Tubers	100.9	99.2	99.6	99.9	106.3	96.6
干豆类及豆制品	Bean and Its Products	102.3	101.9	101.4	101.1	105.4	104.7
油　脂	Oil or Fat	93.7	95.4	94.6	96.2	91.6	93.4
肉禽及其制品	Meal, Poultry and Their Products	99.3	104.3	99.4	104.2	98.7	104.9
蛋	Eggs	110.1	89.4	111.5	88.6	104.6	92.6
水产品	Aquatic Products	108.5	99.2	109.7	98.7	100.5	102.5
菜	Vegetables	93.2	105.8	93.7	105.8	91.2	106.1
调味品	Flavoring	102.6	102.1	103.4	102.0	100.4	102.6
糖	Sugar	100.1	100.2	100.3	100.1	99.3	100.3
干鲜瓜果	Dried and Fresh Melons and Fruits	111.9	96.9	111.9	97.2	112.3	95.1
糕点饼干面包	Cake, Biscuit and Bread	101.2	100.5	100.7	100.0	103.6	102.3
奶及奶制品	Milk and Its Products	107.8	98.6	107.6	98.6	109.5	99.2
在外用膳食品	Outward Dinner Food	102.4	101.3	102.3	101.0	102.8	103.0
其它食品	Other Foods	101.1	101.2	100.6	101.2	102.7	101.1
饮料、烟酒	**Beverage, Tobacco and Liquor**	**100.3**	**101.1**	**100.1**	**100.9**	**101.2**	**101.8**
茶及饮料	Tea and Beverages	101.0	100.3	100.9	100.4	101.3	100.1
烟　草	Tobacco	100.1	103.5	100.0	103.1	100.9	105.8
酒	Liquor	100.2	99.3	99.9	99.2	101.3	100.0
服装、鞋帽类	**Garments, Shoes and Hats**	**102.9**	**101.0**	**102.6**	**100.5**	**104.0**	**103.0**
服　装	Garments	102.4	100.8	102.4	100.7	102.5	101.5
鞋袜帽	Footgear and Hats	104.1	101.3	103.4	100.0	106.5	105.6
其　它	Others	100.4	100.1	99.3	99.7	105.8	102.2
纺织品类	**Textiles**	**101.8**	**100.7**	**101.9**	**100.3**	**101.5**	**101.9**
衣着材料	Cotton Cloth	102.6	101.6	102.6	101.0	102.6	103.7
床上用品	Blend Cloth	101.2	99.9	101.4	99.8	100.4	100.2

4-3 续表 CONTINUED

类别	Category	全省 Total 2014	全省 Total 2015	城市 Urban 2014	城市 Urban 2015	农村 Rural 2014	农村 Rural 2015
家用电器及音像器材	**Household Appliances and Music and Video Equipment**	**98.4**	**98.2**	**98.1**	**97.9**	**100.0**	**99.0**
家庭设备	Household Facilities	99.3	98.4	99.1	98.3	100.2	99.0
文娱用耐用消费品	Durable Consumer Goods for Recreational Use	96.8	97.9	96.0	97.6	99.7	98.9
音像器材类	Sound and Video Equipment	99.2	97.6	99.1	97.4	100.2	100.0
文化办公用品	**Cultural and Official Appliances**	**99.4**	**102.0**	**98.8**	**101.3**	**101.7**	**104.9**
日用品	**Articles for Daily Use**	**100.1**	**100.9**	**99.9**	**100.6**	**100.9**	**101.7**
日用百货	General Merchandise for Daily Use	99.6	100.6	99.4	100.4	100.8	101.8
日用杂品	Sundries for Daily Use	100.6	100.8	100.5	100.2	101.2	104.5
洗涤用品	Articles for Washing	100.2	100.9	100.1	100.9	100.9	100.8
其它日用品	Others	100.3	101.3	100.1	101.2	100.8	101.4
体育娱乐用品	**Sports and Recreation Articles**	**99.6**	**100.3**	**99.4**	**100.4**	**100.3**	**99.7**
体育用品	Sports Goods	100.8	100.6	100.9	100.7	100.6	99.8
娱乐用品	Amusement Goods	98.5	100.1	98.4	100.1	99.8	99.6
交通、通信用品	**Transportation and Communication Articles**	**97.6**	**99.5**	**97.0**	**99.5**	**100.2**	**99.4**
交通运输机械	Transportation Facility	97.0	99.0	96.8	98.9	98.6	99.7
通讯器材类	Communication Facility	98.6	100.3	97.4	100.8	101.2	99.2
家具	**Furniture**	**105.3**	**106.5**	**106.0**	**107.7**	**101.9**	**100.4**
化妆品类	**Cosmetics**	**100.8**	**100.0**	**100.8**	**99.9**	**100.3**	**100.8**
金银珠宝类	**Gold,Silver and Jewelry**	**87.1**	**93.1**	**86.1**	**92.9**	**92.5**	**94.4**
中西药品及医疗保健用品	**Medicines and Health Cares Articles**	**101.6**	**104.1**	**101.7**	**104.4**	**101.2**	**102.6**
医疗器具及用品	Medical Treatment Appliance Articals	101.3	102.1	101.7	101.8	100.1	103.1
中药材及中成药	Chinese Traditional Medicines	101.5	102.9	101.5	103.4	101.6	101.5
西药	Western Medicine	101.5	104.8	101.6	105.0	101.0	103.7
保健器具及用品	Health Care Appliances and Articles	102.7	103.5	103.2	104.1	101.4	101.5
书报杂志及电子出版物	**Newspapers, Magazines and E-journal**	**101.2**	**101.5**	**101.5**	**101.8**	**100.0**	**100.0**
教材及参考书	Teaching Materials and Reference Books	101.7	103.0	102.1	103.7	100.0	99.9
书报杂志	Newspapers and Magazines	99.7	99.5	99.6	99.5	100.4	100.0
电子音像制品	E-journal	103.3	102.2	104.0	102.6	99.6	100.3
燃料类	**Fuels**	**98.6**	**88.9**	**98.9**	**88.7**	**97.6**	**89.5**
煤炭及制品类	Coal and Their Products	96.9	96.4	98.2	97.5	94.6	94.1
石油及制品类	Oil and Their Products	99.3	85.9	99.1	85.8	100.0	86.0
建筑材料及五金电料类	**Building Materials, Hardware and Electric Materials**	**101.0**	**102.0**	**101.2**	**102.4**	**100.4**	**99.8**
建筑装潢材料	Building Decoration Materials	100.9	101.8	101.1	102.2	100.2	99.6
五金电料类	Hardware and Electric Materials	101.2	102.7	101.3	103.2	100.9	100.4

4-4 居民消费价格分类指数(上年=100)

CONSUMER PRICE INDICES BY CATEGORY(PRECEDING YEAR=100)

类 别	Category	全 省 Total		城市 Urban		农村 Rural	
		2014	2015	2014	2015	2014	2015
居民消费价格总指数	**General Consumer Price Index**	**101.5**	**101.1**	**101.4**	**101.1**	**101.6**	**101.1**
食 品	**Food**	**102.0**	**101.1**	**102.1**	**101.2**	**101.8**	**100.7**
粮 食	Grain	103.2	102.3	103.7	102.7	102.4	101.7
#大米	#Rice	101.7	102.5	101.6	103.1	102.0	101.6
面粉	Flour	102.8	101.6	102.6	101.3	103.0	102.0
淀粉及制品	Starches and Tubers	101.5	99.0	99.7	99.9	106.9	96.3
干豆类及豆制品	Bean and Its Products	102.4	101.5	101.6	100.6	105.4	104.6
油 脂	Oil or Fat	93.3	95.2	94.3	96.2	91.8	93.5
肉禽及其制品	Meal, Poultry and Their Products	99.0	104.4	99.2	104.2	98.3	105.1
蛋	Eggs	109.7	89.7	110.8	89.0	104.4	93.3
水产品	Aquatic Products	107.0	99.7	108.7	98.9	99.4	103.5
菜	Vegetables	93.3	105.6	93.7	105.5	90.9	106.3
#鲜菜	#Fresh Vegetables	92.2	105.8	92.6	105.4	89.1	108.0
调味品	Flavoring	102.5	102.0	103.2	101.7	100.7	102.6
糖	Carbohydrate	100.1	100.3	100.1	100.2	99.8	100.6
茶及饮料	Tea and Beverages	101.2	100.0	100.9	100.0	101.9	100.1
干鲜瓜果	Dried and Fresh Melons and Fruits	112.3	96.6	111.8	97.9	113.1	93.8
#鲜果	#Fresh Fruits	114.6	94.6	115.0	95.9	113.8	92.3
糕点饼干面包	Cake, Biscuit and Bread	101.4	100.5	101.0	100.2	103.6	102.1
液态乳及乳制品	Milk and Its Products	107.2	98.5	107.0	98.5	109.5	99.1
在外用膳食品	Dining Out	102.2	101.6	102.1	101.3	103.0	103.0
其它食品及食品加工服务	Other Foods	101.4	100.9	100.1	101.2	101.9	100.8
烟酒及用品	**Tobacco,Liquor and Articles**	**100.9**	**102.1**	**100.0**	**101.4**	**102.4**	**103.2**
烟 草	Tobacco	101.0	104.4	100.0	103.3	102.7	106.1
酒	Liquor	100.9	99.6	100.1	99.4	102.1	100.0
衣 着	**Clothing**	**102.9**	**101.6**	**102.8**	**101.2**	**103.4**	**103.0**
服 装	Garments	102.4	101.3	102.4	101.2	102.3	101.7
衣着材料	Clothing Material	102.3	101.4	102.1	101.0	102.9	103.3
鞋袜帽	Footgear, Hats	104.4	102.3	104.0	101.3	105.6	105.3
衣着加工服务	Clothing Manufacturing Services	101.2	101.8	100.8	101.0	106.9	115.0
家庭设备用品及维修服务	**Household Facilities, Articles and Services**	**100.8**	**100.8**	**100.7**	**100.8**	**101.1**	**101.0**
耐用消费品	Durable Consumer Goods	100.3	99.5	100.3	99.8	100.3	98.7
家 具	Furniture	104.0	103.3	104.8	104.2	101.7	100.4
家庭设备	Household Facilities	99.0	98.1	98.7	98.1	99.8	98.2
室内装饰品	Interior Decorations	99.9	99.0	99.9	98.8	100.0	99.6
床上用品	Bed Articles	99.9	99.9	99.9	99.8	100.1	100.2
家庭日用杂品	Daily Use Household Articles	100.8	100.6	100.7	100.2	101.5	102.2
家庭服务及加工维修服务	Other Household Service and Maintenance and Renovation	104.2	108.6	103.5	107.6	112.4	119.5

4-4 续表 CONTINUED

类　别	Category	全省 Total		城市 Urban		农村 Rural	
		2014	2015	2014	2015	2014	2015
医疗保健和个人用品	**Health Cares & Personal Articles**	**102.2**	**102.7**	**102.2**	**102.6**	**102.4**	**103.0**
医疗保健	Health Care	103.0	103.4	103.1	103.5	102.6	103.2
医疗器具及用品	Medical Instrument and Articles	101.3	101.7	101.6	101.3	100.1	103.5
中药材及中成药	Traditional Chinese Medicine	102.1	102.7	102.2	103.0	101.8	101.6
西药	Western Medicine	101.5	104.7	101.6	105.0	101.0	103.6
保健器具及用品	Health Care Appliances and Articles	102.7	102.4	102.7	102.4	101.2	101.5
医疗保健服务	Health Care Services	105.5	102.6	106.9	102.0	103.9	103.5
个人用品及服务	Personal Articles and Services	100.2	100.7	99.8	100.2	101.5	102.5
化妆美容用品	Cosmetics	100.8	100.6	100.6	100.1	101.5	103.1
清洁化妆用品	Sanitation Articles	103.0	101.0	102.9	101.1	103.1	100.8
个人饰品	Personal Ornaments	92.7	96.8	91.7	96.5	96.1	97.8
个人服务	Personal Services	103.8	103.2	103.5	102.0	105.1	108.0
交通和通信	**Transportation and Communication**	**99.6**	**99.0**	**99.5**	**99.3**	**99.7**	**98.4**
交　通	Transportation	99.5	98.2	99.5	98.5	99.4	97.7
交通工具	Transportation Facility	96.2	99.7	95.6	99.3	96.5	99.9
车用燃料及零配件	Fuels and Parts	98.8	84.6	98.8	84.4	98.8	84.8
车辆使用及维修费	Fees for Vehicles Use and Maintenance	102.0	100.7	102.1	100.6	101.0	101.2
市区公共交通费	Incity Traffic Fare	99.7	99.8	99.7	99.6	100.0	100.8
城市间交通费	Intercity Traffic Fare	101.7	100.4	100.7	100.0	103.0	101.0
通　信	Communication	99.7	99.9	99.5	100.1	100.3	99.6
通信工具	Communication Facility	98.7	101.1	96.4	103.8	101.1	98.4
通信服务	Communication Service	99.9	99.7	99.9	99.7	100.0	100.0
娱乐教育文化用品及服务	**Recreation, Education and Culture Articles and Services**	**100.9**	**101.3**	**100.9**	**101.1**	**101.4**	**102.5**
文娱用耐用消费品及服务	Durable Consumer Goods for Cultural and Recreational Use and Services	99.5	103.3	98.1	101.2	103.5	108.7
教　育	Education	101.5	101.0	101.7	100.8	100.5	102.1
教材及参考书	Teaching Materials and Reference Books	101.7	103.5	101.8	103.9	100.0	100.0
教育服务	Education Services	101.5	100.6	101.7	100.3	100.5	102.2
文化娱乐	Cultural and Recreational Articles	99.8	100.2	99.8	100.2	100.7	100.1
文化娱乐用品	Cultural Articles	98.6	100.4	98.5	100.3	101.4	101.6
书报杂志	Newspapers and Magazines	99.8	99.9	99.8	99.9	100.4	100.0
文娱费	Expenditure on Culture and Recreation	100.9	100.3	100.9	100.3	100.2	98.8
旅　游	Touring and Outing	101.0	102.9	100.7	104.6	104.1	86.5
居　住	**Residence**	**100.6**	**100.7**	**100.4**	**100.8**	**101.2**	**100.2**
建房及装修材料	Building and Building Decoration Materials	101.5	102.2	102.7	104.2	100.2	100.1
住房租金	Renting	101.1	100.4	100.9	100.3	103.9	102.2
自有住房	Private Housing	100.7	101.6	99.7	101.3	102.7	102.0
水电燃料	Water, Electricity and Fuels	99.9	98.4	100.1	99.1	98.3	94.0

4-5 农业生产资料价格分类指数(上年=100)

PRICE INDICES FOR MEANS OF AGRICULTURAL PRODUCTION BY CATEGORY (PRECEDING YEAR=100)

指　标	Item	2011	2012	2013	2014	2015
总指数	**General Indice**	**110.2**	**107.8**	**104.1**	**100.3**	**101.3**
农用手工工具	Farm Handtools	108.3	102.5	102.1	102.0	102.3
饲　料	Forage	105.4	104.8	103.9	101.2	101.2
产品畜	Commodity Animals	135.5	113.6	104.3	100.2	106.9
半机械化农具	Semi-mechanized Farm Tools	103.6	100.9	100.4	100.0	98.9
机械化农具	Mechanized Farm Machinery	108.5	101.9	100.4	100.9	100.1
化学肥料	Chemical Fertilizer	114.8	108.3	98.8	93.8	103.5
农药及农药械	Pesticide & Its Appliances	102.4	100.9	100.6	101.1	100.7
化学农药	Chemical Pesticide	102.4	100.9	100.7	101.2	100.7
农药械	Pesticide Appliances	102.1	101.0	100.0	100.0	100.0
农机用油	Oil for Farm Machinery	110.7	103.0	99.0	98.3	86.7
其他农业生产资料	Others Means of Agricultural Production	103.4	113.6	108.8	102.6	101.3
农业生产服务	Service for Agricultural Production	110.1	111.5	113.1	106.4	98.7

4-6 农产品生产价格指数(上年＝100)

PRODUCER PRICE INDICES FOR FARM PRODUCTS (PRECEDING YEAR=100)

指　标	Item	2011	2012	2013	2014	2015
总指数	**General Indice**	**116.5**	**105.9**	**101.0**	**100.7**	**98.7**
农业产品	Agricultural Products	114.3	107.0	100.2	101.8	97.4
林业产品	Forestry Products	130.5	93.5	80.9	96.3	101.4
畜牧业产品	Animal Husbandry Products	118.2	100.4	105.7	95.2	105.5
渔业产品	Fishery Products	104.4	100.2	93.4	98.0	95.8

4-7 按工业部门分工业生产者出厂价格指数(上年=100)

PRODUCER PRICE INDICES FOR INDUSTRIAL PRODUCTS BY SECTOR (PRECEDING YEAR=100)

指　标	Item	2011	2012	2013	2014	2015
总指数	**General Indice**	**112.0**	**100.0**	**98.0**	**97.1**	**86.0**
轻工业	Light Industry	110.6	102.5	100.8	99.5	97.5
以农产品为原料	Using Farm Products as Raw Materials	110.7	101.6	101.4	99.5	98.8
以非农产品为原料	Using Non-Farm Products as Raw Materials	109.4	110.0	96.0	99.9	87.4
重工业	Heavy Industry	112.4	99.3	97.2	96.4	82.7
采掘工业	Mining & Quarrying Industry	129.1	98.3	95.4	94.7	60.2
原料工业	Raw Materials Industry	107.5	100.2	98.2	95.7	87.0
加工工业	Manufacturing Industry	103.6	98.9	97.5	98.5	96.9
生产资料	Means of Production	112.9	99.5	97.2	96.4	82.8
采　掘	Mining & Quarrying Industry	129.1	98.3	95.4	94.7	60.2
原　料	Raw Materials Industry	108.4	100.7	97.9	95.8	86.5
加　工	Manufacturing Industry	104.5	98.8	97.9	98.4	97.1
生活资料	Consumer Goods	108.4	102.1	101.0	99.8	98.8
食　品	Food	110.6	102.2	101.2	99.6	98.6
衣　着	Clothing	110.6	102.8	104.1	99.3	96.9
一般日用品	Articles for Daily Use	99.5	101.6	100.9	100.4	99.4
耐用消费品	Durable Consumer Goods	96.9	101.0	97.5	100.8	100.1
冶金工业	Metallurgical Industry	112.0	91.9	92.8	93.0	89.4
电力工业	Power Industry	97.4	103.1	100.7	99.8	98.8
煤炭及炼焦工业	Coal and coking Industry	107.1	100.1	94.1	86.9	84.7
石油工业	Petroleum Industry	126.9	99.6	96.2	96.1	64.0
化学工业	Chemical Industry	106.9	98.1	100.1	98.5	90.2
机械工业	Machine Building Industry	100.4	99.2	97.8	99.8	99.1
建筑材料工业	Building Materials Industry	111.6	103.4	98.0	98.0	94.9
森林工业	Timber Industry	105.9	104.8	100.0	101.6	99.5
食品工业	Food Industry	111.1	102.0	101.4	99.5	98.9
纺织工业	Textile Industry	108.9	101.3	100.5	104.7	100.2
缝纫工业	Tailoring Industry	103.7	102.8	100.7	100.1	100.0
皮革工业	Leather Industry	109.8	109.3	112.7	95.2	99.6
造纸工业	Paper Industry	105.5	96.5	98.1	97.9	96.0
文教艺术用品工业	Cultural,Educational & Handicrafts Articles	103.4	104.4	101.2	98.2	98.4
其他工业	Others	103.7	101.8	101.4	101.9	99.9

4-8 按工业行业分工业生产者出厂价格指数(上年=100)

PRODUCER PRICE INDICES FOR INDUSTRIAL PRODUCTS BY SECTOR (PRECEDING YEAR=100)

指　标	Item	2011	2012	2013	2014	2015
采矿业	**Mining**					
煤炭开采和洗选业	Mining and Washing of Coal	105.0	101.0	97.0	87.9	86.4
石油和天然气开采业	Extraction of Petroleum and Natural Gas	132.8	97.6	95.2	95.2	55.4
黑色金属矿采选业	Mining of Ferrous Metal Ores	108.8	94.3	97.2	88.7	91.5
有色金属矿采选业	Mining of Non-ferrous Metal Ores	115.2	93.0	92.7	99.6	92.3
非金属矿采选业	Mining and Processing of Nonmetal Ores	107.8	100.5	96.9	103.0	101.5
其他采矿业	Mining of Other Ores n.e.c					
制造业	**Manufacturing**					
农副食品加工业	Processing of Food from Agricultural Products	114.3	101.2	101.2	98.3	99.7
食品制造业	Manufacture of Foods	106.4	100.8	102.4	102.3	97.5
饮料制造业	Manufacture of Beverage	108.0	102.8	100.5	99.5	96.7
烟草制品业	Manufacture of Tobacco	99.6	111.6	102.0	100.0	100.2
纺织业	Manufacture of Textile	109.0	101.3	100.5	104.7	100.2
纺织服装、鞋、帽制造业	Manufacture of Textile Wearing Apparel, Footware, and Caps	103.4	102.7	100.7	100.1	100.0
皮革、毛皮、羽毛（绒）及其制品业	Manufacture of Leather, Fur, feather and Its Products	109.4	109.7	112.6	95.4	99.6
木材加工及木、竹、藤、棕草制品业	Processing of Timbers, Manufacture of Wood, Bamboo, Rattan, Palm, and Straw Products	106.9	105.7	99.8	101.4	99.3
家具制造业	Manufacture of Furniture	101.2	101.1	100.3	102.3	100.3
造纸及纸制品业	Manufacture of Paper and Paper Products	105.5	96.5	98.1	97.9	96.0
印刷业和记录媒介的复制	Printing, Reproduction of Recording Media	99.7	100.9	104.0	99.2	99.1
文教体育用品制造业	Manufacture of Articles for Culture, Education and Sport Activity	110.3	110.2	100.0	97.5	96.8
石油加工、炼焦及核燃料加工业	Processing of Petroleum, Coking, Processing of Nucleus Fuel	114.1	100.5	96.1	94.5	81.8
化学原料及化学制品制造业	Manufacture of Chemical Raw Material and Chemical Products	109.5	96.1	99.1	97.7	82.6
医药制造业	Manufacture of Medicines	98.3	100.9	101.4	100.9	96.9
化学纤维制造业	Manufacture of Chemical Fiber	107.4	76.4	99.1	99.8	83.3
橡胶制品业	Manufacture of Rubber	112.2	93.6	95.3	87.8	97.2
塑料制品业	Manufacture of Plastic	101.2	105.5	100.0	100.2	98.4
非金属矿物制品业	Manufacture of Non-metallic Mineral Products	110.7	102.6	98.3	98.3	94.8
黑色金属冶炼及压延加工业	Manufacture and Processing of Ferrous Metals	114.2	88.0	90.7	91.2	85.6
有色金属冶炼及压延加工业	Manufacture and Processing of Non-ferrous Metals	109.6	101.7	92.0	92.1	96.1
金属制品业	Manufacture of Metal Products	105.2	101.9	98.8	100.4	99.4
通用设备制造业	Manufacture of General Purpose Machinery	101.3	100.4	97.0	99.5	98.6
专用设备制造业	Manufacture of Dpecial Purpose Machinery	100.1	100.8	99.3	100.5	97.8
交通运输设备制造业	Manufacture of Transport Equipment	98.7	97.4	98.3	99.6	100.0
电气机械及器材制造业	Manufacture of Electrical Machinery and Equipment	101.4	97.1	97.0	100.0	99.9
通信设备、计算机及其他电子设备制造业	Manufacture of Communication Equipment, Computer and Other Electronic Equipment	105.2	100.8	99.6	100.2	100.0
仪器仪表及文化、办公用机械制造业	Manufacture of Measuring Instrument and Machinery for Cultural Activity and Office Work	99.6	99.5	97.8	100.6	100.0
工艺品及其他制造业	Manufacture of Artwork and Other Manufacturing	124.1	121.2	90.6	98.1	66.7
废弃资源和废旧材料回收加工业	Recycling and Disposal of Waste	102.3	100.8	100.0	100.0	100.0
电力、燃气及水的生产和供应业	**Production and Distribution of Electricity, Gas and Water**					
电力、热力的生产和供应业	Recycling and Supply of Electric Power and Heat Power	97.4	103.1	100.7	99.8	98.8
燃气生产和供应业	Production and Distribution of Gas	112.1	108.5	104.3	101.7	82.9
水的生产和供应业	Production and Distribution of Water	99.9	102.0	103.4	100.2	100.1

4-9 工业生产者购进价格指数(上年=100)

PURCHASING PRICE INDICES FOR INDUSTRIAL PRODUCERS (PRECEDING YEAR=100)

指 标	Item	2011	2012	2013	2014	2015
总指数	**General Indice**	**111.1**	**98.8**	**98.7**	**97.6**	**88.2**
燃料、动力类	Fuels and Motive Power	113.8	99.5	98.0	95.6	80.4
黑色金属材料类	Ferrous Metals Materials	110.4	95.7	95.7	96.7	90.9
#钢 材	#Steel Products	110.5	95.9	94.9	96.5	91.1
其 他	Others	110.1	94.7	98.6	97.6	90.3
有色金属材料和电线类	Nonferrous Metals Materials and Electric Wire	104.4	99.1	99.3	98.8	97.4
化工原料类	Chemical Raw Materials	104.3	93.3	99.4	101.2	92.8
木材及纸浆类	Logging and Paper Pulp	107.3	99.7	98.7	101.3	100.2
建筑材料类及非金属矿类	Building Materials and Nonmetal Minerals	103.9	106.5	102.1	101.0	100.6
其他工业原料及半成品	Others Industry Materials & Semi Finished Articles	105.8	99.4	99.9	100.9	97.1
农副产品类	Farm Products	113.0	101.8	103.9	100.4	99.3
纺织原料类	Textile Raw Materials	122.4	104.6	96.6	100.4	99.7

4-10 固定资产投资价格指数(上年=100)

PRICE INDICES FOR INVESTMENT IN FIXED ASSETS(PRECEDING YEAR=100)

年 份 Year	总指数 General Index	建筑安装工程 Construction and Installation	设备、工器具购置 Purchase of Equipments and Instruments	其他费用 Other Expenses
1995	106.5	106.7	108.3	101.3
1996	103.4	103.3	105.0	101.3
1997	102.7	103.8	100.2	100.2
1998	100.8	101.6	98.9	100.9
1999	99.7	99.7	99.8	99.4
2000	101.5	103.1	97.3	100.7
2001	100.1	100.6	98.6	100.2
2002	100.2	101.1	96.9	101.5
2003	102.3	102.7	100.8	103.0
2004	104.6	106.1	101.4	102.0
2005	102.2	102.2	101.8	102.9
2006	102.1	102.2	101.3	103.4
2007	104.5	105.5	99.9	109.1
2008	109.0	111.9	100.6	110.9
2009	97.6	94.8	97.8	112.0
2010	105.2	106.7	100.4	107.6
2011	107.5	109.9	101.1	107.2
2012	100.8	101.0	99.3	102.8
2013	100.1	100.4	98.7	101.8
2014	100.0	99.9	99.7	101.4
2015	99.0	98.7	99.2	101.9

4-11 建筑安装工程价格指数(上年=100)

BUILD-IN PROJECT PRICE INDEX(PRECEDING YEAR=100)

年 份 Year	总指数 General Index	人工费 Manpower Cost Price Index	材料费 Material Price Index	钢 材 Steel Products	木 材 Timber
1995	104.8	111.0	103.4	92.7	98.0
1996	103.3	115.0	102.8	98.9	100.0
1997	103.8	107.5	99.5	98.1	102.6
1998	101.6	103.4	101.4	99.0	100.0
1999	99.7	103.3	99.0	97.4	100.7
2000	103.1	104.1	103.0	104.6	101.5
2001	100.6	105.2	99.1	98.9	101.0
2002	101.1	101.5	101.2	99.2	107.9
2003	102.7	103.6	102.8	109.1	100.8
2004	106.1	104.0	107.4	114.7	103.6
2005	102.2	105.6	101.5	101.4	105.8
2006	102.2	108.7	100.6	98.5	103.7
2007	105.5	113.3	103.5	104.2	107.7
2008	111.9	115.5	110.7	116.5	112.7
2009	94.8	111.7	90.8	82.5	104.8
2010	106.7	111.1	105.1	105.0	107.8
2011	109.9	113.7	109.0	111.5	110.6
2012	101.0	107.3	97.6	93.2	102.4
2013	100.4	102.7	98.8	94.7	100.1
2014	99.9	101.5	98.9	97.3	100.4
2015	98.7	101.4	97.1	94.5	100.1

4-11 续表 CONTINUED

年 份 Year	水 泥 Cement	地方材料 Local Materials	化工材料 Chemical Materials	电 料 Electrical Materials	其它材料 Other Material	机械使用费 Machinery Price Index
1995	106.2	111.6				
1996	102.5	104.8				107.6
1997	102.2	102.0	105.7	100.5		131.5
1998	103.4	103.8	100.1	98.0		99.6
1999	99.4	99.6	101.9	99.4		100.5
2000	102.3	103.1	109.6	103.9		102.2
2001	99.6	99.1	98.5	98.7		99.0
2002	101.1	102.8	99.3	100.1		100.1
2003	99.1	99.6	100.2	100.3	101.5	100.8
2004	99.5	103.8	102.8	102.5	103.8	100.5
2005	100.5	101.8	104.5	102.1	101.4	101.5
2006	100.2	104.1	102.0	101.4	99.9	102.6
2007	102.4	102.9	101.8	103.6	103.5	102.9
2008	102.6	106.7	107.1	106.5	105.2	106.5
2009	102.4	103.4	100.8	100.6	93.2	105.3
2010	104.7	105.8	103.5	102.2	104.2	103.7
2011	107.9	108.5	104.3	111.1	103.6	105.3
2012	103.0	100.3	101.2	99.2	102.1	102.4
2013	100.0	100.9	102.1	100.7	100.2	102.1
2014	98.9	100.7	101.4	100.0	99.8	100.7
2015	97.8	99.5	99.5	98.0	100.3	100.1

注：从2003年起建筑安装工程价格指数取消了直接费用价格指数和间接费用价格指数的分组，在材料费中新增加了“其它材料”指标。
Note:Since 2003, the build-in project price index no longger be classified the direct cost price index and indirect cost price index, the other material priceindex is added to material price index.

主要统计指标解释

居民消费价格指数 是反映一定时期内城乡居民所购买的生活消费品和服务项目价格变动趋势和程度的相对数，是对城市居民消费价格指数和农村居民消费价格指数进行综合汇总计算的结果。通过该指数可以观察和分析消费品的零售价格和服务项目价格变动对城乡居民实际生活费支出的影响程度。

城市居民消费价格指数 是反映一定时期内城市居民家庭所购买的生活消费品价格和服务项目价格变动趋势和程度的相对数。通过该指数可以观察和分析消费品的零售价格和服务项目价格变动对城镇居民收入和消费支出的影响。

农村居民消费价格指数 是反映一定时期内农村居民家庭所购买的生活消费品价格和服务项目价格变动趋势和程度的相对数。该指数可以观察农村消费品的零售价格和服务项目价格变动对农村居民收入和生活消费支出的影响。

商品零售价格指数 是反映一定时期内城乡商品零售价格变动趋势和程度的相对数。商品零售价格的变动与国家的财政收入、市场供需的平衡、消费与积累的比例关系有关。因此，该指数可以从一个侧面对上述经济活动进行观察和分析。

农业生产资料价格指数 指反映一定时期内农业生产资料价格变动趋势和程度的相对数。其编制目的是了解农业生产中投入物质资料价格的变动状况，服务于国民经济核算。1994年以前，农业生产资料价格指数仅仅是商品零售价格指数的一个类别，此后，从商品零售价格指数中分离出来，单独编制。

农产品生产价格指数 是反映一定时期内，农产品生产者出售农产品价格水平变动趋势及幅度的相对数。该指数可以客观反映全国农产品生产价格水平和结构变动情况，满足农业与国民经济核算需要。其中某代表品生产价格指数是通过对全部有出售该产品行为的调查单位的个体指数进行几何平均求得的，类价格指数是通过对其所属的类（或代表品）的价格指数进行加权平均求得的。季度累计价格指数的计算方法与分季指数的计算方法相同。

工业生产者出厂价格指数 是反映一定时期内全部工业产品出厂价格总水平的变动趋势和程度的相对数，包括工业企业售给本企业以外所有单位的各种产品和直接售给居民用于生活消费的产品。该指数可以观察出厂价格变动对工业总产值及增加值的影响。

工业生产者购进价格指数 是反映工业企业作为生产投入，而从物资交易市场和能源、原材料生产企业购买原材料、燃料和动力产品时，所支付的价格水平变动趋势和程度的统计指标，是扣除工业企业物质消耗成本中的价格变动影响的重要依据。

目前，我国编制的工业生产者购进价格指数所调查的产品包括燃料动力、黑色金属、有色金属、化工、建材等九大类。

固定资产投资价格指数 是反映一定时期内固定资产投资品及取费项目的价格变动趋势和程度的相对数。固定资产投资额是由建筑安装工程投资完成额、设备工器具购置投资完成额和其他费用投资完成额三部分组成的。编制固定资产投资价格指数应首先分别编制上述三部分投资的价格指数，然后采用加权算术平均法求出固定资产投资价格总指数。

该指数可以准确地反映固定资产投资中涉及的各类投资品和取费项目价格变动趋势和变动幅度，消除按现价计算的固定资产投资指标中的价格变动因素，真实地反映固定资产投资的规模、速度、结构和效益，为国家科学地制定、检查固定资产投资计划并提高宏观调控水平，为完善国民经济核算体系提供科学的、可靠的依据。

Explanatory Notes on Main Statistical Indicators

Consumer Price Indices reflect the trend and degree of changes in prices of consumer goods and services purchased by urban and rural households during a given period. They are obtained by combining Consumer Price Indices of Urban Household and Consumer Price Indices of Rural Household. The Indices enable the observation and analysis of the degree of impact of the changes in the prices of retailed goods and services on the actual living expenses of urban and rural residents.

Consumer Price Indices of Urban Household reflect the trend and degree of changes in prices of consumer goods and services purchased by urban households during a given period. It can be used to observe and analyze the impact of price changes in consumer goods and services on urban household income and consumption expenditure.

Consumer Price Indices of Rural Household reflect the trend and degree of changes in prices of consumer goods and services purchased by rural households during a given period. It can be used to observe the impact of change in retail prices of consumer goods and service prices on rural household income and consumption expenditure on living.

Retail Price Indices reflect the trend and degree of change in retail prices of commodities during a given period. The change in retail prices of commodities is related to government revenue, the equilibrium of market supply and demand, and the ratio of consumption to accumulation. Therefore, the retail price indices are useful from an oblique perspective for observing and analyzing the changes of the above economic activities.

Price Indices for Means of Agricultural Production reflect the trend and degree of changes in the prices of the means of agricultural production during a given period. Compilation of these indices helps to understand the price changes of material input in agricultural production and facilitate the compilation of national accounts. Before 1994, price indices for means of agricultural production were a sub-category in the retail price indices for commodities, and it has been compiled separately since 1994.

Producer Prices Indices for Farm Products reflect the trend and degree of changes in producers' prices received by farmers when they sell farm products during a given period. These indices depict the change in the level and structure of producer prices for farm products of the country and meet the needs of agricultural statistics and national accounts statistics. The producer price index for a given product is calculated as the geometrical mean of individual indices for all surveyed units which sell such product, and the indices for a product category is obtained as the weighted mean of price indices for all products in the category. Method for calculating accumulative quarterly indices is the same as for calculating the individual quarterly indices.

Producer Price Indices for Industrial Products reflect the trend and degree of changes in general ex-factory prices of all manufactured goods during a given period, including sales of manufactured goods by an industrial enterprise to all units outside the enterprise, as well as sales of consumer goods to residents. It can be used to analyze the impact of ex-factory prices on gross output value and value-added of the industrial sector.

Purchasing Price Indices for Industrial Producers reflect changes in the level and degree of prices paid by industrial enterprises when they purchase production input such as raw materials, fuels and power from the market or from other energy or raw materials producing enterprises. These indices provide an important basis for measuring the material consumption of industrial enterprises after removing the influence of price changes.

At present, products in 9 categories, including fuels and power, ferrous metals, non-ferrous metals, chemicals, building materials, are covered in China for the survey to produce indices for purchasing' prices for industrial producers.

Price Indices for Investment in Fixed Assets reflect the trend and degree of changes in prices of investment goods and projects in fixed assets during a given period. The investment in fixed assets consists of three components, namely the investment in construction and installation, the investment in purchases of equipment and instrument, and the investment in other items. Price indices for investment in fixed assets are calculated as the weighted arithmetic mean of the price indices for the three components of investment in fixed assets.

Removing the factor of price change in the aggregates of investment at current prices, this indicator shows the changes in the prices of commodities and fees involved in the investment of fixed assets, and can be used to observe the actual size, growth, structure, and efficiency of investment in fixed assets and provides reliable and scientific data for government planning, management, decision-making, and further improving the current national accounting system.

第五篇　人民生活

CHAPTER 5 PEOPLE' S LIVING CONDITION

资料整理：林松娟　刘丽娜　李　娜　杨　洋

5-1 人民生活基本情况

BASIC STATISTICS ON PEOPLE'S LIVING CONDITIONS

项　　目	Item	2011	2012	2013	2014	2015
就　业	**Employment**					
每一农村劳动力负担人数(人)	Number of Dependents per Rural Laborer(person)	1.3	1.3	1.4	1.3	1.3
每一城镇就业者负担人数(人)	Number of Dependents per Urban Employee(person)	2.1	2.1	1.9	1.9	2.2
城镇登记失业率(%)	Urban Registered Unemployment Rate(%)	4.38	4.15	4.43	4.47	4.48
收　入	**Income** of Rural and Urban Residents					
全省居民人均可支配收入(元)	Annual Per Capita Disposable Income of the Province Households(yuan)				17404	18593
农村常住居民人均可支配收入(元)	Annual Per Capita Disposable Income of Rural Households(yuan)	7382	8367	9369	10453	11095
城镇常住居民人均可支配收入(元)	Annual Per Capita Disposable Income of Urban Households(yuan)	16699	18894	20848	22609	24203
城镇非私营单位就业人员平均工资(元)	Average Wages of Employed persons In Urban Non-private Units(yuan)	31302	36406	40794	44036	48881
消　费	**Consumption**					
全省居民人均消费支出(元)	Per Capita Annual Living Expenditure of the Province Households(yuan)				12769	13403
农村常住居民人均消费支出(元)	Per Capita Annual Living Expenditure of Rural Households(yuan)	5334	5718	6814	7830	8391
农村居民恩格尔系数(%)	Engel's Coefficient of Rural Households(%)	35.1	37.9	35.2	28.2	27.5
城镇常住居民人均消费支出(元)	Per Capita Annual Living Expenditure of Urban Households(yuan)	12054	12984	14162	16467	17152
城镇居民恩格尔系数(%)	Engel's Coefficient of Urban Households(%)	36.1	36.1	35.8	27.5	27.7
储　蓄	**Savings**					
城乡居民年底储蓄存款余额(亿元)	Balance of Savings Deposit of Rural and Urban Residents at Year-end(100 million yuan)	8147	9269	10059	10857	12440
平均每人储蓄存款余额(元)	Per Capita Balance of Saving Deposit(yuan)	21252	24176	26231	28317	32544
城市公用事业	**Public Utilities in Urban Areas**					
城市人口用水普及率(%)	Coverage Rate of Urban Population with Access to Tap Water(%)	90.8	94.1	95.5	96.2	97.2
燃气普及率(%)	Coverage Rate of Urban Population with Access to Tap Gas(%)	81.4	83.4	85.6	86.2	86.6
每万人拥有公共交通车辆(标台)	Number of Public Transportation Vehicles Per 10000 Population(unit)	12.3	14.0	15.2	15.3	17.8
人均公园绿地面积(平方米)	Per Capita Public Green Areas(sq.m)	11.5	11.8	12.1	12.1	12.0
教育、文化、卫生	**Education,Culture and Public Health**					
学龄儿童入学率(%)	Enrollment Ratio of School-Age Children(%)	99.8	99.8	99.9	99.9	99.9
每万人口在校大学生数(人)	Number of University Students per 10000 Persons(person)	255.4	258.3	266.3	270.4	267.6
城镇每百户拥有彩色电视机(台)	Number of Color TV Sets per 100 Households in Urban Areas(unit)	108	108	102	103	102
农村每百户拥有彩色电视机(台)	Number of TV Sets per 100 Households in Rural Areas(unit)	111	109	107	107	105
每万人拥有卫生机构病床数(张)	Number of Hospital Beds per 10000 Persons(unit)	43.1	46.5	49.4	52.6	55.4
每万人拥有卫生技术人员数(人)	Number of Medical Personnel per 10000 Persons (person)	49.9	51.4	53.1	54.6	55.6

5-2 城乡居民家庭人均收入和恩格尔系数

PER CAPITA ANNUAL INCOME AND ENGEL 'S COEFFICIENT OF URBAN AND RURAL HOUSEHOLDS

年 份 Year	农村居民人均纯收入 Per Capital Annual Net Income of Rural Households		城镇居民人均可支配收入 Per Capital Annual Disposable Income of Urban Households		农村居民家庭恩格尔系数（%） Engel's Coefficient of Rural Households（%）	城镇居民家庭恩格尔系数（%） Engel's Coefficient of Urban Households（%）
	绝对数（元） Value (yuan)	指数 Index (1985=100)	绝对数（元） Value (yuan)	指数 Index (1985=100)		
1978	172	56.3	455		61.8	42.9
1979	191	59.8	458		57.0	
1980	205	61.7	420		57.7	56.7
1981	224	62.7	424		58.2	57.4
1982	252	67.3	460		57.7	58.6
1983	388	102.4	518		55.0	58.2
1984	432	112.1	580		53.4	56.9
1985	398	100.0	742	100.0	57.7	52.8
1986	476	115.6	830	105.5	56.4	51.7
1987	474	112.3	889	103.0	55.2	52.6
1988	553	128.9	1004	98.1	55.5	50.3
1989	535	112.4	1138	97.0	55.0	51.8
1990	760	144.3	1211	97.7	56.6	51.1
1991	735	135.5	1389	103.6	57.7	50.6
1992	949	160.5	1630	110.9	62.0	49.9
1993	1028	163.8	1960	115.7	61.0	49.2
1994	1394	175.6	2597	125.6	64.4	50.8
1995	1766	199.9	3375	140.9	55.0	48.2
1996	2182	213.1	3768	146.2	55.5	46.2
1997	2308	219.1	4091	151.9	54.8	45.9
1998	2253	217.1	4269	157.1	55.0	43.5
1999	2166	211.9	4595	174.2	52.8	40.5
2000	2148	213.6	4913	188.9	44.3	38.4
2001	2280	226.2	5426	207.0	42.7	37.2
2002	2405	239.3	6101	241.8	41.6	35.5
2003	2509	248.9	6679	255.0	40.7	35.6
2004	3005	287.0	7471	275.7	40.9	35.4
2005	3221	299.9	8273	303.0	36.3	33.5
2006	3552	325.4	9182	330.4	35.3	33.3
2007	4132	357.0	10245	349.8	34.6	35.0
2008	4856	391.3	11581	375.2	33.0	36.3
2009	5207	414.8	12566	408.2	31.4	35.3
2010	6040	471.7	14741	434.3	33.8	35.4
2011	7382	541.5	16699	466.0	35.1	36.1
2012	8367	596.5	18894	510.4	37.9	36.1
2013	9369	647.8	20848	552.2	35.2	35.8
2014	10453		22609		28.2	27.5
2015	11095		24203		27.5	27.7

注：2010-2015年居民收支调查数据为新口径汇总数据，与以前年份不可比。
Note: Since 2010, Income and Expenditure Survey data for the new residents caliber aggregate data is not comparable with previous years.

5-3 城镇居民家庭基本情况

BASIC CONDITIONS OF URBAN HOUSEHOLDS

单位：元 (yuan)

项　目	Item	2014	2015
调查户数(户)	**Number of Households Surveyed (household)**	**3053**	**3071**
期内户均常住成员数(人)	Average Household Size(person)	2.6	2.6
平均每户就业人口(人)	Average Number of Employed Persons per Household(person)	1.3	1.2
平均每户就业面(%)	Percentage of Employment per Household(%)	51.4	46.2
平均每一就业者负担人口(人)	Number of Dependents Per Employee(person)	1.9	2.2
人均可支配收入	**Per Capita Disposable Income**	**22609**	**24203**
工资性收入	Income from Wage and Salaries	13741	14372
经营净收入	Net Business Income	2421	2527
财产净收入	Income from Properties	1318	1341
转移净收入	Income from Transfer	5129	5963
消费支出	**Total Living Expenditures**	**16467**	**17152**
食品烟酒	Tobacco and Food	4532	4750
衣着	Clothing	1813	1773
居住	Residence	3504	3416
生活用品及服务	Daily Necessities and Services	913	908
交通通信	Transportation and Communication	2054	2059
教育文化娱乐	Education and Culture and Entertainment	1723	1847
医疗保健	Medicine and Medical Services	1458	1924
其他用品和服务	Other Commodities and Services	470	474
恩格尔系数(%)	**Engel's Coefficient**(%)	**27.5**	**27.7**

5-4 农村居民家庭基本情况
BASIC CONDITIONS OF RURAL HOUSEHOLDS

项　目	Item	2014	2015
调查户数（户）	**Number of Households Surveyed (household)**	**2098**	**2106**
期内住户常住成员数(人)	Number of Permanent Residents in the Households Surveyed(person)	6566	6485
平均每户整、半劳动力(人)	Average Number of Full/Semi Labour Force(person) (including the laborer himself or herself)	2.4	2.3
平均每个劳动力负担人口(人)	Average Number of Dependents per Laborer Force(person)	1.3	1.3
人均可支配收入	**Per Capita Disposable Income**	**10453**	**11095**
工资性收入	Income from Wage and Salaries	2188	2247
经营净收入	Net Business Income	6597	7050
财产净收入	Income from Properties	512	525
转移净收入	Income from Transfer	1156	1274
消费支出	**Total Living Expenditures**	**7830**	**8391**
食品烟酒	Tobacco and Food	2210	2307
衣着	Clothing	597	640
居住	Residence	1602	1555
生活用品及服务	Daily Necessities and Services	348	357
交通通信	Transportation and Communication	966	1162
教育文化娱乐	Education and Culture and Entertainment	984	1098
医疗保健	Medicine and Medical Services	992	1113
其他用品和服务	Other Commodities and Services	130	160
恩格尔系数(%)	**Engel's Coefficient**(%)	**28.2**	**27.5**

5-5 城镇家庭居住户耐用消费品百户拥有情况

NUMBER OF DURABLE CONSUMER GOODS OWNED PER 100 URBAN HOUSEHOLDS

项　目	Item	2011	2012	2013	2014	2015
摩托车(辆)	Motorcycle(unit)	9	9	9	12	11
家用汽车(辆)	Automobile(unit)	5	7	8	10	12
洗衣机(台)	Washing Machine(set)	94	94	91	92	93
电冰箱（柜)(台)	Refrigerator(set)	87	89	87	89	92
彩色电视机(台)	Color TV Set(set)	108	108	102	103	102
计算机(台)	Computer(set)	55	61	53	58	57
照相机(台)	Camera(set)	25	27	24	23	20
微波炉(台)	Microwave Oven(set)	37	38	37	36	36
空调(台)	Air Conditioner(set)	9	10	12	11	10
热水器(台)	Shower(set)	43	46	43	45	47
移动电话(部)	Mobile Telephone(unit)	186	192	182	194	198

5-6 农村家庭居住户耐用消费品百户拥有情况

NUMBER OF DURABLE CONSUMER GOODS OWNED PER 100 RURAL HOUSEHOLDS

项　目	Item	2011	2012	2013	2014	2015
洗衣机(台)	Washing Machine(unit)	81.4	83.2	86.2	86.7	86.7
电冰箱(柜)(台)	Refrigerator(unit)	72.9	76.2	82.0	83.3	86.3
排油烟机(台)	Smoke Absorber(unit)	9.0	9.8	10.2	10.9	10.4
微波炉(台)	Microwave Oven(unit)	3.3	3.9	5.1	4.6	6.0
热水器(台)	Shower(unit)	4.1	4.5	5.9	6.4	6.5
摩托车(辆)	Motorcycle(unit)	54.4	56.4	59.1	59.4	58.9
固定电话(线)	Telephone(unit)	36.7	35.8	36.3	39.8	28.2
移动电话(部)	Mobile Telephone(unit)	182.1	186.3	190.8	199.0	202.8
彩色电视机(台)	Color TV Set(unit)	110.7	108.8	107.0	106.5	105.3
计算机(台)	Computer(unit)				22.1	24.5
照相机(台)	Camera(unit)	2.5	3.3	3.3	3.1	3.2

5-7 城乡居民人民币储蓄存款(年底余额)

SAVINGS DEPOSIT OF URBAN AND RURAL HOUSEHOLDS AT YEAR-END

年 份 Year	城乡储蓄存款余额（亿元） Balance of Savings Deposit of Rural and Urban Residents (100 million yuan)	全省人均储蓄存款（元） Per Capita Balance of Saving Deposit (yuan)	年 份 Year	城乡储蓄存款余额（亿元） Balance of Savings Deposit of Rural and Urban Residents (100 million yuan)	全省人均储蓄存款（元） Per Capita Balance of Saving Deposit (yuan)
1978	9.2	30	2002	2915.7	7649
1980	18.8	59	2003	3342.4	8761
1985	70.1	209	2004	3585.7	9395
1990	308.8	872	2005	4078.6	10677
1991	388.8	1088	2006	4373.6	11440
1992	475.9	1319	2007	4478.2	11711
1993	582.9	1602	2008	5545.1	14497
1994	790.5	2153	2009	6430.1	16806
1995	1091.1	2948	2010	7254.7	18944
1996	1418.9	3806	2011	8147.0	21252
1997	1689.7	4505	2012	9269.0	24176
1998	1906.7	5054	2013	10058.6	26231
1999	2119.2	5589	2014	10856.9	28317
2000	2285.5	6003	2015	12439.8	32544
2001	2578.4	6766			

5-8 分地区城乡常住居民人均可支配收入

ANNUAL PER CAPITAL DISPOSABLE INCOME OF URBAN AND RURAL HOUSEHOLDS

单位：元 (yuan)

地 区	Region	城镇常住居民人均可支配收入 Annual Per Capital Disposable Income of Urban Households		农村常住居民人均可支配收入 Annual Per Capital Disposable Income of Rural Households	
		2014	2015	2014	2015
全 省	**Average**	**22609**	**24203**	**10453**	**11095**
哈尔滨	Harbin	28816	30978	12546	13325
齐齐哈尔	Qiqihar	21283	23022	11310	12106
鸡 西	Jixi	19375	20132	13449	14409
鹤 岗	Hegang	18116	18891	11463	12153
双鸭山	Shuangyashan	19965	21248	11533	12206
大 庆	Daqing	32307	34402	12443	13204
伊 春	Yichun	19091	20844	11368	12001
佳木斯	Jiamusi	21518	23033	12326	13125
七台河	Qitaihe	20068	20776	10088	10687
牡丹江	Mudanjiang	24735	26673	13784	14711
黑 河	Heihe	21092	22935	11401	12177
绥 化	Suihua	19111	20664	10543	11271
大兴安岭	Daxinganling	18941	20461	9994	10668
绥芬河	Suifenhe	28203	30604	15444	16627
抚 远	Fuyuan	19473	20928	3468	3967

主要统计指标解释

一、城乡一体化住户收支与生活状况调查指标解释

从2012年四季度起，国家统计局对分别进行的城乡住户调查实施了一体化改革，规范了城乡划分范围，统一了城乡居民收入指标名称、分类和统计标准，建立了城乡统一的一体化住户调查，并据此采集全国居民有关数据。

（一）居民可支配收入

居民可支配收入指居民可用于最终消费支出和储蓄的总和，即居民可用于自由支配的收入。既包括现金收入，也包括实物收入。按照收入的来源，可支配收入包含四项，分别为：工资性收入、经营性净收入、财产性净收入和转移性净收入。

工资性收入　指就业人员通过各种途径得到的全部劳动报酬和各种福利，包括受雇于单位或个人、从事各种自由职业、兼职和零星劳动得到的全部劳动报酬和福利。

经营净收入　指住户或住户成员从事生产经营活动所获得的净收入，是全部经营收入中扣除经营费用、生产性固定资产折旧和生产税之后得到的净收入。计算公式为：

经营净收入=经营收入-经营费用-生产性固定资产折旧-生产税

财产净收入　指住户或住户成员将其所拥有的金融资产、住房等非金融资产和自然资源交由其他机构单位、住户或个人支配而获得的回报并扣除相关的费用之后得到的净收入。财产净收入包括利息净收入、红利收入、储蓄性保险净收益、转让承包土地经营权租金净收入、出租房屋净收入、出租其他资产净收入和自有住房折算净租金等。财产净收入不包括转让资产所有权的溢价所得。

转移净收入　计算公式为：转移净收入=转移性收入-转移性支出

转移性收入　指国家、单位、社会团体对住户的各种经常性转移支付和住户之间的经常性收入转移。包括养老金或退休金、社会救济和补助、政策性生产补贴、政策性生活补贴、救灾款、经常性捐赠和赔偿、报销医疗费、住户之间的赡养收入，本住户非常住成员寄回带回的收入等。转移性收入不包括住户之间的实物馈赠。

转移性支出　指调查户对国家、单位、住户或个人的经常性或义务性转移支付。包括缴纳的税款、各项社会保障支出、赡养支出、经常性捐赠和赔偿支出以及其他经常转移支出等。

（二）居民消费支出

居民消费支出是指居民用于满足家庭日常生活消费需要的全部支出，既包括现金消费支出，也包括实物消费支出。消费支出可划分为食品烟酒、衣着、居住、生活用品及服务、交通通信、教育文化娱乐、医疗保健以及其他用品及服务八大类。

食品烟酒　指用于各种食品和烟草、酒类的支出。

衣着　指与居民穿着有关的支出，包括服装、服装材料、鞋类、其他衣类及配件、衣着相关加工服务的支出。

居住　指与居住有关的支出，包括房租、水、电、燃料、物业管理等方面的支出，也包括自有住房折算租金。

生活用品及服务　指家庭及个人的各类生活品及家庭服务。包括家具及室内装饰品、家用器具、家用纺织品、家庭日用杂品、个人用品和家庭服务。

交通通信　指用于交通和通信工具及相关的各种服务费、维修费和车辆保险等支出。

教育文化娱乐　指用于教育、文化和娱乐方面的支出。

医疗保健　指用于医疗和保健的药品、用品和服务的总费用。包括医疗器具及药品，以及医疗服务。

其他用品及服务　指无法直接归入上述各类支出的其他用品与服务支出。

二、城镇住户调查和农村住户调查指标解释

2012年及以前年份，中国的住户调查一直分城乡分别开展。城镇与农村居民收入、支出等指标的统计口径有所不同，数据不完全可比，城镇调查城镇居民可支配收入，农村调查农村居民纯收入。为了保持历史数据的可比，本年鉴中2012年及以前年份的数据和指标解释仍保持了原城镇住户调查和农村住户调查方案的原貌。

（一）城镇住户调查

城镇家庭人口 指居住在一起，经济上合在一起共同生活的家庭成员。凡计算为家庭人口的成员其全部收支都包括在本家庭中。

城镇就业面 指就业人口占家庭人口的百分比。

城镇就业者负担人数 指家庭人口与就业人口之比。

城镇家庭总收入 指家庭成员得到的工资性收入、经营净收入、财产性收入、转移性收入之和，不包括出售财物收入和借贷收入。

城镇居民家庭可支配收入 指家庭成员得到可用于最终消费支出和其他非义务性支出以及储蓄的总和，即居民家庭可以用来自由支配的收入。它是家庭总收入扣除交纳的个人所得税、个人交纳的社会保障支出以及记账补贴后的收入。计算公式为：

城镇居民家庭可支配收入=家庭总收入-交纳个人所得税-个人交纳的社会保障支出-记账补贴

城镇家庭总支出 指家庭除借贷支出以外的全部实际支出。包括现金消费支出、财产性支出、转移性支出、社会保障支出、购房与建房支出。

城镇家庭现金消费支出 指家庭用于日常生活的全部现金支出，包括食品、衣着、居住、家庭设备及用品、交通通信、文教娱乐、医疗保健、其他等八大类支出。

城镇家庭服务性消费支出 指家庭用于支付社会提供的各种文化和生活方面的非商品性服务费用。

城镇家庭收入分组方法 是将所有调查户按户人均可支配收入由低到高排队，按20%、20%、20%、20%、20%的比例依次分成：低收入户、中等偏下收入户、中等收入户、中等偏上收入户、高收入户五组。

（二）农村住户调查

农村住户 指农村常住户。农村常住户指长期(一年以上)居住在乡镇(不包括城关镇)行政管理区域内的住户，以及长期居住在城关镇所辖行政村范围内的农村住户。户口不在本地而在本地居住一年及以上的住户也包括在本地农村常住户范围内；有本地户口，但举家外出谋生一年以上的住户，无论是否保留承包耕地都不包括在本地农村住户范围内。

常住人口 指全年经常在家或在家居住6个月以上，而且经济和生活与本户连成一体的人口。外出从业人员在外居住时间虽然在6个月以上，但收入主要带回家中，经济与本户连为一体，仍视为家庭常住人口；在家居住，生活和本户连成一体的国家职工、退休人员也为家庭常住人口。但是现役军人、中专及以上(走读生除外)的在校学生、以及常年在外(不包括探亲、看病等)且已有稳定的职业与居住场所的外出从业人员，不算家庭常住人口。家庭常住人口主要作为计算农村住户平均每人收入、消费和积累水平及分析家庭人口状况的依据。

总收入 指调查期内农村住户和住户成员从各种来源渠道得到的收入总和。按收入的性质划分为工资性收入、家庭经营收入、财产性收入和转移性收入。

工资性收入 指农村住户成员受雇于单位或个人，靠出卖劳动而获得的收入。

家庭经营收入 指农村住户以家庭为生产经营单位进行生产筹划和管理而获得的收入。农村住户家庭经营活动按行业划分为农业、林业、牧业、渔业、工业、建筑业、交通运输业邮电业、批发和零售贸易餐饮业、社会服务业、文教卫生业和其他家庭经营。

财产性收入 指金融资产或有形非生产性资产的所有者向其他机构单位提供资金或将有形非生产性资产供其支配，作为回报而从中获得的收入。

转移性收入　指农村住户和住户成员无须付出任何对应物而获得的货物、服务、资金或资产所有权等，不包括无偿提供的用于固定资本形成的资金。一般情况下，指农村住户在二次分配中的所有收入。

现金收入　指农村住户和住户成员在调查期内得到以现金形态表现的收入。按来源分成工资性收入、家庭经营现金收入、财产性收入、转移性收入。

农村居民家庭纯收入　指农村住户当年从各个来源得到的总收入相应地扣除所发生的费用后的收入总和。计算公式为：

农村居民家庭纯收入=总收入-家庭经营费用支出-税费支出-生产性固定资产折旧-赠送农村内部亲友

纯收入主要用于再生产投入和当年生活消费支出，也可用于储蓄和各种非义务性支出。“农民人均纯收入”是按人口平均的纯收入水平，反映的是一个地区农村居民的平均收入水平。

总支出　指农村住户用于生产、生活和再分配的全部支出。包括家庭经营费用支出、购置生产性固定资产支出、税费支出、消费支出、财产性支出和转移性支出。

Explanatory Notes on Main Statistical Indicators

Ⅰ. Integrated Urban and Rural Households Survey on Income and Expenditures and Living Conditions

Since the fourth quarter of 2012, the NBS has launched its reform on the household survey programme, to form an integrated survey, instead of the two separate urban and rural household surveys. The reform regulates the division of urban and rural areas, integrates the concepts, classifications and standards, conducts the integrated household survey, and collects household data in the whole country thereafter.

1. Disposable Income of Households

Disposable Income of Households refers to the income of households for purpose of final expenditure and savings. It includes income both in cash and in kind. By sources of income, disposable income includes four categories: income from wages and salaries, net business income, net income from properties and net income from transfer.

Income from Wages and Salaries refers to remuneration of labour and salaries from all kinds of sources, including those employed by other units or individuals, freelance work, part-time jobs, and sporadic labour.

Net Business Income refers to net income earned by households and their members engaged in production and business activities. It refers to the net income of operating revenue minus operating costs, depreciation of productive fixed assets, and production tax. The formula is:

Net Business Income=Operating Revenue-Operating Costs-Depreciation of Productive Fixed Assets-Production Tax

Net Income from Properties refers to the net income received as returns by households or members of financial assets, non-financial assets such as housing, to other institutions, households or individuals, and minus relevant costs. Net income from properties includes net income of interest, bonus income, net income of saving insurance, net income of rents of transferring management right of contract land, income of renting housing, income of renting other assets, net converted rents of self-owned housing. Net income from properties do not include premium of transferring ownership of assets.

Net Income from Transfer The formula is:

Net Income from Transfer=Income from Transfers-Expenditure from Transfer

Income from Transfer refers to the regular transfer from country, institutions, social communities to households and between households. It includes old-age and retirement pension, disaster relief funds, regular donation and compensation, applying for medical fees, supporting income between households, income from non-usual-residing members of households, etc. Income from transfer do not include presents in kinds between households.

Expenditure from Transfer refers to regular or deontic gs. transfer from households to country, institutions, households or individuals. It includes taxes paid, expenditure of all kinds of social security, supporting expenditure, regular donation and compensation and other regular transfer expenditure, etc.

2. Consumption Expenditure of Households

Consumption Expenditure of Households refers to all expenditure of households for living expenditure to satisfy family daily living. It includes expenditure in cash and in kind. It includes eight categories: food, tobacco and liquor; clothing; residence; household facilities, articles and services; transport and communications; education, cultural and recreational activities; health care and medical services, and miscellaneous goods and services.

Food, Tobacco and Liquor refers to expenditure for food, tobacco and liquor of all kinds.

Clothing refers to expenditure related to clothing, including clothes, clothing materials, footwear, other clothing and accessories, processing services related to clothing.

Residence refers to expenditure related to residence, including housing rents, water, electricity, fuel, property management, and including converted self-owned housing rents.

Household Facilities, Articles and Services refers to expenditure for family and individual articles for living purpose and family services. It includes furniture and interior decoration, home appliances, home textiles, household miscellaneous daily articles, personal articles, and family services.

Transport and Communications refers to expenditure for transport and communication and related services, maintenance and repairs, and vehicle insurance.

Education, Cultural and Recreational Activities refers to expenditure on education, cultural and recreational activities.

Health Care and Medical Services refers to expenditure on drugs, supplies and services of medical and health care. It includes medical appliances and drugs, and medical services.

Miscellaneous Goods and Services refers to expenditure of all kinds of expenditure of other articles and services that can not divided into the category above.

II. Urban and Rural Households Survey

Prior to 2012, household surveys in China were conducted separately in urban and rural areas. Statistical coverage of indicators of household income and expenditure of urban and rural households were different, data were not comparable completely. Disposable income was surveyed in urban households, and net income was surveyed in rural households. For comparable reason, data prior to 2012 in this yearbook were still original urban households and rural households survey.

1. Urban Household Survey

Population of Urban Households refer to members of households living and sharing economically together in the urban areas. All the income and expenditure of all the members of such households are included in the income and expenditure of the household.

Proportion of Urban Employment refers to the proportion of employed population to the population of urban households.

Number of Dependents per Urban Employee refers to the ratio between number of persons in an urban household and the number of employed persons.

Total Income of Urban Households refers to the sum of wage income; net business income; income from properties; and income from transfers of members of the households. Income from selling of properties and income from borrowing are not included.

Disposable Income of Urban Households refers to the actual income at the disposal of members of the households which can be used for final consumption, other non-compulsory expenditure and savings. This equals to total income minus income tax, personal contribution to social security and subsidy for keeping diaries in being a sample household. The following formula is used:

Disposable Income of Urban Households= total household income - income tax - personal contribution to social security - subsidy for keeping diaries for a sampled household

Total Expenditure of Urban Households refers to all actual expenditure of households except expenditure on lending. It includes cash expenditure; property expenditure, transfer expenditure, social insurance expenditure and expenditure on house purchasing or house building.

Consumption Expenditure of Urban Households in Cash refers to total cash expenditure of households for consumption in daily life, including expenditure on the eight categories of food; clothing; housing; household appliances; transport and communications; education, cultural and recreational activities and medical care.

Consumption Expenditure of Urban Households on Services refers to non-commodity service expenditure of households on various kinds of cultural and living activities provided by society.

Urban Households by Income Group All households in the sample are grouped, by per capita disposable income of the household, into groups of low income, lower middle income, middle income, upper middle income, high income, each group consisting of 20%, 20%, 20%, 20%, and 20% of all households respectively.

2. Rural Households

Rural Households refer to usual resident households in rural areas. Usual resident households in rural areas are households residing on a long term basis(for more than one year) in the areas under the administration of township governments (not including county towns), and in the areas under the administration of villages in county towns. Households residing in the current addresses for over one year with their household registration in other places are still considered as resident households of the locality. For households with their household registration in one place but all members of the households having moved away to make a living in another place for over one year, they will not be included in the rural households of the area where they are registered, irrespective of whether they still keep their contracted land.

Usual Resident Population refers to persons staying at home regularly or for over 6 months during a year and integrated with the household economically and in terms of living. Members of the household staying away from the household for over 6 months but keeping a close economic relation with the household by sending the majority of income to the household are regarded as usual resident of the household. Government staff and workers or retirees living as close members of the household are also considered as usual resident. However, servicemen, students of secondary technical schools or schools of higher education and persons with stable jobs and residence outside the household (excluding those visiting relatives or seeking medical service) are not included as resident population of the household. Resident population is used in calculating income, consumption, accumulation on per capita basis of rural households and in analyzing composition of rural households.

Total Income refers to the sum of income earned from various sources by the rural households and their members during the reference period, and is classified as income from wages and salaries, income from household operations, income from properties and income from transfers.

Income from Wages and Salaries refers to income from labour earned by the members of rural households employed by other units or individuals.

Income from Household Operations refers to income by the rural households as units of production and operation. Operations by rural households are classified according to their economic activities namely agriculture, forestry, animal husbandry, fishery, manufacturing, construction, transportation, post and telecommunications, wholesale, retail and catering, social service, culture, education, health, and other household operations.

Income from Properties refers to the income received as returns by owners of financial assets or tangible non-productive assets by providing capitals or tangible non-productive assets to other institutional units.

Income from Transfers refers to the receipt by rural households and their members of goods, services, capital or rights of assets without giving or repaying accordingly, excluding capital provided to thom for the formation of fixed assets. In general, it refers to all income received by rural households through redistribution.

Cash Income refers to income received by rural households and their members in the form of cash during the reference period. It is classified, by source of income, into income from wages and salaries, cash income from household operations, income from properties and income from transfers.

Net Income of Rural Households refers to the total income of rural households from all sources minus all corresponding expenses. The formula for calculation is as follows:

Net income of rural households = total income - household operation expenses - taxes and fees-depreciation of fixed assets for production - gifts to rural relatives.

Net income is mainly used as input for reinvestment in production and as consumption expenditure of the year, and also used for savings and non-compulsory expenses of various forms. ″Per capita net income of farmers″ is the level of net income averaged by population, reflecting the average income level of rural population in a given area.

Total Expenditure refers to total expenses of rural households on production, consumption and redistribution, including expenditure on household operations; purchase of productive fixed assets; taxes and fees; consumption expenditure; expenses on properties; and expenses on transfers.

第六篇　财政、金融和保险

CHAPTER 6 FINANCE, BANKING AND INSURANCE

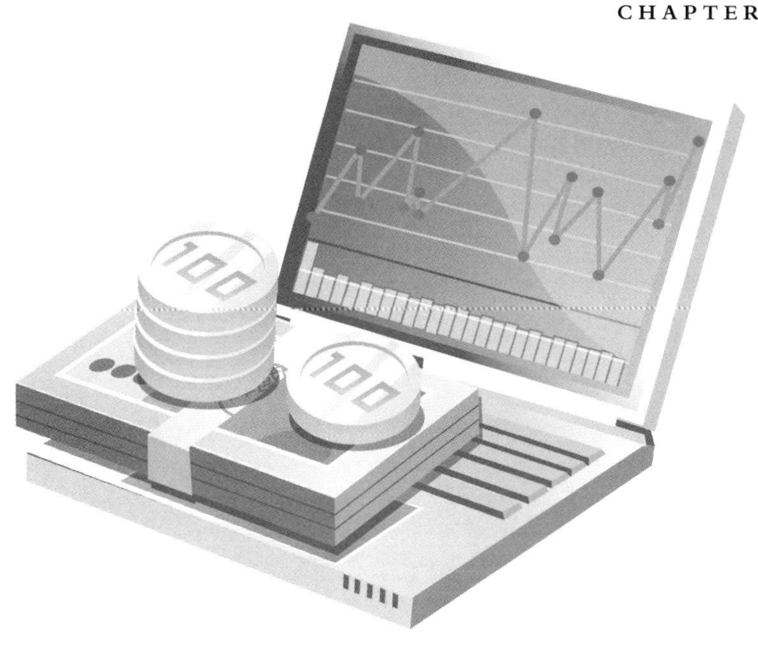

资料整理：于占占　安　静

6–1 财政、金融和保险

FINANCE，BANKING AND INSURANCE

单位：亿元　(100 million yuan)

年　份 Year	公共财政收　入 Public Financial Revenue	公共财政支　出 Public Financial Expenditure	金融机构人民币存款余额 RMB Deposits	金融机构人民币贷款余额 RMB Loans	各　项保费收入 All Premium Income
1978	63.3	31.5	81.9	84.6	
1979	54.1	28.3	76.7	97.2	
1980	17.1	25.8	98.5	123.3	
1981	15.6	25.9	105.8	138.0	
1982	17.3	28.0	112.0	159.0	
1983	21.6	30.7	118.6	178.6	
1984	26.7	36.1	162.6	245.4	
1985	37.4	44.6	145.1	276.8	
1986	47.4	61.3	183.3	342.2	
1987	53.8	66.0	232.5	368.2	
1988	62.6	74.1	294.0	456.4	
1989	72.3	85.4	356.9	519.5	
1990	76.6	92.7	413.8	697.5	
1991	94.7	110.1	553.0	814.7	
1992	84.6	102.5	690.0	953.6	
1993	108.1	124.9	761.4	1247.3	
1994	84.7	142.4	1012.8	1507.1	
1995	101.3	174.6	1555.9	1776.4	
1996	126.9	208.9	2021.3	2102.1	
1997	150.6	233.6	2409.5	2524.4	
1998	179.3	280.8	2713.2	2854.9	
1999	170.1	339.0	3017.0	3103.9	35.3
2000	185.3	381.9	3333.4	3145.1	40.8
2001	213.6	478.3	3742.1	3358.6	53.3
2002	231.9	531.9	4236.7	3624.0	85.6
2003	248.9	564.9	4810.0	3981.3	118.7
2004	289.4	697.6	5313.9	4038.9	127.6
2005	318.2	787.8	6135.1	3658.5	139.6
2006	386.6	968.5	6923.4	3971.9	157.2
2007	440.2	1187.3	7559.7	4256.4	155.5
2008	578.4	1542.3	8993.8	4532.7	251.2
2009	641.6	1877.7	11022.8	5988.3	278.4
2010	755.6	2253.3	12835.7	7230.5	343.2
2011	997.5	2794.1	14328.4	8548.7	317.8
2012	1163.2	3171.5	16326.6	9906.7	344.1
2013	1277.4	3369.2	18131.8	11359.4	384.3
2014	1301.3	3434.2	19254.8	13391.7	507.1
2015	1165.9	4020.7	21218.9	16214.9	591.8

注：2011年开始，原指标“地方一般预算收入”和“地方一般预算支出”更名为“地方公共财政收入”和“地方公共财政支出”（下同）。

Note:From 2011,local financial revenue and local financial expenditure is renamed local public financial budgetary revenue and local financial budgetary expenditure(similarly following tables).

6-2 地方公共财政收入

LOCAL PUBLIC FINANCIAL REVENUE

单位：万元 (10000 yuan)

项　目	Item	2011	2012	2013	2014	2015
收入合计	**Total Revenue**	**9975479**	**11631708**	**12773951**	**13013120**	**11658767**
税收收入	Tax Revenue	7418528	8378027	9128175	9773960	8803432
增值税	Value-added Tax	1454799	1448683	1517325	1688927	1294584
营业税	Sales Tax	2189203	2440455	2679947	2505051	2569769
企业所得税	Enterprises' Income Tax	808705	978876	988078	1032194	1006424
个人所得税	Individual Income Tax	340453	283936	356270	369810	355725
资源税	Resources Tax	237315	684703	752722	1083296	537454
城市维护建设税	Tax on Urban Maintenance and Construction	615301	589577	600059	593763	545609
房产税	Tax on Real Estates	207371	215031	240715	276172	313835
印花税	Stamp Tax	88990	108908	102951	124959	103287
城镇土地使用税	Tax on the Use of Urban Land	439669	474172	476480	496470	614055
土地增值税	Land Value Added Tax	225880	415255	493715	653954	634589
车船税	Tax on Vehicles and Ships	83351	108096	124057	139995	155261
耕地占用税	Tax on The Occupancy of Cultivated Land	178014	179092	206366	227411	185746
契税	Contract Tax	527702	424180	551660	550545	451279
烟叶税	Tax on Tobacco Leaf	21769	27063	35307	31413	35815
其他税收收入	Others	6		2523		
非税收入	Non-Tax Revenue	2556951	3253681	3645776	3239160	2855335
专项收入	Expert Project Income	455311	499143	736143	479080	763744
行政事业性收费收入	Income from Adiministrative Fees	846046	941086	842221	782256	693170
罚没收入	Penalty and Confiscator Income	325936	426953	459604	429761	386240
国有资本经营收入	Stated-owned Assets Profit	488525	490969	465105	342666	244663
国有资源(资产)有偿使用收入	Revenue from using Stated-owned Assets Profit	366008	724173	948940	1001673	706879
其他收入	Other	75125	171357	193763	203724	60639

6-3 各级地方公共财政收入(2015年)

LOCAL PUBLIC FINANCIAL REVENUE BY RATING (2015)

单位：万元　(10000 yuan)

项　目	Item	合计 Total	省级 Province	地级 City	县级 County
收入合计	**Total Revenue**	**11658767**	**2597402**	**6583577**	**2477788**
税收收入	Tax Revenue	8803432	2051391	5154671	1597370
增值税	Value-added Tax	1294584	419293	667678	207613
营业税	Sales Tax	2569769	705609	1465103	399057
企业所得税	Enterprises' Income Tax	1006424	128690	637122	240612
企业所得税退税	Drawback of Enterprise Income Tax				
个人所得税	Individual Income Tax	355725	3533	264048	88144
资源税	Resources Tax	537454	432049	36215	69190
城市维护建设税	Tax on Urban Maintenance and Construction	545609	6480	449454	89675
房产税	Tax on Real Estates	313835	1727	263806	48302
印花税	Stamp Tax	103287	1030	79500	22757
城镇土地使用税	Tax on the Use of Urban Land	614055	185654	360538	67863
土地增值税	Land Value Added Tax	634589	162676	387712	84201
车船税	Tax on Vehicles and Ships	155261	181	120441	34639
耕地占用税	Tax on The Occupancy of Cultivated Land	185746	1594	89506	94646
契税	Contract Tax	451279	2875	330116	118288
烟叶税	Tax on Tobacco Leaf	35815		3432	32383
其他税收收入	Others				
非税收入	Non-Tax Revenue	2855335	546011	1428906	880418
专项收入	Expert Project Income	763744	327197	318666	117881
行政事业性收费收入	Income from Adiministrative Fees	693170	85098	421457	186615
罚没收入	Penalty and Confiscator Income	386240	35604	204175	146461
国有资本经营收入	Stated-owned Assets Profit	244663		174613	70050
国有资源(资产)有偿使用收入	Revenue from using Stated-owned Assets Profit	706879	94672	280908	331299
其他收入	Other	60639	3440	29087	28112

6-4 地方公共财政支出

LOCAL PUBLIC FINANCIAL EXPENDITURE

单位：万元 (10000 yuan)

项　目	Item	2011	2012	2013	2014	2015
支出合计	**Total Expenditure**	**27940768**	**31715236**	**33691827**	**34342184**	**40206554**
一般公共服务	General Public Services	2563689	2712624	2787957	2561959	2426656
外交	Foreign Affairs	896	356	270		
国防	National Defense	51270	49950	55780	48777	53354
公共安全	Public Security	1412244	1684036	1733455	1707654	1809435
教育	Education	3738328	5447877	5012788	5059364	5496567
科学技术	Science and Technology	332286	376423	386146	394571	429134
文化体育与传媒	Culture, Sport and Media	449356	472688	523705	456292	531693
社会保障和就业	Social Safety Net and Employment Effort	3920537	4582007	5423259	6026792	7287329
医疗卫生	Medical and Health Care	1707757	1733286	1904950	2353133	2739583
环境保护	Environment Protection	922726	1048634	1157524	1115668	1555201
城乡社区事务	Urban and Rural Area Community Affairs	1797089	2056038	3010704	3321053	3505214
农林水事务	Agriculture, Forestry and Water Conservancy	3559778	4303941	4616956	4876670	6814824
交通运输	Transportation	2498789	2265099	2441954	2369728	2720740
资源勘探电力信息等事务	Affairs of Exploration, Power and Information	1086692	946791	950326	913369	1064537
商业服务业等事务	Affairs of Commerce and Services	287208	284332	225385	214496	238908
金融监管等事务支出	Affairs of Financial Supervision	25572	26133	16658	11542	7974
地震灾后恢复重建支出	Postearthquake Recovery and Reconstruction	522				
援助其他地区支出	Other Regional Assistance			24124	27464	37530
国土资源气象等事务	Affairs of Land and Weather	344096	321893	455967	328086	349228
住房保障支出	Affairs of Housing Security	1831657	2187777	1809806	1471889	2123361
粮油物资储备管理事务	Affairs of Management of Grain & Oil Reserves	674287	658112	667539	716440	658619
预备事物	Reserve Funds					
国债还本付息支出	Interest Payment for Domestic and Foreign Debts	31419	53631	84241	131048	179885
其他支出	Other Expenditure	688870	503608	402333	236189	171371
债务发行费支出	Debt distribution fee payments					5411

6-5 各级地方公共财政支出(2015年)

LOCAL PUBLIC FINANCIAL EXPENDITURE BY RATING (2015)

单位：万元 (10000 yuan)

项　目	Item	合计 Total	省级 Province	地级 City	县级 County
支出合计	**Total Expenditure**	**40206554**	**9370761**	**15769990**	**15065803**
一般公共服务	General Public Services	2426656	351564	1055673	1019419
外交	Foreign Affairs				
国防	National Defense	53354	18969	29611	4774
公共安全	Public Security	1809435	356680	880296	572459
教育	Education	5496567	1161712	2007838	2327017
科学技术	Science and Technology	429134	224433	108838	95863
文化体育与传媒	Culture, Sport and Media	531693	107639	263954	160100
社会保障和就业	Social Safety Net and Employment Effort	7287329	1717942	3266263	2303124
医疗卫生	Medical and Health Care	2739583	236751	1046014	1456818
环境保护	Environment Protection	1555201	570534	703522	281145
城乡社区事务	Urban and Rural Area Community Affairs	3505214	53239	2548636	903339
农林水事务	Agriculture, Forestry and Water Conservancy	6814824	1917185	1201501	3696138
交通运输	Transportation	2720740	1502315	522102	696323
资源勘探电力信息等事务	Affairs of Exploration, Power and Information	1064537	356880	551749	155908
商业服务业等事务	Affairs of Commerce and Services	238908	32496	97213	109199
金融监管等事务支出	Affairs of Financial Supervision	7974		1748	6226
地震灾后恢复重建支出	Postearthquake Recovery and Reconstruction				
援助其他地区支出	Other Regional Assistance	37530	36930	600	
国土资源气象等事务	Affairs of Land and Weather	349228	186781	71947	90500
住房保障支出	Affairs of Housing Security	2123361	256411	1109739	757211
粮油物资储备管理事务	Affairs of Management of Grain & Oil Reserves	658619	179669	89425	389525
预备事物	Reserve Funds				
国债还本付息支出	Interest Payment for Domestic and Foreign Debts	179885	37961	107289	34635
其他支出	Other Expenditure	171371	64670	101776	4925
债务发行费支出	Debt distribution fee payments	5411		4256	1155

6-6 分地区公共财政收入(2015年)

LOCAL PUBLIC FINANCIAL REVENUE BY REGION (2015)

单位：万元 (10000 yuan)

地 区	Region	公共财政收入 General Budgetary Financial Revenue	税收收入 Tax Revenue	#增值税 Value-added Tax	#营业税 Operation Tax	#企业所得税 Corporate Income Tax	#个人所得税 Individual Income Tax
哈尔滨	Harbin	4077328	3422957	453876	1232831	437471	167745
齐齐哈尔	Qiqihar	789712	466820	63495	107404	82985	23566
鸡 西	Jixi	345430	183497	26605	40422	26137	11493
鹤 岗	Hegang	155867	97077	14360	24590	12144	7147
双鸭山	Shuangyashan	185473	122347	13331	33381	18749	8043
大 庆	Daqing	1272318	1051366	130388	128366	105984	46821
伊 春	Yichun	142563	97072	6873	26762	14112	3789
佳木斯	Jiamusi	359846	254376	30001	59248	30191	13547
七台河	Qitaihe	172494	116905	24330	15716	10916	4176
牡丹江	Mudanjiang	545266	353203	44104	64388	56040	17586
黑 河	Heihe	289440	144491	15404	37206	25828	8118
绥 化	Suihua	562140	342486	41366	66904	39861	34183
大兴安岭	Daxinganling	98278	54838	7455	16895	7814	3424
绥芬河	Suifenhe	44522	32959	2592	5809	7949	2080
抚 远	Fuyuan	20688	11647	1111	4238	1553	474

6-6 续表 CONTINUED

单位：万元 (10000 yuan)

地 区	Region	#城市维护建设税 Tax on Town Maintenance and Construction	#耕地占用税 Tax on Occupation of Cultivated Land	#契 税 Deed Tax	非税收入 Non-Tax Revenue	#专项收入 Expert Project Income	#行政事业性收费收入 Income from Adiministrative Fees	基金收入 Fund Income
哈尔滨	Harbin	204245	41854	217465	654371	145756	221908	1243383
齐齐哈尔	Qiqihar	29565	6981	42187	322892	31870	88294	240046
鸡 西	Jixi	15430	4880	9500	161933	21277	22392	48567
鹤 岗	Hegang	7543	902	6181	58790	11567	17731	30361
双鸭山	Shuangyashan	8037	2776	9968	63126	11699	17538	51478
大 庆	Daqing	175177	10942	52611	220952	97678	53162	249847
伊 春	Yichun	5598	3662	11442	45491	7819	10529	37730
佳木斯	Jiamusi	14700	22791	23668	105470	18454	36524	85503
七台河	Qitaihe	10844	13494	6044	55589	13646	10334	45818
牡丹江	Mudanjiang	29988	42358	23310	192063	20506	50111	88942
黑 河	Heihe	7877	5837	10255	144949	25005	17738	43746
绥 化	Suihua	24428	18913	30641	219654	23706	39665	158226
大兴安岭	Daxinganling	3716	3931	2063	43440	5253	16367	13214
绥芬河	Suifenhe	1589	3328	1899	11563	1716	3613	8386
抚 远	Fuyuan	392	1503	1170	9041	595	2166	1347

6-7 分地区公共财政支出(2015年)

LOCAL PUBLIC FINANCIAL EXPENDITURE BY REGION (2015)

单位：万元 (10000 yuan)

地　区	Region	公共财政支出 General Budgetary Finamcial Expenditwre	一般公共服务 Commonly Public servings	公共安全 Public security	教育 Education	科学技术 Technology	文化体育与传媒 Culture Sport and Medium	社会保障和就业 Social Security and Obtain employment
哈尔滨	Harbin	8248444	451720	366036	1246338	90855	120576	1534756
齐齐哈尔	Qiqihar	3877828	252943	173466	617430	21961	46364	684681
鸡　西	Jixi	1486844	107566	71251	192226	7650	39235	289185
鹤　岗	Hegang	898358	76783	51482	127221	3787	13718	198756
双鸭山	Shuangyashan	1168033	84185	62097	178613	3718	17688	215781
大　庆	Daqing	2675183	205385	160547	434743	11623	30172	500926
伊　春	Yichun	1441862	79854	65941	92242	4047	24497	351804
佳木斯	Jiamusi	2120733	133907	88259	246833	9615	20397	390587
七台河	Qitaihe	724605	59654	41945	87098	1415	7305	148046
牡丹江	Mudanjiang	2227531	192254	103147	314053	12524	27416	305119
黑　河	Heihe	1628932	116824	75256	167741	11406	23681	267543
绥　化	Suihua	3330592	222658	131633	563709	20211	35345	497181
大兴安岭	Daxinganling	615963	63231	44162	33187	1497	12014	147870
绥芬河	Suifenhe	194806	20123	10695	17592	2154	2899	18248
抚　远	Fuyuan	196079	8005	6838	15829	2238	2747	18904

6-7 续 表 CONTINUED

单位：万元 (10000 yuan)

地　区	Region	医疗卫生与计划生育 Medical Treatment and Public Health	节能环保 Environment Protection	城乡社区事务 Urban and Rural Area Community Operating	农林水事务 Farming Forestry and Water Conservancy Operating	其他支出 Other Expenditure	政府性基金支出 Government Fund Income
哈尔滨	Harbin	647041	148993	1677444	960878	2406	1522911
齐齐哈尔	Qiqihar	345693	116962	238312	791805	2365	295993
鸡　西	Jixi	111213	64373	115625	191501	2426	70005
鹤　岗	Hegang	70929	11101	44149	129185	6085	51262
双鸭山	Shuangyashan	84257	20803	125763	152132	844	84847
大　庆	Daqing	232721	29272	260186	304512	95263	200944
伊　春	Yichun	73169	374792	79772	166727	1857	15167
佳木斯	Jiamusi	170939	38241	233861	400480	14291	37612
七台河	Qitaihe	53619	16227	45665	93409	50	65880
牡丹江	Mudanjiang	171967	47006	232478	318414	2954	33731
黑　河	Heihe	130657	27741	96375	462789	3550	113474
绥　化	Suihua	345832	61064	198352	733519	7502	6557
大兴安岭	Daxinganling	41351	15402	65003	103273	-13736	5528
绥芬河	Suifenhe	10336	6714	26127	7577	15343	140800
抚　远	Fuyuan	13108	5976	12863	81438	724	56319

6-8 金融机构人民币信贷资金平衡表(年底余额)

BALANCE SHEET OF CREDIT FUNDS OF FINANCIAL INSTITUTIONS AT YEAR-END

单位：亿元 (100 million yuan)

指 标	Item	2011	2012	2013	2014
资金来源合计	**Sources of Funds**	**14068.9**	**14674.9**	**16655.6**	
各项存款	Total Deposits	14328.4	16326.6	18131.8	19254.8
单位存款	Corporate Deposits	5718.9	6491.5	6947.1	6839.2
#活期存款	#Demand Deposits	3693.7	3890.2	3996.4	3828.1
定期存款	Time Deposits	1142.7	1538.0	1640.6	1558.2
通知存款	Notice Deposits	51.5	86.5	52.3	67.5
保证金存款	Margin Deposits	380.8	409.8	444.7	390.1
个人存款	Personal Deposits	8189.8	9361.1	10350.8	11249.1
储蓄存款	Savings Deposits	8147.4	9269.2	10058.6	10856.9
#活期存款	#Demand Deposits	3280.6	3647.7	3999.9	4197.2
定期存款	Time Deposits	4697.2	5436.1	5899.6	6385.6
定活两便存款	Fixed-will Deposits	0.1	0.2	0.3	16.6
通知存款	Notice Deposits	169.5	185.3	156.8	136.9
保证金存款	Margin Deposits	6.4	11.5	1.9	3.1
结构性存款	Structured Deposits	36.0	80.4	290.3	389.2
财政性存款	Fiscal Deposits	264.1	349.4	644.9	996.3
临时性存款	Temporary Deposits	37.4	22.9	22.3	10.7
委托存款	Designated Deposits	41.1	12.7	45.2	14.8
其他存款	Other Deposits	77.1	89.0	121.5	144.5
资金运用合计	**Uses of Funds**	**14068.9**	**14674.9**	**16655.6**	
各项贷款	Total Loans	8548.7	9906.7	11359.4	13391.7
境内贷款	Domestic loans	8548.5	9906.5	11359.2	13391.5
短期贷款	Short-term Loans	3439.0	4057.1	4770.9	5891.3
个人贷款及透支	Personal Loans and Overdrafts	893.0	1009.1	1110.1	1269.8
#个人消费贷款	#Consumer Loans	44.9	66.7	107.8	176.7
单位普通贷款及透支	General Loans and Overdrafts of Units	2380.3	2851.8	3432.2	4444.7
#经营性贷款	#Business Loans	2345.2	2800.2	3424.8	4433.6
固定资产贷款	Fixed Asset Loans	32.9	51.4	6.6	8.3
普通并购贷款	General M & Loans				
银团贷款	Syndicated Loans	2.7	12.6	2.8	1.7
贸易融资	Trade Finance	163.0	183.6	225.8	175.1
境外筹资转贷款	Overseas Financing transferred loans				
中长期贷款	Medium & Long-term Loans	4818.3	5441.3	6161.5	6892.7
个人贷款	Personal Loans	1649.9	1907.6	2252.8	2455.7
#个人消费贷款	#Consumer Loans	1034.5	1193.4	1460.6	1693.0
单位普通贷款	General Loans of Units	2818.1	3143.5	3483.1	3960.7
#经营性贷款	#Business Loans	407.4	379.6	417.8	545.0
固定资产贷款	Fixed Asset Loans	2410.7	2763.9	3065.3	3415.7
普通并购贷款	General M & Loans	1.7	2.5	10.5	8.6
银团贷款	Syndicated Loans	300.1	325.2	346.4	415.8
贸易融资	Trade Finance	48.4	62.5	68.7	51.8
境外筹资转贷款	Overseas Financing transferred loans				
融资租赁	Finance Lease				42.0
票据融资	Bill Financing	290.4	403.8	420.9	550.1
#贴现	#Discount	290.4	268.6	420.9	545.7
各项垫款	Advances	0.8	4.4	5.9	15.3
境外贷款	Overseas Loans	0.2	0.2	0.2	0.2

6-9 分地区金融机构人民币信贷收支表(年底余额)(各项存款)(2015年)

BALANCE SHEET OF CREDIT FUNDS OF FINANCIAL INSTITUTIONS AT YEAR-END BY REGION (Deposits)(2015)

单位：亿元　　(100 million yuan)

地　区	Region	各项存款 Total Deposits	境内存款 Domestic Deposits	住户存款 Households Deposits	活期存款 Demand Deposits	定期及其他存款 Time and Others	非金融企业存款 Non-financial Corporate Deposits
全　省	**Total**	**21218.9**	**21204.2**	**12439.8**	**4928.1**	**7511.6**	**4085.2**
哈尔滨	Harbin	9688.6	9678.4	4370.4	1810.0	2560.4	2596.0
齐齐哈尔	Qiqihar	1580.3	1579.9	1110.7	456.0	654.7	235.4
鸡　西	Jixi	935.9	935.8	687.2	235.1	452.1	103.3
鹤　岗	Hogang	561.4	564.3	404.3	176.2	228.2	49.2
双鸭山	Shuangyashan	730.5	730.4	524.0	227.8	296.1	88.1
大　庆	Daqing	2197.2	2197.0	1368.6	433.1	935.5	415.7
伊　春	Yichun	596.1	596.0	406.9	127.8	279.1	69.6
佳木斯	Jiamusi	1167.1	1166.7	840.2	414.7	425.5	131.8
七台河	Qitaihe	372.2	372.1	253.2	91.5	161.6	37.9
牡丹江	Mudanjiang	1292.5	1290.0	959.1	312.4	646.7	160.7
黑　河	Heihe	674.7	674.3	464.8	205.7	259.1	79.4
绥　化	Suihua	1141.1	1141.0	875.3	372.5	502.8	82.1
大兴安岭	Daxinganling	278.4	278.4	175.2	65.3	109.8	36.0

6-9 续表 CONTINUED

单位：亿元　　(100 million yuan)

地　区	Region	活期存款 Demand Deposits	定期及其他存款 Time and Others	广义政府存款 General Government Deposits	财政性存款 Fiscal Deposits	机关团体存款 Organizations	非银行业金融机构存款 Non-banking Financial Institutions Deposits
全　省	**Total**	**2337.3**	**1747.9**	**3799.1**	**859.2**	**2939.9**	**880.2**
哈尔滨	Harbin	1301.1	1294.8	1924.3	513.2	1411.1	787.7
齐齐哈尔	Qiqihar	156.3	79.1	230.7	47.5	183.2	3.1
鸡　西	Jixi	88.9	14.4	142.1	34.6	107.5	3.2
鹤　岗	Hegang	41.2	7.9	110.8	17.0	93.8	0.1
双鸭山	Shuangyashan	60.2	27.9	107.7	16.7	91.1	10.6
大　庆	Daqing	231.7	184.0	370.8	63.4	307.5	41.9
伊　春	Yichun	63.8	5.9	109.4	30.8	78.6	10.0
佳木斯	Jiamusi	116.3	15.5	189.6	27.0	162.6	5.2
七台河	Qitaihe	30.6	7.3	80.9	12.6	68.3	0.2
牡丹江	Mudanjiang	89.3	71.4	162.2	28.4	133.8	8.0
黑　河	Heihe	64.2	15.2	129.6	18.4	111.2	0.5
绥　化	Suihua	63.4	18.7	175.0	34.5	140.5	8.5
大兴安岭	Daxinganling	30.2	5.7	66.0	15.2	50.8	1.2

6-10 分地区金融机构人民币信贷收支表(年底余额)(各项贷款)(2015年)

BALANCE SHEET OF CREDIT FUNDS OF FINANCIAL INSTITUTIONS AT YEAR-END BY REGION (Loans)(2015)

单位：亿元 (100 million yuan)

地区	Region	各项贷款 Total loans	境内贷款 Domestic loans	住户贷款 Households loans	短期贷款 Short-term Loans	消费贷款 Consumer	经营贷款 Business	中长期贷款 Medium & Long-term Loans	消费贷款 Consumer
全省	**Total**	**16214.9**	**16174.2**	**4036.7**	**1398.9**	**322.6**	**1076.3**	**2637.8**	**1893.8**
哈尔滨	Harbin	8492.3	8451.6	1958.5	590.2	254.2	336.0	1368.3	1076.8
齐齐哈尔	Qiqihar	1404.0	1404.0	446.0	156.4	7.2	149.2	289.7	201.9
鸡西	Jixi	583.2	583.2	127.9	51.4	3.1	48.2	76.5	39.8
鹤岗	Hegang	453.6	453.6	73.4	32.6	6.8	25.8	40.8	27.8
双鸭山	Shuangyashan	749.8	749.8	148.4	89.3	7.0	82.3	59.1	30.9
大庆	Daqing	933.8	933.8	278.7	64.5	8.2	56.3	214.2	142.7
伊春	Yichun	147.4	147.4	41.5	18.3	3.6	14.7	23.2	13.0
佳木斯	Jiamusi	1207.2	1207.2	242.5	105.6	12.4	93.2	136.9	78.3
七台河	Qitaihe	231.5	231.5	58.2	19.2	1.4	17.7	39.0	22.7
牡丹江	Mudanjiang	655.6	655.6	234.5	98.1	8.7	89.3	136.4	110.6
黑河	Heihe	500.5	500.5	136.3	59.3	4.8	54.5	77.0	40.7
绥化	Suihua	768.9	768.9	261.9	102.8	4.3	98.4	159.1	98.9
大兴安岭	Daxinganling	87.1	87.1	28.8	11.3	0.7	10.6	17.5	9.8

6-10 续表 CONTINUED

单位：亿元 (100 million yuan)

地区	Region	经营贷款 Business	非金融企业及机关团体贷款 Non-financial Companies and Organizations Loans	短期贷款 Short-term Loans	中长期贷款 Medium & Long-term Loans	票据融资 Bill Financing	融资租赁 Finance Lease	各项垫款 Advances
全省	**Total**	**744.0**	**12137.5**	**6353.3**	**4512.8**	**1155.0**	**105.6**	**10.8**
哈尔滨	Harbin	291.5	6493.0	2106.8	3473.2	798.6	105.6	8.9
齐齐哈尔	Qiqihar	87.8	958.0	763.9	137.5	56.5		0.015
鸡西	Jixi	36.7	455.3	371.1	65.6	18.7		
鹤岗	Hegang	13.0	380.1	311.1	45.1	24.0		
双鸭山	Shuangyashan	28.2	601.4	461.4	121.5	18.5		
大庆	Daqing	71.5	655.1	373.0	239.2	41.5		1.4
伊春	Yichun	10.2	106.0	24.7	62.4	18.9		
佳木斯	Jiamusi	58.6	964.7	872.8	61.6	30.3		
七台河	Qitaihe	16.3	173.3	88.4	55.8	28.8		0.3
牡丹江	Mudanjiang	25.9	421.1	234.4	145.3	41.3		0.09
黑河	Heihe	36.3	364.2	294.7	35.2	34.2		0.10
绥化	Suihua	60.2	507.0	422.9	52.7	31.4		
大兴安岭	Daxinganling	7.7	58.3	28.2	17.8	12.3		

6-11 金融机构人员数(2015年)

INSTITUTIONS OF FINANCIAL INSTITUTIONS AND STUFF (2015)

项　目	Item	机构总数(个) Number of Institutions (unit)	从业人员数(人) Number of Employees (person)
金融机构合计	**Total**	**6637**	**124523**
国有大型商业银行	**State－owned Commercial Bank**	**2068**	**54004**
中国工商银行黑龙江省分行	Industrial and Commercial Bank	578	16119
中国农业银行黑龙江省分行	Agriculture Bank	675	17451
中国银行黑龙江省分行	Bank of China	270	7004
中国建设银行黑龙江省分行	Bank of Construction	451	11050
交通银行黑龙江省分行	Bank of Communication	94	2380
政策性银行及国家开发银行	**Policy Bank**	**90**	**2627**
国家开发银行黑龙江省分行	The Bank of State Development	1	172
中国进出口银行黑龙江省分行	Export-Import Bank	1	64
中国农业发展银行黑龙江省分行	The Bank of Agricultural Development	88	2391
股份制商业银行	**Shareholding System Bank**	**167**	**4495**
中国光大银行黑龙江分行	Ever Bright Bank	37	935
招商银行哈尔滨分行	Merchants Bank	36	929
上海浦东发展银行哈尔滨分行	Pudong Development Bank	28	567
兴业银行哈尔滨分行	Industrial Bank	26	764
中信银行哈尔滨分行	China Citic Bank	19	548
广东发展银行大庆支行	Development Bank of Guangdong	18	580
中国民生银行	China MinSheng Bank	3	172
城市商业银行	**City Commercial Bank**	**553**	**13228**
农村中小金融机构	**Rural Small and Medium-sized Financial Institutions**	**2049**	**29511**
农村信用社	Rural Credit Coorpertive	1559	21955
农村商业银行	Rural Commercial Bank	425	6616
村镇银行	Village Bank	59	886
农村资金互助社	Rural Credit Union Funds	6	54
非银行金融机构	**Non-bank Financial Institutions**	**5**	**2494**
企业集团财务公司	Finance Company of Enterprise Group	3	83
信托公司	International Trust in the Financial	1	2362
金融租赁公司	Financial Leasing Company	1	49
外资银行	**Foreign-funded Banks**	**7**	**132**
国民银行（中国）有限公司哈尔滨分行	Kookmin Bank Harbin Branch	1	21
韩亚银行（中国）有限公司哈尔滨分行	Hana Bank Harbin Branch	1	26
东亚银行（中国）有限公司哈尔滨分行	East Asia Bank Harbin Branch	1	38
汇丰银行（中国）有限公司哈尔滨分行	The Hongkong and Shanghai Banking Corporation Limited, Harbin	1	16
摩根大通银行（中国）有限公司哈尔滨分行	JPMorgan Chase Bank Harbin branch	1	8
法兴银行（中国）有限公司哈尔滨分行	Societe Generale Bank (China) co., LTD. Harbin Branch	1	12
渣打银行（中国）有限公司哈尔滨分行	Standard chartered bank (China) co., LTD. Harbin branch	1	11
邮政储蓄银行	**Postal Deposit and Remittance**	**1694**	**17828**
资产管理公司	**Asset Management**	**4**	**204**
东方资产管理公司哈尔滨办事处	Orient Asset Management Corporation	1	35
长城资产管理公司哈尔滨办事处	Great Wall Asset Management Corporation	1	73
信达资产管理公司哈尔滨办事处	Cinda Asset Management Corporation	1	52
华融资产管理公司哈尔滨办事处	HuaRong Assets Management Corporation	1	44

6-12 保险公司机构数(2015年)

NUMBER OF INSTITUTION OF INSURANCE COMPANY (2015)

单位:个 (unit)

机构名称	Organization Name	合计 Total	机构类别 Organization Type 总公司 Company	分公司 Branch	中心支公司 Center Support Company
全省合计	**Total**	**2443**	**1**	**43**	**289**
寿险公司小计	**Life Insurance Companies Subtotal**	**1402**		**24**	**148**
中国人寿保险股份有限公司	China Life Insurance Co., Ltd.	617		1	14
中国太平洋人寿保险股份有限公司	China Pacific Life Insurance Co., Ltd.	113		1	13
中国平安人寿保险股份有限公司	China Ping An Life Insurance Co., Ltd.	128		1	11
新华人寿保险股份有限公司	China Life Insurance Co., Ltd.	70		1	12
泰康人寿保险股份有限公司	Tai Kang Life Insurance Co., Ltd.	114		1	11
太平人寿保险有限公司	Taiping Life Insurance Co., Ltd.	74		1	11
民生人寿保险股份有限公司	Minsheng Life Insurance Co., Ltd.	16		1	6
富德生命人寿保险股份有限公司	Fude Sino Life Insurance Co., Ltd.	45		1	11
平安养老保险股份有限公司	Ping An Annuity Insurance Company	2		1	1
合众人寿保险股份有限公司	Union Life Insurance Co.	25		1	9
君康人寿保险股份有限公司	June Life Insurance Co., Ltd.	9		1	8
信泰人寿保险股份有限公司	Xintai Life Insurance Co., Ltd.	17		1	5
农银人寿保险股份有限公司	ABC Life Insurance Co.,Ltd.	1		1	
和谐健康保险股份有限公司	Hexie Health Insurance Co.,Ltd.	1		1	
中国人民人寿保险股份有限公司	Chinese People's Life Insurance Co., Ltd.	76		1	13
阳光人寿保险股份有限公司	Sun Life Insurance Co., Ltd.	49		1	8
百年人寿保险股份有限公司	Century Life Insurance Co., Ltd.	21		1	7
安邦人寿保险股份有限公司	Ampang Life Insurance Co., Ltd.	4		1	3
中意人寿保险有限公司	Generali China Life Insurance Co., Ltd.	4		1	2
中英人寿保险有限公司	England Life Insurance Co., Ltd.	10		1	1
光大永明人寿保险有限公司	Sun Life Everbright Life Insurance Company Limited	3		1	2
太平养老保险股份有限公司	Taiping Pension Insurance Co., Ltd.	1		1	
中邮人寿保险股份有限公司	China Post Life Insurance Co., Ltd	1		1	
泰康养老保险股份有限公司	Tai Kang Pension Insurance Co., Ltd.	1		1	
财险公司小计	**Insurance Company Subtotal**	**1041**	**1**	**19**	**141**
中国人民财产保险股份有限公司	China PICC	387		1	14
中国大地财产保险股份有限公司	China Continent Property & Casualty Insurance Co., Ltd.	59		1	12
中国出口信用保险公司	China Export & Credit Insurance Corporation	1		1	
中华联合财产保险股份有限公司	China United Property Insurance Co., Ltd.	1		1	
中国太平洋财产保险股份有限公司	China Pacific Property Insurance Co., Ltd.	57		1	12
中国平安财产保险股份有限公司	China Ping An Insurance Company	58		1	13
天安保险股份有限公司	Tian An Insurance Co., Ltd.	23		1	9
华安财产保险股份有限公司	Hua An Property Insurance Co., Ltd.	35		1	12
太平财产保险有限公司	Pacific Property Insurance Co., Ltd.	5		1	4
永诚财产保险股份有限公司	Yongcheng Property Insurance Co., Ltd.	10		1	8
安邦财产保险股份有限公司	Anbang Property Insurance Co., Ltd.	56		1	12
阳光财产保险股份有限公司	Sunshine Property and Casualty Insurance Co., Ltd.	62		1	12
阳光农业相互保险公司	Sunshine Agriculture Mutual Insurance Company	180	1		12
都邦财产保险股份有限公司	Du Bang Property Insurance Company	8		1	5
中国人寿财产保险股份有限公司	China Life Insurance Company	75		1	13
中意财产保险有限公司	China Insurance Co., Ltd.	1		1	
英大泰和财产保险股份有限公司	Yingda Taihe Property Insurance Co., Ltd.	3		1	2
华泰财产保险有限公司	Huatai Insurance Group	2		1	1
中航安盟财产保险有限公司	Groupama AVIC Property Insurance Co., Ltd.	17		1	
中银保险有限公司	BOC Insurance Co., Ltd.	1		1	

6-12 续表 CONTINUED

单位:个 (unit)

机构名称	Organization Name	机构类别 Organization Type		
		支公司 Support Company	营业部 Sales Department	营销服务部 Marketing Services Division
全省合计	**Total**	**913**	**40**	**1157**
寿险公司小计	**Life Insurance Companies Subtotal**	**407**	**2**	**821**
中国人寿保险股份有限公司	China Life Insurance Co., Ltd.	91	2	509
中国太平洋人寿保险股份有限公司	China Pacific Life Insurance Co., Ltd.	83		16
中国平安人寿保险股份有限公司	China Ping An Life Insurance Co., Ltd.	34		82
新华人寿保险股份有限公司	China Life Insurance Co., Ltd.	21		36
泰康人寿保险股份有限公司	Tai Kang Life Insurance Co., Ltd.	50		52
太平人寿保险有限公司	Taiping Life Insurance Co., Ltd.			62
民生人寿保险股份有限公司	Minsheng Life Insurance Co., Ltd.	5		4
富德生命人寿保险股份有限公司	Fude Sino Life Insurance Co., Ltd.	14		19
平安养老保险股份有限公司	Ping An Annuity Insurance Company			
合众人寿保险股份有限公司	Union Life Insurance Co.	3		12
君康人寿保险股份有限公司	June Life Insurance Co., Ltd.			
信泰人寿保险股份有限公司	Xintai Life Insurance Co., Ltd.	7		4
农银人寿保险股份有限公司	ABC Life Insurance Co.,Ltd.			
和谐健康保险股份有限公司	Hexie Health Insurance Co.,Ltd.			
中国人民人寿保险股份有限公司	Chinese People's Life Insurance Co., Ltd.	62		
阳光人寿保险股份有限公司	Sun Life Insurance Co., Ltd.	30		10
百年人寿保险股份有限公司	Century Life Insurance Co., Ltd.	6		7
安邦人寿保险股份有限公司	Ampang Life Insurance Co., Ltd.			
中意人寿保险有限公司	Generali China Life Insurance Co., Ltd.	1		
中英人寿保险有限公司	England Life Insurance Co., Ltd.			8
光大永明人寿保险有限公司	Sun Life Everbright Life Insurance Company Limited			
太平养老保险股份有限公司	Taiping Pension Insurance Co., Ltd.			
中邮人寿保险股份有限公司	China Post Life Insurance Co., Ltd			
泰康养老保险股份有限公司	Tai Kang Pension Insurance Co., Ltd.			
财险公司小计	**Insurance Company Subtotal**	**506**	**38**	**336**
中国人民财产保险股份有限公司	China PICC	145	38	189
中国大地财产保险股份有限公司	China Continent Property & Casualty Insurance Co., Ltd.	33		13
中国出口信用保险公司	China Export & Credit Insurance Corporation			
中华联合财产保险股份有限公司	China United Property Insurance Co., Ltd.			
中国太平洋财产保险股份有限公司	China Pacific Property Insurance Co., Ltd.	44		
中国平安财产保险股份有限公司	China Ping An Insurance Company	18		26
天安保险股份有限公司	Tian An Insurance Co., Ltd.			13
华安财产保险股份有限公司	Hua An Property Insurance Co., Ltd.	7		15
太平财产保险有限公司	Pacific Property Insurance Co., Ltd.			
永诚财产保险股份有限公司	Yongcheng Property Insurance Co., Ltd.	1		
安邦财产保险股份有限公司	Anbang Property Insurance Co., Ltd.	28		15
阳光财产保险股份有限公司	Sunshine Property and Casualty Insurance Co., Ltd.	43		6
阳光农业相互保险公司	Sunshine Agriculture Mutual Insurance Company	158		9
都邦财产保险股份有限公司	Du Bang Property Insurance Company			2
中国人寿财产保险股份有限公司	China Life Insurance Company	13		48
中意财产保险有限公司	China Insurance Co., Ltd.			
英大泰和财产保险股份有限公司	Yingda Taihe Property Insurance Co., Ltd.			
华泰财产保险有限公司	Huatai Insurance Group			
中航安盟财产保险有限公司	Groupama AVIC Property Insurance Co., Ltd.	16		
中银保险有限公司	BOC Insurance Co., Ltd.			

6–13 保险业务情况

MAJOR INDICATORS OF INSURANCE BUSINESS

单位：万元 (10000 yuan)

指　标	Item	2010	2011	2012	2013	2014	2015
保费收入	**Premium Income**	**3432220**	**3177867**	**3441498**	**3843235**	**5070910**	**5917671**
企业财产险	Enterprise Property Insurance	42647	49259	45634	50023	50404	48861
家庭财产险	Family Property Insurance	3330	4143	5136	5995	6254	7885
机动车辆险	Motor Vehicle Insurance	488430	572081	628968	696826	780339	870855
船舶险	Ships Insurance	90	98	116	222	96	111
货物运输险	Freight Transport Insurance	7948	9135	8817	7127	6645	5875
及责任保险	Insurance						
责任险	Liability Insurance	16094	18477	22411	27539	28452	31216
保证保险	Guarantee Insurance	4507	14446	18807	28417	39677	54912
农业险	Agriculture Insurance	139893	164073	221590	283295	260574	298473
其他保险	Other Insurance	15635	12690	41059	1267	47867	17464
寿　险	Life Insurance	2544900	2124334	2195987	2404736	3467932	4033169
健康险	Health Insurance	119460	147914	182919	226541	295908	447541
人身意外伤害险	Person Accident Insurance	49287	60703	70054	75726	86761	101308
赔款及给付	**Claim and Payment**	**775511**	**868100**	**983294**	**1544111**	**1547548**	**1692546**
企业财产险	Enterprise Property Insurance	13472	15473	19394	34744	25612	22560
家庭财产险	Family Property Insurance	1273	1089	1535	2314	3534	2588
机动车辆险	Motor Vehicle Insurance	220272	270499	345638	394206	407110	421467
船舶险	Ships Insurance	9.11	1.00	3.00	0.15	0.39	2.66
货物运输险	Freight Transport Insurance	3142	4242	4534	4657	7539	3051
及责任保险	Insurance						
责任险	Liability Insurance	8034	8235	11570	12423	18279	14717
保证保险	Guarantee Insurance	912	1935	1819	8613	5394	8663
农业险	Agriculture Insurance	82376	48571	109937	327959	180441	189845
其他保险	Other Insurance	992	3909	3301	292	6126	6916
寿　险	Life Insurance	388290	441562	406725	648058	770700	867684
健康险	Health Insurance	43910	53363	62496	84392	105953	138198
人身意外伤害险	Person Accident Insurance	12831	14955	16342	18301	16860	16853

注：其他保险=建筑安装工程保险及责任保险+出口信用险+其他险

Note: Other Insurance = construction and installation insurance and export credit insurance liability insurance + insurance + other

6-14 黑龙江股票发行情况

ISSUANCE OF SHARES

公司名称	Company Name	证券代码 Securities Code	上市时间 Listed Time	募集资金总额(万元) Floated Raised Funds(10000 yuan)				2015年末股本(万股) Stock Capital by 2015(10000 share)	
				首发 Initial Issue	配股 Rationed Shares	增发 Issue Additional	可转债 Transferable Bond	总股本 Total Capital Stock	流通股本 Circulating Capital Stock
金洲慈航集团股份有限公司	Goldleaf Jewelry Co., Ltd	000587.SZ	1996-4-25			269960		106187	55713
黑龙江京蓝科技股份有限公司	Heilongjiang Kingland Technology Co., Ltd.	000711.SZ	1997-4-11					16090	16090
航天科技控股集团股份有限公司	Aerospace Hi-Tech Holding GroupCo., Ltd.	000901.SZ	1999-4-1					32362	32362
哈尔滨电气集团佳木斯电机股份有限公司	Harbin Electric Corporation Jiamusi Electric Machine Co., Ltd.	000922.SZ	1999-6-18					54367	36558
大庆华科股份有限公司	Daqing Huake Co., Ltd.	000985.SZ	2000-7-26					12964	12964
哈尔滨誉衡药业股份有限公司	Gloria Pharmaceuticals	002437.SZ	2010-6-23					73301	70967
哈尔滨博实自动化股份有限公司	Harbin Boshi Automation Co., Ltd.	002698.SZ	2012-9-11					68170	52003
葵花药业集团股份有限公司	Sunflower Pharmaceutical Group Co., Ltd.	002737.SZ	2014-12-30					29200	12012
哈尔滨九洲电气股份有限公司	JZE, Inc	300040.SZ	2010-1-8					34608	19845
哈尔滨中飞新技术股份有限公司	Harbin ZhongFei New Technology Co., Ltd.	300489.SZ	2015-7-1	19931				4538	1135
中航直升飞机股份有限公司	AVIC Helicopter Co., Ltd.	600038.SH	2000-12-18					58948	39265
哈尔滨高科技（集团）股份有限公司	Harbin High-Tech Group Co., Ltd.	600095.SH	1997-7-8					36126	36126
哈尔滨东安汽车动力股份有限公司	Harbin Dongan Automotive Powertrain Co., Ltd.	600178.SH	1998-10-14					46208	46208
黑龙江黑化股份有限公司	Heilongjiang Heihua Holding Co., Ltd.	600179.SH	1998-11-4					39000	39000
佳通轮胎股份有限公司	Jiatong Tyre Holding Co., Ltd.	600182.SH	1999-5-7					34000	17000
黑龙江国中水务股份有限公司	Interchina Water Treatment Co., Ltd.	600187.SH	1998-11-11					145562	145562
哈尔滨空调股份有限公司	Harbin Air Conditioning Co., Ltd.	600202.SH	1999-6-3					38334	38334
亿阳信通股份有限公司	Bright Oceans Co., Ltd.	600289.SH	2000-7-20					56592	56592
牡丹江恒丰纸业股份有限公司	Mudanjiang Hengfeng Paper Co., Ltd	600356.SH	2001-4-19					29873	29873
万向德农股份有限公司	Wan Xiang Doneed Co., Ltd.	600371.SH	2002-9-16					22506	22506
黑龙江北大荒农业股份有限公司	Heilongjiang Bei Da Huang Agriculture Co., Ltd	600598.SH	2002-3-29					177768	177768
哈药集团股份有限公司	Harbin Pharmaceutical Group Holding Co., Ltd.	600664.SH	1993-6-29					191748	191748
哈尔滨工大高新技术产业开发股份有限公司	Harbin Industry University High-tech Industry Development Holding Co., Ltd.	600701.SH	1996-5-28					49878	49878
中航资本控股股份有限公司	Avic Capital Co., Ltd.	600705.SH	1996-5-16			138880		448816	373270
华电能源股份有限公司	Huadian Energy Co., Ltd.	600726.SH 900937.SH	1996-7-1 1996-4-22					196668	196668
东方集团股份有限公司	Orient Group Co., Ltd.	600811.SH	1994-1-6					166681	166681
哈药集团人民同泰医药股份有限公司	Hpgc Renmintongtai Pharmaceutical Corporation	600829.SH	1994-2-24					57989	57989
龙建路桥股份有限公司	Long Jian Holding Co., Ltd.	600853.SH	1994-4-4					53681	53681
哈尔滨哈投投资股份有限公司	Harbin Investment Co., Ltd.	600864.SH	1994-8-9					54638	54638
哈尔滨秋林集团股份有限公司	Qiulin Group	600891.SH	1996-3-25			45000		61759	32390
宝泰隆新材料股份有限公司	Bao Tyrone	601011.SH	2011-3-9			136160		136750	96750
中国第一重型机械股份公司	China First Heavy Industries	601106.SH	2010-2-9					653800	653800
黑龙江交通发展股份有限公司	HTDC	601188.SH	2010-3-19					131588	121320
哈尔滨威帝电子股份有限公司	Harbin VITI Electronic Co. LTD.	603023.SH	2015-5-27	26500				12000	3000
黑龙江珍宝岛药业股份有限公司	ZBD Pharmaceutical	603567.SH	2015-4-24	152409				42458	6458

主要统计指标解释

一般公共预算收入 指国家财政参与社会产品分配所取得的收入，是实现国家职能的财力保证。主要包括：（1）各项税收：包括国内增值税、国内消费税、进口货物增值税和消费税、出口货物退增值税和消费税、营业税、企业所得税、个人所得税、资源税、城市维护建设税、房产税、印花税、城镇土地使用税、土地增值税、车船税、船舶吨税、车辆购置税、关税、耕地占用税、契税、烟叶税等。（2）非税收入：包括专项收入、行政事业性收费、罚没收入和其他收入。财政收入按现行分税制财政体制划分为中央本级收入和地方本级收入。

一般公共预算支出 指国家财政将筹集起来的资金进行分配使用，以满足经济建设和各项事业的需要。主要包括：一般公共服务、外交、国防、公共安全、教育、科学技术、文化体育与传媒、社会保障和就业、医疗卫生与计划生育、节能环保、城乡社区、农林水、交通运输、资源勘探信息等、商业服务业等、金融、援助其他地区、国土海洋气象等、住房保障、粮油物资储备、政府债务付息等方面的支出。财政支出根据政府在经济和社会活动中的不同职权，划分为中央财政支出和地方财政支出。

中央一般公共预算收入和地方一般公共预算收入 属于中央一般公共预算的收入包括关税，进口货物增值税和消费税，出口货物退增值税和消费税，消费税，铁道部门、各银行总行、各保险公司总公司等集中缴纳的营业税和城市维护建设税，增值税75%部分，纳入共享范围的企业所得税60%部分，未纳入共享范围的中央企业所得税、中央企业上交的利润，个人所得税60%部分，车辆购置税，船舶吨税，证券交易印花税97%部分，海洋石油资源税，中央非税收入等。属于地方一般公共预算的收入包括营业税（不含铁道部门、各银行总行、各保险公司总公司集中缴纳的营业税），地方企业上交利润，城市维护建设税（不含铁道部门、各银行总行、各保险公司总公司集中缴纳的部分），房产税，城镇土地使用税，土地增值税，车船税，耕地占用税，契税，烟叶税，印花税，增值税25%部分，纳入共享范围的企业所得税40%部分，个人所得税40%部分，证券交易印花税3%部分，海洋石油资源税以外的其他资源税，地方非税收入等。

中央一般公共预算支出和地方一般公共预算支出 指根据政府在经济和社会活动中的不同职责，划分中央和地方政府的责权，按照政府的责权划分确定的支出。中央一般公共预算支出包括一般公共服务，外交支出，国防支出，公共安全支出，以及中央政府调整国民经济结构、协调地区发展、实施宏观调控的支出等。地方一般公共预算支出包括一般公共服务，公共安全支出，地方统筹的各项社会事业支出等。

信贷资金 指金融机构以信用方式积聚和分配的货币资金。金融机构信贷资金的来源有各项存款、金融债券、对国际金融机构负债、流通中现金、其他项目等；信贷资金的运用有各项贷款、有价证券及投资、金银占款、外汇占款、财政借款及在国际金融机构中的资产等。

存款 指企业、机关、团体或居民根据资金必须收回的原则，把货币资金存入银行或其他信贷机构保管并取得一定利息的一种信用活动形式。根据存款对象或性质的不同可划分为单位存款、个人存款、财政性存款、临时性存款、委托存款、其他存款等科目。它是银行信贷资金的主要来源。

贷款 指银行或其他信贷机构根据资金必须归还的原则，按一定利率，为企业、个人等提供资金的一种信用活动形式。我国银行贷款分为短期贷款、中长期贷款、融资租赁、票据融资、各项垫款、境外贷款等。

保险公司 在中国境内的、经过保险监督管理部门批准设立，并依法登记注册的各类商业保险公司。

保险金额 指保险人承担赔偿或者给付保险金责任的最高限额。

保费 指投保人为取得保险人在约定范围内所承担赔偿责任而支付给保险人的费用。

赔款 指保险人根据保险合同的规定，向被保险人支付的赔偿保险责任损失的金额。

给付 包括死伤医疗给付和满期给付。死伤医疗给付是指保险人根据人寿保险及长期健康保险合同的规定，因被保险人在保险期内发生保险责任范围内的保险事故支付给被保险人(或受益人)的金额。满期给付是指被保险人生存期满，保险人按人寿保险合同规定支付给被保险人的满期保险金额。

股票及其他股权 指股票购买者及直接投资者对其投资企业净资产所拥有的权益。股票是股份公司签发的证明股东投资并按其所持股份享有权益和承担义务的权益性证券。其他股权是机构单位以直接投资的方式用除股票、债权性证券以外的土地、房屋及建筑物、机器设备、存货、资源资产等实物资产，商标、专利权、土地使用权、特许使用权、商誉等无形资产及货币资金直接向其他单位进行的投资。通常以股权证、出资证明书、参与证或类似的单据为凭证。

Explanatory Notes on Main Statistical Indicators

General Public Budget Revenue refers to income for the government finance through participating in the distribution of social products. It is the financial guarantee to ensure government functioning. The government revenue includes the following main items: (1) Various tax revenues including domestic value added tax (VAT), domestic consumption tax, VAT and consumption tax from imports, VAT and consumption tax rebate for exports, business tax, corporate income tax, individual income tax, resource tax, city maintenance and construction tax, house property tax, stamp tax, urban land use tax, land appreciation tax, tax on vehicles and boat operation, ship tonnage tax, vehicle purchase tax, tariffs, farm land occupation tax, deed tax, and tobacco tax, etc. (2) Non-tax revenue, including special program receipts, charge of administrative and institutional units, penalty receipts and others non-tax receipts.

General Public Budget Expenditure refers to the distribution and use of the funds which the government finance has raised, so as to meet the needs of economic construction and various undertakings. It includes the following main items: expenditure for general public services, expenditure for foreign affairs, expenditure for national defence expenditure for public security, expenditure for education, expenditure for science and technology, expenditure for culture, sport and media, expenditure for social safety net and employment effort, expenditure for medical and health care and family planning, expenditure for energy conservation and environment protection, expenditure for urban and rural community affairs, expenditure for agriculture, forestry and water conservancy, expenditure for transportation, expenditure for resource exploration and information, expenditure for affairs of commerce and services, expenditure for finance, aid to other regions, expenditure for land, ocean and weather, expenditure for housing security, expenditure for grain & oil reserves, interest payment for public debts. General public budget expenditure is divided into general public budget expenditure of central government and general public budget expenditure of local government according to the different functions of the governments played in economic and social activities, central enterprises, 60% of individual income tax, vehicle purchase tax, ship tonnage tax, 97% of stamp tax on securities transactions, resource tax on the offshore petroleum resources. The general public budget revenue of the local governments includes business tax (excluding the part of the Ministry of Railways, head offices of banks, head offices of insurance company, which are handed over to the government in a centralized way), profit handed in by the local enterprises, city maintenance and construct tax (excluding the part of the Ministry of Railways, head offices of banks, head offices of insurance company, which are handed over to the government in a centralized way), house property tax, urban land use tax, land appreciation tax, tax on vehicles and boat operation, farm land occupation tax, deed tax, and tobacco leaf tax, stamp tax, 25% of the value added tax, 40% the share part of the corporate income tax, 40% of individual income tax, 3% of stamp tax on securities transactions, resource tax other than the tax on offshore petroleum resources, local non-tax revenue, etc.

General Public Budget Expenditure of the Central Government and Local Governments according to the different functions of the Central Government and local governments in economic and social activities, the rights of administration are demarcated between those of the Central Government and those of local governments; and the classification of the expenditure between the Central Government and local governments are made on the basis of the classification of the rights administration between them. The general public budget expenditure of the Central Government includes the expenditure for general public services, expenditure for foreign affairs, expenditure for public security, and the general public budget expenditure of the Central Government for adjusting the national economic structure; coordinating the development among different regions; and exercising macroeconomic regulation. The general public budget expenditure of the local governments includes mainly the expenditure for general public services, expenditure for public security, and expenditures for social development which are planed by local governments, etc.

Credit Funds refer to the monetary funds accumulated and distributed in the means of credit by the financial institutions. The sources of credit funds include various deposits, financial bonds, liabilities to international financial institutions, currency in circulation, other items. The uses of credit funds include loans, securities and investment, position for bullion and silver purchase, position for foreign exchange purchase, advances to treasury, and assets with international financial institutions.

Deposit is a form of credit by which enterprises, institutions, organizations or households can put money into banks and other credit institutions for safekeeping and interest earning under the principle of free withdrawal. According to different depositors, deposits are divided into unit deposits, personal deposits, fiscal deposits, temporary deposits, entrusted deposits and other deposits. Deposits are major sources of the credit funds of banks.

Loan is a form of credit by which banks and other credit institutions provide funds at certain interest rate to enterprises and individuals in the light of the principle of unconditional repayment. Loans from Chinese banks include short-term loan, medium-term and long-term loans, financial lease, bill financing, various money advanced, foreign loans.

Insurance Companies refer to commercial insurance companies of various forms registered by law and established in China with the approval of insurance regulatory agencies.

Amount Insured refers to the maximum that the insurant will get for the claim of the case insured.

Premium is the fee paid by the insurant to the insurer to obtain the obligation of compensation from the insurance within the agreed terms.

Settled Claim is the compensation paid by the insurer to the insurant in accordance with the insurance contract.

Payment includes payment for death, injury or medical treatment and payment at maturity. Payment for death, injury or medical treatment refers to the money paid to the insurant (or the beneficiary) in accordance with the life or health insurance contract when the insurant encounters accidents within the insured period covered in the contract. Payment at maturity refers to the payment to the insurant in accordance with the life insurance contract at the end of the insured period.

Shares and Other Holding Rights refer to the rights of stockholders and direct investors on the net assets of corporations they have invested in. Shares refer to negotiable securities on creditor' s rights, issued by share companies certifying the investment by stockholders and their rights and duties in accordance with the amount of stocks that they hold. Other holding rights refer to the direct investment by institutional units in other units with currency capital or with assets, in forms other than shares and negotiable securities on creditor' s rights, including such tangible assets such as land, buildings, machines and equipment, inventory, resources, etc., and such intangible assets as trade marks, patents, monopolies, rights on land use, licenses, commercial reputation, etc.. Documents of proof of holding rights usually include certificates on creditor' s right, certificates on investment or on participation, etc.

第七篇 资源与环境

CHAPTER 7 RESOURCES AND ENVIRONMENT

资料整理：安 静 张雅楠

7-1 土地状况

LAND CHARACTERISTICS

项　目	Item	面　积 (万公顷) Area (10000 hectares)	占总面积(%) Percentage to Total Area(%)
总面积	**Total Land Area**	**4525.4**	**100.0**
耕地	Cultivated Land	1586.6	35.1
园地	Garden Land	4.5	0.1
林地	Forests Land	2183.7	48.3
草地	Area of Grassland	206.3	4.6
城镇村及工矿用地	Land for Inhabitation, Mining and Manufacturing	116.6	2.6
交通运输用地	Land for Transport Facilities	57.3	1.3
水域及水利设施用地	Land for Water Conservancy Facilities	217.8	4.8
其他用地	Land	152.6	3.4

注：1.本表数据来源于黑龙江省国土资源厅，为第二次土地调查数据(7-3表同)。
2.本表不包含加格达奇、松岭区面积共计1.82万平方公里。

Note:a)Figures in this table were obtained from the Heilongjiang Provincial Department of Land and Resources and the second land survey data (the same as 7-3 table).
b)This table does not include Jiagedaqi and Songling area total of 18,200 square kilometers.

7-2 主要河流基本情况(2015年)

MAJOR RIVERS (2015)

名　称	River	流域面积(平方公里) Drainage Area(sq. km)	河长(公里) Length(km)
呼玛河	Humahe River	31197	524
逊毕拉河	Xunbilahe River	15739	279
穆棱河	Mulinghe River	18136	834
挠力河	Naolihe River	22495	596
呼兰河	Hulanhe River	31424	523
蚂蚁河	Ant River	10547	341
汤旺河	Tangwanghe River	20557	509

注：水利数据来源于黑龙江省水文局。

Note:Figures of water resources were obtained from the Hydrographic Department of Herlongjiang Province,

7-3 分地区土地面积

LAND AREA IN THE REGION

地　区	Region	总面积(平方公里) Total Land Area(sq. km)
全　省	**Total**	**452538**
哈 尔 滨	Harbin	53076
齐齐哈尔	Qiqihar	42255
鸡　　西	Jixi	22494
鹤　　岗	Hegang	14665
双 鸭 山	Shuangyashan	22051
大　　庆	Daqing	21205
伊　　春	Yichun	32800
佳 木 斯	Jiamusi	32470
七 台 河	Qitaihe	6190
牡 丹 江	Mudanjiang	38827
黑　　河	Heihe	66862
绥　　化	Suihua	34873
大兴安岭	Daxinganling	64768

7-4 分地区水资源状况(2015年)

WATER RESOURCES BY DIVISIONS OF ADMINISTRATIVE AREAS(2015)

单位：亿立方米　　　　(100 Million cu. m)

地　区	Region	水资源总　量 Total Water Resources Volume	地下水资源与地表水资源不重复量 Unduplicated Measurement Volume of Surface Water and Ground Water	地表水资源量 Total Surface Water Resources Volume
全　省	**Total**	**814.1**	**128.0**	**686.0**
哈 尔 滨	Harbin	111.5	14.7	96.8
齐齐哈尔	Qiqihar	45.6	26.0	19.6
鸡　　西	Jixi	40.6	10.0	30.6
鹤　　岗	Hegang	33.4	7.0	26.4
双 鸭 山	Shuangyashan	42.6	6.8	35.8
大　　庆	Daqing	19.3	14.9	4.4
伊　　春	Yichun	81.2	0.8	80.4
佳 木 斯	Jiamusi	50.9	19.9	30.9
七 台 河	Qitaihe	8.4	0.8	7.6
牡 丹 江	Mudanjiang	88.3	0.6	87.6
黑　　河	Heihe	80.1	8.6	71.5
绥　　化	Suihua	52.3	16.8	35.5
大兴安岭	Daxinganling	159.8	1.0	158.8

7-5 主要矿产资源储量

MAJOR MINERAL RESOURCES

指 标	Item	2011	2012	2013	2014	2015
煤炭(亿吨)	Coal(100 million tons)	195.2	197.5	204.1	202.9	198.5
铁矿(矿石亿吨)	Iron(Ore, 100 million tons)	3.58	3.57	3.55	4.02	4.02
铜矿(铜万吨)	Copper(Metal, 10000 tons)	424.2	424.3	422.6	424.9	425.0
铅矿(万吨)	Lead(Metal, 10000 tons)	56.0	57.6	58.7	55.5	54.8
锌矿(万吨)	Zinc(Metal, 10000 tons)	189.6	191.0	189.3	186.0	185.9
镁矿(万吨)	Magnesium(10000 tons)	891.3	891.3	891.3	891.3	891.3
镍矿(吨)	Nickel(ton)	21612	21612	21612	21612	21612
钨矿(W03)(万吨)	Tungsten(W03, 10000 tons)	18.9	18.9	18.9	18.9	16.5
金矿(岩金)(千克)	Gold orc(rock gold) (kg)		141753	146368	146215	153909
矽线石(万吨)	Fibrolite(100 million tons)	755.7	757.4	757.3	757.3	757.3
熔剂用灰岩(万吨)	Limestone for Flux(10000 tons)	2719.6	2649.9	2590.9	2590.9	4643.7
冶金用白云岩(万吨)	Dolomite for Metallurgy(10000 tons)	3653	3653	3653	3653	3653
铸型用砂(万吨)	Placer for Mould(10000 tons)	1039.9	1039.9	1039.9	1039.9	1039.9
耐火粘土(万吨)	Refractory Clay(10000 tons)	1533.7	1533.7	1533.7	1533.7	1533.7
硫铁矿(万吨)	Pyrite Ore(10000 tons)	305.7	251.4	251.4	251.4	251.4
化肥用蛇纹岩(万吨)	Serpentinite for Chemical Fertilizer(10000 tons)	7880.3	7880.3	7880.3	7880.3	7880.3
泥炭(万吨)	Peat(10000 tons)	2877.3	2877.3	2877.3	2877.3	2877.3
磷矿石(万吨)	Phosphorite(10000 tons)	4255	4255	4255	4255	4255
长石(万吨)	Feldspar(10000 tons)	17558	17558	17558	17558	17558
陶瓷土(万吨)	Pottery Clay(10000 tons)	3612	3612	3612	3612	3601
玻璃用砂(万吨)	Gritstone for Glass(10000 tons)	1591	1591	1591	1591	1591
玻璃用脉石英(万吨)	Vein Quartz for Glass(10000 tons)	709.6	799.5	799.5	799.5	799.5
玻璃用大理岩(万吨)	Marble for Glass(10000 tons)	2820	2820	2820	2820	2820
水泥配料用粘土(万吨)	Clay forCement Industry (10000 tons)	11212.5	11212.5	11211.9	11211.4	11210.9
水泥用大理岩(亿吨)	Marble for Cement(100 million tons)	15.3	15.2	15.1	15.7	15.8
膨润土(万吨)	Bentonite(10000 tons)	14595	14595	14594	14594	14594
饰面用花岗岩(万立方米)	Granite for Facing(10000 cu.m)	5279	5271	5271	5265	5265
火山灰(万吨)	Pozzolana(10000 tons)	4948	4948	4948	4948	4948
饰面用大理岩(万立方米)	Marble for Facing(10000 cu.m)	668	668	668	668	668
石墨(万吨)	Graphite(10000 tons)	11225.0	11218.7	11609.1	11615.6	12407.4
沸石(万吨)	Zeolite(10000 tons)	11908	11908	11908	11908	11908
颜料黄土(万吨)	Sienna(10000 tons)	192	192	192	192	192
铸石用玄武岩(万吨)	Basalt for Casting(10000 tons)	11112	11112	11110	11110	11110
岩棉用玄武岩(万吨)	Basalt for Artificial Asbestos(10000 tons)	7274	7274	7274	7274	7274
珍珠岩(万吨)	Perlite(10000 tons)	2938	2938	3331	3325	3324

7-6 主要城市(区)平均气压(2015年)

MONTHLY AVERAGE ATMOSPHERIC PRESSURE OF MAJOR CITIES(2015)

单位：百帕 (hPa)

月份	Month	哈尔滨 Harbin	齐齐哈尔 Qiqihar	北林 Beilin	大庆 Daqing	加格达奇 Jiagedaqi	爱辉 Aihui	伊春 Yichun	佳木斯 Jiamusi	鸡西 Jixi	牡丹江 Mudan-jiang	鹤岗 Hegang	双鸭山 Shuang-yashan	七台河 Qitaihe
年平均	**Annual Average**	**1000.3**	**996.8**	**992.9**	**996.6**	**969.1**	**993.6**	**983.0**	**1004.0**	**981.4**	**978.2**	**991.6**	**992.4**	**987.1**
1 月	Jan.	1010.1	1006.2	1001.8	1005.9	975.9	1001.9	990.5	1012.2	987.5	985.1	998.5	999.2	993.8
2 月	Feb.	1006.2	1002.5	998.1	1002.1	973.5	999.2	987.5	1009.5	985.1	982.0	996.2	996.9	991.3
3 月	Mar.	1002.7	998.8	994.7	998.6	969.6	994.8	984.0	1005.3	982.2	979.6	992.5	993.4	988.1
4 月	Apr.	997.7	993.9	990.1	993.8	965.6	990.2	980.2	1001.5	979.6	976.4	989.3	990.3	985.2
5 月	May	989.2	985.9	981.9	985.5	959.7	983.4	973.0	993.5	971.8	968.4	981.8	982.7	977.4
6 月	June	990.0	986.3	983.0	986.0	961.2	984.5	974.5	994.8	973.7	970.1	983.6	984.3	979.0
7 月	July	991.9	988.4	985.0	988.3	962.8	986.0	976.2	995.7	974.6	971.0	984.4	985.1	980.0
8 月	Aug.	993.4	990.4	986.9	989.9	966.1	989.7	978.9	998.8	977.1	973.1	987.6	988.1	982.6
9 月	Sept.	1000.3	997.1	993.3	996.8	970.5	994.0	984.0	1004.2	982.3	979.0	992.3	993.0	987.7
10月	Oct.	1000.0	996.0	992.5	996.4	967.5	991.2	981.8	1002.9	981.0	978.4	990.1	991.2	986.4
11月	Nov.	1013.2	1010.0	1005.8	1009.9	980.6	1006.7	995.5	1017.7	993.5	989.8	1004.5	1005.3	999.5
12月	Dec.	1009.3	1005.8	1001.5	1005.5	976.2	1001.8	990.4	1012.2	987.9	985.1	998.6	999.4	994.0
春季	Spring	996.5	992.9	988.9	992.6	965.0	989.5	979.1	1000.1	977.9	974.8	987.9	988.8	983.6
夏季	Summer	991.8	988.4	985.0	988.1	963.4	986.7	976.5	996.4	975.1	971.4	985.2	985.8	980.5
秋季	Fall	1004.5	1001.0	997.2	1001.0	972.9	997.3	987.1	1008.3	985.6	982.4	995.6	996.5	991.2
冬季	Winter	1008.5	1004.8	1000.5	1004.5	975.2	1001.0	989.5	1011.3	986.8	984.1	997.8	998.5	993.0
最高	Highest	1003.3	999.8	995.8	999.5	971.9	996.5	986.0	1006.9	984.2	981.1	994.5	995.2	989.9
最低	Lowest	997.3	993.7	989.9	993.5	966.1	990.7	980.1	1001.0	978.5	975.2	988.7	989.5	984.2

注：气象数据来源于黑龙江省气象信息中心。
Note:Figures of climate were obtained from Heilongjiang Province Meteorological Information Center.

7-7 主要城市(区)平均气温(2015年)

MONTHLY AVERAGE TEMPERATURE OF MAJOR CITIES (2015)

单位：摄氏度　　　　(℃)

月份	Month	哈尔滨 Harbin	齐齐哈尔 Qiqihar	北林 Beilin	大庆 Daqing	加格达奇 Jiagedaqi	爱辉 Aihui	伊春 Yichun	佳木斯 Jiamusi	鸡西 Jixi	牡丹江 Mudan-jiang	鹤岗 Hegang	双鸭山 Shuang-yashan	七台河 Qitaihe
年平均	**Annual Average**	**5.6**	**5.1**	**4.9**	**6.1**	**1.1**	**2.4**	**2.6**	**4.6**	**5.4**	**5.4**	**2.9**	**5.8**	**5.0**
1月	Jan.	-15.8	-14.3	-15.9	-13.4	-18.9	-19.1	-19.2	-16.6	-13.5	-14.3	-17.6	-13.7	-14.5
2月	Feb.	-11.3	-10.3	-11.0	-9.0	-14.1	-13.9	-13.0	-12.2	-9.5	-9.8	-13.6	-9.7	-10.6
3月	Mar.	-1.3	-2.2	-2.3	-0.9	-5.8	-5.5	-3.1	-1.0	-0.3	-0.9	-3.2	-0.1	-0.7
4月	Apr.	8.6	7.7	7.7	8.7	3.3	4.7	5.5	7.4	7.8	8.2	5.2	7.8	7.8
5月	May	14.2	13.1	13.2	13.8	9.8	11.3	10.9	12.9	13.0	14.1	11.0	12.9	12.8
6月	June	22.1	20.9	21.6	22.0	17.0	19.4	18.4	20.6	19.7	19.5	18.1	20.4	19.7
7月	July	23.6	23.8	23.0	23.9	20.4	22.1	20.1	22.3	21.8	22.0	20.8	22.7	21.4
8月	Aug.	22.8	22.4	22.0	22.3	19.4	21.5	20.4	22.3	21.2	20.9	21.0	22.4	21.4
9月	Sept.	16.2	15.2	15.1	16.2	10.2	12.2	12.4	14.7	15.4	15.2	13.3	16.0	15.4
10月	Oct.	7.2	6.6	5.7	7.1	1.7	3.7	4.2	5.8	6.2	6.2	4.4	7.0	6.1
11月	Nov.	-4.9	-6.9	-5.9	-5.3	-12.9	-10.3	-8.6	-6.2	-5.5	-5.4	-8.3	-5.1	-5.4
12月	Dec.	-14.0	-14.6	-14.4	-12.7	-17.4	-17.2	-16.3	-14.6	-11.1	-10.8	-16.3	-11.6	-12.9
春季	Spring	7.2	6.2	6.2	7.2	2.4	3.5	4.4	6.4	6.8	7.1	4.3	6.9	6.6
夏季	Summer	22.8	22.4	22.2	22.7	18.9	21.0	19.6	21.7	20.9	20.8	20.0	21.8	20.8
秋季	Fall	6.2	5.0	5.0	6.0	-0.3	1.9	2.7	4.8	5.4	5.3	3.1	6.0	5.4
冬季	Winter	-13.7	-13.1	-13.8	-11.7	-16.8	-16.7	-16.2	-14.5	-11.4	-11.6	-15.8	-11.7	-12.7
最高	Highest	11.2	10.8	10.1	11.1	8.2	8.7	9.0	10.5	10.9	11.9	9.2	10.6	10.4
最低	Lowest	0.6		0.2	1.5	-4.9	-3.0	-3.0	-1.1	0.8	-0.1	-3.0	1.6	0.3

7-8 主要城市(区)平均相对湿度(2015年)
MONTHLY AVERAGE RELATIVE HUMIDITY OF MAJOR CITIES (2015)

单位：%　　(%)

月份	Month	哈尔滨 Harbin	齐齐哈尔 Qiqihar	北林 Beilin	大庆 Daqing	加格达奇 Jiagedaqi	爱辉 Aihui	伊春 Yichun	佳木斯 Jiamusi	鸡西 Jixi	牡丹江 Mudan-jiang	鹤岗 Hegang	双鸭山 Shuang-yashan	七台河 Qitaihe
年平均	**Annual Average**	**64**	**63**	**66**	**62**	**69**	**66**	**71**	**67**	**64**	**64**	**69**	**63**	**72**
1 月	Jan.	66	63	69	61	64	65	70	68	59	65	62	60	74
2 月	Feb.	67	62	70	64	66	69	70	72	62	63	68	65	77
3 月	Mar.	53	50	61	48	58	62	61	63	55	58	62	58	66
4 月	Apr.	42	43	47	39	48	48	54	52	48	49	55	50	55
5 月	May	56	61	62	61	62	57	64	62	60	56	65	62	69
6 月	June	63	67	63	63	75	63	76	70	68	68	76	69	73
7 月	July	70	68	70	66	78	71	83	75	74	70	80	71	80
8 月	Aug.	78	78	81	82	92	81	87	79	82	80	83	80	84
9 月	Sept.	70	67	70	69	82	71	80	73	71	73	77	68	75
10月	Oct.	59	54	61	54	62	61	65	61	57	55	64	55	62
11月	Nov.	67	64	62	61	74	68	66	58	61	65	62	55	66
12月	Dec.	79	73	76	73	69	77	76	69	68	69	70	68	79
春季	Spring	50	51	57	49	56	56	60	59	54	54	61	57	63
夏季	Summer	70	71	71	70	82	72	82	75	75	73	80	73	79
秋季	Fall	65	62	64	61	73	67	70	64	63	64	68	59	68
冬季	Winter	71	66	72	66	66	70	72	70	63	66	67	64	77

7-9 主要城市(区)降水量(2015年)

MONTHLY PRECIPITATION OF MAJOR CITIES (2015)

单位：毫米　　　　　　　　　　　　　　　　　　　　　　　　(millimeters)

月份	Month	哈尔滨 Harbin	齐齐哈尔 Qiqihar	北林 Beilin	大庆 Daqing	加格达奇 Jiagedaqi	爱辉 Aihui	伊春 Yichun	佳木斯 Jiamusi	鸡西 Jixi	牡丹江 Mudan-jiang	鹤岗 Hegang	双鸭山 Shuang-yashan	七台河 Qitaihe
合计	**Total**	**420.1**	**507.0**	**614.9**	**551.4**	**576.5**	**435.9**	**765.1**	**510.6**	**590.5**	**619.9**	**563.5**	**471.3**	**560.6**
1 月	Jan.	0.8				0.2	1.2		0.3	1.9	3.0	0.2	2.9	5.3
2 月	Feb.	14.1	15.8	21.8	13.7	11.1	28.1	16.9	13.8	7.7	16.8	26.1	3.1	5.5
3 月	Mar.	2.5	1.1	11.2	0.9	0.7	5.4	13.3	17.2	13.4	29.5	16.9	17.4	12.6
4 月	Apr.	6.6	8.5	9.6	5.3	10.5	5.4	21.3	21.2	26.8	26.7	17.4	30.6	21.8
5 月	May	77.6	68.1	101.3	94.0	87.8	52.5	47.4	62.8	63.5	95.3	68.2	57.3	62.8
6 月	June	77.3	191.9	50.8	155.9	113.1	28.0	201.9	71.8	114.7	118.5	62.6	87.4	108.3
7 月	July	52.9	59.1	130.4	44.3	74.8	110.6	159.1	69.3	87.5	60.9	106.4	95.2	158.4
8 月	Aug.	110.5	89.3	189.2	118.6	182.9	78.2	179.5	128.0	182.9	204.9	106.0	85.7	108.0
9 月	Sept.	24.8	41.3	30.8	74.4	55.8	79.6	33.0	41.0	27.5	16.8	76.2	24.7	14.3
10月	Oct.	30.0	16.4	44.2	22.0	32.1	39.6	62.2	51.1	24.7	20.5	59.5	34.3	31.3
11月	Nov.	5.5	2.6	3.7	2.7	2.5	0.9	4.8		11.0	8.9		0.7	1.3
12月	Dec.	17.5	12.9	21.9	19.6	5.0	6.4	25.7	34.1	28.9	18.1	24.0	32.0	31.0
春季	Spring	86.7	77.7	122.1	100.2	99.0	63.3	82.0	101.2	103.7	151.5	102.5	105.3	97.2
夏季	Summer	240.7	340.3	370.4	318.8	370.8	216.8	540.5	269.1	385.1	384.3	275.0	268.3	374.7
秋季	Fall	60.3	60.3	78.7	99.1	90.4	120.1	100.0	92.1	63.2	46.2	135.7	59.7	46.9
冬季	Winter	32.4	28.7	43.7	33.3	16.3	35.7	42.6	48.2	38.5	37.9	50.3	38.0	41.8

7-10 主要城市(区)平均风速(2015年)

MONTHLY AVERAGE WIND VELOCITY OF MAJOR CITIES(2015)

单位：m/s (m/s)

月份	Month	哈尔滨 Harbin	齐齐哈尔 Qiqihar	北林 Beilin	大庆 Daqing	加格达奇 Jiagedaqi	爱辉 Aihui	伊春 Yichun	佳木斯 Jiamusi	鸡西 Jixi	牡丹江 Mudan-jiang	鹤岗 Hegang	双鸭山 Shuang-yashan	七台河 Qitaihe
年平均	**Annual Average**	**2.7**	**2.3**	**2.2**	**1.5**	**1.9**	**2.4**	**2.2**	**2.4**	**3.9**	**3.0**	**2.3**	**1.6**	**1.9**
1 月	Jan.	2.0	1.7	1.8	1.3	1.7	2.0	1.5	1.9	4.5	2.4	2.4	1.7	1.7
2 月	Feb.	2.6	1.8	2.2	1.3	1.7	2.5	1.7	1.9	4.1	2.6	2.2	1.6	1.9
3 月	Mar.	3.4	2.5	2.7	2.0	2.0	2.6	2.5	2.9	4.8	4.0	2.7	1.9	2.4
4 月	Apr.	3.6	3.0	2.8	2.0	2.3	3.4	3.1	3.6	5.0	4.1	2.7	2.4	2.3
5 月	May	3.5	2.7	2.5	1.8	2.3	2.7	2.9	2.9	4.5	4.1	2.6	1.7	2.2
6 月	June	2.8	2.2	2.3	1.6	1.8	2.4	2.4	2.4	3.3	2.7	2.1	1.2	1.8
7 月	July	2.2	2.0	1.8	1.2	1.6	1.9	1.6	1.8	2.8	2.5	1.7	1.1	1.5
8 月	Aug.	2.6	2.0	1.8	1.2	1.8	1.8	1.7	2.1	2.7	2.1	2.1	1.1	1.7
9 月	Sept.	2.0	2.0	1.7	1.3	1.7	2.2	1.8	1.9	2.9	2.3	1.9	1.2	1.6
10月	Oct.	3.1	3.0	2.4	1.7	2.3	3.1	3.1	3.1	4.9	4.0	2.7	2.1	2.3
11月	Nov.	2.6	2.2	2.1	1.3	1.4	2.0	1.7	2.2	3.2	2.5	1.8	1.5	1.7
12月	Dec.	2.3	1.9	1.8	1.2	1.7	2.2	1.8	2.0	4.1	2.5	2.1	1.6	1.8
春季	Spring	3.5	2.7	2.7	1.9	2.2	2.9	2.8	3.1	4.8	4.1	2.7	2.0	2.3
夏季	Summer	2.5	2.1	2.0	1.3	1.7	2.0	1.9	2.1	2.9	2.4	2.0	1.1	1.7
秋季	Fall	2.6	2.4	2.1	1.4	1.8	2.4	2.2	2.4	3.7	2.9	2.1	1.6	1.9
冬季	Winter	2.3	1.8	1.9	1.3	1.7	2.2	1.7	1.9	4.2	2.5	2.2	1.6	1.8
最大	Maximum	12.7	9.8	10.7	8.0	11.5	11.3	12.0	12.2	17.9	17.4	11.3	9.9	8.3
风向	Wind direction	SSE	SSW	WSW	N	NE	WSW	W	NW	WNW	W	WNW	WSW	W

7-11 主要城市(区)日照时数(2015年)

SUNSHINE HOURS OF MAJOR CITIES (2015)

单位：小时 (hours)

月份	Month	哈尔滨 Harbin	齐齐哈尔 Qiqihar	北林 Beilin	大庆 Daqing	加格达奇 Jiagedaqi	爱辉 Aihui	伊春 Yichun	佳木斯 Jiamusi	鸡西 Jixi	牡丹江 Mudan-jiang	鹤岗 Hegang	双鸭山 Shuang-yashan	七台河 Qitaihe
合计	**Total**	**2090.7**	**2655.3**	**2053.3**	**2144.4**	**2679.7**	**2443.1**	**2251.4**	**2277.1**	**2429.1**	**2094.5**	**2358.7**	**2470.3**	**1866.1**
1 月	Jan.	142.1	201.6	143.7	160.3	213.1	173.6	170.5	184.4	183.4	157.0	187.0	191.2	125.4
2 月	Feb.	134.8	179.5	138.0	136.9	200.0	176.6	155.5	180.8	179.8	163.3	177.6	169.7	135.5
3 月	Mar.	209.6	285.6	200.6	228.7	292.2	262.9	196.4	199.2	206.3	164.9	197.8	212.2	148.0
4 月	Apr.	191.0	263.6	202.2	211.8	250.7	237.0	220.8	211.8	232.4	182.6	194.1	244.8	183.0
5 月	May	156.9	200.4	176.8	163.1	216.3	223.8	215.6	201.0	206.6	176.1	176.1	214.6	149.4
6 月	June	226.7	251.1	189.7	216.8	268.5	252.2	229.7	212.5	249.7	223.5	145.2	254.5	223.5
7 月	July	262.9	265.8	256.0	237.9	283.0	234.9	227.2	232.0	264.3	245.9	230.3	259.8	236.5
8 月	Aug.	152.8	194.7	178.1	147.1	185.8	176.5	190.9	126.1	172.3	145.6	217.3	190.8	131.7
9 月	Sept.	209.2	242.1	214.3	219.3	229.9	227.8	209.2	246.4	243.1	216.7	269.0	251.3	217.3
10月	Oct.	178.3	225.6	160.8	176.8	207.5	162.1	167.7	170.1	190.9	193.2	197.5	166.2	135.6
11月	Nov.	111.1	189.0	106.3	130.1	171.7	171.7	157.8	175.6	146.5	98.1	198.2	177.3	80.1
12月	Dec.	115.3	156.3	86.8	115.6	161.0	144.0	110.1	137.2	153.8	127.6	168.6	137.9	100.1
春季	Spring	185.8	249.9	193.2	201.2	253.1	241.2	210.9	204.0	215.1	174.5	189.3	223.9	160.1
夏季	Summer	214.1	237.2	207.9	200.6	245.8	221.2	215.9	190.2	228.8	205.0	197.6	235.0	197.2
秋季	Fall	166.2	218.9	160.5	175.4	203.0	187.2	178.2	197.4	193.5	169.3	221.6	198.3	144.3
冬季	Winter	130.7	179.1	122.8	137.6	191.4	164.7	145.4	167.5	172.3	149.3	177.7	166.3	120.3

7-12 "三废" 排放治理情况

DISCHARGE AND TREATMENT OF WASTE WATER, WASTE GAS AND SOLID WASTES

项　目	Item	2012	2013	2014	2015
工业废水	**Industrial Waste Water**				
工业废水排放量(万吨)	Volume of Industrial Waste Water Discharged(10000 tons)	58350	47796	41984	36410
直接排入环境的	Directly Into the Environment	52921	41219	35888	30643
排入污水处理厂的	Discharged Into the Sewage Treatment Plant	5429	6578	6097	5766
化学需氧量COD排放量(万吨)	Chemical Oxygen Demand COD Emissions(10000 tons)	9.8	9.6	9.4	9.1
氨氮排放量(万吨)	Ammonia - Nitrogen Emissions(10000 tons)	0.6	0.6	0.6	0.6
工业废气	**Waste Gas**				
工业废气排放量(亿立方米)	Emission Volume of Industrial Waste Gas(100 million cu.m)	10445	10622	12091	10843
二氧化硫排放量(万吨)	Emission Volume of Sulphur Dioxide(10000 tons)	39.7	35.3	31.7	28.1
氮氧化物排放量(万吨)	Emission Volume of Nitrogen Oxide(10000 tons)	48.1	44.2	42.9	35.0
烟（粉）尘排放量(万吨)	Emission Volume of Smoke(powder) Dust(10000 tons)	45.0	52.0	53.5	37.3
工业固体废物	**Industrial Solid Wastes**				
工业固体废物产生量(万吨)	Volume of Industrial Solid Wastes Produced(10000 tons)	6313	6094	6312	7495
工业固体废物综合利用量(万吨)	Volume of Industrial Solid Wastes Utilized(10000 tons)	4642	4145	4069	4308
工业固体废物处置量(万吨)	Volume of Industrial Solid Wastes Treated(10000 tons)	810	419	1558	1273
工业固体废物贮存量(万吨)	Volume of Industrial Solid Wastes Accumulated(10000 tons)	920	1557	776	1979
危险废物产生量(万吨)	Hazardous Waste Generated Volume(10000 tons)	21.3	22.6	31.4	32.6
危险废物综合利用量(万吨)	Comprehensive Utilization Amount of Hazardous Waste(10000 tons)	4.3	4.4	8.5	8.7
危险废物处置量(万吨)	Hazardous Waste Disposal Volume(10000 tons)	17.0	17.7	22.5	23.5
危险废物贮存量(吨)	Hazardous Waste Storage Capacity(ton)	1392.3	5679.4	5253.7	5507.1
工业污染治理	**Pollution Treatment**				
老工业污染源治理项目本年完成投资(万元)	Total Funds Grouped by Source(10000 yuan)	39287	206988	177572	193396
排污费补助	Subsidy of Pollution Charges	12	416	599	589
政府其他补助	Other Government Subsidy	2177	2612	1214	1016
企业自筹	Enterprise Self-provides	37098	203959	175758	191791
#银行贷款	#Bank loan	227	2550	7700	23610
投资完成总额(万元)	Total Funds by Use(10000 yuan)	39287	206988	177572	185459
治理废水	Treatment of Waste Water	7350	17509	5544	37092
治理废气	Treatment of Waste Gas	27661	184619	160834	96725
治理固体废物	Treatment of Solid Wastes	2501	1193	1290	8161
治理噪声	Noise Abatement				16206
治理其他	Others	1776	3668	9903	27275
本年竣工项目数(个)	Number of Complwted Projects in The Year(unit)	56	80	53	57

注：环保数据来源于黑龙江省环境保护厅。

Note:Figures of climate were obtained from the Environmental Protection of Herlongjiang Province.

7-13 分地区污染物排放总量情况

TOTAL EMISSION VOLUME OF POLLUTANTS BY REGION

项 目	Item	废水排放量（万吨）Volume of Waste Water Discharged (10000 tons)	化学需氧量COD排放量（吨）Chemical Oxygen Demand COD Emissions (ton)	氨氮排放量（吨）Ammonia-Nitrogen Emissions (ton)	二氧化硫排放量（吨）Emission Volume of Sulphur Dioxide(ton)	氮氧化物排放量（吨）Emission Volume of Nitrogen Oxide(ton)	烟（粉）尘排放量（吨）Emission Volume of Smoke(powder) Dust(ton)
	2011	150661.0	1576530.6	96471.6	521896.2	783753.0	655869.3
	2012	162589.2	1498750.7	92754.4	514299.7	780612.6	699273.9
	2013	153089.6	1447318.0	87746.2	489093.8	751573.6	722454.0
	2014	149643.7	1423851.6	84937.5	472248.4	730592.1	793548.6
	2015	148594.8	1392704.3	81312.0	456331.2	644811.4	644064.5
哈尔滨	Harbin	41257.2	280440.3	17688.6	115261.0	135147.1	185739.2
齐齐哈尔	Qiqihar	17194.0	219338.0	10908.0	62281.3	95304.3	88988.0
鸡 西	Jixi	6575.7	37443.0	3233.3	22032.1	26242.1	43467.6
鹤 岗	Hegang	7159.1	23731.1	2031.7	19843.4	25110.4	27457.7
双鸭山	Shuangyashan	6735.9	47331.0	3218.0	26091.0	40119.0	47994.6
大 庆	Daqing	14014.6	136779.0	5299.0	39346.0	74443.0	33824.9
伊 春	Yichun	6005.3	39562.3	3748.0	19916.0	17889.0	22984.5
佳木斯	Jiamusi	7269.4	60206.0	4619.0	20992.0	34140.0	35968.4
七台河	Qitaihe	4676.1	16527.4	1838.0	17448.2	27412.1	21013.4
牡丹江	Mudanjiang	8455.3	48776.7	4837.8	37049.8	52525.1	42419.9
黑 河	Heihe	4922.0	38520.0	2352.0	24016.0	13149.8	13597.2
绥 化	Suihua	11971.2	260555.0	11186.0	19818.0	64865.9	20504.4
大兴安岭	Daxinganling	3389.4	12997.4	1145.0	14878.7	10203.0	26425.6
农垦总局	ARB	7993.8	164560.8	8809.2	14057.5	26540.7	26752.9
绥芬河	Suifenhe	751.0	1778.1	225.4	2200.2	1291.0	3786.7
抚 远	Fuyuan	224.9	4158.0	173.0	1100.0	429.0	3139.6

7-14 工业污染排放和处理利用情况(2015年)

类别	Category	汇总工业企业数(个) Number of Industrial Enterprises (unit)	工业废水排放量(万吨) Volume of Industrial Waste Water Discharged (10000 tons)	直接排入环境的 Directly Into the Environment	排入污水处理厂的 Discharged Into the Sewage Treatment Plant
重点调查企业	**Key Survey Enterprises**	**1904**	**34062.3**	**28523.9**	**5538.4**
农、林、牧、渔服务业	Agricultural, Forestry, Animal Husbandry and Fishery Services	43	1.0	1.0	
煤炭开采和洗选业	Mining and Washing of Coal	151	9151.1	9151.1	
石油和天然气开采业	Extraction of Petroleum and Natural Gas	18	103.8	103.8	
黑色金属矿采选业	Mining and Processing of Ferrous Metal Ores	6	135.0	135.0	
有色金属矿采选业	Mining and Processing of Non-Ferrous Metal Ores	14	251.3	251.3	
非金属矿采选业	Mining and Processing of Nonmetal Ores	32	44.7	44.7	
开采辅助活动	Mining Support Activities	9	52.3		52.3
农副食品加工业	Processing of Food from Agricultural Products	362	4959.3	4635.5	323.8
食品制造业	Manufacture of Foods	110	2523.3	1746.0	777.3
酒、饮料和精制茶制造业	Manufacture of Wine, Soft Drinks and Refined Tea	105	2313.0	1641.8	671.2
烟草制品业	Manufacture of Tobacco	5	59.9	50.7	9.2
纺织业	Manufacture of Textile	18	204.1	171.5	32.6
纺织服装、服饰业	Manufacture of Textile, Wearing Apparel and Accessories	3	6.4	6.4	
皮革、毛皮、羽毛及其制品和制鞋业	Leather, Fur, Feathers and Its Process and System Footwear	2	6.7	6.7	
木材加工和木、竹、藤、棕、草制品业	Processing of Timber, Manufacture of Wood, Bamboo, Rattan, Palm, and Straw Products	53	94.1	51.8	42.3
家具制造业	Manufacture of Furniture	8	7.0	7.0	
造纸和纸制品业	Manufacture of Paper and Paper Products	44	2535.8	2535.8	
印刷和记录媒介复制业	Printing, Reproduction of Recording Media	5	1.98	0.12	1.86
文教、工美、体育和娱乐用品制造业	Manufacture of Culture and Education, Arts and Crafts, Sports and Recreation Supplies	3	0.03	0.03	
石油加工、炼焦和核燃料加工业	Processing of Petroleum, Coking, Processing of Nuclear Fuel	41	2981.0	2600.7	380.3

DISCHARGE AND TREATMENT OF INDUSTRIAL POLLUTION (2015)

工业废水中化学需氧量排放量(吨) Emission Volume of Industrial Waste Water Chemical Oxygen Demand COD (ton)	工业废水中氨氮排放量(吨) Emission Volume of Industrial Waste Water Ammonia - Nitrogen (ton)	工业废气排放量(亿立方米) Emission Volume of Industrial Waste Gas (100 million cu. m)	工业废气中二氧化硫产生量(吨) Volume of Industrial Waste Gas Sulphur Dioxide Produced (ton)	工业废气中二氧化硫排放量(吨) Emission Volume of Industrial Waste Gas Sulphur Dioxide (ton)	工业废气中氮氧化物产生量(吨) Volume of Industrial Waste Gas Nitrogen Oxide Produced (ton)	工业废气中氮氧化物排放量(吨) Emission Volume of Industrial Waste Gas Nitrogen Oxide (ton)
80008.3	**5297.6**	**10842.6**	**484205.3**	**248370.4**	**432014.3**	**314087.7**
4.4	1.2	6.3	491.7	491.7	406.5	406.5
9955.3	29.8	171.8	6128.9	5997.1	2657.7	2657.7
1150.3	158.3	133.2	691.2	691.2	1855.7	1855.7
102.1	10.2	26.7	96.8	96.8	147.0	147.0
162.0	20.9	7.2	449.2	403.8	185.4	185.4
35.8	3.7	19.8	1647.2	1647.2	547.7	547.7
25.6	1.6	23.8	175.0	175.0	354.4	354.4
23883.3	1020.5	122.9	8100.1	5404.3	4470.0	4232.4
4370.3	475.9	72.0	4168.1	3559.0	2540.0	2517.4
13178.3	443.4	135.1	9384.0	7037.7	5148.9	4897.0
63.2	2.3	3.5	177.4	177.4	92.9	92.9
330.7	26.1	5.2	313.2	313.2	158.3	158.3
120.1	11.9	0.07	3.2	3.2	1.16	1.16
5.7	0.5	0.2	16.4	16.4	12.1	12.1
1156.4	35.4	19.0	1027.8	1027.8	454.6	454.6
2.2	0.6	1.6	84.3	84.3	51.5	51.5
11240.2	157.6	64.9	3194.4	1972.2	1602.3	1602.3
1.17	0.07	0.4	22.0	22.0	11.6	11.6
0.05		0.05	2.55	2.55	1.47	1.47
2509.0	1334.2	690.6	31379.3	18505.3	16333.1	14338.0

7-14 续表1

类 别	Category	汇总工业企业数（个）Number of Industrial Enterprises (unit)	工业废水排放量（万吨）Volume of Industrial Waste Water Discharged (10000 tons)	直接排入环境的 Directly Into the Environment	排入污水处理厂的 Discharged Into the Sewage Treatment Plant
化学原料和化学制品制造业	Manufacture of Raw Chemical Materials and Chemical Products	63	3132.2	1393.3	1739.0
医药制造业	Manufacture of Medicines	76	1429.9	665.6	764.3
化学纤维制造业	Manufacture of Chemical Fibers	1			
橡胶和塑料制品业	Manufacture of Rubber and Plastic Products	8	69.1	68.7	0.35
非金属矿物制品业	Manufacture of Non-metallic Mineral Products	125	45.0	44.9	0.09
黑色金属冶炼和压延加工业	Smelting and Pressing of Ferrous Metals	9	674.3	674.3	
有色金属冶炼和压延加工业	Smelting and Pressing of Non-ferrous Metals	6	205.9	8.0	197.9
金属制品业	Manufacture of Metal Products	26	13.2	3.4	9.8
通用设备制造业	Manufacture of General Purpose Machinery	15	123.5	57.2	66.3
专用设备制造业	Manufacture of Special Purpose Machinery	26	407.4	305.2	102.2
汽车制造业	Manufacture of Automotive	10	39.5	3.0	36.5
铁路、船舶、航空航天和其他运输设备制造业	Manufacture of Railways, Shipbuilding, Aerospace and Other Transportation Equipment	10	184.4	68.3	116.1
电气机械和器材制造业	Manufacture of Electrical Machinery and Equipment	3	9.5		9.5
计算机、通信和其他电子设备制造业	Manufacture of Computer, Communications and Other Electronic Equipment	3	19.0	8.4	10.6
仪器仪表制造业	Manufacture of Instrument	2	1.3		1.3
其他制造业	Other Manufacture	13	147.5	135.0	12.5
金属制品、机械和设备修理业	Metal Products, Machinery and Equipment Repair Industry	1			
电力、热力生产和供应业	Production and Supply of Electric Power and Heat Power	2	4.3		4.3
燃气生产和供应业	Production and Supply of Gas	473	2124.7	1947.9	176.8

CONTINUED

工业废水中化学需氧量排放量(吨) Emission Volume of Industrial Waste Water Chemical Oxygen Demand COD (ton)	工业废水中氨氮排放量(吨) Emission Volume of Industrial Waste Water Ammonia - Nitrogen (ton)	工业废气排放量(亿立方米) Emission Volume of Industrial Waste Gas (100 million cu. m)	工业废气中二氧化硫产生量(吨) Volume of Industrial Waste Gas Sulphur Dioxide Produced (ton)	工业废气中二氧化硫排放量(吨) Emission Volume of Industrial Waste Gas Sulphur Dioxide (ton)	工业废气中氮氧化物产生量(吨) Volume of Industrial Waste Gas Nitrogen Oxide Produced (ton)	工业废气中氮氧化物排放量(吨) Emission Volume of Industrial Waste Gas Nitrogen Oxide (ton)
3149.3	624.5	415.6	22012.3	14990.2	13768.2	13286.8
3603.1	334.1	182.0	3045.7	2818.2	1828.2	1746.4
22.7	0.08	7.5	379.2	102.2	102.4	102.4
85.7	2.55	842.4	5481.0	5481.0	25387.8	18793.9
664.7	274.7	863.6	16036.8	14865.3	3842.6	3842.6
114.3	17.6	40.2	196.7	154.6	64.0	46.5
13.3	4.36	1.71	70.7	70.7	30.1	30.1
255.0	18.5	2.18	126.0	126.0	100.8	100.8
600.2	39.6	48.7	1351.2	1351.2	1255.7	1255.7
99.4	2.5	8.9	391.3	99.8	1250.7	1250.7
137.3	32.8	38.4	857.6	627.5	697.6	697.6
9.4	0.07	1.1	52.6	52.6	27.5	27.5
82.1	6.5	8.8	310.1	310.1	167.6	167.6
1.4	0.3	0.07	3.1	1.77	7.6	7.6
227.2	11.3	7.1	282.7	281.4	240.7	240.7
		0.03	1.5	1.5	0.9	0.9
2.1	0.2	1.9	69.6	69.6	41.9	41.9
2644.7	193.9	6868.3	365984.3	159338.6	346167.8	237923.0

7-14 续表2

类别	Category	工业废气中烟（粉）尘产生量(吨) Produced Volume of Industrial Waste Gas Smoke (powder) Dust (ton)	工业废气中烟（粉）尘排放量(吨) Emission Volume of Industrial Waste Gas Smoke(powder) Dust (ton)	一般工业固体废物产生量(万吨) Volume of Industrial Solid Wastes Produced (10000 tons)
重点调查企业	**Key Survey Enterprises**	**15752959**	**333735**	**7083**
农、林、牧、渔服务业	Agricultural,Forestry,Animal Husbandry and Fishery Services	2109.9	850.7	1.4
煤炭开采和洗选业	Mining and Washing of Coal	32338.4	8717.8	1459.2
石油和天然气开采业	Extraction of Petroleum and Natural Gas	949.3	330.9	0.4
黑色金属矿采选业	Mining and Processing of Ferrous Metal Ores	5015.8	402.2	34.6
有色金属矿采选业	Mining and Processing of Non-Ferrous Metal Ores	1323.9	335.1	2388.8
非金属矿采选业	Mining and Processing of Nonmetal Ores	1885.7	260.3	407.5
开采辅助活动	Mining Support Activities	997.9	262.0	61.9
农副食品加工业	Processing of Food from Agricultural Products	85396.5	7707.8	46.5
食品制造业	Manufacture of Foods	29000.7	3692.3	21.9
酒、饮料和精制茶制造业	Manufacture of Wine, Soft Drinks and Refined Tea	122606.4	4075.3	16.2
烟草制品业	Manufacture of Tobacco	1570.2	889.6	1.02
纺织业	Manufacture of Textile	1883.0	328.4	1.47
纺织服装、服饰业	Manufacture of Textile, Wearing Apparel and Accessories	4.7	0.7	0.001
皮革、毛皮、羽毛及其制品和制鞋业	Leather, Fur, Feathers and Its Process and System Footwear	134.1	28.3	0.069
木材加工和木、竹、藤、棕、草制品业	Processing of Timber,Manufacture of Wood, Bamboo, Rattan,Palm, and Straw Products	10616.5	4989.4	4.6
家具制造业	Manufacture of Furniture	665.8	117.6	0.2
造纸和纸制品业	Manufacture of Paper and Paper Products	18783.3	698.6	13.7
印刷和记录媒介复制业	Printing,Reproduction of Recording Media	135.3	20.2	0.11
文教、工美、体育和娱乐用品制造业	Manufacture of Culture and Education,Arts and Crafts, Sports and Recreation Supplies	17.4	17.4	0.02
石油加工、炼焦和核燃料加工业	Processing of Petroleum, Coking, Processing of Nuclear Fuel	374979.0	16074.0	215.6

CONTINUED

一般工业固体废物综合利用量(万吨) Volume of Industrial Solid Wastes Utilized (10000 tons)	一般工业固体废物处置量(万吨) Volume of Industrial Solid Wastes Treated (10000 tons)	一般工业固体废物贮存量(万吨) Volume of Industrial Solid Wastes Accumulated (10000 tons)	一般工业固体废物倾倒丢弃量(万吨) Volume of Industrial Solid Wastes Discarded (10000 tons)	危险废物产生量(吨) Hazardous Waste Generated Volume (ton)	危险废物综合利用量(吨) Comprehensive Utilization Amount of Hazardous Waste (ton)	危险废物处置量(吨) Hazardous Waste Disposal Volume (ton)	危险废物贮存量(吨) Hazardous Waste Storage Capacity (ton)
3939.9	**1259.3**	**1946.0**	**1.76**	**325523.5**	**87072.2**	**234548.2**	**5507.0**
1.4				6.0		6.0	
1190.9	116.3	151.8	0.2	145.9	145.9		
0.4				66026.7	52597.3	13429.5	
68.6	2.4						
64.1	978.8	1346.0		25.6		25.6	
188.0	4.1	215.5					
23.4	38.3		0.15	3510.6	186.3	3328.4	5.4
46.0	0.47	0.0001		4.15	3.7	0.5	
21.7	0.13			47.1		46.6	0.5
15.1	1.06			9.1	5.7	3.2	0.4
1.0							
1.5				4.9		4.9	
0.001							
0.07				2.2	2.2		
4.6							
0.2	0.03			13.7		13.7	0.01
13.6	0.24			11.8	5.9	5.9	
0.1				0.3		0.3	
0.02							
205.3	10.3			17180.9	4430.4	12747.7	2.8

7-14 续表3

类 别	Category	工业废气中烟（粉）尘产生量(吨) Produced Volume of Industrial Waste Gas Smoke (powder) Dust (ton)	工业废气中烟（粉）尘排放量(吨) Emission Volume of Industrial Waste Gas Smoke(powder) Dust (ton)	一般工业固体废物产生量(万吨) Volume of Industrial Solid Wastes Produced (10000 tons)
化学原料和化学制品制造业	Manufacture of Raw Chemical Materials and Chemical Products	820322.6	10634.0	184.0
医药制造业	Manufacture of Medicines	40684.4	1725.8	11.8
化学纤维制造业	Manufacture of Chemical Fibers			
橡胶和塑料制品业	Manufacture of Rubber and Plastic Products	2451.2	165.0	1.9
非金属矿物制品业	Manufacture of Non-metallic Mineral Products	1602671.7	21842.0	44.9
黑色金属冶炼和压延加工业	Smelting and Pressing of Ferrous Metals	382253.8	19986.1	276.4
有色金属冶炼和压延加工业	Smelting and Pressing of Non-ferrous Metals	14824.4	1004.3	3.0
金属制品业	Manufacture of Metal Products	1012.3	59.5	0.35
通用设备制造业	Manufacture of General Purpose Machinery	964.3	97.9	0.7
专用设备制造业	Manufacture of Special Purpose Machinery	17141.3	1712.5	8.5
汽车制造业	Manufacture of Automotive	2602.3	2372.1	1.2
铁路、船舶、航空航天和其他运输设备制造业	Manufacture of Railways, Shipbuilding, Aerospace and Other Transportation Equipment	11587.7	1067.5	5.8
电气机械和器材制造业	Manufacture of Electrical Machinery and Equipment	339.6	17.0	0.3
计算机、通信和其他电子设备制造业	Manufacture of Computer, Communications and Other Electronic Equipment	2034.3	37.4	0.2
仪器仪表制造业	Manufacture of Instrument	17.5	6.6	0.03
其他制造业	Other Manufacture	2073.2	291.0	1.65
金属制品、机械和设备修理业	Metal Products, Machinery and Equipment Repair Industry	0.6	0.6	2.49
电力、热力生产和供应业	Production and Supply of Electric Power and Heat Power	1248.5	115.9	0.4
燃气生产和供应业	Production and Supply of Gas	12160315.9	222801.5	1864.0

CONTINUED

一般工业固体废物综合利用量(万吨) Volume of Industrial Solid Wastes Utilized (10000 tons)	一般工业固体废物处置量(万吨) Volume of Industrial Solid Wastes Treated (10000 tons)	一般工业固体废物贮存量(万吨) Volume of Industrial Solid Wastes Accumulated (10000 tons)	一般工业固体废物倾倒丢弃量(万吨) Volume of Industrial Solid Wastes Discarded (10000 tons)	危险废物产生量(吨) Hazardous Waste Generated Volume (ton)	危险废物综合利用量(吨) Comprehensive Utilization Amount of Hazardous Waste (ton)	危险废物处置量(吨) Hazardous Waste Disposal Volume (ton)	危险废物贮存量(吨) Hazardous Waste Storage Capacity (ton)
182.4	1.02	0.64	0.0012	187741.9	12331.8	175327.2	133.0
11.5	0.61	0.004		17965.7	9175.3	8790.3	0.17
1.87		0.0007					
44.1	0.9			1.68	0.18	1.5	
276.4				1907.4	1805.8	102.6	5.25
2.7	0.4			180.8	171.0	9.8	
0.35				39.5		39.3	0.17
0.7				1498.8	68.1	1430.7	
5.4	0.04	3.0		3902.9	42.4	734.1	3128.8
1.2	0.007			247.5		247.5	
5.7	0.06			1459.8	80.8	1379.0	
0.3	0.00001			7.4		8.1	0.24
	0.20			1474.5	1474.5		
0.03	0.01						
1.65	0.01			14.8	6.1	9.1	
0.95		0.6	1.4	9158.3	3399.8	5062.9	2228.9
0.4				27.1		27.1	
1558.2	104.2	228.5		12906.7	1139.3	11766.7	1.39

主要统计指标解释

耕地 指种植农作物的土地，包括熟地，新开发、复垦、整理地，休闲地（含轮歇地、轮作地）；以种植农作物（含蔬菜）为主，间有零星果树、桑树或其他树木的土地；平均每年能保证收获一季的已垦滩地和海涂。耕地中包括南方宽度＜1.0米，北方宽度＜2.0米固定的沟、渠、路和地坎（埂）；临时种植药材、草皮、花卉、苗木等的耕地，以及其他临时改变用途的耕地。

园地 指种植以采集果、叶、根、茎、汁等为主的集约经营的多年生木本和草本作物，覆盖度大于50%和每亩株数大于合理株数70%的土地。包括用于育苗的土地。

林地 指生长乔木、竹类、灌木的土地，及沿海生长红树林的土地。包括迹地，不包括居民点内部的绿化林木用地，铁路、公路征地范围内的林木，以及河流、沟渠的护堤林。

草地 指生长草本植物为主的土地。

径流量 指在一定时段内通过河流某一过水断面的水量，用以反映一个国家或地区水资源的丰歉程度。计算公式为：

径流量=降水量-蒸发量

流域 每条河流都有自己的干流和支流，干支流共同组成这条河流的水系。每条河流都有自己的集水区域，这个集水区域就称为该河流的流域。

外流河 指直接或间接流入海洋的河流。供给外流河河水的区域称为外流区域。

内陆河 指在陆地内部干燥地区，河水沿途消失于沙漠或注入内陆湖泊的河流。供给内陆河河水的区域称为内陆区域。

矿产资源 矿产资源指由地质作用形成的，具有利用价值的，呈固态、液态、气态的自然资源，是社会生产发展的重要物质基础。目前我国已发现矿种有170多种，按其特点和用途，可分为能源矿产(如煤炭、石油、天然气、地热)、金属矿产(如铁矿、锰矿、铜矿、铅矿、铝土矿)、非金属矿产(如金刚石、石灰岩、粘土)和水气矿产(如地下水、矿泉水、二氧化碳气)四大类。其中：金属矿产按其物质成份和性质又可分为：黑色金属矿产、有色金属矿产、贵金属矿产、稀有金属矿产、稀土金属矿产、分散元素金属矿产六类。

矿产基础储量 基础储量是查明矿产资源的一部分。它能满足现行采矿和生产所需的指标要求，是控制的、探明的并通过可行性或预可行性研究认为属于经济的、边界经济的部分，用未扣除设计、采矿损失的数量表示。

平均气温 气温指空气的温度，我国一般以摄氏度为单位表示。气象观测的温度表是放在离地面约1.5米处通风良好的百叶箱里测量的，因此，通常说的气温指的是离地面1.5米处百叶箱中的温度。计算方法：月平均气温是将全月各日的平均气温相加，除以该月的天数而得。年平均气温是将12个月的月平均气温累加后除以12而得。

年平均相对湿度 指空气中实际水气压与当时气温下的饱和水气压之比。其统计方法与气温相同。

降水量 指从天空降落到地面的液态或固态(经融化后)水，未经蒸发、渗透、流失而在地面上积聚的深度。计算方法：月降水量是将全月各日的降水量累加而得。年降水量是将12个月的月降水量累加而得。

全年日照时数 指太阳实际照射地面的时数，通常以小时为单位表示。其统计方法与降水量相同。

水资源总量 指当地降水形成的地表和地下产水总量，即地表径流量与降水入渗补给量之和。

地表水资源量 指河流、湖泊以及冰川等地表水体中可以逐年更新的动态水量，即天然河川径流量。

地下水资源量 指地下饱和含水层逐年更新的动态水量，即降水和地表水入渗对地下水的补给量。

地表水与地下水重复计算量 指地表水和地下水相互转化的部分，即天然河川径流量中的地下水排泄量和地下水补给量中来源于地表水的入渗补给量。

供水总量 指各种水源为用水户提供的包括输水损失在内的毛水量。

地表水源供水量 指地表水体工程的取水量，按蓄、引、提、调四种形式统计。从水库、塘坝中引水或提水，均属蓄水工程供水量；从河道或湖泊中自流引水的，无论有闸或无闸，均属引水工程供水量；利用扬水站从河道或湖泊中直接取水的，属提水工程供水量；跨流域调水指水资源一级区或独立流域之间的跨流域调配水量，不包括在蓄、引、提水量中。

地下水源供水量 指水井工程的开采量，按浅层淡水、深层承压水和微咸水分别统计。城市地下水源供水量包括自来水厂的开采量和工矿企业自备井的开采量。

其他水源供水量 包括污水处理再利用、集雨工程、海水淡化等水源工程的供水量。

用水总量 指各类用水户取用的包括输水损失在内的毛水量。

农业用水 包括农田灌溉用水、林果地灌溉用水、草地灌溉用水、鱼塘补水和畜禽用水。

工业用水 指工矿企业在生产过程中用于制造、加工、冷却、空调、净化、洗涤等方面的用水，按新水取用量计，不包括企业内部的重复利用水量。

生活用水 包括城镇生活用水和农村生活用水。城镇生活用水由居民用水和公共用水（含第三产业及建筑业等用水）组成；农村生活用水指居民生活用水。

生态环境补水 仅包括人为措施供给的城镇环境用水和部分河湖、湿地补水，而不包括降水、径流自然满足的水量。

一般工业固体废物产生量 指未被列入《国家危险废物名录》或者根据国家规定的危险废物鉴别标准（GB5085）、固体废物浸出毒性浸出方法（GB5086）及固体废物浸出毒性测定方法（GB／T 15555）鉴别方法判定不具有危险特性的工业固体废物。计算公式是：

一般工业固体废物产生量=（一般工业固体废物综合利用量－其中：综合利用往年贮存量）+一般工业固体废物贮存量+（一般工业固体废物处置量－其中：处置往年贮存量）+一般工业固体废物倾倒丢弃量

一般工业固体废物综合利用量 指报告期内企业通过回收、加工、循环、交换等方式，从固体废物中提取或者使其转化为可以利用的资源、能源和其他原材料的固体废物量（包括当年利用的往年工业固体废物累计贮存量）。如用作农业肥料、生产建筑材料、筑路等。综合利用量由原产生固体废物的单位统计。

一般工业固体废物处置量 指报告期内企业将工业固体废物焚烧和用其他改变工业固体废物的物理、化学、生物特性的方法，达到减少或者消除其危险成分的活动，或者将工业固体废物最终置于符合环境保护规定要求的填埋场的活动中，所消纳固体废物的量。

一般工业固体废物贮存量 指报告期内企业以综合利用或处置为目的，将固体废物暂时贮存或堆存在专设的贮存设施或专设的集中堆存场所内的量。专设的固体废物贮存场所或贮存设施必须有防扩散、防流失、防渗漏、防止污染大气、水体的措施。

一般工业固体废物倾倒丢弃量 指报告期内企业将所产生的固体废物倾倒或者丢弃到固体废物污染防治设施、场所以外的量。

危险废物产生量 指当年全年调查对象实际产生的危险废物的量。危险废物指列入国家危险废物名录或者根据国家规定的危险废物鉴别标准和鉴别方法认定的，具有爆炸性、易燃性、易氧化性、毒性、腐蚀性、易传染性疾病等危险特性之一的废物。按《国家危险废物名录》（环境保护部、国家发展和改革委员会2008部令第1号）填报。

危险废物综合利用量 指当年全年调查对象从危险废物中提取物质作为原材料或者燃料的活动中消纳危险废物的量。包括本单位利用或委托、提供给外单位利用的量。

危险废物处置量 指报告期内企业将危险废物焚烧和用其他改变工业固体废物的物理、化学、生物特性的方法，达到减少或者消除其危险成分的活动，或者将危险废物最终置于符合环境保护规定要求的填埋场的活动中，所消纳危险废物的量。处置量包括处置本单位或委托给外单位处置的量。

危险废物贮存量 指将危险废物以一定包装方式暂时存放在专设的贮存设施内的量。专设的贮存设施指对危险废物的包装、选址、设计、安全防护、监测和关闭等符合《危险废物贮存污染控制标准》（GB18597-2001）等相关环保法律法规要求，具有防扩散、防流失、防渗漏、防止污染大气和水体措施的设施。

生活垃圾清运量 指报告期收集和运送到各生活垃圾处理厂(场)和生活垃圾最终消纳点的生活垃圾数量。生活垃圾指城市日常生活或为城市日常生活提供服务的活动中产生的固体废物以及法律行政规定的视为城市生活垃圾的固体废物。包括：居民生活垃圾、商业垃圾、集市贸易市场垃圾、街道清扫垃圾、公共场所垃圾和机关、学校、厂矿等单位的生活垃圾。

生活垃圾无害化处理率 指报告期生活垃圾无害化处理量与生活垃圾产生量的比率。在统计上，由于生活垃圾产生量不易取得，可用清运量代替。计算公式为：

$$\begin{array}{c}\text{生活垃圾无}\\\text{害化处理率}\end{array}=\frac{\text{生活垃圾无害化处理量}}{\text{生活垃圾产生量}}\times 100\%$$

森林面积 包括郁闭度0.2以上的乔木林地面积和竹林面积，国家特别规定的灌木林地面积，农田林网以及村旁、路旁、水旁、宅旁林木的覆盖面积。

森林覆盖率 以行政区域为单位的森林面积占区域土地总面积的百分比。计算公式为：

$$\text{森林覆盖率}(\%)=\frac{\text{森林面积}}{\text{土地总面积}}\times 100\%$$

活立木总蓄积量 指一定范围土地上全部树木蓄积的总量，包括森林蓄积、疏林蓄积、散生木蓄积和四旁树蓄积。

森林蓄积量 指一定森林面积上存在着的林木树干部分的总材积。

湿地 指天然或人工、长久或暂时性的沼泽地、泥炭地或水域地带，包括静止或流动、淡水、半咸水、咸水体，低潮时水深不超过6米的水域以及海岸地带地区的珊瑚滩和海草床、滩涂、红树林、河口、河流、淡水沼泽、沼泽森林、湖泊、盐沼及盐湖。

自然保护区 指为了保护自然环境和自然资源，促进国民经济的持续发展，将一定面积的陆地和水体划分出来，并经各级人民政府批准而进行特殊保护和管理的区域个数。根据保护对象，自然保护区分为自然生态系统类、野生生物类、自然遗迹类。风景名胜区、文物保护区不计在内。

Explanatory Notes on Main Statistical Indicators

Cultivated Land refers to land mainly for the regular cultivation of farm crops (including vegetables), with some fruit trees, mulberry trees and others, covers cultivated land, newly-developed land, reclaimed land, consolidated land, fallow, beach land that can guarantee one harvest per year on average. It also covers fixed ditch, canal, road and sill (ridge) with width less than 1 meter in the South and 2 meters in the North, lands planted temporarily with herbs, grass, flowers and nursery stocks, and other cultivated land with temporary change of use.

Garden Land refers to land for intensive cultivation of perennial woody plants and herbs to collect fruits, leaves, roots, stems and juice, with a covering rate over 50% and plant number per mu over 70% of rational plant number. Land for nursery is included.

Forestland refers to land for planting arbor, bamboo, bush shrub and land in coastal zones for planting mangrove. It includes slash, but not the green belts in residential area, forests requested for railway and highway, and the dike protection forest around rivers and ditches.

Pastureland refers to land mainly for the growth of herbs.

Volume of Runoff refers to the total volume of water running through a certain cross section of a river during a certain period of time, reflecting the water resource condition in a country or a region. The formula for calculating volume of runoff is as follows:

Runoff =Precipitation-Evaporation

Drainage Area Each river has its own main stream and branches to form the water system of the river. Each river has its own catchment' s area, which is also called as the drainage area of the river.

Out-flowing Rivers refer to rivers directly or indirectly flowing into the sea. The area providing water to the out-flowing rivers is called as out-flowing area.

Inland Rivers refer to rivers in inland dry areas that die away in desert on the way or infuse into inland lakes. The area providing water to the inland rivers is called as inland area.

Mineral Resources refer to useful minerals, with solid state, liquid state, gaseity, due to the geological process. Minerals are important natural resources, and important material base for social development. At present, there are more than 170 types of minerals discovered in China. They can be categorized into four groups: energy producing minerals (including coal, petroleum, natural gas and terrestrial heat), metallic minerals (including iron, manganese, copper, lead and bauxite), non metallic minerals (including diamond, limestone and clay), and water/gas related minerals (including ground water, mineral water and carbon dioxide). Metallic minerals can be further classified as ferrous, non-ferrous, noble metal, rare metal, rare earth metal and dispersed metals.

Ensured Mineral Reserves refer to the actual mineral reserves, which equal to the proven mineral reserves (including industrial reserves and prospective reserves) minus extracted parts and underground losses.

Average Temperature refers to the air temperature. China uses centigrade as the unit. The thermometry used for weather observation is put in a breezy shutter, which is 1.5 meters high from the ground. Therefore, the commonly used temperature refers to the temperature in the breezy shutter 1.5 meters away from the ground. The calculation method is as follows:

Monthly average temperature is the summation of average daily temperature of one month divided by the actual days of that particular month.

Annual average temperature is the summation of monthly average of a year divided by 12 months.

Average Annual Relative Humidity refers to the ratio of actual water vapour pressure to the saturation water vapour pressure under the current temperature. The calculation method is the same as that of temperature.

Volume of Precipitation refers to the deepness of liquid state or solid state (thawed) water falling from the sky to the ground that has not been evaporated, infiltrated or run off. The calculation method is as follows:

Monthly precipitation is the summation of daily precipitation of a month.

Annual precipitation is the summation of 12 months precipitation of a year.

Annual Sunshine Hours refer to the actual hours of sun irradiating the earth, usually expressed in hours. The calculation method is the same as that of the precipitation.

Total Water Resources refers to total volume of surface water and groundwater and is measured as run-off for surface water and replenishment of groundwater with rainfall in local area.

Surface Water Resources refers to total volume of year by year renewable dynamic resources which exist in rivers, lakes, glaciers and other surface water and are the natural run-off of rivers.

Groundwater Resources refers to total volume of year by year renewable dynamic resources which exist in saturation acquifers of groundwater and are measured as replenishment of groundwater with rainfall and surface water.

Duplicated Measurement between Surface Water and Groundwater refers to mutual exchange between surface water and groundwater, i.e. run-off of rivers includes some depletion into groundwater while groundwater includes some replenishment from surface water.

Water Supply refers to gross water of various sources supplied to consumers, including losses during distribution.

Surface Water Supply refers to withdrawals by surface water supply system, broken down with storage, flow, pumping and transfer. Supply from storage projects includes withdrawals from reservoirs; supply from flow includes withdrawals from rivers and lakes with natural flows no matter if there are locks or not; supply from pumping projects includes withdrawals from rivers or lakes with pumping stations; and supply from transfer refers to water supplies transferred from first-level regions of water resources or independent river drainage areas to others, and should not be covered under supplies of storage, flow and pumping.

Groundwater Supply refers to withdrawals from supplying wells, broken down with shallow layer freshwater, deep layer freshwater and slightly brackish water. Groundwater supply for urban areas includes water mining by both waterworks and own wells of enterprises.

Other Water Supply Sources include supplies by waste-water treatment, rain collection, seawater desalinization and other water projects.

Water Use refers to gross water used by various water users, including losses during distribution.

Water Use by Agriculture includes uses of water by irrigation of farming fields, forestry and orchards, irrigation of grassland, replenishment of fishing farms and water used by animal husbandry.

Water Use by Industry refers to new withdrawals of water, excluding reuse of water within enterprises.

Water Use by Living Consumption includes use of water for living consumption in both urban and rural areas. Urban water use by living consumption is composed of household use and public use (including tertiary industry and construction). Rural water use by living consumption includes water used by households.

Water Use by Ecological and Environmental Protection includes replenishment of rivers and lakes and use for urban environment.

Common Industrial Solid Wastes Produced refers to the industrial solid wastes that are not listed in the 《National Catalogue of Hazardous Wastes》, or not regarded as hazardous according to the national hazardous waste identification standards (GB5085), solid waste-Extraction procedure for leaching toxicity (GB5086) and solid waste-Extraction procedure for leaching toxicity (GB/T 15555). The calculation formula is as followed:

Common Industrial Solid Wastes Produced = (common industrial solid wastes utilized - the proportion of utilized stock of previous years) + common industrial solid waste stock + (common industrial solid wastes disposed - the proportion of disposed stock of previous years) + common industrial solid wastes discharged.

Common Industrial Solid Wastes Comprehensively Utilized refers to volume of solid wastes from which useful materials can be extracted or which can be converted into usable resources, energy or other materials by means of reclamation, processing, recycling and exchange (including utilizing in the year the stocks of industrial solid wastes of the previous year) during the report period, e.g. being used as agricultural fertilizers, building materials or as material for paving road. Examples of such utilizations include fertilizers, building materials and road materials. The information shall be collected by the producing units of the wastes.

Common Industrial Solid Wastes Disposed refers to the quantity of industrial solid wastes which are burnt or specially disposed using other methods to alter the physical, chemical and biological properties and thus to reduce or eliminate the hazard, or placed ultimately in the sites meeting the requirements for environmental protection during the report period.

Stock of Common Industrial Solid Wastes refers to the volume of solid wastes placed in special facilities or special sites by enterprises for purposes of utilization or disposal during the report period. The sites or facilities should take measures against dispersion, loss, seepage, and air and water contamination.

Common Industrial Solid Wastes Discharged refers to the volume of industrial solid wastes dumped or discharged by producing enterprises to disposal facilities or to other sites.

Hazardous Wastes Produced refers to the volume of actual hazardous wastes produced by surveyed samples throughout the year of the survey. Hazardous waste refers to those included in the national hazardous wastes catalogue or specified as any one of the following properties in light of the national hazardous wastes identification standards and methods: explosive, ignitable, oxidizable, toxic, corrosive or liable to cause infectious diseases or lead to other dangers. The report of this indicator should follow the 《National Catalogue of Hazardous Wastes》 (the NO.1 Ministry Order in 2008 by the Ministry of Environment Protection and National Development and Reform Commission).

Hazardous Wastes Utilized refers to the volume of hazardous wastes that are used to extract materials for raw materials or fuel throughout the year of the survey, including those utilized by the producing enterprise and those provided to other enterprises for utilization.

Hazardous Wastes Disposed refers to the quantity of hazardous wastes which are burnt or specially disposed using other methods to alter the physical, chemical and biological properties and thus to reduce or eliminate the hazard, or placed ultimately in the sites meeting the requirements for environmental protection during the report period.

Stock of Hazardous Wastes refers to the volume of hazardous wastes specially packaged and placed in special facilities or special sites by enterprises. The special stock facilities should meet the requirements set in relevant environment protection laws and regulations such as "Pollution Control Standards for Hazardous Waste Stock" (GB18597-2001) in regard to package of hazardous waste, location, design, safety, monitoring and shutdown, and take measures against dispersion, loss, seepage, and air and water contamination.

Consumption Wastes Transported refers to volume of consumption wastes collected and transported to disposal factories or sites during the reference period. Consumption wastes are solid wastes produced from urban households or from service activities for urban households, and solid wastes regarded by laws and regulations as urban consumption wastes, including those from households, commercial activities, markets, cleaning of streets, public sites, offices, schools, factories, mining units and other sources.

Ratio of Consumption Wastes Treated refers to consumption wastes treated over that produced. In practical statistics, as it is difficult to estimate, the volume of consumption wastes produced is replaced with that transported. It is calculated as:

$$\text{Ratio of consumption wastes treated} = \frac{\text{consumption wastes treated}}{\text{consumption wastes produced}} \times 100\%$$

Forest Area refers to the area of trees and bamboo grow with a canopy density above 0.2 degree, the area of shrubby tree according to regulations of the government, the area of forest land inside farm land and the area of trees planted by the side of villages, farm houses and along roads and rivers.

Forest Coverage Rate Taking the administrative jurisdiction as the unit, the percentage of area of afforested land to the area of total land. The formula for calculating forest coverage rate is as follows:

$$\text{Forestry coverage rate} = \frac{\text{Area of Afforested Land}}{\text{Area of Total Land}} \times 100\%$$

Total Standing Stock Volume refers to the total stock volume of trees growing in land, including trees in forest, trees in sparse forest, scattered trees and trees planted by the side of villages, farm houses and along roads and rivers.

Stock Volume of Forest refers to total stock volume of wood growing in forest area, which shows the total size and level of forest resources of a country or a region.

Wetlands refer to marshland and peat bog, whether natural or man-made, permanent or temporary; water covered areas, whether stagnant or flowing, with fresh or semi-fresh or salty water that is less than 6 meters deep at low tide; as well as coral beach, weed beach, mud beach, mangrove, river outlet, rivers, fresh-water marshland, marshland forests, lakes, salty bog and salt lakes along the coastal areas.

Natural Reserves refer to number of certain areas of land, or waters that have been set aside and put under special protection and management in order to protect natural environment and natural resources, and promote the sustainable development of national economy. They are subject to formal approval from governments of various levels. According to the protected targets, natural reserves can be divided into three categories: reserves of natural ecological system, natural reserves of wildlife species, and natural heritage of historical significance. Scenic spots and cultural preservation zones are not included.

第八篇　能　源

CHAPTER 8 ENERGY

资料整理：胡　萍　苗立辉　毛维佳　王志博
　　　　　鄢杰明

8-1 一次能源生产总量和构成

TOTAL PRODUCTION OF PRIMARY ENERGY AND ITS COMPOSITION

年 份 Year	能源生产总量 Total Energy Production	原 煤 Coal	原 油 Crude Oil	天然气 Natural Gas	水 电 Hydro-power	风 电 Wind Power
绝对数(万吨标准煤) **Aggregate Data** **(10000 tons of SCE)**						
2005	13756.0	6955.3	6421.6	324.5	50.1	4.5
2006	13923.0	7344.4	6200.8	326.3	44.6	6.9
2007	13542.2	7189.5	5957.0	339.2	47.2	9.3
2008	13124.0	6911.6	5743.3	360.4	54.0	55.0
2009	13263.3	6954.3	5715.4	399.0	72.7	121.9
2010	13265.6	6899.8	5721.4	397.7	87.3	159.4
2011	13316.3	6879.8	5723.0	412.3	60.2	241.0
2012	12838.7	6404.7	5714.5	447.9	70.8	200.8
2013	11990.7	5461.5	5715.8	462.4	100.4	250.6
2014	11244.5	4779.1	5714.4	471.9	65.3	213.8
2015	10763.8	4510.8	5483.8	476.4	61.3	231.4
构成(%) **Composition (%)**						
2005	100.0	50.6	46.7	2.36	0.36	0.03
2006	100.0	52.8	44.5	2.34	0.32	0.05
2007	100.0	53.1	44.0	2.50	0.35	0.07
2008	100.0	52.7	43.8	2.75	0.41	0.42
2009	100.0	52.4	43.1	3.01	0.55	0.92
2010	100.0	52.0	43.1	3.00	0.66	1.20
2011	100.0	51.7	43.0	3.10	0.45	1.81
2012	100.0	49.9	44.5	3.49	0.55	1.56
2013	100.0	45.5	47.7	3.86	0.84	2.09
2014	100.0	42.5	50.8	4.20	0.58	1.90
2015	100.0	41.9	50.9	4.43	0.57	2.15

8-2 能源消费总量和构成

TOTAL CONSUMPTION OF PRIMARY ENERGY AND ITS COMPOSITION

年　份 Year	能源消费总　量 Total Energy Consumption	原　煤 Coal	原　油 Crude Oil	天然气 Natural Gas	水　电 Hydro-power	风　电 Wind Power	电力调入(+)调出(-) Electricity Inflow(+) and Outflow(-)	其他能源 Other Energy
绝对数(万吨标准煤)								
Aggregate Data								
(10000 tons of SCE)								
2005	8075.8	5754.7	2125.2	324.9	50.1	4.5	-199.6	16.0
2006	8727.5	6067.5	2312.2	326.2	60.0	6.9	-249.3	204.0
2007	9374.0	6592.0	2480.5	408.3	47.2	14.5	-283.9	115.4
2008	9979.4	7528.3	2004.1	418.6	54.0	43.6	-278.7	209.5
2009	10466.7	7232.0	2503.6	399.0	72.7	82.7	-178.3	355.0
2010	11139.3	7621.8	2710.8	397.7	87.3	133.6	-93.3	281.4
2011	12118.5	8318.9	3043.7	412.3	63.4	177.4	-121.4	224.2
2012	12757.8	8861.9	3218.5	447.9	70.8	200.9	-54.0	11.8
2013	11853.3	8372.0	2627.4	462.4	100.4	250.6	2.9	37.6
2014	11954.9	8413.7	2858.1	471.9	65.3	213.8	-113.4	45.5
2015	12126.2	8399.7	2896.8	476.4	61.3	231.4	-83.3	143.8
构成(%)								
Composition (%)								
2005	100.0	71.3	26.3	4.0	0.6	0.1	-2.5	0.2
2006	100.0	69.5	26.5	3.7	0.7	0.1	-2.9	2.4
2007	100.0	70.3	26.5	4.4	0.5	0.2	-3.0	1.1
2008	100.0	75.4	20.1	4.2	0.5	0.5	-2.8	2.1
2009	100.0	69.1	24.0	3.8	0.7	0.8	-1.7	3.3
2010	100.0	68.4	24.3	3.6	0.8	1.2	-0.8	2.5
2011	100.0	68.7	25.1	3.4	0.5	1.5	-1.1	1.9
2012	100.0	69.5	25.1	3.5	0.6	1.6	-0.4	0.1
2013	100.0	70.6	22.2	3.9	0.8	2.1	0.02	0.3
2014	100.0	70.4	23.9	3.9	0.5	1.8	-0.9	0.4
2015	100.0	69.3	23.9	3.9	0.5	1.9	-0.7	1.2

8-3 综合能源平衡表

OVERALL ENERGY BALANCE SHEET

单位：万吨标准煤 (10000 tons of SCE)

指　标	Item	2013	2014	2015
可供消费的能源总量	**Total Energy Available for Consumption**	**11853.3**	**11954.9**	**12126.2**
一次能源生产量	Primary Energy Output	11990.7	11244.5	10763.8
外省(区、市)调入量	Inflow from Other Provinces(Regions, Cities)	5317.6	6210.5	6398.0
进口量	Imports	3640.3	3508.4	3334.5
本省(区、市)调出量(-)	Outflow to Other Provinces(Regions, Cities)(-)	8927.4	8951.3	8298.7
出口量(-)	Exports(-)	17.1	43.2	183.3
年初年末库存差额	Stock Changes in the Year	-150.7	-14.0	111.9
年初库存量	Stocks	828.7	986.6	1000.7
年末库存量(-)	Stock Changes in the Year(-)	979.4	1000.7	888.7
能源消费总量	**Total Energy Consumption**	**11853.3**	**11954.9**	**12126.2**
在总量中：	Consumption by Sector			
农、林、牧、渔、水利业	Agriculture, Forestry, Animal Husbandry, Fishery and Water Conservancy	520.0	537.9	571.2
工　业	Industry	7245.3	6980.4	6527.3
建筑业	Construction	52.8	54.8	55.0
交通运输、仓储和邮政业	Transport, Storage and Post	988.5	1079.9	1099.1
批发、零售业和住宿、餐饮业	Wholesale and Retail Trade , Hotels and Catering Services	751.5	847.3	1145.8
其他	Others	526.3	645.8	915.6
生活消费	Household Consumption	1769.1	1808.8	1812.3
在总量中：	Consumption by Usage			
终端消费	End-use Consumption	10240.6	10446.0	10836.6
#工业	#Industry	5632.6	5471.5	5237.7
加工转换损失量	Losses During the Process of Energy Conversion	1362.0	1262.1	1228.7
火力发电	Fuel Power Generation			
供热	Heating	438.0	469.6	475.1
洗选煤	Coal Washing and Dressing	721.9	544.2	520.7
炼焦	Coking	62.0	111.5	85.5
炼油	Petroleum Refining	126.9	173.7	162.6
制气	Gas Production	85.6	24.0	31.4
损失量	Energy Losses	250.7	246.8	60.9

注：电力、热力按等价热值折算。
Note: Electric power and heat are converted by the equivalent calorific value.

8-4 能源加工转换效率

EFFICIENCY OF ENERGY CONVERSION

单位：% (%)

年　份 Year	总效率 Total Efficiency	发电及电站供热 Electricity Generation and Heating by Power Stations	炼　焦 Coking	炼　油 Petroleum Refining
2004	66.18	35.62	80.65	98.72
2005	65.88	35.13	70.04	98.73
2006	65.21	35.14	78.89	98.74
2007	67.44	35.70	77.72	98.13
2008	66.26	35.91	74.79	98.17
2009	69.84	38.09	80.06	99.91
2010	71.67	40.35	86.68	98.08
2011	70.63	39.07	90.23	94.87
2012	72.41	40.79	93.10	93.73
2013	75.82	51.48	94.00	94.93
2014	73.84	50.84	89.56	92.89
2015	73.42	51.37	90.56	93.35

8-5 能源平衡表 (2015年)

项　目	Item	煤合计（万吨） Total Coal (10000 tons)	原煤（万吨） Raw Coal (10000 tons)
可供本地区消费的能源量	**Total Energy Available for Consumption**	**13432.85**	**14592.21**
年初库存量	Stock at The Early Year	1282.76	1175.63
一次能源生产量	Primary Energy Output	6551.11	6551.11
外省（区、市）调入量	Inflow from Other Provinces (Regions, Cities)	9521.84	9507.52
进口量	Imports	97.80	97.80
本省（区、市）调出量(-)	Outflow to Other Provinces (Regions, Cities) (-)	-2894.77	-1702.09
出口量(-)	Exports(-)		
年末库存量(-)	Stock at The Year-end(-)	-1125.89	-1037.76
加工转换投入(-)产出(+)量	**Input(-) or Output(+) in Processing and Transformation**	**-8511.06**	**-10560.69**
火力发电	Fuel Power Generation	-3981.63	-3862.13
供　热	Heating	-2261.46	-2161.06
煤炭洗选	Coal Washing and Dressing	-1155.65	-4422.70
炼　焦	Coking	-1005.46	-27.09
炼　油	Petroleum Refining		
制　气	Gas Production	-106.86	-87.71
#焦炭再投入量(-)	#Reinputs of Coke(-)		
煤制品加工	Coal Products processing		
回收能			
损失量	**Losses**		
#运输和输配损失	#Losses for Transport		
终端消费量	**Total End-use Energy Consumption**	**4921.79**	**4031.52**
第一产业	Primary Industry	294.33	294.33
农、林、牧、渔业	Agriculture, Forestry, Animal Husbandry, Fishery and Water Conservancy	294.33	294.33
第二产业	Secondary Industry	2086.45	1196.18
工　业	Industry	2086.45	1196.18
#用作原料、材料	#for Raw and Processed Materials		
建筑业	Construction		
第三产业	Tertiary Industry	2196.31	2196.31
交通运输、仓储和邮政业	Transport, Storage and Post	449.82	449.82
批发、零售业和住宿、餐饮业	Wholesale and Retail Trade , Hotels and Catering Services	893.16	893.16
其　他	Others	853.33	853.33
生活消费	Household Consumption	344.70	344.70
城　镇	Urban	211.10	211.10
乡　村	Rural	133.60	133.60
消费量合计	**Total Consumption**	**13432.85**	**14592.21**

ENERGY BALANCE SHEET (2015)

无烟煤（万吨） Anthracite Coal (10000 tons)	烟煤（万吨） Bituminous Coal(10000 tons)		褐煤（万吨） Brown Coal (10000 tons)	洗精煤（万吨） Fancy Coal (10000 tons)	其它洗煤（万吨） Other Washed Coal (10000 tons)	煤制品（万吨） Coal Products (10000 tons)	煤矸石（万吨） Gangue (10000 tons)	焦炭（万吨） Coke (10000 tons)
	炼焦烟煤 Coking	一般烟煤 General						
301.23	**37.79**	**12034.23**	**2218.96**	**-673.92**	**-499.46**	**14.02**		**-501.78**
8.67	2.76	1009.15	155.05	96.18	10.95			5.37
47.32		6139.86	363.93					
277.31		7412.30	1817.91			14.32		
7.29	40.17	39.51	10.83					
		-1702.09		-701.52	491.16			-500.75
-39.36	-5.14	-864.50	-128.76	-68.58	-19.25	-0.30		-6.40
	-27.09	**-9338.86**	**-1194.74**	**1044.92**	**1014.56**	**-9.85**	**99.75**	**687.46**
		-3117.00	-745.13		-116.31	-3.19	-386.71	
		-1712.85	-448.21		-93.74	-6.66	-143.49	
		-4421.30	-1.40	2035.42	1231.63		629.95	
	-27.09			-978.37				687.46
		-87.71		-12.13	-7.02			
301.23	**10.70**	**2695.37**	**1024.22**	**371.00**	**515.10**	**4.17**	**99.75**	**185.68**
17.90		165.31	111.12					
17.90		165.31	111.12					
14.33	10.70	853.56	317.59	371.00	515.10	4.17	99.75	185.68
14.33	10.70	853.56	317.59	371.00	515.10	4.17	99.75	185.68
269.00		1462.37	464.94					
		297.94	151.88					
143.00		589.10	161.06					
126.00		575.33	152.00					
		214.13	130.57					
		96.71	114.39					
		117.42	16.18					
301.23	**37.79**	**12034.23**	**2218.96**	**1361.50**	**732.17**	**14.02**	**629.95**	**185.68**

8-5 续表1

项　目	Item	焦炉煤气（亿立方米） Coking Gas (100 million cu. m)	高炉煤气（亿立方米） (100 million cu. m)	转炉煤气（亿立方米） Converter Gas (100 million cu. m)
可供本地区消费的能源量	**Total Energy Available for Consumption**			
年初库存量	Stock at The Early Year			
一次能源生产量	Primary Energy Output			
外省（区、市）调入量	Inflow from Other Provinces (Regions, Cities)			
进口量	Imports			
本省（区、市）调出量(-)	Outflow to Other Provinces (Regions, Cities)(-)			
出口量(-)	Exports(-)			
年末库存量(-)	Stock at The Year-end(-)			
加工转换投入(-)产出(+)量	**Input(-) or Output(+) in Processing and Transformation**	**13.23**	**31.77**	**2.11**
火力发电	Fuel Power Generation	-1.90		
供　热	Heating	-0.15		
煤炭洗选	Coal Washing and Dressing			
炼　焦	Coking	15.28		
炼　油	Petroleum Refining			
制　气	Gas Production			
#焦炭再投入量(-)	#Reinputs of Coke(-)			
煤制品加工	Coal Products processing			
回收能			31.77	2.11
损失量	**Losses**			
#运输和输配损失	#Losses for Transport			
终端消费量	**Total End-use Energy Consumption**	**13.23**	**31.77**	**2.11**
第一产业	Primary Industry			
农、林、牧、渔业	Agriculture, Forestry, Animal Husbandry, Fishery and Water Conservancy			
第二产业	Secondary Industry	13.23	31.77	2.11
工　业	Industry	13.23	31.77	2.11
#用作原料、材料	#for Raw and Processed Materials			
建筑业	Construction			
第三产业	Tertiary Industry			
交通运输、仓储和邮政业	Transport, Storage and Post			
批发、零售业和住宿、餐饮业	Wholesale and Retail Trade , Hotels and Catering Services			
其　他	Others			
生活消费	Household Consumption			
城　镇	Urban			
乡　村	Rural			
消费量合计	**Total Consumption**	**15.28**	**31.77**	**2.11**

CONTINUED

其它煤气（亿立方米） Others Gas (100 million cu. m)	石油合计（万吨） Total Oil (10000 tons)	原油（万吨） Crude Oil (10000 tons)	汽油（万吨） Gasoline (10000 tons)	煤油（万吨） Kerosene (10000 tons)	柴油（万吨） Diesel Oil (10000 tons)	燃料油（万吨） (10000 tons)	石脑油（万吨） Naphtha (10000 tons)	润滑油（万吨） Lubricating Oil (10000 tons)	石蜡（万吨） Paraffin (10000 tons)	溶剂油（万吨） Solvent oil (10000 tons)
	2032.23	**2123.90**	**-138.35**		**-24.40**	**70.42**				
	82.63	74.68	0.08		7.59	0.28				
	3838.60	3838.60								
	2017.07	1945.32			0.62	70.44				
	-3713.55	-3601.68	-111.87							
	-117.03	-58.51	-26.39		-32.10					
	-75.49	-74.51	-0.17		-0.51	-0.30				
15.13	**-225.94**	**-1555.53**	**480.28**	**68.46**	**534.03**	**-21.32**		**8.59**	**31.35**	
-0.28	-7.82		-0.14		-0.32	-1.67				
	-61.53				-0.07	-7.14				
	-10.59	-1555.53	480.42	68.46	534.42	44.27		8.59	31.35	
15.41										
	34.75	34.75								
15.13	**1771.54**	**533.62**	**341.93**	**68.46**	**509.63**	**49.10**		**8.59**	**31.35**	
	167.86		10.06		157.80					
	167.86		10.06		157.80					
15.13	814.63	533.62	9.50	0.06	40.42	49.10		8.59	31.35	
15.13	805.69	533.62	9.50	0.06	31.48	49.10		8.59	31.35	
	8.94				8.94					
	699.22		322.37	68.40	300.25					
	496.49		231.95	68.40	188.66					
	202.01		90.42		111.59					
	0.72									
	89.83				11.16					
	89.83				11.16					
15.41	**2032.23**	**2123.90**	**342.07**	**68.46**	**510.02**	**114.69**		**8.59**	**31.35**	

8-5 续表2

项　目	Item	石油沥青（万吨） Petroleum Pitch (10000 tons)	石油焦（万吨） Petroleum Coke (10000 tons)
可供本地区消费的能源量	**Total Energy Available for Consumption**		
年初库存量	Stock at The Early Year		
一次能源生产量	Primary Energy Output		
外省（区、市）调入量	Inflow from Other Provinces (Regions,Cities)		
进口量	Imports		
本省（区、市）调出量(-)	Outflow to Other Provinces (Regions,Cities)(-)		
出口量(-)	Exports(-)		
年末库存量(-)	Stock at The Year-end(-)		
加工转换投入(-)产出(+)量	**Input(-) or Output(+) in Processing and Transformation**	**7.43**	**17.81**
火力发电	Fuel Power Generation		
供　热	Heating		
煤炭洗选	Coal Washing and Dressing		
炼　焦	Coking		
炼　油	Petroleum Refining	7.43	17.81
制　气	Gas Production		
#焦炭再投入量(-)	#Reinputs of Coke(-)		
煤制品加工	Coal Products processing		
回收能			
损失量	**Losses**		
#运输和输配损失	#Losses for Transport		
终端消费量	**Total End use Energy Consumption**	**7.43**	**17.81**
第一产业	Primary Industry		
农、林、牧、渔业	Agriculture,Forestry,Animal Husbandry,Fishery and Water Conservancy		
第二产业	Secondary Industry		17.81
工　业	Industry		17.81
#用作原料、材料	#for Raw and Processed Materials		
建筑业	Construction		
第三产业	Tertiary Industry	7.43	
交通运输、仓储和邮政业	Transport, Storage and Post	7.43	
批发、零售业和住宿、餐饮业	Wholesale and Retail Trade , Hotels and Catering Services		
其　他	Others		
生活消费	Household Consumption		
城　镇	Urban		
乡　村	Rural		
消费量合计	**Total Consumption**	**7.43**	**17.81**

CONTINUED

液化石油气（万吨） Liquefied Petroleum Gas (10000 tons)	炼厂干气（万吨） Net Gas of Plant (10000 tons)	其它石油制品（万吨） Other Oil Products (10000 tons)	天然气（亿立方米） Natural Gas (100 million cu. m)	其它焦化产品（万吨） Other Coked Products (10000 tons)	热力（万百万千焦） Heat Power (10 billion kilo-joule)	电力（亿千瓦时） Electricity (100 million kwh)	其它能源（万吨标煤） Others (10000 tons of SCE)
0.66			**35.82**			**65.36**	**143.75**
			35.82			91.34	
						0.48	143.75
0.69						117.71	
						-139.78	
-0.03						-4.39	
131.58	**40.83**	**30.55**	**-5.13**	**50.08**	**34888.46**	**803.62**	**-143.48**
	-5.69		-1.86		-60.09	803.62	-99.78
	-54.32		-3.27		34948.55		-43.70
				50.08			
141.69	100.84	109.66					
			0.93				
132.24	**40.83**	**30.55**	**29.76**	**50.08**	**34888.46**	**868.98**	**0.27**
						40.76	
						40.76	
52.80	40.83	30.55	20.75	50.08	7357.88	547.89	0.27
52.80	40.83	30.55	20.75	50.08	7274.22	535.69	0.27
					83.66	12.20	
0.77					4714.79	112.71	
0.05					830.48	13.14	
					2027.15	34.05	
0.72					1857.16	65.52	
78.67			9.01		22815.79	167.62	
78.67			9.01		22815.79	101.50	
						66.12	
142.35	**100.84**	**109.66**	**35.82**	**50.08**	**34948.55**	**868.98**	**143.75**

8-6 石油平衡表

PETROLEUM BALANCE SHEET

单位：万吨 (10000 tons)

指　标	Item	2013	2014	2015
可供量	**Total Energy Available for Consumption**	**1847.8**	**2000.3**	**2032.2**
生产量	Output	4001.0	4000.0	3838.6
进口量	Imports	1966.1	2041.3	2017.1
出口量(-)	Exports(-)	0.2	23.93	117.0
年初年末库存差额	Stock Changes in the Year		-0.6	7.1
消费量	**Total Energy Consumption**	**1847.8**	**2000.3**	**2032.2**
在消费量中:	Consumption by Sector			
农、林、牧、渔、水利业	Agriculture, Forestry, Animal Husbandry, Fishery and Water Conservancy	145.8	156.5	167.9
工　业	Industry	1013.4	1117.4	1066.4
建筑业	Construction	8.0	8.50	8.9
交通运输、仓储和邮政业	Transport, Storage and Post	471.1	501.3	496.5
批发、零售业和住宿、餐饮业	Wholesale and Retail Trade , Hotels and Catering Services	118.5	136.3	202.0
其　他	Others			0.7
生活消费	Household Consumption	91.0	80.3	89.8
在消费量中:	Consumption by Usage			
终端消费	End-use Consumption	1576.6	1709.3	1771.5
#工　业	#Industry	742.2	826.5	805.7
中间消费(用于加工转换)	Intermediate Consumption (Consumed in Conversion)	223.2	243.0	225.9
发　电	Power Generation	11.2	17.4	7.8
供　热	Heating	67.4	61.5	61.5
制　气	Gas Production			
炼油损失量	Losses in Petroleum Refining	144.6	164.1	156.6
损失量	Other Losses	48.0	48.0	34.8

注：1. 生产量为原油产量。
2. 进口量包括我国飞机、轮船在国外加油量；出口量包括外国飞机、轮船在我国加油量。

Note: a) Data on output refer to the output of crude oil.
b) The refueling by Chinese ships and airplanes abroad is included in imports. The refueling by foreign ships and airplanes in China is included in exports.

8-7 煤炭平衡表

COAL BALANCE SHEET

单位：万吨 (10000 tons)

指 标	Item	2011	2012	2013	2014	2015
可供量	**Total Energy Available for Consumption**	**13098.6**	**13964.9**	**13266.8**	**13595.5**	**13432.9**
生产量	Output	9820.0	9129.5	7987.9	7059.3	6551.1
进口量	Imports	96.8	211.0	434.2	198.6	97.8
出口量(—)	Exports(—)		0.4		0.5	
年初年末库存差额	Stock Changes in the Year	-89.7	77.7	-239.0	-28.4	156.9
消费量	**Total Energy Consumption**	**13098.6**	**13964.9**	**13266.8**	**13595.5**	**13432.9**
在消费量中:	Consumption by Sector					
农、林、牧、渔、水利业	Agriculture, Forestry, Animal Husbandry, Fishery and Water Conservancy	51.6	204.8	259.9	271.5	294.3
工 业	Industry	11970.0	12333.7	10975.8	11402.6	10597.5
建筑业	Construction					
交通运输、仓储和邮政业	Transport, Storage and Post	371.6	277.7	370.8	403.0	449.8
批发、零售业和住宿、餐饮业	Wholesale and Retail Trade , Hotels and Catering Services	225.0	360.0	580.0	607.0	893.2
其 他	Others	94.0	385.0	560.4	486.0	853.3
生活消费	Household Consumption	386.4	403.7	519.9	425.5	344.7
在消费量中:	Consumption by Usage					
终端消费	End-use Consumption	3313.0	4046.1	4587.9	4666.3	4921.8
#工 业	#Industry	2184.3	2414.9	2296.9	2473.4	2086.5
中间消费(用于加工转换)	Intermediate Consumption (Consumed in Conversion)	9785.7	9918.8	8678.9	8929.2	8511.1
发 电	Power Generation	4458.0	4365.4	3437.9	4062.2	3981.6
供 热	Heating	1859.6	2071.5	2171.8	2277.3	2261.5
炼 焦	Coking	1438.8	1333.4	1148.7	1152.0	1005.5
制 气	Gas Production	134.0	169.1	169.0	78.2	106.9

注：生产量为原煤产量。
Note: Data on output refer to the output of raw coal.

8-8 电力平衡表

ELECTRICITY BALANCE SHEET

单位：亿千瓦小时 (100 million kwh)

指 标	Item	2011	2012	2013	2014	2015
可供量	**Total Energy Available for Consumption**	**816.8**	**827.9**	**840.2**	**832.9**	**869.0**
生产量	Output	849.4	841.7	839.3	867.4	895.0
水 电	Hydropower	74.6	69.4	106.6	85.0	91.3
火 电	Thermal Power	774.8	772.3	732.7	782.4	803.6
核 电	Nuclear Power					
进口量	Imports	12.4	120.1	134.0	130.3	117.7
出口量(—)	Exports(—)	-4.2	4.4	5.1	4.8	4.4
消费量	**Total Energy Consumption**	**816.8**	**827.9**	**840.2**	**832.9**	**869.0**
在消费量中:	Consumption by Sector					
农、林、牧、渔、水利业	Agriculture, Forestry, Animal Husbandry, Fishery and Water Conservancy	28.4	36.7	36.9	38.4	40.8
工 业	Industry	548.1	581.4	573.7	512.6	535.7
建筑业	Construction	9.7	10.8	11.5	12.1	12.2
交通运输、仓储和邮政业	Transport, Storage and Post	11.2	11.8	13.4	13.8	13.1
批发、零售业和住宿、餐饮业	Wholesale and Retail Trade , Hotels and Catering Services	23.7	25.8	28.5	30.7	34.1
其 他	Others	50.1	5.1	16.8	61.6	65.5
生活消费	Household Consumption	145.7	156.3	159.3	163.9	167.6
在消费量中:	Consumption by Usage					
终端消费	End-use Consumption	801.9	779.4	790.0	782.7	869.0
#工 业	#Industry	533.2	533.0	523.5	462.4	535.7
输配电损失量	Losses in Transmission	15.0	48.5	50.2	50.2	

8-9 分行业能源终端消费量(2015年)

行　业	Sector	煤合计（万吨） Total coal (10000 tons)
消费总计	**Total Consumption**	**4921.79**
农、林、牧、渔业	**Agriculture, Forestry, Animal Husbandry and Fishery**	**294.33**
工业合计	**Industry**	**2086.45**
轻工业	Light Industry	225.12
重工业	Heavy Industry	1861.33
采矿业	**Mining**	**483.46**
煤炭开采和洗选业	Mining and Washing of Coal	471.88
石油和天然气开采业	Extraction of Petroleum and Natural Gas	0.88
黑色金属矿采选业	Mining of Ferrous Metal Ores	2.89
有色金属矿采选业	Mining of Non-ferrous Metal Ores	3.71
非金属矿采选业	Mining and Processing of Nonmetal Ores	4.10
开采辅助活动	Mining of Other Ores	
其他采矿业	Mining of Other Ores	
制造业	**Manufacturing**	**1158.18**
农副食品加工业	Processing of Food from Agricultural Products	51.05
食品制造业	Manufacture of Foods	39.52
酒、饮料和精制茶制造业	Manufacture of Wine, soft drinks and refined tea	11.05
烟草制品业	Manufacture of Tobacco	2.73
纺织业	Manufacture of Textile	8.41
纺织服装、服饰业	Manufacture of Textile、Clothing and Apparel	0.58
皮革毛皮羽毛及其制品和制鞋业	Manufacture of Leather, Fur, feather and Its Products and Footwear	0.26
木材加工和木竹藤棕草制品业	Processing of Timbers, Manufacture of Wood, Bamboo, Rattan, Palm, and Straw Products	19.23
家具制造业	Manufacture of Furniture	2.92
造纸及纸制品业	Manufacture of Paper and Paper Products	42.79
印刷和记录媒介的复制业	Printing, Reproduction of Recording Media	1.11
文教工美体育和娱乐用品制造业	Manufacture of Culture, Art, Sports and Entertainment Goods	3.52
石油加工、炼焦及核燃料加工业	Processing of Petroleum, Coking, Processing of Nuclear Fuel	465.13
化学原料及化学制品制造业	Manufacture of Chemical Raw Material and Chemical Products	262.35
医药制造业	Manufacture of Medicines	60.83
化学纤维制造业	Manufacture of Chemical Fiber	0.30
橡胶和塑料制品业	Manufacture of Rubber and Plastic	10.36
非金属矿物制品业	Manufacture of Non-metallic Mineral Products	65.02
黑色金属冶炼及压延加工业	Manufacture and Processing of Ferrous Metals	37.08

CONSUMPTION OF ENERGY BY SECTOR (2015)

原煤（万吨）Raw coal (10000 tons)					洗精煤（万吨）Fancy Coal (10000 tons)	其它洗煤（万吨）Other Washed Coal (10000 tons)	煤制品（万吨）Coal Products (10000 tons)
	无烟煤（万吨）Anthracite Coal (10000 tons)	烟煤（万吨）Bituminous Coal (10000 tons)		褐煤（万吨）Brown Coal (10000 tons)			
		炼焦烟煤 Coking	一般烟煤 General				
4031.52	**301.23**	**10.70**	**2695.37**	**1024.22**	**371.00**	**515.10**	**4.17**
294.33	**17.90**		**165.31**	**111.12**			
1196.18	**14.33**	**10.70**	**853.56**	**317.59**	**371.00**	**515.10**	**4.17**
220.33	7.81	0.70	180.59	31.23	0.68	4.04	0.07
975.85	6.52	10.00	672.97	286.36	370.32	511.06	4.10
91.19	0.26		90.93			389.03	3.24
82.85			82.85			389.03	
0.88			0.88				
2.89			2.89				
3.71			3.71				
0.86	0.26		0.60				3.24
660.18	**9.71**	**10.70**	**608.24**	**31.53**	**371.00**	**126.07**	**0.93**
51.04	1.40	0.53	27.85	21.26			0.01
38.31	3.36	0.17	34.72	0.06	0.68	0.53	
11.05	3.00			8.05			
2.73			2.73				
8.41	0.05		8.36				
0.58			0.58				
0.26			0.26				
19.22	0.19		19.03		0.01		
2.92			2.92				
41.13			40.94	0.19		1.66	
1.11			1.11				
3.52			3.52				
100.65	0.67	10.00	89.98		243.80	120.68	
136.25	0.22		136.03		126.10		
58.98			57.31	1.67		1.85	
0.24			0.24				0.06
10.36			10.36				
64.32	0.69		63.63			0.55	0.15
37.08			37.08				

8-9 续表1

行业	Sector	焦炭（万吨）Coke (10000 tons)
消费总计	**Total Consumption**	**185.68**
农、林、牧、渔业	**Agriculture, Forestry, Animal Husbandry and Fishery**	
工业合计	**Industry**	**185.68**
轻工业	Light Industry	0.63
重工业	Heavy Industry	185.05
采矿业	**Mining**	
煤炭开采和洗选业	Mining and Washing of Coal	
石油和天然气开采业	Extraction of Petroleum and Natural Gas	
黑色金属矿采选业	Mining of Ferrous Metal Ores	
有色金属矿采选业	Mining of Non-ferrous Metal Ores	
非金属矿采选业	Mining and Processing of Nonmetal Ores	
开采辅助活动	Mining of Other Ores	
其他采矿业	Mining of Other Ores	
制造业	**Manufacturing**	**185.68**
农副食品加工业	Processing of Food from Agricultural Products	0.63
食品制造业	Manufacture of Foods	
酒、饮料和精制茶制造业	Manufacture of Wine, soft drinks and refined tea	
烟草制品业	Manufacture of Tobacco	
纺织业	Manufacture of Textile	
纺织服装、服饰业	Manufacture of Textile、Clothing and Apparel	
皮革毛皮羽毛及其制品和制鞋业	Manufacture of Leather, Fur, feather and Its Products and Footwear	
木材加工和木竹藤棕草制品业	Processing of Timbers, Manufacture of Wood, Bamboo, Rattan, Palm, and Straw Products	
家具制造业	Manufacture of Furniture	
造纸及纸制品业	Manufacture of Paper and Paper Products	
印刷和记录媒介的复制业	Printing, Reproduction of Recording Media	
文教工美体育和娱乐用品制造业	Manufacture of Culture, Art, Sports and Entertainment Goods	
石油加工、炼焦及核燃料加工业	Processing of Petroleum, Coking, Processing of Nuclear Fuel	
化学原料及化学制品制造业	Manufacture of Chemical Raw Material and Chemical Products	
医药制造业	Manufacture of Medicines	
化学纤维制造业	Manufacture of Chemical Fiber	
橡胶和塑料制品业	Manufacture of Rubber and Plastic	
非金属矿物制品业	Manufacture of Non-metallic Mineral Products	
黑色金属冶炼及压延加工业	Manufacture and Processing of Ferrous Metals	183.82

CONTINUED

焦炉煤气（亿立方米） Coking Gas (100 million cu. m)	其它煤气（亿立方米） Others Gas (100 million cu. m)	石油合计（万吨） Total Oil (10000 tons)	原油（万吨） Crude Oil (10000 tons)	汽油（万吨） Gasoline (10000 tons)	煤油（吨） Kerosene (ton)	柴油（万吨） Diesel Oil (10000 tons)
13.23	**15.13**	**1771.54**	**533.62**	**341.93**	**68.5**	**509.63**
		167.86		**10.06**		**157.80**
13.23	**15.13**	**805.69**	**533.62**	**9.50**	**0.06**	**31.48**
		3.95		1.42		1.75
13.23	15.13	801.74	533.62	8.08	0.06	29.73
		73.40	55.31	4.15		13.92
		5.74		0.81		4.91
		65.02	55.31	3.13		6.58
		0.09				0.09
		0.11		0.01		0.10
		0.51		0.03		0.48
		1.93		0.17		1.76
13.23	**15.13**	**718.07**	**478.31**	**4.29**	**0.06**	**7.90**
		1.52		0.68		0.78
		1.27		0.25		0.30
		0.36		0.17		0.19
		0.09		0.01		0.08
		0.05		0.02		0.03
		0.01		0.01		
		1.04		0.44		0.60
		0.10		0.05		0.05
		0.18		0.05		0.13
		0.07		0.04		0.03
		0.04		0.03		0.01
3.31	13.33	698.32	478.31	0.09	0.06	0.88
5.31		8.62		0.55		0.77
		0.26		0.11		0.15
		0.54		0.29		0.25
0.94		2.55		0.30		2.25
3.48	1.80	0.50		0.03		0.47

8-9 续表2

行　　业	Sector	煤合计（万吨） Total coal (10000 tons)
有色金属冶炼及压延加工业	Manufacture & Processing of Non-ferrous Metals	5.00
金属制品业	Manufacture of Metal Products	7.13
通用设备制造业	Manufacture of General Purpose Machinery	14.81
专用设备制造业	Manufacture of Special Purpose Machinery	4.63
汽车制造业	Manufacture of Automobile	15.78
铁路、船舶、航空航天和其他运输设备制造业	Manufacture of Railroads, Ships, Aerospace and Other Transport Equipment	22.83
电气机械及器材制造业	Manufacture of Electrical Machinery & Equipment	3.55
计算机、通信和其他电子设备制造业	Manufacture of Computer,Communication and Other Electronic Equipment	0.08
仪器仪表制造业	Manufacture of Instrument	0.03
其他制造业	Other Manufacture	
废弃资源综合利用业	Recycling and Disposal of Waste	0.05
金属制品、机械和设备修理业	Metal Products, Machinery and Equipment Repair	0.05
电力、燃气及水的生产和供应业	**Production and Distribution of Electricity,Gas and Water**	**444.81**
电力、热力的生产和供应业	Production and Supply of Electric Power and Heat Power	443.81
燃气生产和供应业	Production and Distribution of Gas	0.05
水的生产和供应业	Production and Distribution of Water	0.95
建筑业	**Construction**	
房屋建筑业	Housing Building Construction	
土木工程建筑业	Civil Engineering Construction	
建筑安装业	Construction Installation	
建筑装饰和其他建筑业	Construction Decoration and Other Construction	
批发、零售业和住宿、餐饮业	**Wholesale, Retail Trades and Hotels ,Catering Services**	**893.16**
交通运输、仓储和邮政业	**Traffic, Transport, Storage and Postt**	**449.82**
铁路运输业	Transport Via Railway	89.19
道路运输业	Transport Via Road	
水上运输业	Water Transport	
航空运输业	Air Transport	
管道运输业	Transport Via Pipeline	
装卸搬运和运输代理业	Loading, Unloading, Portage and Other Transport Services	
仓储业	Storage	260.99
邮政业	Post	99.64
其他行业	**Others**	**853.33**
城乡居民生活	**Household Consumption**	**344.70**

CONTINUED

原煤（万吨）Raw coal (10000 tons)	无烟煤（万吨）Anthracite Coal (10000 tons)	烟煤（万吨）Bituminous Coal (10000 tons)		褐煤（万吨）Brown Coal (10000 tons)	洗精煤（万吨）Fancy Coal (10000 tons)	其它洗煤（万吨）Other Washed Coal (10000 tons)	煤制品（万吨）Coal Products (10000 tons)
		炼焦烟煤 Coking	一般烟煤 General				
5.00			5.00				
7.11			7.11				0.02
14.07			13.85	0.22	0.41		0.33
3.61	0.13		3.48			0.76	0.26
15.78			15.78				
22.83			22.75	0.08			
3.41			3.41			0.04	0.10
0.08			0.08				
0.03			0.03				
0.05			0.05				
0.05			0.05				
444.81	**4.36**		**154.39**	**286.06**			
443.81	4.36		153.63	285.82			
0.05			0.05				
0.95			0.71	0.24			
893.16	**143.00**		**589.10**	**161.06**			
449.82			**297.94**	**151.88**			
89.19			88.30	0.89			
260.99			110.00	150.99			
99.64			99.64				
853.33	**126.00**		**575.33**	**152.00**			
344.70			**214.13**	**130.57**			

8-9 续表3

行　　业	Sector	焦炭（万吨）Coke (10000 tons)
有色金属冶炼及压延加工业	Manufacture & Processing of Non-ferrous Metals	
金属制品业	Manufacture of Metal Products	
通用设备制造业	Manufacture of General Purpose Machinery	0.38
专用设备制造业	Manufacture of Special Purpose Machinery	0.55
汽车制造业	Manufacture of Automobile	
铁路、船舶、航空航天和其他运输设备制造业	Manufacture of Railroads, Ships, Aerospace and Other Transport Equipment	0.03
电气机械及器材制造业	Manufacture of Electrical Machinery & Equipment	0.22
计算机、通信和其他电子设备制造业	Manufacture of Computer,Communication and Other Electronic Equipment	
仪器仪表制造业	Manufacture of Instrument	
其他制造业	Other Manufacture	
废弃资源综合利用业	Recycling and Disposal of Waste	
金属制品、机械和设备修理业	Metal Products, Machinery and Equipment Repair	0.05
电力、燃气及水的生产和供应业	**Production and Distribution of Electricity,Gas and Water**	
电力、热力的生产和供应业	Production and Supply of Electric Power and Heat Power	
燃气生产和供应业	Production and Distribution of Gas	
水的生产和供应业	Production and Distribution of Water	
建筑业	**Construction**	
房屋建筑业	Housing Building Construction	
土木工程建筑业	Civil Engineering Construction	
建筑安装业	Construction Installation	
建筑装饰和其他建筑业	Construction Decoration and Other Construction	
批发、零售业和住宿、餐饮业	**Wholesale, Retail Trades and Hotels ,Catering Services**	
交通运输、仓储和邮政业	**Traffic, Transport, Storage and Postt**	
铁路运输业	Transport Via Railway	
道路运输业	Transport Via Road	
水上运输业	Water Transport	
航空运输业	Air Transport	
管道运输业	Transport Via Pipeline	
装卸搬运和运输代理业	Loading, Unloading, Portage and Other Transport Services	
仓储业	Storage	
邮政业	Post	
其他行业	**Others**	
城乡居民生活	**Household Consumption**	

CONTINUED

焦炉煤气（亿立方米）Coking Gas (100 million cu.m)	其它煤气（亿立方米）Others Gas (100 million cu.m)	石油合计（万吨）Total Oil (10000 tons)	原油（万吨）Crude Oil (10000 tons)	汽油（万吨）Gasoline (10000 tons)	煤油（吨）Kerosene (ton)	柴油（万吨）Diesel Oil (10000 tons)
0.19		0.27		0.09		0.03
		0.18		0.08		0.10
		0.39		0.25		0.14
		0.43		0.20		0.23
		0.25		0.22		0.03
		0.16		0.09		0.07
		0.64		0.17		0.17
		0.02		0.02		
		0.06		0.03		0.03
		0.01				0.01
		0.14		0.02		0.12
		14.22		**1.06**		**9.66**
		13.99		0.90		9.59
		0.12		0.08		0.04
		0.11		0.08		0.03
		8.94				**8.94**
		3.28				3.28
		2.57				2.57
		2.06				2.06
		1.03				1.03
		202.01		**90.42**		**111.59**
		496.49		**231.95**	**68.4**	**188.66**
		37.90		0.56		37.29
		130.41		77.23		45.75
		82.58		44.64		37.94
		93.55		25.15	68.4	
		26.37		26.37		
		33.71		33.71		
		42.07		9.57		32.50
		49.90		14.72		35.18
		0.72				
		89.83				**11.16**

8-9 续表4

行　业	Sector	燃料油（万吨） Fuel Oil (10000 tons)
消费总计	**Total Consumption**	**49.10**
农、林、牧、渔业	**Agriculture, Forestry, Animal Husbandry and Fishery**	
工业合计	**Industry**	**49.10**
轻工业	Light Industry	0.78
重工业	Heavy Industry	48.32
采矿业	**Mining**	
煤炭开采和洗选业	Mining and Washing of Coal	
石油和天然气开采业	Extraction of Petroleum and Natural Gas	
黑色金属矿采选业	Mining of Ferrous Metal Ores	
有色金属矿采选业	Mining of Non-ferrous Metal Ores	
非金属矿采选业	Mining and Processing of Nonmetal Ores	
开采辅助活动	Mining of Other Ores	
其他采矿业	Mining of Other Ores	
制造业	**Manufacturing**	**45.60**
农副食品加工业	Processing of Food from Agricultural Products	0.06
食品制造业	Manufacture of Foods	0.72
酒、饮料和精制茶制造业	Manufacture of Wine, soft drinks and refined tea	
烟草制品业	Manufacture of Tobacco	
纺织业	Manufacture of Textile	
纺织服装、服饰业	Manufacture of Textile、Clothing and Apparel	
皮革毛皮羽毛及其制品和制鞋业	Manufacture of Leather, Fur, feather and Its Products and Footwear	
木材加工和木竹藤棕草制品业	Processing of Timbers, Manufacture of Wood, Bamboo, Rattan, Palm, and Straw Products	
家具制造业	Manufacture of Furniture	
造纸及纸制品业	Manufacture of Paper and Paper Products	
印刷和记录媒介的复制业	Printing, Reproduction of Recording Media	
文教工美体育和娱乐用品制造业	Manufacture of Culture, Art, Sports and Entertainment Goods	
石油加工、炼焦及核燃料加工业	Processing of Petroleum, Coking, Processing of Nuclear Fuel	37.37
化学原料及化学制品制造业	Manufacture of Chemical Raw Material and Chemical Products	7.30
医药制造业	Manufacture of Medicines	
化学纤维制造业	Manufacture of Chemical Fiber	
橡胶和塑料制品业	Manufacture of Rubber and Plastic	
非金属矿物制品业	Manufacture of Non-metallic Mineral Products	
黑色金属冶炼及压延加工业	Manufacture and Processing of Ferrous Metals	

CONTINUED

液化石油气（万吨） Liquefied Petroleum Gas (10000 tons)	炼厂干气（万吨） Net Gas of Plant (10000 tons)	天然气（亿立方米） Natural Gas (100 million cu. m)	其它石油制品（万吨） Other Oil Products (10000 tons)	其它焦化产品（万吨） Other Coked Products (10000 tons)	热力（万百万千焦） Heat Power (10 billion kilo-joule)	电力（亿千瓦时） Electricity (100 million kwh)	其它能源（万吨标煤） Others (10000 tons of SCE)
132.24	**40.83**	**29.76**	**30.55**	**50.08**	**34888.46**	**868.98**	**0.27**
						40.76	
52.80	**40.83**	**20.75**	**30.55**	**50.08**	**7274.22**	**535.69**	**0.27**
		0.38			707.30	70.89	0.17
52.80	40.83	20.37	30.55	50.08	6566.92	464.80	0.10
		15.69	**0.02**			**168.54**	
		0.11	0.02			32.67	
		15.18				120.46	
						1.26	
						6.84	
						2.08	
		0.40				5.23	
52.80	**40.83**	**4.61**	**30.53**	**50.08**	**6692.46**	**235.94**	**0.27**
		0.14			430.52	35.70	
		0.11			99.82	7.89	
					39.29	8.29	
					0.83	0.49	
						4.65	
					0.51	0.20	
						0.81	
						5.30	
					0.63	1.15	0.14
					97.26	4.35	
					6.42	0.60	0.03
					0.29	0.63	
52.80	40.83	0.25	30.23		5428.39	46.50	
		2.38		49.65	71.33	21.36	
		0.13			31.73	5.98	
						0.11	
						3.63	
		0.18		0.43	13.35	42.09	
		0.40			97.41	20.15	

8-9 续表5

行　业	Sector	燃料油（万吨） Fuel Oil (10000 tons)
有色金属冶炼及压延加工业	Manufacture & Processing of Non-ferrous Metals	0.15
金属制品业	Manufacture of Metal Products	
通用设备制造业	Manufacture of General Purpose Machinery	
专用设备制造业	Manufacture of Special Purpose Machinery	
汽车制造业	Manufacture of Automobile	
铁路、船舶、航空航天和其他运输设备制造业	Manufacture of Railroads, Ships, Aerospace and Other Transport Equipment	
电气机械及器材制造业	Manufacture of Electrical Machinery & Equipment	
计算机、通信和其他电子设备制造业	Manufacture of Computer,Communication and Other Electronic Equipment	
仪器仪表制造业	Manufacture of Instrument	
其他制造业	Other Manufacture	
废弃资源综合利用业	Recycling and Disposal of Waste	
金属制品、机械和设备修理业	Metal Products, Machinery and Equipment Repair	
电力、燃气及水的生产和供应业	**Production and Distribution of Electricity,Gas and Water**	**3.50**
电力、热力的生产和供应业	Production and Supply of Electric Power and Heat Power	3.50
燃气生产和供应业	Production and Distribution of Gas	
水的生产和供应业	Production and Distribution of Water	
建筑业	**Construction**	
房屋建筑业	Housing Building Construction	
土木工程建筑业	Civil Engineering Construction	
建筑安装业	Construction Installation	
建筑装饰和其他建筑业	Construction Decoration and Other Construction	
批发、零售业和住宿、餐饮业	**Wholesale, Retail Trades and Hotels ,Catering Services**	
交通运输、仓储和邮政业	**Traffic, Transport, Storage and Postt**	
铁路运输业	Transport Via Railway	
道路运输业	Transport Via Road	
水上运输业	Water Transport	
航空运输业	Air Transport	
管道运输业	Transport Via Pipeline	
装卸搬运和运输代理业	Loading, Unloading, Portage and Other Transport Services	
仓储业	Storage	
邮政业	Post	
其他行业	**Others**	
城乡居民生活	**Household Consumption**	

CONTINUED

液化石油气（万吨） Liquefied Petroleum Gas (10000 tons)	炼厂干气（万吨） Net Gas of Plant (10000 tons)	天然气（亿立方米） Natural Gas (100 million cu. m)	其它石油制品（万吨） Other Oil Products (10000 tons)	其它焦化产品（万吨） Other Coked Products (10000 tons)	热力（万百万千焦） Heat Power (10 billion kilo-joule)	电力（亿千瓦时） Electricity (100 million kwh)	其它能源（万吨标煤） Others (10000 tons of SCE)
		0.11			25.52	3.84	
		0.01			8.20	1.68	
		0.54			172.21	7.22	0.08
		0.18			15.33	3.41	0.02
		0.05			40.25	2.43	
		0.05			55.60	1.67	
		0.07	0.30		27.26	3.43	
					30.31	0.26	
		0.01				0.27	
						1.76	
						0.04	
						0.05	
		0.45			**581.76**	**131.21**	
		0.45			581.76	127.80	
						1.32	
						2.09	
					83.66	**12.20**	
					83.66	5.56	
						3.64	
						2.00	
						1.00	
					2027.15	**34.05**	
0.05					**830.48**	**13.14**	
0.05					106.03	2.20	
					120.17	1.14	
						1.10	
						0.90	
						2.00	
					46.16	2.00	
					275.74	3.20	
					282.38	0.60	
0.72					**1857.16**	**65.52**	
78.67		**9.01**			**22815.79**	**167.62**	

8-10 能源生产和消费弹性系数

ELASTICITY RATIO OF ENERGY PRODUCTION AND CONSUMPTION

年 份 Year	能源生产比上年增长（%）Growth Rate of Energy Production over Preceding Year (%)	能源消费比上年增长（%）Growth Rate of Energy Consumption over Preceding Year (%)	地区生产总值比上年增长（%）Growth Rate of Gross Domestic Product over Preceding Year (%)	能源生产弹性系数 Elasticity Ratio of Energy Production	能源消费弹性系数 Elasticity Ratio of Energy Consumption
1957	20.60	7.30	8.50	2.42	0.86
1962	-1.70	-18.80	-2.00	0.85	9.40
1965	15.80	-6.60	15.40	1.03	-0.43
1970	26.80	28.90	10.10	2.65	2.86
1975	11.60	3.00	7.60	1.53	0.39
1978	4.30	9.30	11.10	0.39	0.83
1980	1.50	4.30	10.00	0.15	0.43
1985	5.10	0.50	6.00	0.85	0.08
1990	2.70	3.10	5.80	0.47	0.53
1995	1.30	8.50	9.20	0.14	0.92
1996	1.10	0.10	10.20	0.11	0.01
1997	-9.60	5.90	10.00	-0.96	0.59
1998	4.50	0.90	8.30	0.54	0.11
1999	-6.10	-4.70	7.50	-0.81	-0.63
2000	-8.60	-11.10	8.20	-1.05	-1.35
2001	-1.00	2.90	9.30	-0.11	0.31
2002	3.00	6.40	10.30	0.29	0.62
2003	2.30	12.40	10.30	0.22	1.20
2004	13.60	11.90	11.70	1.16	1.02
2005	0.90	9.30	11.60	0.08	0.80
2006	1.20	8.60	12.00	0.10	0.72
2007	-2.70	7.50	12.00	-0.23	0.63
2008	-3.60	6.50	11.80	-0.31	0.55
2009	0.62	4.60	11.10	0.05	0.41
2010	0.02	6.98	12.60	0.01	0.55
2011	1.29	8.23	12.20	0.11	0.67
2012	-0.04	5.28	10.00		0.53
2013	-4.90	3.30	8.00	-0.61	0.41
2014	-6.20	0.86	5.60	-1.11	0.15
2015	-4.28	1.43	5.70	-0.75	0.25

8-11 工业企业水消费(2015年)

WATER CONSUMPTION OF INDUSTRY ENTERPRISE(2015)

项 目	Item	取水量（万立方米）Quantity of Water (10000 cu.m)	外供水量（万立方米）External Water Supply (10000 cu.m)	用水量（万立方米）Water Consumption (10000 cu.m)
总 计	**Total**	**150286.9**	**81325.4**	**68961.5**
地表淡水	Surface Water	87857.3	15473.9	72383.4
地下淡水	Ground Water	36304.8	6566.8	29738.0
自来水	Tap Water	22157.8	57983.6	-35825.8
陆地苦咸水	Land Brackish	0.1		0.1
矿井水	Mine Water	255.3		255.3
雨水	Rainwater	17.5		17.5
再生水（中水）	Recycled Water	1122.8		1122.8
其他水	Other Water	2571.3	1301.2	1270.1
外排水量	External Displacement	25050.6		
重复用水量	Duplicated Use	531502.4		
直流冷却水量（河湖水）	DC Cooling Water (river water)	89708.3		
污水处理企业污水处理量	Treatment Capacity Of Sewage Treatment Enterprises	9898.2		

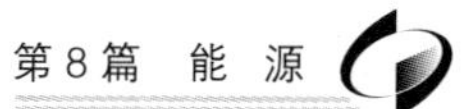

8-12 规模以上工业企业分品种能源购进、消费及库存(2015年)

PURCHASE, CONSUME, AND STOCK OF ENERGY IN ABOVE DESIGNATED SIZE INDUSTRIAL ENTERPRISES BY CATALOG(2015)

指 标	Item	年初库存 Stock of Year Beginning	购进量 Purchase Capacity	消费量 Total Energy Consump-tion	工业生产消费 Consump-tin of Industry Production	非工业生产消费 Consumptin of Industry Nonindustry Production	年末库存 Stock of Year End
原煤(万吨)	Clean Coal(10000 tons)	1194.39	8217.98	11508.64	11438.34	70.30	1037.77
无烟煤	Anthracite Coal	49.93	19.92	23.05	22.60	0.46	39.36
炼焦烟煤	Coking Bituminous Coal	2.15	62.22	59.08	59.05	0.03	5.14
一般烟煤	General Bituminous Coal	977.38	6990.23	10208.23	10138.76	69.47	864.50
褐煤	Brown Coal	164.94	1145.60	1218.27	1217.93	0.35	128.76
洗精煤(万吨)	Clean Coal(10000 tons)	94.11	732.36	1012.35	1009.40	2.95	68.58
其它洗煤(万吨)	Other Clean Coal(10000 tons)	14.66	196.71	251.14	223.38	27.76	19.25
煤制品(万吨)	Coal Products(10000 tons)	0.39	13.78	13.88	13.83	0.05	0.30
焦炭(万吨)	Coke(10000 tons)	4.57	169.20	167.30	166.77	0.54	6.40
其他焦化产品(万吨)	Other Coking Products(10000 tons)	0.36	7.53	7.89	7.89		
焦炉煤气(亿立方米)	Coking Gas(100 million cu.m)		9.48	14.95	14.95	0.001	
高炉煤气(亿立方米)	Blast furnace Gas(100 million cu.m)		9.83	41.59	41.59		
转炉煤气(亿立方米)	Converter Gas(100 million cu.m)			2.11	2.11		
发生炉煤气(亿立方米)	Producer Gas(100 million cu.m)			9.15	9.15		
天然气(亿立方米)	Natural Gas(100 million cu.m)	0.004	14.01	28.44	28.37	0.07	0.0006
液化天然气(吨)	Liquefied Gas(ton)	0.28	277.07	277.34	276.79	0.55	0.01
煤层气（亿立方米）	Coalbed Methane(100 million cu.m)			0.28	0.28		
原油(万吨)	Crude Oil(10000 tons)	15.42	1578.94	1636.66	1636.65	0.003	12.65
汽油(万吨)	Gasoline(10000 tons)	0.22	9.66	9.80	6.74	3.06	0.17
煤油(吨)	Kerosene(ton)	51.01	417.66	361.64	327.24	34.40	95.43
柴油(万吨)	Diesel Fuel Oil(10000 tons)	0.65	31.78	32.05	29.37	2.69	0.51
燃料油(万吨)	Fuel Oil(10000 tons)	0.28	60.54	76.53	76.53	0.004	0.30
液化石油气(万吨)	Liquefied Petroleum Gas(10000 tons)	0.02	20.19	63.02	63.02	0.003	0.001
炼厂干气(万吨)	Net Gas of Plant(10000 tons)	0.0002		97.59	97.59		
石脑油（万吨）	Naphtha(10000 tons)	0.000001	20.66	20.66	20.66		
润滑油(吨)	Lubricating Oil(ton)	17.960	164.24	216.45	214.85	1.60	9.38
石腊（吨）	Paraffin(ton)	39.610	86.25	125.86	125.86		
溶剂油(吨)	Solvent Oil(ton)	493.95	1100.46	1205.85	1205.85		388.56
石油焦(吨)	Petroleum Coke(ton)	279.00					279.00
石油沥青(万吨)	Petroleum Pitch(10000 tons)						
其他石油制品(万吨)	Other Petroleum Products(10000 tons)	0.01	155.92	155.92	155.92	0.0009	0.01
热力(万百万千焦)	Heat(10 billion kilo-joule)		1438.81	7256.83	7005.01	251.82	
电力(亿千瓦时)	Power(100 millin kwh)		390.77	543.97	533.67	10.29	
煤矸石用于燃料(万吨)	Coal Waste for Fuel(10000 tons)	11.09	369.90	536.01	535.54	0.47	7.16
生物质废料用于燃料(万吨)	Biomass Waste for Fuel(10000 tons)	13.15	283.25	271.83	271.83	0.001	15.67
余热余压（百万千焦）	Residual Heat and Pressure(millin kilo-joule)			60.09	60.09		
其它工业废料用于燃料(万吨)	Other Industrial Wastes for Fuel(10000 tons)		2.42	3.23	3.23		
其他燃料(万吨标准煤)	Other Fuel(10000 tons of SCE)	4.21	67.35	68.03	67.96	0.07	2.70
能源合计(万吨标准煤)	Total Energy(10000 tons of SCE)			13022.77	12925.72	97.06	

8-13 全社会用电量
ELECTRICITY CONSUMPTION

单位：亿千瓦时 (100 millin kwh)

行 业	Sector	2011	2012	2013	2014	2015
全社会用电量	**Electricity Consumption**	**801.88**	**827.91**	**845.20**	**859.42**	**868.97**
居民生活用电	**Electricity Consumption for Households**	**145.65**	**156.32**	**159.29**	**163.85**	**167.62**
城镇居民	Urban	91.61	95.92	97.88	102.92	101.50
乡村居民	Rural	54.04	60.40	61.42	60.93	66.12
行业用电	**Electricity Consumption for Sector**	**656.23**	**671.59**	**685.90**	**695.57**	**701.35**
第一产业	Primary Industry	28.35	36.67	36.92	38.38	40.76
第二产业	Secondary Industry	542.89	543.78	549.31	551.18	547.89
工业	Industry	533.18	532.95	537.77	539.11	535.69
轻工业	Light Industry	47.01	46.83	50.58	56.60	64.26
重工业	Heavy Industry	486.16	486.12	487.20	482.51	471.42
建筑业	Construction	9.71	10.83	11.54	12.08	12.20
第三产业	Tertiary Industry	84.98	91.13	99.67	106.01	112.71
批发和零售业	Wholesale and Retail Trade	15.91	17.15	19.24	21.24	25.40
交通运输、仓储和邮政业	Traffic, Transport, Storage and Post	11.19	11.76	13.43	13.80	13.14
住宿和餐饮业	Accommodation and Restaurants	7.82	8.65	9.21	9.41	8.66
信息传输、软件和信息技术服务业	Information Transmission, Software and s IT Service	6.84	7.85	8.12	8.20	8.24
金融业	Finance	2.01	2.02	1.99	2.23	2.06
房地产业	Real estate	5.97	6.44	7.24	7.81	9.57
租赁和商务服务业、居民服务修理和其他服务业	Leasing and Business Services, Services to Households, Repair and Other Services	10.72	11.57	12.93	14.24	16.68
科学研究和技术服务业	Scientific Research and Technical Service	1.02	1.07	1.24	1.41	1.64
水利、环境和公共管理业	Management of Water Conservancy, Environment and Public Establishment	4.00	4.57	5.13	5.62	5.42
教育	Education	5.56	6.43	7.36	7.28	7.62
卫生和社会工作	Health and Social Work	3.39	3.72	4.13	4.54	4.76
文化、体育和娱乐业	Culture, Sports and Entertainment	1.83	1.87	1.95	2.40	1.87
公共管理、社会保障和社会组织	Public Management, Social Securities and Social Organization	8.72	8.04	7.70	7.83	7.65

8-14 工业用电量

ELECTRICITY CONSUMPTION OF INDUSTRY

单位：亿千瓦时　　(100 millin kwh)

行　业	Sector	2011	2012	2013	2014	2015
工业合计	**Total**	**533.18**	**532.95**	**537.77**	**539.11**	**535.69**
采矿业	**Mining**	**181.47**	**185.15**	**188.76**	**191.95**	**189.12**
煤炭开采和洗选业	Mining and Washing of Coal	50.29	49.00	50.44	47.01	41.79
石油和天然气开采业	Extraction of Petroleum and Natural Gas	125.17	129.61	129.71	134.23	135.97
黑色金属矿采选业	Mining of Ferrous Metal Ores	0.25	0.27	0.46	0.97	0.51
有色金属矿采选业	Mining of Non-ferrous Metal Ores	2.80	3.55	5.69	6.78	8.42
非金属矿采选业	Mining and Processing of Nonmetal Ores	2.40	2.20	2.05	2.18	1.61
其他采矿业	Mining of Other Ores n.e.c	0.56	0.52	0.42	0.79	0.83
制造业	**Manufaturing**	**210.64**	**204.56**	**203.23**	**193.85**	**192.08**
食品、饮料和烟草制造业	Manufacture of Foods,Beverage and Tobacco	23.51	24.19	25.86	29.16	29.11
纺织业	Manufacture of Textile	3.31	3.01	2.96	2.87	2.06
服装鞋帽、皮革羽绒及其制品业	Manufacture of Textile Wearing Apparel, Footware, Caps and Leather	0.59	0.49	0.82	0.83	0.63
木材加工及制品和家具制品业	Processing of Timbers, Manufacture of Furniture	8.95	8.73	8.95	6.73	4.62
造纸及纸制品业	Manufacture of Paper and Paper Products	5.11	4.94	5.35	5.35	4.61
印刷业和记录媒介的复制	Printing,Reproduction of Recording Media	1.04	1.21	1.07	1.01	0.64
文体用品制造业	Manufacture of Articles for Culture, Education and Sport Activity	0.24	0.27	0.28	0.28	0.13
石油加工、炼焦及核燃料加工业	Processing of Petroleum ,Coking, Processing of Nucleus Fuel	11.89	15.89	18.73	19.76	18.43
化学原料及化学制品制造业	Manufacture of Chemical Raw Material and Chemical Products	30.22	30.59	28.42	23.67	25.65
医药制造业	Manufacture of Medicines	6.44	6.13	6.51	6.45	5.01
化学纤维制造业	Manufacture of Chemical Fiber	0.08	0.09	0.07	0.09	0.09
橡胶和塑料制品业	Manufacture of Rubber and Plastic	4.49	4.35	4.73	4.49	3.85
非金属矿物制品业	Manufacture of Non-metallic Mineral Products	48.33	38.56	37.79	35.59	30.40
黑色金属冶炼及压延加工业	Manufacture and Processing of Ferrous Metals	30.41	33.42	31.86	26.14	22.76
有色金属冶炼及压延加工业	Manufacture and Processing of Non-ferrous Metals	3.39	3.83	3.44	3.42	7.74
金属制品业	Manufacture of Metal Products	8.16	6.77	6.29	5.85	4.27
通用及专用设备制造业	Manufacture of General Purpose Machinery and Special Purpose Machinery	11.17	10.44	9.96	9.41	8.52
交通运输、电气、电子设备制造业	Manufacture of Transport Equipment and Electronic Equipment	12.09	10.33	8.94	8.55	7.98
工艺品及其他制造业	Manufacture of Artwork,Other Manufacture n.e.c	0.80	0.82	0.91	3.81	15.39
废弃资源和废旧材料回收加工业	Recycling and Disposal of Waste	0.38	0.49	0.33	0.39	0.19
电力、热力、燃气及水的生产和供应业	**Production and Distribution of Electricity,Heat,Gas and Water**	**141.08**	**143.24**	**145.78**	**153.31**	**154.49**
电力、热力的生产和供应业	Production and Supply of Electric Power and Heat Power	131.82	134.44	136.64	143.13	144.31
煤气生产和供应业	Production and Distribution of Gas	3.77	3.08	2.55	4.25	4.49
水的生产和供应业	Production and Distribution of Water	5.48	5.71	6.59	5.93	5.68

8-15 分地区单位地区生产总值电耗

ELECTRICITY CONSUMPTION PER UNIT OF GDP BY REGION

单位：千瓦时/万元 (kw.h/10000 yuan)

地 区	Region	2009	2010	2011	2012	2013	2014	2015
全 省	**Total**	**801.1**	**772.7**	**689.6**	**646.6**	**611.2**	**588.5**	**563.1**
哈尔滨	Harbin	633.9	614.9	477.9	422.9	400.7	380.4	356.3
齐齐哈尔	Qiqihar	945.9	880.5	693.9	670.8	633.7	605.3	612.3
鸡 西	Jixi	1137.9	1050.3	943.9	841.3	844.4	790.5	737.0
鹤 岗	Hegang	691.9	677.9	1313.7	1130.9	1269.1	1362.6	1383.8
双鸭山	Shuangyashan	1011.4	917.3	946.5	873.9	884.6	991.9	1087.4
大 庆	Daqing	1323.5	1226.9	690.3	636.6	601.6	579.4	585.3
伊 春	Yichun	1270.9	1154.0	1025.2	935.5	839.3	827.0	964.2
佳木斯	Jiamusi	891.6	823.9	522.0	520.7	546.4	504.9	481.1
七台河	Qitaihe	1103.8	992.5	992.9	888.9	984.2	956.4	876.5
牡丹江	Mudanjiang	894.6	794.5	588.2	497.4	441.9	399.5	362.8
黑 河	Heihe	535.7	613.3	1018.0	973.9	990.5	961.1	831.2
绥 化	Suihua	1219.6	1219.6	450.0	455.0	463.5	479.9	486.3
大兴安岭	Daxinganling	599.9	569.3	375.6	406.4	423.8	376.8	405.9
绥芬河	Suifenhe				342.5	302.4	278.0	243.8
抚 远	Fuyuan				233.5	274.9	297.6	316.3

8-16 分地区规模以上工业企业综合能源消费量

ENERGY CONSUMPTION OF INDUSTRY ENTERPRISE ABOVE DESIGNATED SIZE BY REGION

单位：万吨标准煤 (10000 tons of SCE)

地 区	Region	2009	2010	2011	2012	2013	2014	2015
全 省	**Total**	**5356.7**	**5791.0**	**5815.0**	**5883.2**	**5575.9**	**5272.5**	**4975.0**
哈尔滨	Harbin	752.2	765.8	787.0	830.7	829.8	713.8	715.3
齐齐哈尔	Qiqihar	528.1	556.9	603.9	568.8	515.6	503.7	469.9
鸡 西	Jixi	401.5	456.5	488.1	495.6	410.0	305.6	282.3
鹤 岗	Hegang	338.8	387.8	339.7	339.6	265.7	199.0	190.6
双鸭山	Shuangyashan	416.6	474.0	454.3	461.8	436.2	392.8	372.3
大 庆	Daqing	1353.9	1393.8	1478.1	1536.4	1600.6	1749.5	1593.6
伊 春	Yichun	173.3	177.5	173.4	175.4	211.5	134.2	124.7
佳木斯	Jiamusi	169.1	178.4	182.2	183.0	166.6	153.1	144.1
七台河	Qitaihe	548.5	645.5	529.6	534.5	427.1	442.8	427.3
牡丹江	Mudanjiang	296.6	300.6	308.0	298.7	260.2	203.2	191.1
黑 河	Heihe	62.4	69.5	80.7	86.7	89.5	87.6	90.3
绥 化	Suihua	129.6	141.6	152.2	159.6	181.9	191.1	217.0
大兴安岭	Daxinganling	23.0	24.7	23.4	28.5	25.7	21.6	20.9
农垦总局	ARB	107.9	160.2	155.5	152.4	144.4	99.8	126.7
绥芬河	Suifenhe				8.8	9.1	9.3	6.7
抚 远	Fuyuan				2.5	2.1	2.1	2.1

8-17 分地区单位地区生产总值能耗

UNIT GDP ENERGY CONSUMPTION PER UNIT OF GDP BY REGION

单位：吨标准煤/万元 (ton of SCE/10000 yuan)

地 区	Region	2009	2010	2011	2012	2013	2014	2015
全 省	**Total**	**1.22**	**1.16**	**1.04**	**1.00**	**0.86**	**0.82**	**0.79**
哈尔滨	Harbin	1.24	1.18	1.04	1.01	0.66	0.70	0.63
齐齐哈尔	Qiqihar	1.48	1.39	1.13	1.08	0.79	0.86	0.71
鸡 西	Jixi	1.96	1.84	1.54	1.46	0.99	1.04	0.98
鹤 岗	Hegang	2.14	1.99	1.55	1.48	1.18	1.07	1.13
双鸭山	Shuangyashan	1.70	1.59	1.22	1.16	0.88	0.92	0.86
大 庆	Daqing	1.31	1.26	1.20	1.16	0.82	0.83	0.80
伊 春	Yichun	1.92	1.77	1.57	1.51	1.21	1.26	1.19
佳木斯	Jiamusi	1.21	1.15	1.04	1.03	0.75	0.75	0.72
七台河	Qitaihe	2.73	2.55	1.80	1.72	1.30	1.36	1.25
牡丹江	Mudanjiang	1.26	1.18	0.98	0.97	0.69	0.72	0.67
黑 河	Heihe	1.06	1.02	0.83	0.81	0.64	0.67	0.62
绥 化	Suihua	0.96	0.93	0.81	0.78	0.58	0.61	0.56
大兴安岭	Daxinganling	1.21	1.16	0.91	0.88	0.86	0.91	0.84
绥芬河	Suifenhe				0.61	0.46	0.49	0.44
抚 远	Fuyuan				0.50	0.38	0.39	0.37

8-18 分地区单位地区生产总值能耗下降率

DECLINE RATE OF ENERGY CONSUMPTION PER UNIT OF GDP BY REGION

单位：% (%)

地 区	Region	2009	2010	2011	2012	2013	2014	2015
全 省	**Total**	**-5.61**	**-5.00**	**-3.50**	**-4.25**	**-4.31**	**-4.50**	**-4.01**
哈尔滨	Harbin	-5.72	-5.20	-3.53	-3.69	-4.60	-4.84	-3.11
齐齐哈尔	Qiqihar	-7.20	-5.80	-4.39	-4.17	-6.07	-8.78	-10.08
鸡 西	Jixi	-8.30	-6.30	-4.35	-5.26	-5.35	-4.69	-1.53
鹤 岗	Hegang	-8.50	-7.10	-4.57	-4.56	-4.21	-4.36	-4.18
双鸭山	Shuangyashan	-5.81	-6.60	-5.10	-5.23	-4.52	-4.06	-2.51
大 庆	Daqing	-4.90	-4.50	-4.01	-3.90	-3.52	-3.30	-2.51
伊 春	Yichun	-4.00	-7.70	-3.12	-3.67	-3.25	-3.95	-2.19
佳木斯	Jiamusi	-5.23	-4.80	-3.61	-4.24	-3.83	-3.52	-3.11
七台河	Qitaihe	-7.13	-6.80	-4.21	-4.75	-4.50	-4.30	-4.34
牡丹江	Mudanjiang	-5.82	-6.10	-4.03	-3.82	-3.81	-3.79	-4.01
黑 河	Heihe	-6.04	-4.50	-3.12	-4.35	-3.42	-3.42	-3.09
绥 化	Suihua	-3.17	-3.00	-3.20	-3.23	-3.23	-3.45	-3.42
大兴安岭	Daxinganling	-5.09	-4.50	-3.51	-3.31	-3.51	-3.21	-2.53
绥芬河	Suifenhe				-3.60	-3.62	-4.19	-4.30
抚 远	Fuyuan				-3.02	-3.25	-3.56	-3.12

8-19 分地区单位工业增加值能耗下降率

DECLINE RATE OF ENERGY CONSUMPTION PER UNIT OF INDUSTRIAL VALUE-ADDED BY REGION

单位：% (%)

地　区	Region	2009	2010	2011	2012	2013	2014	2015
全　省	**Total**	**-9.60**	**-6.35**	**-5.17**	**-8.24**	**-11.31**	**-7.57**	**-6.52**
哈尔滨	Harbin	-11.00	-7.40	-6.08	-8.18	-13.32	-12.19	-10.52
齐齐哈尔	Qiqihar	-19.45	-18.26	-4.64	-10.07	-16.79	-3.74	-10.14
鸡　西	Jixi	-25.00	-14.72	-10.42	-16.57	-11.04	-15.85	-10.60
鹤　岗	Hegang	-17.48	-21.63	-14.35	-25.35	7.77	24.96	-9.52
双鸭山	Shuangyashan	-8.39	-17.50	-13.63	-15.51	-2.60	74.75	1.62
大　庆	Daqing	-8.90	-6.71	-2.38	-5.10	-0.65	8.48	-4.33
伊　春	Yichun	4.16	-23.90	-5.89	-11.35	5.47	-6.63	10.16
佳木斯	Jiamusi	-11.85	-19.36	-12.98	-17.17	-21.69	-11.95	5.69
七台河	Qitaihe	-9.98	-17.90	-7.96	-7.91	10.72	3.99	-6.04
牡丹江	Mudanjiang	-15.41	-23.20	-15.76	-18.33	-24.95	-27.80	-10.04
黑　河	Heihe	-9.90	-16.10	2.38	-10.22	-11.66	-5.30	0.91
绥　化	Suihua	-14.15	-10.97	-15.00	-19.80	-13.32	-9.67	-5.66
大兴安岭	Daxinganling	-18.79	-17.85	-9.06	-5.00	-16.66	35.09	-4.01
绥芬河	Suifenhe				-11.63	-8.89	-9.17	-11.25
抚　远	Fuyuan				-6.44	-21.29	-6.57	-5.72

主要统计指标解释

能源生产总量 指一定时期内，全国一次能源生产量的总和。该指标是观察全国能源生产水平、规模、构成和发展速度的总量指标。一次能源生产量包括原煤、原油、天然气、水电、核能及其他动力能(如风能、地热能等)发电量，不包括低热值燃料生产量、太阳热能等的利用和由一次能源加工转换而成的二次能源产量。

能源消费总量 是指一定地域内，国民经济各行业和居民家庭在一定时间消费的各种能源的总和。包括：原煤、原油、天然气、水能、核能、风能、太阳能、地热能、生物质能等一次能源；一次能源通过加工转换产生的洗煤、焦炭、煤气、电力、热力、成品油等二次能源和同时产生的其他产品；其他化石能源、可再生能源和新能源。其中水能、风能、太阳能、地热能、生物质能等可再生能源，是指人们通过一定技术手段获得的，并作为商品能源使用的部分。在核算过程中，一次能源、二次能源消费不能重复计算。能源消费总量分为终端能源消费量、能源加工转换损失量和能源损失量三部分。

(1)终端能源消费量：指一定时期内，全国生产和生活消费的各种能源在扣除了用于加工转换二次能源消费量和损失量以后的数量。

(2)能源加工转换损失量：指一定时期内，全国投入加工转换的各种能源数量之和与产出各种能源产品之和的差额。该指标是观察能源在加工转换过程中损失量变化的指标。

(3)能源损失量：指一定时期内，能源在输送、分配、储存过程中发生的损失和由客观原因造成的各种损失量，不包括各种气体能源放空、放散量。

能源生产弹性系数 是研究能源生产增长速度与国民经济增长速度之间关系的指标。计算公式：

$$\text{能源生产弹性系数}=\frac{\text{能源生产总量年平均增长速度}}{\text{国民经济年平均增长速度}}$$

国民经济年平均增长速度，可根据不同的目的或需要用国民生产总值、国内生产总值等指标来计算，本年鉴是采用国内生产总值指标计算的。

电力生产弹性系数 是研究电力生产增长速度与国民经济增长速度之间关系的指标。一般来说，电力的发展应当快于国民经济的发展，也就是说电力应超前发展。计算公式为：

$$\text{电力生产弹性系数}=\frac{\text{电力生产量年平均增长速度}}{\text{国民经济年平均增长速度}}$$

能源消费弹性系数 反映能源消费增长速度与国民经济增长速度之间比例关系的指标。计算公式为：

$$\text{能源消费弹性系数}=\frac{\text{能源消费量年平均增长速度}}{\text{国民经济年平均增长速度}}$$

电力消费弹性系数 反映电力消费增长速度与国民经济增长速度之间比例关系的指标。计算公式为：

$$\text{电力消费弹性系数}=\frac{\text{电力消费量年平均增长速度}}{\text{国民经济年平均增长速度}}$$

能源加工转换效率 指一定时期内，能源经过加工、转换后，产出的各种能源产品的数量与同期内投入加工转换的各种能源数量的比率。该指标是观察能源加工转换装置和生产工艺先进与落后、管理水平高低等的重要指标。计算公式为：

$$\text{能源加工转换效率}=\frac{\text{能源加工转换产出量}}{\text{能源加工转换投入量}}\times 100\%$$

单位地区生产总值能耗　指一定时期内，一个国家或地区每生产一个单位的地区生产总值所消耗的能源。计算公式为：

$$单位地区生产总值能源=\frac{能源消费总量}{地区生产总值}$$

单位地区生产总值电耗　指一定时期内，一个国家或地区每生产一个单位的国内生产总值所消耗的电力。计算公式为：

$$单位地区生产总值电耗=\frac{全社会用电量}{地区生产总值}$$

Explanatory Notes on Main Statistical Indicators

Total Energy Production refers to the total production of primary energy by all energy producing enterprises in the country in a given period of time. It is a comprehensive indicator to show the level, scale, composition and pace of development of energy production of the country. The production of primary energy includes that of coal, crude oil, natural gas, hydro-power and electricity generated by nuclear energy and other means such as wind power and geothermal power. However, it does not include the production of fuels of low calorific value, solar thermal and secondary energy converted from primary energy.

Total Energy Consumption refers to the total consumption of energy of various kinds by the production sectors of the economy and the households in a given period of time. It includes the primary kinds of energy such as coal, crude oil, natural gas, hydro-power, nuclear power, wind power, solar power, geothermal power and bio-energy; the secondary kinds of energy and their products which are transformed from the primary energy such as washed coal, coke, coal gas, electricity, heating, and petroleum products; and other kinds of fossil energy, renewable energy and new energy. The renewable energy, including hydro-power, wind power, solar power, geothermal power and bio-energy, refers to the part attained with some given technical means and used for commercial purposes. Total energy consumption can be divided into three parts: end-use energy consumption; loss during the process of energy conversion; and energy loss.

(1) End-use Energy Consumption: It refers to the total energy consumption by the production sectors and the households in the country (region) in a given period of time. It does not include the consumption during the conversion of primary energy into secondary energy and the loss in the process of energy conversion.

(2) Loss During the Process of Energy Conversion: It refers to the total input of various kinds of energy for conversion, minus the total output of various kinds of energy in the country in a given period of time. It is an indicator to show the loss that occurs during the process of energy conversion.

(3) Energy Loss: It refers to the total of the loss of energy during the course of energy transport, distribution and storage and the loss caused by any objective reason in a given period of time. The loss of various kinds of gas due to gas discharges and stocktaking is not included.

Elasticity Ratio of Energy Production is an indicator to show the relationship between the growth rate of energy production and the growth rate of the national economy. The formula is:

$$\text{Elasticity Ratio of Energy Production} = \frac{\text{Average Annual Growth Rate of Energy Production}}{\text{Average Annual Growth Rate of National Economy}}$$

The average annual growth rate of the national economy can be measured by indicators such as the Gross National Product and the Gross Domestic Product, depending on the purposes or needs. The Gross Domestic Product has been used in the calculation of the ratio in this Yearbook.

Elasticity Ratio of Electricity Production is an indicator to show the relationship between the growth rate of electricity production and the growth rate of the national economy. Generally speaking, the growth rate of electricity production should be higher than that of the national economy.

Its formula is:

$$\text{Elasticity Ratio of Electricity Production} = \frac{\text{Average Annual Growth Rate of Electricity Production}}{\text{Average Annual Growth Rate of National Economy}}$$

Elasticity Ratio of Energy Consumption is an indicator to show the relationship between the growth rate of energy consumption and the growth rate of the national economy. The formula is:

$$\text{Elasticity Ratio of Energy Consumption} = \frac{\text{Average Annual Growth Rate of Energy Consumption}}{\text{Average Annual Growth Rate of National Economy}}$$

Elasticity Ratio of Electricity Consumption is an indicator to show the relationship between the growth rate of electricity consumption and the growth rate of the national economy. The formula is:

$$\text{Elasticity Ratio of Electricity Consumption} = \frac{\text{Average Annual Growth Rate of Electricity Consumption}}{\text{Average Annual Growth Rate of National Economy}}$$

Efficiency of Energy Processing and Conversion refers to the ratio of the total output of energy products of various kinds after processing and conversion to the total input of energy of various kinds for processing and conversion in the same reference period. It is an important indicator to show the current conditions of energy processing and conversion equipment, production technique and management. The formula is:

$$\text{Efficiency of Energy Processing \& Conversion} = \frac{\text{Output of Energy After Processing \& Conversion}}{\text{Input of Energy for Processing \& Conversion}} \times 100\%$$

Energy Consumption per Unit of GDP refers to the energy consumption per unit of Gross Domestic Product in a country or the Gross Regional Product in a region in the same reference period. The formula is:

$$\text{Energy Consumption per Unit of GDP} = \frac{\text{Total Energy Consumption}}{\text{Gross Domestic Product}}$$

Electricity Consumption per Unit of GDP refers to the electricity consumption per unit of Gross Domestic Product in a country or the Gross Regional Product in a region in the same reference period. The formula is:

$$\text{Energy Consumption per Unit of GDP} = \frac{\text{Total Energy Consumption}}{\text{Gross Domestic Product}}$$

第九篇　固定资产投资

CHAPTER 9 INVESTMENT IN FIXED ASSETS

资料整理：赵春贵　王小溪

9-1 全社会固定资产投资

TOTAL INVESTMENT IN FIXED ASSETS

单位：亿元　　　　(100 million yuan)

年 份 Year	投资总额 Total Investment	国有经济 State-owned Units	集体经济 Collective-owned Units	个体经济 Self-employed Individual	其他经济 Others	城镇投资 Urban Investment	#房地产开发 Real Estate Development	农村投资 Rural Investment
1978	27.0	25.5	0.2	1.3		27.0		
1979	26.9	26.6	0.3			26.9		
1980	38.5	37.9	0.6			38.5		
“六五”时期合计 The Period of Sixth Five-Year Plan	**382.1**	**321.3**	**23.2**	**37.7**		**338.2**		**43.9**
1981	47.0	39.3	3.6	4.2		42.6		4.4
1982	62.9	53.5	5.8	3.6		56.2		6.7
1983	71.9	65.4	4.6	1.9		68.7		3.2
1984	88.5	73.9	3.5	11.1		76.7		11.8
1985	111.8	89.2	5.7	16.9		94.0		17.8
“七五”时期合计 The Period of Seventh Five-Year Plan	**745.4**	**612.9**	**34.2**	**98.1**		**652.8**		**92.6**
1986	123.6	101.5	7.2	14.8		107.6		16.0
1987	140.3	115.5	7.9	16.9		123.2		17.1
1988	160.6	132.1	8.0	20.4		142.1		18.5
1989	158.0	129.2	5.6	23.2		138.7		19.3
1990	162.9	134.6	5.5	22.8		141.2	6.3	21.7
“八五”时期合计 The Period of Eighth Five-Year Plan	**1655.2**	**1384.3**	**52.8**	**142.2**	**76.0**	**1513.2**	**113.7**	**142.0**
1991	189.6	162.6	5.9	21.2		168.2	8.9	21.4
1992	244.2	215.9	6.8	21.6		223.3	19.9	20.9
1993	328.6	290.7	9.3	19.8	8.7	308.1	31.5	20.5
1994	405.3	335.2	14.7	29.3	26.1	374.1	26.3	31.2
1995	487.5	379.9	16.1	50.3	41.2	439.5	27.1	48.0
“九五”时期合计 The Period of Ninth Five-Year Plan	**3685.2**	**2577.8**	**150.9**	**404.0**	**552.6**	**3292.0**	**319.3**	**393.2**
1996	568.6	427.6	32.3	59.5	49.3	501.7	29.3	66.9
1997	669.9	531.0	23.3	69.0	46.6	601.1	45.2	68.8
1998	801.6	606.5	28.1	95.2	71.8	712.8	58.7	88.8
1999	785.9	562.9	31.3	89.5	102.2	702.1	82.0	83.8
2000	859.2	449.8	35.9	90.8	282.7	774.3	104.1	84.9
“十五”时期合计 The Period of Tenth Five-Year Plan	**6415.9**	**2983.7**	**216.8**	**838.0**	**2377.4**	**5716.9**	**937.9**	**699.0**
2001	972.9	524.7	42.1	110.1	296.0	881.9	147.1	91.0
2002	1055.7	531.2	47.7	99.7	377.1	928.2	145.8	127.5
2003	1190.7	563.0	49.9	125.2	452.6	1055.0	163.3	135.7
2004	1464.7	610.2	56.0	214.4	584.1	1275.9	214.1	188.8
2005	1731.9	754.6	21.1	288.6	667.6	1575.9	267.6	156.0
“十一五”时期合计 The Period of Eleventh Five-Year Plan	**20586.6**	**8339.3**	**263.3**	**1687.2**	**10296.8**	**18994.4**	**2550.5**	**1592.2**
2006	2235.9	910.5	20.5	216.8	1088.1	2040.3	321.3	195.6
2007	2864.2	1177.6	34.5	277.4	1374.7	2621.8	382.3	242.4
2008	3656.0	1521.7	45.3	347.7	1741.3	3354.8	439.9	301.2
2009	5028.8	2068.9	47.9	390.6	2521.4	4695.8	563.9	333.0
2010	6801.7	2660.6	115.1	454.7	3571.3	6281.7	843.1	520.0
“十二五”时期合计 The Period of Twelfth Five-Year Plan	**48720.5**	**15232.3**	**391.1**	**1875.8**	**30397.3**	**44071.6**	**6684.4**	**4649.3**
2011	7475.4	2831.5	57.9	357.3	3404.7	6981.7	1227.6	493.7
2012	9780.2	3121.5	77.9	373.1	6207.7	9111.4	1535.8	669.2
2013	11453.1	3404.9	109.6	400.0	7538.6	10394.0	1604.8	1059.1
2014	9828.9	2997.3	68.8	372.1	6390.7	8659.4	1324.1	1169.5
2015	10182.9	2877.1	76.9	373.3	6855.6	8925.1	992.1	1257.8

注：1995-1996年，除房地产投资、农村集体投资、个人投资以外，投资统计的起点为5万元；自1997年起，除房地产投资、农村集体投资、个人投资以外，投资统计的起点由5万元提高到50万元；自2011年起，除房地产投资、农村个人投资外，固定资产投资的统计起点由50万元提高至500万元；城镇固定资产投资数据发布口径改为固定资产投资（不含农户），固定资产投资（不含农户）等于原口径的城镇固定资产投资加上农村企事业组织的项目投资（以下有关各表同）。

Note: From 1995 to 1996, the cut-off point of projects of investment was 50 000 yuan, except statistics on real estate, rural collective and individual investment;Since 1997, the cut-off point had changed from 50 000 yuan to 500 000 yuan, except real estate, rural collective and personal investment; Since 2011, the cut-off point has changed from 500 000 yuan to 5 million yuan, published coverage of investment in fixed assets in urban area changed into investmentin fixed assets(excluding rural households) which included investment in urban area and investment in rural enterprises(units). The same applies to the tables following.

9-2 固定资产投资主要指标

TOTAL INVESTMENT IN FIXED ASSETS

指　标	Item	2012	2013	2014	2015
全社会固定资产投资总额(亿元)	**Total Investment(100 million yuan)**	**9780.2**	**11453.1**	**9828.9**	**10182.9**
#住　宅	#Residential Buildings	1469.6	1419.8	1116.7	819.4
固定资产投资总额(不含农户)(亿元)	**Total Investment(ExcLuding Famn Households) (100 million yuan)**	**9375.4**	**11121.3**	**9537.9**	**9884.3**
按登记注册类型分	**Grouped by Registration Status**				
内　资	Domestic Capital	9157.4	10938.9	9320.0	9682.4
国　有	State-Owned Units	3121.5	3404.9	2997.3	2877.1
集　体	Collective-Owned Units	77.9	109.6	68.8	76.9
股份合作	Cooperative	31.2	40.7	27.5	38.5
联　营	Joint	41.3	48.3	57.0	34.0
国有独资公司	State-owned Companies	222.4	148.4	112.1	93.3
其他有限责任公司	Limited Liability	2688.1	3354.7	2688.9	2806.1
股份有限公司	Share-holding	622.9	420.6	306.2	148.4
私　营	Private	1860.2	2811.4	2487.6	2772.9
其　他	Others	491.7	600.3	574.6	835.3
港澳台商投资	Funds from Hong Kong, Macao and Taiwan	53.0	39.1	85.5	71.2
外商投资	Foreign Funded	111.3	75.0	50.8	56.0
个体经营	Self-employed	53.8	68.2	81.5	74.6
按隶属关系分	**Grouped By Jurisdiction of Management**				
中　央	Central Investment	810.2	861.2	763.7	731.4
地　方	Local Investment	8565.2	10260.0	8774.2	9152.9
按控股情况分	**By Situation of Holdings**				
国有控股	State-holding	3688.8	3846.2	3372.9	3182.4
集体控股	Collective-holding	275.6	289.2	179.4	180.4
私人控股	Private-holding	4539.7	5717.2	4799.6	5233.2
港澳台商控股	Hong Kong, Macao and Taiwan-holding	45.3	30.7	54.7	55.2
外商控股	Foreign-holding	60.6	73.5	89.0	50.5
其他	Others	765.4	1164.4	1042.3	1182.5
按构成分	**Grouped by Compositipon of Funds**				
建筑安装工程	Construction and Installation	6577.0	7960.4	7159.0	7226.2
设备工器具购置	Purchase of Equipment and Instruments	2040.1	2538.5	1797.0	2153.6
其他费用	Others	758.3	622.4	581.8	504.5
按产业分	**Grouped by Sector**				
第一产业	Primary Industry	545.8	761.2	682.9	904.2
第二产业	Secondary Industry	4317.5	4938.4	3829.3	3878.3
#工　业	#Industry	4141.6	4603.7	3563.4	3621.2
第三产业	Tertiary Industry	4512.1	5418.7	5025.7	5101.9
按建设性质分	**Grouped by Type of Construction**				
#新　建	#New Construction	3695.2	5091.5	4626.7	4834.0
扩　建	Expansion	1589.6	1626.0	1175.0	1192.2
改建和技术改造	Reconstruction	1804.7	1783.4	1805.2	2005.7
本年新增固定资产(亿元)	**Newly Increased Fixed Assets(100 million yuan)**	**6455.1**	**7784.0**	**7040.9**	**8776.6**
固定资产交付使用率(%)	**Rate of Projects of Fixed Assets Completed and Put Into Use(%)**	**68.9**	**70.0**	**73.8**	**88.8**
房屋施工面积(万平方米)	**Floor Space of Buildings under Construction(10000 sq.m)**	**24223.9**	**27748.4**	**19762.2**	**18775.0**
#住　宅	#Residential Buildings	13323.1	12123.7	11147.9	9138.4
房屋竣工面积(万平方米)	**Floor Space of Buildings Completed(10000 sq.m)**	**7279.7**	**9777.1**	**5388.4**	**7566.2**
#住　宅	#Residential Buildings	4096.3	3472.1	2722.1	2380.3
房屋竣工价值(亿元)	**Cost of Buildings Completed(100 million yuan)**	**1460.0**	**1897.9**	**1340.8**	**675.3**
#住　宅	#Residential Buildings	703.3	679.0	611.1	479.7
到位资金(亿元)	**Funds Available(100 million yuan)**	**10087.1**	**11955.0**	**10100.3**	**10979.9**
施工项目个数(个)	**Number of Projects Under Construction(unit)**	**12109**	**16080**	**12864**	**16118**
#本年新开工	#Started This Year	9710	13100	9672	13357

9-3 固定资产投资资金来源(不含农户)

FUNDS SOURCES OF INVESTMENT IN FIXED ASSETS(Excluding Rural Households)

单位：亿元　　(100 million yuan)

年份 Year 地区 Region	合计 Total	按资金来源分 By Sources of Funds					
		国家预算内资金 State Budget	国内贷款 Domestic Loans	债券 Bond	利用外资 Foreign Investment	自筹资金 Self-raising Funds	其他资金 Others
2011	8023.1	412.8	510.3	9.1	22.9	6145.3	922.7
2012	10434.9	476.2	453.7	27.2	28.5	8141.0	1308.3
2013	12440.4	417.7	385.9	26.5	10.4	10228.8	1371.0
2014	10630.7	370.1	213.3	26.4	31.4	8826.3	1163.1
2015	11044.0	500.0	282.6	10.0	12.6	9042.1	1196.7
哈尔滨 Harbin	5326.6	73.7	113.4	0.1	1.5	4447.9	689.9
齐齐哈尔 Qiqihar	892.1	37.9	7.2		1.9	659.3	185.9
鸡西 Jixi	249.4	37.0	19.7			178.7	14.1
鹤岗 Hegang	105.2	15.8	13.0	1.3		61.3	13.8
双鸭山 Shuangyashan	125.7	11.4	2.8			100.5	11.0
大庆 Daqing	653.6	28.4	10.1		7.3	524.2	83.6
伊春 Yichun	102.6	20.6				79.2	2.7
佳木斯 Jiamusi	621.7	34.8	5.2			558.3	23.5
七台河 Qitaihe	113.3	8.9	1.0			91.6	11.8
牡丹江 Mudanjiang	1020.8	48.5	24.5		1.0	868.4	78.5
黑河 Heihe	256.3	35.5	0.2	0.1		217.2	3.3
绥化 Suihua	768.5	28.9	0.9			714.3	24.4
大兴安岭 Daxinganling	64.3	20.8	1.4			38.3	3.8
绥芬河 Suifenhe	94.4	1.4	13.7			78.2	1.1
抚远 Fuyuan	22.2	16.9			0.9	3.7	0.7
不分地区 Not Classified by Region	627.3	79.6	69.6	8.5		421.1	48.5

9-4 按行业分固定资产投资及新增固定资产(不含农户)(2015年)

INVESTMENT IN FIXED ASSETS AND NEWLY INCREASED FIXED ASSETS BY SECTOR (Excluding Farm Households) (2015)

单位：万元 (10000 yuan)

指 标	Item	投资额 Investment	新增固定资产 Newly Increased Fixed Assets	固定资产交付使用率(%) Rate of Projects of Fixed Assets Completed and Put into Use(%)
总 计	**Total**	**98842827**	**87766369**	**88.8**
农、林、牧、渔业	**Agriculture, Forestry, Animal Husbandry and Fishery**	**9041673**	**8949509**	**99.0**
农业	Farming	3501452	3351013	95.7
林业	Forestry	152361	158229	103.9
畜牧业	Animal Husbandry	2169598	2205637	101.7
渔业	Fishery	128919	126164	97.9
农、林、牧、渔服务业	Services in Support of Agriculture	3089343	3108466	100.6
采矿业	**Mining and Quarrying**	**4591705**	**4359400**	**94.9**
煤炭开采和洗选业	Mining and Washing of Coal	967598	682583	70.5
石油和天然气开采业	Extraction of Petroleum and Natural Gas	2717961	2715401	99.9
黑色金属矿采选业	Mining and Processing of Ferrous Metals Ores	74956	42456	56.6
有色金属矿采选业	Mining and Processing of Non-ferrous Metal Ores	146490	120190	82.0
非金属矿采选业	Mining and Processing of Nonmetal Ores	375898	387108	103.0
开采辅助活动	Mining Auxiliary Activities	298722	401582	134.4
其他采矿业	Mining of Other Ores	10080	10080	100.0
制造业	**Manufacturing**	**28179329**	**27006719**	**95.8**
农副食品加工业	Processing of Food from Agricultural Products	7495930	7137145	95.2
食品制造业	Manufacture of Foods	1271364	1025396	80.7
酒、饮料和精制茶制造业	Manufacture of Wine, soft drinks and refined tea	1123448	943336	84.0
烟草制品业	Manufacture of Tobacco	46973	261277	556.2
纺织业	Manufacture of Textile	254620	281422	110.5
纺织服装和服饰业	Manufacture of Textile and Apparel	101962	86862	85.2
皮革毛皮羽毛(绒)及其制品业	Manufacture of Leather, Furs, Feather and Related Products and Footwear	118962	204722	172.1
木材加工及木竹藤棕草制品业	Processing of Timber, Manufacture of Wood, Bamboo, Rattan, Palm and Straw Products	1645249	1731711	105.3
家具制造业	Manufacture of Furniture	494902	549386	111.0
造纸及纸制品业	Manufacture of Paper and Paper Products	347588	324253	93.3
印刷业和记录媒介的复制	Manufacture of Printing and Record Medium Reproduction	469365	378018	80.5
文教体育用品制造业	Manufacture of Articles for Culture, Education and Sports Activities	212325	227501	107.1
石油加工、炼焦及核燃料加工业	Processing of Petoleum, Coking, Processing of Nuclear Fuel	244310	228718	93.6
化学原料及化学制品制造业	Manufacture of Raw Chemical Materials and Chemical Products	1212757	1280800	105.6
医药制造业	Manufacture of Medicines	635463	553643	87.1
化学纤维制造业	Manufacture of Chemical Fibers	38225	43615	114.1
橡胶和塑料制品业	Manufacture of Rubber and Plastics	755196	713668	94.5
非金属矿物制品业	Manufacture of Non metallic Mineral Products	2274351	2361748	103.8
黑色金属冶炼及压延加工业	Smelting and Pressing of Ferrous Metals	323255	333888	103.3
有色金属冶炼及压延加工业	Smelting and Pressing of Non-ferrous Metals	206892	192920	93.2
金属制品业	Manufacture of Metal Products	1129450	1255437	111.2
通用设备制造业	Manufacture of General Purpose Machinery	3267365	3094308	94.7
专用设备制造业	Manufacture of Special Purpose Machinery	1412468	1306535	92.5
汽车制造业	Manufacture of Automotive	921563	658740	71.5
铁路、船舶、航空航天等制造业	Manufacture of Railroad, Marine, Aerospace and Other Transportation Equipment	312298	200060	64.1
电气机械及器材制造业	Manufacture of Electrical Machinery and Equipment	955534	850622	89.0
计算机、通信和其他电子设备制造业	Manufacture of Computers, Communication and Other Electronic Equipment	282561	220489	78.0
仪器仪表制造业	Manufacture of Measuring Instruments	163859	134875	82.3
其他制造业	Other Manufacturing	283489	248158	87.5
废弃资源综合利用业	Comprehensive Utilization of Waste Resources Industry	73880	96831	131.1
金属制品、机械和设备修理业	Metal Products, Machinery and Equipment Repair Industry	103725	80635	77.7
电力、热力、燃气及水的生产和供应业	**Production and Supply of Electric Power, heat, Gas and Water**	**3441347**	**3263537**	**94.8**
电力、热力的生产和供应业	Production and Supply of Electric Power and Heat Power	2519416	2383148	94.6
燃气生产和供应业	Production and Supply of Gas	349438	327375	93.7
水的生产和供应业	Production and Supply of Water	572493	553014	96.6
建筑业	**Construction**	**2570250**	**2335513**	**90.9**
房屋建筑业	Housing Building Construction	406902	353930	87.0
土木工程建筑业	Civil Engineering Construction	1525841	1371619	89.9
建筑安装业	Construction Installation	174241	151538	87.0
建筑装饰和其他建筑业	Construction Decoration and Other Construction	463266	458426	99.0

9-4 续表 CONTINUED

单位：万元 (10000 yuan)

指 标	Item	投资额 Investment	新 增 固定资产 Newly Increased Fixed Assets	固定资产交付使用率(%) Rate of Projects of Fixed Assets Completed and Put into Use(%)
批发和零售业	**Wholesale and Retail Trades**	**5864159**	**5913027**	**100.8**
批发业	Wholesale Trade	3677581	3665264	99.7
零售业	Retail Trade	2186578	2247763	102.8
交通运输、仓储和邮政业	**Traffic, Transport, Storage and Post**	**9855886**	**5796133**	**58.8**
铁路运输业	Transport Via Railway	2811006	212826	7.6
道路运输业	Transport Via Road	2517817	1881895	74.7
水上运输业	Water Transport	37561	10556	28.1
航空运输业	Air Transport	152320	19745	13.0
管道运输业	Transport Via Pipeline	32994	45586	138.2
装卸搬运和运输代理业	Loading, Unloading, Portage and Other Transport Services	211944	201353	95.0
仓储业	Storage	4072536	3404464	83.6
邮政业	Post	19708	19708	100.0
住宿和餐饮业	**Hotels and Catering Services**	**1796699**	**1698485**	**94.5**
住宿业	Hotels	1133599	1031985	91.0
餐饮业	Catering Services	663100	666500	100.5
信息传输、软件和信息技术服务业	**Information Transmission, Computer Services and Software**	**1646812**	**1147863**	**69.7**
电信、广播电视和卫星传输服务业	Telecom & Other Information Transmission Services	982231	587274	59.8
互联网和相关服务业	Computer Services	252558	227588	90.1
软件和信息技术服务业	Software Industry	412023	333001	80.8
金融业	**Financial Intermediation**	**319850**	**270431**	**84.5**
货币金融业	Monetary and Financial Industry	80726	56650	70.2
资本市场业	Capital Markets Industry	99598	104389	104.8
保险业	Insurance	46484	43384	93.3
其他金融业	Others	93042	66008	70.9
房地产业	**Real Estate**	**12405282**	**10674393**	**86.0**
租赁和商务服务业	**Leasing and Business Services**	**1800724**	**1743615**	**96.8**
租赁业	Leasing	232459	249509	107.3
商务服务业	Business Services	1568265	1494106	95.3
科学研究和技术服务业	**Scientific Research and Technical Services**	**1252612**	**1205778**	**96.3**
研究与试验发展	Research and Experimental Development	188257	180314	95.8
专业技术服务业	Professional Technical Services	600396	591240	98.5
科技交流和推广服务业	Services of Science and Technology Exchanges and Promotion	463959	434224	93.6
水利、环境和公共设施管理业	**Management of Water Conservancy, Environment and Public Facilities**	**9224711**	**6554734**	**71.1**
水利管理业	Management of Water Conservancy	3652295	1489464	40.8
生态保护和环境治理业	Ecological Protection and Environmental Management Industry	226852	269101	118.6
公共设施管理业	Management of Public Facilities	5345564	4796169	89.7
居民服务和其他服务业	**Services to Households and Other Services**	**890594**	**863614**	**97.0**
居民服务业	Services to Households	528563	512404	96.9
机动车、电子产品和日用产品修理业	Motor Vehicles, Electronics and Household Goods Repair Industry	209767	199896	95.3
其他服务业	Other Services	152264	151314	99.4
教育	**Education**	**1619059**	**1847189**	**114.1**
卫生和社会工作	**Health and Social Work**	**1303249**	**1140570**	**87.5**
卫生	Health	941323	914668	97.2
社会工作	Social Work	361926	225902	62.4
文化、体育和娱乐业	**Culture, Sports and Entertainment**	**1551040**	**1231437**	**79.4**
新闻出版业	Journalism and Publishing Activities	53579	48069	89.7
广播、电视、电影和影视录音制作业	Broadcasting, Movies, Television and Video Recording Production Industry	73953	70979	96.0
文化艺术业	Cultural and Art Activities	396528	508973	128.4
体育	Sports Activities	159222	134491	84.5
娱乐业	Entertainment	867758	468925	54.0
公共管理和社会组织	**Public Management and Social Organization**	**1487846**	**1764422**	**118.6**
中国共产党机关	Organs of Communist Party of China	7147	7147	100.0
国家机构	Government Agencies	1041804	1303462	125.1
人民政协和民主党派	People's Political Consultative Conference and Democratic Parties	2000	2000	100.0
社会保障	Social Security	32676	24460	74.9
群众团体、社会团体和其他成员组织	Non-Governmental Organizations, Social Organizations and Other Members Organizations	70234	72318	103.0
基层群众自治组织	Grass Roots Self-governing Organizations	333985	355035	106.3
国际组织	**International Organizations**			

9-5 各行业按建设性质和构成分固定资产投资及施工、投产项目个数(不含农户)(2015年)

单位：万元

指标	Item	投资额 Investment	#新建 New Construction	#扩建 Expansion
总计	**Total**	**98842827**	**48340144**	**11921787**
农、林、牧、渔业	**Agriculture, Forestry, Animal Husbandry and Fishery**	**9041673**	**7213956**	**982042**
农业	Farming	3501452	2871361	232388
林业	Forestry	152361	125132	6900
畜牧业	Animal Husbandry	2169598	1736864	328776
渔业	Fishery	128919	88824	26695
农、林、牧、渔服务业	Services in Support of Agriculture	3089343	2391775	387283
采矿业	**Mining and Quarrying**	**4591705**	**924592**	**373147**
煤炭开采和洗选业	Mining and Washing of Coal	967598	428360	180326
石油和天然气开采业	Extraction of Petroleum and Natural Gas	2717961	7473	25520
黑色金属矿采选业	Mining and Processing of Ferrous Metals Ores	74956	72800	
有色金属矿采选业	Mining and Processing of Non-ferrous Metal Ores	146490	92065	12980
非金属矿采选业	Mining and Processing of Nonmetal Ores	375898	103238	145255
开采辅助活动	Mining Auxiliary Activities	298722	215256	9066
其他采矿业	Mining of Other Ores	10080	5400	
制造业	**Manufacturing**	**28179329**	**12960867**	**4503432**
农副食品加工业	Processing of Food from Agricultural Products	7495930	4540133	1432579
食品制造业	Manufacture of Foods	1271364	850546	238003
酒、饮料和精制茶制造业	Manufacture of Wine, soft drinks and refined tea	1123448	645734	277026
烟草制品业	Manufacture of Tobacco	46973	32946	14027
纺织业	Manufacture of Textile	254620	127018	47195
纺织服装和服饰业	Manufacture of Textile and Apparel	101962	29960	14227
皮革毛皮羽毛(绒)及其制品业	Manufacture of Leather, Furs, Feather and Related Products and Footwear	118962	17420	63215
木材加工及木竹藤棕草制品业	Processing of Timber, Manufacture of Wood, Bamboo, Rattan, Palm and Straw Products	1645249	893408	410468
家具制造业	Manufacture of Furniture	494902	221814	104272
造纸及纸制品业	Manufacture of Paper and Paper Products	347588	119091	102482
印刷业和记录媒介的复制	Manufacture of Printing and Record Medium Reproduction	469365	112477	17966
文教体育用品制造业	Manufacture of Articles for Culture, Education and Sports Activities	212325	71496	28130
石油加工、炼焦及核燃料加工业	Processing of Petoleum, Coking, Processing of Nuclear Fuel	244310	103704	15060
化学原料及化学制品制造业	Manufacture of Raw Chemical Materials and Chemical Products	1212757	635566	263246
医药制造业	Manufacture of Medicines	635463	297276	85668
化学纤维制造业	Manufacture of Chemical Fibers	38225	21400	
橡胶和塑料制品业	Manufacture of Rubber and Plastics	755196	377659	137814
非金属矿物制品业	Manufacture of Non-metallic Mineral Products	2274351	1128725	418824
黑色金属冶炼及压延加工业	Smelting and Pressing of Ferrous Metals	323255	98337	74126
有色金属冶炼及压延加工业	Smelting and Pressing of Non-ferrous Metals	206892	61384	25140
金属制品业	Manufacture of Metal Products	1129450	518288	133200
通用设备制造业	Manufacture of General Purpose Machinery	3267365	481526	203854
专用设备制造业	Manufacture of Special Purpose Machinery	1412468	439343	118865
汽车制造业	Manufacture of Automotive	921563	413031	26416
铁路、船舶、航空航天等制造业	Manufacture of Railroad, Marine, Aerospace and Other Transportation Equipment	312298	128422	
电气机械及器材制造业	Manufacture of Electrical Machinery and Equipment	955534	270483	194980
计算机、通信和其他电子设备制造业	Manufacture of Computers, Communication and Other Electronic Equipment	282561	111745	4360
仪器仪表制造业	Manufacture of Measuring Instruments	163859	52562	8754
其他制造业	Other Manufacturing	283489	88262	18926
废弃资源综合利用业	Comprehensive Utilization of Waste Resources Industry	73880	36054	15236
金属制品、机械和设备修理业	Metal Products, Machinery and Equipment Repair Industry	103725	35057	9373
电力、热力、燃气及水的生产和供应业	**Production and Supply of Electric Power,heat,Gas and Water**	**3441347**	**2313951**	**586025**
电力、热力的生产和供应业	Production and Supply of Electric Power and Heat Power	2519416	1711970	446596
燃气生产和供应业	Production and Supply of Gas	349438	222545	44962
水的生产和供应业	Production and Supply of Water	572493	379436	94467
建筑业	**Construction**	**2570250**	**1693725**	**149242**
房屋建筑业	Housing Building Construction	406902	292730	25198
土木工程建筑业	Civil Engineering Construction	1525841	1202096	83881
建筑安装业	Construction Installation	174241	74720	1477
建筑装饰和其他建筑业	Construction Decoration and Other Construction	463266	124179	38686

INVESTMENT IN FIXED ASSETS BY SECTOR,TYPE OF CONSTRUCTION AND COMPOSITION OF FUNDS, NUMBER OF CONSTRUCTION PROJECTS AND UNDER CONSTRUCTION AND PUT INTO USE (Excluding Rural Households)(2015)

(10000 yuan)

#改　建 Reconstruction	建筑安装工程投资 Construction and Installation	设备工器具购置 Purchase of Equipment and Instruments	其他费用 Others	施工项目(个) Number of Projects under Construction (unit)	#新开工 Number of Projects Started This Year	全部建成投产项目(个) Number of Projects Completed and Put into Use(unit)	项目建成投产率(%) Rate of Construction Projects Completed and Put into Use(%)
20057171	**72261906**	**21535547**	**5045374**	**16118**	**13357**	**13167**	**81.7**
565471	**7091211**	**1279107**	**671355**	**2369**	**2060**	**2059**	**86.9**
240166	2639595	485325	376532	997	904	870	87.3
20329	107097	10035	35229	44	40	40	90.9
77133	1833859	216696	119043	570	492	490	86.0
13400	111334	6220	11365	39	37	34	87.2
214443	2399326	560831	129186	719	587	625	86.9
3206295	**4001460**	**490586**	**99659**	**324**	**262**	**260**	**80.2**
343510	701796	236979	28823	190	152	147	77.4
2684968	2711251	6710		5	3	4	80.0
2156	69958	4298	700	4	1	3	75.0
32055	93575	45855	7060	19	14	15	78.9
64526	170646	161372	43880	76	69	65	85.5
74400	246454	33072	19196	27	20	23	85.2
4680	7780	2300		3	3	3	100.0
6258718	**15705296**	**11684959**	**789074**	**5177**	**4103**	**4088**	**79.0**
1316141	5571787	1763454	160689	1551	1291	1261	81.3
109250	873528	343197	54639	222	147	153	68.9
104567	794116	277647	51685	219	138	149	68.0
	39773	6200	1000	8	7	7	87.5
56573	147008	101117	6495	44	36	37	84.1
32240	53757	46375	1830	19	15	15	78.9
18650	69712	46707	2543	22	17	21	95.5
247696	1129816	447945	67488	391	337	319	81.6
104593	272020	206267	16615	102	75	89	87.3
56096	199554	142024	6010	63	45	45	71.4
136227	150369	305815	13181	59	51	35	59.3
48728	135765	76250	310	32	22	31	96.9
99060	127932	108610	7768	36	30	25	69.4
216002	738881	412957	60919	215	164	173	80.5
157507	359841	257886	17736	133	78	82	61.7
4560	20129	17196	900	5	4	4	80.0
112225	437161	301051	16984	156	116	118	75.6
391818	1340462	866785	67104	451	362	358	79.4
61561	167776	143414	12065	48	30	42	87.5
91854	63986	137159	5747	35	25	27	77.1
193748	587488	516735	25227	207	164	174	84.1
1253197	628025	2596091	43249	424	373	365	86.1
457334	503825	878144	30499	261	204	200	76.6
292720	323897	578822	18844	106	81	82	77.4
122782	142087	111859	58352	38	22	25	65.8
234157	421173	503109	31252	156	123	121	77.6
99210	109432	168042	5087	49	40	38	77.6
55707	73491	89568	800	21	15	16	76.2
128120	126881	154744	1864	65	58	42	64.6
22590	47781	25679	420	23	18	20	87.0
33805	47843	54110	1772	16	15	14	87.5
457111	**2502293**	**814076**	**124978**	**588**	**422**	**449**	**76.4**
325684	1796185	640012	83219	325	232	235	72.3
37817	251324	77846	20268	76	55	58	76.3
93610	454784	96218	21491	187	135	156	83.4
448993	**2148783**	**376378**	**45089**	**575**	**535**	**483**	**84.0**
41237	340681	63634	2587	80	71	69	86.3
186852	1386206	100433	39202	377	351	308	81.7
29458	90830	83211	200	30	29	25	83.3
191446	331066	129100	3100	88	84	81	92.0

9-5 续表

单位：万元

指　标	Item	投资额 Investment	#新　建 New Construction	#扩　建 Expansion
批发和零售业	**Wholesale and Retail Trades**	**5864159**	**2586277**	**637351**
批发业	Wholesale Trade	3677581	1501634	454244
零售业	Retail Trade	2186578	1084643	183107
交通运输、仓储和邮政业	**Traffic, Transport, Storage and Post**	**9855886**	**6924506**	**1699570**
铁路运输业	Transport Via Railway	2811006	2039259	191503
道路运输业	Transport Via Road	2517817	1654828	575447
水上运输业	Water Transport	37561	10356	27205
航空运输业	Air Transport	152320	53712	
管道运输业	Transport Via Pipeline	32994	28759	4235
装卸搬运和运输代理业	Loading, Unloading, Portage and Other Transport Services	211944	96022	85886
仓储业	Storage	4072536	3041570	815294
邮政业	Post	19708		
住宿和餐饮业	**Hotels and Catering Services**	**1796699**	**693457**	**144506**
住宿业	Hotels	1133599	567758	66801
餐饮业	Catering Services	663100	125699	77705
信息传输、软件和信息技术服务业	**Information Transmission, Computer Services and Software**	**1646812**	**1002669**	**40879**
电信、广播电视和卫星传输服务业	Telecom & Other Information Transmission Services	982231	652327	23990
互联网和相关服务业	Computer Services	252558	199552	4990
软件和信息技术服务业	Software Industry	412023	150790	11899
金融业	**Financial Intermediation**	**319850**	**127478**	**7895**
货币金融业	Monetary and Financial Industry	80726	31076	3015
资本市场业	Capital Markets Industry	99598	43162	
保险业	Insurance	46484		
其他金融业	Others	93042	53240	4880
房地产业	**Real Estate**	**12405282**	**1686101**	**184488**
租赁和商务服务业	**Leasing and Business Services**	**1800724**	**791247**	**186869**
租赁业	Leasing	232459	78195	19881
商务服务业	Business Services	1568265	713052	166988
科学研究和技术服务业	**Scientific Research and Technical Services**	**1252612**	**463133**	**68470**
研究与试验发展	Research and Experimental Development	188257	72515	15937
专业技术服务业	Professional Technical Services	600396	234511	11372
科技交流和推广服务业	Services of Science and Technology Exchanges and Promotion	463959	156107	41161
水利、环境和公共设施管理业	**Management of Water Conservancy, Environment and Public Facilities**	**9224711**	**5213598**	**1490870**
水利管理业	Management of Water Conservancy	3652295	1679105	795098
生态保护和环境治理业	Ecological Protection and Environmental Management Industry	226852	188768	18485
公共设施管理业	Management of Public Facilities	5345564	3345725	677287
居民服务和其他服务业	**Services to Households and Other Services**	**890594**	**275456**	**251878**
居民服务业	Services to Households	528563	110323	217288
机动车、电子产品和日用产品修理业	Motor Vehicles, Electronics and Household Goods Repair Industry	209767	90173	24800
其他服务业	Other Services	152264	74960	9790
教育	**Education**	**1619059**	**777400**	**162571**
卫生和社会工作	**Health and Social Work**	**1303249**	**619527**	**177680**
卫生	Health	941323	359984	140360
社会工作	Social Work	361926	259543	37320
文化、体育和娱乐业	**Culture, Sports and Entertainment**	**1551040**	**1067331**	**119428**
新闻出版业	Journalism and Publishing Activities	53579	4410	
广播、电视、电影和影视录音制作业	Broadcasting, Movies, Television and Video Recording Production Industry	73953	35545	7430
文化艺术业	Cultural and Art Activities	396528	188346	19102
体育	Sports Activities	159222	109371	30384
娱乐业	Entertainment	867758	729659	62512
公共管理和社会组织	**Public Management and Social Organization**	**1487846**	**1004873**	**155444**
中国共产党机关	Organs of Communist Party of China	7147	3347	
国家机构	Government Agencies	1041804	772051	110334
人民政协和民主党派	People's Political Consultative Conference and Democratic Parties	2000		
社会保障	Social Security	32676	32676	
群众团体、社会团体和其他成员组织	Non-Governmental Organizations, Social Organizations and Other Members Organizations	70234	20166	34280
基层群众自治组织	Grass Roots Self-governing Organizations	333985	176633	10830
国际组织	**International Organizations**			

CONTINUED

(10000 yuan)

#改　建 Reconstruction	建筑安装工程投资 Construction and Installation	设备工器具购置 Purchase of Equipment and Instruments	其他费用 Others	施工项目(个) Number of Projects under Construction (unit)	#新开工 Number of Projects Started This Year	全部建成投产项目(个) Number of Projects Completed and Put into Use(unit)	项目建成投产率(%) Rate of Construction Projects Completed and Put into Use(%)
1553445	4116750	1554837	192572	1098	950	939	85.5
880678	2424614	1176246	76721	689	612	586	85.1
672767	1692136	378591	115851	409	338	353	86.3
970016	7862099	1039928	953859	1399	1177	1104	78.9
580244	2070675	101341	638990	49	19	17	34.7
122536	2094175	244476	179166	396	327	319	80.6
	32361	3108	2092	4	3	2	50.0
98608	121059	1261	30000	8	6	6	75.0
	26186	6808		5	3	4	80.0
25455	175147	33403	3394	33	23	25	75.8
138484	3338296	634023	100217	901	794	730	81.0
4689	4200	15508		3	2	1	33.3
760292	1357316	400689	38694	380	335	339	89.2
391343	885172	222203	26224	216	177	185	85.6
368949	472144	178486	12470	164	158	154	93.9
460535	862924	756267	27621	192	164	149	77.6
282908	469144	509528	3559	78	69	66	84.6
26744	176187	75761	610	26	23	22	84.6
150883	217593	170978	23452	88	72	61	69.3
162142	263246	45824	10780	66	60	56	84.8
38215	68706	9720	2300	21	19	16	76.2
42521	72322	27246	30	18	17	17	94.4
46484	46214	270		5	4	4	80.0
34922	76004	8588	8450	22	20	19	86.4
453884	10754093	308972	1342217	368	282	289	78.5
490332	1252208	462407	86109	268	230	227	84.7
59796	123368	103463	5628	39	36	37	94.9
430536	1128840	358944	80481	229	194	190	83.0
408729	798726	432782	21104	212	180	178	84.0
56812	129925	53012	5320	38	24	27	71.1
188672	377178	211568	11650	81	71	70	86.4
163245	291623	168202	4134	93	85	81	87.1
2297361	8199936	622309	402466	1635	1371	1310	80.1
1160451	3486006	53190	113099	417	345	313	75.1
10787	189908	30374	6570	70	50	50	71.4
1126123	4524022	538745	282797	1148	976	947	82.5
262891	691602	176906	22086	208	191	187	89.9
177951	437771	72031	18761	133	123	122	91.7
48215	135993	70721	3053	42	37	34	81.0
36725	117838	34154	272	33	31	31	93.9
481625	1239613	333460	45986	380	315	334	87.9
276800	943169	321526	38554	289	243	222	76.8
211737	618773	290815	31735	202	164	160	79.2
65063	324396	30711	6819	87	79	62	71.3
294901	1157766	327223	66051	254	200	191	75.2
35213	25565	24934	3080	10	8	8	80.0
19683	48606	25277	70	18	15	16	88.9
181130	244797	116413	35318	94	78	73	77.7
2240	124040	29127	6055	45	31	29	64.4
56635	714758	131472	21528	87	68	65	74.7
247630	1313415	107311	67120	336	277	303	90.2
3800	4174	2973		2	2	2	100.0
86208	917359	79748	44697	219	169	192	87.7
2000	1600		400	1	1	1	100.0
	32676			5	3	2	40.0
11200	40552	12214	17468	15	11	14	93.3
144422	317054	12376	4555	94	91	92	97.9

9-6 各行业按隶属关系、登记注册类型和控股情况分固定资产投资(不含农户)(2015年)

单位：万元

指　标	Item	投资额 Investment
总　计	**Total**	**98842827**
农、林、牧、渔业	**Agriculture, Forestry, Animal Husbandry and Fishery**	**9041673**
农业	Farming	3501452
林业	Forestry	152361
畜牧业	Animal Husbandry	2169598
渔业	Fishery	128919
农、林、牧、渔服务业	Services in Support of Agriculture	3089343
采矿业	**Mining and Quarrying**	**4591705**
煤炭开采和洗选业	Mining and Washing of Coal	967598
石油和天然气开采业	Extraction of Petroleum and Natural Gas	2717961
黑色金属矿采选业	Mining and Processing of Ferrous Metals Ores	74956
有色金属矿采选业	Mining and Processing of Non-ferrous Metal Ores	146490
非金属矿采选业	Mining and Processing of Nonmetal Ores	375898
开采辅助活动	Mining Auxiliary Activities	298722
其他采矿业	Mining of Other Ores	10080
制造业	**Manufacturing**	**28179329**
农副食品加工业	Processing of Food from Agricultural Products	7495930
食品制造业	Manufacture of Foods	1271364
酒、饮料和精制茶制造业	Manufacture of Wine, soft drinks and refined tea	1123448
烟草制品业	Manufacture of Tobacco	46973
纺织业	Manufacture of Textile	254620
纺织服装和服饰业	Manufacture of Textile and Apparel	101962
皮革毛皮羽毛(绒)及其制品业	Manufacture of Leather, Furs, Feather and Related Products and Footwear	118962
木材加工及木竹藤棕草制品业	Processing of Timber, Manufacture of Wood, Bamboo, Rattan, Palm and Straw Products	1645249
家具制造业	Manufacture of Furniture	494902
造纸及纸制品业	Manufacture of Paper and Paper Products	347588
印刷业和记录媒介的复制	Manufacture of Printing and Record Medium Reproduction	469365
文教体育用品制造业	Manufacture of Articles for Culture, Education and Sports Activities	212325
石油加工、炼焦及核燃料加工业	Processing of Petoleum, Coking, Processing of Nuclear Fuel	244310
化学原料及化学制品制造业	Manufacture of Raw Chemical Materials and Chemical Products	1212757
医药制造业	Manufacture of Medicines	635463
化学纤维制造业	Manufacture of Chemical Fibers	38225
橡胶和塑料制品业	Manufacture of Rubber and Plastics	755196
非金属矿物制品业	Manufacture of Non-metallic Mineral Products	2274351
黑色金属冶炼及压延加工业	Smelting and Pressing of Ferrous Metals	323255
有色金属冶炼及压延加工业	Smelting and Pressing of Non-ferrous Metals	206892
金属制品业	Manufacture of Metal Products	1129450
通用设备制造业	Manufacture of General Purpose Machinery	3267365
专用设备制造业	Manufacture of Special Purpose Machinery	1412468
汽车制造业	Manufacture of Automotive	921563
铁路、船舶、航空航天等制造业	Manufacture of Railroad, Marine, Aerospace and Other Transportation Equipment	312298
电气机械及器材制造业	Manufacture of Electrical Machinery and Equipment	955534
计算机、通信和其他电子设备制造业	Manufacture of Computers, Communication and Other Electronic Equipment	282561
仪器仪表制造业	Manufacture of Measuring Instruments	163859
其他制造业	Other Manufacturing	283489
废弃资源综合利用业	Comprehensive Utilization of Waste Resources Industry	73880
金属制品、机械和设备修理业	Metal Products, Machinery and Equipment Repair Industry	103725
电力、热力、燃气及水的生产和供应业	**Production and Supply of Electric Power, heat, Gas and Water**	**3441347**
电力、热力的生产和供应业	Production and Supply of Electric Power and Heat Power	2519416
燃气生产和供应业	Production and Supply of Gas	349438
水的生产和供应业	Production and Supply of Water	572493
建筑业	**Construction**	**2570250**
房屋建筑业	Housing Building Construction	406902
土木工程建筑业	Civil Engineering Construction	1525841
建筑安装业	Construction Installation	174241
建筑装饰和其他建筑业	Construction Decoration and Other Construction	463266

INVESTMENT IN FIXED ASSETS BY SECTOR ,JURISDICTION OF MANAGEMENT AND REGISTRATION STATUS (Excluding Farm Households) (2015)

(10000 yuan)

中 央 Central Investment	地 方 Local Investment	内 资 Domestic Funds	港澳台商投资 Funds from Hong Kong, Macao and Taiwan	外商投资 Foreign Funded	个体经营 Individuals Economy	#国有控股 State-holding	#集体控股 Collective-holding
7314107	**91528720**	**96824469**	**712071**	**559893**	**746394**	**31824033**	**1804192**
4684	**9036989**	**8615141**	**14947**	**131230**	**280355**	**2608858**	**403921**
1300	3500152	3255852	2000	121530	122070	1269246	215712
	152361	152361				92241	2800
	2169598	2017780	12947	9700	129171	140733	56822
	128919	128919				29750	7830
3384	3085959	3060229			29114	1076888	120757
2764011	**1827694**	**4481344**	**94337**		**16024**	**3169109**	**26970**
42438	925160	962718			4880	293446	9820
2680818	37143	2717961				2680818	4150
	74956	74956					
	146490	125059	21431			17540	
	375898	364754			11144	20300	
40755	257967	225816	72906			156505	13000
	10080	10080				500	
303781	**27875548**	**27617414**	**77028**	**273239**	**211648**	**1433991**	**292000**
	7495930	7413916	3035	28039	50940	299597	74042
	1271364	1212072	13176	36856	9260	55491	18850
	1123448	1041278	25714	52956	3500	19667	1520
	46973	46973				30886	1050
	254620	254620					4639
	101962	101962					4850
	118962	118962					
	1645249	1611203	4500		29546	9727	3750
	494902	477682			17220		
4970	342618	327047	89	19552	900	4970	
	469365	466894		2471		21039	34065
	212325	209418			2907	5856	
79399	164911	244310				128422	
6892	1205865	1196557		1000	15200	150481	6150
	635463	618009	4594	12860		60245	2837
	38225	38225					
19820	735376	740706		7200	7290	24820	18700
800	2273551	2208721	8250	11290	46090	56267	11899
480	322775	319251		4004		13327	
4768	202124	206892				4768	
	1129450	1112250		8000	9200	4950	9250
56883	3210482	3249541	4170	4999	8655	95869	65993
3000	1409468	1407668	4300		500	26801	10427
12620	908943	846117	4350	71096		28918	4688
76516	235782	308008		4290		238380	
	955534	932218	4850	8626	9840	56980	4300
4100	278461	282561				32560	
1654	162205	163859				1654	4900
31879	251610	282889			600	35279	9570
	73880	73880				4417	
	103725	103725				22620	520
318889	**3122458**	**3409046**	**8337**	**22614**	**1350**	**1847489**	**149900**
318889	2200527	2498255	5562	14249	1350	1387842	145732
	349438	344121	252	5065		60061	2668
	572493	566670	2523	3300		399586	1500
72190	**2498060**	**2556370**			**13880**	**1654883**	**20351**
13455	393447	406902				230313	18310
58735	1467106	1525841				1266954	2041
	174241	174241				58987	
	463266	449386			13880	98629	

9-6 续表

单位：万元

指　标	Item	投资额 Investment
批发和零售业	**Wholesale and Retail Trades**	**5864159**
批发业	Wholesale Trade	3677581
零售业	Retail Trade	2186578
交通运输、仓储和邮政业	**Traffic, Transport, Storage and Post**	**9855886**
铁路运输业	Transport Via Railway	2811006
道路运输业	Transport Via Road	2517817
水上运输业	Water Transport	37561
航空运输业	Air Transport	152320
管道运输业	Transport Via Pipeline	32994
装卸搬运和运输代理业	Loading, Unloading, Portage and Other Transport Services	211944
仓储业	Storage	4072536
邮政业	Post	19708
住宿和餐饮业	**Hotels and Catering Services**	**1796699**
住宿业	Hotels	1133599
餐饮业	Catering Services	663100
信息传输、软件和信息技术服务业	**Information Transmission, Computer Services and Software**	**1646812**
电信、广播电视和卫星传输服务业	Telecom & Other Information Transmission Services	982231
互联网和相关服务业	Computer Services	252558
软件和信息技术服务业	Software Industry	412023
金融业	**Financial Intermediation**	**319850**
货币金融业	Monetary and Financial Industry	80726
资本市场业	Capital Markets Industry	99598
保险业	Insurance	46484
其他金融业	Others	93042
房地产业	**Real Estate**	**12405282**
租赁和商务服务业	**Leasing and Business Services**	**1800724**
租赁业	Leasing	232459
商务服务业	Business Services	1568265
科学研究和技术服务业	**Scientific Research and Technical Services**	**1252612**
研究与试验发展	Research and Experimental Development	188257
专业技术服务业	Professional Technical Services	600396
科技交流和推广服务业	Services of Science and Technology Exchanges and Promotion	463959
水利、环境和公共设施管理业	**Management of Water Conservancy, Environment and Public Facilities**	**9224711**
水利管理业	Management of Water Conservancy	3652295
生态保护和环境治理业	Ecological Protection and Environmental Management Industry	226852
公共设施管理业	Management of Public Facilities	5345564
居民服务和其他服务业	**Services to Households and Other Services**	**890594**
居民服务业	Services to Households	528563
机动车、电子产品和日用产品修理业	Motor Vehicles, Electronics and Household Goods Repair Industry	209767
其他服务业	Other Services	152264
教育	**Education**	**1619059**
卫生和社会工作	**Health and Social Work**	**1303249**
卫生	Health	941323
社会工作	Social Work	361926
文化、体育和娱乐业	**Culture, Sports and Entertainment**	**1551040**
新闻出版业	Journalism and Publishing Activities	53579
广播、电视、电影和影视录音制作业	Broadcasting, Movies, Television and Video Recording Production Industry	73953
文化艺术业	Cultural and Art Activities	396528
体育	Sports Activities	159222
娱乐业	Entertainment	867758
公共管理和社会组织	**Public Management and Social Organization**	**1487846**
中国共产党机关	Organs of Communist Party of China	7147
国家机构	Government Agencies	1041804
人民政协和民主党派	People's Political Consultative Conference and Democratic Parties	2000
社会保障	Social Security	32676
群众团体、社会团体和其他成员组织	Non-Governmental Organizations, Social Organizations and Other Members Organizations	70234
基层群众自治组织	Grass Roots Self-governing Organizations	333985
国际组织	**International Organizations**	

CONTINUED

(10000 yuan)

中　央 Central Investment	地　方 Local Investment	内　资 Domestic Funds	港澳台商投资 Funds from Hong Kong, Macao and Taiwan	外商投资 Foreign Funded	个体经营 Individuals Economy	#国有控股 State-holding	#集体控股 Collective-holding
1033	**5863126**	**5664879**	**113619**	**29956**	**55705**	**240419**	**84198**
1033	3676548	3640125	6		37450	149670	64386
	2186578	2024754	113613	29956	18255	90749	19812
2667708	**7188178**	**9835597**		**8229**	**12060**	**5455750**	**144007**
2624153	186853	2811006				2793724	
14890	2502927	2514217			3600	1866096	9390
	37561	37561				33561	
	152320	152320				140520	
	32994	32994				25943	
	211944	211944				13249	4760
28665	4043871	4055847		8229	8460	578457	129857
	19708	19708				4200	
	1796699	1696469	13523		86707	162346	29535
	1133599	1079668	13523		40408	157366	19565
	663100	616801			46299	4980	9970
518307	**1128505**	**1586629**	**17708**	**42475**		**977820**	**29661**
506401	475830	982231				751341	29661
2400	250158	241657	7901	3000		193618	
9506	402517	362741	9807	39475		32861	
6751	**313099**	**305850**		**14000**		**87456**	**2080**
6751	73975	80726				43892	2080
	99598	99598				4600	
	46484	46484				8030	
	93042	79042		14000		30934	
160338	**12244944**	**12113678**	**258434**	**33170**		**2672545**	**257429**
	1800724	**1699976**	**100000**		**748**	**212584**	**14066**
	232459	232459				4996	
	1568265	1467517	100000		748	207588	14066
27719	**1224893**	**1248679**			**3933**	**312164**	**28592**
22734	165523	188257				66177	9859
	600396	597463			2933	197039	11420
4985	458974	462959			1000	48948	7313
258090	**8966621**	**9210573**	**14138**			**7780129**	**146774**
56938	3595357	3652295				3570387	18870
	226852	212714	14138			114040	1552
201152	5144412	5345564				4095702	126352
	890594	**854445**			**36149**	**102432**	**3270**
	528563	497114			31449	85471	1670
	209767	205067			4700	4519	
	152264	152264				12442	1600
66394	**1552665**	**1608361**			**10698**	**1005220**	**49761**
12120	**1291129**	**1287609**		**4980**	**10660**	**695476**	**57850**
12120	929203	925683		4980	10660	573878	34440
	361926	361926				121598	23410
10885	**1540155**	**1544563**			**6477**	**260597**	**5600**
2500	51079	53579				25360	
1580	72373	69453			4500	18256	
6805	389723	396528				150066	
	159222	158115			1107	40814	1000
	867758	866888			870	26101	4600
121207	**1366639**	**1487846**				**1144765**	**58227**
	7147	7147				3347	
111317	930487	1041804				937532	4881
	2000	2000				2000	
	32676	32676				32676	
	70234	70234				32694	
9890	324095	333985				136516	53346

9-7 分地区按构成和建设性质分固定资产投资(不含农户)

INVESTMENT IN FIXED ASSETS BY REGION, COMPOSITION OF FUNDS AND TYPE OF CONSTRUCTION (Excluding Farm Households)

单位：亿元 (100 million yuan)

年份 地区	Year Region	投资额 Total Investment	按构成分 By Composition of Funds			按建设性质分 By Type of Construction		
			建筑安装工程 Construction and Installation	设备、工器具购置 Purchase of Equipment and Instruments	其他费用 Others	#新建 New Construction	#扩建 Expansion	#改建 Reconstruction
	2011	7157.9	5024.4	1386.0	747.5	2614.1	1221.3	1632.1
	2012	9375.4	6577.0	2040.1	758.3	3695.2	1589.6	1804.7
	2013	11121.3	7960.4	2538.5	622.4	5091.5	1626.0	1783.4
	2014	9537.9	7159.0	1797.0	581.8	4626.7	1175.0	1805.2
	2015	9884.3	7226.2	2153.6	504.5	4834.0	1192.2	2005.7
哈尔滨	Harbin	4595.7	2869.9	1435.9	289.8	1514.5	527.4	1196.5
齐齐哈尔	Qiqihar	831.7	719.6	97.7	14.3	630.2	67.5	30.1
鸡西	Jixi	222.7	167.9	41.2	13.6	146.6	20.5	35.1
鹤岗	Hegang	90.1	67.4	16.5	6.2	63.2	7.5	12.6
双鸭山	Shuangyashan	121.8	101.7	16.9	3.2	84.7	13.6	6.7
大庆	Daqing	554.1	519.4	27.6	7.1	102.6	26.5	368.4
伊春	Yichun	101.0	93.6	5.1	2.3	75.0	6.7	7.6
佳木斯	Jiamusi	533.9	457.8	68.0	8.1	374.6	56.8	32.6
七台河	Qitaihe	98.5	76.3	17.7	4.5	75.0	3.6	17.1
牡丹江	Mudanjiang	1019.9	774.3	212.5	33.0	616.6	193.2	104.2
黑河	Heihe	254.4	164.7	54.4	35.4	217.7	7.1	4.9
绥化	Suihua	696.9	603.7	80.8	12.4	481.4	151.3	24.8
大兴安岭	Daxinganling	56.2	50.9	4.7	0.7	41.4	4.2	7.9
绥芬河	Suifenhe	90.0	77.9	6.9	5.2	52.2	31.4	
抚远	Fuyuan	22.3	20.7		1.6	20.2	1.7	0.3
不分地区	Not Classified by Region	595.0	460.4	67.6	67.1	338.2	73.2	156.9

9-8 分地区按行业分固定资产投资(不含农户)

INVESTMENT IN FIXED ASSETS BY REGION AND SECTOR (Excluding Farm Households)

单位：万元　　(10000 yuan)

年　份 地　区	Year Region	总　计 Total	农、林、牧、渔业 Agriculture, Forestry, Animal Husbandry and Fishery	采矿业 Mining	制造业 Manufa-cturing	电力、热力、燃气及水的生产和供应业 Production and Supply of Electric, heat, Gas and Water	建筑业 Construction	批发和零售业 Wholesale and Retail Trades
	2012	93754447	5463575	6019715	30218138	5172429	1759540	3295527
	2013	111212842	7641963	6341039	35183236	4512782	3406346	6158217
	2014	95378774	6829137	5084197	26109244	4440880	2659170	4827648
	2015	98842827	9041673	4591705	28179329	3441347	2570250	5864159
哈 尔 滨	Harbin	45956910	2549482	338291	15799442	1165449	1191381	3945424
齐齐哈尔	Qiqihar	8316968	1534259	7200	2415984	375071	97391	466275
鸡　　西	Jixi	2226770	80577	468760	446777	188712		54194
鹤　　岗	Hegang	900561	74633	105216	224000	50960	56246	61370
双 鸭 山	Shuangyashan	1218325	53362	42030	220145	206489	91517	67200
大　　庆	Daqing	5540883	509951	2905482	443909	135526		31839
伊　　春	Yichun	1010069	91783		155715	165877	160226	1350
佳 木 斯	Jiamusi	5338913	403229	17846	1527620	196832	41924	269886
七 台 河	Qitaihe	985088	45769	257261	245554	97307	56263	77174
牡 丹 江	Mudanjiang	10198726	912747	281421	3865672	359578	250855	405906
黑　　河	Heihe	2544381	598853	148564	448231	63106	234194	23661
绥　　化	Suihua	6969388	1572509	4200	1918715	261017	379709	206312
大兴安岭	Daxinganling	562292	24458	15434	110611	45013		2226
绥 芬 河	Suifenhe	900045	9848		326596	72200		239522
抚　　远	Fuyuan	223105	9202		877	9545	1000	
不分地区	Not Classified by Region	5950403	571011		29481	48665	9544	11820

9-8 续表1 CONTINUED

单位：万元　　(10000 yuan)

年　份 地　区	Year Region	交通运输仓储和邮政业 Transport, Storage and Post	住宿和餐饮业 Hotels and Catering Services	信息传输、软件和信息技术服务业 Information Transmission, Software and IT Softwares	金融业 Financial Intermediation	房地产业 Real Estate	租赁和商务服务业 Leasing and Business Services	科学研究和技术服务业 Scientific Research and Technical Service
	2012	4986195	915207	1245876	316281	19268699	841930	834711
	2013	5425235	1375614	1360414	262195	20457530	1623121	1226352
	2014	7072927	2018695	1694433	289690	16003558	1532110	922912
	2015	9855886	1796699	1646812	319850	12405282	1800724	1252612
哈 尔 滨	Harbin	2014136	1274170	625917	272455	6978816	1425962	1066578
齐齐哈尔	Qiqihar	1183042	100112	44711	4980	990720	73762	29763
鸡　　西	Jixi	248928	100	5173	915	383800	15550	1740
鹤　　岗	Hegang	40605	440	5800		212676		10509
双 鸭 山	Shuangyashan	218793		3708		224016		15924
大　　庆	Daqing	90907	8002	268262	17350	491025	3671	13560
伊　　春	Yichun	5523	75818	2400		146959	4480	840
佳 木 斯	Jiamusi	1118008	113410	21837		868294	45037	5000
七 台 河	Qitaihe	41714	9100	16880		98129		
牡 丹 江	Mudanjiang	653928	142217	99081	10150	929905	91894	51747
黑　　河	Heihe	281578	3840			281086	559	1000
绥　　化	Suihua	1026190	69490	17142		533844	123324	48215
大兴安岭	Daxinganling	44685			14000	65963	2000	4960
绥 芬 河	Suifenhe	15286				73314	4965	2776
抚　　远	Fuyuan	139450					9520	
不分地区	Not Classified by Region	2733113		535901		126735		

9-8 续表2 CONTINUED

单位：万元 (10000 yuan)

年份 Year 地区 Region		水利、环境和公共设施管理业 Management of Water Conservancy, Environment and Public Facilities	居民服务、修理和其他服务业 Services to Households Repair and Other Services	教育 Education	卫生和社会工作 Health and Social Work	文化、体育和娱乐业 Culture, Sports and Entertainment	公共管理、社会保障和社会组织 Public Management Social Securities and Social Organization
	2012	7887384	456053	1033727	785696	1357254	1892010
	2013	9498964	764800	1566984	1308792	1146063	1953195
	2014	9261166	599455	1358115	1418014	1077813	2179610
	2015	9224711	890594	1619059	1303249	1551040	1487846
哈尔滨	Harbin	3110454	526680	1124639	679301	1014473	853860
齐齐哈尔	Qiqihar	522408	14945	155148	124566	52135	124496
鸡西	Jixi	256083	6203	25033	29561	6350	8314
鹤岗	Hegang	11211	5027	1776	26498	9795	3799
双鸭山	Shuangyashan	49241	674	850	6410	14263	3703
大庆	Daqing	519072	22840	21859	12588	22950	22090
伊春	Yichun	150702	614	8224	9248	22700	7610
佳木斯	Jiamusi	451579	68091	27670	49859	96217	16574
七台河	Qitaihe	4960		8749	13599	1140	11489
牡丹江	Mudanjiang	1393097	54577	149405	206428	239548	100570
黑河	Heihe	276219	1650	10347	9230	17073	145190
绥化	Suihua	334476	187833	69300	117653	36875	62584
大兴安岭	Daxinganling	209838	850	7891	8114	1441	4808
绥芬河	Suifenhe	27423		3400	1956		122759
抚远	Fuyuan	53311			200		
不分地区	Not Classified by Region	1854637	610	4768	8038	16080	

9-9 分地区固定资产投资建设总规模(不含农户)

TOTAL INVESTMENT IN FIXED ASSETS OF CONSTRUCTION BY REGION (Excluding Rural Households)

单位：亿元 (100 million yuan)

地区	Region	建设总规模 Total Investment in Construction	在建总规模 Total Investment in Projects under Construction	在建净规模 Net Investment in Projects under Construction
	2012	21478.2	14191.1	6973.6
	2013	24006.9	17444.5	6804.9
	2014	24073.8	18479.3	7046.4
	2015	24038.5	16443.0	6229.7
哈尔滨	Harbin	9871.9	6269.8	2565.0
齐齐哈尔	Qiqihar	1737.9	968.9	320.1
鸡西	Jixi	821.2	593.0	206.4
鹤岗	Hegang	430.6	339.7	120.9
双鸭山	Shuangyashan	554.0	458.2	203.1
大庆	Daqing	1431.7	856.2	364.2
伊春	Yichun	328.8	257.7	119.6
佳木斯	Jiamusi	1296.4	787.4	317.7
七台河	Qitaihe	276.0	192.8	93.5
牡丹江	Mudanjiang	2218.6	1294	638.5
黑河	Heihe	546.9	338.8	75.3
绥化	Suihua	1214.1	609.2	192.3
大兴安岭	Daxinganling	194.2	121.0	33.5
绥芬河	Suifenhe	176.0	56.3	9.0
抚远	Fuyuan	99.6	94.4	24.2
不分地区	Not Classified by Region	2840.6	3205.6	946.4

9-10 国有单位固定资产投资

INVESTMENT IN FIXED ASSETS OF STATE-OWNED UNITS

指 标	Item	2011	2012	2013	2014	2015
投资总额(亿元)	**Total Investment (100 million yuan)**	**2831.5**	**3121.5**	**3404.9**	**2997.3**	**2877.1**
#住 宅	#Residential Buildings	376.7	340.0	263.1	87.9	33.9
按构成分	**Grouped by Compositipon of Funds**					
建筑安装工程	Construction and Installation	2235.3	2449.3	2902.8	2487.3	2408.3
设备、工器具购置	Purchase of Equipment and Instruments	339.7	428.9	366.7	326.3	296.2
其他费用	Others	256.5	243.3	135.4	183.7	172.7
按隶属关系分	**Grouped By Jurisdiction of Management**					
中 央	Central Investment	658.3	773.5	835.5	732.6	700.4
地 方	Local Investment	2173.2	2348.0	2569.4	2264.6	2176.7
按建设性质分	**Grouped by Type of Construction**					
#新 建	#New Construction	1177.6	1393.7	1728.0	1590.5	1710.9
扩 建	Expansion	363.4	465.9	435.0	373.4	328.6
改 建	Reconstruction	1036.0	930.0	920.0	865.9	736.7
按行业分	**Grouped by Sector**					
农、林、牧、渔业	Agriculture, Forestry, Animal Husbandry and Fishery	273.5	288.6	337.1	239.5	254.5
采矿业	Mining	390.8	344.9	394.2	355.0	316.3
制造业	Manufacturing	185.5	234.0	170.3	120.7	97.6
电力、热力、燃气及水的生产和供应业	Production and Supply of Electric, heat, Gas and Water	165.6	245.5	191.7	198.8	166.9
建筑业	Construction	139.6	88.9	183.3	195.0	162.2
批发和零售业	Wholesale and Retail Trade	14.3	18.4	18.2	32.1	18.1
交通运输、仓储及邮政业	Transport, Storage and Post	398.5	366.7	305.0	379.9	521.0
住宿和餐饮业	Hotels and Catering Services	15.2	22.3	19.5	14.7	7.9
信息传输、软件和信息技术服务业	Information Transmission, Software and IT Services	63.1	73.9	76.4	104.3	95.3
金融业	Financial Intermediation	1.4	14.4	13.6	14.6	6.9
房地产业	Real Estate	415.4	356.5	394.4	166.6	126.8
租赁和商务服务业	Leasing and Business Services	38.4	26.7	36.8	22.7	16.2
科学研究和技术服务业	Scientific Research and Technical Services	15.0	32.6	41.5	25.2	30.1
水利、环境和公共设施管理业	Management of Water Conservancy, Environment and Public Facilities	436.2	588.3	766.9	726.4	741.8
居民服务、修理和其他服务业	Services to Households, Repair and Other Services	4.6	21.1	19.8	10.3	10.2
教 育	Education	63.6	84.2	124.3	90.9	98.6
卫生、社会工作	Health and Social Work	54.2	67.9	95.4	83.1	68.2
文化、体育和娱乐业	Culture, Sports and Entertainment	38.0	75.3	48.5	37.0	24.3
公共管理、社会保障和社会组织	Public Management, Social Securities and Social Organization	118.6	171.0	167.9	180.6	114.0
国际组织	International Organizations					
新增固定资产(亿元)	**Newly Increased Fixed Assets (100 million yuan)**	**1935.5**	**2198.4**	**2511.0**	**2095.5**	**2213.5**
固定资产交付使用率(%)	**Rate of Projects of Fixed Assets Completed and Put Into Use (%)**	**68.4**	**70.4**	**73.7**	**69.9**	**76.9**
房屋建筑面积(万平方米)	**Floor Space of Buildings (10000 sq.m)**					
施工面积	Floor Space under Construction	6035.2	5740.8	5474.9	2085.2	3120.8
竣工面积	Floor Space Completed	2615.5	2226.8	2478.7	1028.2	2646.7
#住 宅	#Residential Buildings	1854.3	1466.8	1109.1	533.2	248.4

9-11 按构成和建设性质分的国有单位固定资产投资

INVESTMENT IN FIXED ASSETS OF STATE-OWNED UNITS BY COMPOSITION OF FUNDS AND TYPE OF CONSTRUCTION

单位：亿元 (100 million yuan)

年份 Year / 地区 Region	投资总额 Total Investment	#住宅 Residential Buildings	按构成分 By Compositipon of Funds: 建筑安装工程 Construction and Installation	设备、工器具购置 Purchase of Equipment and Instruments	其他费用 Others	按建设性质分 By Type of Construction: #新建 New Construction	#扩建 Expansion	#改建 Recon-struction
1981	40.6	7.9	29.1	10.2	1.3	14.3	13.4	11.9
1982	53.5	9.0	39.0	11.5	3.0	13.0	16.3	23.7
1983	65.4	8.7	43.8	17.2	4.4	20.4	27.3	17.1
1984	72.7	8.5	48.9	19.6	4.2	17.0	39.3	12.4
1985	89.2	12.4	58.8	25.1	5.3	18.6	52.2	10.5
1986	101.1	11.6	63.0	30.2	7.9	24.3	55.6	14.9
1987	115.5	11.4	72.1	34.0	9.5	28.7	15.4	64.5
1988	132.1	11.8	82.2	37.4	12.5	29.0	76.5	20.7
1989	129.2	12.0	85.0	35.3	8.9	23.4	81.0	18.3
1990	134.6	14.8	93.2	32.3	9.1	19.7	85.7	17.7
1991	162.6	19.9	109.2	39.0	14.4	20.3	104.1	22.9
1992	215.9	33.9	144.2	49.9	21.8	38.5	121.6	27.6
1993	290.7	54.9	209.1	53.1	28.6	52.5	164.0	30.9
1994	335.2	56.0	233.5	69.8	32.0	60.7	199.8	32.5
1995	379.9	59.9	249.2	99.5	31.2	72.1	226.5	37.6
1996	427.6	57.6	280.6	107.1	39.8	91.9	239.3	39.9
1997	531.0	63.9	355.4	127.0	48.6	143.5	299.4	38.4
1998	606.5	91.9	399.3	154.8	52.4	137.6	354.7	41.2
1999	562.9	90.4	397.8	118.9	46.2	128.9	296.9	53.1
2000	449.8	98.1	311.2	92.3	46.3	186.0	142.5	45.2
2001	524.7	88.6	380.4	87.0	57.3	169.7	220.1	60.8
2002	531.2	46.7	341.4	134.5	55.2	208.0	180.7	65.9
2003	563.0	56.1	371.0	129.5	62.5	243.5	186.2	60.6
2004	610.2	50.3	400.9	130.9	78.4	235.2	209.1	84.3
2005	754.6	52.7	458.3	189.0	107.3	289.4	182.8	187.5
2006	910.5	40.3	592.0	205.9	112.6	370.9	240.2	190.8
2007	1177.6	87.1	783.7	255.1	138.8	372.4	271.2	360.9
2008	1521.7	156.5	1023.6	291.5	206.6	401.6	231.5	371.0
2009	2062.5	253.7	1503.9	318.7	239.8	711.0	412.0	713.8
2010	2637.9	237.3	1938.1	360.2	339.6	817.6	422.5	1136.1
2011	2831.5	376.8	2235.3	339.7	256.5	1177.6	363.4	1036.0
2012	3121.5	340.0	2449.3	428.9	243.3	1393.7	465.9	930.0
2013	3404.9	263.1	2902.8	366.7	135.4	1728.0	435.0	920.0
2014	2997.3	87.9	2487.3	326.3	183.7	1590.5	373.4	865.9
2015	2877.1	33.9	2408.3	296.2	172.7	1710.9	328.6	736.7
哈尔滨 Harbin	785.8	12.2	609.8	117.4	58.6	440.6	112.1	176.9
齐齐哈尔 Qiqihar	184.0	1.8	173.1	6.2	4.7	152.0	21.5	4.7
鸡西 Jixi	72.9	3.9	63.7	5.1	4.0	56.5	1.9	10.1
鹤岗 Hegang	42.4	0.3	35.1	3.5	3.9	34.7	5.9	1.2
双鸭山 Shuangyashan	33.9		28.4	5.4	0.1	28.7	0.8	4.4
大庆 Daqing	396.9	0.4	376.3	16.7	3.8	48.5	18.8	320.6
伊春 Yichun	52.2	0.4	50.7	1.3	0.2	41.1	5.3	4.2
佳木斯 Jiamusi	129.3	0.3	123.3	4.5	1.5	105.6	11.9	11.5
七台河 Qitaihe	20.4	3.5	16.1	1.8	2.5	17.7	1.5	1.0
牡丹江 Mudanjiang	254.8	8.2	212.3	37.6	4.9	173.2	44.3	29.3
黑河 Heihe	132.7	1.0	89.5	23.6	19.6	124.0	4.0	2.9
绥化 Suihua	129.0		124.4	3.8	0.8	100.1	22.7	6.1
大兴安岭 Daxinganling	38.1		35.7	2.1	0.3	27.5	2.6	6.9
绥芬河 Suifenhe	14.9		14.4	0.3	0.2	13.8	1.1	
抚远 Fuyuan	19.8		19.0		0.8	17.9	1.7	0.2
不分地区 Not Classified by Region	570.1	1.9	436.5	66.9	66.7	328.8	72.4	156.8

9-12 城镇集体单位固定资产投资

INVESTMENT IN FIXED ASSETS OF URBAN COLLECTIVE-OWNED UNITS

指　标	Item	2011	2012	2013	2014	2015
投资总额(万元)	**Total Investment (10000 yuan)**	**578962**	**778802**	**822390**	**504480**	**565928**
#住　宅	#Residential Buildings	97441	72114	56808	10030	
按构成分	**Grouped by Compositipon of Funds**					
建筑安装工程	Construction and Installation	397190	494814	549086	347801	368346
设备、工器具购置	Purchase of Equipment and Instruments	163172	251021	233030	136502	178182
其他费用	Others	18600	32967	40274	20177	19400
按建设性质分	**Grouped by Type of Construction**					
#新　建	#New Construction	178764	132602	405955	298592	214551
扩　建	Expansion	154276	222160	191297	75696	82879
改　建	Reconstruction	91432	237976	71042	53679	153822
按行业分	**Grouped by Sector**					
农、林、牧、渔业	Agriculture, Forestry, Animal Husbandry and Fishery	98728	169688	134035	90964	48695
采矿业	Mining	8718	4600	4788		17150
制造业	Manufacturing	158332	179935	255921	120014	150783
电力、热力、燃气及水的生产和供应业	Production and Supply of Electric,heat,Gas and Water	16153	19740	22923	15980	3500
建筑业	Construction	39696	37442	13770	21770	8610
批发和零售业	Wholesale and Retail Trade	31390	77877	27893	27040	16930
交通运输、仓储及邮政业	Transport, Storage and Post	19810	24148	30360	34120	53290
住宿和餐饮业	Hotels and Catering Services	2500	19050		17660	24555
信息传输、软件和信息技术服务业	Information Transmission, Software and IT Services	2920		1300	9313	9000
金融业	Financial Intermediation		5329	2796		2080
房地产业	Real Estate	110017	87289	57788	64950	14579
租赁和商务服务业	Leasing and Business Services		41920	53106	23201	2700
科学研究和技术服务业	Scientific Research and Technical Services	4600		3900	18059	28592
水利、环境和公共设施管理业	Management of Water Conservancy, Environment and Public Facilities	20049	63592	61541	40782	56895
居民服务、修理和其他服务业	Services to Households,Repair and Other Services	5500	13009	102195		
教　育	Education	372	4300		6321	40132
卫生、社会工作	Health and Social Work		7640	3335	1315	31410
文化、体育和娱乐业	Culture, Sports and Entertainment		2600	1759	3291	
公共管理、社会保障和社会组织	Public Management,Social Securities and Social Organization	60177	20643	44980	9700	57027
国际组织	International Organizations					
新增固定资产(万元)	**Newly Increased Fixed Assets (100 million yuan)**	**568362**	**710219**	**697050**	**450946**	**578727**
固定资产交付使用率(%)	**Rate of Projects of Fixed Assets Completed and Put Into Use**(%)	**98.2**	**91.2**	**84.8**	**89.4**	**102.3**
房屋建筑面积(万平方米)	**Floor Space of Buildings (10000 sq.m)**					
施工面积	Floor Space under Construction	124.4	110.4	149.7	30.0	15.6
竣工面积	Floor Space Completed	86.8	48.5	99.5	19.8	13.4
#住　宅	#Residential Buildings	101.3	6.4	7.6	7.6	

9-13 城镇集体单位固定资产投资和房屋建筑面积

INVESTMENT IN FIXED ASSETS OF URBAN COLLECTIVE-OWNED UNITS AND FLOOR SPACE OF BUILDINGS

年份 Year 地区 Region	投资总额（万元）Total Investment (10000 yuan)		按构成分 By Compositipon of Funds			房屋建筑面积（万平方米）Floor Space of Buildings(10000 sq. m)			
		#住宅 Residential Buildings	建筑安装工程 Construction and Installation	设备、工器具购置 Purchase of Equipment and Instruments	其他费用 Others	施工面积 Floor Space under Construction	#住宅 Residential Buildings	竣工面积 Floor Space Completed	#住宅 Residential Buildings
1985	24422	3624	14081	9734	607	84.4		49.1	17.2
1986	26286	4844	13478	11347	1461	69.6		48.5	21.6
1987	31009	3478	16844	12961	1204	71.3		42.1	14.6
1988	38470	4295	23509	13610	1351	77.3		50.7	14.5
1989	27443	3215	16000	10383	1060	48.7		36.4	8.0
1990	14901	3355	9200	5050	651	32.2		23.4	9.6
1991	19644	4326	13226	5628	790	33.2		23.2	7.7
1992	27348	3809	18066	7725	1557	39.2		12.4	8.4
1993	36234	8505	25263	9270	1701	45.9	16.8	30.6	12.4
1994	37943	9674	24876	11235	1832	46.1	23.0	22.2	12.2
1995	80383	42731	69568	7811	3004	110.4	75.9	48.7	33.4
1996	153184	26079	89305	46887	16992	117.0	64.9	58.8	31.6
1997	71734	32817	52749	9503	9482	112.1	63.5	59.2	38.8
1998	73167	27470	59595	8791	4781	114.7	65.1	58.2	38.0
1999	94523	41077	65603	17196	11724	118.5	79.3	67.5	46.6
2000	123128	56958	97651	12918	12559	177.4	111.4	112.3	70.7
2001	170679	101806	137620	11670	21389	177.9	123.7	59.8	38.9
2002	74493	25653	59986	9416	5091	80.7	42.9	66.6	35.4
2003	70587	33098	50088	12004	8495	89.1	43.3	68.0	45.1
2004	65462	22744	57315	5372	2775	64.9	38.0	35.9	19.9
2005	58472	9614	39072	16380	3020	37.0	13.9	21.0	8.0
2006	71040	14750	50788	14093	6159	46.7	22.1	30.6	14.8
2007	192067	82785	140448	34904	16715	88.5	77.1	68.6	59.8
2008	275238	43097	179763	81853	13622	67.8	38.0	51.0	25.4
2009	479053	73830	317242	138840	22971	119.1	60.3	85.0	41.6
2010	422206	91221	313016	83883	25307	103.6	71.5	40.3	15.9
2011	578962	97441	397190	163172	18600	124.3	83.0	108.1	79.2
2012	778802	72114	494814	251021	32967	110.4	8.9	48.5	6.4
2013	822390	56808	549086	233030	40274	149.7	42.5	99.5	7.6
2014	504480	10030	347801	136502	20177	30.0	9.6	19.8	7.6
2015	565928		368346	178182	19400	15.6	2.0	15.6	2.0
哈尔滨 Harbin	387593		229442	141251	16900	10.3	2.0	10.3	2.0
齐齐哈尔 Qiqihar	80005		67305	12200	500	2.7		2.7	
鸡西 Jixi	500		500			0.8		0.8	
鹤岗 Hegang									
双鸭山 Shuangyashan									
大庆 Daqing	4150			4150					
伊春 Yichun									
佳木斯 Jiamusi	37800		37100	500	200				
七台河 Qitaihe									
牡丹江 Mudanjiang	52750		31469	19481	1800	1.8		1.8	
黑河 Heihe	2530		2530						
绥化 Suihua	600			600					
大兴安岭 Daxinganling									
绥芬河 Suifenhe									
抚远 Fuyuan									
不分地区 Not Classified by Region									

9-14 农村非农户固定资产投资

NON-FARM HOUSEHOLDS INVESTMENT IN FIXED ASSETS IN RURAL

单位：万元 (10000 yuan)

指 标	Item	2012	2013	2014	2015
投资额	**Total Investment**	**3499359**	**7272424**	**7481103**	**9591271**
按行业分类	**Grouped by Sector**				
农、林、牧、渔业	Agriculture, Forestry, Animal Husbandry and Fishery	1193817	2078007	2715669	2994164
采矿业	Mining	159840	272092	445197	378105
制造业	Manufacturing	1028315	2285042	2114717	2550412
电力、热力、燃气及水的生产和供应业	Production and Supply of Electric, heat, Gas and Water	255247	513159	245105	362525
建筑业	Construction	57845	201115	220460	150978
批发和零售业	Wholesale and Retail Trade	73127	160223	245509	200993
交通运输、仓储和邮政业	Transport, Storage and Post	85900	358044	425557	1211146
住宿和餐饮业	Hotels and Catering Services	17081	58755	48450	96421
信息传输、软件和信息技术服务业	Information Transmission, Software and IT Services	4584	2050	4882	60880
金融业	Financial Intermediation				5650
房地产业	Real Estate	274563	475671	259294	229661
租赁和商务服务业	Leasing and Business Services	14098	35664	53552	78232
科学研究和技术服务业	Scientific Research and Technical Services	4989	29374	26152	22350
水利、环境和公共设施管理业	Management of Water Conservancy, Environment and Public Facilities	220610	511282	493648	839120
居民服务、修理和其他服务业	Services to Households, Repair and Other Services	9680	69405	16445	33850
教育	Education	29815	27338	24374	104838
卫生和社会工作	Health and Social Work	8498	62940	28714	43768
文化、体育和娱乐业	Culture, Sports and Entertainment	10464	23280	21802	60551
公共管理、社会保障和社会组织	Public Management, Social Securities and Social Organization	50886	108983	91576	167627
国际组织	International Organizations				
新增固定资产	**Newly Increased Fixed Assets**	**2862963**	**5883159**	**5639403**	**8893423**
房屋建筑面积(万平方米)	**Floor Space of Buildings (10000 sq.m)**				
施工面积	Floor Space under Construction	607.2	1335.0	621.0	1107.0
竣工面积	Floor Space Completed	301.0	964.0	388.0	843.0
#住宅	#Residential Buildings	146.1	127.0	2.0	13.0

9-15 农村农户固定资产投资和建房情况

INDIVIDUAL INVESTMENT IN FIXED ASSETS AND BUILDINGS CONSTRUCTION IN RURAL PEASANT HOUSEHOLDS

年 份 Year	投资额（万元） Total Investment (10000 yuan)	#竣工房屋投 资 Investment in Buildings Completed	#住 宅 Residential Buildings	#购置生产性固定资产投资 Investment In Productive Fixed Assets	竣工房屋建筑面积（万平方米） Floor Space of Buildings Completed (10000 sq. m)	#住 宅 Residential Buildings	竣工房屋造 价（元/平方米） Cost of Buildings Completed (yuan/sq. m)	#住 宅 Residential Buildings
1985	145350	58235	58209	87115	865.3	865.3	67.3	67.3
1986	113848	49658	24832	64190	684.0	570.3	72.6	43.5
1987	123706	46499	37711	77207	633.5	549.0	73.4	68.7
1988	143122	56196	44660	86926	670.6	527.9	83.8	84.6
1989	164362	59644	54720	104718	625.2	570.0	95.6	96.0
1990	176780	107240	99670	69540	1006.0	931.5	106.6	107.0
1991	175187	106282	78296	68905	1043.0	689.0	101.9	113.6
1992	168431	73315	68145	95116	613.0	501.0	119.6	136.0
1993	147695	48258	43922	99437	314.0	259.0	153.7	169.6
1994	241567	83780	75021	143886	496.6	391.7	168.7	191.5
1995	400000	141183	137985	237412	819.4	646.3	172.3	213.5
1996	499293	321333	317260	144447	1078.3	969.9	298.0	327.1
1997	526784	270961	267301	163526	826.1	719.4	328.0	371.6
1998	680000	349770	345046	211088	982.5	795.4	356.0	433.8
1999	620000	318908	314109	192462	816.8	675.2	390.4	465.2
2000	613000	315407	297884	259000	801.6	637.6	393.8	497.2
2001	660000	320000	305000	260000	803.1	638.2	398.5	477.9
2002	873000	423000	403000	344000	998.2	790.1	396.6	488.2
2003	929000	429000	405000	367000	1000.2	810.1	428.9	499.9
2004	1393000	445389	414680	450870	1038.2	819.5	429.0	506.0
2005	1407874	300538	293445	637090	788.7	620.1	381.1	473.2
2006	1821789	524740	471127	817732	756.1	673.4	694.0	699.6
2007	2270526	645255	574562	865642	892.0	720.0	723.0	798.0
2008	2833858	811558	747667	969793	1052.1	937.4	771.0	798.0
2009	3165470	861177	767915	1300581	1076.9	955.9	799.7	803.3
2010	3167097	892971	818479	1365179	1086.0	969.6	822.3	844.1
2011	3174647	917505	806478	1202375	1055.0	945.0	869.7	853.4
2012	3193014	846586	673273	1452329	951.0	879.0	890.2	766.0
2013	3317971	975060	908798	2263403	865.0	797.0	1062.0	1077.0
2014	2911168	753543	647272	1362262	747.6	579.0	1008.0	1117.0
2015	2986632	1046506	1003741	1699593	750.0	704.0	1395.3	1425.8

9-16 新增主要产品生产能力

NEWLY INCREASED PRODUCTION CAPACITY OF MAJOR PRODUCTION

指　标	Item	2011	2012	2013	2014	2015
原煤开采(万吨/年)	Coal Mining(10000 tons/year)	1310.5	2466.0	949.9	429.8	458.1
洗煤(万吨/年)	Coal Washing(10000 tons/year)	1286.6	1397.0	2738.6	336.0	222.2
焦炭(万吨/年)	Coke(10000 tons/year)	203.0	119.0	147.0	30.0	7.0
天然原油开采(万吨/年)	Petroleum Extraction(10000 tons/year)	387.3	394.6	383.3	379.8	327.9
天然气开采(亿立方米/年)	Extraction of Petroleum and Natural Gas(100 million cu.m/year)	1.0	2.0		1.2	
石油加工:	Oil processing					123.0
蒸馏设备能力(处理万吨/年)	Power of Distillation Equipment(treatment 10000 tons/year)		210.0	52.4	51.5	81.0
裂化设备能力(处理万吨/年)	Power of Cracking Equipment((treatment 10000 tons/year)	10.0	25.0	102.8	42.2	42.0
催化重整设备能力(万吨/年)	Power of Catalytic Reforming Equipment(10000 tons/year)	6.0				
加氢精制设备能力(处理万吨/年)	Power of Hydrotreating Equipment((treatment 10000 tons/year)	0.3				
铁矿开采(原矿)(万吨/年)	Iron Ore Mining(10000 tons/year)	261.2	255.3	112.2	88.6	
炼钢(万吨/年)	Steel-making(10000 tons/year)		35.0	64.3	8.2	
铁合金(折标万吨/年)	Iron Alloy(standard 10000 tons/year)		1.1	1.0		
铜采矿(原矿)(万吨/年)	Copper Ore Mining(10000 tons/year)	0.7	0.5		6.5	
铜冶炼(吨/年)	Copper Smelting(ton/year)		202	5300		
铅锌采矿(原矿)(万吨/年)	Plumbum/Zinc Ore Mining(10000 tons/year)			7.5	3.2	
黄金(公斤/年)	Gold(kg/year)	308.0	1089.1	608.0	257.0	
发电机组容量(万千瓦)	Dynamotor Capacities(10000 kw)	164.3	189.4	107.9	50.3	144.9
水力发电(万千瓦)	Hydraulic Power(10000 kw)	12.8	82.3	64.2	20.7	4.1
火力发电(万千瓦)	Fire Power(10000 kw)	86.1	46.8	27.2	7.0	82.8
其他发电(万千瓦)	Other Power(10000 kw)	65.4	60.3	16.5	22.6	30.6
输电线路长度(11万伏及以上)(公里)	Length of Transmission Line(110000 volts and over)(km)	419.2	443.2	222.6	380.0	352.5
水泥(万吨/年)	Cement(10000 tons/year)	554.6	383.4	499.6	164.6	234.5
平板玻璃(万重量箱/年)	Plate Glass(10000 Weight-box/year)	20.0	67.0	39 .0	9.5	1.0
石墨及炭素制品(吨/年)	Graphite and Carbon Products(ton/year)	920	32550		40	
木材(万立方米/年)	Wood(10000 cu.m/year)	20.0				

9-16 续表 CONTINUED

指　标	Item	2011	2012	2013	2014	2015
农用氮、磷、钾化学肥料(吨/年)	Nitrogen, Phosphate and Potash Fertilizer(ton/year)	240756	540237	546745	181807	945333.6
氮肥(吨/年)	Nitrogen Fertilizer(ton/year)	222450	367743	467697	147591	314028.6
磷肥(吨/年)	Phosphate Fertilizer(ton/year)	12205	91331	62948	19804	220005
钾肥(吨/年)	Potash Fertilizer(ton/year)	6101	81163	16100	14412	411300
化学农药原药(吨/年)	Chemical Pesticides(ton/year)	3590	11850			
塑料树脂及共聚物(吨/年)	Plastic Colophony and Polymer(ton/year)	65969	259950	231721	117639	60106
#合成纤维	#Synthesis Fiber	1				
酒(万吨/年)	Liquor(10000 tons/year)	24.2	52.7	41.9	27.3	36.4
啤　酒	Beer	6.9	34.0	9.6	22.0	17.3
白　酒	Distilled Spirit	16.9	18.7	30.8	4.1	17.5
其他酒	Other Alcohols	0.41	0.08	1.5	1.2	1.6
卷烟(万箱/年)	Cigarettes(10000 boxes/year)			1.4		
机制纸浆(万吨/年)	Machine-made Pulp(10000tons/year)	3.0	2.0	16.8	27.3	1.3
新建铁路主线正线交付运营里程(公里)	Main Line Length of Newly-built and Operating Railway(km)	201.9	75.0	44.5	11.9	302.0
新建公路(公里)	Length of New Highways(km)	1976.2	1514.0	4304.2	196.9	348.5
#高速公路	#Expressway	586.8	107.3	18.0	16.0	17.4
改建公路(公里)	Length of Reconstructed Highways(km)	1878.0	2022.4	2872.9	1253.6	1737.4
#高速公路	#Expressway	97.0		76.0	39.0	10.2
新建独立公路桥梁(延长米)	Newly-built Highway Bridge(meter)	5003.0	13425.7	11374.3	1686.9	4042.9
新建独立公路桥梁(座)	Newly-built Highway Bridge(unit)	4	30	23	6	14
新(扩)建港口码头(年吞吐量:万吨)	Newly-built or Expanded Ports(Annual Handling Capacity:10000tons)	110	20			
新(扩)建客、货运站(个)	Newly-built or expanded conveyance station(unit)	14	8	13	8	10.5
新(扩)建客、货运站(平方米)	Newly-built or expanded conveyance station(sq.m)	69554	24563	35386	27100	45100
城市自来水供水能力(万吨/日)	Tap Water Supply Capacity(10000 tons/day)	15.7	9.4	40.8	13.6	35.8
城市污水处理能力(万吨/日)	Sewage Treatment Capacity(10000 tons/day)	34.4	34.3	122.9	11.1	19.7

9-17 四大主导产业建设施工项目个数(2015年)

NUMBER OF CONSTRUCTION PROJECTS UNDER CONSTRUCTION OF FOUR LEADING INDUSTRY (2015)

单位：个 (unit)

指 标	Item	合计 Total	国有 State-Owned Units	外资 Foreign Funded Enterprises	其他 Others
总 计	**Total**	**4305**	**272**	**10**	**4023**
装备工业	**Equipment Industry**	**1278**	**40**	**2**	**1236**
金属制品业	Manufacture of Metal Products	207		1	206
金属制品、机械和设备修理业	Metal Products, Machinery and Equipment Repair Industry	16	1		15
通用设备制造业	Manufacture of General Purpose Machinery	424	4		420
专用设备制造业	Manufacture of Special Purpose Machinery	261	3		258
汽车制造业	Manufacture of Automotive	106	1	1	104
铁路、船舶、航空航天和其他运输设备制造业	Manufacture of Railroad, Marine, Aerospace and Other Transportation Equipment	38	14		24
电气机械及器材制造业	Manufacture of Electrical Machinery and Equipment	156	11		145
计算机、通信和其他电子设备制造业	Manufacture of Computers,Communication and Other Electronic Equipment	49	5		44
仪器仪表制造业	Manufacture of Measuring Instrument	21	1		20
石化工业	**Petrochemical Industry**	**412**	**21**		**391**
石油加工、炼焦及核燃料加工业	Processing of Petroleum, Coking, Processing of Nuclear Fuel	36	13		23
化学原料及化学制品制造业	Manufacture of Chemical Raw Material and Chemical Products	215	4		211
化学纤维制造业	Manufacture of Chemical Fiber	5			5
橡胶和塑料制品业	Manufacture of Rubber and Plastics	156	4		152
能源工业	**Energy Industry**	**623**	**172**	**2**	**449**
煤炭开采和洗选业	Mining and Washing of Coal	190	16		174
石油和天然气开采业	Extraction of Petroleum and Natural Gas	5	1		4
电力、热力的生产和供应业	Production and Supply of Electric Power and Heat Power	325	138	1	186
燃气生产和供应业	Production and Distribution of Gas	76	11		65
开采辅助活动	Mining Auxiliary Activities	27	6	1	20
食品工业	**Food Industry**	**1992**	**39**	**6**	**1947**
农副食品加工业	Processing of Food from Agricultural Products	1551	33	1	1517
食品制造业	Manufacture of Foods	222	5	2	215
酒、饮料和精制茶制造业	Manufacture of Beverage	219	1	3	215

9-18 四大主导产业建成投产项目个数(2015年)

NUMBER OF CONSTRUCTION PROJECTS PUT INTO USE OF FOUR LEADING INDUSTRY(2015)

单位：个 (unit)

指　标	Item	合计 Total	国有 State-Owned Units	外资 Foreign Funded Enterprises	其他 Others
总　计	**Total**	**3385**	**246**	**15**	**3124**
装备工业	**Equipment Industry**	**1035**	**37**	**1**	**997**
金属制品业	Manufacture of Metal Products	174		1	173
金属制品、机械和设备修理业	Metal Products, Machinery and Equipment Repair Industry	14			14
通用设备制造业	Manufacture of General Purpose Machinery	365	3		362
专用设备制造业	Manufacture of Special Purpose Machinery	200	4		196
汽车制造业	Manufacture of Automotive	82	1		81
铁路、船舶、航空航天和其他运输设备制造业	Manufacture of Railroad, Marine, Aerospace and Other Transportation Equipment	25	13		12
电气机械及器材制造业	Manufacture of Electrical Machinery and Equipment	121	11		110
计算机、通信和其他电子设备制造业	Manufacture of Computers,Communication and Other Electronic Equipment	38	5		33
仪器仪表制造业	Manufacture of Measuring Instrument	16			16
石化工业	**Petrochemical Industry**	**320**	**19**	**1**	**300**
石油加工、炼焦及核燃料加工业	Processing of Petroleum, Coking, Processing of Nuclear Fuel	25	9		16
化学原料及化学制品制造业	Manufacture of Chemical Raw Material and Chemical Products	173	6	1	166
化学纤维制造业	Manufacture of Chemical Fiber	4			4
橡胶和塑料制品业	Manufacture of Rubber and Plastics	118	4		114
能源工业	**Energy Industry**	**467**	**155**	**6**	**306**
煤炭开采和洗选业	Mining and Washing of Coal	147	9		138
石油和天然气开采业	Extraction of Petroleum and Natural Gas	4	1		3
电力、热力的生产和供应业	Production and Supply of Electric Power and Heat Power	235	126	2	107
燃气生产和供应业	Production and Distribution of Gas	58	10	1	47
开采辅助活动	Mining Auxiliary Activities	23	9	3	11
食品工业	**Food Industry**	**1563**	**35**	**7**	**1521**
农副食品加工业	Processing of Food from Agricultural Products	1261	32	2	1227
食品制造业	Manufacture of Foods	153	2	2	149
酒、饮料和精制茶制造业	Manufacture of Beverage	149	1	3	145

9-19 四大主导产业建设完成投资(2015年)

ACTUALLY COMPLETED INVESTMENT OF FOUR LEADING INDUSTRY(2015)

单位：万元 (10000 yuan)

指 标	Item	合计 Total	国有 State-Owned Units	外资 Foreign Funded Enterprises	其他 Others
总 计	**Total**	**27543188**	**5765882**	**260436**	**21516870**
装备工业	**Equipment Industry**	**8548823**	**508732**	**54915**	**7985176**
金属制品业	Manufacture of Metal Products	1129450	4950	8000	1116500
金属制品、机械和设备修理业	Metal Products, Machinery and Equipment Repair Industry	103725	22620		81105
通用设备制造业	Manufacture of General Purpose Machinery	3267365	95869		3171496
专用设备制造业	Manufacture of Special Purpose Machinery	1412468	26801		1385667
汽车制造业	Manufacture of Automotive	921563	28918	38289	854356
铁路、船舶、航空航天和其他运输设备制造业	Manufacture of Railroad, Marine, Aerospace and Other Transportation Equipment	312298	238380		73918
电气机械及器材制造业	Manufacture of Electrical Machinery and Equipment	955534	56980	8626	889928
计算机、通信和其他电子设备制造业	Manufacture of Computers, Communication and Other Electronic Equipment	282561	32560		250001
仪器仪表制造业	Manufacture of Measuring Instrument	163859	1654		162205
石化工业	**Petrochemical Industry**	**2250488**	**303723**	**8200**	**1938565**
石油加工、炼焦及核燃料加工业	Processing of Petroleum, Coking, Processing of Nuclear Fuel	244310	128422		115888
化学原料及化学制品制造业	Manufacture of Chemical Raw Material and Chemical Products	1212757	150481	1000	1061276
化学纤维制造业	Manufacture of Chemical Fiber	38225			38225
橡胶和塑料制品业	Manufacture of Rubber and Plastics	755196	24820	7200	723176
能源工业	**Energy Industry**	**6853135**	**4578672**	**84870**	**2189593**
煤炭开采和洗选业	Mining and Washing of Coal	967598	293446		674152
石油和天然气开采业	Extraction of Petroleum and Natural Gas	2717961	2680818		37143
电力、热力的生产和供应业	Production and Supply of Electric Power and Heat Power	2519416	1387842	6899	1124675
燃气生产和供应业	Production and Distribution of Gas	349438	60061	5065	284312
开采辅助活动	Mining Auxiliary Activities	298722	156505	72906	69311
食品工业	**Food Industry**	**9890742**	**374755**	**112451**	**9403536**
农副食品加工业	Processing of Food from Agricultural Products	7495930	299597	22639	7173694
食品制造业	Manufacture of Foods	1271364	55491	36856	1179017
酒、饮料和精制茶制造业	Manufacture of Beverage	1123448	19667	52956	1050825

9-20 四大主导产业新增固定资产(2015年)

NEWLY INCREASED FIXED ASSETS OF FOUR LEADING INDUSTRY(2015)

单位：万元 (10000 yuan)

指标	Item	合计 Total	国有 State-Owned Units	外资 Foreign Funded Enterprises	其他 Others
总计	**Total**	**25684468**	**5257132**	**192848**	**20234488**
装备工业	**Equipment Industry**	**7801701**	**258567**	**12960**	**7530174**
金属制品业	Manufacture of Metal Products	1255437	4950	8000	1242487
金属制品、机械和设备修理业	Metal Products, Machinery and Equipment Repair Industry	80635			80635
通用设备制造业	Manufacture of General Purpose Machinery	3094308	28357		3065951
专用设备制造业	Manufacture of Special Purpose Machinery	1306535	17801		1288734
汽车制造业	Manufacture of Automotive	658740	6093		652647
铁路、船舶、航空航天和其他运输设备制造业	Manufacture of Railroad, Marine, Aerospace and Other Transportation Equipment	200060	118405		81655
电气机械及器材制造业	Manufacture of Electrical Machinery and Equipment	850622	54501	4960	791161
计算机、通信和其他电子设备制造业	Manufacture of Computers,Communication and Other Electronic Equipment	220489	28460		192029
仪器仪表制造业	Manufacture of Measuring Instrument	134875			134875
石化工业	**Petrochemical Industry**	**2266801**	**510855**	**5000**	**1750946**
石油加工、炼焦及核燃料加工业	Processing of Petroleum, Coking, Processing of Nuclear Fuel	228718	124822		103896
化学原料及化学制品制造业	Manufacture of Chemical Raw Material and Chemical Products	1280800	361213	5000	914587
化学纤维制造业	Manufacture of Chemical Fiber	43615			43615
橡胶和塑料制品业	Manufacture of Rubber and Plastics	713668	24820		688848
能源工业	**Energy Industry**	**6510089**	**4345192**	**130674**	**2034223**
煤炭开采和洗选业	Mining and Washing of Coal	682583	55000		627583
石油和天然气开采业	Extraction of Petroleum and Natural Gas	2715401	2680818		34583
电力、热力的生产和供应业	Production and Supply of Electric Power and Heat Power	2383148	1325315	4931	1052902
燃气生产和供应业	Production and Distribution of Gas	327375	56431	6000	264944
开采辅助活动	Mining Auxiliary Activities	401582	227628	119743	54211
食品工业	**Food Industry**	**9105877**	**142518**	**44214**	**8919145**
农副食品加工业	Processing of Food from Agricultural Products	7137145	119428	20534	6997183
食品制造业	Manufacture of Foods	1025396	15990	6856	1002550
酒、饮料和精制茶制造业	Manufacture of Beverage	943336	7100	16824	919412

主要统计指标解释

全社会固定资产投资 是以货币形式表现的在一定时期内全社会建造和购置固定资产的工作量以及与此有关的费用的总称。该指标是反映固定资产投资规模、结构和发展速度的综合性指标,又是观察工程进度和考核投资效果的重要依据。全社会固定资产投资按登记注册类型可分为国有、集体、联营、股份制、私营和个体、港澳台商、外商、其他等。

固定资产投资(不含农户) 指城镇和农村各种登记注册类型的企业、事业、行政单位及城镇个体户进行的计划总投资500万元及500万元以上的建设项目投资和房地产开发投资,包含原口径的城镇固定资产投资加上农村企事业组织项目投资,该口径自2011年起开始使用。

房地产开发投资 指各种登记注册类型的房地产开发法人单位统一开发的包括统代建、拆迁还建的住宅、厂房、仓库、饭店、宾馆、度假村、写字楼、办公楼等房屋建筑物,配套的服务设施,土地开发工程(如道路、给水、排水、供电、供热、通讯、平整场地等基础设施工程)和土地购置的投资;不包括单纯的土地开发和交易活动。

固定资产投资的实际到位资金 根据固定资产投资的资金来源不同,分为国家预算资金、国内贷款、利用外资、自筹资金和其他资金。

(1)国家预算资金 国家预算包括一般预算、政府性基金预算、国有资本经营预算和社保基金预算。各类预算中用于固定资产投资的资金全部作为国家预算资金填报,其中一般预算中用于固定资产投资的部分包括基建投资、车购税、灾后恢复重建基金和其他财政投资。各级政府债券也应归入国家预算资金。

(2)国内贷款 指报告期固定资产项目投资单位向银行及非银行金融机构借入用于固定资产投资的各种国内借款,包括银行利用自有资金及吸收存款发放的贷款、上级主管部门拨入的国内贷款、国家专项贷款(包括煤代油贷款、劳改煤矿专项贷款等),地方财政专项资金安排的贷款、国内储备贷款、周转贷款等。

(3)利用外资 指报告期收到的境外(包括外国及港澳台地区)资金(包括设备、材料、技术在内)。包括对外借款(外国政府贷款、国际金融组织贷款、出口信贷、外国银行商业贷款、对外发行债券和股票)、外商直接投资、外商其他投资(包括利用外商投资收益在国内进行固定资产再投资活动的资金)。不包括我国自有外汇资金(国家外汇、地方外汇、留成外汇、调剂外汇和国内银行自有资金发放的外汇贷款等)。各类外资按报告期末的外汇牌价(中间价)折成人民币计算。

(4)自筹资金 指固定资产投资单位在报告期收到的,由各企、事业单位筹集用于固定资产投资的资金,包括各类企事业单位的自有资金和从其他单位筹集的用于固定资产投资的资金,但不包括各类财政性资金、从各类金融机构借入资金和国外资金。

(5)其他资金 指在报告期收到的除以上各种资金之外的用于固定资产投资的资金,包括社会集资、个人资金、无偿捐赠的资金及其他单位拨入的资金等。

固定资产投资按国民经济行业分 指根据其从事的社会经济活动性质对各类单位进行的分类。应根据建设项目建成投产后的主要产品种类或主要用途及社会经济活动种类来划分,不能根据项目单位本身的行业类别来划分。如果项目投产后有几种产品,应根据主要产品来确定行业类别。一般情况下,一个建设项目只能属于一种国民经济行业。

固定资产投资按隶属关系分 是按建设单位或企业、事业、行政单位的主管上级机关确定的。

(1)中央 是指中共中央、人大常委会和国务院各部、委、局、总公司以及直属机构直接领导的建设项目和企业、事业、行政单位。这些单位的固定资产投资计划由国务院各部门直接编制和下达,统一组织或委托下级实施。包括有中央垂直管理的部门(如国家统计局各级调查队)和中央直属企业、事业单位(如工商银行、中国电信、中国石油)等。

(2)地方 是由省(自治区、直辖市)、地(区、市、州、盟)、县(区、市、旗)三级政府及业务主管部门直接领导和管理的建设项目、企业、事业、行政单位。地方项目还包括不隶属以上各级政府及主管部门的建设项目和企业、事业单位，如外商投资企业和无主管部门的企业等。

固定资产投资按建设性质分　按整个建设项目情况来确定。建设项目的性质一般分为新建、扩建、改建和技术改造、单纯建造生活设施、迁建、恢复、单纯购置。房地产开发单位、农户投资不划分建设性质。

(1)新建　指从无到有“平地起家”开始建设的项目。现有企业、事业、行政单位投资的项目一般不属于新建。但如有的单位原有基础很小，经过建设后新增的固定资产价值超过该企业、事业、行政单位原有固定资产价值（原值）三倍以上的，也应作为新建。

(2)扩建　指在厂内或其他地点，为扩大原有产品的生产能力(或效益)或增加新的产品生产能力，而增建的生产车间(或主要工程)、分厂、独立的生产线的企业、事业单位。行政、事业单位在原单位增建业务性用房(如学校增建教学用房、医院增建门诊部、病房等)也作为扩建。

现有企、事业单位为扩大原有主要产品生产能力或增加新的产品生产能力，增建一个或几个主要生产车间(或主要工程)、分厂，同时进行一些更新改造工程的，也应作为扩建。

(3)改建和技术改造　指现有企业、事业单位对原有设施进行技术改造或更新(包括相应配套的辅助性生产、生活福利设施）的建设项目。改建项目包括现有企业、事业单位为适应市场变化的需要，而改变企业的主要产品种类(如军工企业转民产品等）的建设项目，原有产品生产作业线由于各工序(车间)之间能力不平衡，为填平补齐充分发挥原有生产能力而增建不增加本企业主要产品设计能力的车间的建设项目。技术改造是指企业、事业单位在现有基础上，用先进的技术代替落后的技术，用先进的工艺和装备代替落后的工艺和装备，以改变企业落后的技术经济面貌，实现以内涵为主的扩大再生产，达到提高产品质量、促进产品更新换代、节约能源、降低消耗、扩大生产规模、全面提高社会经济效益的目的。技术改造具体包括以下内容：机器设备和工具的更新改造；生产工艺改革、节约能源和原材料的改造；厂房建筑和公共设施的改造；保护环境进行的“三废”治理改造；劳动条件和生产环境的改造等。

固定资产投资按构成分

(1)建筑工程　指各种房屋、建筑物的建造工程，又称建筑工作量。这部分投资额必须兴工动料，通过施工活动才能实现，是固定资产投资额的重要组成部分。

(2)安装工程　指各种设备、装置的安装工程，又称安装工作量。

在安装工程中，不包括被安装设备本身价值。

(3)设备工具器具购置　指报告期内购置或自制的，达到固定资产标准的设备、工具、器具的价值。新建单位及扩建单位的新建车间，按照设计或计划要求购置或自制的全部设备、工具、器具，不论是否达到固定资产标准均计入“设备工具器具购置”中。

(4)其他费用　指在固定资产建造和购置过程中发生的，除建筑安装工程和设备、工器具购置投资完成额以外的应当分摊计入固定资产投资的费用，不指经营中财务上的其他费用。

施工项目个数　是指本年正式进行过建筑或安装施工活动的建设项目个数。包括本年新开工项目，以前年度开工跨入本年继续施工项目，本年全部建成投产项目、以前年度全部停缓建在本年恢复施工的项目，本年进行过施工又在本年内全部停缓建的项目。施工项目个数可以反映一定时期固定资产投资的实际规模，与同期全部建成投产项目个数相比，可以从建设速度的角度反映固定资产投资的效果。

本年投产项目个数　指报告期内按设计文件规定建成主体工程和相应配套的辅助设施，形成生产能力或工程效益，经过验收合格，并且已正式投入生产或交付使用的建设项目。

新增生产能力(或工程效益)　指通过固定资产投资活动而增加的设计能力(或工程效益)。主要指标包括建设规模、本年施工规模、自开始建设累计新增生产能力(或工程效益)、本年新增生产能力(或工程效益)等。

建设规模　指建设项目或工程设计文件中规定的全部设计能力(或工程效益)。包括已经建成投产和尚未建成投产的工程的生产能力(或工程效益)。

本年施工规模　指报告期内施工的单项工程（或更新改造项目）的设计能力(或工程效益)，包括报告期以前已开工跨入本年继续施工的工程的设计能力和报告期新开工工程的设计能力。也包括报告期内建成投产或报告期施工后又停缓建的单项工程设计能力。不包括在报告期以前建成投产或已经停、缓建的工程，以及报告期内尚未正式开工的工程的设计能力。

自开始建设累计新增生产能力(或工程效益)　指自开始建设至本年底止建成投产的全部单项工程累计新增生产能力(或工程效益)。

本年新增生产能力(或工程效益)　指在本年度内按照新增生产能力(或工程效益)的计算条件和标准，实际建成投入生产或交付使用的生产能力(或工程效益)。

新增固定资产　是指已经完成建造和购置过程，并已交付生产或使用单位的固定资产的价值，包括已经建成投入生产或交付使用的工程投资和达到固定资产标准的设备、工具、器具的投资及有关应摊入的费用。该指标是表示固定资产投资成果的价值指标，也是反映建设进度，计算固定资产投资效果的重要指标。

项目建成投产率　指一定时期内全部建成投产项目个数与同期施工项目个数的比率。该指标从建设单位建设速度的角度反映投资效果。

固定资产交付使用率　指一定时期新增固定资产与同期完成投资额的比率。该指标是反映固定资产动用速度，衡量建设过程中宏观投资效果的综合指标。由于新增固定资产是较长时期内形成的结果，而投资额则是当年完成的，因此，该指标一般适宜于反映较长时期内固定资产的动用情况。

Explanatory Notes on Main Statistical Indicators

Total Investment in Fixed Assets in the Whole Country refers to the volume of activities in construction and purchases of fixed assets of the whole country and related fees, expressed in monetary terms during the reference period. It is a comprehensive indicator which shows the size, structure and growth of the investment in fixed assets, providing a basis for observing the progress of construction projects and evaluating results of investment. Total investment in fixed assets in the whole country includes, by type of ownership, the investment by State-owned units, collective-owned units, joint ownership units, share-holding units, private units, individuals as well as investments by entrepreneurs from Hong Kong, Macao and Taiwan, foreign investors and others.

Investment in Fixed Assets (Excluding Rural Households) refers to the investment in construction projects with a total planned investment of 5 million yuan and over by enterprises of various ownerships, institutions, administrative units and urban self-employed individuals, and the investment in real estate development in both urban and rural areas. Since 2011, it covers the urban investment in fixed assets under the previous statistical coverage plus project investments by rural enterprises and institutions.

Investment in Real Estate Development refers to investment by real estate development companies, commercialized buildings construction companies and other real estate development units of various types of ownership in the construction of buildings, such as residential buildings, factory buildings, warehouses, hotels, guesthouses, holiday villages, office buildings, the complementary service facilities and land development projects, such as roads, water supply, water drainage, power supply, heating supply, telecommunications, land leveling and other infrastructural projects. It does not include activities in pure land transactions.

Actual Funds in Place for Investment in Fixed Assets are categorized as funds from the State budget, domestic loans, foreign investment, self-raised funds, and others, depending on the sources of investment.

(1) Fund from the State budget: State budget consists of general budget, government fund budget, operation budget of state-owned assets and social security fund budget. Funds for investment in fixed assets from various budgets are reported as fund from the state budget, of which, the general budget utilized on fixed assets investment includes investment on infrastructure construction, vehicle purchase tax, post-disaster restoration and reconstruction funds and other financial investment. Government bonds at all levels should also be included.

(2) Domestic loans refer to loans of various forms borrowed by investing units from banks and non-bank financial institutions during the reference period for the purpose of investment in fixed assets, including loans issued by banks from their self-owned funds and deposit, loans appropriated by higher responsible authorities, special loans by government (including loan for substituting petroleum with coal, special loans for reform-through-labour coal mines), loans arranged by local government from special funds, domestic reserve loan, and revolving loan, etc.

(3) Foreign investment refers to overseas (including foreign countries, Hongkong, Macao and Taiwan)

funds received during the reference period (covering equipment, materials and technology), including foreign borrowings (loans from foreign governments and international financial institutions, export credit, commercial loans from foreign banks, issue of bonds and stocks overseas), foreign direct investment and other foreign investments (including funds from foreign direct investment income that are reinvested in fixed assets domestically). Excluded from this category is capital in foreign exchanges owned by China (foreign exchanges owned by the central and local governments, foreign exchanges retained by enterprises, foreign exchanges by enterprises through the regulating mechanism, loans in foreign exchanges issued by the Bank of China with its own fund, etc.). In calculating the utilization of foreign capital, foreign currencies are converted into Chinese Renminbi applying the exchange rate (central parity rate) at the end of the reference period.

(4) Self-raised funds refer to funds for investment in fixed assets received during the reference period by investing units, including investment in fixed assets using own funds of various enterprises and institutions or funds raised from other units other than financial funds, funds borrowed from financial institutions and overseas funds.

(5) Others refer to funds for investment in fixed assets received from sources other than those listed above, including funds raised from individuals and through donations, and funds transferred from other units.

Investment in Fixed Assets by Sector refers to the classification of investment by the nature of social economic activities the investing units are engaged in. The classification of construction projects by sector is determined by the major products or the purpose of the projects when they are put into production or use, and by the nature of their social economic activities, instead of being determined by industrial classification of the project enterprises. The project will be classified according to major product if there are several kinds of products yielded. In general, one project can only be classified into one sector.

Investment in Fixed Assets by Jurisdiction of Management refers to the classification of investment by the competent authorities under which investment is made by construction units, enterprises, institutions or administrative units.

(1) Central investment refers to the investment in projects or by enterprises, institutions or administrative units which are under the direct leadership and management of the State Council and of the national commissions, ministries, agencies and State-owned large corporations. Various ministries and departments of the State Council prepare and implement plans through unified organization or lower-level commissions, which include departments direct under central government (i.e. survey offices at all level of the National Bureau of Statistics) and enterprises and institutions directly under central government (like the Industrial and Commercial Bank of China, China Telecom and China National Petroleum Corporation)..

(2) Local investment refers to the investment in projects or by enterprises, institutions or administrative units which are under the direct leadership and management of competent departments and governments at the level of province (autonomous regions and municipalities directly under the Central Government), prefecture (prefectures, cities and leagues) and county (districts, cities and banners). Also included are projects by foreign-invested enterprises and enterprises without competent managing

authorities.

Investment in Fixed Assets by Type of Construction Construction projects in general can be classified, by the type of construction, into new construction, expansion, reconstruction and technical transformation, purely construction of living facilities, moving, restoration and purely purchasing. However, investment by type of construction is not applied to investment by real-estate development units and investment by rural households.

(1) New construction in general refers to construction projects, which start from scratch. The existing projects invested by enterprises, institutions and administrative agencies cannot be classified as new construction. In case the size of the existing unit is quite small, and the value of newly added fixed assets is more than three times of the original value, the expansion will be considered as new construction.

(2) Expansion refers to construction of new production workshop, branch factory or independent production line within a factory or in other locations, for the purpose of increasing the production capacity (or improving efficiency) or adding new production capacity by enterprises and institutions. Newly constructed accommodation for the operation of institutions and administrative organizations (such as newly constructed buildings for teaching in schools, buildings for clinics or wards in hospitals, etc.) are also classified as expansion.

Also included in expansion are investments by existing enterprises or institutions in building major production line(s) or branch factory (ies) along with some work on innovation, for the purpose of expanding the production capacity of original products or producing new products.

(3) Reconstruction and technical transformation refers to construction projects by existing enterprises or institutions in innovation or technical transformation of the old facilities (including auxiliary production equipment and welfare facilities). Also considered as reconstruction is the construction of new workshops by the existing enterprises or institutions to change the variety of products to meet the market demand (such as the production of civil products by defence industries), or to bring the designed production capacity into full play through a more balanced production process on production lines. Technical transformation refers to replacement of old technology or equipment by new technology or equipment, in order to expand the reproduction through improvement of technology contents in production, to improve product quality, to promote new products, to save energy, to reduce consumption, to expand the production scale and to improve overall social-economic efficiency. Contents of technical transformation include: updating of machinery, equipment and tools; reforming production process by using energy or materials saving technology; construction of factory workshops and transformation of public facilities; treatment transformation of "three wastes" (waste gas, waste water and industrial residue) aiming at environmental protection; improvement of working conditions and environment, etc.

Investment in Fixed Assets by Structure

(1) Construction refers to the construction of houses and buildings, also known as work volume of construction. This part of investment can only be achieved through construction activities, it is the major component of the total investment in fixed assets.

(2) Installation refers to the installation of various kinds of equipment and instruments, also known

as work volume of installation.

The value of equipment installed itself is not included in the value of installation projects.

(3) Purchase of equipment and instruments refers to the total value of equipment, tools, and instruments purchased or self-produced which come up to the cut-off point for fixed assets during the reference period. Equipment, tools and instruments purchased or self-produced for new workshops by newly established or expanded units are categorized as "purchase of equipment and instruments" no matter whether they come up to the cut-off point for fixed assets.

(4) Other expenses refer to expenses arising during the construction or purchase of fixed assets other than those expenses on construction, installation and purchase of equipment and instruments. Other financial expenses arising in operation are not included.

Number of Projects under Construction refers to number of all projects with actual construction or installation activities in current year, including newly started projects, projects started previously and extended into the current year, projects completed and put into operation in current year, projects suspended previously and resumed in current year, and projects started this year but suspended or postponed in current year. The number of projects under construction can reflect the actual size of investment in fixed assets during a given period, and when compared with the number of projects completed and put into use during the same period, it demonstrates the results of investment in fixed assets from the angle of the speed of the construction.

Number of Projects Put into Use This Year refer to projects have completed the main construction and correspondent auxiliary facilities in accordance with the design documents, resulting in forming production capacity (efficiency) and have been checked and accepted after relevant tests, and have been formally delivered for use.

Newly Increased Production Capacity (or Project Efficiency) refers to the increase in design capacity (or project efficiency) through investment in fixed assets. The main indicators include: construction scale, scale of projects under construction in current year, the accumulated newly increased production capacity (project efficiency) since the start of the projects and the newly increased production capacity (project efficiency) of current year.

Construction Scale refers to the total designed production capacity (project efficiency) of the construction projects in accordance with the design document, including those have been put into operation and those that have not been completed.

Scale of Projects under Construction in Current Year refers to the designed production capacity (project efficiency) of a single project (or renovation project) under construction in the reference period, including the designed production capacity of projects that have been started previously and still under construction in the current year, the newly started projects, and projects that have been completed and put into operation in the reference period or those have been started but suspended or postponed in the reference period. Projects that have been completed and put into operation, suspended or postponed before the reference period, and projects that have not been officially started in the reference period are not included.

The Accumulated Newly Increased Production Capacity (project efficiency) since the Start of the Projects

refers to the accumulated newly increased production capacity of all the single projects which have been put into use from the beginning of the projects till the end of current year.

The Newly Increased Production Capacity (project efficiency) of Current Year refers to the production capacity (project efficiency) that has been completed and put into operation in current year according to the calculation conditions and standards on newly increased production capacity (project efficiency).

Newly Increased Fixed Assets refer to the value of fixed assets that has completed the construction and purchase, and has been delivered to the production or owner units, including investment in projects that have been completed and put into operation in current year and the investment in equipment, tools and appliance that meet the standard of fixed assets and fees that should be apportioned. This is an indicator that demonstrates the results of investment in fixed assets in monetary terms, and an important indicator to reflect the speed of construction and to calculate the efficiency of investment.

Rate of Construction Projects Completed and Put into Use refers to the ratio of the number of construction projects completed and put into use in a certain period of time to the number of projects under construction in the same period. This reflects the investment efficiency from the perspective of the speed of projects construction.

Rate of Projects of Fixed Assets Completed and Put into Operation refers to the ratio of the newly increased fixed assets to the total investment made in the same period. This is a comprehensive indicator reflecting the speed of the employment of fixed assets and the investment efficiency at the macro-level. As the newly increase fixed assets is the result of a long period while the investment is completed in the current year, this indicator is expected to be used to reflect the employment of fixed assets over a long period of time.

第十篇　对外经济贸易

CHAPTER 10　FOREIGN TRADE AND ECONOMIC COOPERATION

资料整理：张莹娣

10-1 对外经济贸易基本情况

FOREIGN TRADE ECONOMIC COOPERATION

指 标	Item	2011	2012	2013	2014	2015
货物进出口总额(人民币亿元)	**Total Value of Imports and Exports (RMB 100 million yuan)**	**2487.3**	**2387.4**	**2407.9**	**2389.5**	**1307.3**
出口总额	Total Exports	1141.3	911.5	1005.2	1065.2	500.1
进口总额	Total Imports	1346.0	1476.5	1402.8	1324.4	807.2
进出口差额	Balance	-204.7	-565.0	-397.0	-259.2	-306.4
货物进出口总额(亿美元)	**Total Value of Imports and Exports (USD 100 million)**	**385.1**	**378.2**	**388.8**	**389.0**	**209.9**
出口总额	Total Exports	176.7	144.4	162.3	173.4	80.3
初级产品	Primary Goods	10.0	8.8	9.6	9.7	8.6
工业制成品	Manufactured Goods	166.7	135.5	152.7	163.7	71.7
进口总额	Total Imports	208.4	233.9	226.5	215.6	129.6
初级产品	Primary Goods	183.2	190.9	182.2	175.4	99.0
工业制成品	Manufactured Goods	25.2	92.9	44.3	40.2	30.6
进出口差额	Balance	-31.7	-89.5	-64.1	42.2	-49.2
实际使用外资额(亿美元)	**Total Amount of Foreign Investment Actually Utilized (USD 100 million)**	**34.6**	**39.9**	**46.4**	**51.6**	**55.5**
#对外借款	#Foreign Loans	2.1	0.9	0.3	0.7	1.0
外商直接投资	Foreign Direct Investments	32.5	39.0	46.1	50.9	54.5
外商直接投资合同项目(个)	**Number of Projects for Contracted Foreign Direct Investment (unit)**	**131**	**98**	**86**	**102**	**91**
外商直接投资合同金额(亿美元)	**Contract Value of Projects for Contracted Foreign Direct Investment (USD 100 million)**	**35.2**	**39.0**	**51.5**	**61.4**	**58.4**
外资企业基本情况	**Registered Foreign-funded Enterprises**					
年底登记户数(户)	Number of Registered Enterprises (household)	5426	5039	4924	5016	4149
投资总额(亿美元)	Total Investment (USD 100 million)	209.4	222.5	227.9	239.8	223.0
注册资本(亿美元)	Registered Capital (USD 100 million)	122.5	127.9	131.1	143.4	126.9
#外方	Capital from Foreign Investors	92.3	94.5	96.1	109.5	96.5

注：进出口总额1993年以前为对外贸易经济合作厅数据，1993年起为哈尔滨海关数据，未包括石油出口业务（下同）。
Note: The data of total value of imports and exports were provided by Department of Foreign Trade and Economic Cooperation prior to 1993. Since 1994, the data were provided by Harbin CIQ expecting exports of petroleum. The same as following tables.

10-2 货物进出口总额

TOTAL VALUE OF IMPORTS AND EXPORT

年 份 Year	人民币(亿元) (RMB 100 million yuan)				美元(亿元) (USD 100 million)			
	进出口总额 Total Value of Imports and Exports	出口总额 Total Exports	进口总额 Total Imports	进出口差额 Balance	进出口总额 Total Value of Imports and Exports	出口总额 Total Exports	进口总额 Total Imports	进出口差额 Balance
1957	2.6	2.6			0.8	0.8		
1965	0.6	0.6			0.2	0.2		
1970	0.5	0.5			0.2	0.2		
1975	1.3	1.3			0.7	0.7		
1978	0.8	0.8			0.5	0.5		
1979	1.2	1.2			0.7	0.7		
1980	1.9	1.5	0.5	1.0	1.3	1.0	0.3	0.7
1981	2.7	2.3	0.4	1.8	1.6	1.3	0.3	1.1
1982	3.8	3.3	0.5	2.9	2.0	1.7	0.2	1.5
1983	6.5	5.4	1.1	4.3	3.3	2.7	0.5	2.2
1984	10.0	7.9	2.1	5.8	4.3	3.4	0.9	2.5
1985	15.0	12.1	2.9	9.3	5.1	4.1	1.0	3.2
1986	28.0	21.2	6.7	14.5	8.1	6.2	2.0	4.2
1987	35.8	30.2	5.6	24.6	9.6	8.1	1.5	6.6
1988	46.2	34.9	11.3	23.6	12.4	9.4	3.0	6.3
1989	53.2	38.7	14.5	24.2	14.1	10.3	3.9	6.4
1990	71.4	52.0	19.4	32.6	14.9	10.9	4.1	6.8
1991	107.4	73.3	34.1	39.2	20.2	13.8	6.4	7.4
1992	158.9	101.0	57.9	43.1	28.8	18.3	10.5	7.8
1993	190.1	97.2	92.9	4.3	33.0	16.9	16.1	0.7
1994	209.1	107.0	102.1	4.9	24.3	12.4	11.8	0.6
1995	199.3	97.4	101.9	-4.5	23.9	11.7	12.2	-0.5
1996	203.6	90.0	113.7	-23.7	24.5	10.8	13.7	-2.9
1997	204.2	108.4	95.8	12.6	24.6	13.1	11.6	1.5
1998	166.4	75.0	91.4	-16.4	20.1	9.1	11.0	-2.0
1999	181.4	78.7	102.7	-24.1	21.9	9.5	12.4	-2.9
2000	247.2	120.1	127.1	-7.0	29.9	14.5	15.4	-0.8
2001	280.2	133.4	146.7	-13.2	33.9	16.1	17.7	-1.6
2002	360.1	164.7	195.3	-30.6	43.5	19.9	23.6	-3.7
2003	441.2	237.5	203.6	33.9	53.3	28.7	24.6	4.1
2004	562.0	304.6	257.4	47.2	67.9	36.8	31.1	5.7
2005	783.9	497.2	286.7	210.5	95.7	60.7	35.0	25.7
2006	1025.2	672.8	352.4	320.5	128.6	84.4	44.2	40.2
2007	1315.5	933.0	382.5	550.5	173.0	122.7	50.3	72.4
2008	1590.4	1150.8	438.9	711.9	229.0	165.7	63.2	102.5
2009	1108.0	688.6	419.4	268.5	162.2	100.8	61.4	39.3
2010	1726.2	1102.1	624.1	477.9	255.0	162.8	92.2	70.6
2011	2487.3	1141.3	1346.0	-204.7	385.1	176.7	208.4	-31.7
2012	2387.4	911.5	1476.5	-565.0	378.2	144.4	233.9	-89.5
2013	2407.9	1005.2	1402.8	-397.0	388.8	162.3	226.5	-64.1
2014	2389.5	1065.2	1324.4	-259.2	389.0	173.4	215.6	-42.2
2015	1307.3	500.1	807.2	-306.4	209.9	80.3	129.6	-49.2

10-3 海关货物进出口总额

TOTAL VALUE OF IMPORTS AND EXPORTS (CUSTOMS STATISTICS)

单位：万美元　　(USD 10000)

指　标	Item	进出口总额 Total Value of Imports and Exports				
		2011	2012	2013	2014	2015
总　额	**Total**	**3851290**	**3782146**	**3887785**	**3890037**	**2098599**
一般贸易	General Trade	2958313	2747141	2797929	2813390	1440287
国家间、国际组织无偿援助和赠送	Donation of Countries and International	19	17	2	123	
其他境外捐赠物资	Others Donation of Overseas Chinese	1	3			1
补偿贸易	Compensation Trade					
来料加工装配贸易	Processing and Assembling with Customer's Materials	23585	21673	22185	28306	104018
进料加工贸易	Processing and Assembling with Import Materials	43759	55153	58434	57050	46443
边境小额贸易	Little Amount Trade on the Borders	644626	781881	788680	733550	348615
对外承包工程出口货物	Export Goods of Contracted Projects with Foreign Countries or Territories	92021	38646	34771	46632	101449
外商投资企业作为投资进口的设备、物品	Import Equipments and Goods of Foreign-Funded Enterprises	1286	2888	3763	858	
易货贸易	Barter Trade	2				
保税监管场所进出境货物	Inbound and Outbound Goods in Bonded Supervision Places	23603	43094	16110	23578	6679
其　他	Others	64075	91650	165912	186550	51107

10-3 续表 CONTINUED

单位：万美元　　(USD 10000)

指　标	Item	出口总额 Total Exports				
		2011	2012	2013	2014	2015
总　额	**Total**	**1767264**	**1443614**	**1623159**	**1734041**	**803072**
一般贸易	General Trade	1250601	886248	901301	961859	432750
国家间、国际组织无偿援助和赠送	Donation of Countries and International	19	17	2	119	
其他境外捐赠物资	Others Donation of Overseas Chinese	1	2			1
补偿贸易	Compensation Trade					
来料加工装配贸易	Processing and Assembling with Customer's Materials	13441	12951	12414	12431	46584
进料加工贸易	Processing and Assembling with Import Materials	32335	41464	47376	43796	35662
边境小额贸易	Little Amount Trade on the Borders	311731	366719	460230	479782	142431
对外承包工程出口货物	Export Goods of Contracted Projects with Foreign Countries or Territories	92021	38646	34771	46632	101449
外商投资企业作为投资进口的设备、物品	Import Equipments and Goods of Foreign-Funded Enterprises					
易货贸易	Barter Trade	2				
保税监管场所进出境货物	Inbound and Outbound Goods in Bonded Supervision Places	3912	7265	2056	4843	1740
其　他	Others	63200	90302	165009	184579	42455

10-4 海关分国家(地区)货物进出口总额

TOTAL VALUE OF IMPORTS AND EXPORTS BY COUNTRIES AND TERRITORIES (CUSTOMS STATISTICS)

单位：万美元 (USD 10000)

国家（地区）	Countries(Territories)	进出口总额 Total Value of Imports and Exports		出口总额 Total Exports		进口总额 Total Imports	
		2014	2015	2014	2015	2014	2015
总 额	**Total**	**3890037**	**2098599**	**1734041**	**803072**	**2155996**	**1295527**
亚 洲	**Asia**	**631236**	**478744**	**469690**	**332683**	**161545**	**146061**
阿富汗	Afghanistan	39	15	39	15		
巴 林	Bahrain	1107	313	1107	313		
孟加拉国	Bangladesh	4653	5646	4653	5640		6
不 丹	Bhutan	16	8	16	8		
文 莱	Brunei	5354	909	5354	909		
缅 甸	Myanmar	10243	1128	5204	1128	5038	
柬埔寨	Cambodia	846	493	595	432	251	61
塞浦路斯	Cyprus	483	114	483	114		
中国香港	Hong Kong, China	22641	10923	21979	10887	662	37
印 度	India	49915	41731	48889	41223	1025	508
印度尼西亚	Indonesia	41640	41123	41168	40090	472	1033
伊 朗	Iran	7111	1984	6969	1915	143	69
伊拉克	Iraq	43576	27631	6135	4631	37442	23000
以色列	Israel	2934	2107	2641	1214	293	893
日 本	Japan	37177	32594	22545	16994	14633	15599
约 旦	Jordan	2401	214	2401	214		
科威特	Kuwait	15669	6816	1599	656	14071	6160
老 挝	Laos	37		37			
黎巴嫩	Lebanon	1641	338	1641	338		
中国澳门	Macao, China	59	2	59	2		
马来西亚	Malaysia	55396	33745	53808	32347	1588	1398
马尔代夫	Maldives	82	18	82	18		
蒙 古	Mongolia	13722	12176	9552	8363	4170	3813
尼泊尔	Nepal	36	7	32	7	4	
阿 曼	Oman	21626	18505	796	1376	20830	17129
巴基斯坦	Pakistan	4983	3866	4954	3835	29	31
巴勒斯坦	Palestine	53		53			
菲律宾	Philippines	6065	3744	5242	3360	823	384
卡塔尔	Qatar	1732	213	1725	213	6	
沙特阿拉伯	Saudi Arabia	51476	58797	16158	2662	35318	56135
新加坡	Singapore	42332	34550	40956	30794	1376	3756
韩 国	Republic of Korea	43816	35408	28046	30185	15770	5223
斯里兰卡	Sri Lanka	1894	528	1894	528		
叙利亚	Syria	1163	174	1163	174		
泰 国	Thailand	30706	10786	28090	9141	2615	1646
土耳其	Turkey	14027	37317	13601	36886	426	431
阿拉伯联合酋长国	United Arab Emirates	12430	11607	12430	7257		4349
也门共和国	Arab Republic of Yemen	683	98	683	98		
越 南	Viet Nam	44348	5422	43902	4996	446	425
中国台湾	Taiwan, China	14529	5741	13115	4655	1415	1086
哈萨克斯坦	Kazakhstan	6140	9378	5362	8893	778	484
吉尔吉斯斯坦	Kirghizia	97	282	97	277		5
塔吉克斯坦	Tadzhikistan	39		39			
土库曼斯坦	Turkmenistan	755	1609	555	74	200	1535
乌兹别克斯坦	Uzbekistan	1926	8248	1926	8248		

注：亚洲差额部分为政策性进出口。
Note: The part balance of Asian is policy imports and exports.

10-4 续表1 CONTINUED

单位：万美元 (USD 10000)

国家（地区）	Countries(Territories)	进出口总额 Total Value of Imports and Exports		出口总额 Total Exports		进口总额 Total Imports	
		2014	2015	2014	2015	2014	2015
非 洲	**Africa**	**252286**	**75178**	**71854**	**43851**	**180432**	**31327**
阿尔及利亚	Algeria	984	1428	984	1428		
安哥拉	Angola	99671	30442	10090	8584	89581	21858
贝 宁	Benin	1270	272	1270	260		12
博茨瓦那	Botswana	61	1	61	1		
布隆迪	Burundi		8		8		
喀麦隆	Cameroon	10266	389	894	388	9372	1
佛得角	Cape Verde	16		16			
乍 得	Chad	85	10	85	10		
科摩罗	Comoro	125		125			
刚 果	Congo	36038	65	173	65	35865	
吉布提	Djibouti	368	226	368	226		
埃 及	Egypt	4571	1845	4561	1834	9	11
赤道几内亚	Eq.Guinea	41686	12	71	12	41616	
埃塞俄比亚	Ethiopia	415	203	415	203		
加 蓬	Gabon	121	207	118	21	3	186
冈比亚	Gambian	6	16	6	16		
加 纳	Ghana	2734	457	2734	457		
几内亚	Guinea	526	241	526	241		
科特迪瓦	Cote D'Ivoir	868	58	867	58	1	
肯尼亚	Kenya	3272	2186	3223	2116	50	71
利比里亚	Liberia	17	18	16	18	1	
利比亚	Libya	569	6906	569	291		6615
马达加斯加	Madagascar	577	233	428	164	149	70
马拉维	Malawi	104	44	104	44		
马 里	Mali	68		68			
毛里塔尼亚	Mauritania	1896		136		1760	
毛里求斯	Mauritius	602	92	602	92		
摩洛哥	Morocco	1015	327	1014	325		2
莫桑比克	Mozambique	6726	11506	6726	11324		182
纳米比亚	Namibia	134	71	134	71		
尼日尔	Niger	311	259	15	66	296	193
尼日利亚	Nigeria	14591	3409	14591	3404		5
留尼汪	Reunion		10		10		
卢旺达	Rwanda	5	11	5	11		
塞内加尔	Senegal	2693	83	2693	69		15
塞舌尔	Seychelles	20		20			
塞拉利昂	Sierra Leone	19	23	19	23		
索马里	Somalia	965	34	17	30	948	4
南 非	South Africa	5678	3604	5624	2588	54	1016
苏 丹	Sudan	5671	8288	4949	7518	722	770
坦桑尼亚	Tanzania	4118	1197	4114	895	4	302
多 哥	Togo	2500	491	2500	491	1	
突尼斯	Tunisia	299	24	298	24	2	
乌干达	Uganda	57	115	57	103		13
布基纳法索	Burkina Faso	6		6			
刚果(金)	Congo	344	133	344	132		1
赞比亚	Zambia	81	35	81	34		1
津巴布韦	Zimbabwe	27	20	27	20		
莱索托	Lesotho	45	40	45	40		
斯威士兰	Swaziland	13		13			
厄立特里亚	Eritrea	1		1			
南苏丹共和国	Republic of South Sultan	51	138	51	138		

10-4 续表2 CONTINUED

单位：万美元 (USD 10000)

国家（地区）	Countries(Territories)	进出口总额 Total Value of Imports and Exports		出口总额 Total Exports		进口总额 Total Imports	
		2014	2015	2014	2015	2014	2015
欧 洲	**Europe**	**2523720**	**1220414**	**1006760**	**306803**	**1516960**	**913611**
比利时	Belgium	11833	8075	9447	5485	2386	2590
丹 麦	Denmark	3635	3664	2361	2398	1274	1266
英 国	United Kingdom	23451	14538	17140	9556	6311	4983
德 国	Germany	52069	28372	22475	14686	29594	13686
法 国	France	21350	13790	6860	2478	14490	11312
爱尔兰	Ireland	4942	7986	158	136	4783	7850
意大利	Italy	13680	7847	6219	2923	7461	4924
卢森堡	Luxemburg	324	72	14		310	72
荷 兰	Netherlands	18228	10593	15292	8088	2936	2506
希 腊	Greece	2218	398	2217	394	2	4
葡萄牙	Portugal	1695	727	1597	699	99	29
西班牙	Spain	12733	5784	7501	3823	5232	1961
阿尔巴尼亚	Albania	90	37	89	37	1	
奥地利	Austria	959	1046	150	131	809	915
保加利亚	Bulgaria	662	299	625	294	37	5
芬 兰	Finland	1089	924	977	384	112	540
匈牙利	Hungary	462	804	118	85	345	719
冰 岛	Iceland	3	3	3	3		
马耳他	Malta	1059	144	1059	144		
摩纳哥	Monaco	4		3		1	
挪 威	Norway	1371	786	1106	616	265	170
波 兰	Poland	4290	2984	2926	1983	1363	1001
罗马尼亚	Romania	824	2011	637	422	186	1589
瑞 典	Sweden	6510	3429	1432	1144	5078	2285
瑞 士	Switzerland	2296	2340	144	44	2152	2296
爱沙尼亚	Estonia	72	145	36	138	37	7
拉脱维亚	Latvia	424	409	424	370	1	39
立陶宛	Lithuania	476	2197	403	2174	73	22
格鲁吉亚	Georgia	162	30	162	29		1
亚美尼亚	Armenia	64	11	64	4		6
阿塞拜疆	Azerbaijan	883	872	162	237	721	635
白俄罗斯	Byelorussia	3564	12037	2101	10671	1462	1366
摩尔多瓦	Moldova	47	71	3	8	43	63
俄罗斯联邦	Russia	2328318	1084636	900346	235285	1427972	849351
乌克兰	Ukraine	1871	1667	1182	1182	689	485
斯洛文尼亚共和国	Republic of Slovenia	614	342	562	321	52	20
克罗地亚共和国	Republic of Croatia	267	191	266	191		
捷克共和国	Republic of Czech	871	923	270	208	601	714
斯洛伐克共和国	Republic of Slovakia	207	213	126	24	81	190
波斯尼亚--黑塞哥维那	Bosnia and Herzegovina	2				2	
塞尔维亚	Serbia	42	16	42	6		10
黑山	Montenegro	60		60			

10-4 续表3 CONTINUED

单位：万美元 (USD 10000)

国家（地区）	Countries(Territories)	进出口总额 Total Value of Imports and Exports		出口总额 Total Exports		进口总额 Total Imports	
		2014	2015	2014	2015	2014	2015
拉丁美洲	**Latin America**	**174858**	**130453**	**50403**	**46107**	**124455**	**84346**
安提瓜和巴布达	Antigua and Barbuda	1	1	1	1		
阿根廷	Argentina	24749	11707	1518	1034	23231	10673
阿鲁巴岛	Arubaisland	15	81	15	81		
巴哈马	Bahamas	104	9	104	9		
巴巴多斯	Barbados	3	17	3	17		
伯利兹	Belize	30	5	30	5		
多民族玻利维亚国	Bolivia	4	1	4	1		
巴　西	Brazil	94714	78480	10012	7767	84702	70714
智　利	Chile	8515	4816	8258	4160	257	655
哥伦比亚	Colombia	11441	1125	2327	1125	9114	
多米尼克	Dominica	15		15			
哥斯达黎加	Costa Rica	325	456	325	441		15
古　巴	Cuba	950	27	950	27		
库腊索岛	Curacao		2		2		
多米尼加共和国	Dominican Republic	96	279	96	272		7
厄瓜多尔	Ecuador	10127	13171	10127	13171		
瓜德罗普岛	Guadeloupe		5		5		
危地马拉	Guatemala	872	6098	872	6098		
圭亚那	Guyana	807	349	296	8	511	341
海　地	Haiti	71	44	71	44		
洪都拉斯	Honduras	34	31	34	31		
牙买加	Jamaica	469	103	469	103		
墨西哥	Mexico	7028	4294	5960	3919	1068	375
尼加拉瓜	Nicaragua	354	198	354	198		
巴拿马	Panama	2453	2819	2453	2819		
巴拉圭	Paraguay	223	140	223	140		
秘　鲁	Peru	3966	4716	3966	3961		755
波多黎各	Puerto Rico	61	64	61	64		
圣卢西亚	Saint Lucia	73		73			
萨尔瓦多	El Salvador	197	56	197	56		
苏里南	Surinam	66	18	44	18	22	
特立尼达和多巴哥	Trinidad and Tobago	66	15	66	15		
乌拉圭	Uruguay	6119	939	572	129	5547	810
委内瑞拉	Venezuela	893	388	892	388	1	
荷属安地列斯群岛	Netherlands Antilles	15		15			
北美洲	**North America**	**238703**	**164300**	**100562**	**57077**	**138142**	**107223**
加拿大	Canada	23744	15526	11508	7470	12236	8056
美　国	United States	214959	148774	89054	49607	125905	99167
大洋洲	**Oceania**	**69194**	**29499**	**34775**	**16552**	**34420**	**12948**
澳大利亚	Australia	45924	19875	32478	14098	13445	5776
斐　济	Fiji	65	35	65	35		
新喀里多尼亚	New Gredonia	5	12	5	12		
瓦努阿图	Venoato	1	1	1	1		
新西兰	New Zealand	22948	9366	1975	2195	20974	7171
巴布亚新几内亚	Papua New Guinea	230	169	230	169		
所罗门群岛	Solomon Islands	2	4	2	4		
汤　加	Tonga	18	17	18	17		
马绍尔群岛共和国	Marshall Island		17		17		
帕劳共和国	Republic of Palau	1	3		3	1	

10-5 海关主要商品出口数量和金额

MAIN EXPORT COMMODITIES IN VOLUME AND VALUE (CUSTOMS STATISTICS)

指　标	Item	数　量 Volume		金额（万美元） Value (USD 10000)	
		2014	2015	2014	2015
肉及杂碎(吨)	Meat and Offal (ton)	4234	3195	2954	2749
猪肉(吨)	Pork(ton)	2003	871	789	284
水海产品(吨)	Aquatic Products(ton)	7066	2445	938	298
谷物及谷物粉(万吨)	Cereals and Cereals Flour(10000 tons)	4	3	3202	2630
#稻谷和大米	#Paddy and Rice	4	3	3102	2595
蔬菜(万吨)	Vegetables(10000 tons)	31	24	20667	17918
鲜、干水果及坚果(万吨)	Fruits and Nuts(10000 tons)	12	13	15225	14117
食用油籽(万吨)	Seeds of Edible Oil(10000 tons)	4	1	4246	1592
食用植物油(吨)	Edible Vegetable Oil(ton)	17538	26029	2472	3619
烘焙花生(吨)	Baked Peanuts (ton)	94	241	17	43
辣椒干(吨)	Dried Capsicum(ton)	3119	5	885	1
番茄酱(吨)	Ketchup(ton)	14	13	3	3
蘑菇罐头(吨)	Canned Mushroom(ton)	1237	1098	450	594
啤酒(万升)	Beer(10000 liters)	320	346	266	259
肠衣(吨)	Casings(ton)	1966	2325	2114	2465
填充用羽毛、羽绒(吨)	Feathers and Dawn for Stuffing(ton)		3		5
中药材及中式成药(吨)	Medical Materials(ton)	1406	639	1130	1234
烤烟(吨)	Flue-cured Tobacco(ton)	2976	710	1080	227
肥料(吨)	Chemical Fertilizers,Manufactured(Actual Weight)(ton)	112201	1055489	31928	33752
锯材(立方米)	Wood Sawn (cu.m)	27669	18703	2154	1302
胶合板及类似多层板(立方米)	Plywood and Similar Products(cu.m)	38245	41010	4756	3856
印刷品(吨)	Printed Matter(ton)	2944	1773	2277	1149
生丝(吨)	Raw Silk(ton)	1	1	8	4
黏土及其他耐火矿物(吨)	Saggars and Other Fire-resistant Mineral(ton)	95553	16223	1895	854
煤及褐煤(万吨)	Coal and Lignite(10000 tons)	0.5		68	
成品油(吨)	Refined Oil(ton)	210	585101	97	35669
石蜡(吨)	Paraffin Wax(ton)	33444	17671	4438	1967
医药品(吨)	Medical and Pharmaceutical Products(ton)	4727	2224	8306	4984
新的充气橡胶轮胎(万条)	Rubber Tyres(10000 units)	86	44	2898	1375
家用或装饰用木制品(吨)	Wood for Household Use or Decorate(ton)	56657	48667	4354	3967
纸及纸板(吨)	Paper and Paperboard(ton)	18773	11894	6740	3450
纺织纱线、织物及制品	Yarns, Fabrics and Products			118164	37727
棉纱线(吨)	Cotton Yarn(ton)	1577	872	284	156
丝织物	Silk Fabrics			11	
毛纺机织物(万米)	Wool Textile(10000 meters)			23	1
棉机织物(万米)	Cotton Textile(10000 meters)			1655	936
亚麻及苎麻机织物(万米)	Textile of Flax and Ramee(10000 meters)	1888	1556	5684	4739
地　毯(万平方米)	Carpets (10000 sq.m)	125	31	1200	437
塑料编织袋(万条)	Bags of PP or PE Strip(10000 items)	47076	45860	7680	7096
水泥及水泥熟料(吨)	Cement and Cement Clinker(ton)	112195	47995	1138	426
花岗岩石材及制品(吨)	Granite Material and Products(ton)	34532	26081	2005	1408
平板玻璃(万平方米)	Plate Glass(10000 sq.m)	309	111	1004	405
玻璃制品	Glass Products		4150	7562	1847
钢材(吨)	Rolled Steel(ton)	388356	327538	35822	25251
未锻轧的铜及铜材(吨)	Unwrought Copper and Copper(ton)	172	100	238	170
未锻轧的铝及铝材(吨)	Unwrought Aluminum and Aluminous Material(ton)	4885	8634	2053	3056
钢铁或铜制标准紧固件(吨)	Iron and Steel Nails, Bolts, etc.(ton)	5543	1685	1891	652
不锈钢厨具、餐具等家用器皿(吨)	Household Utensils Made of Stainless Steel(ton)	4435	997	5469	1363

10-5 续表 CONTINUED

指 标	Item	数 量 Volume		金额（万美元） Value (USD 10000)	
		2014	2015	2014	2015
餐桌、厨房及其他家用搪瓷(吨)	Enamelware (Table, Kitchen, etc.)(ton)	94	18	146	3
手用或机用工具(吨)	Hand Tools and Tools for Machines(ton)	4508	2129	5469	2372
电扇(万台)	Fans(10000 sets)	46	22	1366	961
纺织机械及零件	Textile Machinery			1417	213
电子计算器(万台)	Electric Calculator(10000 sets)	212	69	937	340
自动数据处理设备及其部件(万台)	ADP Equipments(10000 units)	299	82	1524	1102
自动数据处理设备的零件(吨)	Hardwares of ADP Equipments(ton)	247	74	421	116
轴承(万套)	Axletrees(10000 units)	1578	948	2795	1831
电动机及发电机(万台)	Electric Motors and Generators(10000 sets)	69	10	1500	1693
静止式变流器(万个)	Static Converters(10000 units)	1598	575	5828	3759
蓄电池(万个)	Electric Accumulators(10000 units)	663	593	6983	9973
扬声器(万个)	Loudspeakers(10000 units)	221	64	1853	801
录、放像机(万台)	Video Tape Recorders(10000 sets)	48	15	1427	486
声音录制或重放设备(万台)	Sound Recording Apparatus(10000 sets)	85	47	1997	656
收音设备(万台)	Radio Equipment(10000 sets)	207	31	1808	454
录放音、像机及唱机的零附件(吨)	Parts of Tape Recorders and Phonograph(ton)			238	116
印刷电路(万块)	Printed Circuits(10000 sets)	433	304	301	109
通断保护电路装置及零件(吨)	Electrical Apparatus for Switching or Protecting Electrical Circuits(ton)			5942	6356
二极管及类似半导体器件(万个)	Diodes and Hardwares Resembled Semiconductors(10000 units)	85004	3122	4876	962
集成电路(万个)	Integrated Circuits(10000 sets)	1705	1484	166	176
电线和电缆(吨)	Electrical wires and Cables(ton)	3960	4791	4216	5508
汽车(包括整套散件)(辆)	Vehicles(including complete Spare Parts)(cars)	2777	384	8831	3171
汽车零件	Parts of Motor Vehicles			18090	8681
摩托车及自行车的零件	Parts of Motorcycles and Bicycles			5278	1841
手表(万只)	Wrist Watches(10000 units)	844	220	1677	551
医疗仪器及器械	Medical Instruments and Appliances			1395	690
日用钟(万只)	Clocks(10000 units)	257	74	2235	519
家具及其零件	Furniture			58088	21974
床垫、寝具及类似品	Mattresses, Bedclothing and Similar Articles			2820	778
灯具、照明装置及类似品	Lamps and Lanterns, Lighting Sets and Similar Articles			117498	17385
箱包及类似容器	Bags and similar containers			50973	21785
服装及衣着附件	Garments and Affix of Clothing			342497	82009
#织物制服装	#Knitted and Crocheted Garments			256201	64801
皮革服装(万件)	Leather Garments(10000 pairs)	90	18	5599	730
裘皮服装(吨)	Furry Garments(ton)	15	11	540	752
皮革手套(万双)	Leather Gloves(10000 pairs)	733	219	4944	1158
织物制手套(万双)	Knitted and Crocheted Gloves(10000 pairs)	6988	1831	4414	1311
织物制袜子(万双)	Knitted and Crocheted Stockings(10000 pairs)	5341	1693	4209	1111
帽类(万个)	Headgear(10000 units)	6813	3286	23326	7364
鞋类	Footwear			120482	38802
#鞋(万双)	#Shoes(10000 pairs)	6081	2461	97225	31737
塑料制品(吨)	Plastic Articles(ton)	40152	13779	41387	10549
玩具	Toys			219	95
游戏机及零件(吨)	Game Machines and Parts(ton)	1151	238	2263	668
圣诞用品(吨)	Articles for Christmas Day(ton)	5462	1863	10863	2233
足球、篮球、排球(万个)	Footballs, Basketballs and Volleyballs(10000 units)	132	83	871	358
伞(万把)	Umbrellas(10000 units)	741	118	5771	1180
柳编结品(吨)	Wickerwork(ton)	420	276	141	81
农产品	Farm Produce			95879	86272
机电产品	Mechanical and Electrical Products			562115	280262
高新技术产品	High and New-tech Products			33637	21926

10-6 海关主要商品进口数量和金额

MAIN IMPORT COMMODITIES IN VOLUME AND VALUE (CUSTOMS STATISTICS)

指　标	Item	数　量 Volume		金额（万美元） Value (USD 10000)	
		2014	2015	2014	2015
冻鱼(吨)	Frozen Fishes(ton)	259	676	53	123
鲜、干水果及坚果(吨)	Fresh, Dried Fruit and Nuts(ton)	9535	8382	1834	2272
粮食(万吨)	Grain(10000 tons)	357	344	196299	140617
谷物及谷物粉(吨)	Cereals and Cereal Powder(ton)	110734	105779	3908	2766
大豆(吨)	Soybean(ton)	3458842	3326583	192333	136997
酒类(万升)	Alcohol(10000 liters)	537	1262	654	1011
啤酒(万升)	Beer(10000 liters)	458	1147	293	685
葡萄酒(万升)	Wine(10000 liters)	49	108	219	307
天然橡胶(包括胶乳)(吨)	Caoutchouc(ton)	2218	605	465	89
合成橡胶(包括胶乳)(吨)	Synthetic Rubber(ton)	12891	15978	3270	2963
原木(万立方米)	Logs(10000 cu.m)	521	509	73291	65490
锯材(万立方米)	Wood Sawn(10000 cu.m)	151	185	31020	39371
纸浆(吨)	Paper Pulp(ton)	350381	280537	22411	17015
铁矿砂及其精矿(万吨)	Iron Ore and Concentrates(10000 tons)	419	423	41326	23523
煤及褐煤(万吨)	Coal and Lignite(10000 tons)	327	91	21204	4069
原油(万吨)	Crude Oil(10000 tons)	1972	1945	1483492	780900
成品油(万吨)	Petroleum Products Refined(10000 tons)	8	5	7675	2951
苯乙烯(吨)	Styrene(ton)	6834	9594	1033	1024
医药品(吨)	Pharmaceutical Products(ton)	65	25	323	87
肥料(万吨)	Manufactured Fertilizers(10000 tons)	86	75	26335	22826
聚合物油漆及清漆(吨)	Polymer Paint or Varnish(ton)	328	532	148	223
初级形状的塑料(吨)	Plastic in Primary Form(ton)	26829	18624	4108	2186
纸及纸板(吨)	Paper and Paperboard(ton)	50339	39471	3406	2517
涂布纸(吨)	Coated paper(ton)	197	357	105	95
棉机织物(万米)	Cotton Textiles(10000 meters)				1
合成纤维长丝机织物(万米)	Synthetic Fibers Silk Knit Goods(10000 meters)	2	1	2	3
服装及衣着附件	Apparel and Clothing Accessories			483	191
玻璃纤维(吨)	Fiberglass(ton)	5	22	87	14
钢材(吨)	Rolled Steel(ton)	18105	6645	13971	4246
钢铁制标准坚固件(吨)	Steely Nails, Bolts, etc.(ton)	213	156	267	328
未锻轧的铜及铜材(吨)	Unwrought Copper and Copper(ton)	464	4645	600	2835
未锻轧的铜(吨)	Unwrought Copper(ton)	4	4060	2	2178
铜材(吨)	Rolled Copper(ton)	460	585	598	657

10-6 续表 CONTINUED

指 标	Item	数 量 Volume		金额（万美元） Value (USD 10000)	
		2014	2015	2014	2015
未锻轧的铝及铝材(吨)	Unwrought Aluminum and Aluminum(ton)	100	46	98	44
铝材(吨)	Aluminum(ton)	100	46	98	44
钢铁或铝制结构及其部件(吨)	Steel and Aluminum Structure or Parts(ton)	53	121	10	61
活塞式内燃机的零件(吨)	Parts of Gas Engine with Piston(ton)	23	74	179	291
液泵及液体提升机(台)	Liquid Pumps and Machines with Liquid Exaltation(set)	3453	3478	330	468
非家用型水的过滤、净化机(台)	Depurative Machineries or Filters for Water(set)	200	23	99	23
机械提升搬运设备及零件	Portage, Load and Unload Equipment and Accessories with Machine Exaltation			371	123
建筑及采矿用机械及零件	Construction and Mining Machinery and Parts			848	301
食品加工机械及零件	Food Processing Machinery and Parts			1220	483
制造纸及制品用机械及零件	Paper and Related Products Manufacturing Machinery and Parts			220	24
印刷、装订机械及零件	Printing, Bookbinding Machinery and Parts			5	495
纺织机械及零件	Textile Machinery and Parts			239	84
金属加工机床(台)	Machine Tools for Processing Metals(set)	266	150	2881	2709
金属轧机及零件	Metal Rolling Mill and Accessories			283	34
橡胶或塑料加工机械及零件	Rubber or Plastic Processing Machinery and Parts			689	284
型模及金属铸造用型箱(吨)	Models and Patterns(ton)			818	536
阀门(万套)	Valves(10000 sets)	3	3	7496	7275
自动数据处理设备及其部件(台)	ADP Equipments(set)	4324	129	251	3824
自动数据处理设备的零件(吨)	Parts of ADP Equipments(ton)	0.1	0.044	11	2
电动机及发电机(台)	Electric Motors and Generators(set)	4699	7349	2191	530
变压、整流、电感器及零件	Transformers, Rectifiers, Inductances and Accessories			815	655
无线电导航雷达及遥控设备(台)	Radio Navigation Radar and Remote Control Equipment	32	85	34	55
电容器(吨)	Capacitors(ton)	14	8	44	26
电阻器(吨)	Resistors(ton)	3	1	30	6
印刷电路(块)	Printed Circuit(unit)	380336	3	3	
通断保护电路装置及零件(吨)	On-off Protection Circuit Devices and Components(ton)			751	617
二极管及类似半导体器件(万个)	Diode and Similar Semiconductor Devices(10000 units)	270	26	1055	259
集成电路(万个)	Integrated Circuit(10000 units)	30	9	421	504
电缆和电线(吨)	Electrical wires and Cables(ton)	144	60	1138	356
汽车(包括整套散件)(辆)	Vehicles (including the package parts)(car)	20	210	203	1508
汽车零件	Parts of Motor Vehicles			8976	3667
航空器零件(吨)	Parts of Aircraft(ton)	26	35	1690	2142
医疗仪器及器械	Medical Instruments and Equipments			4475	4264
计量检测分析自控仪器具	Detection and Analysis of the Measurement Apparatus with Automatic Control			11365	8818
塑料制品(吨)	Plastic Articles(ton)	219	165	210	180
农产品	Farm Produce			252160	175892
机电产品	Mechanical and Electrical Products			114989	101646
高新技术产品	High and New-tech Products			33937	35083

10-7 分地区进出口总额

TOTAL VALUE OF IMPORT AND EXPORT BY REGION

单位：万美元 (USD 10000)

地　区	Region	进出口总额 Total Value of Imports and Exports		出口总额 Total Exports		进口总额 Total Imports		进出口差额 Balance	
		2014	2015	2014	2015	2014	2015	2014	2015
全　省	**Total**	**3890037**	**2098599**	**1734041**	**803072**	**2155996**	**1295527**	**-421955**	**-492454**
省直企业	Enterprises Directly under Province	886733		48703		838030		-789327	
哈尔滨	harbin	551696	473168	265732	231679	285964	241490	-20232	-9811
齐齐哈尔	Qiqihar	90643	56136	74533	43872	16110	12264	58423	31607
鸡　西	Jixi	82324	25234	65443	22227	16881	3007	48562	19220
鹤　岗	Hegang	13924	22131	13588	21097	337	1033	13251	20064
双鸭山	Shuangyashan	106957	63823	100312	58003	6645	5820	93667	52183
大　庆	Daqing	405395	643655	37800	58914	367595	584741	-329795	-525826
伊　春	Yichun	27650	7731	13300	5878	14350	1853	-1050	4026
佳木斯	Jiamusi	254388	100775	194226	69543	60163	31232	134063	38311
七台河	Qitaihe	2009	220	1766	174	244	46	1522	128
牡丹江	Mudanjiang	441364	137227	408788	114395	32576	22831	376212	91564
黑　河	Heihe	178254	79383	154455	46125	23799	33259	130656	12866
绥　化	Suihua	31884	19312	13721	11529	18163	7783	-4442	3746
大兴安岭	Daxinganling	2955	57294	1187	1487	1768	55807	-581	-54320
绥芬河	Suifenhe	758877	352176	290104	64338	468772	287839	-178668	-223501
抚　远	Fuyuan	54983	60335	50384	53811	4599	6524	45785	47287

10-8 分地区外商直接投资情况

DIRECT FOREIGN INVESTMENT BY REGION

地　区	Region	项　目（个） Number of Projects (unit)			合同外资（万美元） Contract Value (USD 10000)			实际外资（万美元） Used Value (USD 10000)		
		2013	2014	2015	2013	2014	2015	2013	2014	2015
全　省	**Total**	**85**	**98**	**80**	**499830**	**586327**	**568839**	**461331**	**508791**	**544875**
哈尔滨	harbin	52	64	53	230266	288318	273725	226243	253631	282712
齐齐哈尔	Qiqihar	4	10	11	46460	78635	56063	41550	45705	47282
鸡　西	Jixi	1			14675	12159	13840	11921	13333	14040
鹤　岗	Hegang	1	2		6739	7327	7324	6000	6823	7030
双鸭山	Shuangyashan	1		3	5045	2669	4182	4568	2669	2800
大　庆	Daqing	7	3	4	67696	65394	90980	60032	67889	73455
伊　春	Yichun	1	1		6450	10375	990	6530	948	1050
佳木斯	Jiamusi	3	5		23683	20228	25105	21000	23100	24255
七台河	Qitaihe	0	1		403	1365	770	655	747	770
牡丹江	Mudanjiang	3	6	3	40074	47270	45134	40461	45015	46273
黑　河	Heihe	3	1	2	17305	18531	12156	16183	18131	11255
绥　化	Suihua	6	4	2	33768	25313	30308	19300	23109	25721
大兴安岭	Daxinganling	1			3021	2974	3305	2700	3000	3305
绥芬河	Suifenhe	2		2	4260	4690	4957	4187	4692	4927
抚　远	Fuyuan		1			1080				

10-9 利用外资概况

UTILIZATION OF FOREIGN CAPITAL

单位：个、万美元　　　　(unit, USD 10000)

年 份 Year	总 计 Total			对外借款 Foreign Loans		
	项 目 Number of Projects	合同金额 Contracted Value	实际使用额 Used Value	项 目 Number of Projects	合同金额 Contracted Value	实际使用额 Used Value
1985	53	9169	1747	8	4951	249
1986	52	4389	4987	5	2641	2409
1987	46	11291	4558	5	3332	2597
1988	97	15949	9860	11	5328	3553
1989	90	9952	15347	4	861	11050
1990	89	4100	11777	2	788	7102
1991	256	16517	6462	6	3484	4148
1992	928	56177	10516	5	1655	99
1993	1727	121653	29969	13	22317	7007
1994	726	106265	49054	13	47281	14241
1995	867	160160	74994	18	54693	23458
1996	545	77627	78725	12	5988	22034
1997	407	88757	103537	27	30052	30052
1998	278	89866	87009	28	34370	34370
1999	331	122651	111309	18	29414	29414
2000	281	108557	110359	21	27274	27274
2001	269	118800	115114	27	29000	29000
2002	199	141404	123656		29100	29100
2003	258	165283	128772	28	25800	25800
2004	286	197366	144546	6	20907	20907
2005	272	215776	152202	6	18252	7512
2006	251	261030	174901	11	39800	4100
2007	242	295757	216908	2	22800	8400
2008	170	402686	265642	10	66700	10900
2009	169	331852	250900	11	76700	14700
2010	149	307439	275851	2	20329	9700
2011	131	352006	345694			20890
2012	98	390017	399140			9144
2013	86	514830	464232	1	15000	2901
2014	102	614462	515551	4	28135	6760
2015	91	583935	554509	11	15096	9634

10-10 按行业分外商直接投资情况(2015年)

FOREIGN DIRECT INVESTMENT BY SECTOR (2015)

单位：万美元 (USD 10000)

行业	Sector	项目数（个） Number of Projects (unit)	外商直接投资额 Direct Foreign Investment	#合资经营 Joint Ventures Enterprises	#合作经营 Cooperative Operation Enterprises	#外资企业 Foreign Investment Enterprises	#外资股份制 Share-holding
总计	**Total**	**80**	**544875**	**13085**		**28752**	**6396**
农、林、牧、渔业	Farming, Forestry, Animal Husbandry and Fishery	4	9663			200	
采矿业	Mining	1	18901				
制造业	Manufacturing	10	313908	7589		10466	1190
电力、燃气及水的生产和供应业	Production and Distribution of Electricity,Gas and Water	5	28257			999	5206
建筑业	Construction						
交通运输、仓储和邮政业	Traffic,Transport, Storage and Post	2	27898			465	
信息传输、计算机服务和软件业	Information Transfer, Computer Services and Software	4	633				
批发零售业	Wholesale and Retail Trade	31	39414	891		5919	
住宿和餐饮业	Accommodation and Restaurants	6	3466	7		3459	
金融业	Banking business		25050				
房地产业	Real Estate	1	71122	4585		1032	
租赁和商务服务业	Tenancy and Business Services	9	16			16	
科学研究、技术服务和地质勘查业	Scientific Research, Technical Service and Geologic Perambulation	4	6078			6036	
水利、环境和公共设施管理业	Management of Water Conservancy, Environment and Public Establishment		308	13			
居民服务和其他服务业	Resident Services and Other Services	2					
教育	Education						
卫生、社会保障和社会福利业	Sanitation, Social Security and Social Welfare						
文化、体育和娱乐业	Culture, Sports and Entertainment	1	160			160	

10-11 按国别(地区)分外商直接投资额(2015年)

DIRECT FOREIGN INVESTMENT BY COUNTRY (TERRITORY)(2015)

单位：个、万美元　　　　(unit, USD 10000)

国　别（地区）	Country (Territory)	外商直接投资合计 Direct Foreign Investment		#合资经营 Joint Ventures Enterprises		#合作经营 Cooperative Operation Enterprises		#外资企业 Foreign Investment Enterprises	
		项　目 Number of Projects	投资额 Investment	项　目 Number of Projects	投资额 Investment	项　目 Number of Projects	投资额 Investment	项　目 Number of Projects	投资额 Investment
总　计	**Total**	**80**	**544875**	**14**	**13085**	**1**		**65**	**28752**
亚　洲	**Asia**	**50**	**305910**	**10**	**5857**			**40**	**12515**
中国香港	Hong Kong, China	21	279890	3	5815			18	11939
中国台湾	Taiwan, China	6	4044	2				4	
菲律宾	Philippines		1725						
新加坡	Singapore	2	9351	1				1	465
日　本	Japan	2	6094		7			2	80
韩　国	Korea	17	4806	4	35			13	31
叙利亚	Syria	1						1	
巴基斯坦	Pakistan	1						1	
非　洲	**Africa**		**3641**						
塞舌尔	Seychelles		3641						
欧　洲	**Europe**	**19**	**80668**	**4**	**712**	**1**		**14**	**2854**
英　国	United Kingdom		47812						
法　国	France	1	5885					1	
意大利	Italy		10201						
比利时	Belgium		2814						2814
荷　兰	Holland	1	712		712	1			
瑞　士	Switzerland		9848						
俄罗斯	Russia	17	3396	4				13	40
拉丁美洲	**Latin America**	**2**	**29473**					**2**	**428**
开曼群岛	Cayman Islands	1	16131					1	
维尔京群岛	Virgin Is.	1	13342					1	428
北美洲	**North America**	**3**	**26850**		**3485**			**3**	**6167**
加拿大	Canada	1	5		5			1	
美　国	United States	2	17940		3480			2	
百慕大	Bermuda		8905						6167
大洋洲	**Oceania**	**1**	**5331**					**1**	
澳大利亚	Australia	1	1144					1	
新西兰	New Zealand		4187						
萨摩亚	Samoa								
投资性公司投资	**Investment Company**	**6**	**87796**		**3031**			**6**	**6788**

10-12 外商投资企业个数和投资额(2015年)

NUMBER OF ENTERPRISE AND INVESTMENT OF FOREIGN-FUNDED (2015)

项　目	Item	企业数（个）Number of Enterprise (unit)	投资总额（万美元）Total Investment (USD 10000)	注册资本（万美元）Registered Capital (USD 10000)	#外方 Foreign Partner
全　省	**Total**	**4149**	**2230199**	**1268523**	**965118**
按企业类别分组	**Grouped by Status**				
中外合资	Equity Joint Venture	462	1006289	539210	295699
中外合作(法人)	Contractural Joint Venture	47	39602	20964	14526
外资企业	Foreign Companies	670	1090323	618145	618145
外商投资股份有限公司	Foreign Investment Co., Ltd.	16	93985	90203	36748
其他外商投资企业	Other Foreign-invested Enterprises	3			
外商投资企业分支机构	Branches of Foreign-invested Enterprises	2951			
按行业分组	**Grouped by Sector**				
农林牧渔业	Agriculture, Forestry, Animal Husbandry and Fishery	56	120365	71655	53637
采矿业	Mining	10	12690	10550	10253
制造业	Manufacturing	539	1098079	612001	463754
电力、燃气及水的生产和供应业	Production and Supply of Electricity, Gas and Water	64	223106	84804	51767
建筑业	Construction	39	15520	11370	8737
交通运输、仓储和邮政业	Transport, Storage and Post	37	38088	18290	15576
信息传输、计算机服务和软件业	Information Transmission, Computer Services and Software	1675	9044	5821	4646
批发和零售业	Wholesale and Retail Trades	670	132507	91828	86186
住宿和餐饮业	Hotels and Catering Services	362	63095	26935	21519
金融业	Financial Intermediation	160	17987	19899	13972
房地产业	Real Estate	66	197292	113941	75906
租赁和商务服务业	Leasing and Business Services	233	76831	61169	57278
科学研究和技术服务业	Scientific Research, Technical Services and Geologic Prospecting	98	60924	43793	39936
水利、环境和公共设施管理业	Management of Water Conservancy, Environment and Public Facilities	11	11527	5269	4750
居民服务和其他服务业	Services to Households and Other Services	41	4760	3469	3033
教　　育	Education	1	12	12	12
卫生、社会保障和社会福利业	Health, Social Security and Social Welfare	4	12526	5270	3415
文化、体育和娱乐业	Culture, Sports and Entertainment	21	35013	16163	15937
其　　他	Othere	62	100833	66283	34805

主要统计指标解释

货物进出口总额　指实际进出我国国境的货物总金额。包括对外贸易实际进出口货物，来料加工装配进出口货物，国家间、联合国及国际组织无偿援助物资和赠送品，华侨、港澳台同胞和外籍华人捐赠品，租赁期满归承租人所有的租赁货物，进料加工进出口货物，边境地方贸易及边境地区小额贸易进出口货物(边民互市贸易除外)，中外合资企业、中外合作经营企业、外商独资经营企业进出口货物和公用物品，到、离岸价格在规定限额以上的进出口货样和广告品(无商业价值、无使用价值和免费提供出口的除外)，从保税仓库提取在中国境内销售的进口货物，以及其他进出口货物。该指标可以观察一个国家在对外贸易方面的总规模。我国规定出口货物按离岸价格统计，进口货物按到岸价格统计。

商品经营单位所在地进、出口额　指在所在地海关注册登记的有进出口经营权的企业实际进、出口额。

商品目的地进口额和商品货源地出口额　目的地进口额指进口货物的消费、使用或最终抵运地的实际进口额；货源地出口额指出口货物的产地或原始发货地的实际出口额。

服务进出口　指常住单位与非常住单位之间相互提供的服务。包括运输服务、旅游服务、通信服务、建筑服务、保险服务、金融服务、计算机和信息服务、咨询服务、广告宣传服务、电影音像服务、专有权利使用费和特许费、其他商务服务。不包括政府服务。

外商直接投资　是指外国投资者在我国境内通过设立外商投资企业、合伙企业、与中方投资者共同进行石油资源的合作勘探开发以及设立外国公司分支机构等方式进行投资。外国投资者可以用现金、实物、无形资产、股权等投资，还可以用从外商投资企业获得的利润进行再投资。

外商其他投资　指除对外借款和外商直接投资以外的各种利用外资的形式。包括企业在境内外股票市场公开发行的以外币计价的股票发行价总额，国际租赁进口设备的应付款，补偿贸易中外商提供的进口设备、技术、物料的价款，加工装配贸易中外商提供的进口设备、物料的价款。

对外直接投资　指我国企业、团体等(简称境内投资主体) 在国外及港澳台地区以现金、实物、无形资产等方式投资，并以控制国(境)外企业的经营管理权为核心的经济活动。对外直接投资的内涵主要体现在一经济体通过投资于另一经济体而实现其持久利益的目标。

对外承包工程　根据《对外承包工程管理条例》，对外承包工程是指中国的企业或者其他单位承包境外建设工程项目的活动。

对外劳务合作　指组织劳务人员赴其他国家或地区为国外的企业或机构工作的经营性活动。

Explanatory Notes on Main Statistical Indicators

Total Import and Export of Goods refer to the real value of commodities imported and exported across the border of China. They include the actual imports and exports through foreign trade, imported and exported goods under the processing and assembling trades and materials, supplies and gifts as aid given gratis between governments and by the United Nations and other international organizations, and contributions donated by overseas Chinese, compatriots in Hong Kong and Macao and Chinese with foreign citizenship, leasing commodities owned by tenant at the expiration of leasing period, the imported and exported commodities processed with imported materials, commodities trading in border areas (excluding mutual exchange goods), the imported and exported commodities and articles for public use of the Sino-foreign joint ventures, cooperative enterprises and ventures with sole foreign investment. Also included is import or export of samples and advertising goods for which CIF or FOB value are beyond the permitted ceiling (excluding goods of no trading or use value and free commodities for export), imported goods sold in China from bonded warehouses and other imported or exported goods. The indicator of the total imports and exports at customs can be used to observe the total size of external trade in a country. In accordance with the stipulation of the Chinese government, imports are calculated at CIF, while exports are calculated at FOB.

Import or Export Value by Location of China's Foreign Trade Managing Units refers to actual value of imports and exports carried out by corporations which have been registered by the local Customs house and are vested with right to run import export business.

Import Value of Commodities by Place of Destination and Export Value of Commodities by Place of Origin in China The former indicator refers to the value of import commodities of the places of their consumption, utilization or the places of their final destination. The latter indicator refers to the value of export commodities of the places of their origin or the places of the commodities dispatched.

Import and Export of Services refers to services provided between resident and non-resident units, including services on transportation, tourism, communications, construction, insurance, banking, computer and information, consultancy, advertising and publicity, as well as film, audio and video services, royalty for patents, trade marks and other special rights, other commercial services, but excluding government services.

Foreign Direct Investment refers to foreign investment in China through the establishment of foreign invested enterprises, cooperative exploration and development of petroleum resources with domestic investors and the establishment of branch organizations of foreign enterprises. Foreign investment can be made in forms of cash, physical investment, intangible assets and equity, in addition with reinvestment of the foreign enterprises with the profits gained from the investment.

Other Foreign Investment refers to all forms of utilization of foreign capitals other than foreign borrowings and foreign direct investment. It includes the total value of stock shares in foreign currencies issued by enterprises at domestic or foreign stock exchanges, rent payable for the imported equipment through international leasing arrangement, cost of imported equipment, technology and materials provided by foreign counterparts in compensation trade and processing and assembly trade.

Overseas Direct Investment refers to investment made by domestic enterprises and organizations (referred to as domestic investors) in foreign countries and Hong Kong SAR, Macao SAR and Taiwan province in forms of cash, physical investment and intangible assets, and the economic activities centring on operation and management of those enterprises are under the control of domestic investors. The content of overseas direct investment mainly reflects one economic entity by investing in another economic entity to achieve its goal of lasting interest.

Overseas Contracted Projects refer to activities of contracting overseas construction projects by Chinese enterprises or any other units, which are stipulated in the Regulations on Administration of Foreign Contracted Project.

Overseas Labour Services refer to operational activities of organizing labour force to go abroad providing services to foreign enterprises or agencies.

第十一篇 农 业

CHAPTER 11 AGRICULTURE

资料整理：魏书慧　孙崇智　赵秋梅　接广军
　　　　　燕慧军　吕后中

11-1 农业生产条件

CONDITION FOR AGRICULTURAL PRODUCTION

指 标	Item	2011	2012	2013	2014	2015
农村基层单位(个)	Basic Unit in Rural(unit)					
乡镇数	Township and Towns	863	863	859	882	879
#镇数	Towns	449	460	466	499	505
村民委员会	Villagers Committee	8997	8997	8997	8994	8991
化肥施用量(万吨)	Consumption of Chemical Fertilizers(10000 tons)	228.4	240.3	245.0	251.9	255.3
氮 肥	Nitrogenous Fertilizer	81.9	86.0	86.8	89.0	88.5
磷 肥	Phosphate Fertilizer	49.1	51.1	50.9	52.4	52.1
钾 肥	Potash Fertilizer	34.1	35.7	37.0	37.9	37.3
复合肥	Compound Fertilizer	63.3	67.5	70.4	72.7	77.5
农村用电量(亿千瓦时)	Electricity Consumed in Rural Areas(10000 million kwh)	58.2	64.3	67.0	69.6	72.6
乡村办水电站(个)	Hydropower Station in Rural Areas(unit)	12	12	13	13	13
装机容量(万千瓦)	Capacity of Power Generating Sets(10000 kw)	1.3	1.3	1.5	1.6	1.6
发电量(万千瓦时)	Generating Capacity(10000 kwh)	4820	4820	4905	4970	4830
农用塑料簿膜使用量(万吨)	Consumption of Agricultural Films(10000 tons)	7.6	8.5	8.5	8.4	8.3
#地膜使用量	#Consumption of Ground Films	3.0	3.3	3.3	3.4	3.3
地膜覆盖面积(千公顷)	Ground Film Covered Areas(1000 hectares)	324.6	353.1	340.2	338.8	323.4
农用柴油使用量(万吨)	Consumption of Agricultural Diesel Oil(10000 tons)	133.6	139.2	140.3	145.0	145.0
农药使用量(万吨)	Consumption of Pesticide(10000 tons)	7.8	8.1	8.4	8.7	8.3
有效灌溉面积(万公顷)	Effective Irrigated Area(10000 hectares)	434.2	488.9	534.2	530.5	553.1
666.7公顷(万亩)以上灌区(处)	Number of Irrigated region 666.7 hectares and over(unit)	337	386	386	386	386
666.7公顷以上灌区	Irrigated Area of Irrigated Region					
有效灌溉面积(万公顷)	Region 666.7 hectares and over(10000 hectares)	74.2	93.0	93.0	91.3	91.4
水库(座)	Number of Reservoirs(unit)	922	1140	1144	1144	1144
大型水库(1亿立方米以上)	Large(above 100 million cu.m)	26	28	29	29	29
中型水库(1千万-1亿立方米)	Medium-sized(10 million-100 million cu.m)	97	97	100	100	100
小型水库(10万-1千万立方米)	Small(100000-10 million cu.m)	799	1015	1015	1015	1015
水库库容量(亿立方米)	Capacity of Reservoirs(100 million cu.m)	178.6	268.1	271.4	271.4	271.4
大型水库	Large	129.5	219.5	221.0	221.0	221.0
中型水库	Medium-sized	32.5	31.2	33.0	33.0	33.0
小型水库	Small	16.6	17.4	17.4	17.4	17.4
机电井数(万眼)	Number of Electrical and Mechanical Well(10000 unit)	34.8	24.2	24.1	25.4	27.0
易涝面积(万公顷)	Area Liable to Flooding or Water Logging(10000 hectares)	446.4	446.6	446.6	446.6	446.6
除涝面积(万公顷)	Area with Flood Prevention Measures(10000 hectares)	335.0	336.6	337.8	338.2	338.5
占易涝面积比重(%)	Proportion to Flooding or Water Logging(%)	75.0	75.3	75.6	75.7	75.8
水土流失面积(万公顷)	Area of Soil Erosion(10000 hectares)	1378.3	1085.0	1085.0	1085.0	1085.0
治理水土流失面积(万公顷)	Area of Soil Erosion under Control(10000 hectares)	483.9	284.0	361.0	370.8	383.4
占流失面积比重(%)	Proportion to Area of Soil Erosion (%)	35.1	26.0	33.2	34.2	35.3
堤防长度(公里)	Total Length of Dikes(km)	12674	12471	12677	14134	14347
堤防保护面积(万公顷)	Area of Land Protected by Dikes(10000 hectares)	305.4	308.2	343.9	361.8	362.5

11-2 乡村户数和从业人员

NUMBER OF RURAL HOUSEHOLDS AND EMPLOYED PERSONS

单位：万人、人 (10000 persons, person)

年份 Year	地区 Region	乡村户数（万户、户） Number of Rural Households (10000 housholds, houshold)	乡村从业人员 Rural Employees	男 Male	女 Female	#农业从业人员 Agriculture Employees
2005		493.5	950.1	545.1	405.1	696.7
2006		498.3	944.3	541.3	403.0	689.6
2007		493.9	949.4	543.1	406.3	675.1
2008		504.9	966.3	554.0	412.4	678.0
2009		509.5	978.2	557.7	420.5	684.1
2010		509.1	989.4	564.2	425.3	677.5
2011		512.5	989.2	553.4	435.8	677.7
2012		514.1	988.5	552.1	436.4	667.3
2013		517.7	992.8	554.6	438.2	666.7
2014		520.5	982.8	548.9	433.9	647.9
2015		524.5	976.0	545.2	430.8	642.5
哈尔滨	Harbin	1379491	2456257	1373391	1082866	1448338
齐齐哈尔	Qiqihar	974894	1788190	975231	812959	1160934
鸡西	Jixi	202276	347019	195958	151061	237078
鹤岗	Hegang	68200	112238	64626	47612	90068
双鸭山	Shuangyashan	147132	270496	149352	121144	169390
大庆	Daqing	385817	752664	412791	339873	525885
伊春	Yichun	51600	90743	51084	39659	62295
佳木斯	Jiamusi	344643	646571	373134	273437	467088
七台河	Qitaihe	95814	133147	76434	56713	111335
牡丹江	Mudanjiang	315267	695302	373837	321465	405633
黑河	Heihe	232443	344170	190059	154111	232050
绥化	Suihua	1003263	2041151	1171612	869539	1451240
大兴安岭	Daxinganling	17643	27715	15551	12164	17610
绥芬河	Suifenhe	2904	5646	3063	2583	1301
抚远	Fuyuan	23145	48665	25421	23244	44769

11-3 农、林、牧、渔业总产值和指数

GROSS OUTPUT VALUE OF FARMING,FORESTRY,ANIMAL HUSBANDRY AND FISHERY AND RELATED INDICES

年 份 Year 地 区 Region		绝对数（亿元、万元）Gross Output Value of Farming, Forestry, Animal Husbandry and Fishery (100 million yuan, 10000 yuan)					指数（上年=100）Indices (preceding year=100)				
		总产值 Total	#农 业 Farming	#林 业 Forestry	#牧 业 Animal Husbandry	#渔 业 Fishery	总产值 Total	#农 业 Farming	#林 业 Forestry	#牧 业 Animal Husbandry	#渔 业 Fishery
1978		60.9	51.0	2.6	7.2	0.1	120.2	126.3	81.3	99.0	90.0
1980		85.6	69.6	3.5	12.2	0.3	108.6	110.5	113.6	94.8	119.0
1985		114.3	84.6	7.0	21.5	1.2	92.7	91.1	89.0	110.4	137.3
1990		245.4	183.7	7.6	49.3	4.7	125.1	127.6	101.2	121.1	106.5
1991		244.3	175.0	8.2	55.9	5.2	99.5	93.6	100.7	122.0	110.9
1992		278.0	204.3	10.3	57.1	6.3	105.6	108.6	107.8	95.2	108.8
1993		318.0	235.4	10.2	64.5	7.9	102.2	100.9	98.0	106.5	103.9
1994		509.6	381.5	12.4	106.0	9.7	112.5	109.7	113.8	121.7	115.2
1995		623.6	462.2	14.7	134.3	12.4	106.3	100.7	118.9	125.0	124.1
1996		740.8	558.7	16.8	151.5	13.8	110.6	111.0	110.0	109.3	115.8
1997		772.3	571.1	17.1	168.7	15.4	107.1	107.9	101.9	105.3	111.6
1998		736.3	517.6	17.7	184.5	16.5	100.1	96.1	97.8	109.9	115.7
1999		660.5	459.9	18.3	165.9	16.4	103.0	102.6	107.0	103.0	106.3
2000		625.1	414.4	18.3	175.7	16.8	99.3	95.3	100.0	108.2	103.2
2001		711.0	450.6	15.7	224.6	20.1	106.5	106.5	97.9	109.9	105.0
2002		776.7	487.5	16.2	252.1	20.9	108.1	107.5	102.2	110.5	104.0
2003		903.3	502.9	59.1	294.2	23.1	103.0	96.5	102.5	115.4	106.0
2004		1136.6	620.2	65.8	400.7	25.0	119.3	122.7	111.4	117.7	103.5
2005		1294.4	718.6	67.3	461.2	27.4	110.2	109.0	100.6	115.8	105.6
2006		1391.1	817.5	68.0	448.7	21.1	106.4	106.5	101.0	106.8	108.8
2007		1700.6	971.9	79.1	585.0	25.1	103.9	103.1	105.9	104.7	106.4
2008		2123.4	1143.3	89.6	813.1	35.0	109.5	107.5	108.0	113.0	115.2
2009		2251.1	1206.8	85.2	870.2	45.2	105.4	103.0	100.7	109.2	115.2
2010		2536.3	1369.2	95.5	965.8	53.7	105.8	107.2	109.3	103.2	106.2
2011		3223.5	1801.8	110.2	1189.9	58.9	106.0	108.3	104.8	101.7	105.0
2012		3952.3	2315.6	134.5	1350.7	77.9	106.7	105.8	106.7	107.9	107.8
2013		4633.3	2856.3	180.6	1430.1	82.5	104.7	105.9	106.9	102.2	108.1
2014		4894.8	3015.6	195.7	1486.1	102.7	105.5	106.0	100.2	104.4	114.3
2015		5044.9	2911.9	204.2	1704.8	117.6	105.2	105.4	105.7	104.2	110.2
哈尔滨	Harbin	12558470	7006136	308504	4774372	215624	107.1	107.7	102.7	106.2	107.8
齐齐哈尔	Qiqihar	5789107	3318172	68203	2280766	99679	105.8	105.0	96.0	107.1	108.1
鸡 西	Jixi	1947776	1198750	142052	504771	84910	105.9	107.6	82.1	108.1	108.7
鹤 岗	Hegang	541758	361157	22762	131451	18259	104.1	105.2	91.3	102.9	105.0
双鸭山	Shuangyashan	1374955	859830	33616	452049	22453	92.2	101.2	98.0	77.7	109.4
大 庆	Daqing	4045826	1703961	36065	2170020	122800	103.7	103.9	103.0	103.4	106.2
伊 春	Yichun	1652540	937108	290383	415278	5259	101.5	102.6	95.9	103.1	102.0
佳木斯	Jiamusi	4263967	2744103	60011	1309117	142613	106.2	105.9	96.5	107.3	106.0
七台河	Qitaihe	504952	256382	34000	188570	6000	107.5	105.2	157.0	103.8	114.1
牡丹江	Mudanjiang	3794749	2900354	30857	717310	32009	106.3	107.8	45.9	106.8	103.5
黑 河	Heihe	2644899	2010084	192625	363949	31069	108.1	107.7	109.3	109.5	111.1
绥 化	Suihua	8933045	4653295	69832	3983072	181134	105.0	104.5	100.7	105.6	107.3
大兴安岭	Daxinganling	1101431	590186	309247	122139	22664	106.7	113.4	94.0	109.5	112.4
农垦总局	ARB	9928062	7731109	82737	1691242	68701	100.8	105.0	88.2	84.4	104.5
绥芬河	Suifenhe	17656	10486	61	6680	351	105.6	108.8	66.3	102.0	93.5
抚 远	Fuyuan	365832	281287	3600	38095	41530	105.0	104.1	101.9	108.1	107.8

注：1.2003年起执行新的国民经济行业分类标准，农林牧渔业新增加了农林牧渔服务业，林业中新增加了林木采伐（下同）。
2.2006、2007年数据是与第二次农业普查衔接后数据。

Note: a) Since 2003, the new category standard of national economy industry is implemented, the relative service industry is newly added to farming, forestry, annimal husbandry and fishery, forest-cutting is newly added to forestry .
b) Data from 2006 to 2007 on national accounts have been adjusted according to the results of the second national agricultural census.

11-4 农、林、牧、渔业增加值

VALUE-ADDED OF FARMING,FORESTRY,ANIMAL HUSBANDRY AND FISHERY

单位：亿元、万元 (100 million yuan, 10000 yuan)

年份 Year 地区 Region	增加值 Value-added	农业 Farming	林业 Forestry	牧业 Animal Husbandry	渔业 Fishery	农林牧渔服务业 Svice Industry of Farming, Forestry, Animal Husbandry and Fishery
1990	160.3	128.1	4.8	23.7	3.7	
1995	371.2	308.7	7.4	49.2	5.9	
1996	444.1	378.9	7.9	50.7	6.6	
1997	460.2	387.1	8.1	57.5	7.5	
1998	429.1	351.9	7.8	62.4	7.0	
1999	377.2	304.8	7.6	57.9	6.9	
2000	353.6	271.6	7.7	67.0	7.3	
2001	409.3	306.8	5.9	88.0	8.6	
2002	447.0	331.0	6.1	101.0	8.9	
2003	512.8	340.2	30.3	120.1	10.2	12.0
2004	600.2	405.1	30.9	140.7	11.0	12.5
2005	684.6	472.4	30.3	160.2	11.7	10.0
2006	750.1	542.1	32.0	148.7	9.1	18.3
2007	915.4	650.7	36.9	194.9	12.7	20.2
2008	1089.1	738.1	41.8	274.4	13.1	21.6
2009	1154.3	772.9	39.8	302.5	16.9	22.3
2010	1302.9	876.3	44.3	335.7	20.2	26.5
2011	1701.5	1150.2	51.1	446.2	22.1	31.9
2012	2113.7	1478.2	62.3	506.5	29.2	37.5
2013	2516.8	1823.3	83.6	536.3	30.9	42.7
2014	2659.6	1925.0	90.5	557.3	38.5	48.3
2015	2687.8	1852.8	95.0	641.5	44.3	54.3
哈尔滨 Harbin	6874560	3997219	175712	2424520	120832	156277
齐齐哈尔 Qiqihar	2835266	1666803	48663	1032604	66090	20304
鸡西 Jixi	1136722	762321	84977	237229	41839	10356
鹤岗 Hegang	281042	200546	9832	58573	6401	5690
双鸭山 Shuangyashan	719411	441739	19350	240318	12676	5328
大庆 Daqing	1880170	811716	19671	965402	74381	9000
伊春 Yichun	1065111	644635	211990	202118	3484	2884
佳木斯 Jiamusi	2144676	1470688	36010	559375	73213	5390
七台河 Qitaihe	285829	143829	19077	105786	3365	13772
牡丹江 Mudanjiang	2247240	1840331	15376	294865	18390	78278
黑河 Heihe	1449117	1123359	112918	167875	19090	25875
绥化 Suihua	4922453	2647721	42718	2087023	104596	40395
大兴安岭 Daxinganling	714589	337035	243462	61838	15059	57195
农垦总局 ARB	5762453	4633215	47608	826531	38378	216721
绥芬河 Suifenhe	10097	6767	37	3041	208	44
抚远 Fuyuan	191872	141299	2876	18838	27824	1035

注:2006、2007年数据是与第二次农业普查衔接后数据。
Note:Data from 2006 to 2007 on national accounts have been adjusted according to the results of the second national agricultural census.

11-5 主要农业机械拥有量(年底数)

MAJOR AGRICULTURAL MACHINERY AT YEAR-END

年份 Year 地区 Region	农业机械总动力（万千瓦）Total Power of Agriculture Machinery (10000 kw)	农用大中型拖拉机 Large and Medium Agriculture Tractors		小型拖拉机 Mini-Tractors		大中型拖拉机配套农具（万台、台）Number of Large and Medium Tractor Towing Farm Machinery (10000 units ,unit)	小型拖拉机配套农具（万台、台）Number of Mini-Tractor Towing Farm Machinery (10000 units ,unit)
		台 unit	万千瓦 10000 kw	万台、台 10000 units, unit	万千瓦 10000 kw		
1980	709.3	68473	272.1	3.1	28.7	24.6	0.8
1981	760.4	78268	316.5	4.2	38.5	27.2	1.8
1982	814.1	82895	332.6	4.9	43.2	28.6	2.5
1983	861.6	88485	349.9	7.9	70.0	27.7	3.4
1984	901.7	92080	350.7	11.8	104.6	24.5	4.6
1985	949.5	90306	354.0	15.0	134.0	26.9	6.3
1986	935.2	91590	334.0	19.8	185.0	21.2	8.6
1987	1093.5	82159	371.0	27.0	243.0	25.4	14.0
1988	1105.2	90106	366.2	31.7	286.5	19.3	18.2
1989	1162.8	91770	367.8	35.7	320.0	21.8	24.2
1990	1173.4	88942	359.6	36.8	324.4	20.1	26.6
1991	1179.5	88602	357.1	37.7	333.1	19.8	29.4
1992	1172.6	87634	352.3	37.8	334.5	19.7	29.6
1993	1185.3	84816	348.3	38.7	337.0	19.6	31.4
1994	1190.0	82028	341.6	40.5	359.5	17.5	33.9
1995	1226.1	79356	332.6	44.4	395.7	17.1	38.1
1996	1254.8	73000	308.1	44.4	408.1	18.6	40.1
1997	1285.4	71440	303.9	45.0	422.5	19.2	49.3
1998	1454.5	69905	304.7	63.3	583.8	17.2	51.4
1999	1559.7	74801	326.8	65.1	610.5	18.2	58.9
2000	1613.8	75553	322.8	65.2	624.6	19.2	62.8
2001	1648.3	78177	324.9	65.3	627.8	18.9	64.6
2002	1741.8	85266	330.3	68.0	668.9	19.4	69.4
2003	1807.7	99462	351.8	69.5	691.3	20.1	76.3
2004	1952.2	127795	415.5	71.6	734.7	22.2	83.6
2005	2234.0	217275	578.9	74.4	790.6	31.9	87.7
2006	2570.6	323087	797.1	75.5	815.0	40.9	104.5
2007	2785.3	381813	927.3	75.7	820.3	47.2	110.3
2008	3018.4	481795	1145.9	71.4	771.4	59.3	113.2
2009	3401.3	583015	1416.0	71.1	766.1	67.4	117.0
2010	3736.3	654789	1623.3	69.3	740.9	75.9	118.1
2011	4097.8	732577	1903.5	68.8	745.6	92.7	120.2
2012	4549.3	808875	2135.4	66.5	721.2	104.5	119.6
2013	4848.7	873322	2345.7	64.5	693.2	118.0	118.5
2014	5155.5	922067	2516.4	62.4	667.8	130.3	114.9
2015	5442.7	967653	2685.8	60.7	650.8	138.3	113.0
哈尔滨 Harbin	1024.5	142667	399.0	202259	203.1	163944	275983
齐齐哈尔 Qiqihar	813.8	194652	448.4	97266	104.7	230546	263851
鸡西 Jixi	233.1	36708	95.9	27245	27.2	58508	72095
鹤岗 Hegang	107.7	19411	58.2	5627	6.9	39459	13986
双鸭山 Shuangyashan	185.9	50828	118.8	12854	14.7	72558	27396
大庆 Daqing	336.3	75757	157.8	59679	63.4	77504	95612
伊春 Yichun	80.3	17801	49.0	8044	8.4	15185	4354
佳木斯 Jiamusi	423.3	95798	239.2	20882	25.3	123190	22824
七台河 Qitaihe	68.8	11640	35.5	6242	7.0	12983	9160
牡丹江 Mudanjiang	277.7	54913	151.1	55277	49.1	68963	83281
黑河 Heihe	285.3	52356	157.7	35577	44.0	65399	107417
绥化 Suihua	571.4	105909	289.0	65100	83.6	181957	110499
大兴安岭 Daxinganling	51.9	9525	33.4	3367	3.7	15396	4085
农垦总局 ARB	912.7	90742	423.2	6355	7.6	248324	36983
绥芬河 Suifenhe	4.4	1046	3.0	425	0.6	181	1235
抚远 Fuyuan	65.6	7900	26.6	1114	1.5	9350	1114

11-5 续表1 CONTINUED

年 份 Year / 地 区 Region	农用排灌动力机械 Draining Machinery for Agricultural Use					
	柴油机 Diesel Engines		电动机 Electromotors		农用水泵 Pumps	节水灌溉机械 Irrigation Equipment
	台 unit	万千瓦 10000 kw	台 unit	万千瓦 10000 kw	万台、台 10000 units, unit	台（套） unit
1980	30523	37.7	32501	36.9	5.8	
1981	29337	36.8	30317	36.3	6.9	
1982	32011	41.2	31347	37.5	6.2	
1983	31711	44.7	33081	40.2	5.1	
1984	27421	40.4	35165	36.3	4.5	
1985	27067	36.8	28180	32.5	4.2	
1986	41562	47.7	28384	39.8	5.4	
1987	54629	55.9	27234	34.5	6.9	
1988	52232	51.8	33333	38.9	6.8	
1989	81375	71.3	34407	37.8	9.5	
1990	117600	100.3	33700	34.2	12.8	
1991	122000	105.4	33000	34.3	13.0	
1992	122400	94.8	38000	36.1	13.0	
1993	120305	100.0	32371	32.5	14.2	
1994	122805	102.7	31140	31.3	14.5	
1995	123370	103.7	31961	31.8	13.8	
1996	136712	111.2	33984	35.0	16.6	
1997	147558	123.3	43676	38.3	18.6	
1998	139453	116.7	37645	31.9	29.3	
1999	152488	136.3	41924	39.5	29.1	
2000	166961	149.1	44471	41.6	29.7	
2001	171142	156.4	49918	42.4	30.8	
2002	185881	170.5	51443	45.5	31.6	
2003	188788	171.6	51363	44.9	32.3	15307
2004	189953	171.5	53727	45.2	32.0	16733
2005	196996	174.3	57032	46.9	32.9	15722
2006	202461	189.5	62582	54.7	33.7	14871
2007	202567	193.2	70376	61.9	34.7	16082
2008	207032	195.3	77105	68.3	35.6	18010
2009	216162	219.4	84614	75.6	40.8	23818
2010	224920	237.9	97177	81.8	43.3	30065
2011	250990	250.7	114372	100.3	45.1	33272
2012	260349	264.8	122990	108.7	46.5	36221
2013	250817	253.8	131236	114.1	47.9	36912
2014	248787	256.0	141309	123.6	48.2	38443
2015	249546	256.4	143436	128.8	49.4	41608
哈尔滨 Harbin	66035	63.22	27813	23.57	102080	1666
齐齐哈尔 Qiqihar	33548	30.58	20394	16.20	109201	10629
鸡 西 Jixi	10089	9.63	6330	4.04	16302	602
鹤 岗 Hegang	2563	2.28	3169	3.25	12468	2156
双鸭山 Shuangyashan	3957	4.37	1123	1.13	7469	52
大 庆 Daqing	19379	21.29	6894	6.02	38650	3395
伊 春 Yichun	4139	4.23	1063	0.83	3915	355
佳木斯 Jiamusi	14135	16.95	8039	7.29	22414	260
七台河 Qitaihe	1255	1.08	981	0.51	1985	86
牡丹江 Mudanjiang	7462	6.44	6230	5.12	17793	2861
黑 河 Heihe	2127	2.54	403	0.37	2933	522
绥 化 Suihua	29188	26.73	17859	12.70	54105	870
大兴安岭 Daxinganling	120	0.13	179	0.15	281	177
农垦总局 ARB	53183	65.16	40589	43.30	99278	17960
绥芬河 Suifenhe	16	0.01	20	0.01	49	16
抚 远 Fuyuan	2350	1.76	2350	4.32	4700	1

11-5　续表2 CONTINUED

年　份　Year 地　区　Region	联合收割机 Combine Harvester		机动脱粒机（台） Motorized Threshing Machines (unit)	农用运输车 Tracks for Agricultural Use	
	台 unit	万千瓦 10000 kw		台 unit	万千瓦 10000 kw
1980	14081	61.8	3807		
1981	17924	89.9			
1982	19483	99.9	20346		
1983	20740	99.4	22776		
1984	21130	103.2	30257		
1985	20311	105.6	36802		
1986	16970	83.6	53367		
1987	18853	107.4	63057	150	0.5
1988	17442	100.8	60045	455	1.3
1989	16930	103.5	67189	587	1.1
1990	15910	104.0	73581	2874	4.3
1991	15191	106.7	77447	2279	4.1
1992	14818	108.8	76417	2393	3.6
1993	14564	108.1	77440	3735	13.9
1994	13679	105.6	81273	4618	17.1
1995	13366	105.2	82268	11821	13.1
1996	12430	102.0	77604	15625	19.7
1997	11920	97.5	83052	12177	19.4
1998	15005	104.3	112459	29491	45.2
1999	12889	102.5	115579	31612	51.8
2000	13306	107.9	119231	31837	53.8
2001	12615	76.7	125170	137188	154.0
2002	16835	123.2	128232	144299	160.6
2003	17756	128.0	133809	153215	175.7
2004	20171	144.6	140969	165948	197.8
2005	25823	170.9	148068	178318	225.6
2006	31591	207.2	150713	188023	239.8
2007	36968	239.0	149530	190534	247.9
2008	42187	282.1	160221	186672	255.0
2009	48780	336.5	163616	185679	262.3
2010	60276	429.4	164679	184568	263.0
2011	61109	440.7	165082	164246	250.7
2012	76155	596.7	168804	158281	230.8
2013	91330	686.6	168739	158895	231.8
2014	108647	798.4	172509	158509	232.2
2015	117775	894.6	174072	157910	233.2
哈尔滨 Harbin	18660	140.4	46230	61611	77.4
齐齐哈尔 Qiqihar	14053	103.1	27792	19821	45.2
鸡　西 Jixi	7759	41.6	7162	12859	19.7
鹤　岗 Hegang	3320	26.5	2137	491	0.9
双鸭山 Shuangyashan	2816	24.3	3105	5138	5.9
大　庆 Daqing	3521	30.5	16969	22206	28.9
伊　春 Yichun	870	5.2	3461	1218	1.9
佳木斯 Jiamusi	9862	80.0	8139	2264	2.5
七台河 Qitaihe	1184	9.8	2045	4598	7.7
牡丹江 Mudanjiang	2834	21.8	12162	7781	13.7
黑　河 Heihe	3039	37.2	11092	2174	6.2
绥　化 Suihua	10914	87.9	31389	16141	19.5
大兴安岭 Daxinganling	776	6.5	143	1441	3.2
农垦总局 ARB	35638	261.7	2090		
绥芬河 Suifenhe	10	0.09	108	135	0.33
抚　远 Fuyuan	2519	17.85	48	32	0.04

11-6 分地区农用化肥施用量和农村用电量

CONSUMPTION OF CHEMICAL FERTILIZERS AND ELECTRICITY CONSUMPTION IN RURAL AREAS BY REGION

地 区	Region	化肥施用量（实物量，吨）Consumption of Chemical Fertilizers (ton)	化肥施用折纯量(吨) Consumption of Chemical Fertilizers (ton Converting the Gross Weight into Weight Containing 100% Efficacious Component)					农村用电量（万千瓦时）Electricity Consumed in Rural Areas (10000 kwh)
			合 计 Total	氮 肥 Nitrogenous Fertilizer	磷 肥 Phosphate Fertilizer	钾 肥 Potash Fertilizer	复合肥 Compound Fertilizer	
2010		5138394	2148852	773541	474006	307803	593502	557278
2011		5419483	2284366	819024	490730	340986	633626	701381
2012		5601697	2402818	859790	510504	357068	675456	643269
2013		5789762	2449560	867799	508478	369810	703473	669533
2014		5901989	2519295	889463	524068	378520	727244	695625
2015		5930227	2553071	884584	521106	372702	774679	725812
哈尔滨	Harbin	1107756	466880	165733	70033	72845	158269	189166
齐齐哈尔	Qiqihar	837824	305855	107535	56452	34851	107017	80800
鸡 西	Jixi	125298	51985	18867	13326	6804	12988	35654
鹤 岗	Hegang	99620	43600	14144	9787	7199	12470	5645
双鸭山	Shuangyashan	144285	68355	22175	10606	9408	26166	21935
大 庆	Daqing	330392	132432	52058	18775	9965	51634	42942
伊 春	Yichun	67677	24980	6205	8048	3756	6971	7102
佳木斯	Jiamusi	481933	237768	80387	53468	31973	71940	57158
七台河	Qitaihe	80928	31115	17240	7368	4190	2317	15254
牡丹江	Mudanjiang	192270	87676	28902	11855	11570	35349	49072
黑 河	Heihe	276842	135631	30104	31744	15191	58592	24426
绥 化	Suihua	930676	361636	119870	76331	42573	122862	128944
大兴安岭	Daxinganling	14589	7538	2562	1887	1068	2021	1909
农垦总局	ARB	1214704	587229	217002	149457	119208	101562	58221
绥芬河	Suifenhe	670	369	85	28	32	224	290
抚 远	Fuyuan	24763	10022	1715	1941	2069	4297	7294

11-7 分地区有效灌溉面积、水库和除涝面积

IRRIGATED AREA,FLOOD PREVENTION AND AREA WITH FLOOD PREVENTION MEASURES BY REGION

地 区	Region	有效灌溉面积(千公顷) Irrigated Area (1000 hectares)	水库数(座) Number of Reservoirs (unit)	水库库容量(万立方米) Capacity of Reservoirs (10000 cu.m)	除涝面积(万公顷) Area with Flood Prevention Measures (10000 hectares)
2010		3875.2	913	1787011	333.5
2011		4332.7	922	1786435	335.0
2012		4776.5	1148	2778967	336.6
2013		5342.1	1144	2713743	337.8
2014		5305.2	1144	2713743	338.2
2015		5530.9	1144	2713743	338.5
哈尔滨	Harbin	745.7	308	233583	33.3
齐齐哈尔	Qiqihar	675.1	144	968797	33.7
鸡 西	Jixi	161.5	55	77151	3.5
鹤 岗	Hegang	145.4	14	10052	9.0
双鸭山	Shuangyashan	96.7	13	76939	14.9
大 庆	Daqing	462.3	25	89003	14.1
伊 春	Yichun	48.8	14	5393	2.7
佳木斯	Jiamusi	458.7	33	25319	23.9
七台河	Qitaihe	19.6	19	64340	1.9
牡丹江	Mudanjiang	92.2	61	642468	51.0
黑 河	Heihe	84.2	112	251536	8.2
绥 化	Suihua	520.0	136	107007	40.6
大兴安岭	Daxinganling	4.1	10	16332	1.1
农垦总局	ARB	1878.6	193	113419	144.4
绥芬河市	Suifenhe City	0.8	2	585	0.02
抚远县	Fuyuan County	137.3			2.0

11-8 主要农作物播种面积

SOWN AREAS OF MAJOR FARM CROPS

单位：万公顷、公顷 (10000 hectares, hectare)

年份 Year 地区 Region	农作物总播种面积 Total Sown Areas of Farm Crops	粮食作物播种面积 Total Sown Areas of Grain crops	谷物 Cereal	#水稻 Rice	#小麦 Wheat	#玉米 Corn	#谷子 Millet	#高粱 Jowar
1980	872.4	731.8		21.0	210.5	188.4	76.9	27.1
1981	872.7	728.2		22.4	219.0	157.7	76.9	29.5
1982	847.9	708.9		23.9	190.4	136.3	72.3	29.0
1983	860.7	723.5		24.6	209.6	164.2	74.8	31.4
1984	862.2	735.5		27.8	198.0	192.0	63.3	29.3
1985	858.2	721.6		39.0	203.8	157.7	49.3	14.5
1986	846.3	571.5		50.7	196.9	168.9	41.0	17.5
1987	851.5	741.2		58.1	158.7	197.6	30.8	17.3
1988	823.3	688.6		55.3	123.9	182.8	24.5	17.2
1989	845.3	726.2		60.4	168.2	190.4	21.3	17.5
1990	855.9	742.0		67.4	178.1	216.9	17.5	15.9
1991	861.5	742.7	507.0	74.7	173.7	223.0	14.0	13.6
1992	848.0	734.8	491.3	77.8	161.5	216.6	13.2	14.1
1993	864.7	755.8	425.1	73.6	133.7	177.7	12.6	16.6
1994	867.0	750.1	433.1	74.8	119.5	196.4	10.8	16.2
1995	864.7	750.0	467.6	83.5	111.6	241.1	8.8	13.4
1996	888.4	779.6	534.0	110.9	123.7	266.6	7.3	17.1
1997	903.5	799.5	529.9	139.7	107.4	254.5	6.7	13.5
1998	919.4	808.3	526.8	156.3	95.9	248.6	7.0	11.7
1999	926.2	809.9	549.1	161.5	95.3	265.2	7.1	12.4
2000	932.9	785.2	427.9	160.6	59.0	180.1	8.2	11.6
2001	941.2	795.7	434.9	157.7	38.3	211.0	7.0	11.0
2002	940.0	783.3	439.4	157.1	24.5	223.7	7.4	11.6
2003	955.1	786.3	381.4	129.5	21.4	203.5	5.6	9.2
2004	964.7	821.6	423.3	167.5	24.7	214.2	4.1	6.3
2005	1132.2	988.9	503.3	185.0	25.9	273.0	4.2	7.9
2006	1167.8	1052.6	577.2	199.2	24.4	330.5	3.5	7.3
2007	1189.9	1082.1	650.6	225.3	23.3	388.4	2.9	4.9
2008	1208.7	1098.8	649.3	245.2	26.6	364.7	2.5	5.1
2009	1387.1	1313.3	788.4	263.6	33.7	485.4	1.5	3.3
2010	1425.0	1354.9	863.3	297.5	37.8	523.2	1.4	2.9
2011	1448.6	1375.9	980.8	344.8	41.5	590.4	1.2	2.3
2012	1466.0	1394.2	1087.8	382.0	40.2	661.5	0.9	2.6
2013	1467.8	1403.7	1133.2	403.1	17.1	709.9	0.7	2.2
2014	1477.5	1422.7	1079.7	399.7	12.3	664.2	0.7	2.7
2015	1479.5	1432.8	1167.6	384.3	7.5	772.3	0.9	2.5
哈尔滨 Harbin	2038437	1943598	1840031	596117		1242438	1014	240
齐齐哈尔 Qiqihar	2294284	2257031	1776405	318445	227	1445409	3726	8097
鸡西 Jixi	491423	479199	441362	173999	95	267228	38	2
鹤岗 Hegang	203726	201259	184337	101269		83062		7
双鸭山 Shuangyashan	411244	394495	363605	68854	123	294588	16	23
大庆 Daqing	752253	705323	673933	103381	2412	558446	1420	8194
伊春 Yichun	239938	231361	95204	37942	21	57233		8
佳木斯 Jiamusi	1125571	1102769	993060	417025	114	575277	1	143
七台河 Qitaihe	178464	163981	149664	17945		131674	27	18
牡丹江 Mudanjiang	645900	547735	423755	45037	666	377844	105	92
黑河 Heihe	1260527	1242812	562179	19820	58899	478209	200	5041
绥化 Suihua	1905836	1880583	1642608	353725		1283895	2514	2283
大兴安岭 Daxinganling	177723	173510	18247	4	7253	10974		16
农垦总局 ARB	2861185	2825386	2365403	1464067	4872	895355	220	889
绥芬河 Suifenhe	3734	3057	2371			2366	5	
抚远 Fuyuan	172292	172183	137076	124894		12182		

注:2006、2007年数据是与第二次农业普查衔接后数据。

Note: Data from 2006 to 2007 on national accounts have been adjusted according to the results of the second national agricultural census.

11-8 续表1 CONTINUED

单位：万公顷、公顷 (10000 hectares, hectare)

年份 Year 地区 Region	豆类 Soybean	#大豆 Soja	薯类 Tuber	油料 Oil-bearing Crops	#葵花籽 Helianthus	#白瓜籽 Pumpkin Seeds	甜菜 Beetsroots
1980	173.6	163.0	23.7	24.4	19.2		24.3
1981	190.4	180.0	21.9	31.5	26.7		23.4
1982	224.0	213.6	22.6	26.5	21.7		24.4
1983	181.1	169.3	26.1	22.5	19.0		33.7
1984	182.1	179.5	23.5	22.4	20.7		30.5
1985	226.0	216.7	22.2	39.2	33.8		29.2
1986	220.7	219.7	20.9	18.3	13.8		30.6
1987	240.9	240.0	21.4	16.9	10.6		26.3
1988	244.9	242.9	24.7	16.5	7.4		42.7
1989	229.1	226.4	23.3	13.4	6.2		31.4
1990	216.2	207.9	21.8	14.2	6.5		35.8
1991	215.4	209.4	20.3	13.7	6.5		41.6
1992	221.2	216.0	22.3	18.3	7.4		33.2
1993	307.2	297.9	23.5	15.5	7.3		28.4
1994	294.8	279.6	22.2	17.4	7.4		34.4
1995	258.9	251.3	23.5	14.7	6.8		32.8
1996	221.9	216.1	23.7	12.8	7.6		29.1
1997	245.4	239.4	24.2	14.2	8.8		25.1
1998	254.7	246.0	26.8	20.9	11.2		23.1
1999	229.2	215.3	31.6	29.3	13.9		12.4
2000	317.8	286.8	39.5	36.3	18.3		14.6
2001	319.6	287.4	41.2	30.2	18.0		18.2
2002	300.6	263.1	43.3	37.4	23.4	10.7	19.9
2003	366.1	324.2	38.8	46.3	25.7	15.1	11.9
2004	367.4	340.1	30.9	41.1	17.1	13.0	7.6
2005	452.4	421.5	33.2	41.0	20.7	16.0	8.0
2006	454.8	424.6	20.3	33.9	20.3	10.0	5.8
2007	409.9	380.9	21.5	27.7	14.1	10.0	7.9
2008	419.8	397.2	29.1	21.9	10.7	6.9	9.0
2009	502.9	486.3	22.0	20.3	8.7	7.9	6.4
2010	467.5	447.9	24.0	16.7	5.7	8.6	7.8
2011	366.5	346.2	28.6	14.9	4.0	8.4	8.2
2012	275.0	260.0	31.4	11.7	3.0	6.1	7.3
2013	244.3	230.2	26.2	9.8	2.0	5.1	3.9
2014	326.2	314.6	16.8	8.7	1.7	5.2	1.0
2015	248.6	235.5	16.6	9.5	1.1	6.7	0.2
哈尔滨 Harbin	86352	84312	17215	6830	553	3678	10
齐齐哈尔 Qiqihar	380672	347676	99955	4415	676	1093	2020
鸡西 Jixi	37181	33767	656	4738	173	4553	
鹤岗 Hegang	16419	12972	503	363	53	309	
双鸭山 Shuangyashan	30618	28884	272	7796	17	7779	
大庆 Daqing	30713	12886	677	13437	1882		7
伊春 Yichun	135234	130417	923	259	7	252	
佳木斯 Jiamusi	107279	106345	2430	1933	116	1815	
七台河 Qitaihe	13394	13019	923	2029	80	1945	
牡丹江 Mudanjiang	118000	115279	5980	46850	5973	40790	
黑河 Heihe	676241	643446	4392	425	73	351	
绥化 Suihua	228516	227323	9459	530	500	30	
大兴安岭 Daxinganling	151685	146024	3578				
农垦总局 ARB	440915	420283	19068	4472	414	3732	14
绥芬河 Suifenhe	648	637	38	522	5	517	
抚远 Fuyuan	35107	34705					

11-8 续表2 CONTINUED

单位：万公顷、公顷 (10000 hectares, hectare)

年份 Year 地区 Region	麻类 Fiber Crops	#亚麻 Flax	药材 Herb	烟叶 Tobacco	#烤烟 Flue-cured	蔬菜、食用菌 Vegetables Mushroom	瓜果类 Melon	饲料作物 Feed Crops
1980	13.7	8.9		1.0		33.0	6.6	
1981	11.4	8.0			1.7	29.5	7.8	
1982	7.8	5.3			4.0	31.0	5.8	
1983	6.2	5.3		3.2	2.8	29.6	6.0	
1984	7.1	6.5		3.4	3.1	27.3	5.9	
1985	7.8	7.4		5.0	4.3	24.9	7.7	
1986	8.2	7.9		5.0	4.2	25.1	7.7	
1987	12.3	12.1		5.9	5.1	22.8	7.6	
1988	14.1	13.9		8.3	7.6	24.8	7.1	
1989	8.9	8.8		13.8	13.0	24.5	7.6	
1990	8.2	8.1		12.5	11.6	23.0	3.4	
1991	9.8	9.7		13.2	12.3	21.8	3.1	
1992	7.1	7.0		9.7	9.2	23.4	3.8	
1993	6.5	6.4		8.4	7.8	26.3	5.0	
1994	8.3	8.2		7.1	6.6	26.3	5.0	
1995	10.1	10.0		6.8	6.5	29.3	5.0	
1996	8.5	8.4		10.2	9.8	29.4	5.0	
1997	5.5	5.4		10.8	10.3	29.9	6.0	
1998	3.6	3.5		5.9	5.4	35.4	7.8	
1999	5.0	4.9		6.4	6.1	44.6	8.2	
2000	9.5	8.8		4.9	4.5	44.6	12.6	
2001	12.9	12.4		4.6	4.1	42.7	13.0	
2002	10.3	10.1	2.4	4.5	4.0	43.2	14.1	14.9
2003	11.3	11.1	3.3	3.7	3.3	40.0	13.4	29.7
2004	9.8	8.9	3.5	3.2	2.8	29.2	9.5	29.9
2005	8.5	8.2	4.8	4.2	4.0	33.3	11.0	22.6
2006	5.6	4.8	2.6	1.9	1.7	31.3	12.2	23.4
2007	5.1	4.1	5.5	3.2	2.8	29.1	10.6	18.9
2008	4.1	3.6	5.2	3.3	3.3	28.8	10.1	19.4
2009	1.2	1.1	3.1	3.7	3.2	18.8	7.4	10.3
2010	0.5	0.5	3.7	3.7	3.2	18.4	6.9	8.4
2011	0.3	0.3	5.1	3.5	3.2	22.3	6.2	7.8
2012	0.2	0.2	4.7	3.8	3.4	25.0	5.8	6.5
2013	0.13	0.09	3.9	3.6	3.2	26.6	6.4	5.6
2014	0.33	0.14	3.0	3.3	3.1	26.9	5.7	4.3
2015	0.30	0.14	2.1	2.5	2.3	24.5	4.5	3.1
哈尔滨 Harbin	7	7	2939	2974	2736	58170	11802	996
齐齐哈尔 Qiqihar			751	25		19677	4165	2607
鸡西 Jixi			317	1427	1426	3173	1114	487
鹤岗 Hegang			245	386	386	685	231	100
双鸭山 Shuangyashan			43	1189	1189	3565	2958	69
大庆 Daqing	50	4	1586	1692	1670	13655	5041	7148
伊春 Yichun	14	14	2435			4583	324	
佳木斯 Jiamusi	34	34	456	2968	2968	13604	2807	645
七台河 Qitaihe			69	2352	2352	7452	2001	
牡丹江 Mudanjiang	200	200	2344	9204	7877	29600	6630	208
黑河 Heihe	1823	348	5937	67		5832	463	2945
绥化 Suihua			276	2454	2424	14259	4244	549
大兴安岭 Daxinganling	198	198	2009			1714	193	79
农垦总局 ARB	700	604	2072	300	300	3092	3055	15220
绥芬河 Suifenhe			5			102	3	
抚远 Fuyuan						109	5	

11-9 主要农产品产量

YIELD OF MAJOR FARM CROPS

单位：万吨、吨　　　　(10000 tons, tons)

年份 Year 地区 Region	粮食 Grain	谷物 Cereal	#水稻 Rice	#小麦 Wheat	#玉米 Corn	#谷子 Millet	#高粱 Jowar
1980	1462.4	1085.9	79.6	394.6	520.0	103.6	63.1
1981	1250.0	969.7	55.7	314.1	455.0	99.7	64.9
1982	1150.0	819.2	70.9	268.2	352.6	87.6	54.2
1983	1549.0	1228.8	91.5	451.0	463.5	125.7	76.9
1984	1757.5	1402.0	124.0	382.5	642.0	115.5	100.5
1985	1405.0	1035.6	162.9	376.8	386.8	63.2	34.0
1986	1776.3	1169.5	220.8	355.9	632.0	60.1	55.1
1987	1737.6	1373.3	225.7	299.8	646.1	40.2	48.0
1988	1768.0	1282.1	243.5	250.4	700.6	35.5	55.2
1989	1668.9	1292.2	231.7	367.3	615.2	22.7	43.8
1990	2312.5	1901.0	314.4	474.8	1008.3	31.3	53.3
1991	2164.3	1789.6	316.2	381.1	1007.5	23.7	45.8
1992	2366.3	1936.6	376.6	424.8	1042.8	24.3	51.4
1993	2390.8	1799.5	388.3	340.0	956.6	27.2	73.3
1994	2578.7	1971.3	410.4	275.3	1146.4	24.3	86.4
1995	2592.5	2062.8	469.9	293.4	1219.1	20.9	47.9
1996	3046.5	2512.4	636.0	329.5	1445.0	21.5	65.5
1997	3104.5	2434.9	860.9	328.4	1165.9	14.4	48.3
1998	3008.5	2483.4	925.8	285.2	1199.7	9.0	51.7
1999	3074.6	2524.8	944.3	284.2	1228.4	13.6	39.6
2000	2545.5	1974.1	1042.2	95.8	790.8	8.7	26.0
2001	2651.7	1989.1	1016.3	93.8	819.5	10.3	28.5
2002	2941.2	2195.5	921.0	89.4	1070.5	16.2	52.3
2003	2512.3	1792.0	842.8	39.7	830.9	12.9	39.8
2004	3135.0	2302.5	1120.0	83.0	1050.0	8.6	24.7
2005	3600.0	2714.0	1172.5	97.0	1379.5	7.4	25.6
2006	3780.0	2986.7	1360.0	93.0	1453.5	7.3	24.5
2007	3965.5	3349.3	1658.5	77.0	1568.5	4.9	15.9
2008	4225.0	3502.0	1518.0	89.5	1822.0	5.0	17.0
2009	4353.0	3641.7	1574.5	116.3	1920.2	4.5	21.6
2010	5012.8	4284.8	1843.9	92.5	2324.4	4.1	17.8
2011	5570.6	4858.2	2062.1	103.8	2675.8	3.5	11.1
2012	5761.3	5147.9	2171.2	70.0	2887.9	3.0	14.6
2013	6004.1	5495.9	2220.6	38.9	3216.4	2.4	16.4
2014	6242.2	5665.5	2251.0	46.6	3343.4	2.6	21.3
2015	6324.0	5786.3	2199.7	21.8	3544.1	2.5	17.7
哈尔滨 Harbin	14436679	14160256	4268793		9886072	2775	1387
齐齐哈尔 Qiqihar	11789249	10421287	1887333	762	8461308	11769	43425
鸡西 Jixi	3094029	2992894	1201494	280	1791059	61	
鹤岗 Hegang	1039037	1001856	543320		458516		20
双鸭山 Shuangyashan	2779402	2705200	500579	246	2204312	28	35
大庆 Daqing	5378577	5301807	645215	8681	4546028	5623	95824
伊春 Yichun	774319	514558	290152	51	224355		
佳木斯 Jiamusi	7105700	6814419	2945314	445	3866835		1200
七台河 Qitaihe	940808	907015	116766		790249		
牡丹江 Mudanjiang	2793196	2465442	320122	1995	2142671	294	360
黑河 Heihe	3362717	2035220	112244	212017	1691893	540	18526
绥化 Suihua	13461429	12951692	2539524		10382673	11242	11462
大兴安岭 Daxinganling	378964	99408	18	26018	73372		
农垦总局 ARB	21610953	20349350	12915103	15361	7412627	925	5334
绥芬河 Suifenhe	10895	9480			9471	9	
抚远 Fuyuan	918223	861868	641560		220308		

注：大兴安岭地区粮食产量数据不包含驻扎在大杨树镇的大兴安岭农工商联合公司生产粮食产量。
Note: Grain output data of Daxinganling is not included data of Daxinganling Agricultural Industrial and Commercial Company .

11-9 续表1 CONTINUED

单位：万吨、吨 (10000 tons, tons)

年份 Year 地区 Region	豆类 Soybean	#大豆 Mung Bean	薯类 Tuber	油料 Oil-bearing Crops	#葵花籽 Helianthus	#白瓜籽 Pumpkin Seeds
1980	325.5	220.5	51.0	23.9	22.6	
1981	235.4	188.3	44.9	37.4	40.0	
1982	330.8	245.5	43.3	34.4	41.3	
1983	258.7	238.5	61.5	32.2	28.9	
1984	293.0	290.5	62.5	26.0	24.6	
1985	325.6	313.7	43.8	28.4	25.2	
1986	306.0	378.0	47.5	19.0	16.4	
1987	397.1	383.5	67.2	12.6	6.5	
1988	285.7	384.4	71.0	13.0	7.0	
1989	303.3	291.8	73.4	13.1	6.5	
1990	337.4	325.8	74.1	17.2	8.1	
1991	317.4	309.8	57.3	15.2	6.6	
1992	354.0	349.1	75.7	21.9	10.3	
1993	505.3	491.5	86.0	16.1	9.5	
1994	532.8	513.6	74.6	15.6	9.4	
1995	448.2	438.8	81.5	20.1	9.0	
1996	435.6	413.5	98.5	16.8	10.5	
1997	588.7	576.2	80.9	18.2	11.6	
1998	458.6	444.6	66.5	16.9	7.6	
1999	474.1	446.6	75.7	39.3	22.6	
2000	489.6	450.1	81.8	43.8	26.0	
2001	537.5	496.2	125.1	36.3	20.8	
2002	610.7	556.3	135.0	52.8	36.8	10.9
2003	616.1	560.8	104.1	44.7	21.0	15.2
2004	727.5	675.0	105.0	46.0	24.2	15.1
2005	800.7	748.0	85.3	60.6	33.2	20.0
2006	689.3	652.5	104.0	63.1	32.1	23.6
2007	527.3	491.0	89.0	50.1	24.4	18.3
2008	667.0	620.5	56.5	28.5	12.8	9.5
2009	618.5	591.9	92.9	28.2	11.8	9.8
2010	601.9	585.0	126.2	27.5	10.5	11.2
2011	577.8	541.3	134.7	23.3	6.9	10.5
2012	479.6	463.4	134.0	22.5	6.0	9.2
2013	400.2	386.7	108.0	19.0	4.3	7.4
2014	469.6	460.4	107.1	17.2	3.6	8.2
2015	437.3	428.4	100.3	18.3	2.5	10.5
哈尔滨 Harbin	189461	185591	86962	24941	1418	9497
齐齐哈尔 Qiqihar	910408	777764	457554	8961	1534	1654
鸡西 Jixi	96414	90562	4721	5718	381	5287
鹤岗 Hegang	34324	29130	2857	453	126	326
双鸭山 Shuangyashan	73163	68866	1039	12656	31	12625
大庆 Daqing	64703	22305	12067	38352	6097	
伊春 Yichun	254151	245131	5610	329	35	294
佳木斯 Jiamusi	272142	270708	19139	2896	288	2602
七台河 Qitaihe	31716	31104	2077	2021	193	1821
牡丹江 Mudanjiang	299162	296314	28592	77946	13002	64808
黑河 Heihe	1312371	1268074	15126	701	167	530
绥化 Suihua	470320	470009	39417	875	839	36
大兴安岭 Daxinganling	262425	251490	17131			
农垦总局 ARB	1165017	1118455	96586	7028	930	5299
绥芬河 Suifenhe	1269	1250	146			
抚远 Fuyuan	56355	55497		499	4	495

11-9 续表2 CONTINUED

单位：万吨、吨 (10000 tons, tons)

年份 Year 地区 Region	麻类 Fiber Crops	#亚麻 Flax	甜菜 Beetsroots	烟叶 Tobacco	#烤烟 Flue-cured Tobacco	蔬菜、食用菌 Vegetables Mushroom	瓜果类 Melon
1980	19.0	17.5	287.6	2.8	2.2	523.6	
1981	19.2	18.3	312.7	4.4	3.4		
1982	6.5	5.9	274.3	8.0	6.9		
1983	13.5	13.1	515.2	5.7	4.4		
1984	19.0	18.6	422.8	7.1	6.1		
1985	15.0	14.8	315.2	8.9	7.0	485.1	
1986	20.7	20.4	389.8	10.5	8.1	585.0	
1987	31.2	31.1	330.4	10.4	8.8	463.9	
1988	35.4	35.5	555.1	14.0	12.4	526.5	
1989	22.4	22.3	397.5	23.1	12.4	526.1	
1990	22.4	22.3	632.0	21.9	19.3	563.7	76.5
1991	26.8	26.7	620.3	18.5	16.8	484.0	46.5
1992	19.6	19.5	539.8	13.6	12.6	578.1	72.4
1993	17.2	17.0	298.7	13.1	11.6	672.3	94.9
1994	21.7	21.7	322.7	10.0	8.9	679.6	104.0
1995	32.2	32.0	500.8	11.2	10.1	883.6	126.6
1996	23.7	23.6	491.9	18.1	16.9	916.7	129.1
1997	13.3	13.1	447.7	17.5	16.3	990.0	158.7
1998	9.1	9.0	310.2	9.4	8.3	998.5	160.0
1999	14.8	14.6	203.6	11.2	10.3	1187.3	221.9
2000	18.7	18.0	254.8	9.6	8.1	1325.6	319.4
2001	29.8	28.1	329.8	8.4	7.3	1250.2	335.9
2002	36.2	35.7	437.6	7.4	6.3	1324.7	353.2
2003	28.3	26.7	71.4	4.6	4.5	1198.3	316.5
2004	39.3	31.0	96.0	5.6	5.6	1061.6	273.1
2005	36.1	34.5	155.0	7.4	7.4	1153.5	306.4
2006	29.4	20.5	205.0	5.6	5.6	1135.6	366.6
2007	18.0	15.4	237.2	6.9	6.9	1058.5	321.5
2008	16.5	15.0	260.0	7.8	7.8	1057.9	308.2
2009	4.5	4.4	110.0	8.3	7.3	701.2	218.3
2010	2.2	2.2	175.0	9.6	8.5	723.8	233.0
2011	1.2	1.2	275.0	8.5	7.8	789.9	225.6
2012	1.0	0.9	273.0	9.7	8.8	866.4	211.8
2013	0.9	0.6	123.2	8.9	8.1	946.1	225.3
2014	2.5	0.7	41.1	8.4	7.8	985.6	201.1
2015	2.0	0.6	7.3	6.9	6.2	957.4	161.6
哈尔滨 Harbin	41	41	261	9254	8338	2053574	407450
齐齐哈尔 Qiqihar			71759	70		756390	158563
鸡西 Jixi				2702	2701	162161	15555
鹤岗 Hegang				813	813	41733	7582
双鸭山 Shuangyashan				3095	3095	141928	107939
大庆 Daqing	468	36	280	6542	6475	584308	206386
伊春 Yichun	28	28				240858	11675
佳木斯 Jiamusi	77	77		6761	6761	367632	73524
七台河 Qitaihe				5445	5445	260212	52994
牡丹江 Mudanjiang	650	650		26101	21330	1868669	259934
黑河 Heihe	14894	1392		175		189336	21773
绥化 Suihua				7154	7080	653939	162005
大兴安岭 Daxinganling	889	889				85358	8865
农垦总局 ARB	2747	2560	630	421	421	183319	121540
绥芬河 Suifenhe						2812	200
抚远 Fuyuan						5519	100

11-10 主要农产品单位面积产量

YIELD OF MAJOR FARM CROPS PER HECTARE

单位：千克/公顷 (kg/hectare)

年 份 地 区	Year Region	粮 食 Grain	水 稻 Rice	小 麦 Wheat	玉 米 Corn	大 豆 Soybean	薯 类 Tuber	亚 麻 Flax	甜 菜 Beetsroots	烤 烟 Flue-cured Tobacco
	1980	1998	3803	1868	2768	1350	2160	1980	11813	2678
	1981	1717	2498	1440	2453	1058	2048	2273	13343	2003
	1982	1622	2970	1418	2183	1148	1913		11228	1755
	1983	2141	3713	2138	2835	1418	2363	2475	15278	1598
	1984	2390	4478	1935	2533	1620	2655	1148	13860	2025
	1985	1947	4185	1845	2610	1463	1980	2003	10800	1598
	1986	3108	4343	1823	3758	1733	2273	2565	12713	1913
	1987	2344	3893	1890	3780	1598	3128	2588	12578	1733
	1988	2568	4410	2025	3848	1643	2880	2543	13028	1643
	1989	2298	3825	2183	3218	1283	3150	2543	12668	1643
	1990	3117	4658	2678	4658	1575	3398	2745	17663	1665
	1991	2914	4230	2183	4523	1485	2835	2768	14918	1373
	1992	3220	4838	2631	4815	1616	3690	2790	16268	1373
	1993	3163	5279	2543	5384	1650	3646	2676	10512	1500
	1994	3438	5485	2304	5836	1837	3679	2634	9390	1354
	1995	3457	5626	2628	5056	1746	3468	3205	15246	1567
	1996	3908	5739	2665	5421	1914	4155	3557	16922	1735
	1997	3883	6163	3075	4581	2408	3345	2447	17808	1583
	1998	3722	5909	2967	4823	1808	2479	2558	13450	1550
	1999	3796	5851	2982	4632	2074	2396	3013	16421	1696
	2000	3242	6489	1623	4390	1569	2071	2039	17482	1810
	2001	3333	6444	2450	3884	1726	3039	2262	18112	1769
	2002	3755	5861	3643	4785	2115	3116	3516	21999	1585
	2003	3195	6510	1854	4083	1730	2685	2416	6011	1379
	2004	3816	6687	3360	4902	1985	3398	3478	12710	2019
	2005	3640	6338	3744	5053	1775	2567	4190	19264	1850
	2006	3714	6511	3750	4908	1657	3128	4852	18457	2201
	2007	3790	7020	3244	4508	1390	2555	3734	26359	2429
	2008	3845	6191	3365	4496	1562	1942	4167	28889	2364
	2009	3821	6313	3969	4685	1477	4220	3915	17222	2265
	2010	4376	6659	3303	5321	1649	5163	4138	22476	2622
	2011	4843	7001	3485	5833	1691	5379	4507	33526	2440
	2012	5001	7072	3334	5564	1740	5461	5807	37439	2331
	2013	5192	6993	2923	5904	1592	4034	6725	31932	2511
	2014	5337	7023	3199	6146	1787	4440	5118	40098	2541
	2015	5375	6988	3065	6088	1785	4675	4029	35541	2678
哈 尔 滨	Harbin	7844	7598		8483	2013	4964	5857	26100	3048
齐齐哈尔	Qiqihar	5544	6190	3357	7001	1771	5018		35524	
鸡 西	Jixi	6908	7235	2947	7830	1852	5371			1894
鹤 岗	Hegang	5526	5984		6198	1492	3985			2106
双 鸭 山	Shuangyashan	7303	7879	2000	7960	1812	3848			2603
大 庆	Daqing	8106	7305	3599	8679	1705	3362	9000	40000	3877
伊 春	Yichun	3825	8193	2429	6638	1920	6085	2000		
佳 木 斯	Jiamusi	6978	7547	3904	7857	2073	5155	2265		2278
七 台 河	Qitaihe	5991	6507		6679	1600	3297			2315
牡 丹 江	Mudanjiang	5576	7238	2995	7353	1894	4479	3250		2708
黑 河	Heihe	3240	6539	3600	6926	1856	3646	4000		
绥 化	Suihua	7539	7868		8530	2034	5050			2921
大兴安岭	Daxinganling	2376	4500	3587	6810	1892	5183	4490		
农垦总局	ARB	7905	8842	3153	9353	2566	5030	4238	45000	1403
绥 芬 河	Suifenhe	4652			5723	1962	4294			
抚 远	Fuyuan	5948	7456		6612	1602				

11-11 水果生产情况

YIELD OF FRUITS

年 份 Year 地 区 Region	果园面积（公顷）Area of Orchards (hectare)				水果产量（吨）Yield of Fruits (ton)			
	总 计 Total	#苹果 Apples	#梨 Pears	#葡萄 Grapes	总计 Total	#苹果 Apples	#梨 Pears	#葡萄 Grapes
2005	39488	15488	5345	1708	461974	177432	48422	20720
2006	37593	13334	4919	1632	471209	159759	49124	22728
2007	40901	13166	5128	1781	517659	150534	46524	21847
2008	40960	11950	5250	2730	593539	138330	47078	45062
2009	35340	12000	4230	2480	493241	140670	41164	42206
2010	36153	11419	4836	2991	466371	117019	37648	56732
2011	34976	10854	4556	2965	542336	113984	40224	62120
2012	35330	11640	3984	3961	567404	150661	37259	83443
2013	34242	11648	3458	3870	491133	140649	28238	81441
2014	34710	12198	3819	4867	576390	148900	33830	118016
2015	33928	12378	3858	4608	518563	176181	34490	100042
哈尔滨 Harbin	7004	1102	389	786	97402	11249	5989	9635
齐齐哈尔 Qiqihar	3930	279	87	272	40403	4145	1030	4113
鸡 西 Jixi	2183	618	274	154	61959	14546	6366	1668
鹤 岗 Hegang	156	60	73	21	1251	610	100	453
双鸭山 Shuangyashan	503	165	110	88	6294	858	455	1348
大 庆 Daqing	3088	124		2406	79802	2066		65384
伊 春 Yichun	128	1		6	2247	118	100	275
佳木斯 Jiamusi	703	93	72	40	5521	1994	1221	930
七台河 Qitaihe	465	20	28	31	5746	92	119	371
牡丹江 Mudanjiang	12220	7573	2743	514	138831	97502	18668	6567
黑 河 Heihe	46			1	2558			35
绥 化 Suihua	549	20		215	16758	285		7998
大兴安岭 Daxinganling	193				8865			
农垦总局 ARB	2745	2323	82	74	50645	42716	442	1265
绥芬河 Suifenhe	5				200			
抚 远 Fuyuan	10				81			

11-12 蔬菜、食用菌生产情况
YIELD OF VEGETABLE AND MUSHROOM

年份 Year 地区 Region	播种面积（公顷）Sown Area (hectare)				产量（吨）Yield (ton)			
	总计 Total	#白菜 Chinese Cabbage	#黄瓜 Cucumber	#萝卜 Radish	总计 Total	#白菜 Chinese Cabbage	#黄瓜 Cucumber	#萝卜 Radish
2005	333390	111305	23399	9078	11535465	4961917	777779	501397
2006	331094	113435	21731	14886	11327103	4888475	695098	487233
2007	291100	90206	20486	14041	10187924	3981792	698375	487481
2008	287700	86730	20330	14490	10578998	4094636	714842	492696
2009	187580	57040	15250	10590	7011518	2583124	589175	353666
2010	184480	53888	14407	9531	7238268	2647390	566848	357713
2011	223130	76560	17405	13742	7899314	3113831	618806	496705
2012	249850	68620	19280	13946	8664146	2887730	666798	495756
2013	265670	74193	20449	14077	9461458	3138127	783589	488111
2014	268850	73820	21086	11277	9856073	3311552	867131	424008
2015	245250	61470	15570	6420	9574374	3346748	683727	207829
哈尔滨 Harbin	58170	15836	5477	4135	2053574	788268	180928	125708
齐齐哈尔 Qiqihar	19677	6729	1601	1038	756390	335675	52432	41521
鸡西 Jixi	3173	715	286	257	162161	50827	18699	10016
鹤岗 Hegang	685	233	53	45	41733	15139	5230	2046
双鸭山 Shuangyashan	3565	975	324	374	141928	44777	15806	15783
大庆 Daqing	13655	2559	1344	1036	584308	144565	60217	68281
伊春 Yichun	4583	1047	298	321	240858	69861	16015	12516
佳木斯 Jiamusi	13604	5555	830	889	367632	208154	20892	27095
七台河 Qitaihe	7452	3965	556	492	260212	146121	34036	11696
牡丹江 Mudanjiang	29600	2543	2579	1055	1868669	141497	169399	52184
黑河 Heihe	5832	3180	299	461	148236	97611	8504	6163
绥化 Suihua	14259	6815	1384	620	653939	331888	77455	34450
大兴安岭 Daxinganling	1714	821	75	106	85358	38602	2939	6121
农垦总局 ARB	3092	436	436	88	183319	30831	20237	4268
绥芬河 Suifenhe	102	20	6	3	5519	390	640	87
抚远 Fuyuan	109	40	24	4	2812	2543	298	188

11–13 畜牧业生产情况

NUMBER OF LIVESTOCK

单位：万头、头 (10000 heads, head)

年 份 Year 地 区 Region	大牲畜数量 Large Animals	黄牛及肉牛 Oxes	奶牛 Milk Cow	马 Horses	驴 Donkeys	骡 Mules
1978	286.9	105.1	6.2	164.5	4.8	6.3
1980	257.8	95.6	7.8	143.6	4.6	6.2
1985	305.5	149.9	25.8	117.9	6.4	5.5
1986	314.0	156.7	31.9	113.3	6.5	5.6
1987	314.6	155.9	40.3	106.5	6.4	5.5
1988	318.1	157.7	47.0	101.3	6.6	5.5
1989	324.1	165.0	49.2	98.0	6.2	5.7
1990	348.2	182.8	54.0	99.2	6.3	5.9
1991	358.7	192.4	57.9	95.7	6.4	6.3
1992	365.3	200.6	61.1	90.1	7.0	6.5
1993	376.4	221.2	55.1	86.7	7.2	6.3
1994	420.2	265.9	56.4	83.4	8.2	6.5
1995	485.7	326.6	61.7	81.9	8.9	6.8
1996	540.6	376.7	65.8	81.2	9.8	7.1
1997	545.3	383.1	67.2	78.7	9.3	6.9
1998	549.5	388.1	68.5	77.8	8.9	6.3
1999	549.0	389.6	68.6	76.6	8.3	5.9
2000	547.7	391.5	69.8	72.8	7.9	5.6
2001	558.3	400.4	77.8	66.6	8.1	5.3
2002	598.3	432.3	93.3	60.0	7.6	5.1
2003	690.3	506.8	117.6	53.0	7.7	5.1
2004	773.0	573.9	141.0	45.5	7.7	4.8
2005	840.2	622.3	164.3	41.2	7.6	4.8
2006	541.2	343.1	161.7	26.6	6.4	3.3
2007	587.7	367.0	181.4	28.5	7.5	3.2
2008	776.5	378.8	221.5	28.2	8.1	3.7
2009	567.4	354.2	197.0	26.8	8.3	3.7
2010	573.3	328.3	205.4	27.6	8.8	3.5
2011	557.7	326.1	192.7	26.7	8.7	3.4
2012	557.6	326.3	202.2	25.9	8.7	3.2
2013	531.7	303.7	191.7	24.6	8.4	3.3
2014	536.6	305.0	197.2	23.6	7.7	3.1
2015	543.5	317.3	193.4	22.6	7.3	2.9
哈尔滨 Harbin	2156047	1631573	441625	53750	19384	9715
齐齐哈尔 Qiqihar	1496063	994693	430521	40992	26479	3378
鸡西 Jixi	147375	117356	24297	3913	1216	593
鹤岗 Hegang	16759	12992	3633	130	4	
双鸭山 Shuangyashan	96097	90470	5086	334	157	50
大庆 Daqing	598198	311508	257822	21513	6385	970
伊春 Yichun	123428	90326	29546	2914	574	68
佳木斯 Jiamusi	677008	615820	52271	7240	854	823
七台河 Qitaihe	44110	42786	1035	271	18	
牡丹江 Mudanjiang	430230	401463	1836	16863	1176	8892
黑河 Heihe	606980	495410	96504	14147	684	235
绥化 Suihua	2054510	1566056	411012	58206	15266	3970
大兴安岭 Daxinganling	38921	32422	1645	4596	258	
农垦总局 ARB	193949	36394	156108	621	819	7
绥芬河 Suifenhe	1064	824	102	65	69	4
抚远 Fuyuan	12262	11787	45	430		

注:1. 2006、2007年数据是与第二次农业普查衔接后数据。
2. 2009年起，全省畜牧业数据为国家统计局反馈数据。

Note: a) Data from 2006 to 2007 on national accounts have been adjusted according to the results of the second national agricultural census.
b) In 2009, entire province animal husbandry data was State Statistical Bureau feedback data.

11-13 续表 CONTINUED

年份 Year 地区 Region	肉猪出栏数量（万头、头）Slaughtered Fattened Hogs (10000 heads, head)	猪年末数量（万头、头）Hogs (10000 heads, head)	羊年末数量（万只、只）Sheep and Goats (10000 heads, head)	山羊 Goats	绵羊 Sheep	家禽（万只、只）Poultry (10000 heads, head)
1978	403.7	835.0	218.7	11.7	207.0	1899.7
1980	446.0	716.7	303.0	32.6	270.4	2238.7
1985	383.5	592.9	229.6	30.8	198.8	5947.5
1986	392.4	564.8	210.4	25.1	185.3	5081.9
1987	371.6	438.4	218.5	23.5	195.0	5507.4
1988	334.8	486.8	236.7	24.5	212.2	6531.4
1989	350.5	548.7	264.3	28.1	236.2	7027.2
1990	458.6	654.9	283.3	34.2	249.1	7791.1
1991	511.7	683.7	291.0	35.8	255.2	9398.4
1992	524.4	678.6	281.7	35.6	246.1	10280.4
1993	509.4	665.0	279.8	45.0	234.8	11284.4
1994	573.8	719.0	326.0	61.3	264.7	13302.5
1995	672.4	855.9	389.2	94.7	294.5	16530.6
1996	882.4	900.7	431.6	124.0	307.6	18297.3
1997	936.5	932.2	440.5	122.1	318.4	18580.7
1998	1063.1	958.1	462.8	121.5	341.3	12028.6
1999	1123.2	1014.4	481.1	120.2	360.9	12878.2
2000	1206.6	1085.4	507.4	123.8	383.6	13144.5
2001	1300.2	1123.0	567.8	147.3	420.4	13739.4
2002	1395.4	1163.0	749.1	228.7	520.4	14783.4
2003	1599.6	1326.4	1029.5	403.0	626.5	15987.7
2004	1905.4	1532.1	1153.6	448.2	705.4	16691.5
2005	2238.0	1670.4	1180.3	408.9	771.4	16680.8
2006	1670.1	1209.8	777.6	298.8	478.7	11985.9
2007	1868.6	1318.2	820.0	316.2	503.8	12515.5
2008	2350.2	1788.1	1010.8	352.9	657.9	16625.2
2009	1512.6	1356.7	897.7	338.3	559.4	12886.5
2010	1601.8	1360.8	893.4	331.6	561.6	13079.8
2011	1635.9	1367.9	915.7	337.3	578.4	13715.9
2012	1765.2	1381.6	898.3	323.0	575.3	14658.9
2013	1821.6	1356.7	817.8	247.1	570.7	14158.5
2014	1921.0	1360.3	856.8	228.1	628.7	13940.1
2015	1863.4	1314.1	895.7	196.2	699.5	14546.1
哈尔滨 Harbin	5854892	3722859	786084	376200	409884	62845458
齐齐哈尔 Qiqihar	4026929	2974922	2832076	430375	2401701	24801965
鸡西 Jixi	1065680	640110	311827	135633	176194	5460481
鹤岗 Hegang	455468	324874	46810	15413	31397	1339301
双鸭山 Shuangyashan	1213756	815388	361102	173894	187208	4096675
大庆 Daqing	2281051	1430462	1330379	89955	1240424	16005336
伊春 Yichun	654114	380944	178260	150274	27986	7154122
佳木斯 Jiamusi	4399257	2830046	955488	293239	662249	13014371
七台河 Qitaihe	336983	254314	163012	23643	139369	2546040
牡丹江 Mudanjiang	1963989	1161591	504672	157139	347533	7208791
黑河 Heihe	883255	812864	1033313	493090	540223	2564355
绥化 Suihua	6350384	4701592	2009117	297785	1711332	57571524
大兴安岭 Daxinganling	126429	107862	152218	95799	56419	908549
农垦总局 ARB	1642606	805885	265518	68049	197469	11274518
绥芬河 Suifenhe	29268	22152	2594	454	2140	123929
抚远 Fuyuan	35375	36529	19083	10432	8651	244000

11-14 畜产品产量

OUTPUT OF LIVESTOCK PRODUCTS

单位：万吨、吨 (10000 tons, ton)

年 份 地 区	Year Region	肉类产量 Output of Meat	#猪牛羊肉产量 Output of Pork, Beef and Mutton	猪 肉 Pork	牛 肉 Beef	羊 肉 Mutton	#禽 肉 Meat of Poultry	奶 类 Milk	#牛 奶 Cow Milk
	1978		31.9						
	1980		37.1	34.8	1.6	0.7		13.9	12.4
	1985	34.9	31.5	29.7	1.0	0.8	3.4	45.5	43.0
	1986	36.4	33.1	31.1	1.5	0.5	3.3	56.3	53.8
	1987	36.3	32.1	29.1	2.4	0.6	4.2	68.1	66.3
	1988	37.9	32.0	28.6	2.7	0.7	5.9	83.1	81.8
	1989	40.9	33.2	29.5	2.9	0.7	7.4	88.2	87.1
	1990	55.9	46.0	39.5	5.2	1.3	9.7	102.7	101.7
	1991	62.7	50.9	43.4	6.1	1.4	11.3	114.2	112.6
	1992	66.3	53.2	44.4	7.3	1.5	12.4	122.5	120.4
	1993	65.4	52.4	42.6	8.4	1.4	12.3	113.3	111.6
	1994	77.7	61.7	47.5	12.4	1.8	14.9	113.1	110.8
	1995	90.3	70.3	53.4	15.0	1.9	18.8	121.2	121.2
	1996	116.0	93.2	68.9	21.9	2.5	21.4	136.2	133.3
	1997	125.9	100.1	74.1	23.5	2.6	25.9	143.0	140.5
	1998	142.7	112.2	83.5	25.7	3.0	29.0	144.5	142.1
	1999	150.9	119.5	89.0	27.3	3.2	30.0	145.0	142.8
	2000	159.9	125.9	95.4	27.1	3.5	32.4	156.5	154.3
	2001	171.2	134.4	101.4	29.0	3.9	34.5	192.4	189.0
	2002	190.0	147.9	110.9	32.3	4.7	40.0	239.8	235.8
	2003	217.2	167.5	125.0	35.8	6.7	47.7	304.0	300.5
	2004	260.5	203.4	149.5	44.9	9.0	54.7	378.1	374.5
	2005	306.3	242.5	177.1	54.1	11.3	61.4	444.2	440.2
	2006	218.5	172.8	131.1	32.0	9.7	43.0	438.3	432.6
	2007	234.2	188.8	144.5	34.4	9.9	42.8	478.4	473.6
	2008	303.3	242.2	182.7	47.5	12.0	58.7	585.1	580.6
	2009	187.6	156.6	108.2	36.8	11.6	28.9	649.5	528.7
	2010	197.9	165.6	114.5	39.0	12.1	30.1	558.8	552.5
	2011	201.2	168.0	116.9	39.3	11.8	31.0	550.4	543.1
	2012	216.2	180.2	128.4	39.7	12.1	33.7	565.0	559.9
	2013	221.2	184.9	133.4	39.7	11.8	34.1	522.5	518.2
	2014	230.2	195.0	142.6	40.6	11.8	33.2	560.2	556.6
	2015	228.7	192.3	138.4	41.6	12.3	34.4	574.4	570.5
哈尔滨	Harbin	933242	644175	447479	187610	9086	285178	1590147	1570932
齐齐哈尔	Qiqihar	554021	458764	310881	116080	31803	92221	1332248	1328676
鸡 西	Jixi	128215	108037	78861	23533	5643	18652	62704	61312
鹤 岗	Hegang	40468	36944	34166	2020	758	3522	14526	14526
双鸭山	Shuangyashan	113677	105863	91826	8792	5245	7436	19378	19378
大 庆	Daqing	356115	269267	179833	73311	16123	84126	878042	878042
伊 春	Yichun	120526	64481	50346	11560	2575	54397	70654	63273
佳木斯	Jiamusi	423983	382394	328933	43228	10233	41272	110819	110232
七台河	Qitaihe	42895	32019	24815	5072	2132	10844	850	850
牡丹江	Mudanjiang	212059	187907	148788	32956	6163	22141	5569	4920
黑 河	Heihe	115880	110078	65933	34511	9634	5645	233780	233162
绥 化	Suihua	861574	658828	480889	151959	25980	200592	1192187	1186511
大兴安岭	Daxinganling	18743	15814	11312	2525	1977	2361	3816	3816
农垦总局	ARB	229369	172891	129815	33742	9334	55687	349862	349860
绥芬河	Suifenhe	2749	2506	2330	133	43	162	352	307
抚 远	Fuyuan	5706	5361	2656	2245	460	345	174	174

注:2006、2007年数据是与第二次农业普查衔接后数据。
Note:Data from 2006 to 2007 on national accounts have been adjusted according to the results of the second national agricultural census.

11-14 续表 CONTINUED

单位：吨 (ton)

年份 地区	Year Region	绵羊毛 Sheep Wool	#细羊毛 Fine Wool	#半细羊毛 Semi-Fine Wool	山羊毛 Goat Wool	羊绒（吨、公斤） Cashmere (ton, kg)	禽蛋（万吨、吨） Poultry Eggs (10000 tons, ton)	蜂蜜（吨、公斤） Honey (ton, kg)	蚕茧（吨、公斤） Silkworm Cocoons (ton, kg)
1978								4770	2079
1980		9635	4409	5043	102	4		5290	2469
1985		7564	3476	3992	57	5	20.5	5458	1069
1986		6542	2830	3593	30	11	18.6	3932	1197
1987		7086	3019	4002	26	19	20.5	4933	683
1988		7474	3295	4067	68	15	23.8	4529	779
1989		8503	3390	4942	125	11	24.3	4012	1052
1990		9614	3672	5852	93	4	30.9	3052	1451
1991		9737	3980	5757	75	4	36.8	2640	1427
1992		9330	3503	5827	92	2	37.8	2600	1069
1993		8329	3192	5137	112	1	36.8	2899	1021
1994		8817	3399	5418	99	2	40.8	2801	1052
1995		9751	3114	6637	96	6	48.6	3038	863
1996		11847	4004	7843	115	12	62.4	2964	879
1997		13014	3820	9194	91	18	67.5	2934	843
1998		12921	3956	8965	91	19	71.2	2678	1049
1999		12793	3548	9245	108	17	74.9	2956	1395
2000		13550	4365	9185	62	22	75.3	3765	1382
2001		14540	4423	10117	182	58	80.3	7331	1923
2002		17505	4576	12212	251	181	84.6	7781	2670
2003		20606	6107	13154	713	393	90.3	7016	3112
2004		24391	6297	16817	712	691	98.3	11884	3270
2005		25734	5296	17769	874	793	102.7	11286	3370
2006		19691	6022	13224	921	732	90.4	12716	3030
2007		20862	6064	12632	1044	772	94.8	10751	3365
2008		23449	4222	17366	1350	688	109.3	12281	3564
2009		25309	4611	20689	1152	770	101.9	15168	3018
2010		27058	5574	19399	1724	819	105.3	16402	3062
2011		29013	5532	21136	1852	687	105.4	20370	5308
2012		31755	5453	23404	1479	707	108.2	19691	5051
2013		32129	5281	23790	2089	494	102.7	18023	5276
2014		28375	5434	22941	1819	332	98.2	19004	5470
2015		28959	4404	22758	1663	329	139.7	19995	5300
哈尔滨	Harbin	1272	403	869	76	3543	410617	1662193	24100
齐齐哈尔	Qiqihar	9172	3570	5602	40	15475	137093	167635	300000
鸡西	Jixi	964	79	23	146	41291	61735	1479565	184700
鹤岗	Hegang	136		112	1	2167	13726	134115	
双鸭山	Shuangyashan	544		544		47874	14752	3864396	97200
大庆	Daqing	5902	199	5633	205	1070	124073	5000	
伊春	Yichun	68		14	41	32938	53297	4369006	
佳木斯	Jiamusi	1720		1433	290	26430	81733	146868	769284
七台河	Qitaihe	370		23	405	4470	10347	1510	
牡丹江	Mudanjiang	1429		1429	242	12006	42483	5410826	3333602
黑河	Heihe	1786	6	1696	11	88851	18729	358433	501000
绥化	Suihua	4924	16	4908	122	20	385337	19856	
大兴安岭	Daxinganling	97		28	64	22573	6690	455810	90100
农垦总局	ARB	569	131	438	20	21159	33611	1908512	
绥芬河	Suifenhe	6		6			1024	11200	
抚远	Fuyuan					9278	1502		

11-15 水产品产量

OUTPUT OF AQUATIC PRODUCTS

单位：吨 (ton)

年 份 Year 地 区 Region	总产量 Total	#鱼 类 Fish	#虾蟹类 Shrimps	#贝 类 Shell-fish	#淡水捕捞 Fresh Water Fishing	#人工养殖 Artificially Cultured	#鱼 类 Fish
1980	20172	20122	31	19		8953	8953
1985	66389	65527	759	103		38205	38205
1990	147869	146916	892	52		99929	99929
1995	252900	251536	1253	108		200688	200676
1996	290209	287973	2164	67		238313	238281
1997	323450	321708	1419	71		274878	274588
1998	357033	351773	5221	37		283922	281916
1999	364998	362808	2151	37		312753	312418
2000	382153	380586	1522	43		324516	324230
2001	401892	399823	2019	47		364882	364586
2002	417786	416256	1121	48		365589	365031
2003	418915	415578	3229	99		371105	368678
2004	430066	425003	4637	397		376498	372885
2005	445970	438486	5936	451		395208	389532
2006	330852	324237	5308	390		292050	286638
2007	342505	335676	5525	372		303769	298143
2008	355800	350628	4784	367	41795	314005	309927
2009	380700	375354	4943	377	43149	337551	333096
2010	399700	394052	5323	284	46885	352815	347952
2011	356720	353781	2927	512	54203	314998	314998
2012	452840	447524	4914	356	51946	400894	396431
2013	488615	483859	4346	358	51560	437055	432997
2014	513534	508805	4359	319	54138	459396	455313
2015	542368	537152	4808	357	57169	485199	480595
哈尔滨 Harbin	103170	102793	299	27	4530	98640	98330
齐齐哈尔 Qiqihar	63406	62043	1353	10	18382	45024	43821
鸡 西 Jixi	17139	17124	15		1011	16128	16113
鹤 岗 Hegang	57545	57337	208		2372	55173	54965
双鸭山 Shuangyashan	40494	39954	540		2941	37553	37073
大 庆 Daqing	7187	7146	41		520	6667	6631
伊 春 Yichun	10480	10448	32		784	9696	9664
佳木斯 Jiamusi	84221	82820	1081	320	19498	64723	63642
七台河 Qitaihe	3522	3522			403	3119	3119
牡丹江 Mudanjiang	4745	4745				4745	4745
黑 河 Heihe	133074	131895	1179		3925	129149	127970
绥 化 Suihua	14192	14132	60		1097	13095	13035
大兴安岭 Daxinganling	1320	1320			324	996	996
绥芬河 Suifenhe	193	193				193	193
抚 远 Fuyuan	1680	1680			1382	298	298

注:2006、2007年数据是与第二次农业普查衔接后数据。

Note:Data from 2006 to 2007 on national accounts have been adjusted according to the results of the second national agricultural census.

11-16 特种作物生产情况

PRODUCTION OF SPECIAL CROPS

指　标	Item	播种面积（公顷） Sown Area(hectare)				产量（吨） Yield(ton)			
		2012	2013	2014	2015	2012	2013	2014	2015
药　材	Herb	47073	38510	29870	21484				
#人　参	#Panax	1487	2064	1270	1718	2495	4454	2393	3359
甘　草	Liquorice	2158	2126	98	98	957	1036	449	449
枸　杞	Medlar	482	819	2110	103	1759	2095	707	373
龙胆草	Gentian	1	18	1018		2		1250	
月苋草	Evening Primrose	1538	946	618	422	2609	1839	618	826
白瓜籽	Pumpkin seeds	61037	48995	51092	65011	89182	73820	78954	103201
万寿菊	Marigold	7518	4265	912	1277	133862	78730	23632	29590
甜叶菊	Stevia Rebaudiana	1867	846	1070	3577	5409	3452	3543	11977
甜葫芦	Sweet Calabash	496	673	690	863	1274	1699	2067	2416
花　卉	Flower	2128	3500	3531	2910				

11-16 续表 CONTINUED

指　标	Item	产量（吨） Yield(ton)				
		2011	2012	2013	2014	2015
食用菌(吨)	Edible Mushroom(ton)	505974	640163	671338	747069	774120
黑木耳(干品)	Jew's-ear(dry)	213331	248156	293785	366139	377045
香菇(干品)	Lentinus Eddoes(dry)	11582	10692	16457	12265	20296
蘑菇类(鲜品)	Others(fresh)	281060	381315	361096	368665	376779
鲜切花(万枝)	Fresh Flower and Ikebana(10000 branch)	131	179	198	161	359
盆栽观赏植物(包括盆景)(万盆)	Potted Ornamental(include bonsai)(10000 basin)	393	439	927	998	972

11-17 特色养殖生产情况

PRODUCTION OF CHARACTERISTIC BREEDING

指　标	Item	年末存栏 Stock at Year-end			指　标	Item	出栏数量和产量 Output		
		2013	2014	2015			2013	2014	2015
熊(只)	Beer(head)	3408	3548	3723	熊胆汁(千克)	Beer Bile(kg)	27959	39843	44999
鹿(只)	Deer(head)	67636	54642	51128	鹿茸(千克)	Deer horn(kg)	68704	60002	58445
鸵鸟(只)	Ostrich(head)	595	1088	1181	出栏山鸡(只)	Wild Chicken(head)	287427	226465	157938
山鸡(只)	Wild Chicken(head)	207766	142857	130865	出栏笨鸡(万只)	Domestic Chicken (10000 heads)	2858	2555	2175
貉子(只)	Racoon Dog(head)	1075654	1183706	1269104					
鹧鸪(只)	Francolin(head)	12227	13525	14725	出栏肉犬(只)	Slaughtered Dog(head)	375182	346796	307791
狐(只)	Fox(head)	772430	763848	771496	林蛙(千克)	Rana Japonoca Guenlher(kg)	519960	589096	582534
笨鸡(万只)	Domestic Chicken (10000 heads)	2676	2586	2232					
					蚕茧(吨)	Pod(ton)	5276	5470	5300

11-18 绿色食品种植业和山特产品情况(2015年)

BASIC STATISTICS ON GREEN FOOD AND SPECIAL MOUNTAIN-PRODUCTS (2015)

单位：万公顷、万吨　　(10000 hectares，10000 tons)

指　标	Item	A级 Grade A		有机食品 Organic Food	
		面积	产量	面积	产量
种植业合计	**Total Crops**	**479.50**		**3.00**	
水　稻	Rice	205.20	1197.50	1.00	2.60
小　麦	Wheat	7.20	12.90	0.20	0.20
玉　米	Corn	107.90	634.10	0.20	0.50
谷　子	Millet	2.60	9.30	0.07	0.20
大　豆	Soja	126.30	189.90	0.27	0.30
绿　豆	Mung bean	2.80	4.40	0.01	0.07
马铃薯	Tubers	8.80	37.20	0.02	0.10
甜　菜	Beetroots	5.40	195.50	0.10	0.80
蔬　菜	Vegetables	1.90	56.70	0.03	0.30
其　它	Others	11.40	34.80	1.10	1.83
山特产品合计	**Total Special Mountain-Product**	**3.80**	**19.20**	**0.96**	**1.60**
山野菜	Potherb				
食用菌	Edible Mushroom	2.70	18.30	0.03	0.10
其　它	Others	1.10	0.90	0.93	1.50

11-19 绿色食品养殖业情况

BREED AQUATICS OF GREEN FOOD

指　标	Item	2011	2012	2013	2014	2015
牵动农户(户)	Number of Affected Households(household)	145149	146000	151600	156200	30419
生猪存栏(头)	Hogs in Stock(head)	12327	13000	39522	60700	53107
生猪出栏(头)	Slaughtered Fattened Hogs(head)	20861	22000	46456	62600	76420
猪肉产量(吨)	Output of Porks(ton)	1408	1539	3275	4900	5542
肉牛存栏(头)	Oxes in Stock(head)	52300	51000	66500	56300	
肉牛出栏(头)	Slaughtered Fattened Beef(head)	74200	72000	76600	58000	
牛肉产量(吨)	Output of Beef(ton)	11493	11027	12225	9256	
奶牛存栏(头)	Milch Cow in Stock(head)	514000	483000	596330	430000	380270
牛奶产量(吨)	Output of Milk(ton)	1595620	1499000	1947500	1404297	1036791
鹅存栏(只)	Goose in Stock(head)	606000	786000	1016800	873200	754600
鹅出栏(只)	Slaughtered Fattened Goose(head)	978060	1073000	1543200	1375000	1289400

11-20 绿色食品加工企业情况

BASIC STATISTICS ON GREEN FOOD PROCESSING

指 标	Item	2011	2012	2013	2014	2015
企业个数(个)	Number of Enterprises(unit)	530	550	561	580	600
职工人数(万人)	Number of Staff and Workers(10000 persons)	17.3	19.1	19.8	20.5	21.9
#技术人员	#Technicians	1.8	2.1	2.2	2.4	2.5
#中级职称以上	#the Secondary Title and Above	0.9	0.9	0.9	0.9	0.9
资产总额(亿元)	Total Assets(100 million yuan)	335.5	338.9	346.5	355.2	367.4
流动资产(亿元)	Circulating Funds(100 million yuan)	161.8	162.5	165.2	166.1	167.5
固定资产(亿元)	Fixed Assets(100 million yuan)	160.4	164.7	168.9	173.6	199.9
投资额度(亿元)	Investment Amount(100 million yuan)	134.9	162.4	175.3	150.7	195.4
国家预算内投资	State Budgetary Approriation	1.7	1.4	2.5	0.2	3.2
国内贷款	Domestic Loans	5.9	6.3	8.7	40.5	38.1
利用外资	Foreign Investment	28.0	32.9	38.7	3.0	1.3
自筹资金	Fundraising	95.9	118.2	121.3	105.1	145.2
其他投资	Others	3.5	3.6	4.1	1.9	7.6
产品产量(万吨)	Yield of Products(10000 tons)	910.0	1040.0	1090.0	1290.0	1350.0
产值(亿元)	Output Value(100 million yuan)	435.0	650.0	810.0	1120.0	1380.0
利税(亿元)	Profit and Revenue(100 million yuan)	42.9	45.3	62.1	85.7	89.6
定单数量(万吨)	Amount of Orders(10000 tons)	380.7	409.6	510.5	592.6	603.4
#省 内	#Inside the Province	121.7	125.6	147.6	168.2	144.7
省 外	Outside the Province	241.8	263.9	331.3	385.9	422.3
国 外	at Abroad	17.2	20.1	31.6	38.5	36.4

11-21 林业生产情况

BASIC STATISTICS ON FORESTRY

指 标	Item	2011	2012	2013	2014	2015
营林情况(千公顷)	**Area of Afforestation (1000 hectares)**					
造林面积	Afforestation Area	124.2	157.0	124.1	101.1	42.0
#人工造林	#Artifical Afforestation	72.4	103.7	81.5	49.3	42.0
按用途分	Grouped by Use					
更新面积	Reforestation Areas	8.3	26.4	26.6		2.1
育苗面积	Grow Seedlings Areas	12.9	13.2	11.0	11.0	10.0
幼林抚育作业面积	Working Area of Tending Young Forest	678.7	587.8	794.1	374.6	609.0
(千公顷次)	(1000 hectare-times)					
零星植树(万株)	Oddly Tree Planting(10000 roots)	1833.3	1371.0	1115.8	973.9	559.4
林木采伐(万立方米)	**Forest Cutting (10000 cu.m)**	**422.4**	**371.7**	**281.0**	**237.6**	**156.6**

11-22 农垦系统农牧场基本情况

BASIC STATISTICS ON LAND RECLAMATION SYSTEM

指　标	Item	2011	2012	2013	2014	2015
农牧场数(个)	Number of Farms and Pastures(unit)	113	113	113	113	113
职工人数(万人)	Number of Staff and Workers(10000 persons)	46.1	45.1	37.5	39.6	37.5
耕地面积(万公顷)	Cultivated Area(10000 hectares)	285.4	288.0	288.5	289.2	290.2
农业机械总动力(万千瓦)	Total Power of Agricultural Machinery(10000 kw)	745.6	818.6	895.3	930.9	980.4
大中型农用拖拉机(万台)	Large and Medium Agricultural Tractors(10000 units)	5.8	6.2	6.8	7.3	7.6
小型拖拉机(万台)	Mini Tractors(10000 units)	6.8	6.5	6.2	5.6	5.2
联合收割机(台)	Combine Harvesters(unit)	21888	26352	28402	30362	32020
农用载重汽车(辆)	Trucks for Agricultural Use(unit)	872	900	879	1166	1124
农用化肥施用折纯量(万吨)	Consumption of Chemical Fertilizers(10000 tons, Converting the gross weight into weight containing 100% effective component)	52.8	58.0	58.0	59.3	58.7
农业总产值(亿元)	Gross Agricultural Output Value(100 million yuan)	782.7	892.3	946.9	997.6	957.4
农林牧渔业增加值(亿元)	Value-added of Farming, Forestry, Animal Husbandry and Fishery(100 million yuan)	422.6	488.6	521.5	543.7	554.6
农林牧渔业商品产值(亿元)	Commodity Output Value of Farming, Forestry, Animal Husbandry and Fishery(100 million yuan)	719.4	829.5	869.8	887.0	873.9
商品率(%)	Commodity Ratio(%)	94.0	94.1	94.2	94.3	94.4
粮食交售量(万吨)	Sale Amount of Grain(10000 tons)	1903.3	2034.3	2032.4	2056.4	2039.9
肥猪交售量(万吨)	Sale Amount of Hogs(10000 tons)	35.4	36.4	32.4	20.6	21.8
农作物总播种面积(千公顷)	Sown Area of Farm Crops(1000 hectares)	2842.8	2870.6	2879.9	2872.5	2861.2
#粮　食	#Grain	2744.1	2797.8	2803.4	2831.3	2825.4
甜　菜	Beetroots	17.9	15.3	16.7		
油　料	Oil bearing Crops	20.8	10.6	5.5	4.9	4.5
烤烟(公顷)	Flue-cured Tobacco(hectare)	467	705	744	707	300
亚麻(公顷)	Flax(hectare)	854	551	200	99	604
主要农产品产量	Yield of Major Farm Crops					
粮食(万吨)	Grain(10000 tons)	2050.4	2141.1	2150.4	2180.7	2161.1
#大　豆	#Soja	128.7	85.9	56.5	114.8	111.8
油料(万吨)	Oil-bearing Crops(10000 tons)	2.9	1.7	1.0	0.8	0.7
甜菜(万吨)	Beetroots(10000 tons)	83.4	75.9	43.6		
亚麻(吨)	Flax(ton)	5135	2840	772	476	2560
烤烟(吨)	Flue-cured Tobacco(ton)	1525	2085	1701	1500	421
畜牧业生产情况	Production of Animal Husbandry					
大牲畜年底头数(万头)	Number of Large Animals at the Year-end(10000 heads)	58.2	49.2	30.7	19.7	19.4
猪年底头数(万头)	Number of Hogs(10000 heads)	202.6	181.6	148.5	99.8	80.6
羊年底只数(万只)	Number of Sheep and Goats(10000 heads)	139.0	134.7	57.4	27.8	26.6
#绵　羊	#Sheep	60.0	62.7	40.5	20.6	19.7
猪牛羊肉产量(万吨)	Pork, Beef and Mutton(10000 tons)	47.4	45.7	46.8	27.6	17.3
#猪肉产量	#Pork	35.7	33.7	32.8	20.5	13.0
牛奶产量(万吨)	Milk(10000 tons)	88.4	87.6	85.1	46.6	37.5
禽蛋产量(万吨)	Poultry Eggs(10000 tons)	7.4	8.0	6.7	4.3	3.4
绵羊毛产量(吨)	Sheep Wool(ton)	2114	2301	2088	1043	569
水产品产量(吨)	Output of Aquatic Products(ton)	28535	34500	36633	38903	33636

主要统计指标解释

农林牧渔业总产值　指以货币表现的农、林、牧、渔业全部产品和对农林牧渔业生产活动进行的各种支持性服务活动的价值总量，它反映一定时期内农林牧渔业生产总规模和总成果。1957年以前的农林牧渔业总产值中包括了厩肥和农民自给性手工业(如农民自制衣服、鞋、袜，自己从事粮食初步加工等)。1958年及以后，林业中增加了村及村以下竹木采伐产值；牧业中取消了厩肥产值；副业中取消了农民自给性手工业产值，增加了村及村以下办的工业产值；渔业中增加了海洋捕捞水产品产值。1980年及以后，在副业中增加了农民家庭兼营工业商品部分的产值。从1984年起村及村以下工业产值划归工业。从1993年起取消副业，将野生动物的捕猎划入牧业，野生植物采集和农民家庭兼营商品性工业划归农业。从2003年起，执行新的国民经济行业分类标准，农林牧渔业总产值中包括了农林牧渔服务业产值。林业中增加了森林采运业产值。农业中取消了家庭兼营商品性工业产值，将野生林产品的采集划归林业。第一次农业普查以后，由于畜牧业产品年报数据与普查数据之间存在一定的差距，根据农业普查结果，对畜牧业年报数据和畜牧业产值进行了修正。2010年执行《统计用产品分类目录》，对2009年的农业、林业产值做了相应调整。

农林牧渔业总产值的计算方法通常是按农、林、牧、渔业产品及其副产品的产量分别乘以各自单位产品价格求得；少数生产周期较长，当年没有产品或产品产量不易统计的，则采用间接方法匡算其产值；然后将四业产品产值及农林牧渔服务业产值相加即为农林牧渔业总产值。

粮食产量　指农业生产经营者日历年度内生产的全部粮食数量。按收获季节包括夏收粮食、早稻和秋收粮食，按作物品种包括谷物、薯类和豆类。其产量计算方法：谷物按脱粒后的原粮计算，豆类按去豆荚后的干豆计算；薯类(包括甘薯和马铃薯，不包括芋头和木薯)1963年以前按每4公斤鲜薯折1公斤粮食计算，从1964年开始改为按5公斤鲜薯折1公斤粮食计算，2014年开始按鲜薯计算；城市郊区作为蔬菜的薯类(如马铃薯等)按鲜品计算，并且不作粮食统计。1989年以前全国粮食产量数据主要靠全面报表取得，1989年开始使用抽样调查数据。

油料产量　指全部油料作物的生产量。包括花生、油菜籽、芝麻、向日葵籽、胡麻籽（亚麻籽）和其他油料。不包括大豆、木本油料和野生油料。花生以带壳干花生计算。

水产品产量　指渔业（捕捞和养殖）生产活动的最终有效成果，包括全部海水和淡水鱼类、甲壳类（虾、蟹）、贝类、头足类、藻类和其他类渔业产品的最终产量。水产品产量是通过各级水产和统计部门逐级上报取得数据。1995年及以前，贝类中牡蛎按鲜肉计算；蚶、蛤、蛏按 5 斤鲜品折 1 斤计算。1996年以后则统一按鲜品计算。

猪、牛、羊肉产量　指当年出栏并已屠宰、除去头蹄下水后带骨肉(即胴体重)的重量。包括全社会范围内的产量。1996年以前为全面统计并逐级上报数据。1996年第一次农业普查以后，根据普查结果，对畜牧业主要年报数据进行了修正。1999年以后，国家统计局在部分地区开展了猪、牛、羊、禽等主要畜禽品种的抽样调查，并用抽样数据作为国家定案数据使用。未开展抽样调查的地区和品种，仍使用各级统计部门逐级上报数据。2007年，根据第二次农业普查结果，对2000—2006年畜牧业主要年报数据进行了修正。2008年，建立了主要畜禽监测调查制度，猪、牛、羊、禽等主要畜禽数据均以抽样调查数为法定数据。

期初(末)畜禽存栏头(只)数　指报告期初(末)农村各种合作经济组织和国营农场、农民个人、机关、团体、学校、工矿企业、部队等单位以及城镇居民饲养的大牲畜、猪、羊、家禽等畜禽的数量。数据上报方式及数据调整情况同猪、牛、羊肉产量。

农作物播种面积　指农业生产经营者应在日历年度内收获农作物在全部土地（耕地或非耕地）上的播种或移植面积。凡是本年内收获的农作物，无论是本年还是上年播种，都算为播种面积，但不包括本年播种，下年收获的农作物面积。

有效灌溉面积　指具有一定的水源，地块比较平整，灌溉工程或设备已经配套，在一般年景下能够进行正常灌溉的耕地面积。在一般情况下，有效灌溉面积应等于灌溉工程或设备已经配套，能够进行正常灌溉的水田和水浇地面积之和。它是反映我国农田水利建设的重要指标。

农用化肥施用量 指本年内实际用于农业生产的化肥数量，包括氮肥、磷肥、钾肥和复合肥。化肥施用量要求按折纯量计算数量。折纯量是指把氮肥、磷肥、钾肥分别按含氮、含五氧化二磷、含氧化钾的百分之百成份进行折算后的数量。复合肥按其所含主要成分折算。公式为：

折纯量=实物量×某种化肥有效成份含量的百分比

农业机械总动力 指全部农业机械动力的额定功率之和。农业机械是指用于种植业、畜牧业、渔业、农产品初加工、农用运输和农田基本建设等活动的机械及设备。农机总动力按使用能源不同分为以下四部分：

柴油发动机动力：指全部柴油发动机额定功率之和；

汽油发动机动力：指全部汽油发动机额定功率之和；

电动机动力：指全部电动机（含潜水电泵的电动机）额定功率之和；

其他机械动力：指采用柴油、汽油、电力之外的其他能源，如水力、风力、煤炭、太阳能等动力机械功率之和。

这个指标的统计数据主要来源于农机部门。

乡村户数 指长期(一年以上)居住在乡镇(不包括城关镇)行政管理区域内的住户，还包括居住在城关镇所辖行政村范围内的农村住户。户口不在本地而在本地居住一年及以上的住户也包括在本地农村住户内；有本地户口，但举家外出谋生一年以上的住户，无论是否保留承包耕地都不包括在本地农村住户范围内。不包括乡村地区内的国有经济的机关、团体、学校、企业、事业单位的集体户。

乡村人口 指乡村地区常住居民户数中的常住人口数，即全年经常在家或在家居住6个月以上，而且经济和生活与本户连成一体的人口。外出从业人员在外居住时间虽然在6个月以上，但收入主要带回家中，经济与本户连为一体，仍视为家庭常住人口；在家居住，生活和本户连成一体的国家职工、退休人员也为家庭常住人口。但是现役军人、中专及以上(走读生除外)的在校学生、以及常年在外(不包括探亲、看病等)且已有稳定的职业与居住场所的外出从业人员，不应当作家庭常住人口。

乡村从业人员 指乡村人口中16周岁以上实际参加生产经营活动并取得实物或货币收入的人员，即包括劳动年龄内经常参加劳动的人员，也包括超过劳动年龄但经常参加劳动的人员，但不包括户口在家的在外学生、现役军人和丧失劳动能力的人，也不包括待业人员和家务劳动者。从业人员按从事主业时间最长（时间相同按收入）分为农林牧渔业从业人员、工业从业人员、建筑业从业人员、交通运输业、仓储及邮电通讯业从业人员、批零贸易及餐饮业从业人员、其他非农行业从业人员。

Explanatory Notes on Main Statistical Indicators

Gross Output Value of Agriculture, Forestry, Animal Husbandry and Fishery refers to the total value of products of agriculture, forestry, animal husbandry and fishery, and total value of services in support of agriculture, forestry, animal husbandry and fishery activities. It reflects the total scale and results of agricultural production during a given period. Prior to 1957, China' s gross agricultural output value included barnyard manure and handicraft products for self-consumption (clothes, shoes, stockings, and initial grain processing undertaken by peasants). Since 1958, cutting and felling of bamboo and trees by villages and other cooperative organizations under villages have been included in forestry; value of barnyard manure has been excluded from animal husbandry; self consumed handicrafts have not been included from sideline occupations, while the output value of industries run by villages and cooperative organizations under village has been included in sideline occupations; and the output value of fish catches by motor fishing boats has been added to fishery. Since 1980, the value of handicraft products made for sale by individuals in households has been added to sideline occupations. Since 1984, industries run by villages and under villages have been included in the sector of industry. Since 1993, the subdivision of sideline occupations has been cancelled, and the hunting of wild animals has been classified into animal husbandry, and the gathering of wild plants and commodity industry run by rural household have been included in farming. A new industrial classification of economic activities was introduced in 2003. Under the new classification, value of services to agriculture, forestry, animal husbandry and fishery is included in the gross output value of agriculture, value of wood felling and transport is included in forestry, value of industrial output by rural households is not included in agriculture. The First Agriculture Census of China revealed some discrepancy between the production of animal products from the annual reports and that from the census. According to the result of the First Agriculture census, efforts were made to adjust the annual reports of animal husbandry output and the output value of animal husbandry to make the figures from the annual reports consistent with the census data. "The Classification of Products for Statistical Purposes" implemented in 2010 made relevant revision on the output value of agriculture and forestry in 2009.

Gross output value of agriculture is obtained by multiplying the output of each product or by-product by its price, resulting in the output value of each single item. For a small number of products, annual output of which is not available or difficult to get due to the long production (growing) process involved, the output value is estimated through an indirect approach. The sum of output values of all products of agriculture, forestry, animal husbandry and fishery and services in support to those industries is then equal to the gross output value of agriculture.

Grain Output refers to the total output of grains produced by agricultural producers within a calendar year. It includes summer grain, early rice and autumn grain if classified by harvest seasons; it covers cereal, tubers and beans if classified by type of crops. Output of cereal should be limited to husked grain only. Output of beans refers to dry beans without pods. The output of tubers (sweet potatoes and potatoes, not including taros and cassava) are converted into that of grain at the ratio 4:1, i.e. 4 kilograms of fresh tubers were equivalent to 1 kilogram of grain up to 1963. Since 1964 the ratio for conversion has been 5:1, and Starting from 2014, the ratio for conversion has been 1:1. Tubers supplied as vegetables (such as potatoes) in cities and suburbs are calculated as fresh vegetables and their output is not included in the output of grain. Data on grain production before 1989 were obtained through the Comprehensive Statistical Reporting System. Since 1989, data from sample surveys are used.

Cotton Output refers to cotton production in the whole country including cotton planted in spring and in autumn. Output is measured as the weight of ginned cotton. Ceiba is not included.

Output of Oil-bearing Crops refers to the total production of oil-bearing crops of various kinds, including peanuts (dry, in shell), rapeseeds, sesame, sunflower seeds, flax seeds, and other oil-bearing crops. Soybeans, oil-bearing woody plants, and wild oil-bearing crops are not included.

Output of Aquatic Products refers to final output actually yielded from fishing production (fishery and breeding), including all output of marine and freshwater fish, crustaceans (shrimps, crabs), shellfish, cephalopod, seaweed and other fishery products. Data on output of aquatic products are reported by aquatic product and statistical agencies level by level. Before 1995, among the shellfish, oyster was counted as fresh meat; 5 kilograms of ark shell, clams and frogs are equivalent to 1 kilogram of fresh aquatic products; they have all been counted as fresh aquatic products since 1996.

Output of Pork, Beef, and Mutton refers to the meat of slaughtered hogs, cattle, sheep and goats with head, feet, and offal taken away. Data refers to the production of the whole country. Before 1996, it was a comprehensive reporting from the lower level to the upper one. The First Agricultural Census of China in 1996 revealed some discrepancy between the production of animal products from the annual reports and that from the census. Efforts were made to adjust the output value of animal husbandry to make the figures from the annual reports consistent with the census data. Since 1999, the NBS conducted sample surveys for the major animal husbandry products, such as hogs, cattle, sheep and goats and fowls, and the data from sample surveys are used as national finalized data. Those products, which are not covered by the sample survey, are still reported by statistical agencies level by level. In 2007, the data on animal husbandry from 2000 to 2006 were revised according to the results of the Second Agriculture Census of China. In 2008, A Monitoring and Survey Program was set up on main livestock, the data on the main livestock such as hog, cattle, sheep and poultry became the official data based on the sampling survey.

Number of Livestock or Poultry in Stock at Beginning (or End) of Period refers to the total number of large animals, pigs, sheep, fowls, etc. raised by rural cooperative organizations, State farms, rural individuals, government agencies, schools, industrial and mining enterprises, army, and urban residents at the beginning (or end) of the reference period. Data reporting system and data adjustment are the same as that in the output of pork, beef and mutton.

Sown Area of Crops refers to area of all land (cultivated or non-cultivated area) sown or transplanted with crops that are harvested within the calendar year by agricultural producers. All crops harvested within the year are counted as sown area, regardless of being sown in this year or the previous year. Crops sown this year but will be harvested in the coming year are excluded.

Effective Irrigated Area refers to area of land that are effectively irrigated, i.e. relatively level land, where there are water sources or complete sets of irrigation facilities to lift and move adequate water for irrigation purpose under normal conditions. Under normal situations, irrigated area is the sum of watered fields and irrigated fields where irrigation systems or equipment have been installed for regular irrigation purpose. It is an important indicator to reflect the farmland water conservancy construction in China.

Consumption of Chemical Fertilizers in Agriculture refers to the quantity of chemical fertilizers applied in agriculture in the year, including nitrogenous fertilizer, phosphate fertilizer, potash fertilizer, and compound fertilizer. The consumption of chemical fertilizers is calculated in terms of volume of effective components by means of converting the gross weight of the respective fertilizers into weight containing effective component (e.g. nitrogen content in nitrogenous fertilizer, phosphorous pentoxide contents in phosphate fertilizer, and potassium oxide contents in potash fertilizer). Compound fertilizer is converted in regard to its major components. The formula is:

Volume of effective component= physical quantity× effective component of certain chemical fertilizer (%)

Total Power of Agricultural Machinery refers to the total rated capacity of all agricultural machinery. Agricultural machinery refers to the machineries and equipments which are used for activities of planting, animal husbandry, fishery, primary processing of agricultural products, agricultural transport and infrastructure construction of farmland. Total power of agricultural machinery is grouped into four parts according to the energy used:

Diesel engine power refers to the total rated capacity of all diesel engines.

Gasoline engine power refers to the total rated capacity of all gasoline engines.

Motor power refers to the total rated capacity of all motors (include submersible pump motors).

Other mechanical powers refer to the total mechanical capacity of the sources of energy besides diesel, gasoline and motor power, such as hydro power, wind power, coal and solar energy.

Data are mainly from agricultural machinery agencies.

Number of Households in Villages refers to households resident on a long term basis (i.e. 1 year or more) in administrative districts in townships (not including urban townships), including rural households resident in areas under the jurisdiction of urban townships. Households whose household registration is not in the locality yet resident for one year or more are included among the rural households. Households having local household registration yet the whole household having left for somewhere else for work for one year or more, whether still retaining contracted farmland, are not included among the local rural households. Also not included are collective households associated with institutions of the State economy, organizations, schools and enterprises.

Number of Residents of Villages refers to the number of usual residents in usual resident households in rural areas. These are persons who are regularly at home or are at home for 6 months or more and economically and socially integrated with the household. For persons who are away from home for employment for more than 6 months yet the main income is brought back home and thus economically integrated with the household, the person is still considered as a usual resident of the household. National employee and retired personnel who reside at home and whose living is integrated with the household are also considered as usual residents. However, serving military personnel, students at secondary technical level or above (

unless commuting between school and home), employed persons who are regularly elsewhere the year round (except visiting relatives or receiving medical attention) and having a stable job and residence should not be considered as usual resident of the household.

Rural Persons Engaged refer to persons in the rural labour force aged over 16 years who are engaged in actual production and management activities and receive payment in kind or wages, including those covered within the labour force age bracket and regularly participating in production activities, and those who are out of the labour force age bracket yet also participating in production activities regularly. Students studying in other places with their permanent residence registered in local areas, servicemen and persons incapable of working are not included. Also not included are those who are waiting for jobs and those engaged in housework. Persons employed are classified as persons engaged in agriculture, forestry, animal husbandry or fishery activities; persons engaged in industrial activities; persons engaged in construction activities; persons engaged in transport, storage and telecommunications activities; persons engaged in wholesale and retail trade and catering activities; and persons engaged in other non-agriculture activities. In case the person is engaged in more than one type of work, classification is according to the industry in which he works most of the time (where time is the same income would be the criterion).

第十二篇　工　业

CHAPTER 13 INDUSTRY

资料整理：高松凡　栾　超　杨　阳　尹　波
郯杰明

12-1 工业企业单位数
NUMBER OF INDUSTRY ENTERPRISES

单位：个 (unit)

类 别	Category	2011	2012	2013	2014	2015
总 计	**Total**	**3377**	**3911**	**4398**	**4305**	**4162**
#亏损企业	#Loss-making Enterprises	459	623	698	760	835
#国有及国有控股企业	#State-owned and State-holding Enterprises	425	457	460	457	446
#农村工业	#County Enterprises	18	35	32	29	30
按登记注册类型分	**Grouped by Status of Registration**					
内资企业	Domestic Funded	3148	3677	4168	4085	3964
国有企业	State-owned Enterprises	215	223	153	134	135
#中央企业	#Central Industry	42	41	27	23	25
集体企业	Collective-owned Enterprises	89	95	80	49	42
股份合作企业	Cooperative Enterprises	40	49	23	19	16
联营企业	Joint Ownership Enterprises	4	3	3	1	3
有限责任公司	Limited Liability Corporations	1025	1247	1530	1565	1588
股份有限公司	Share Holding Enterprises	201	197	223	218	211
私营企业	Private Enterprises	1503	1758	2126	2080	1955
私营独资企业	Private-funded Enterprises	238	290	125	82	66
私营合伙企业	Private Partnership	22	27	10	5	5
私营有限责任公司	Private Limited Liability Corporations	1160	1357	1866	1874	1769
私营股份有限公司	Private Share-holding Enterprises	83	84	125	119	115
其他企业	Other Enterprises	71	105	30	19	14
港、澳、台商投资企业	Enterprises with Funds from Hong Kong, Macao and Taiwan	65	66	70	67	60
外商投资企业	Foreign Funded Enterprises	164	168	160	153	138
按轻重工业分	**Grouped by Light and Heavy Industry**					
轻工业	Light Industry	1367	1620	1903	1985	2001
重工业	Heavy Industry	2010	2291	2495	2320	2161
按企业规模分	**Grouped by Size of Enterprises**					
大 型	Large Enterprises	122	132	134	117	102
中 型	Medium-sized Enterprises	501	503	514	511	490
小 型	Smal Enterprises	2599	3082	3406	3330	3204
微 型	Micro type	155	194	344	347	366
按行业分	**Grouped by Sector**					
采矿业	Mining and Quarrying	330	364	364	246	212
#煤炭开采和洗选业	#Mining and Washing of Coal	244	267	267	154	128
石油和天然气开采业	Extraction of Petroleum and Natural Gas	19	4	4	2	1
制造业	Manufacturing	2795	3280	3741	3748	3609
电力、热力、燃气及水的生产和供应业	Production and Supply of Electric, heat, Gas and Water	252	267	293	311	341

注：2011年起，规模以上工业企业统计范围由年主营业务收入500万元提高到2000万元以上。

Note: Since 2011, industrial enterprises above designated size range from statistics the main business income in 5 increase to 20 million yuan of above.

12-2 工业总产值

GROSS INDUSTRIAL OUTPUT VALUE

单位：亿元 (100 million yuan)

类　别	Category	2011	2012	2013	2014	2015
总　计	**Total**	**11514.6**	**12565.6**	**13719.3**	**13423.5**	**11607.9**
#亏损企业	#Loss-making Enterprises	986.7	2288.6	2852.5	2419.1	2291.3
#国有及国有控股企业	#State-owned and State-holding Enterprises	6482.6	6458.7	6470.8	6325.6	4726.7
#农村工业	#County Enterprises	55.3	88.9	83.0	79.6	72.6
按登记注册类型分	**Grouped by Status of Registration**					
内资企业	Domestic Funded	10557.4	11480.0	12510.6	12191.3	10501.2
国有企业	State-owned Enterprises	1344.1	1337.9	698.5	898.7	544.2
#中央企业	#Central Industry	515.1	736.3	469.1	641.8	300.7
集体企业	Collective-owned Enterprises	144.4	141.9	93.6	68.3	61.6
股份合作企业	Cooperative Enterprises	80.2	82.7	12.6	13.4	12.8
联营企业	Joint Ownership Enterprises	11.9	12.9	18.0	0.2	6.9
有限责任公司	Limited Liability Corporations	5016.1	5643.2	6632.8	6331.4	5271.7
股份有限公司	Share Holding Enterprises	1855.2	1598.4	1628.0	1623.8	1452.2
私营企业	Private Enterprises	2038.5	2564.7	3402.7	3231.9	3134.2
私营独资企业	Private-funded Enterprises	318.8	406.8	144.3	116.9	98.8
私营合伙企业	Private Partnership	12.3	32.0	5.8	5.7	4.9
私营有限责任公司	Private Limited Liability Corporations	1572.0	1969.7	3025.5	2920.0	2842.5
私营股份有限公司	Private Share-holding Enterprises	135.4	156.1	227.1	189.3	187.9
其他企业	Other Enterprises	67.1	98.2	24.3	23.6	17.3
港、澳、台商投资企业	Enterprises with Funds from Hong Kong, Macao and Taiwan	205.9	290.5	323.5	317.1	274.2
外商投资企业	Foreign Funded Enterprises	751.3	795.0	885.2	915.1	832.6
按轻重工业分	**Grouped by Light and Heavy Industry**					
轻工业	Light Industry	3125.8	3787.4	4724.6	4774.9	4729.5
重工业	Heavy Industry	8388.7	8778.2	8994.7	8648.6	6878.4
按企业规模分	**Grouped by Size of Enterprises**					
大　型	Large Enterprises	6246.7	6492.2	6404.8	6101.0	4570.2
中　型	Medium-sized Enterprises	1761.6	1904.5	2103.3	2377.4	2281.8
小　型	Smal Enterprises	3074.0	4065.8	5054.2	4779.2	4595.4
微　型	Micro type	432.2	103.1	157.1	166.0	160.6
按行业分	**Grouped by Sector**					
采矿业	Mining and Quarrying	2960.9	2982.2	2754.0	2495.7	1536.2
#煤炭开采和洗选业	#Mining and Washing of Coal	712.4	732.8	566.8	360.8	301.7
石油和天然气开采业	Extraction of Petroleum and Natural Gas	2174.5	1980.9	1893.2	1835.1	954.5
制造业	Manufacturing	7468.3	8397.9	9667.9	9588.1	8831.3
电力、热力、燃气及水的生产和供应业	Production and Supply of Electric, heat, Gas and Water	1085.4	1185.4	1297.4	1339.8	1240.5

12-3 分地区工业企业单位数

MUMBER OF INDUSTRIAL ENTERPRISES BY REGION

单位：个 (unit)

年份 Year 地区 Region	总计 Total	#国有及国有控股 State-owned and State	#集体 Collective -owned	大型 Large	中型 Medium	小型 Small	微型 Micro type	轻工业 Light Industry	重工业 Heavy Industry
2011	3377	425	89	122	501	2599	155	1367	2010
2012	3911	457	95	132	503	3082	194	1620	2291
2013	4398	460	80	134	514	3406	344	1903	2495
2014	4305	457	49	117	511	3330	347	1985	2320
2015	4162	446	42	102	490	3204	366	2001	2161
哈尔滨 Harbin	1365	148	4	36	126	1104	99	732	633
齐齐哈尔 Qiqihar	369	46	8	14	68	260	27	179	190
鸡西 Jixi	116	26	2	3	21	69	23	41	75
鹤岗 Hegang	99	10	3	1	13	65	20	42	57
双鸭山 Shuangyashan	122	14		3	11	91	17	58	64
大庆 Daqing	391	44	13	15	44	286	46	155	236
伊春 Yichun	109	15		1	18	80	10	57	52
佳木斯 Jiamusi	322	28	2	2	21	279	20	138	184
七台河 Qitaihe	90	11	1	5	13	61	11	29	61
牡丹江 Mudanjiang	485	28	8	5	60	386	34	180	305
黑河 Heihe	99	14			12	77	10	36	63
绥化 Suihua	378	30	1	11	66	282	19	203	175
大兴安岭 Daxinganling	20	7			3	16	1	8	12
农垦总局 ARB	174	22		5	14	128	27	140	34
绥芬河 Suifenhe	17					16	1	1	16
抚远 Fuyuan	5	2				4	1	2	3

注：分地市资料中不含省电力有限公司所属工业企业，所以合计不等于全省数（下同）。
Note: The data by region exclude industrial enterprises belong to Electric Power Ltd. of Heilongjiang Province. Therefore, the total unequal to province. The same as following tables.

12-4 分地区工业总产值

GROSS INDUSTRIAL OUTPUT VALUE BY REGION

单位：亿元 (100 million yuan)

年份 Year 地区 Region	总计 Total	#国有及国有控股 State-owned and State	#集体 Collective -owned	大型 Large	中型 Medium	小型 Small	微型 Micro type	轻工业 Light Industry	重工业 Heavy Industry
2011	11514.6	6482.6	144.4	6246.7	1761.6	3074.0	432.2	3125.8	8388.7
2012	12565.6	6458.7	141.9	6492.2	1904.5	4065.8	103.1	3787.4	8778.2
2013	13719.3	6470.8	93.6	6404.8	2103.3	5054.2	157.1	4724.6	8994.7
2014	13423.5	6325.6	68.3	6100.9	2377.4	4779.2	166.0	4774.9	8648.6
2015	11607.9	4726.7	61.6	4570.2	2281.8	4595.4	160.6	4729.5	6878.4
哈尔滨 Harbin	3033.8	976.4	0.9	931.3	567.2	1486.1	49.3	1579.3	1454.5
齐齐哈尔 Qiqihar	1039.4	244.5	10.9	228.0	379.3	423.5	8.6	580.1	459.3
鸡西 Jixi	206.3	95.8	0.8	51.5	66.2	70.2	18.4	54.7	151.6
鹤岗 Hegang	141.3	67.5	0.8	42.0	48.6	45.6	5.2	39.0	102.3
双鸭山 Shuangyashan	251.5	67.8		92.7	38.4	112.0	8.4	91.3	160.2
大庆 Daqing	3051.7	2104.6	37.1	2076.2	389.2	564.2	22.2	502.5	2549.3
伊春 Yichun	95.8	23.0		25.9	31.8	35.3	2.9	30.6	65.2
佳木斯 Jiamusi	579.5	68.5	2.9	25.1	99.9	447.7	6.7	307.1	272.5
七台河 Qitaihe	154.9	79.6	0.3	75.4	46.0	31.0	2.5	12.8	142.1
牡丹江 Mudanjiang	980.2	72.7	7.8	54.8	227.1	691.2	7.2	376.9	603.3
黑河 Heihe	131.6	24.7			44.9	80.5	6.1	46.3	85.2
绥化 Suihua	961.5	113.2	0.2	189.2	299.3	463.7	9.3	572.4	389.1
大兴安岭 Daxinganling	15.3	5.7			7.9	7.4		7.0	8.3
农垦总局 ARB	560.4	400.1		396.2	35.8	116.5	11.9	525.2	35.2
绥芬河 Suifenhe	17.3					15.7	1.6	0.5	16.8
抚远 Fuyuan	5.3	0.7				5.0	0.3	3.8	1.5

12-5 工业企业主要经济指标(2015年)

单位：万元

类　别	Category	单位数（个）Number of Enterprises (unit)	#亏损企业 Loss-making Enterprises	工业总产值 Gross Industrial Output Value
总　计	**Total**	**4162**	**835**	**116079311**
#亏损企业	#Loss-making Enterprises	835	835	21912521
#国有及国有控股企业	#State-owned and State-holding Enterprises	446	176	47266768
#农村工业	#County Enterprises	30	4	725662
按登记注册类型分	**Grouped by Status of Registration**			
内资企业	Domestic Funded	3964	779	105011523
国有企业	State-owned Enterprises	135	74	5442494
#中央企业	#Central Industry	25	8	3007368
集体企业	Collective-owned Enterprises	42	15	616485
股份合作企业	Cooperative Enterprises	16	2	128039
联营企业	Joint Ownership Enterprises	3		69368
有限责任公司	Limited Liability Corporations	1588	360	52717479
国有独资公司	Sole State-funded Corporations	56	22	6759820
其他有限责任公司	Other Limited Liability Corporations	1532	338	45957658
股份有限公司	Share Holding Enterprises	211	44	14522058
私营企业	Private Enterprises	1955	283	31342300
私营独资企业	Private-funded Enterprises	66	11	988442
私营合伙企业	Private Partnership	5		49321
私营有限责任公司	Private Limited Liability Corporations	1769	252	28425257
私营股份有限公司	Private Share-holding Enterprises	115	20	1879280
其他企业	Other Enterprises	14	1	173301
港、澳、台商投资企业	Proprietorship from Hong Kong, Macao and Taiwan	60	12	2742061
外商投资企业	Foreign Funded Enterprises	138	44	8325728
按经济组织类型分	**Grouped by Medium-sized Enterprises**			
独资企业	Proprietorship	333	134	11163802
国有企业	State-owned Enterprises	135	74	5442494
集体企业	Collective-owned Enterprises	42	15	616485
私营独资企业	Private-funded Enterprises	66	11	988442
港澳台商独资经营企业	Proprietorship from Hong Kong, Macao and Taiwan	26	9	970759
外资企业	Foreign Funded Enterprises	64	25	3145622
合作、合伙企业	Cooperative Enterprises and Partnership	48	5	1598716
股份合作企业	Cooperative Enterprises	16	2	128039
国有联营企业	State Joint Ownership Enterprises	1		58747
集体联营企业	Collective Joint Ownership Enterprises			
国有与集体联营企业	State and Collective Joint Ownership Enterprises	1		2070
其他联营企业	Other Joint Ownership Enterprises	1		8552
私营合伙企业	Private Partnership	5		49321
港或澳、台资合作经营企业	Cooperative Enterprises with Funds from Hong Kong, Macao and Taiwan	2		963406
中外合作经营企业	Sino-foreign Cooperative Enterprises	4		135507
其他企业(内资)	Other Enterprises (Domestic Funded)	14	1	173301
股份有限公司	Share Holding Enterprises	332	65	16914167
股份有限公司(内资)	Share Holding Enterprises (Domestic Funded)	211	44	14522058
私营股份有限公司	Private Share Holding Enterprises	115	20	1879280
港澳台商投资股份有限公司	Share Holding Enterprises with Funds from Hong Kong, Macao and Taiwan	1		43312
外商投资股份有限公司	Foreign Funded Share Holding Enterprises	5	1	469518
有限责任公司	Limited Liability Corporations	3449	631	86402627
国有独资公司	Sole State-funded Corporations	56	22	6759820
私营有限责任公司	Private Limited Liability Corporations	1769	252	28425257
港澳台合资经营企业	Joint Venture Enterprises of Hong Kong, Macao and Taiwan	29	3	693954
中外合资经营企业	Sino-foreign Cooperative joint venture Enterprises	63	16	4565937
其他有限责任公司	Other Limited Liability Corporations	1532	338	45957658

MAJOR INDICATORS OF INDUSTRIAL ENTERPRISES (2015)

(10000 yuan)

工业销售产值 Sale Output Value of Industry	应收帐款 Receivables	产成品 Finished Goods	流动资产合计 Total Working Capitals	固定资产原价 Original Value of Fixed Assets	固定资产合计 Total of Fixed Assets	资产合计 Total Assets	负债合计 Total Liabilities	主营业务收入 Revenue from Principal Business
115238693	**13104509**	**4292904**	**62464256**	**128889595**	**69758202**	**154079605**	**86883806**	**117190328**
21366101	4924989	1551555	19782324	34017642	19742399	48204018	38495649	22712362
46781156	6308075	2098100	34658645	94014010	47003141	94536529.8	54099757	50172360
696306	95790	25593	320741	178744	124182	500088.4	247601	700654
104147304	11324694	3829072	55312023	117737877	63094124	138756128.4	77447956	104810440
5378187	1040110	171671	4076744	8280146	4719854	9733782.2	7195255	6232520
2971478	857913	141372	2685205	4787658	2314360	5784130.7	4367764	3789706
615012	178542	23246	509431	294067	148033	677064.3	585323	585790
119061	37069	2456	85510	30396	19346	106949	48474	152388
69362	3642	1846	20022	17964	20311	44898.8	21573	69620
51726995	5435495	2238167	33866064	83217166	44699291	92362422.4	51358006	52991153
6634638	566042	167255	3175095	13118172	7633887	14128282	11078419	6675281
45092357	4869453	2070913	30690969	70098994	37065404	78234141	40279587	46315872
14221345	2490120	672683	7771412	12649690	6362893	17468238	9067704	14240999
31844894	2132518	701467	8936730	13177474	7070229	18253126.1	9126971	30367452
953583	57793	14123	211625	323970	172610	419417.4	232138	948358
49317	481	2289	5922	8019	6705	14838.6	4400	49298
29002605	1886427	631291	8090566	11988053	6400396	16424489.4	8189135	27545460
1839390	187817	53765	628618	857432	490519	1394380.7	701300	1824336
172448	7199	17536	46110	70974	54167	109648	44650	170518
2720553	330456	82413	1703599	2967854	1786903	4211670	2294806	2790733
8370836	1449359	381419	5448634	8183864	4877176	11111807	7141044	9589154
11161943	1816213	394557	7444091	11738623	6712944	15865984	11373371	12104195
5378187	1040110	171671	4076744	8280146	4719854	9733782	7195255	6232520
615012	178542	23246	509431	294067	148033	677064	585323	585790
953583	57793	14123	211625	323970	172610	419417.4	232138	948358
958538	183666	38865	859755	636358	414701	1642348	1078493	968360
3256624	356102	146652	1786537	2204083	1257746	3393372	2282163	3369167
1591580	58966	26173	241590	1858567	940395	1304315	299450	1626752
119061	37069	2456	85510	30396	19346	106949	48474	152388
58747	614	777	3301	13523	17534	24419	9789	58747
2070	131	203	775	102	97	1302	1	2002
8546	2897	866	15947	4339	2680	19178	11784	8871
49317	481	2289	5922	8019	6705	14839	4400	49298
963406	2252		17111	1509811	685785	785457	38785	966295
135466	5007	1280	35465	98041	56586	99810	58831	135196
172448	7199	17536	46110	70974	54167	109648	44650	170518
16562690	2694238	765178	8595116	13830007	7085866	19321345	9985786	16740118
14221345	2490120	672683	7771412	12649690	6362893	17468238	9067704	14240999
1839390	187817	53765	628618	857432	490519	1394381	701300	1824336
63386	6944	735	18908	26571	22403	46969	38919	63386
438569	9357	37995	176178	296314	210052	411757	177864	611398
85922480	8535092	3106996	46183459	101462398	55018998	117587961	65225199	86719263
6634638	566042	167255	3175095	13118172	7633887	14128282	11078419	6675281
29002605	1886427	631291	8090566	11988053	6400396	16424489	8189135	27545460
661847	135260	42047	793582	756432	642146	1687030	1121698	718400
4531033	1077910	195491	3433248	5500747	3277165	7114019	4556360	5464249
45092357	4869453	2070913	30690969	70098994	37065404	78234141	40279587	46315872

12-5 续表1

单位：万元

类　别	Category	单位数（个）Number of Enterprises (unit)	#亏损企业 Loss-making Enterprises	工业总产值 Gross Industrial Output Value
按轻重工业分	**Grouped by Light and Heavy Industry**			
轻工业	Light Industry	2001	279	47294930
重工业	Heavy Industry	2161	556	68784382
按行业分	**Grouped by Industry**			
采矿业	Mining and Quarrying	212	92	15362020
煤炭开采和洗选业	Mining and Washing of Coal	128	69	3016899
石油和天然气开采业	Extraction of Petroleum and Natural Gas	1		9545198
黑色金属矿采选业	Mining and Processing of Ferrous Metal Ores	17	6	426563
有色金属矿采选业	Mining and Processing of Non-ferrous Metal Ores	12	7	272322
非金属矿采选业	Mining and Processing of Non-metal Ores	38	7	431019
开采辅助活动	Support Activities For Mining	16	3	1670020
其他采矿业	Mining of Other Ores			
制造业	Manufacturing	3609	613	88312568
农副食品加工业	Processing of Food from Agricultural Products	1109	152	26912966
食品制造业	Manufacture of Foods	162	23	5597979
酒、饮料和精制茶制造业	Manufacture of Liquor, Beverages and Refined Tea	182	23	3206959
烟草制品业	Manufacture of Tobacco	4		1026102
纺织业	Manufacture of Textile	48	7	974997
纺织服装、服饰业	Manufacture of Textile, Wearing Apparel and Accessories	21	2	312002
皮革、毛皮、羽毛及其制品和制鞋业	Manufacture of Leather, Fur, Feather and Related Products and Footwear	28	5	753938
木材加工及木、竹、藤、棕、草制品业	Processing of Timber, Manufacture of Wood, Bamboo, Rattan, Palm and Straw Products	249	25	4552655
家具制造业	Manufacture of Furniture	63	5	803308
造纸及纸制品业	Manufacture of Paper and Paper Products	51	12	748241
印刷和记录媒介复制业	Printing and Reproduction of Recording Media	37	7	299537
文教、工美、体育和娱乐用品制造业	Manufacture of Articles for Culture, Education, Arts and Crafts, Sport and Entertainment Activities	47	1	703558
石油加工、炼焦及核燃料加工业	Processing of Petoleum, Coking, Processing of Nuclear Fuel	47	24	9886264
化学原料及化学制品制造业	Manufacture of Raw Chemical Materials and Chemical Products	222	39	5338083
医药制造业	Manufacture of Medicines	110	15	3131132
化学纤维制造业	Manufacture of Chemical Fibers	3	1	21090
橡胶和塑料制品业	Manufacture of Rubber and Plastics Products	120	21	1969958
非金属矿物制品业	Manufacture of Non-metallic Mineral Products	340	83	5220631
黑色金属冶炼及压延加工业	Smelting and Pressing of Ferrous Metals	38	9	1358649
有色金属冶炼及压延加工业	Smelting and Pressing of Non-ferrous Metals	16	6	376233
金属制品业	Manufacture of Metal Products	112	20	1730713
通用设备制造业	Manufacture of General Purpose Machinery	175	46	3461082
专用设备制造业	Manufacture of Special Purpose Machinery	189	32	2945221
汽车制造业	Manufacture of Automobiles	40	17	1975420
铁路、船舶、航空航天和其他运输设备制造业	Manufacture of Railway, Ship, Aerospace and Other Transport Equipments	32	9	2002023
电气机械及器材制造业	Manufacture of Electrical Machinery and Apparatus	95	18	2080921
计算机、通信和其他电子设备制造业	Manufacture of Computers, Communication and Other Electronic Equipment	18	1	237219
仪器仪表制造业	Manufacture of Measuring Instruments and Machinery	27	6	290952
其他制造业	Other Manufacture	13	2	294020
废弃资源综合利用业	Utilization of Waste Resources	6		52738
金属制品、机械和设备修理业	Repair Industry of Metal Products, Machinery and Equipment	5	2	47976
电力、热力、燃气及水的生产和供应业	Production and Supply of Electric Power, heat, Gas and Water	341	130	12404723
电力、热力的生产和供应业	Production and Supply of Electric Power and Heat Power	300	115	11545028
燃气生产和供应业	Production and Supply of Gas	20	5	700719
水的生产和供应业	Production and Supply of Water	21	10	158976

CONTINUED

(10000 yuan)

工业销售产值 Sale Output Value of Industry	应收帐款 Receivables	产成品 Finished Goods	流动资产合 计 Total Working Capitals	固定资产原 价 Original Value of Fixed Assets	固定资产合 计 Total of Fixed Assets	资产合计 Total Assets	负债合计 Total Liabilities	主营业务收 入 Revenue from Principal Business
47877721	3094412	1868176	18416437	21587649	12416591	35197350	18125868	48479808
67360973	10010096	2424728	44047819	107301946	57341612	118882255	68757938	68710520
14824332	867973	459029	10252889	53057322	24278601	40008887	14666720	14957373
2726564	604768	173590	2687937	5727573	3218570	7838723	6883238	2794235
9335724	53662	266824	6805651	43511146	18611070	28264737	6057192	9424334
419334	15603	3370	102115	406782	267768	615314	376365	428941
251313	3111	10652	83767	599720	492693	818070	667159	249356
419003	32800	3846	129112	159651	144947	303259	155268	412162
1672396	158029	747	444307	2652451	1543554	2168783	527498	1648344
88092958	10866092	3687956	45887152	48908709	29093263	86909515	52255104	88915931
26917819	1133111	1065474	8428731	9642827	4854055	14990348	9007041	27772311
6497325	409010	188783	2033451	2823451	1913560	4290107	1709711	5356767
3154576	169090	109630	1132795	2414067	1580621	3019194	1651485	3199854
1043131	90356	22838	482016	444704	236887	896360	134286	1042125
950388	50815	55358	295828	342368	236572	614097	249345	909818
310230	22116	4462	76033	116031	71878	177884	56469	315228
745807	36134	5613	140045	34474	26190	188874	69823	769580
4468776	176454	90846	760455	1562377	1096087	2020115	695366	4487668
781323	63561	97876	408676	342747	242427	720257	451558	770593
713358	92079	40431	397942	658044	369222	875218	384314	701381
291090	41518	7546	163260	154914	81192	294402	147823	294071
678759	14990	8144	65857	305728	166739	243627	55458	705438
9760104	325174	353297	2195392	7804830	3395264	6615612	4359967	10003162
5178544	391552	156773	2196808	3058918	1983726	4870565	3045084	5260317
3011178	650146	191235	2995524	2405503	1562305	5423200	2300326	3896792
19806	1033	2711	9589	16578	12987	33414	13138	20043
1935079	205714	51335	917665	922831	536634	1666463	924596	1913737
5076186	743504	147546	2632409	3047376	2358084	6085598	3759748	4934354
1342080	292830	304305	1972957	1898087	1290536	4324605	4004542	1402983
360072	47474	21791	284199	587082	474406	884008	607520	368614
1685759	259491	50271	876216	774376	446123	1434042	885882	1591799
3444097	1433325	157539	5066929	1764086	1275030	7071006	4960838	3418226
2740183	2191825	248292	4857992	2311472	1586942	7286036	4006385	2691463
1952015	703581	51639	1681544	2079780	1226220	3064509	3040675	1921474
1964880	412441	52767	2238233	1363321	834117	3880033	2486110	2083670
2168695	639764	133038	2710922	1171110	797810	4320708	2371574	2193794
227510	62664	11896	258540	95685	65173	399516	184249	227176
281074	104673	39134	355912	170076	95789	600596	245452	295467
292798	57643	8409	127943	547550	247989	444467	323621	276963
52441	24247	6149	59625	13958	12852	85008	60580	52115
47877	19782	2831	63668	34358	15848	89647	62141	38951
12321403	1370444	145920	6324215	26923564	16386338	27161204	19961983	13317024
11460987	1303156	125772	5353698	25943963	15778958	25119485	18738443	12387386
701448	38446	19575	295057	435689	315089	643869	299590	763090
158968	28843	573	675459	543912	292291	1397851	923950	166548

12-5 续表2

单位：万元

类　别	Category	主营业务成本 Cost of Principal Business	销售费用 Selling Expenses
总　计	**Total**	**98774174**	**3035492**
#亏损企业	#Loss-making Enterprises	21487067	460381
#国有及国有控股企业	#State-owned and State-holding Enterprises	40928822	843088
#农村工业	#County Enterprises	617738	16973
按登记注册类型分	**Grouped by Status of Registration**		
内资企业	Domestic Funded	88911938	2182407
国有企业	State-owned Enterprises	5856508	44680
#中央企业	#Central Industry	3684604	29158
集体企业	Collective-owned Enterprises	520543	5881
股份合作企业	Cooperative Enterprises	128035	3412
联营企业	Joint Ownership Enterprises	62595	641
有限责任公司	Limited Liability Corporations	44936024	1014052
国有独资公司	Sole State-funded Corporations	6498884	50346
其他有限责任公司	Other Limited Liability Corporations	38437140	963706
股份有限公司	Share Holding Enterprises	10470012	372178
私营企业	Private Enterprises	26780780	738605
私营独资企业	Private-funded Enterprises	842559	18228
私营合伙企业	Private Partnership	43513	965
私营有限责任公司	Private Limited Liability Corporations	24313099	668263
私营股份有限公司	Private Share-holding Enterprises	1581610	51149
其他企业	Other Enterprises	157442	2959
港、澳、台商投资企业	Proprietorship from Hong Kong,Macao and Taiwan	2257728	123600
外商投资企业	Foreign Funded Enterprises	7604509	729485
按经济组织类型分	**Grouped by Medium-sized Enterprises**		
独资企业	Proprietorship	10762765	411441
国有企业	State-owned Enterprises	5856508	44680
集体企业	Collective-owned Enterprises	520543	5881
私营独资企业	Private-funded Enterprises	842559	18228
港澳台商独资经营企业	Proprietorship from Hong Kong,Macao and Taiwan	856313	29776
外资企业	Foreign Funded Enterprises	2686843	312877
合作、合伙企业	Cooperative Enterprises and Partnership	1293628	35675
股份合作企业	Cooperative Enterprises	128035	3412
国有联营企业	State Joint Ownership Enterprises	54776	624
集体联营企业	Collective Joint Ownership Enterprises		
国有与集体联营企业	State and Collective Joint Ownership Enterprises	1888	17
其他联营企业	Other Joint Ownership Enterprises	5931	
私营合伙企业	Private Partnership	43513	965
港或澳、台资合作经营企业	Cooperative Enterprises with Funds from Hong Kong,Macao and Taiwan	753250	780
中外合作经营企业	Sino-foreign Cooperative Enterprises	103982	2989
其他企业(内资)	Other Enterprises (Domestic Funded)	157442	2959
股份有限公司	Share Holding Enterprises	12579646	496326
股份有限公司(内资)	Share Holding Enterprises (Domestic Funded)	10470012	372178
私营股份有限公司	Private Share Holding Enterprises	1581610	51149
港澳台商投资股份有限公司	Share Holding Enterprises with Funds from Hong Kong,Macao and Taiwan	59037	2572
外商投资股份有限公司	Foreign Funded Share Holding Enterprises	468988	70427
有限责任公司	Limited Liability Corporations	74138136	2092050
国有独资公司	Sole State-funded Corporations	6498884	50346
私营有限责任公司	Private Limited Liability Corporations	24313099	668263
港澳台合资经营企业	Joint Venture Enterprises of Hong Kong,Macao and Taiwan	551139	66542
中外合资经营企业	Sino-foreign Cooperative joint venture Enterprises	4337875	343193
其他有限责任公司	Other Limited Liability Corporations	38437140	963706

CONTINUED

(10000 yuan)

管理费用 Overhead Expenses	财务费用 Financial Expenses	利息支出 Expenditure for Interests	利润总额 Total Profits	亏损企业亏损额 Total Losses Made by Enterprises -in-red	从业人员平均人数(人) Average Employed Persons (person)
6296310	**1451442**	**1509238**	**4650917**	**2209231**	**1229896**
1698093	680654	663727	-2209231	2209231	463202
3729962	849787	1033512	833841	1534549	671384
15711	2397	1671	45373	460	4154
5471884	1282647	1338991	3961906	2056465	1128692
287923	84700	79284	192	213846	83874
162864	34380	35781	-113879	173908	38099
39234	1804	1567	16751	10267	15008
5530	8	206	15611	161	990
1479	225	56	5764		373
3257848	774609	889871	1954180	1124941	658375
363736	206323	205946	-251507	323124	167588
2894111	568286	683925	2205688	801817	490787
934696	228372	226523	340219	515252	139534
941300	191237	140034	1622834	191979	229177
32383	5394	3560	36447	7965	9011
903	159	157	3174		476
832858	170121	123818	1481351	157014	201971
75156	15564	12499	101862	27000	17719
3874	1692	1452	6356	18	1361
215515	42322	41552	185577	46349	23690
608911	126473	128695	503434	106418	77514
577736	151847	136082	239668	337939	140363
287923	84700	79284	192	213846	83874
39234	1804	1567	16751	10267	15008
32383	5394	3560	36447	7965	9011
50270	20915	21978	46429	16288	7130
167926	39035	29693	139849	89573	25340
121500	6931	6775	147006	567	6220
5530	8	206	15611	161	990
298	157		2892		150
20	4		74		100
1161	64	56	2798		123
903	159	157	3174		476
99159	1718	1723	89856		863
5908	793	823	23001		1417
3874	1692	1452	6356	18	1361
1033497	248092	242816	479406	542637	163833
934696	228372	226523	340219	515252	139534
75156	15564	12499	101862	27000	17719
1297	1354	1362	12		227
22347	2802	2432	37314	385	6353
4563577	1044572	1123565	3784837	1328089	919480
363736	206323	205946	-251507	323124	167588
832858	170121	123818	1481351	157014	201971
60143	18705	16860	45648	30061	14781
412729	81137	93016	303657	16072	44353
2894111	568286	683925	2205688	801817	490787

12-5 续表3

单位：万元

类　别	Category	主营业务成本 Cost of Principal Business	销售费用 Selling Expenses
按轻重工业分	**Grouped by Light and Heavy Industry**		
轻工业	Light Industry	41359322	1873298
重工业	Heavy Industry	57414853	1162194
按行业分	**Grouped by Industry**		
采矿业	Mining and Quarrying	11025524	186961
煤炭开采和洗选业	Mining and Washing of Coal	2759823	46470
石油和天然气开采业	Extraction of Petroleum and Natural Gas	6072084	106138
黑色金属矿采选业	Mining and Processing of Ferrous Metal Ores	373701	9211
有色金属矿采选业	Mining and Processing of Non-ferrous Metal Ores	213178	4561
非金属矿采选业	Mining and Processing of Non-metal Ores	346222	19370
开采辅助活动	Support Activities For Mining	1260517	1211
其他采矿业	Mining of Other Ores		
制造业	Manufacturing	75234056	2751051
农副食品加工业	Processing of Food from Agricultural Products	25316306	545273
食品制造业	Manufacture of Foods	4239180	530963
酒、饮料和精制茶制造业	Manufacture of Liquor, Beverages and Refined Tea	2575740	185813
烟草制品业	Manufacture of Tobacco	470481	15810
纺织业	Manufacture of Textile	803159	16464
纺织服装、服饰业	Manufacture of Textile, Wearing Apparel and Accessories	280632	6052
皮革、毛皮、羽毛及其制品和制鞋业	Manufacture of Leather, Fur, Feather and Related Products and Footwear	730986	1108
木材加工及木、竹、藤、棕、草制品业	Processing of Timber,Manufacture of Wood,Bamboo,Rattan,Palm and Straw Products	4003299	116502
家具制造业	Manufacture of Furniture	622833	43520
造纸及纸制品业	Manufacture of Paper and Paper Products	588021	30035
印刷和记录媒介复制业	Printing and Reproduction of Recording Media	245132	4915
文教、工美、体育和娱乐用品制造业	Manufacture of Articles for Culture, Education, Arts and Crafts, Sport and Entertainment Activities	644582	10646
石油加工、炼焦及核燃料加工业	Processing of Petoleum,Coking,Processing of Nuclear Fuel	7305119	107719
化学原料及化学制品制造业	Manufacture of Raw Chemical Materials and Chemical Products	4651566	98718
医药制造业	Manufacture of Medicines	2503676	403267
化学纤维制造业	Manufacture of Chemical Fibers	16454	787
橡胶和塑料制品业	Manufacture of Rubber and Plastics Products	1663233	48912
非金属矿物制品业	Manufacture of Non-metallic Mineral Products	4218422	127070
黑色金属冶炼及压延加工业	Smelting and Pressing of Ferrous Metals	1307771	44548
有色金属冶炼及压延加工业	Smelting and Pressing of Non-ferrous Metals	305324	7992
金属制品业	Manufacture of Metal Products	1383288	38683
通用设备制造业	Manufacture of General Purpose Machinery	2930011	93897
专用设备制造业	Manufacture of Special Purpose Machinery	2349778	84649
汽车制造业	Manufacture of Automobiles	1631476	33176
铁路、船舶、航空航天和其他运输设备制造业	Manufacture of Railway, Ship, Aerospace and Other Transport Equipments	1792075	44727
电气机械及器材制造业	Manufacture of Electrical Machinery and Apparatus	1928079	81087
计算机、通信和其他电子设备制造业	Manufacture of Computers,Communication and Other Electronic Equipment	173303	5193
仪器仪表制造业	Manufacture of Measuring Instruments and Machinery	233138	15822
其他制造业	Other Manufacture	250080	6674
废弃资源综合利用业	Utilization of Waste Resources	37786	618
金属制品、机械和设备修理业	Repair Industry of Metal Products, Machinery and Equipment	33129	413
电力、热力、燃气及水的生产和供应业	Production and Supply of Electric Power,heat,Gas and Water	12514595	97480
电力、热力的生产和供应业	Production and Supply of Electric Power and Heat Power	11737741	36766
燃气生产和供应业	Production and Supply of Gas	664499	47328
水的生产和供应业	Production and Supply of Water	112354	13385

CONTINUED

(10000 yuan)

管理费用 Overhead Expenses	财务费用 Financial Expenses	利息支出 Expenditure for Interests	利润总额 Total Profits	亏损企业亏损额 Total Losses Made by Enterprises -in-red	从业人员平均人数(人) Average Employed Persons (person)
1694290	360011	280237	2773754	241713	357547
4602020	1091431	1229001	1877163	1967519	872349
1833399	142240	320410	878803	535853	354197
380587	110164	108515	-396382	488309	219398
1256654	-7308	175964	1080089		112887
15712	2063	1803	26787	3855	3320
22433	29630	26418	-31744	34558	2993
17932	2085	1734	24531	1786	4936
140082	5606	5977	175521	7344	10663
4077599	848732	757987	3606877	1410248	729985
612287	213448	139197	1057754	135689	135040
159167	25598	23200	414334	27376	38904
152366	25578	22200	218878	24827	30913
87216	-1457	350	80332		5655
26646	4767	4389	58438	1170	26892
6000	1733	1691	20128	665	3456
3523	162	162	32984	1389	2107
104101	12944	11484	239632	6379	32234
41606	7926	5004	53804	9361	14154
31628	14767	10681	39502	9657	7645
15487	1686	882	27408	2035	4162
10089	1264	1289	37542	398	7351
516055	103116	93712	-34973	280782	47998
186154	63557	56346	219473	130127	38401
399398	24920	32842	553987	8919	48001
1602	431	431	671	2	278
72776	17371	16607	124186	12222	18132
216227	68587	57542	334826	68374	46185
60487	53447	55295	-76121	96977	19759
33274	13421	13385	11024	5068	7450
86202	12423	11983	66995	13991	20554
249949	17972	26171	95533	85779	43047
257225	98806	95492	-120442	245715	40225
288353	16907	22095	564	99148	18445
232394	20538	24402	49136	53715	30692
137368	17649	20595	50767	66801	24834
27056	4282	4028	22301	1529	3578
33779	3401	3112	22002	9975	6272
22242	2076	2002	576	10929	5703
1658	1214	1214	4809		959
5285	203	203	830	1250	959
385311	460470	430841	165237	263130	145714
313156	439358	406777	114893	251212	130541
30014	-2445	1548	51944	2465	6310
42141	23556	22516	-1600	9452	8863

12-6 大中型工业企业主要经济指标(2015年)

单位：万元

类 别	Category	单位数（个）Number of Enterprises (unit)	#亏损企业 Loss-making Enterprises	工业总产值 Gross Industrial Output Value
总 计	**Total**	**592**	**152**	**68519473**
#亏损企业	#Loss-making Enterprises	152	152	17269967
#国有及国有控股企业	#State-owned and State-holding Enterprises	188	80	44058665
#大型	#Large-sized Enterprises	102	32	45701910
按登记注册类型分	**Grouped by Status of Registration**			
内资企业	Domestic Funded	523	138	59492817
国有企业	State-owned Enterprises	59	34	4829876
#中央企业	#Central Industry	13	5	2904257
集体企业	Collective-owned Enterprises	16	8	419835
股份合作企业	Cooperative Enterprises			
联营企业	Joint Ownership Enterprises			
有限责任公司	Limited Liability Corporations	252	67	35697456
国有独资公司	Sole State-funded Corporations	28	14	6416758
其他有限责任公司	Other Limited Liability Corporations	224	53	29280699
股份有限公司	Share Holding Enterprises	57	15	12195605
私营企业	Private Enterprises	138	13	6339949
私营独资企业	Private-funded Enterprises	6		327322
私营合伙企业	Private Partnership			
私营有限责任公司	Private Limited Liability Corporations	121	11	5690693
私营股份有限公司	Private Share-holding Enterprises	11	2	321934
其他企业	Other Enterprises	1	1	10096
港、澳、台商投资企业	Proprietorship from Hong Kong, Macao and Taiwan	18	3	2065243
外商投资企业	Foreign Funded Enterprises	51	11	6961413
按经济组织类型分	**Grouped by Medium-sized Enterprises**			
独资企业	Proprietorship	113	50	8758907
国有企业	State-owned Enterprises	59	34	4829876
集体企业	Collective-owned Enterprises	16	8	419835
私营独资企业	Private-funded Enterprises	6		327322
港澳台商独资经营企业	Proprietorship from Hong Kong, Macao and Taiwan	6	2	675956
外资企业	Foreign Funded Enterprises	26	6	2505918
合作、合伙企业	Cooperative Enterprises and Partnership	5	1	1085876
股份合作企业	Cooperative Enterprises			
国有联营企业	State Joint Ownership Enterprises			
集体联营企业	Collective Joint Ownership Enterprises			
国有与集体联营企业	State and Collective Joint Ownership Enterprises			
其他联营企业	Other Joint Ownership Enterprises			
私营合伙企业	Private Partnership			
港或澳、台资合作经营企业	Cooperative Enterprises with Funds from Hong Kong, Macao and Taiwan	1		963406
中外合作经营企业	Sino-foreign Cooperative Enterprises	2		53706
其他企业(内资)	Other Enterprises (Domestic Funded)	1	1	10096
股份有限公司	Share Holding Enterprises	71	17	12947784
股份有限公司(内资)	Share Holding Enterprises (Domestic Funded)	57	15	12195605
私营股份有限公司	Private Share Holding Enterprises	11	2	321934
港澳台商投资股份有限公司	Share Holding Enterprises with Funds from Hong Kong, Macao and Taiwan			
外商投资股份有限公司	Foreign Funded Share Holding Enterprises	3		430245
有限责任公司	Limited Liability Corporations	403	84	45726907
国有独资公司	Sole State-funded Corporations	28	14	6416758
私营有限责任公司	Private Limited Liability Corporations	121	11	5690693
港澳台合资经营企业	Joint Venture Enterprises of Hong Kong, Macao and Taiwan	10	1	367214
中外合资经营企业	Sino-foreign Cooperative joint venture Enterprises	20	5	3971544
其他有限责任公司	Other Limited Liability Corporations	224	53	29280699

MAJOR INDICATORS OF LARGE AND MEDIUM-SIZED INDUSTRIAL ENTERPRISES (2015)

(10000 yuan)

工业销售产值 Sale Output Value of Industry	应收帐款 Receivables	产成品 Finished Goods	流动资产合计 Total Working Capitals	固定资产原价 Original Value of Fixed Assets	固定资产合计 Total of Fixed Assets	资产合计 Total Assets	负债合计 Total Liabilities	主营业务收入 Revenue from Principal Business
67685805	**8971414**	**3088780**	**45245612**	**105046723**	**52175757**	**113406107**	**64642516**	**71081613**
16993650	3991836	1175906	14800366	28003342	15062396	36385510	30211888	18383323
43628346	5768123	1955117	32371734	87213607	41693087	85122560	48059091	46991434
45191727	6195865	1947522	33419910	83018754	39605870	84993565	47450333	48278989
58613287	7461843	2703217	39403185	95654146	46848283	101133669	57027373	60733232
4794937	983995	157289	3744666	7228421	4025486	8590092	6217108	5595796
2872391	826122	135248	2545004	4641061	2216439	5516978	4184892	3660647
417737	139592	12409	347916	188137	97655	455695	375358	394414
35295591	3568098	1733029	26362593	72515844	35990521	73135548	40079011	36625169
6292096	512056	163293	2941873	12003402	6658099	12546715	9884694	6340136
29003495	3056043	1569736	23420720	60512442	29332423	60588833	30194317	30285033
11949224	2318323	583964	6913566	11185301	5167126	14772906	8031204	12000190
6145701	448527	213936	2025113	4509543	1547653	4147012	2309989	6107032
327534	28764	4404	40977	102983	33045	76741	28565	327504
5509508	368399	196568	1843038	4201198	1386348	3700187	2060612	5475408
308659	51364	12964	141098	205362	128260	370085	220812	304120
10096	3307	2589	9332	26901	19843	32418	14703	10631
2032196	231582	54212	1034842	2470825	1315173	2763291	1391071	2109921
7040321	1277990	331352	4807585	6921752	4012301	9509147	6224072	8238460
8833739	1583436	316728	6264324	9751177	5411494	13062420	9231587	9682034
4794937	983995	157289	3744666	7228421	4025486	8590092	6217108	5595796
417737	139592	12409	347916	188137	97655	455695	375358	394414
327534	28764	4404	40977	102983	33045	76741	28565	327504
665004	153347	26359	632121	437030	250028	1154138	720452	669472
2628527	277738	116266	1498643	1794606	1005281	2785755	1890104	2694848
1088580	10169	3465	54716	1629583	764421	918606	111720	1089074
963406	1832		6256	1501398	682285	768541	36877	963406
53665	2697	271	25672	63908	41145	70372	46233	53665
10096	3307	2589	9332	26901	19843	32418	14703	10631
12657180	2378102	634923	7227779	11675139	5503400	15549353	8426866	12876437
11949224	2318323	583964	6913566	11185301	5167126	14772906	8031204	12000190
308659	51364	12964	141098	205362	128260	370085	220812	304120
399296	8415	37995	173116	284477	208015	406363	174850	572127
45106306	4999708	2133663	31698794	81990824	40496441	83875728	46872343	47434069
6292096	512056	163293	2941873	12003402	6658099	12546715	9884694	6340136
5509508	368399	196568	1843038	4201198	1386348	3700187	2060612	5475408
342374	74071	27247	383008	495021	361712	793336	619835	415672
3958833	989139	176819	3110155	4778761	2757860	6246657	4112886	4917820
29003495	3056043	1569736	23420720	60512442	29332423	60588833	30194317	30285033

12-6 续表1

单位：万元

类　别	Category	单位数（个）Number of Enterprises (unit)	#亏损企业 Loss-making Enterprises	工　业 总产值 Gross Industrial Output Value
按轻重工业分	**Grouped by Light and Heavy Industry**			
轻工业	Light Industry	258	36	21221281
重工业	Heavy Industry	334	116	47298192
按行业分	**Grouped by Industry**			
采矿业	Mining and Quarrying	49	21	13909975
煤炭开采和洗选业	Mining and Washing of Coal	28	16	2232447
石油和天然气开采业	Extraction of Petroleum and Natural Gas	1		9545198
黑色金属矿采选业	Mining and Processing of Ferrous Metals Ores	5	1	247030
有色金属矿采选业	Mining and Processing of Non-ferrous Metal Ores	4	3	224415
非金属矿采选业	Mining and Processing of Nonmetal Ores	2		62154
开采辅助活动	Mining Auxiliary Activities	9	1	1598732
其他采矿业	Mining of Other Ores			
制造业	Manufacturing	450	93	45137067
农副食品加工业	Processing of Food from Agricultural Products	91	11	10528529
食品制造业	Manufacture of Foods	33	2	3764580
酒、饮料和精制茶制造业	Manufacture of Wine, soft drinks and refined tea	24	2	1376818
烟草制品业	Manufacture of Tobacco	3		992465
纺织业	Manufacture of Textile	28	5	712342
纺织服装、服饰业	Manufacture of Textile and Apparel	3		106552
皮革、毛皮、羽毛及其制品和制鞋业	Manufacture of Leather, Furs, Feather and Related Products and Footwear			
木材加工及木、竹、藤、棕、草制品业	Processing of Timber,Manufacture of Wood,Bamboo,Rattan,Palm and Straw Products	22	2	868215
家具制造业	Manufacture of Furniture	11	1	236279
造纸及纸制品业	Manufacture of Paper and Paper Products	3	2	184653
印刷和记录媒介复制业	Manufacture of Printing and Record Medium Reproduction	3	1	38149
文教、工美、体育和娱乐用品制造业	Manufacture of Articles for Culture,Education and Sports Activities	8	1	263220
石油加工、炼焦及核燃料加工业	Processing of Petoleum,Coking,Processing of Nuclear Fuel	19	11	9578147
化学原料及化学制品制造业	Manufacture of Raw Chemical Materials and Chemical Products	28	9	2652616
医药制造业	Manufacture of Medicines	28	2	1894119
化学纤维制造业	Manufacture of Chemical Fibers			
橡胶和塑料制品业	Manufacture of Rubber and Plastics	9	1	690584
非金属矿物制品业	Manufacture of Non-metallic Mineral Products	32	6	1293532
黑色金属冶炼及压延加工业	Smelting and Pressing of Ferrous Metals	8	4	1065235
有色金属冶炼及压延加工业	Smelting and Pressing of Non-ferrous Metals	2	1	197511
金属制品业	Manufacture of Metal Products	9	4	404341
通用设备制造业	Manufacture of General Purpose Machinery	20	7	1981388
专用设备制造业	Manufacture of Special Purpose Machinery	20	8	1336687
汽车制造业	Manufacture of Automotive	10	3	1745864
铁路、船舶、航空航天和其他运输设备制造业	Manufacture of Railroad, Marine, Aerospace and Other Transportation Equipment	10	6	1759451
电气机械及器材制造业	Manufacture of Electrical Machinery and Equipment	15	2	1086659
计算机、通信和其他电子设备制造业	Manufacture of Computers,Communication and Other Electronic Equipment	4		128610
仪器仪表制造业	Manufacture of Measuring Instruments	3	1	71332
其他制造业	Other Manufacturing	2	1	149081
废弃资源综合利用业	Comprehensive Utilization of Waste Resources Industry	1		21001
金属制品、机械和设备修理业	Metal Products, Machinery and Equipment Repair Industry	1		9110
电力、热力、燃气及水的生产和供应业	Production and Supply of Electric Power,heat,Gas and Water	93	38	9472431
电力、热力的生产和供应业	Production and Supply of Electric Power and Heat Power	81	32	9221494
燃气生产和供应业	Production and Supply of Gas	3		148651
水的生产和供应业	Production and Supply of Water	9	6	102286

CONTINUED

(10000 yuan)

工业销售产值 Sale Output Value of Industry	应收帐款 Receivables	产成品 Finished Goods	流动资产合计 Total Working Capitals	固定资产原价 Original Value of Fixed Assets	固定资产合计 Total of Fixed Assets	资产合计 Total Assets	负债合计 Total Liabilities	主营业务收入 Revenue from Principal Business
21173151	1802511	1272645	11686614	12838860	6774101	21062562	11615797	23383863
46512654	7168903	1816135	33558999	92207863	45401656	92343545	53026719	47697751
13560958	643887	370208	9077450	52207065	23688945	37795433	13176703	13663511
2115826	447320	89083	1812761	5310961	2925813	6477086	5903942	2141078
9335724	53662	266824	6805651	43511146	18611070	28264737	6057192	9424334
247279	5329	1896	18627	327118	208336	269515	124093	257979
205832	517	10604	65106	504405	446250	735864	618871	204860
57566	16573	1060	26464	13521	9584	36047	22906	60472
1598732	120486	740	348841	2539914	1487894	2012183	449699	1574788
44695803	7266742	2580265	31841779	33315925	18279503	58172781	37987387	47032815
10810896	442367	704995	4425658	5045698	2166069	7317628	5356364	11823920
3533376	262956	123112	1402077	1924232	1275689	2834360	1054000	3713086
1362952	104359	57605	630806	1377915	842454	1621768	957380	1432209
1009604	90008	22772	480209	441431	234671	892338	133872	1008599
692913	31525	49134	250357	212941	134590	461016	203158	659227
105213	13736	232	20185	77815	41426	82402	8467	105173
858189	31462	18970	166987	585607	319076	517948	147262	851956
224836	23381	84866	227540	136974	107904	352018	270433	217269
184891	36964	29159	199309	370466	148801	383866	178134	190426
37827	9773	497	24442	36066	12212	48059	17689	36986
259060	5342	3416	25289	205840	128434	158773	32519	264804
9447680	285594	312429	1987738	7699434	3307667	6182022	3951873	9699156
2543025	171638	60589	1109005	1932452	1248131	2504636	1817729	2584429
1833196	560555	153261	2575390	1698883	1051804	4370058	1856011	2793936
693175	116380	23591	577695	473107	252832	955489	577689	682684
1234272	244733	55260	1094918	1311328	997433	2883876	1813217	1142983
1045921	256635	284879	1839405	1817586	1230914	4101341	3879952	1105028
186768	13543	10250	157356	506136	410644	652005	517657	199340
392311	107015	33096	497742	409062	196372	722767	513146	362881
2032375	1135306	105706	4306159	1113909	728887	5621095	4271535	1940075
1177272	1848245	192468	4006235	1590747	1048279	5691141	3245193	1131899
1722713	581557	39199	1431627	1855360	1070425	2628247	2726590	1697020
1733210	301832	50987	1964987	1199412	729334	3477295	2326992	1826523
1200504	480209	109688	2033052	700307	375175	2871537	1605198	1187870
127712	29319	5561	128454	45652	27427	193505	92442	128141
68468	29241	32306	152681	117785	50691	324464	104327	67914
148535	35207	7881	79261	417188	133397	256228	286540	150972
19900	13580	6145	33136	8636	6523	42387	26695	19393
9011	4282	2212	14082	3957	2241	24513	15322	8916
9429044	1060785	138307	4326384	19523733	10207308	17437893	13478426	10385287
9178115	1031136	120260	3647397	18810714	9832566	16229418	12823737	10075358
148651	16716	17786	221628	299381	198739	422662	192015	198397
102278	12932	261	457358	413637	176003	785814	462674	111532

12-6 续表2

单位：万元

类　别	Category	主营业务成本 Cost of Principal Business	销售费用 Selling Expenses
总　计	**Total**	**57897903**	**1947774**
#亏损企业	#Loss-making Enterprises	17303541	324153
#国有及国有控股企业	#State-owned and State-holding Enterprises	38143229	786421
#大型	#Large-sized Enterprises	39084631	1028669
按登记注册类型分	**Grouped by Status of Registration**		
内资企业	Domestic Funded	49766389	1181376
国有企业	State-owned Enterprises	5260384	39881
#中央企业	#Central Industry	3579171	28886
集体企业	Collective-owned Enterprises	358304	3444
股份合作企业	Cooperative Enterprises		
联营企业	Joint Ownership Enterprises		
有限责任公司	Limited Liability Corporations	30409917	648792
国有独资公司	Sole State-funded Corporations	6234492	44487
其他有限责任公司	Other Limited Liability Corporations	24175425	604305
股份有限公司	Share Holding Enterprises	8556097	290457
私营企业	Private Enterprises	5172795	198157
私营独资企业	Private-funded Enterprises	286691	5153
私营合伙企业	Private Partnership		
私营有限责任公司	Private Limited Liability Corporations	4656039	173787
私营股份有限公司	Private Share-holding Enterprises	230064	19217
其他企业	Other Enterprises	8893	646
港、澳、台商投资企业	Proprietorship from Hong Kong, Macao and Taiwan	1671061	98793
外商投资企业	Foreign Funded Enterprises	6460454	667605
按经济组织类型分	**Grouped by Medium-sized Enterprises**		
独资企业	Proprietorship	8610770	345352
国有企业	State-owned Enterprises	5260384	39881
集体企业	Collective-owned Enterprises	358304	3444
私营独资企业	Private-funded Enterprises	286691	5153
港澳台商独资经营企业	Proprietorship from Hong Kong, Macao and Taiwan	597407	15363
外资企业	Foreign Funded Enterprises	2107984	281511
合作、合伙企业	Cooperative Enterprises and Partnership	828285	25755
股份合作企业	Cooperative Enterprises		
国有联营企业	State Joint Ownership Enterprises		
集体联营企业	Collective Joint Ownership Enterprises		
国有与集体联营企业	State and Collective Joint Ownership Enterprises		
其他联营企业	Other Joint Ownership Enterprises		
私营合伙企业	Private Partnership		
港或澳、台资合作经营企业	Cooperative Enterprises with Funds from Hong Kong, Macao and Taiwan	751762	349
中外合作经营企业	Sino-foreign Cooperative Enterprises	42181	996
其他企业(内资)	Other Enterprises (Domestic Funded)	8893	646
股份有限公司	Share Holding Enterprises	9222534	378641
股份有限公司(内资)	Share Holding Enterprises (Domestic Funded)	8556097	290457
私营股份有限公司	Private Share Holding Enterprises	230064	19217
港澳台商投资股份有限公司	Share Holding Enterprises with Funds from Hong Kong, Macao and Taiwan		
外商投资股份有限公司	Foreign Funded Share Holding Enterprises	436373	68968
有限责任公司	Limited Liability Corporations	39236314	1198026
国有独资公司	Sole State-funded Corporations	6234492	44487
私营有限责任公司	Private Limited Liability Corporations	4656039	173787
港澳台合资经营企业	Joint Venture Enterprises of Hong Kong, Macao and Taiwan	296443	59316
中外合资经营企业	Sino-foreign Cooperative joint venture Enterprises	3873916	316131
其他有限责任公司	Other Limited Liability Corporations	24175425	604305

CONTINUED

(10000 yuan)

管理费用 Overhead Expenses	财务费用 Financial Expenses	利息支出 Expenditure for Interests	利润总额 Total Profits	亏损企业亏损额 Total Losses Made by Enterprises -in-red	从业人员平均人数(人) Average Employed Persons (person)
4800442	**989159**	**1134706**	**2464602**	**1743949**	**910379**
1377505	519523	531070	-1743949	1743949	401528
3558089	688513	897532	786467	1414645	638524
3552254	592798	798756	985840	1331652	619229
4087842	867397	1004537	1850334	1656080	825498
242797	60572	60654	5734	196109	71523
144148	32277	34262	-119162	173357	36082
18884	1499	1089	9531	7144	11840
2743196	536901	698181	1228216	913107	540878
352539	161976	166283	-268382	313289	164731
2390658	374925	531897	1496598	599817	376147
827278	205977	207338	223277	478252	123681
254953	61975	36852	383595	61451	77126
12491	1038	688	14953		3615
216041	57596	32671	341686	56093	65532
26421	3341	3493	26956	5358	7979
735	474	425	-18	18	450
182068	21146	23203	166298	32853	16708
530531	100615	106965	447970	55016	68173
427102	107500	100529	208396	257543	112919
242797	60572	60654	5734	196109	71523
18884	1499	1089	9531	7144	11840
12491	1038	688	14953		3615
32920	15010	15918	43279	9564	4981
120011	29381	22181	134899	44726	20960
107286	2516	2468	100333	18	3085
97889	1723	1723	89715		827
4170	690	692	7063		1261
735	474	425	-18	18	450
871828	212118	213263	286452	483610	137837
827278	205977	207338	223277	478252	123681
26421	3341	3493	26956	5358	7979
18129	2800	2432	36219		6177
3394226	667026	818445	1869421	1002777	656538
352539	161976	166283	-268382	313289	164731
216041	57596	32671	341686	56093	65532
46768	4785	5934	29731	23289	10353
388221	67744	81661	269789	10289	39775
2390658	374925	531897	1496598	599817	376147

12-6 续表3

单位：万元

类　别	Category	主营业务成　本 Cost of Principal Business	销售费用 Selling Expenses
按轻重工业分	**Grouped by Light and Heavy Industry**		
轻工业	Light Industry	19010513	1251110
重工业	Heavy Industry	38887391	696664
按行业分	**Grouped by Industry**		
采矿业	Mining and Quarrying	9887265	138842
煤炭开采和洗选业	Mining and Washing of Coal	2164647	21391
石油和天然气开采业	Extraction of Petroleum and Natural Gas	6072084	106138
黑色金属矿采选业	Mining and Processing of Ferrous Metals Ores	224136	3631
有色金属矿采选业	Mining and Processing of Non-ferrous Metal Ores	174651	3666
非金属矿采选业	Mining and Processing of Nonmetal Ores	49669	2953
开采辅助活动	Mining Auxiliary Activities	1202079	1063
其他采矿业	Mining of Other Ores		
制造业	Manufacturing	38063196	1740902
农副食品加工业	Processing of Food from Agricultural Products	10800823	237958
食品制造业	Manufacture of Foods	2805490	469146
酒、饮料和精制茶制造业	Manufacture of Wine, soft drinks and refined tea	1073279	130934
烟草制品业	Manufacture of Tobacco	440439	14536
纺织业	Manufacture of Textile	585173	12246
纺织服装、服饰业	Manufacture of Textile and Apparel	96936	1062
皮革、毛皮、羽毛及其制品和制鞋业	Manufacture of Leather, Furs, Feather and Related Products and Footwear		
木材加工及木、竹、藤、棕、草制品业	Processing of Timber,Manufacture of Wood,Bamboo,Rattan,Palm and Straw Products	703372	29568
家具制造业	Manufacture of Furniture	168037	11918
造纸及纸制品业	Manufacture of Paper and Paper Products	140491	15555
印刷和记录媒介复制业	Manufacture of Printing and Record Medium Reproduction	31284	966
文教、工美、体育和娱乐用品制造业	Manufacture of Articles for Culture,Education and Sports Activities	234120	5349
石油加工、炼焦及核燃料加工业	Processing of Petoleum,Coking,Processing of Nuclear Fuel	7003383	100556
化学原料及化学制品制造业	Manufacture of Raw Chemical Materials and Chemical Products	2306425	32640
医药制造业	Manufacture of Medicines	1695779	309758
化学纤维制造业	Manufacture of Chemical Fibers		
橡胶和塑料制品业	Manufacture of Rubber and Plastics	598939	16180
非金属矿物制品业	Manufacture of Non-metallic Mineral Products	887580	38523
黑色金属冶炼及压延加工业	Smelting and Pressing of Ferrous Metals	1040757	40470
有色金属冶炼及压延加工业	Smelting and Pressing of Non-ferrous Metals	161055	5714
金属制品业	Manufacture of Metal Products	306575	3734
通用设备制造业	Manufacture of General Purpose Machinery	1639161	64692
专用设备制造业	Manufacture of Special Purpose Machinery	973743	54465
汽车制造业	Manufacture of Automotive	1436193	27728
铁路、船舶、航空航天和其他运输设备制造业	Manufacture of Railroad, Marine, Aerospace and Other Transportation Equipment	1595078	37242
电气机械及器材制造业	Manufacture of Electrical Machinery and Equipment	1034169	64628
计算机、通信和其他电子设备制造业	Manufacture of Computers,Communication and Other Electronic Equipment	101455	1412
仪器仪表制造业	Manufacture of Measuring Instruments	53213	8462
其他制造业	Other Manufacturing	135977	4858
废弃资源综合利用业	Comprehensive Utilization of Waste Resources Industry	7499	238
金属制品、机械和设备修理业	Metal Products, Machinery and Equipment Repair Industry	6773	365
电力、热力、燃气及水的生产和供应业	Production and Supply of Electric Power,heat,Gas and Water	9947443	68030
电力、热力的生产和供应业	Production and Supply of Electric Power and Heat Power	9730560	20667
燃气生产和供应业	Production and Supply of Gas	142732	34530
水的生产和供应业	Production and Supply of Water	74151	12833

CONTINUED

(10000 yuan)

管理费用 Overhead Expenses	财务费用 Financial Expenses	利息支出 Expenditure for Interests	利润总额 Total Profits	亏损企业亏损额 Total Losses Made by Enterprises -in-red	从业人员平均人数(人) Average Employed Persons (person)
1047575	211233	162878	1480729	101926	204637
3752866	777926	971828	983872	1642023	705742
1751109	122036	307684	886645	469860	339354
338755	94599	98772	-364410	437655	211132
1256654	-7308	175964	1080089		112887
6330	1622	1540	21156	1519	2160
17372	28327	25982	-29420	29457	2090
2625	185	185	4711		1435
129372	4611	5242	174519	1229	9650
2793467	582836	545743	1522315	1078589	453348
255386	131248	73395	380981	63592	57494
105580	12821	14260	330473	3685	25057
86155	8177	10252	118776	6092	15102
86724	-1534	273	78733		5444
18636	3866	3557	39366	814	24474
962	37	37	6177		1241
40258	3296	2965	74004	484	9132
20942	5171	2293	10472	900	8303
15387	6311	5152	11462	7731	3209
3713	-28		1222	76	1201
4371	539	524	19564	398	4060
505493	99693	90669	-8699	252324	46121
95802	43510	39899	66565	105432	23301
340619	14013	22267	422694	1555	37520
35677	8236	10644	39671	7719	8094
89813	36654	30311	130800	14864	17748
50035	50350	53197	-88876	94395	17899
25226	11477	11397	-2277	3494	6000
44206	5801	6364	1382	12386	12516
179608	7532	19277	20546	68835	30077
157012	87040	85784	-160349	212866	27229
272817	12970	18363	-1768	90672	15078
211128	18077	22577	21493	52274	27358
98355	9775	14784	4569	58298	17935
10583	3001	2768	14434		2353
18333	2081	2040	-7952	8802	3887
18792	1442	1413	-4948	10902	4828
688	1080	1080	3408		294
1169	202	202	395		393
255866	284286	281279	55641	195501	117677
204308	277260	270779	22169	191866	105527
18244	-3374	133	32309		4519
33315	10401	10367	1163	3635	7631

12-7 国有及国有控股工业企业主要经济指标(2015年)

单位：万元

类别	Category	单位数（个）Number of Enterprises (unit)	#亏损企业 Loss-making Enterprises	工业总产值 Gross Industrial Output Value
总　计	**Total**	446	176	47266768
#亏损企业	#Loss-making Enterprises	176	176	16076416
#大中型企业	#Large and Medium-sized Enterprises	188	80	44058665
按轻重工业分	**Grouped by Light and Heavy Industry**			
轻工业	Light Industry	82	25	7092681
重工业	Heavy Industry	364	151	40174087
按行业分	**Grouped by Industry**			
采矿业	Mining and Quarrying	24	14	12119549
煤炭开采和洗选业	Mining and Washing of Coal	13	9	1928390
石油和天然气开采业	Extraction of Petroleum and Natural Gas	1		9545198
黑色金属矿采选业	Mining and Processing of Ferrous Metals Ores			
有色金属矿采选业	Mining and Processing of Non-ferrous Metal Ores	3	3	94670
非金属矿采选业	Mining and Processing of Nonmetal Ores	3	2	9582
开采辅助活动	Mining Auxiliary Activities	4		541709
其他采矿业	Mining of Other Ores			
制造业	Manufacturing	225	73	24474934
农副食品加工业	Processing of Food from Agricultural Products	25	8	3809777
食品制造业	Manufacture of Foods	12	1	935312
酒、饮料和精制茶制造业	Manufacture of Wine, soft drinks and refined tea	7	2	128290
烟草制品业	Manufacture of Tobacco	2		949445
纺织业	Manufacture of Textile			
纺织服装、服饰业	Manufacture of Textile and Apparel			
皮革、毛皮、羽毛及其制品和制鞋业	Manufacture of Leather, Furs, Feather and Related Products and Footwear	1		24205
木材加工及木、竹、藤、棕、草制品业	Processing of Timber, Manufacture of Wood, Bamboo, Rattan, Palm and Straw Products	6	2	13306
家具制造业	Manufacture of Furniture	1		2136
造纸及纸制品业	Manufacture of Paper and Paper Products	1		143462
印刷和记录媒介复制业	Manufacture of Printing and Record Medium Reproduction	7	1	49157
文教、工美、体育和娱乐用品制造业	Manufacture of Articles for Culture, Education and Sports Activities	1		5000
石油加工、炼焦及核燃料加工业	Processing of Petoleum, Coking, Processing of Nuclear Fuel	9	5	8963299
化学原料及化学制品制造业	Manufacture of Raw Chemical Materials and Chemical Products	17	8	1389949
医药制造业	Manufacture of Medicines	8	1	771585
化学纤维制造业	Manufacture of Chemical Fibers			
橡胶和塑料制品业	Manufacture of Rubber and Plastics	4	1	43910
非金属矿物制品业	Manufacture of Non-metallic Mineral Products	33	11	679998
黑色金属冶炼及压延加工业	Smelting and Pressing of Ferrous Metals	3	2	256296
有色金属冶炼及压延加工业	Smelting and Pressing of Non-ferrous Metals	4	1	208395
金属制品业	Manufacture of Metal Products	9	4	230671
通用设备制造业	Manufacture of General Purpose Machinery	20	8	1787956
专用设备制造业	Manufacture of Special Purpose Machinery	11	4	810294
汽车制造业	Manufacture of Automotive	9	5	591877
铁路、船舶、航空航天和其他运输设备制造业	Manufacture of Railroad, Marine, Aerospace and Other Transportation Equipment	15	4	1755876
电气机械及器材制造业	Manufacture of Electrical Machinery and Equipment	10	3	642983
计算机、通信和其他电子设备制造业	Manufacture of Computers, Communication and Other Electronic Equipment	2		31818
仪器仪表制造业	Manufacture of Measuring Instruments	4	1	71332
其他制造业	Other Manufacturing	3	1	157605
废弃资源综合利用业	Comprehensive Utilization of Waste Resources Industry	1		21001
金属制品、机械和设备修理业	Metal Products, Machinery and Equipment Repair Industry			
电力、热力、燃气及水的生产和供应业	Production and Supply of Electric Power, heat, Gas and Water	197	89	10672285
电力、热力的生产和供应业	Production and Supply of Electric Power and Heat Power	179	78	10071682
燃气生产和供应业	Production and Supply of Gas	4	1	468762
水的生产和供应业	Production and Supply of Water	14	10	131840

MAJOR INDICATORS OF STATE-OWNED AND STATE-HOLDING INDUSTRIAL ENTERPRISES (2015)

(10000 yuan)

工业销售产值 Sale Output Value of Industry	应收帐款 Receivables	产成品 Finished Goods	流动资产合计 Total Working Capitals	固定资产原价 Original Value of Fixed Assets	固定资产合计 Total of Fixed Assets	资产合计 Total Assets	负债合计 Total Liabilities	主营业务收入 Revenue from Principal Business
46781156	6308075	2098100	34658645	94014010	47003141	94536530	54099757	50172360
15858491	3492858	963405	12797904	28337063	15403418	34396893	27512615	17177840
43628346	5768123	1955117	32371734	87213607	41693087	85122560	48059091	46991434
7198670	762447	640073	5815456	4539052	2485602	8933945	5725464	9443083
39582486	5545628	1458027	28843189	89474958	44517540	85602584	48374292	40729278
11791169	473111	360846	8534171	49645939	22355405	35508105	12121634	11882018
1815310	387183	93469	1557942	4880298	2622519	5764760	5379522	1830476
9335724	53662	266824	6805651	43511146	18611070	28264737	6057192	9424334
88843	800	47	21911	361346	335322	455495	465834	87827
9582	1337		6005	4226	8423	14452	11456	9582
541709	30130	506	142661	888923	778072	1008661	207630	529799
24373141	4696011	1598148	21227233	20240697	10662030	36169816	25125536	26734054
3953059	132655	438974	2848568	1086597	922685	3858344	3362067	5038359
877075	96899	45627	341681	703654	256019	639371	335280	1027022
133291	5218	5506	34191	81275	54542	106972	98132	128716
964586	86387	11292	443206	420456	227623	844516	122491	963581
24205	266	307	801	2	1	844	699	24250
14907	8171	10413	28391	31294	23630	67191	45887	14994
2136	279	137	2263	2157	1849	4953	2593	2089
138851	33876	17215	178914	264708	105429	312200	97950	144208
43790	14691	3502	80844	65044	26106	118889	60277	41391
4706	1353	1458	7270	4954	4767	12851	2978	4166
8909515	109729	185134	773301	7000085	2753691	3832214	2350771	8993168
1368600	47841	29112	780381	1673014	1062485	2231897	1499576	1372083
778979	326681	98793	1290960	992565	510339	1909694	833606	1782403
42901	12998	12300	41957	30866	9293	57232	37422	45988
651909	130227	57122	663942	965735	699728	1574248	1102907	585439
238808	66270	239486	994243	547851	391539	1845686	1686486	306512
197579	22175	11837	172588	511169	412650	669359	528549	209695
215599	62962	17300	395622	348385	204334	643163	471230	212962
1836740	1115030	51366	4144941	891275	608625	5309590	4145240	1762828
671608	1480207	158429	3268639	1219590	790652	4505675	2590044	659713
565459	112065	31916	759117	1095484	392959	1281750	1712936	541183
1726696	340206	42568	2024133	1258482	764795	3573272	2318000	1854670
742893	386710	80563	1621207	495059	243992	2060868	1265245	732841
23826	9696	1458	35494	6420	3540	50766	25269	22312
68468	30729	32306	162389	118155	50754	337560	111626	84973
157059	49111	7881	99054	417785	133480	278327	291580	159117
19900	13580	6145	33136	8636	6523	42387	26695	19393
10616847	1138952	139106	4897242	24127374	13985706	22858608	16852587	11556288
10016244	1106376	123203	4038559	23345349	13538885	21208271	15810823	10897655
468762	15215	15640	209818	258775	178266	388563	180497	519332
131840	17361	263	648865	523250	268555	1261775	861267	139301

12-7 续表

单位：万元

类别	Category	主营业务成本 Cost of Principal Business	销售费用 Selling Expenses
总计	**Total**	40928822	843088
#亏损企业	#Loss-making Enterprises	16157151	230664
#大中型企业	#Large and Medium-sized Enterprises	38143229	786421
按轻重工业分	**Grouped by Light and Heavy Industry**		
轻工业	Light Industry	7860786	331507
重工业	Heavy Industry	33068036	511582
按行业分	**Grouped by Industry**		
采矿业	Mining and Quarrying	8497306	121106
煤炭开采和洗选业	Mining and Washing of Coal	1941324	13629
石油和天然气开采业	Extraction of Petroleum and Natural Gas	6072084	106138
黑色金属矿采选业	Mining and Processing of Ferrous Metals Ores		
有色金属矿采选业	Mining and Processing of Non-ferrous Metal Ores	86403	270
非金属矿采选业	Mining and Processing of Nonmetal Ores	7482	355
开采辅助活动	Mining Auxiliary Activities	390014	714
其他采矿业	Mining of Other Ores		
制造业	Manufacturing	21456725	653495
农副食品加工业	Processing of Food from Agricultural Products	4805800	55096
食品制造业	Manufacture of Foods	829890	93470
酒、饮料和精制茶制造业	Manufacture of Wine, soft drinks and refined tea	122762	2848
烟草制品业	Manufacture of Tobacco	407633	11646
纺织业	Manufacture of Textile		
纺织服装、服饰业	Manufacture of Textile and Apparel		
皮革、毛皮、羽毛及其制品和制鞋业	Manufacture of Leather, Furs, Feather and Related Products and Footwear	24184	
木材加工及木、竹、藤、棕、草制品业	Processing of Timber,Manufacture of Wood,Bamboo,Rattan,Palm and Straw Products	13882	259
家具制造业	Manufacture of Furniture	1837	80
造纸及纸制品业	Manufacture of Paper and Paper Products	97654	11428
印刷和记录媒介复制业	Manufacture of Printing and Record Medium Reproduction	31651	538
文教、工美、体育和娱乐用品制造业	Manufacture of Articles for Culture,Education and Sports Activities	2897	179
石油加工、炼焦及核燃料加工业	Processing of Petoleum,Coking,Processing of Nuclear Fuel	6352614	47731
化学原料及化学制品制造业	Manufacture of Raw Chemical Materials and Chemical Products	1244690	23742
医药制造业	Manufacture of Medicines	1305072	137044
化学纤维制造业	Manufacture of Chemical Fibers		
橡胶和塑料制品业	Manufacture of Rubber and Plastics	35561	2449
非金属矿物制品业	Manufacture of Non-metallic Mineral Products	458503	26619
黑色金属冶炼及压延加工业	Smelting and Pressing of Ferrous Metals	249849	24898
有色金属冶炼及压延加工业	Smelting and Pressing of Non-ferrous Metals	169446	6038
金属制品业	Manufacture of Metal Products	189822	3414
通用设备制造业	Manufacture of General Purpose Machinery	1500289	50807
专用设备制造业	Manufacture of Special Purpose Machinery	623039	31239
汽车制造业	Manufacture of Automotive	485014	24575
铁路、船舶、航空航天和其他运输设备制造业	Manufacture of Railroad, Marine, Aerospace and Other Transportation Equipment	1618182	39133
电气机械及器材制造业	Manufacture of Electrical Machinery and Equipment	657332	45622
计算机、通信和其他电子设备制造业	Manufacture of Computers,Communication and Other Electronic Equipment	12644	846
仪器仪表制造业	Manufacture of Measuring Instruments	66566	8462
其他制造业	Other Manufacturing	142414	5097
废弃资源综合利用业	Comprehensive Utilization of Waste Resources Industry	7499	238
金属制品、机械和设备修理业	Metal Products, Machinery and Equipment Repair Industry		
电力、热力、燃气及水的生产和供应业	Production and Supply of Electric Power,heat,Gas and Water	10974791	68487
电力、热力的生产和供应业	Production and Supply of Electric Power and Heat Power	10418465	23852
燃气生产和供应业	Production and Supply of Gas	462475	33196
水的生产和供应业	Production and Supply of Water	93851	11439

CONTINUED

(10000 yuan)

管理费用 Overhead Expenses	财务费用 Financial Expenses	利息支出 Expenditure for Interests	利润总额 Total Profits	亏损企业亏损额 Total Losses Made by Enterprises -in-red	从业人员平均人数(人) Average Employed Persons (person)
3729962	849787	1033512	833841	1534549	671384
1282865	502258	512787	-1534549	1534549	358532
3558089	688513	897532	786467	1414645	638524
482653	86923	58739	249809	74734	67656
3247309	762864	974773	584033	1459815	603728
1588477	102712	289206	736849	455793	312568
305025	86579	91817	-392297	423751	192716
1256654	-7308	175964	1080089		112887
7703	22540	19855	-31871	31871	681
981	39	36	521	171	333
18114	863	1535	80406		5951
1866953	341060	361867	22286	843045	238657
76955	67750	33038	-4213	43780	10071
25918	4608	3765	66417	2174	9853
7101	2101	1974	-5142	8545	1572
82085	-1810		74665		5052
21			32		51
1408	22		-712	1380	881
125			47		120
10764	4022	4248	19193		2378
7933	67	68	1856	1214	1850
955	-8	14	371		203
463621	65740	68811	61004	180684	36287
71805	36881	37047	-38749	104853	13658
214866	-378	4752	104873	859	23417
6225	756	726	872	1099	1653
67635	24055	22832	29379	25256	9496
17101	22170	26634	-322	633	5852
26385	11562	11486	-1915	3494	6253
37636	4210	5153	-9394	12386	10951
154909	5327	17516	20036	58570	24704
102620	71560	80446	-172262	176360	18158
159394	2940	11680	-81208	94034	11197
206166	17982	22706	17921	48494	24767
79171	-3470	4230	-57190	59526	10826
6143	41	39	3961		263
19966	2079	2040	-6492	8802	3987
19357	1474	1583	-4152	10902	4863
688	1080	1080	3408		294
274532	406014	382439	74707	235711	120159
220279	388923	362056	42266	225972	108458
16212	-3871	297	37873	287	3829
38041	20962	20086	-5433	9452	7872

12-8 集体工业企业主要经济指标(2015年)

单位：万元

类　别	Category	单位数（个）Number of Enterprises (unit)	#亏损企业 Loss-making Enterprises	工业总产值 Gross Industrial Output Value
总　计	**Total**	**42**	**15**	**616485**
#亏损企业	#Loss-making Enterprises	15	15	123316
#大中型企业	#Large and Medium-sized Enterprises	16	8	419835
按轻重工业分	**Grouped by Light and Heavy Industry**			
轻工业	Light Industry	8		95372
重工业	Heavy Industry	34	15	521114
按行业分	**Grouped by Industry**			
采矿业	Mining and Quarrying	9	2	50325
煤炭开采和洗选业	Mining and Washing of Coal	4	2	10135
石油和天然气开采业	Extraction of Petroleum and Natural Gas			
黑色金属矿采选业	Mining and Processing of Ferrous Metals Ores			
有色金属矿采选业	Mining and Processing of Non-ferrous Metal Ores			
非金属矿采选业	Mining and Processing of Nonmetal Ores	2		7215
开采辅助活动	Mining Auxiliary Activities	3		32974
其他采矿业	Mining of Other Ores			
制造业	Manufacturing	31	13	548393
农副食品加工业	Processing of Food from Agricultural Products			
食品制造业	Manufacture of Foods	1		37785
酒、饮料和精制茶制造业	Manufacture of Wine, soft drinks and refined tea			
烟草制品业	Manufacture of Tobacco	1		33637
纺织业	Manufacture of Textile			
纺织服装、服饰业	Manufacture of Textile and Apparel	1		2029
皮革、毛皮、羽毛及其制品和制鞋业	Manufacture of Leather, Furs, Feather and Related Products and Footwear			
木材加工及木、竹、藤、棕、草制品业	Processing of Timber, Manufacture of Wood, Bamboo, Rattan, Palm and Straw Products			
家具制造业	Manufacture of Furniture			
造纸及纸制品业	Manufacture of Paper and Paper Products	5		21922
印刷和记录媒介复制业	Manufacture of Printing and Record Medium Reproduction			
文教、工美、体育和娱乐用品制造业	Manufacture of Articles for Culture, Education and Sports Activities			
石油加工、炼焦及核燃料加工业	Processing of Petoleum, Coking, Processing of Nuclear Fuel			
化学原料及化学制品制造业	Manufacture of Raw Chemical Materials and Chemical Products	8	1	309015
医药制造业	Manufacture of Medicines			
化学纤维制造业	Manufacture of Chemical Fibers			
橡胶和塑料制品业	Manufacture of Rubber and Plastics	1	1	2552
非金属矿物制品业	Manufacture of Non-metallic Mineral Products	1		7271
黑色金属冶炼及压延加工业	Smelting and Pressing of Ferrous Metals	1	1	8433
有色金属冶炼及压延加工业	Smelting and Pressing of Non-ferrous Metals			
金属制品业	Manufacture of Metal Products	1	1	7870
通用设备制造业	Manufacture of General Purpose Machinery	4	3	12952
专用设备制造业	Manufacture of Special Purpose Machinery	1	1	2003
汽车制造业	Manufacture of Automotive	1	1	5600
铁路、船舶、航空航天和其他运输设备制造业	Manufacture of Railroad, Marine, Aerospace and Other Transportation Equipment	2	2	47936
电气机械及器材制造业	Manufacture of Electrical Machinery and Equipment	1	1	14602
计算机、通信和其他电子设备制造业	Manufacture of Computers, Communication and Other Electronic Equipment			
仪器仪表制造业	Manufacture of Measuring Instruments			
其他制造业	Other Manufacturing			
废弃资源综合利用业	Comprehensive Utilization of Waste Resources Industry			
金属制品、机械和设备修理业	Metal Products, Machinery and Equipment Repair Industry	2	1	34787
电力、热力、燃气及水的生产和供应业	Production and Supply of Electric Power, heat, Gas and Water	2		17768
电力、热力的生产和供应业	Production and Supply of Electric Power and Heat Power	2		17768
燃气生产和供应业	Production and Supply of Gas			
水的生产和供应业	Production and Supply of Water			

MAJOR INDICATORS OF COLLECTIVE-OWNED INDUSTRIAL ENTERPRISES (2015)

(10000 yuan)

工业销售产值 Sale Output Value of Industry	应收帐款 Receivables	产成品 Finished Goods	流动资产合计 Total Working Capitals	固定资产原价 Original Value of Fixed Assets	固定资产合计 Total of Fixed Assets	资产合计 Total Assets	负债合计 Total Liabilities	主营业务收入 Revenue from Principal Business
615012	**178542**	**23246**	**509431**	**294067**	**148033**	**677064**	**585323**	**585790**
122846	37703	8571	105829	75403	45564	156070	179494	97649
417737	139592	12409	347916	188137	97655	455695	375358	394414
95939	24084	2409	63616	29132	14783	78446	19268	96367
519072	154458	20837	445816	264935	133250	598618	566055	489423
50091	13163	1831	59087	72941	41542	107183	119079	48592
9902	6781	1544	24816	21631	20281	46679	31258	9296
7215	230	53	846	5286	3888	4734	874	7215
32974	6153	234	33425	46025	17373	55770	86947	32080
547152	165199	21415	445480	204243	98741	557226	455565	518307
37784	18257	607	47934	16444	7120	55053	8419	37784
33527	348	66	1806	3272	2216	4022	413	33527
2029	635	225	1541	1213	924	2503	1834	2029
22600	4845	1511	12335	8203	4523	16867	8601	23028
307484	105431	10331	274261	101366	47062	330767	262658	300980
2661	471	177	2880	2488	1546	4507	2511	2619
7271	175	212	1198	3805	2797	3995	541	7271
8433	454		5410	6610	3004	8414	14357	7945
7870	3722	59	3982	1911	1910	5892	4165	4320
12897	2659	7795	17626	14811	4504	23081	48171	14103
2003	447	10	2014	214	25	2305	2065	2003
5600	1247		10454			10454	26414	5600
47605	15022	24	17342	14861	9973	27768	27531	37260
14602	965		2888	923	487	3375	2851	13870
34787	10524	398	43811	28124	12650	58223	45033	25969
17768	180		4864	16883	7751	12656	10678	18892
17768	180		4864	16883	7751	12656	10678	18892

12-8 续表

单位：万元

类　别	Category	主营业务成　本 Cost of Principal Business	销售费用 Selling Expenses
总　计	**Total**	**520543**	**5881**
#亏损企业	#Loss-making Enterprises	96482	200
#大中型企业	#Large and Medium-sized Enterprises	358304	3444
按轻重工业分	**Grouped by Light and Heavy Industry**		
轻工业	Light Industry	86418	1996
重工业	Heavy Industry	434125	3884
按行业分	**Grouped by Industry**		
采矿业	Mining and Quarrying	35063	203
煤炭开采和洗选业	Mining and Washing of Coal	8221	28
石油和天然气开采业	Extraction of Petroleum and Natural Gas		
黑色金属矿采选业	Mining and Processing of Ferrous Metals Ores		
有色金属矿采选业	Mining and Processing of Non-ferrous Metal Ores		
非金属矿采选业	Mining and Processing of Nonmetal Ores	5346	175
开采辅助活动	Mining Auxiliary Activities	21496	
其他采矿业	Mining of Other Ores		
制造业	Manufacturing	472333	5678
农副食品加工业	Processing of Food from Agricultural Products		
食品制造业	Manufacture of Foods	34026	249
酒、饮料和精制茶制造业	Manufacture of Wine, soft drinks and refined tea		
烟草制品业	Manufacture of Tobacco	30042	1274
纺织业	Manufacture of Textile		
纺织服装、服饰业	Manufacture of Textile and Apparel	1863	4.9
皮革、毛皮、羽毛及其制品和制鞋业	Manufacture of Leather, Furs, Feather and Related Products and Footwear		
木材加工及木、竹、藤、棕、草制品业	Processing of Timber,Manufacture of Wood,Bamboo,Rattan,Palm and Straw Products		
家具制造业	Manufacture of Furniture		
造纸及纸制品业	Manufacture of Paper and Paper Products	20487	469
印刷和记录媒介复制业	Manufacture of Printing and Record Medium Reproduction		
文教、工美、体育和娱乐用品制造业	Manufacture of Articles for Culture,Education and Sports Activities		
石油加工、炼焦及核燃料加工业	Processing of Petoleum,Coking,Processing of Nuclear Fuel		
化学原料及化学制品制造业	Manufacture of Raw Chemical Materials and Chemical Products	270155	3393
医药制造业	Manufacture of Medicines		
化学纤维制造业	Manufacture of Chemical Fibers		
橡胶和塑料制品业	Manufacture of Rubber and Plastics	2393	24
非金属矿物制品业	Manufacture of Non-metallic Mineral Products	5581	92
黑色金属冶炼及压延加工业	Smelting and Pressing of Ferrous Metals	9120	
有色金属冶炼及压延加工业	Smelting and Pressing of Non-ferrous Metals		
金属制品业	Manufacture of Metal Products	4364	3.8
通用设备制造业	Manufacture of General Purpose Machinery	13445	121
专用设备制造业	Manufacture of Special Purpose Machinery	1868	
汽车制造业	Manufacture of Automotive	5579	7.5
铁路、船舶、航空航天和其他运输设备制造业	Manufacture of Railroad, Marine, Aerospace and Other Transportation Equipment	36738	37
电气机械及器材制造业	Manufacture of Electrical Machinery and Equipment	13859	4.9
计算机、通信和其他电子设备制造业	Manufacture of Computers,Communication and Other Electronic Equipment		
仪器仪表制造业	Manufacture of Measuring Instruments		
其他制造业	Other Manufacturing		
废弃资源综合利用业	Comprehensive Utilization of Waste Resources Industry		
金属制品、机械和设备修理业	Metal Products, Machinery and Equipment Repair Industry	22814	
电力、热力、燃气及水的生产和供应业	Production and Supply of Electric Power,heat,Gas and Water	13148	
电力、热力的生产和供应业	Production and Supply of Electric Power and Heat Power	13148	
燃气生产和供应业	Production and Supply of Gas		
水的生产和供应业	Production and Supply of Water		

CONTINUED

(10000 yuan)

管理费用 Overhead Expenses	财务费用 Financial Expenses	利息支出 Expenditure for Interests	利润总额 Total Profits	亏损企业亏损额 Total Losses Made by Enterprises -in-red	从业人员平均人数(人) Average Employed Persons (person)
39234	**1804**	**1567**	**16751**	**10267**	**15008**
10846	958	668	-10267	10267	6109
18884	1499	1089	9531	7144	11840
1617	444	356	6159		1565
37616	1360	1211	10593	10267	13443
8540	584	584	3745	341	2407
585	581	581	-250	341	891
436			1238		105
7520	3.2	3.2	2757		1411
25532	925	688	12747	9927	12354
263	243	243	3003		399
492	77	77	1600		211
51	41		65		270
812	83	35	1491		685
11345	221	245	13175	425	5377
183	10	12	-28	28	136
116			1472		73
638	-0.5	0.2	-1583	1583	787
47	0.3	0.3	-96	96	48
3598	-11	75	-2463	2470	776
221	1.8		-122	122	24
15	255		-461	461	331
3948	3.3		-3364	3364	2677
228	-0.1		-226	226	39
3575	1	0.4	283	1152	521
5161	295	295	259		247
5161	295	295	259		247

12-9 按行业分私营工业企业主要指标 (2015年)

单位：万元

行　　业	Sector
总　计	**Total**
采矿业	Mining and Quarrying
煤炭开采和洗选业	Mining and Washing of Coal
石油和天然气开采业	Extraction of Petroleum and Natural Gas
黑色金属矿采选业	Mining and Processing of Ferrous Metals Ores
有色金属矿采选业	Mining and Processing of Non-ferrous Metal Ores
非金属矿采选业	Mining and Processing of Nonmetal Ores
开采辅助活动	Mining Auxiliary Activities
其他采矿业	Mining of Other Ores
制造业	Manufacturing
农副食品加工业	Processing of Food from Agricultural Products
食品制造业	Manufacture of Foods
酒、饮料和精制茶制造业	Manufacture of Wine, soft drinks and refined tea
烟草制品业	Manufacture of Tobacco
纺织业	Manufacture of Textile
纺织服装、服饰业	Manufacture of Textile and Apparel
皮革、毛皮、羽毛及其制品和制鞋业	Manufacture of Leather, Furs, Feather and Related Products and Footwear
木材加工及木、竹、藤、棕、草制品业	Processing of Timber, Manufacture of Wood, Bamboo, Rattan, Palm and Straw Products
家具制造业	Manufacture of Furniture
造纸及纸制品业	Manufacture of Paper and Paper Products
印刷和记录媒介复制业	Manufacture of Printing and Record Medium Reproduction
文教、工美、体育和娱乐用品制造业	Manufacture of Articles for Culture, Education and Sports Activities
石油加工、炼焦及核燃料加工业	Processing of Petoleum, Coking, Processing of Nuclear Fuel
化学原料及化学制品制造业	Manufacture of Raw Chemical Materials and Chemical Products
医药制造业	Manufacture of Medicines
化学纤维制造业	Manufacture of Chemical Fibers
橡胶和塑料制品业	Manufacture of Rubber and Plastics
非金属矿物制品业	Manufacture of Non-metallic Mineral Products
黑色金属冶炼及压延加工业	Smelting and Pressing of Ferrous Metals
有色金属冶炼及压延加工业	Smelting and Pressing of Non-ferrous Metals
金属制品业	Manufacture of Metal Products
通用设备制造业	Manufacture of General Purpose Machinery
专用设备制造业	Manufacture of Special Purpose Machinery
汽车制造业	Manufacture of Automotive
铁路、船舶、航空航天和其他运输设备制造业	Manufacture of Railroad, Marine, Aerospace and Other Transportation Equipment
电气机械及器材制造业	Manufacture of Electrical Machinery and Equipment
计算机、通信和其他电子设备制造业	Manufacture of Computers, Communication and Other Electronic Equipment
仪器仪表制造业	Manufacture of Measuring Instruments
其他制造业	Other Manufacturing
废弃资源综合利用业	Comprehensive Utilization of Waste Resources Industry
金属制品、机械和设备修理业	Metal Products, Machinery and Equipment Repair Industry
电力、热力、燃气及水的生产和供应业	Production and Supply of Electric Power, heat, Gas and Water
电力、热力的生产和供应业	Production and Supply of Electric Power and Heat Power
燃气生产和供应业	Production and Supply of Gas
水的生产和供应业	Production and Supply of Water

MAIN INDICATORS OF PRIVATE ENTERPRISES BY INDUSTRIAL SECTOR (2015)

(10000 yuan)

企业单位数 (个) Number of Enterprises (unit)	工 业 总产值 Gross Industrial Output Value	资 产 总 计 Total Assets	流动资产 合 计 Total Working Capitals	固定资产 原 价 Original Value of Fixed Assets	固定资产 合 计 Total of Fixed Assets	负债合计 Total Liabilities
1955	**31342300**	**18253126**	**8936730**	**13177474**	**7070229**	**9126971**
105	963963	1304901	663442	708612	387051	850994
67	388498	918034	497210	357243	198597	681077
10	226971	120162	17479	181142	99214	26949
4	42951	45371	28956	52101	10883	35375
20	258316	119100	49134	61929	50828	66626
4	47227	102236	70663	56197	27529	40968
1799	29849367	15874715	7812830	11924388	6138047	7464560
631	12793496	4875835	2668825	5511093	1603702	2169740
65	773038	564297	246567	277342	201148	242649
66	915649	548773	178780	451247	310185	228873
23	595078	369551	155429	211858	161695	107790
12	95299	53872	39902	16431	11863	30152
8	203964	46107	36025	8394	8198	21143
151	2766180	913655	384156	754815	438327	314329
37	500444	378891	209533	170701	152469	199096
27	268166	227333	108255	92029	76880	114453
17	92421	73960	38011	35995	21881	42696
28	460911	67105	24864	78171	36336	19460
25	282606	995030	593869	281571	223177	875331
106	2082088	1118501	494345	760535	517287	628073
38	523108	420356	177604	259758	186963	175966
3	21090	33414	9589	16578	12987	13138
56	800705	375931	155177	343011	179039	155998
149	2687615	1371098	579080	862468	616719	738989
23	253157	166180	102219	55901	41500	85436
6	92540	88309	61399	28679	22118	25695
55	641854	342176	199674	159879	107989	188868
79	875192	636012	254054	399479	342291	279333
103	1054490	868715	473086	422464	289550	310165
10	106173	68944	42353	32186	20198	43050
8	100635	185085	131417	58985	38408	117040
45	591141	644533	208045	458895	371237	175281
9	156229	249319	169344	57145	36631	110054
12	47513	67153	51156	12558	10829	36646
3	57313	110476	7120	103915	97468	7014
2	7194	7196	7180	29	16	6315
2	4079	6910	5774	2277	957	1786
51	528970	1073510	460459	544474	545131	811418
42	412235	998374	435879	508987	500436	785147
7	111303	49965	15068	33981	31786	18572
2	5432	25171	9512	1506	12909	7699

12-9 续表

单位：万元

行　　业	Sector
总　计	**Total**
采矿业	Mining and Quarrying
煤炭开采和洗选业	Mining and Washing of Coal
石油和天然气开采业	Extraction of Petroleum and Natural Gas
黑色金属矿采选业	Mining and Processing of Ferrous Metals Ores
有色金属矿采选业	Mining and Processing of Non-ferrous Metal Ores
非金属矿采选业	Mining and Processing of Nonmetal Ores
开采辅助活动	Mining Auxiliary Activities
其他采矿业	Mining of Other Ores
制造业	Manufacturing
农副食品加工业	Processing of Food from Agricultural Products
食品制造业	Manufacture of Foods
酒、饮料和精制茶制造业	Manufacture of Wine, soft drinks and refined tea
烟草制品业	Manufacture of Tobacco
纺织业	Manufacture of Textile
纺织服装、服饰业	Manufacture of Textile and Apparel
皮革、毛皮、羽毛及其制品和制鞋业	Manufacture of Leather, Furs, Feather and Related Products and Footwear
木材加工及木、竹、藤、棕、草制品业	Processing of Timber, Manufacture of Wood, Bamboo, Rattan, Palm and Straw Products
家具制造业	Manufacture of Furniture
造纸及纸制品业	Manufacture of Paper and Paper Products
印刷和记录媒介复制业	Manufacture of Printing and Record Medium Reproduction
文教、工美、体育和娱乐用品制造业	Manufacture of Articles for Culture, Education and Sports Activities
石油加工、炼焦及核燃料加工业	Processing of Petoleum, Coking, Processing of Nuclear Fuel
化学原料及化学制品制造业	Manufacture of Raw Chemical Materials and Chemical Products
医药制造业	Manufacture of Medicines
化学纤维制造业	Manufacture of Chemical Fibers
橡胶和塑料制品业	Manufacture of Rubber and Plastics
非金属矿物制品业	Manufacture of Non-metallic Mineral Products
黑色金属冶炼及压延加工业	Smelting and Pressing of Ferrous Metals
有色金属冶炼及压延加工业	Smelting and Pressing of Non-ferrous Metals
金属制品业	Manufacture of Metal Products
通用设备制造业	Manufacture of General Purpose Machinery
专用设备制造业	Manufacture of Special Purpose Machinery
汽车制造业	Manufacture of Automotive
铁路、船舶、航空航天和其他运输设备制造业	Manufacture of Railroad, Marine, Aerospace and Other Transportation Equipment
电气机械及器材制造业	Manufacture of Electrical Machinery and Equipment
计算机、通信和其他电子设备制造业	Manufacture of Computers, Communication and Other Electronic Equipment
仪器仪表制造业	Manufacture of Measuring Instruments
其他制造业	Other Manufacturing
废弃资源综合利用业	Comprehensive Utilization of Waste Resources Industry
金属制品、机械和设备修理业	Metal Products, Machinery and Equipment Repair Industry
电力、热力、燃气及水的生产和供应业	Production and Supply of Electric Power, heat, Gas and Water
电力、热力的生产和供应业	Production and Supply of Electric Power and Heat Power
燃气生产和供应业	Production and Supply of Gas
水的生产和供应业	Production and Supply of Water

CONTINUED

(10000 yuan)

流动负债合计 Total Working Liabilities	所有者权益 Owners' Equities	主营业务收 入 Revenue from Principal Business	主营业务成 本 Cost of Principal Business	利润总额 Total Profits	从业人员平均人数(人) Average Employed Persons (person)
7002181	**9137786**	**30367452**	**26780780**	**1622834**	**229177**
687764	451161	945342	788349	28766	14493
552638	234211	369270	296514	-6417	9032
18868	93213	226378	190787	20222	1788
32488	9996	41965	35735	-112	847
44297	52474	258126	222917	14190	2311
39473	61268	49603	42395	884	515
5764849	8424533	28892721	25502739	1584561	208300
1734299	2706090	12409881	11127621	567358	63098
162597	321648	738425	617806	58986	8982
179586	319899	896450	772162	61144	6990
79482	261761	541023	482074	31623	15667
29274	23720	95063	82499	5173	1692
15996	24964	206380	196066	8890	790
218987	590437	2702511	2447515	131366	17114
165620	177211	483688	388929	38140	8653
96797	112880	226751	206155	8076	2496
30863	31264	91717	82780	3416	1273
17470	47645	465004	427990	25962	2884
676321	148732	316444	314979	-43778	4597
358944	490427	2066414	1777177	176879	9845
147725	244390	404799	329387	23527	5388
7744	20276	20043	16454	671	278
132982	219932	775212	676666	53291	6243
599156	631078	2565589	2232776	175179	17456
71599	80744	258744	227984	12572	1742
20313	62614	92396	75919	10615	578
157490	153308	635867	547436	37662	5054
217181	356678	897505	782552	46760	6590
248905	556407	947235	813677	65222	9298
31849	25894	99457	81972	2694	1169
116853	68045	95597	59877	26470	1849
137437	469252	592442	518773	31425	4660
58717	139266	155085	117846	17853	2669
35581	30507	45248	35337	3739	729
6984	103462	56495	52368	3217	257
6315	880	7194	6424	278	214
1786	5124	4066	3542	152	45
549568	262092	529389	489692	9507	6384
529682	213228	410618	383577	3024	5816
12187	31393	113339	102470	6036	541
7699	17471	5432	3645	447	27

12-10 按行业分“三资”工业企业主要指标(2015年)

单位：万元

行业	Sector
总计	**Total**
采矿业	Mining and Quarrying
煤炭开采和洗选业	Mining and Washing of Coal
石油和天然气开采业	Extraction of Petroleum and Natural Gas
黑色金属矿采选业	Mining and Processing of Ferrous Metals Ores
有色金属矿采选业	Mining and Processing of Non-ferrous Metal Ores
非金属矿采选业	Mining and Processing of Nonmetal Ores
开采辅助活动	Mining Auxiliary Activities
其他采矿业	Mining of Other Ores
制造业	Manufacturing
农副食品加工业	Processing of Food from Agricultural Products
食品制造业	Manufacture of Foods
酒、饮料和精制茶制造业	Manufacture of Wine, soft drinks and refined tea
烟草制品业	Manufacture of Tobacco
纺织业	Manufacture of Textile
纺织服装、服饰业	Manufacture of Textile and Apparel
皮革、毛皮、羽毛及其制品和制鞋业	Manufacture of Leather, Furs, Feather and Related Products and Footwear
木材加工及木、竹、藤、棕、草制品业	Processing of Timber,Manufacture of Wood,Bamboo,Rattan,Palm and Straw Products
家具制造业	Manufacture of Furniture
造纸及纸制品业	Manufacture of Paper and Paper Products
印刷和记录媒介复制业	Manufacture of Printing and Record Medium Reproduction
文教、工美、体育和娱乐用品制造业	Manufacture of Articles for Culture,Education and Sports Activities
石油加工、炼焦及核燃料加工业	Processing of Petoleum,Coking,Processing of Nuclear Fuel
化学原料及化学制品制造业	Manufacture of Raw Chemical Materials and Chemical Products
医药制造业	Manufacture of Medicines
化学纤维制造业	Manufacture of Chemical Fibers
橡胶和塑料制品业	Manufacture of Rubber and Plastics
非金属矿物制品业	Manufacture of Non-metallic Mineral Products
黑色金属冶炼及压延加工业	Smelting and Pressing of Ferrous Metals
有色金属冶炼及压延加工业	Smelting and Pressing of Non-ferrous Metals
金属制品业	Manufacture of Metal Products
通用设备制造业	Manufacture of General Purpose Machinery
专用设备制造业	Manufacture of Special Purpose Machinery
汽车制造业	Manufacture of Automotive
铁路、船舶、航空航天和其他运输设备制造业	Manufacture of Railroad, Marine, Aerospace and Other Transportation Equipment
电气机械及器材制造业	Manufacture of Electrical Machinery and Equipment
计算机、通信和其他电子设备制造业	Manufacture of Computers,Communication and Other Electronic Equipment
仪器仪表制造业	Manufacture of Measuring Instruments
其他制造业	Other Manufacturing
废弃资源综合利用业	Comprehensive Utilization of Waste Resources Industry
金属制品、机械和设备修理业	Metal Products, Machinery and Equipment Repair Industry
电力、热力、燃气及水的生产和供应业	Production and Supply of Electric Power,heat,Gas and Water
电力、热力的生产和供应业	Production and Supply of Electric Power and Heat Power
燃气生产和供应业	Production and Supply of Gas
水的生产和供应业	Production and Supply of Water

MAIN INDICATORS OF INDUSTRIAL ENTERPRISES WITH HONGKONG,MACAO,TAIWAN AND FOREIGN FUNDS BY INDUSTRIAL SECTOR (2015)

(10000 yuan)

企业单位数（个） Number of Enterprises (unit)	工业总产值 Gross Industrial Output Value	资产总计 Total Assets	流动资产合计 Total Working Capitals	固定资产原价 Original Value of Fixed Assets	固定资产合计 Total of Fixed Assets	负债合计 Total Liabilities
198	**11067788**	**15323477**	**7152233**	**11151718**	**6664079**	**9435850**
4	991196	864149	45526	1557244	736062	76346
3	27790	95608	39270	55846	53777	39470
1	963406	768541	6256	1501398	682285	36877
171	9289531	11679513	6530584	6352390	4007669	7097207
38	1811291	1624673	797540	943114	530013	1215980
20	2177034	1806989	1056847	893988	641449	819107
26	1043010	1305977	532997	1109688	628362	796669
3	118817	56680	32803	25317	11494	31666
1	78334	70655	18107	66491	31924	2236
1	26103	2652	431	2530	1250	32
9	144184	180145	74462	55050	102287	46504
4	47252	114829	60247	56261	48301	102619
3	116848	63218	20389	93555	40137	66403
1	3860	10557	7377	4872	2565	2878
5	104378	34711	8818	82606	24315	11499
1	23289	152397	94971	38504	49925	186818
8	215745	127693	46403	99119	72476	48899
9	763550	1792626	1186881	957305	505367	851214
4	467992	889205	551805	360444	205558	556690
10	92537	161410	89317	87145	51770	106916
1	29333	29318	5177	28759	24141	19103
4	43813	24945	14091	16465	9051	7611
2	20994	30603	20553	14161	9708	9541
10	288922	690978	407947	254829	179123	521194
5	1422011	1905500	1140065	1046367	765077	1405527
1	30402	46904	42702	9722	3806	11173
2	197335	533393	308337	89668	59018	264583
2	20442	17246	11355	11158	5865	8710
1	2059	6209	964	5274	4686	3637
23	787061	2779815	576123	3242084	1920348	2262297
18	650688	2087541	248841	2980724	1746372	1781010
3	114085	308554	139194	246706	167066	155671
2	22287	383720	188088	14654	6909	325616

12-10 续表

单位：万元

行　业	Sector
总　计	**Total**
采矿业	Mining and Quarrying
煤炭开采和洗选业	Mining and Washing of Coal
石油和天然气开采业	Extraction of Petroleum and Natural Gas
黑色金属矿采选业	Mining and Processing of Ferrous Metals Ores
有色金属矿采选业	Mining and Processing of Non-ferrous Metal Ores
非金属矿采选业	Mining and Processing of Nonmetal Ores
开采辅助活动	Mining Auxiliary Activities
其他采矿业	Mining of Other Ores
制造业	Manufacturing
农副食品加工业	Processing of Food from Agricultural Products
食品制造业	Manufacture of Foods
酒、饮料和精制茶制造业	Manufacture of Wine, soft drinks and refined tea
烟草制品业	Manufacture of Tobacco
纺织业	Manufacture of Textile
纺织服装、服饰业	Manufacture of Textile and Apparel
皮革、毛皮、羽毛及其制品和制鞋业	Manufacture of Leather, Furs, Feather and Related Products and Footwear
木材加工及木、竹、藤、棕、草制品业	Processing of Timber,Manufacture of Wood,Bamboo,Rattan,Palm and Straw Products
家具制造业	Manufacture of Furniture
造纸及纸制品业	Manufacture of Paper and Paper Products
印刷和记录媒介复制业	Manufacture of Printing and Record Medium Reproduction
文教、工美、体育和娱乐用品制造业	Manufacture of Articles for Culture,Education and Sports Activities
石油加工、炼焦及核燃料加工业	Processing of Petoleum,Coking,Processing of Nuclear Fuel
化学原料及化学制品制造业	Manufacture of Raw Chemical Materials and Chemical Products
医药制造业	Manufacture of Medicines
化学纤维制造业	Manufacture of Chemical Fibers
橡胶和塑料制品业	Manufacture of Rubber and Plastics
非金属矿物制品业	Manufacture of Non-metallic Mineral Products
黑色金属冶炼及压延加工业	Smelting and Pressing of Ferrous Metals
有色金属冶炼及压延加工业	Smelting and Pressing of Non-ferrous Metals
金属制品业	Manufacture of Metal Products
通用设备制造业	Manufacture of General Purpose Machinery
专用设备制造业	Manufacture of Special Purpose Machinery
汽车制造业	Manufacture of Automotive
铁路、船舶、航空航天和其他运输设备制造业	Manufacture of Railroad, Marine, Aerospace and Other Transportation Equipment
电气机械及器材制造业	Manufacture of Electrical Machinery and Equipment
计算机、通信和其他电子设备制造业	Manufacture of Computers,Communication and Other Electronic Equipment
仪器仪表制造业	Manufacture of Measuring Instruments
其他制造业	Other Manufacturing
废弃资源综合利用业	Comprehensive Utilization of Waste Resources Industry
金属制品、机械和设备修理业	Metal Products, Machinery and Equipment Repair Industry
电力、热力、燃气及水的生产和供应业	Production and Supply of Electric Power,heat,Gas and Water
电力、热力的生产和供应业	Production and Supply of Electric Power and Heat Power
燃气生产和供应业	Production and Supply of Gas
水的生产和供应业	Production and Supply of Water

CONTINUED

(10000 yuan)

流动负债合计 Total Working Liabilities	所有者权益 Owners' Equities	主营业务收入 Revenue from Principal Business	主营业务成本 Cost of Principal Business	利润总额 Total Profits	从业人员平均人数(人) Average Employed Persons (person)
7944888	**5903264**	**12379887**	**9862236**	**689011**	**101204**
46909	787803	992096	771667	90582	2065
35470	56138	28690	19905	867	1238
11439	731665	963406	751762	89715	827
6390553	4597943	10537631	8417829	544041	87295
1162212	408693	1970343	1798129	66778	10707
681758	987881	2167711	1532679	165679	13164
731620	509308	1126707	806314	99551	10799
23928	25014	117647	97026	14546	2243
2236	68418	78334	74105	4186	490
	2621	25040	23516	777	72
32007	133641	146097	131485	5515	2632
96396	12210	38581	28984	-1035	1358
59191	-3185	118779	96705	11130	617
2878	7680	3291	2487	26	35
11131	23212	104303	90975	6077	2272
173318	-34421	19393	25948	-23289	675
30166	78795	203518	177356	18488	692
767280	941412	1793817	1308216	119007	22431
512770	332515	467991	411957	28729	4280
87835	54494	59419	53973	-7023	1340
17467	10215	31843	30650	109	255
4540	17334	45162	40057	1394	394
9541	21062	45893	42235	659	288
455317	185422	298934	254733	-59941	3266
1256523	499973	1424902	1183610	80169	5075
11173	35730	36435	32586	-870	185
250013	268810	190014	154873	11956	3760
7820	8537	20433	17171	1032	189
3436	2572	3043	2059	391	76
1507425	517518	850161	672740	54387	11844
1181006	306531	653911	542540	28353	7829
149100	152883	175643	116877	29669	3678
177319	58104	20607	13324	-3634	337

12-11 分地区工业企业主要经济指标

MAJOR INDICATORS OF INDUSTRIAL ENTERPRISES BY REGION

单位：万元 (10000 yuan)

地 区	Region	工业销售产值 Sales Value of Industry	应收帐款 Receivables	产成品 Finished Goods	流动资产合计 Total Working Capitals	固定资产合计 Total of Fixed Assets	资产合计 Total Assets
	2011	111917554	8689086	4238772	51808599	55517385	119188305
	2012	122533357	10961107	4131580	55643420	60883972	132231419
	2013	134158911	11753611	4593806	59161644	65315274	142157738
	2014	131393829	12750187	4806495	62294591	68229582	149951906
	2015	115238693	13104509	4292904	62464256	69758202	154079605
哈尔滨	Harbin	31272642	4732591	910006	20872932	13236690	40443770
齐齐哈尔	Qiqihar	10001935	2347635	693937	7748571	5468923	15135970
鸡 西	Jixi	1815461	527902	129372	1977008	1570699	4776345
鹤 岗	Hegang	1325770	153898	46250	1106004	1980030	3322948
双鸭山	Shuangyashan	2497563	278472	79812	1742057	2391800	5343101
大 庆	Daqing	30173677	2441392	870181	14292392	26383708	44922212
伊 春	Yichun	898247	262101	61470	1137284	1736487	3204782
佳木斯	Jiamusi	5670360	491720	211970	1961544	2003785	4770117
七台河	Qitaihe	1492285	370607	197091	1801326	1647258	4729672
牡丹江	Mudanjiang	9684576	551896	205035	2383657	3892208	7010253
黑 河	Heihe	1261376	100243	42466	748254	1060502	2278490
绥 化	Suihua	9141940	395480	260467	2440510	3447141	6588138
大兴安岭	Daxinganling	167417	72375	51342	277675	220957	540097
农垦总局	ARB	5792386	223323	516269	3562025	1648611	5422598
绥芬河	Suifenhe	169959	18261	14613	105336	22250	169437
抚 远	Fuyuan	53161	2903	2622	22666	43234	72623

12-11 续表1 CONTINUED

单位：万元 (10000 yuan)

地 区	Region	负债总计 Total Liabilities	主营业务收入 Revenue from Principal Business	主营业务成本 Cost of Principal Business	销售费用 Selling Expenses	管理费用 Overhead Expenses
	2011	67035890	114545985	84988688	2464447	5484787
	2012	75850807	125261436	95639742	2726616	6099105
	2013	82129564	137010647	107693689	3032544	6356665
	2014	85409467	134070897	107325636	3084525	6194322
	2015	86883806	117190328	98774174	3035492	6296310
哈尔滨	Harbin	24883289	31119185	25129724	1272109	2006255
齐齐哈尔	Qiqihar	9275740	9674340	8160218	444616	517231
鸡 西	Jixi	3595558	1840852	1684240	56071	158291
鹤 岗	Hegang	2763842	1367733	1307561	26766	90502
双鸭山	Shuangyashan	3807395	2550595	2330430	49172	141837
大 庆	Daqing	16207760	31179336	24460482	301211	2219286
伊 春	Yichun	3158580	883640	849030	21076	49478
佳木斯	Jiamusi	2854885	5561559	5051651	120161	161152
七台河	Qitaihe	3255290	1595099	1507727	38975	142269
牡丹江	Mudanjiang	3422062	9728740	8435801	311528	344340
黑 河	Heihe	1504520	1209088	1001696	25514	71927
绥 化	Suihua	3493447	9210429	8088889	195743	221550
大兴安岭	Daxinganling	414864	167632	139896	8259	16215
农垦总局	ARB	4330374	7055122	6591643	150275	153417
绥芬河	Suifenhe	123091	176041	159149	13162	1676
抚 远	Fuyuan	49945	50999	46169	856	883

12-11 续表2 CONTINUED

单位：万元 (10000 yuan)

地 区	Region	财务费用 Financial Expenses	利息支出 Expenditure for Interests	利润总额 Total Profits	亏损企业亏损额 Total Losses Made by Enterprises -in-red	从业人员平均人数(人) Average Employed Persons (person)
	2011	954779	1174441	14466514	736812	1342300
	2012	1254569	1517969	13385582	1223349	1413500
	2013	1524873	1693017	11854868	1781047	1382219
	2014	1578053	1811386	10070814	2358695	1302148
	2015	1451442	1509238	4650917	2209231	1229896
哈尔滨	Harbin	305214	314082	1711891	389850	287291
齐齐哈尔	Qiqihar	255272	230591	291228	379524	115704
鸡 西	Jixi	68848	63653	-81987	196043	70882
鹤 岗	Hegang	58203	55510	-112456	154193	55689
双鸭山	Shuangyashan	77987	64251	-7712	127103	58121
大 庆	Daqing	162657	344547	1588928	352485	235076
伊 春	Yichun	59715	58370	-99850	132311	26118
佳木斯	Jiamusi	64015	58505	161880	105653	41458
七台河	Qitaihe	72769	60138	-84788	153678	77253
牡丹江	Mudanjiang	85687	79948	544181	45723	91777
黑 河	Heihe	32621	30094	61610	19621	15537
绥 化	Suihua	66157	45718	635858	46572	87653
大兴安岭	Daxinganling	6041	5159	-430	10502	5771
农垦总局	ARB	84637	47845	43727	86021	34459
绥芬河	Suifenhe	958	662	2656	3032	1080
抚 远	Fuyuan	1960	1529	3106		389

12-12 分地区大中型工业企业主要经济指标

MAJOR INDICATORS OF LARGE AND MEDIUM-SIZED INDUSTRIAL ENTERPRISES BY REGION

单位：万元 (10000 yuan)

地 区	Region	工业销售产值 Sales Value of Industry	应收帐款 Receivables	产成品 Finished Goods	流动资产合计 Total Working Capitals	固定资产合计 Total of Fixed Assets
	2011	77847969	6204318	3035023	40501807	42947019
	2012	82067804	7978959	2923702	42740270	49044226
	2013	83558177	7840825	3317515	43329930	51018561
	2014	83051778	8703301	3495592	45843572	52967159
	2015	67685805	8971414	3088780	45245612	52175757
哈尔滨	Harbin	15120718	3047223	570586	14991779	7805590
齐齐哈尔	Qiqihar	5848123	1964872	587671	6392038	3178771
鸡 西	Jixi	1108131	429308	53398	1377044	1058367
鹤 岗	Hegang	856322	88033	15707	490378	1599460
双鸭山	Shuangyashan	1294450	160468	44154	992719	1913577
大 庆	Daqing	24313053	1811180	679175	11877400	24666541
伊 春	Yichun	529466	206739	42926	827621	1044152
佳木斯	Jiamusi	1244220	246747	146559	1007205	855376
七台河	Qitaihe	1159125	274981	149457	1336503	1280965
牡丹江	Mudanjiang	2802747	266134	101942	1181777	1674649
黑 河	Heihe	436288	26552	14438	213377	333325
绥 化	Suihua	4556687	146358	163960	1198195	2370569
大兴安岭	Daxinganling	82299	35413	30084	86177	92027
农垦总局	ARB	4514235	133697	488724	2988387	1298469
绥芬河	Suifenhe					
抚 远	Fuyuan					

注：从2003年起，大中型企业划分按新标准执行。
Note: The partition of large and medium-sized industrial enterprises use new cirterion from 2003.

12-12 续表1 CONTINUED

单位：万元 (10000 yuan)

地区	Region	资产合计 Total Assets	负债总计 Total Liabilities	主营业务收入 Revenue from Principal Business	主营业务成本 Cost of Principal Business	销售费用 Selling Expenses	管理费用 Overhead Expenses
	2011	92908613	52212528	80407306	55214187	1894994	4576730
	2012	104188084	60229441	85351633	60880620	1975821	4879226
	2013	108281515	62880257	86754028	63514344	2107647	4881586
	2014	113433264	65283619	86553337	65304930	2104747	4778869
	2015	113406107	64642516	71081613	57897903	1947774	4800442
哈尔滨	Harbin	26773556	18066179	16166927	12227463	802479	1369249
齐齐哈尔	Qiqihar	11086770	7278677	5678336	4687613	364251	371674
鸡西	Jixi	3537274	2682960	1130776	1018238	33776	130042
鹤岗	Hegang	2218138	2037820	862670	832182	17062	72671
双鸭山	Shuangyashan	3682819	2736303	1316395	1222874	20948	91600
大庆	Daqing	40255244	13532436	25328539	19135685	235942	2078178
伊春	Yichun	2137093	2421906	530775	538432	14164	39395
佳木斯	Jiamusi	2088787	1458180	1174144	1045922	62368	82290
七台河	Qitaihe	3649246	2535573	1213201	1149574	24815	122018
牡丹江	Mudanjiang	3431931	2028831	2868682	2341630	118312	151049
黑河	Heihe	777301	437910	408651	296776	10909	33821
绥化	Suihua	3803750	1819755	4733221	4085239	119849	123449
大兴安岭	Daxinganling	191335	177125	82733	73614	4302	7379
农垦总局	ARB	4423810	3685697	5766623	5412790	118598	127628
绥芬河	Suifenhe						
抚远	Fuyuan						

12-12 续表2 CONTINUED

单位：万元 (10000 yuan)

地区	Region	财务费用 Financial Expenses	利息支出 Expenditure for Interests	利润总额 Total Profits	亏损企业亏损额 Total Losses Made by Enterprises in red	从业人员平均人数(人) Average Employed Persons (person)
	2011	616620	877827	12415263	578870	1050200
	2012	875876	1187976	10969876	976178	1075600
	2013	1057903	1275456	8946365	1461782	1016411
	2014	1076585	1396879	7629698	2048449	964644
	2015	989159	1134706	2464602	1743949	910379
哈尔滨	Harbin	183242	221715	884626	229742	185344
齐齐哈尔	Qiqihar	193096	180321	45036	342411	87240
鸡西	Jixi	48058	51368	-54968	159584	65743
鹤岗	Hegang	48209	48158	-108171	139032	49377
双鸭山	Shuangyashan	57392	53603	-28279	101540	49373
大庆	Daqing	99545	283098	1334302	290857	207459
伊春	Yichun	46892	47972	-112985	126000	17525
佳木斯	Jiamusi	30983	28656	-47931	94310	17380
七台河	Qitaihe	59215	50118	-65623	123851	72243
牡丹江	Mudanjiang	47380	43612	210599	28990	41033
黑河	Heihe	16744	16032	38236	1996	7312
绥化	Suihua	34635	21926	375851	16042	58450
大兴安岭	Daxinganling	2911	2923	-3636	5575	3717
农垦总局	ARB	72157	36568	4469	77095	22545
绥芬河	Suifenhe					
抚远	Fuyuan					

12-13 分地区国有及国有控股工业企业主要经济指标

MAJOR INDICATORS OF STATE-OWNED AND STATE-HOLDING INDUSTRIAL ENTERPRISES BY REGION

单位：万元　　(10000 yuan)

地 区	Region	工业销售产值 Sales Value of Industry	应收帐款 Receivables	产成品 Finished Goods	流动资产合计 Total Working Capitals	固定资产合计 Total of Fixed Assets	资产合计 Total Assets
	2011	63396546	4752373	1876994	31873380	42053017	81113775
	2012	63482393	5862326	1814187	32137395	44328075	86597401
	2013	63871568	5889768	2130414	33314228	46201384	90956939
	2014	62040152	6293713	2272282	35408333	47798644	94894086
	2015	46781156	6308075	2098100	34658645	47003141	94536530
哈尔滨	Harbin	9837582	2464055	361953	12258847	6455946	21987120
齐齐哈尔	Qiqihar	2253111	1646442	405046	4904771	3196958	9359383
鸡西	Jixi	922937	197989	50663	786034	1174266	3002593
鹤岗	Hegang	617536	74620	5355	355459	1599896	2011420
双鸭山	Shuangyashan	639784	82262	1592	479096	1183626	1918824
大庆	Daqing	20726355	991537	593609	10402828	23179381	37127590
伊春	Yichun	225558	59754	2137	200240	1040318	1397928
佳木斯	Jiamusi	672766	134768	87019	543159	1019065	1876152
七台河	Qitaihe	793608	168675	50706	560016	1059236	2135975
牡丹江	Mudanjiang	719345	101394	28264	388754	1186689	1660924
黑河	Heihe	238465	26456	4391	149717	340408	564824
绥化	Suihua	1124851	49969	19055	309083	1154023	1599808
大兴安岭	Daxinganling	63695	42810	21834	91062	124756	235665
农垦总局	ARB	4118698	133068	466478	2939678	1255836	4272906
绥芬河	Suifenhe						
抚远	Fuyuan	6925	567		4886	28817	36362

13-13 续表1 CONTINUED

单位：万元　　(10000 yuan)

地 区	Region	负债总计 Total Liabilities	主营业务收入 Revenue from Principal Business	主营业务成本 Cost of Principal Business	销售费用 Selling Expenses	管理费用 Overhead Expenses
	2011	45531599	66078279	44156805	1017888	3627692
	2012	49460132	67050869	45785237	1066930	3897781
	2013	52740809	67081951	47592928	1073122	3991270
	2014	53808159	65554357	48185874	991327	3756991
	2015	54099757	50172360	40928822	843088	3729962
哈尔滨	Harbin	15650452	10984901	8450777	337565	1063049
齐齐哈尔	Qiqihar	6443790	2315676	2124021	96195	234288
鸡西	Jixi	2513954	933828	918741	14689	106002
鹤岗	Hegang	1941433	612540	613152	382	68877
双鸭山	Shuangyashan	1597588	637555	595472	3558	54856
大庆	Daqing	12074388	21723626	16093677	206120	1813594
伊春	Yichun	1214200	221744	200301	1980	25023
佳木斯	Jiamusi	1252410	604838	526962	36318	44667
七台河	Qitaihe	1640542	802699	787174	5424	91242
牡丹江	Mudanjiang	1069322	733449	580144	17065	48137
黑河	Heihe	421659	223344	184805	2408	17734
绥化	Suihua	600162	1108387	901570	11758	33797
大兴安岭	Daxinganling	216228	63661	60957	1327	7583
农垦总局	ARB	3696304	5379251	5055773	108302	121112
绥芬河	Suifenhe					
抚远	Fuyuan	24161	6925	5427		

12-13 续表2 CONTINUED

单位：万元 (10000 yuan)

地 区 Region		财务费用 Financial Expenses	利息支出 Expenditure for Interests	利润总额 Total Profits	亏损企业亏损额 Total Losses Made by Enterprises -in-red	从业人员平均人数(人) Average Employed Persons (person)
2011		490337	788267	11092925	465306	759900
2012		697198	1033985	9850133	734569	790100
2013		845508	1058994	7574071	1327490	733208
2014		878095	1199871	6324800	1639005	707601
2015		849787	1033512	833841	1534549	671384
哈尔滨	Harbin	145561	184313	239112	243303	132278
齐齐哈尔	Qiqihar	167833	179264	-287395	337024	54441
鸡 西	Jixi	45777	43647	-112293	154849	61004
鹤 岗	Hegang	42492	41809	-111193	132504	42428
双鸭山	Shuangyashan	43694	41405	-41400	78242	40588
大 庆	Daqing	96853	281092	1101095	290335	186696
伊 春	Yichun	34874	31250	-22902	35197	5657
佳木斯	Jiamusi	39079	37540	-33402	57305	10115
七台河	Qitaihe	38784	39364	-40463	90796	59383
牡丹江	Mudanjiang	41085	40062	53517	17596	13809
黑 河	Heihe	12493	11884	11546	2183	4002
绥 化	Suihua	14081	11616	105504	8268	13103
大兴安岭	Daxinganling	3923	3066	-8490	10039	3842
农垦总局	ARB	73606	38047	-13397	69986	18293
绥芬河	Suifenhe					
抚 远	Fuyuan	949	517	925		107

12-14 分地区集体工业企业主要经济指标

MAJOR INDICATORS OF COLLECTIVE-OWNED INDUSTRIAL ENTERPRISES BY REGION

单位：万元 (10000 yuan)

地 区 Region		工业销售产值 Sales Value of Industry	应收帐款 Receivables	产成品 Finished Goods	流动资产合计 Total Working Capitals	固定资产合计 Total of Fixed Assets
2011		1422657	201803	46958	668304	250916
2012		1389929	317860	48750	836212	261676
2013		938028	227565	33913	565493	185897
2014		679531	190850	19189	504803	143565
2015		615012	178542	23246	509431	148033
哈尔滨	Harbin	10080	2692	6469	14630	4074
齐齐哈尔	Qiqihar	109193	37842	832	79851	23443
鸡 西	Jixi	7617	2812	2444	10302	1718
鹤 岗	Hegang	7902	5210	1535	23231	20207
双鸭山	Shuangyashan					
大 庆	Daqing	369210	118505	10690	340132	71057
伊 春	Yichun					
佳木斯	Jiamusi	29437	965		6201	7853
七台河	Qitaihe	2052	489	124	1711	861
牡丹江	Mudanjiang	77493	9393	928	31833	17897
黑 河	Heihe					
绥 化	Suihua	2029	635	225	1541	924
大兴安岭	Daxinganling					
农垦总局	ARB					
绥芬河	Suifenhe					
抚 远	Fuyuan					

12-14 续表1 CONTINUED

单位：万元 (10000 yuan)

地 区	Region	资产合计 Total Assets	负债总计 Total Liabilities	主营业务收 入 Revenue from Principal Business	主营业务成 本 Cost of Principal Business	销售费用 Selling Expenses	管理费用 Overhead Expenses
	2011	989502	723369	1210899	1050708	15584	73998
	2012	1183553	897275	1292245	1131393	16206	93709
	2013	803278	641805	890517	790238	5843	55364
	2014	673551	573188	655857	584675	5148	43478
	2015	677064	585323	585790	520543	5881	39234
哈尔滨	Harbin	19655	39731	11557	10607	228	2624
齐齐哈尔	Qiqihar	104094	61127	96025	92604	341	6480
鸡 西	Jixi	12029	7987	7687	6673	244	717
鹤 岗	Hegang	45021	29693	7296	6699	28	170
双鸭山	Shuangyashan						
大 庆	Daqing	425933	397959	360176	316512	3372	20163
伊 春	Yichun						
佳木斯	Jiamusi	14095	13055	29829	24912	5	4677
七台河	Qitaihe	2572	2159	2109	1844	62	187
牡丹江	Mudanjiang	51163	31778	69083	58829	1595	4165
黑 河	Heihe						
绥 化	Suihua	2503	1834	2029	1863	5	51
大兴安岭	Daxinganling						
农垦总局	ARB						
绥芬河	Suifenhe						
抚 远	Fuyuan						

12-14 续表2 CONTINUED

单位：万元 (10000 yuan)

地 区	Region	财务费用 Financial Expenses	利息支出 Expenditure for Interests	利润总额 Total Profits	亏损企业亏损额 Total Losses Made by Enterprises -in-red	从业人员平均人数(人) Average Employed Persons (person)
	2011	5387	4561	50551	4624	34583
	2012	7278	5897	43280	12346	34395
	2013	1801	1896	28015	6026	24054
	2014	1631	1776	10252	15717	15940
	2015	1804	1567	16751	10267	15008
哈尔滨	Harbin	94	94	-1234	1500	630
齐齐哈尔	Qiqihar	305	271	-3488	6490	4866
鸡 西	Jixi	-45		315		244
鹤 岗	Hegang	581	581	-286	341	841
双鸭山	Shuangyashan					
大 庆	Daqing	456	249	17235	558	7085
伊 春	Yichun					
佳木斯	Jiamusi	225	225	-22	226	248
七台河	Qitaihe			7		62
牡丹江	Mudanjiang	148	147	4158	1152	762
黑 河	Heihe					
绥 化	Suihua	41		65		270
大兴安岭	Daxinganling					
农垦总局	ARB					
绥芬河	Suifenhe					
抚 远	Fuyuan					

12-15 工业企业主要经济效益指标(2015年)

MAJOR INDICATORS ON ECONOMIC BENEFIT OF INDUSTRIAL ENTERPRISES (2015)

类　别	Category	总资产贡献率 (%) Ratio of Total Assets to Industrial Output Value (%)	资　产负债率 (%) Assets-Liability Ratio (%)
总　计	**Total**	**8.7**	**56.4**
按轻重工业分	**Grouped by Light and Heavy Industry**		
轻工业	Light Industry	13.1	51.5
重工业	Heavy Industry	7.4	57.8
按行业分	**Grouped by Sector**		
采矿业	Mining and Quarrying	7.5	36.7
煤炭开采和洗选业	Mining and Washing of Coal	-0.2	87.8
石油和天然气开采业	Extraction of Petroleum and Natural Gas	9.2	21.4
黑色金属矿采选业	Mining and Processing of Ferrous Metals Ores	8.6	61.2
有色金属矿采选业	Mining and Processing of Non-ferrous Metal Ores	1.2	81.6
非金属矿采选业	Mining and Processing of Nonmetal Ores	15.3	51.2
开采辅助活动	Mining Auxiliary Activities	13.7	24.3
其他采矿业	Mining of Other Ores		
制造业	Manufacturing	10.7	60.1
农副食品加工业	Processing of Food from Agricultural Products	10.0	60.1
食品制造业	Manufacture of Foods	14.5	39.9
酒、饮料和精制茶制造业	Manufacture of Wine, soft drinks and refined tea	13.7	54.7
烟草制品业	Manufacture of Tobacco	63.9	15.0
纺织业	Manufacture of Textile	14.7	40.6
纺织服装、服饰业	Manufacture of Textile and Apparel	15.4	31.7
皮革、毛皮、羽毛及其制品和制鞋业	Manufacture of Leather, Furs, Feather and Related Products and Footwear	22.0	37.0
木材加工及木、竹、藤、棕、草制品业	Processing of Timber, Manufacture of Wood, Bamboo, Rattan, Palm and Straw Products	18.9	34.4
家具制造业	Manufacture of Furniture	11.2	62.7
造纸及纸制品业	Manufacture of Paper and Paper Products	8.8	43.9
印刷和记录媒介复制业	Manufacture of Printing and Record Medium Reproduction	11.7	50.2
文教、工美、体育和娱乐用品制造业	Manufacture of Articles for Culture, Education and Sports Activities	23.6	22.8
石油加工、炼焦及核燃料加工业	Processing of Petoleum, Coking, Processing of Nuclear Fuel	39.4	65.9
化学原料及化学制品制造业	Manufacture of Raw Chemical Materials and Chemical Products	7.8	62.5
医药制造业	Manufacture of Medicines	15.0	42.4
化学纤维制造业	Manufacture of Chemical Fibers	5.4	39.3
橡胶和塑料制品业	Manufacture of Rubber and Plastics	11.7	33.3
非金属矿物制品业	Manufacture of Non-metallic Mineral Products	9.0	61.8
黑色金属冶炼及压延加工业	Smelting and Pressing of Ferrous Metals	-0.2	92.6
有色金属冶炼及压延加工业	Smelting and Pressing of Non-ferrous Metals	3.7	68.7
金属制品业	Manufacture of Metal Products	7.5	61.8
通用设备制造业	Manufacture of General Purpose Machinery	3.3	70.2
专用设备制造业	Manufacture of Special Purpose Machinery	0.7	55.0
汽车制造业	Manufacture of Automotive	3.6	99.2
铁路、船舶、航空航天和其他运输设备制造业	Manufacture of Railroad, Marine, Aerospace and Other Transportation Equipment	2.7	64.1
电气机械及器材制造业	Manufacture of Electrical Machinery and Equipment	3.2	54.9
计算机、通信和其他电子设备制造业	Manufacture of Computers, Communication and Other Electronic Equipment	9.1	46.1
仪器仪表制造业	Manufacture of Measuring Instruments	5.7	40.9
其他制造业	Other Manufacturing	1.8	72.8
废弃资源综合利用业	Comprehensive Utilization of Waste Resources Industry	10.5	71.3
金属制品、机械和设备修理业	Metal Products, Machinery and Equipment Repair Industry	2.5	69.3
电力、热力、燃气及水的生产和供应业	Production and Supply of Electric Power, heat, Gas and Water	4.2	73.5
电力、热力的生产和供应业	Production and Supply of Electric Power and Heat Power	4.1	74.6
燃气生产和供应业	Production and Supply of Gas	11.1	46.5
水的生产和供应业	Production and Supply of Water	1.9	66.1

12-15 续表 CONTINUED

类　别	Category	成本费用利润率(%) Ratio of Profits to Industrial Cost(%)	产品销售率(%) Proportion of Products (%)
总　计	**Total**	**4.2**	**99.3**
按轻重工业分	**Grouped by Light and Heavy Industry**		
轻工业	Light Industry	6.1	101.2
重工业	Heavy Industry	2.9	97.9
按行业分	**Grouped by Sector**		
采矿业	Mining and Quarrying	6.3	96.5
煤炭开采和洗选业	Mining and Washing of Coal	-10.7	90.4
石油和天然气开采业	Extraction of Petroleum and Natural Gas	14.0	97.8
黑色金属矿采选业	Mining and Processing of Ferrous Metals Ores	6.7	98.3
有色金属矿采选业	Mining and Processing of Non-ferrous Metal Ores	-11.8	92.3
非金属矿采选业	Mining and Processing of Nonmetal Ores	6.4	97.2
开采辅助活动	Mining Auxiliary Activities	12.5	100.1
其他采矿业	Mining of Other Ores		
制造业	Manufacturing	4.3	99.8
农副食品加工业	Processing of Food from Agricultural Products	3.9	100.0
食品制造业	Manufacture of Foods	8.2	116.1
酒、饮料和精制茶制造业	Manufacture of Wine, soft drinks and refined tea	7.3	98.4
烟草制品业	Manufacture of Tobacco	14.0	101.7
纺织业	Manufacture of Textile	6.9	97.5
纺织服装、服饰业	Manufacture of Textile and Apparel	6.8	99.4
皮革、毛皮、羽毛及其制品和制鞋业	Manufacture of Leather, Furs, Feather and Related Products and Footwear	4.5	98.9
木材加工及木、竹、藤、棕、草制品业	Processing of Timber, Manufacture of Wood, Bamboo, Rattan, Palm and Straw Products	5.6	98.2
家具制造业	Manufacture of Furniture	7.5	97.3
造纸及纸制品业	Manufacture of Paper and Paper Products	5.9	95.3
印刷和记录媒介复制业	Manufacture of Printing and Record Medium Reproduction	10.2	97.2
文教、工美、体育和娱乐用品制造业	Manufacture of Articles for Culture, Education and Sports Activities	5.6	96.5
石油加工、炼焦及核燃料加工业	Processing of Petoleum, Coking, Processing of Nuclear Fuel	-0.4	98.7
化学原料及化学制品制造业	Manufacture of Raw Chemical Materials and Chemical Products	4.4	97.0
医药制造业	Manufacture of Medicines	16.6	96.2
化学纤维制造业	Manufacture of Chemical Fibers	3.5	93.9
橡胶和塑料制品业	Manufacture of Rubber and Plastics	6.8	98.2
非金属矿物制品业	Manufacture of Non-metallic Mineral Products	7.2	97.2
黑色金属冶炼及压延加工业	Smelting and Pressing of Ferrous Metals	-4.9	98.8
有色金属冶炼及压延加工业	Smelting and Pressing of Non-ferrous Metals	3.0	95.7
金属制品业	Manufacture of Metal Products	4.4	97.4
通用设备制造业	Manufacture of General Purpose Machinery	2.9	99.5
专用设备制造业	Manufacture of Special Purpose Machinery	-4.3	93.0
汽车制造业	Manufacture of Automotive	0.0	98.8
铁路、船舶、航空航天和其他运输设备制造业	Manufacture of Railroad, Marine, Aerospace and Other Transportation Equipment	2.3	98.1
电气机械及器材制造业	Manufacture of Electrical Machinery and Equipment	2.3	104.2
计算机、通信和其他电子设备制造业	Manufacture of Computers, Communication and Other Electronic Equipment	10.6	95.9
仪器仪表制造业	Manufacture of Measuring Instruments	7.5	96.6
其他制造业	Other Manufacturing	0.2	99.6
废弃资源综合利用业	Comprehensive Utilization of Waste Resources Industry	11.6	99.4
金属制品、机械和设备修理业	Metal Products, Machinery and Equipment Repair Industry	2.1	99.8
电力、热力、燃气及水的生产和供应业	Production and Supply of Electric Power, heat, Gas and Water	1.2	99.3
电力、热力的生产和供应业	Production and Supply of Electric Power and Heat Power	0.9	99.3
燃气生产和供应业	Production and Supply of Gas	6.8	100.1
水的生产和供应业	Production and Supply of Water	-0.8	100.0

12-16 大中型工业企业主要经济效益指标(2015年)

MAJOR INDICATORS ON ECONOMIC BENEFIT OF LARGE AND MEDIUM-SIZED INDUSTRIAL ENTERPRISES (2015)

类别	Category	总资产贡献率(%) Ratio of Total Assets to Industrial Output Value (%)	资产负债率(%) Assets-Liability Ratio (%)
总计	**Total**	**8.8**	**57.0**
按轻重工业分	**Grouped by Light and Heavy Industry**		
轻工业	Light Industry	13.3	55.2
重工业	Heavy Industry	7.7	57.4
按行业分	**Grouped by Sector**		
采矿业	Mining and Quarrying	7.7	34.9
煤炭开采和洗选业	Mining and Washing of Coal	-0.4	91.2
石油和天然气开采业	Extraction of Petroleum and Natural Gas	9.2	21.4
黑色金属矿采选业	Mining and Processing of Ferrous Metals Ores	13.6	46.0
有色金属矿采选业	Mining and Processing of Non-ferrous Metal Ores	1.5	84.1
非金属矿采选业	Mining and Processing of Nonmetal Ores	23.1	63.5
开采辅助活动	Mining Auxiliary Activities	14.5	22.4
其他采矿业	Mining of Other Ores		
制造业	Manufacturing	10.7	65.3
农副食品加工业	Processing of Food from Agricultural Products	8.2	73.2
食品制造业	Manufacture of Foods	17.7	37.2
酒、饮料和精制茶制造业	Manufacture of Wine, soft drinks and refined tea	14.1	59.0
烟草制品业	Manufacture of Tobacco	63.9	15.0
纺织业	Manufacture of Textile	14.3	44.1
纺织服装、服饰业	Manufacture of Textile and Apparel	7.9	10.3
皮革、毛皮、羽毛及其制品和制鞋业	Manufacture of Leather, Furs, Feather and Related Products and Footwear		
木材加工及木、竹、藤、棕、草制品业	Processing of Timber, Manufacture of Wood, Bamboo, Rattan, Palm and Straw Products	21.1	28.4
家具制造业	Manufacture of Furniture	5.7	76.8
造纸及纸制品业	Manufacture of Paper and Paper Products	8.0	46.4
印刷和记录媒介复制业	Manufacture of Printing and Record Medium Reproduction	4.6	36.8
文教、工美、体育和娱乐用品制造业	Manufacture of Articles for Culture, Education and Sports Activities	18.9	20.5
石油加工、炼焦及核燃料加工业	Processing of Petoleum, Coking, Processing of Nuclear Fuel	42.3	63.9
化学原料及化学制品制造业	Manufacture of Raw Chemical Materials and Chemical Products	6.9	72.6
医药制造业	Manufacture of Medicines	14.5	42.5
化学纤维制造业	Manufacture of Chemical Fibers		
橡胶和塑料制品业	Manufacture of Rubber and Plastics	7.9	60.5
非金属矿物制品业	Manufacture of Non-metallic Mineral Products	7.4	62.9
黑色金属冶炼及压延加工业	Smelting and Pressing of Ferrous Metals	-0.6	94.6
有色金属冶炼及压延加工业	Smelting and Pressing of Non-ferrous Metals	1.8	79.4
金属制品业	Manufacture of Metal Products	2.4	71.0
通用设备制造业	Manufacture of General Purpose Machinery	2.2	76.0
专用设备制造业	Manufacture of Special Purpose Machinery	-0.8	57.0
汽车制造业	Manufacture of Automotive	3.7	103.7
铁路、船舶、航空航天和其他运输设备制造业	Manufacture of Railroad, Marine, Aerospace and Other Transportation Equipment	1.7	66.9
电气机械及器材制造业	Manufacture of Electrical Machinery and Equipment	2.9	55.9
计算机、通信和其他电子设备制造业	Manufacture of Computers, Communication and Other Electronic Equipment	13.0	47.8
仪器仪表制造业	Manufacture of Measuring Instruments	-1.1	32.2
其他制造业	Other Manufacturing	-0.1	111.8
废弃资源综合利用业	Comprehensive Utilization of Waste Resources Industry	11.1	63.0
金属制品、机械和设备修理业	Metal Products, Machinery and Equipment Repair Industry	3.1	62.5
电力、热力、燃气及水的生产和供应业	Production and Supply of Electric Power, heat, Gas and Water	4.7	77.3
电力、热力的生产和供应业	Production and Supply of Electric Power and Heat Power	4.7	79.0
燃气生产和供应业	Production and Supply of Gas	10.5	45.4
水的生产和供应业	Production and Supply of Water	2.0	58.9

12-16 续表 CONTINUED

类 别	Category	成本费用利润率(%) Ratio of Profits to Industrial Cost (%)	产品销售率(%) Proportion of Products (%)
总 计	**Total**	**3.7**	**98.8**
按轻重工业分	**Grouped by Light and Heavy Industry**		
轻工业	Light Industry	6.8	99.8
重工业	Heavy Industry	2.2	98.3
按行业分	**Grouped by Sector**		
采矿业	Mining and Quarrying	7.1	97.5
煤炭开采和洗选业	Mining and Washing of Coal	-12.1	94.8
石油和天然气开采业	Extraction of Petroleum and Natural Gas	14.0	97.8
黑色金属矿采选业	Mining and Processing of Ferrous Metals Ores	9.0	100.1
有色金属矿采选业	Mining and Processing of Non-ferrous Metal Ores	-13.1	91.7
非金属矿采选业	Mining and Processing of Nonmetal Ores	8.5	92.6
开采辅助活动	Mining Auxiliary Activities	13.1	100.0
其他采矿业	Mining of Other Ores		
制造业	Manufacturing	3.5	99.0
农副食品加工业	Processing of Food from Agricultural Products	3.3	102.7
食品制造业	Manufacture of Foods	9.6	93.9
酒、饮料和精制茶制造业	Manufacture of Wine, soft drinks and refined tea	8.9	99.0
烟草制品业	Manufacture of Tobacco	14.6	101.7
纺织业	Manufacture of Textile	6.3	97.3
纺织服装、服饰业	Manufacture of Textile and Apparel	6.2	98.7
皮革、毛皮、羽毛及其制品和制鞋业	Manufacture of Leather, Furs, Feather and Related Products and Footwear		
木材加工及木、竹、藤、棕、草制品业	Processing of Timber, Manufacture of Wood, Bamboo, Rattan, Palm and Straw Products	9.5	98.9
家具制造业	Manufacture of Furniture	5.1	95.2
造纸及纸制品业	Manufacture of Paper and Paper Products	6.5	100.1
印刷和记录媒介复制业	Manufacture of Printing and Record Medium Reproduction	3.4	99.2
文教、工美、体育和娱乐用品制造业	Manufacture of Articles for Culture, Education and Sports Activities	8.0	98.4
石油加工、炼焦及核燃料加工业	Processing of Petoleum, Coking, Processing of Nuclear Fuel	-0.1	98.6
化学原料及化学制品制造业	Manufacture of Raw Chemical Materials and Chemical Products	2.7	95.9
医药制造业	Manufacture of Medicines	17.9	96.8
化学纤维制造业	Manufacture of Chemical Fibers		
橡胶和塑料制品业	Manufacture of Rubber and Plastics	5.7	100.4
非金属矿物制品业	Manufacture of Non-metallic Mineral Products	12.3	95.4
黑色金属冶炼及压延加工业	Smelting and Pressing of Ferrous Metals	-7.0	98.2
有色金属冶炼及压延加工业	Smelting and Pressing of Non-ferrous Metals	-1.1	94.6
金属制品业	Manufacture of Metal Products	0.4	97.0
通用设备制造业	Manufacture of General Purpose Machinery	1.1	102.6
专用设备制造业	Manufacture of Special Purpose Machinery	-12.5	88.1
汽车制造业	Manufacture of Automotive	-0.1	98.7
铁路、船舶、航空航天和其他运输设备制造业	Manufacture of Railroad, Marine, Aerospace and Other Transportation Equipment	1.1	98.5
电气机械及器材制造业	Manufacture of Electrical Machinery and Equipment	0.4	110.5
计算机、通信和其他电子设备制造业	Manufacture of Computers, Communication and Other Electronic Equipment	12.4	99.3
仪器仪表制造业	Manufacture of Measuring Instruments	-8.8	96.0
其他制造业	Other Manufacturing	-2.8	99.6
废弃资源综合利用业	Comprehensive Utilization of Waste Resources Industry	35.9	94.8
金属制品、机械和设备修理业	Metal Products, Machinery and Equipment Repair Industry	4.6	98.9
电力、热力、燃气及水的生产和供应业	Production and Supply of Electric Power, heat, Gas and Water	0.5	99.5
电力、热力的生产和供应业	Production and Supply of Electric Power and Heat Power	0.22	99.5
燃气生产和供应业	Production and Supply of Gas	15.2	100.0
水的生产和供应业	Production and Supply of Water	0.9	100.0

12-17 国有及国有控股工业企业主要经济效益指标(2015年)

MAJOR INDICATORS ON ECONOMIC BENEFIT OF STATE-OWNED AND STATE-HOLDING INDUSTRIAL ENTERPRISES (2015)

类别	Category	总资产贡献率(%) Ratio of Total Assets to Industrial Output Value (%)	资产负债率(%) Assets-Liability Ratio (%)
总计	**Total**	**7.9**	**57.2**
按轻重工业分	**Grouped by Light and Heavy Industry**		
轻工业	Light Industry	11.4	64.1
重工业	Heavy Industry	7.5	56.5
按行业分	**Grouped by Sector**		
采矿业	Mining and Quarrying	7.4	34.1
煤炭开采和洗选业	Mining and Washing of Coal	-1.8	93.3
石油和天然气开采业	Extraction of Petroleum and Natural Gas	9.2	21.4
黑色金属矿采选业	Mining and Processing of Ferrous Metals Ores		
有色金属矿采选业	Mining and Processing of Non-ferrous Metal Ores	-3.3	102.3
非金属矿采选业	Mining and Processing of Nonmetal Ores	7.5	79.3
开采辅助活动	Mining Auxiliary Activities	16.1	20.6
其他采矿业	Mining of Other Ores		
制造业	Manufacturing	10.6	69.5
农副食品加工业	Processing of Food from Agricultural Products	2.1	87.1
食品制造业	Manufacture of Foods	17.3	52.4
酒、饮料和精制茶制造业	Manufacture of Wine, soft drinks and refined tea	1.5	91.7
烟草制品业	Manufacture of Tobacco	66.5	14.5
纺织业	Manufacture of Textile		
纺织服装、服饰业	Manufacture of Textile and Apparel		
皮革、毛皮、羽毛及其制品和制鞋业	Manufacture of Leather, Furs, Feather and Related Products and Footwear	7.6	82.8
木材加工及木、竹、藤、棕、草制品业	Processing of Timber, Manufacture of Wood, Bamboo, Rattan, Palm and Straw Products	-0.9	68.3
家具制造业	Manufacture of Furniture	1.0	52.4
造纸及纸制品业	Manufacture of Paper and Paper Products	11.3	31.4
印刷和记录媒介复制业	Manufacture of Printing and Record Medium Reproduction	3.8	50.7
文教、工美、体育和娱乐用品制造业	Manufacture of Articles for Culture, Education and Sports Activities	5.9	23.2
石油加工、炼焦及核燃料加工业	Processing of Petoleum, Coking, Processing of Nuclear Fuel	68.8	61.3
化学原料及化学制品制造业	Manufacture of Raw Chemical Materials and Chemical Products	0.5	67.2
医药制造业	Manufacture of Medicines	10.8	43.7
化学纤维制造业	Manufacture of Chemical Fibers		
橡胶和塑料制品业	Manufacture of Rubber and Plastics	10.6	65.4
非金属矿物制品业	Manufacture of Non-metallic Mineral Products	5.5	70.1
黑色金属冶炼及压延加工业	Smelting and Pressing of Ferrous Metals	1.1	91.4
有色金属冶炼及压延加工业	Smelting and Pressing of Non-ferrous Metals	1.8	79.0
金属制品业	Manufacture of Metal Products		73.3
通用设备制造业	Manufacture of General Purpose Machinery	2.1	78.1
专用设备制造业	Manufacture of Special Purpose Machinery	-1.5	57.5
汽车制造业	Manufacture of Automotive	-5.1	133.6
铁路、船舶、航空航天和其他运输设备制造业	Manufacture of Railroad, Marine, Aerospace and Other Transportation Equipment	1.6	64.9
电气机械及器材制造业	Manufacture of Electrical Machinery and Equipment	0.1	61.4
计算机、通信和其他电子设备制造业	Manufacture of Computers, Communication and Other Electronic Equipment	10.8	49.8
仪器仪表制造业	Manufacture of Measuring Instruments	-0.5	33.1
其他制造业	Other Manufacturing	0.7	104.8
废弃资源综合利用业	Comprehensive Utilization of Waste Resources Industry	11.1	63.0
金属制品、机械和设备修理业	Metal Products, Machinery and Equipment Repair Industry		
电力、热力、燃气及水的生产和供应业	Production and Supply of Electric Power, heat, Gas and Water	4.2	73.7
电力、热力的生产和供应业	Production and Supply of Electric Power and Heat Power	4.3	74.6
燃气生产和供应业	Production and Supply of Gas	12.7	46.5
水的生产和供应业	Production and Supply of Water	1.5	68.3

12-17 续表 CONTINUED

类 别	Category	成本费用利润率(%) Ratio of Profits to Industrial Cost(%)	产品销售率(%) Proportion of Products (%)
总 计	**Total**	**1.8**	**99.0**
按轻重工业分	**Grouped by Light and Heavy Industry**		
轻工业	Light Industry	2.8	101.5
重工业	Heavy Industry	1.5	98.5
按行业分	**Grouped by Sector**		
采矿业	Mining and Quarrying	6.7	97.3
煤炭开采和洗选业	Mining and Washing of Coal	-14.3	94.1
石油和天然气开采业	Extraction of Petroleum and Natural Gas	14.0	97.8
黑色金属矿采选业	Mining and Processing of Ferrous Metals Ores		
有色金属矿采选业	Mining and Processing of Non-ferrous Metal Ores	-27.3	93.9
非金属矿采选业	Mining and Processing of Nonmetal Ores	5.8	100.0
开采辅助活动	Mining Auxiliary Activities	19.6	100.0
其他采矿业	Mining of Other Ores		
制造业	Manufacturing	0.1	99.6
农副食品加工业	Processing of Food from Agricultural Products	-0.1	103.8
食品制造业	Manufacture of Foods	6.8	93.8
酒、饮料和精制茶制造业	Manufacture of Wine, soft drinks and refined tea	-3.8	103.9
烟草制品业	Manufacture of Tobacco	14.9	101.6
纺织业	Manufacture of Textile		
纺织服装、服饰业	Manufacture of Textile and Apparel		
皮革、毛皮、羽毛及其制品和制鞋业	Manufacture of Leather, Furs, Feather and Related Products and Footwear	0.1	100.0
木材加工及木、竹、藤、棕、草制品业	Processing of Timber, Manufacture of Wood, Bamboo, Rattan, Palm and Straw Products	-4.6	112.0
家具制造业	Manufacture of Furniture	2.3	100.0
造纸及纸制品业	Manufacture of Paper and Paper Products	15.5	96.8
印刷和记录媒介复制业	Manufacture of Printing and Record Medium Reproduction	4.5	89.1
文教、工美、体育和娱乐用品制造业	Manufacture of Articles for Culture, Education and Sports Activities	9.2	94.1
石油加工、炼焦及核燃料加工业	Processing of Petoleum, Coking, Processing of Nuclear Fuel	0.9	99.4
化学原料及化学制品制造业	Manufacture of Raw Chemical Materials and Chemical Products	-2.8	98.5
医药制造业	Manufacture of Medicines	6.3	101.0
化学纤维制造业	Manufacture of Chemical Fibers		
橡胶和塑料制品业	Manufacture of Rubber and Plastics	1.9	97.7
非金属矿物制品业	Manufacture of Non-metallic Mineral Products	5.0	95.9
黑色金属冶炼及压延加工业	Smelting and Pressing of Ferrous Metals	-0.1	93.2
有色金属冶炼及压延加工业	Smelting and Pressing of Non-ferrous Metals	-0.9	94.8
金属制品业	Manufacture of Metal Products	-3.8	93.5
通用设备制造业	Manufacture of General Purpose Machinery	1.2	102.7
专用设备制造业	Manufacture of Special Purpose Machinery	-20.5	82.9
汽车制造业	Manufacture of Automotive	-11.9	95.5
铁路、船舶、航空航天和其他运输设备制造业	Manufacture of Railroad, Marine, Aerospace and Other Transportation Equipment	0.9	98.3
电气机械及器材制造业	Manufacture of Electrical Machinery and Equipment	-7.3	115.5
计算机、通信和其他电子设备制造业	Manufacture of Computers, Communication and Other Electronic Equipment	18.9	74.9
仪器仪表制造业	Manufacture of Measuring Instruments	-6.2	96.0
其他制造业	Other Manufacturing	-2.3	99.7
废弃资源综合利用业	Comprehensive Utilization of Waste Resources Industry	35.9	94.8
金属制品、机械和设备修理业	Metal Products, Machinery and Equipment Repair Industry		
电力、热力、燃气及水的生产和供应业	Production and Supply of Electric Power, heat, Gas and Water	0.6	99.5
电力、热力的生产和供应业	Production and Supply of Electric Power and Heat Power	0.4	99.5
燃气生产和供应业	Production and Supply of Gas	7.2	100.0
水的生产和供应业	Production and Supply of Water	-3.3	100.0

12-18 集体工业企业主要经济效益指标(2015年)

MAJOR INDICATORS ON ECONOMIC BENEFIT OF COLLECTIVE-OWNED INDUSTIAL ENTERPRISES (2015)

类　别	Category	总资产贡献率(%) Ratio of Total Assets to Industrial Output Value (%)	资　产负债率(%) Assets-Liability Ratio (%)
总　计	**Total**	**7.4**	**86.5**
按轻重工业分	**Grouped by Light and Heavy Industry**		
轻工业	Light Industry	11.6	24.6
重工业	Heavy Industry	6.9	94.6
按行业分	**Grouped by Sector**		
采矿业	Mining and Quarrying	8.9	111.1
煤炭开采和洗选业	Mining and Washing of Coal	2.3	67.0
石油和天然气开采业	Extraction of Petroleum and Natural Gas		
黑色金属矿采选业	Mining and Processing of Ferrous Metals Ores		
有色金属矿采选业	Mining and Processing of Non-ferrous Metal Ores		
非金属矿采选业	Mining and Processing of Nonmetal Ores	39.5	18.5
开采辅助活动	Mining Auxiliary Activities	11.9	155.9
其他采矿业	Mining of Other Ores		
制造业	Manufacturing	7.1	81.8
农副食品加工业	Processing of Food from Agricultural Products		
食品制造业	Manufacture of Foods	6.0	15.3
酒、饮料和精制茶制造业	Manufacture of Wine, soft drinks and refined tea		
烟草制品业	Manufacture of Tobacco	69.7	10.3
纺织业	Manufacture of Textile		
纺织服装、服饰业	Manufacture of Textile and Apparel	5.5	73.3
皮革、毛皮、羽毛及其制品和制鞋业	Manufacture of Leather, Furs, Feather and Related Products and Footwear		
木材加工及木、竹、藤、棕、草制品业	Processing of Timber, Manufacture of Wood, Bamboo, Rattan, Palm and Straw Products		
家具制造业	Manufacture of Furniture		
造纸及纸制品业	Manufacture of Paper and Paper Products	16.8	51.0
印刷和记录媒介复制业	Manufacture of Printing and Record Medium Reproduction		
文教、工美、体育和娱乐用品制造业	Manufacture of Articles for Culture, Education and Sports Activities		
石油加工、炼焦及核燃料加工业	Processing of Petoleum, Coking, Processing of Nuclear Fuel		
化学原料及化学制品制造业	Manufacture of Raw Chemical Materials and Chemical Products	9.4	79.4
医药制造业	Manufacture of Medicines		
化学纤维制造业	Manufacture of Chemical Fibers		
橡胶和塑料制品业	Manufacture of Rubber and Plastics	1.3	33.7
非金属矿物制品业	Manufacture of Non-metallic Mineral Products	49.6	13.5
黑色金属冶炼及压延加工业	Smelting and Pressing of Ferrous Metals	-8.7	170.6
有色金属冶炼及压延加工业	Smelting and Pressing of Non-ferrous Metals		
金属制品业	Manufacture of Metal Products	-1.6	70.7
通用设备制造业	Manufacture of General Purpose Machinery	-6.3	208.7
专用设备制造业	Manufacture of Special Purpose Machinery	8.2	89.6
汽车制造业	Manufacture of Automotive	1.2	252.7
铁路、船舶、航空航天和其他运输设备制造业	Manufacture of Railroad, Marine, Aerospace and Other Transportation Equipment	-5.6	99.2
电气机械及器材制造业	Manufacture of Electrical Machinery and Equipment	-6.6	84.5
计算机、通信和其他电子设备制造业	Manufacture of Computers, Communication and Other Electronic Equipment		
仪器仪表制造业	Manufacture of Measuring Instruments		
其他制造业	Other Manufacturing		
废弃资源综合利用业	Comprehensive Utilization of Waste Resources Industry		
金属制品、机械和设备修理业	Metal Products, Machinery and Equipment Repair Industry	2.1	77.4
电力、热力、燃气及水的生产和供应业	Production and Supply of Electric Power, heat, Gas and Water	8.7	84.4
电力、热力的生产和供应业	Production and Supply of Electric Power and Heat Power	8.7	84.4
燃气生产和供应业	Production and Supply of Gas		
水的生产和供应业	Production and Supply of Water		

12-18 续表 CONTINUED

类　别	Category	成本费用利润率(%) Ratio of Profits to Industrial Cost(%)	产品销售率(%) Proportion of Products (%)
总 计	**Total**	**2.9**	**99.8**
按轻重工业分	**Grouped by Light and Heavy Industry**		
轻工业	Light Industry	6.8	100.6
重工业	Heavy Industry	2.2	99.6
按行业分	**Grouped by Sector**		
采矿业	Mining and Quarrying	8.4	99.5
煤炭开采和洗选业	Mining and Washing of Coal	-2.7	97.7
石油和天然气开采业	Extraction of Petroleum and Natural Gas		
黑色金属矿采选业	Mining and Processing of Ferrous Metals Ores		
有色金属矿采选业	Mining and Processing of Non-ferrous Metal Ores		
非金属矿采选业	Mining and Processing of Nonmetal Ores	20.8	100.0
开采辅助活动	Mining Auxiliary Activities	9.5	100.0
其他采矿业	Mining of Other Ores		
制造业	Manufacturing	2.5	99.8
农副食品加工业	Processing of Food from Agricultural Products		
食品制造业	Manufacture of Foods	8.6	100.0
酒、饮料和精制茶制造业	Manufacture of Wine, soft drinks and refined tea		
烟草制品业	Manufacture of Tobacco	5.0	99.7
纺织业	Manufacture of Textile		
纺织服装、服饰业	Manufacture of Textile and Apparel	3.3	100.0
皮革、毛皮、羽毛及其制品和制鞋业	Manufacture of Leather, Furs, Feather and Related Products and Footwear		
木材加工及木、竹、藤、棕、草制品业	Processing of Timber, Manufacture of Wood, Bamboo, Rattan, Palm and Straw Products		
家具制造业	Manufacture of Furniture		
造纸及纸制品业	Manufacture of Paper and Paper Products	6.8	103.1
印刷和记录媒介复制业	Manufacture of Printing and Record Medium Reproduction		
文教、工美、体育和娱乐用品制造业	Manufacture of Articles for Culture, Education and Sports Activities		
石油加工、炼焦及核燃料加工业	Processing of Petoleum, Coking, Processing of Nuclear Fuel		
化学原料及化学制品制造业	Manufacture of Raw Chemical Materials and Chemical Products	4.6	99.5
医药制造业	Manufacture of Medicines		
化学纤维制造业	Manufacture of Chemical Fibers		
橡胶和塑料制品业	Manufacture of Rubber and Plastics	-1.1	104.3
非金属矿物制品业	Manufacture of Non-metallic Mineral Products	25.4	100.0
黑色金属冶炼及压延加工业	Smelting and Pressing of Ferrous Metals	16.2	100.0
有色金属冶炼及压延加工业	Smelting and Pressing of Non-ferrous Metals		
金属制品业	Manufacture of Metal Products	-2.2	100.0
通用设备制造业	Manufacture of General Purpose Machinery	-14.4	99.6
专用设备制造业	Manufacture of Special Purpose Machinery	-5.8	100.0
汽车制造业	Manufacture of Automotive	-7.9	100.0
铁路、船舶、航空航天和其他运输设备制造业	Manufacture of Railroad, Marine, Aerospace and Other Transportation Equipment	-7.61	99.3
电气机械及器材制造业	Manufacture of Electrical Machinery and Equipment	-1.5	100.0
计算机、通信和其他电子设备制造业	Manufacture of Computers, Communication and Other Electronic Equipment		
仪器仪表制造业	Manufacture of Measuring Instruments		
其他制造业	Other Manufacturing		
废弃资源综合利用业	Comprehensive Utilization of Waste Resources Industry		
金属制品、机械和设备修理业	Metal Products, Machinery and Equipment Repair Industry	1.1	100.0
电力、热力、燃气及水的生产和供应业	Production and Supply of Electric Power, heat, Gas and Water	1.4	100.0
电力、热力的生产和供应业	Production and Supply of Electric Power and Heat Power	1.4	100.0
燃气生产和供应业	Production and Supply of Gas		
水的生产和供应业	Production and Supply of Water		

12-19 按行业分私营工业企业主要经济效益指标(2015年)

MAIN INDICATORS ON ECONOMIC BENEFIT OF PRIVATE INDUSTRIAL ENYERPRISES BY INDUSTRIAL SECTOR (2015)

类　别	Category	总资产贡献率 (%) Ratio of Total Assets to Industrial Output Value (%)	资　产负债率 (%) Assets-Liability Ratio (%)
总　计	**Total**	**13.2**	**50.0**
采矿业	Mining and Quarrying	7.5	65.2
煤炭开采和洗选业	Mining and Washing of Coal	3.6	74.2
石油和天然气开采业	Extraction of Petroleum and Natural Gas		
黑色金属矿采选业	Mining and Processing of Ferrous Metals Ores	29.1	22.4
有色金属矿采选业	Mining and Processing of Non-ferrous Metal Ores	5.9	78.0
非金属矿采选业	Mining and Processing of Nonmetal Ores	19.9	55.9
开采辅助活动	Mining Auxiliary Activities	3.2	40.1
其他采矿业	Mining of Other Ores		
制造业	Manufacturing	14.5	47.0
农副食品加工业	Processing of Food from Agricultural Products	15.4	44.5
食品制造业	Manufacture of Foods	14.5	43.0
酒、饮料和精制茶制造业	Manufacture of Wine, soft drinks and refined tea	16.2	41.7
烟草制品业	Manufacture of Tobacco		
纺织业	Manufacture of Textile	14.0	29.2
纺织服装、服饰业	Manufacture of Textile and Apparel	18.1	56.0
皮革、毛皮、羽毛及其制品和制鞋业	Manufacture of Leather, Furs, Feather and Related Products and Footwear	32.5	45.9
木材加工及木、竹、藤、棕、草制品业	Processing of Timber, Manufacture of Wood, Bamboo, Rattan, Palm and Straw Products	23.7	34.4
家具制造业	Manufacture of Furniture	14.1	52.6
造纸及纸制品业	Manufacture of Paper and Paper Products	7.9	50.4
印刷和记录媒介复制业	Manufacture of Printing and Record Medium Reproduction	7.1	57.7
文教、工美、体育和娱乐用品制造业	Manufacture of Articles for Culture, Education and Sports Activities	54.3	29.0
石油加工、炼焦及核燃料加工业	Processing of Petoleum, Coking, Processing of Nuclear Fuel	-2.1	88.0
化学原料及化学制品制造业	Manufacture of Raw Chemical Materials and Chemical Products	21.0	56.2
医药制造业	Manufacture of Medicines	10.3	41.9
化学纤维制造业	Manufacture of Chemical Fibers	5.4	39.3
橡胶和塑料制品业	Manufacture of Rubber and Plastics	20.0	41.5
非金属矿物制品业	Manufacture of Non-metallic Mineral Products	19.0	53.9
黑色金属冶炼及压延加工业	Smelting and Pressing of Ferrous Metals	11.0	51.4
有色金属冶炼及压延加工业	Smelting and Pressing of Non-ferrous Metals	18.9	29.1
金属制品业	Manufacture of Metal Products	15.5	55.2
通用设备制造业	Manufacture of General Purpose Machinery	10.1	43.9
专用设备制造业	Manufacture of Special Purpose Machinery	11.3	35.7
汽车制造业	Manufacture of Automotive	7.6	62.4
铁路、船舶、航空航天和其他运输设备制造业	Manufacture of Railroad, Marine, Aerospace and Other Transportation Equipment	18.2	63.2
电气机械及器材制造业	Manufacture of Electrical Machinery and Equipment	7.2	27.2
计算机、通信和其他电子设备制造业	Manufacture of Computers, Communication and Other Electronic Equipment	12.1	44.1
仪器仪表制造业	Manufacture of Measuring Instruments	8.1	54.6
其他制造业	Other Manufacturing	3.2	6.4
废弃资源综合利用业	Comprehensive Utilization of Waste Resources Industry	16.6	87.8
金属制品、机械和设备修理业	Metal Products, Machinery and Equipment Repair Industry	3.6	25.8
电力、热力、燃气及水的生产和供应业	Production and Supply of Electric Power, heat, Gas and Water	2.1	75.6
电力、热力的生产和供应业	Production and Supply of Electric Power and Heat Power	1.4	78.6
燃气生产和供应业	Production and Supply of Gas	14.8	37.2
水的生产和供应业	Production and Supply of Water	3.6	30.6

12-19 续表 CONTINUED

类 别	Category	成本费用利润率(%) Ratio of Profits to Industrial Cost(%)	产品销售率(%) Proportion of Products (%)
总 计	**Total**	**5.6**	**101.6**
采矿业	Mining and Quarrying	3.2	97.8
煤炭开采和洗选业	Mining and Washing of Coal	-1.8	95.5
石油和天然气开采业	Extraction of Petroleum and Natural Gas		
黑色金属矿采选业	Mining and Processing of Ferrous Metals Ores	9.9	99.9
有色金属矿采选业	Mining and Processing of Non-ferrous Metal Ores	-0.3	100.0
非金属矿采选业	Mining and Processing of Nonmetal Ores	5.8	97.9
开采辅助活动	Mining Auxiliary Activities	1.8	105.0
其他采矿业	Mining of Other Ores		
制造业	Manufacturing	5.8	101.8
农副食品加工业	Processing of Food from Agricultural Products	4.8	98.8
食品制造业	Manufacture of Foods	8.4	258.8
酒、饮料和精制茶制造业	Manufacture of Wine, soft drinks and refined tea	7.3	97.5
烟草制品业	Manufacture of Tobacco		
纺织业	Manufacture of Textile	6.2	97.5
纺织服装、服饰业	Manufacture of Textile and Apparel	5.8	100.9
皮革、毛皮、羽毛及其制品和制鞋业	Manufacture of Leather, Furs, Feather and Related Products and Footwear	4.5	99.6
木材加工及木、竹、藤、棕、草制品业	Processing of Timber, Manufacture of Wood, Bamboo, Rattan, Palm and Straw Products	5.1	97.5
家具制造业	Manufacture of Furniture	8.6	98.8
造纸及纸制品业	Manufacture of Paper and Paper Products	3.6	90.8
印刷和记录媒介复制业	Manufacture of Printing and Record Medium Reproduction	3.9	99.1
文教、工美、体育和娱乐用品制造业	Manufacture of Articles for Culture, Education and Sports Activities	5.9	95.0
石油加工、炼焦及核燃料加工业	Processing of Petoleum, Coking, Processing of Nuclear Fuel	-12.3	89.5
化学原料及化学制品制造业	Manufacture of Raw Chemical Materials and Chemical Products	9.3	95.1
医药制造业	Manufacture of Medicines	6.2	88.8
化学纤维制造业	Manufacture of Chemical Fibers	3.5	93.9
橡胶和塑料制品业	Manufacture of Rubber and Plastics	7.4	97.5
非金属矿物制品业	Manufacture of Non-metallic Mineral Products	7.4	98.2
黑色金属冶炼及压延加工业	Smelting and Pressing of Ferrous Metals	5.1	100.6
有色金属冶炼及压延加工业	Smelting and Pressing of Non-ferrous Metals	13.0	100.0
金属制品业	Manufacture of Metal Products	6.3	98.4
通用设备制造业	Manufacture of General Purpose Machinery	5.5	94.5
专用设备制造业	Manufacture of Special Purpose Machinery	7.4	96.8
汽车制造业	Manufacture of Automotive	2.8	99.4
铁路、船舶、航空航天和其他运输设备制造业	Manufacture of Railroad, Marine, Aerospace and Other Transportation Equipment	32.7	89.6
电气机械及器材制造业	Manufacture of Electrical Machinery and Equipment	5.6	99.1
计算机、通信和其他电子设备制造业	Manufacture of Computers, Communication and Other Electronic Equipment	12.8	99.2
仪器仪表制造业	Manufacture of Measuring Instruments	8.7	99.3
其他制造业	Other Manufacturing	6.0	98.8
废弃资源综合利用业	Comprehensive Utilization of Waste Resources Industry	4.0	97.5
金属制品、机械和设备修理业	Metal Products, Machinery and Equipment Repair Industry	3.7	100.0
电力、热力、燃气及水的生产和供应业	Production and Supply of Electric Power, heat, Gas and Water	1.8	96.1
电力、热力的生产和供应业	Production and Supply of Electric Power and Heat Power	0.7	95.0
燃气生产和供应业	Production and Supply of Gas	5.6	99.8
水的生产和供应业	Production and Supply of Water	9.0	100.0

12-20 按行业分“三资”工业企业主要经济效益指标(2015年)

类　别	Category
总 计	**Total**
采矿业	Mining and Quarrying
煤炭开采和洗选业	Mining and Washing of Coal
石油和天然气开采业	Extraction of Petroleum and Natural Gas
黑色金属矿采选业	Mining and Processing of Ferrous Metals Ores
有色金属矿采选业	Mining and Processing of Non-ferrous Metal Ores
非金属矿采选业	Mining and Processing of Nonmetal Ores
开采辅助活动	Mining Auxiliary Activities
其他采矿业	Mining of Other Ores
制造业	Manufacturing
农副食品加工业	Processing of Food from Agricultural Products
食品制造业	Manufacture of Foods
酒、饮料和精制茶制造业	Manufacture of Wine, soft drinks and refined tea
烟草制品业	Manufacture of Tobacco
纺织业	Manufacture of Textile
纺织服装、服饰业	Manufacture of Textile and Apparel
皮革、毛皮、羽毛及其制品和制鞋业	Manufacture of Leather, Furs, Feather and Related Products and Footwear
木材加工及木、竹、藤、棕、草制品业	Processing of Timber, Manufacture of Wood, Bamboo, Rattan, Palm and Straw Products
家具制造业	Manufacture of Furniture
造纸及纸制品业	Manufacture of Paper and Paper Products
印刷和记录媒介复制业	Manufacture of Printing and Record Medium Reproduction
文教、工美、体育和娱乐用品制造业	Manufacture of Articles for Culture, Education and Sports Activities
石油加工、炼焦及核燃料加工业	Processing of Petoleum, Coking, Processing of Nuclear Fuel
化学原料及化学制品制造业	Manufacture of Raw Chemical Materials and Chemical Products
医药制造业	Manufacture of Medicines
化学纤维制造业	Manufacture of Chemical Fibers
橡胶和塑料制品业	Manufacture of Rubber and Plastics
非金属矿物制品业	Manufacture of Non-metallic Mineral Products
黑色金属冶炼及压延加工业	Smelting and Pressing of Ferrous Metals
有色金属冶炼及压延加工业	Smelting and Pressing of Non-ferrous Metals
金属制品业	Manufacture of Metal Products
通用设备制造业	Manufacture of General Purpose Machinery
专用设备制造业	Manufacture of Special Purpose Machinery
汽车制造业	Manufacture of Automotive
铁路、船舶、航空航天和其他运输设备制造业	Manufacture of Railroad, Marine, Aerospace and Other Transportation Equipment
电气机械及器材制造业	Manufacture of Electrical Machinery and Equipment
计算机、通信和其他电子设备制造业	Manufacture of Computers, Communication and Other Electronic Equipment
仪器仪表制造业	Manufacture of Measuring Instruments
其他制造业	Other Manufacturing
废弃资源综合利用业	Comprehensive Utilization of Waste Resources Industry
金属制品、机械和设备修理业	Metal Products, Machinery and Equipment Repair Industry
电力、热力、燃气及水的生产和供应业	Production and Supply of Electric Power, heat, Gas and Water
电力、热力的生产和供应业	Production and Supply of Electric Power and Heat Power
燃气生产和供应业	Production and Supply of Gas
水的生产和供应业	Production and Supply of Water

MAIN INDICATORS ON ECONOMIC BENEFIT OF INDUSTRIAL ENTERPRISES WITH HONGKONG,MACAO,TAIWAN AND FOREIGN FUNDS BY INDUSTRIAL SECTOR (2015)

总资产贡献率(%) Ratio of Total Assets to Industrial Output Value (%)	资 产 负债率(%) Assets- Liability Ratio (%)	成本费用利 润 率(%) Ratio of Profits to Industrial Cost (%)	产 品 销售率(%) Proportion of Products (%)
8.9	**61.6**	**5.8**	**100.2**
14.3	8.8	10.3	99.5
4.4	41.3	3.0	82.4
15.5	4.8	10.5	100.0
9.1	60.8	5.4	100.3
6.2	74.8	3.4	105.4
15.6	45.3	8.1	97.7
15.7	61.0	9.4	99.3
32.0	55.9	14.1	98.9
5.9	3.2	5.7	100.0
29.3	1.2	3.2	95.9
6.3	25.8	3.9	99.9
1.9	89.4	-2.6	81.5
24.2	105.0	10.3	101.7
2.5	27.3	0.8	100.0
34.1	33.1	6.2	99.9
-13.9	122.6	-54.1	72.5
20.8	38.3	9.9	98.3
12.3	47.5	7.2	100.8
5.6	62.6	5.9	102.9
-3.1	66.2	-10.7	95.3
4.8	65.2	0.3	95.2
9.8	30.5	3.1	97.1
4.7	31.2	1.5	99.2
-7.7	75.4	-17.6	100.4
8.5	73.8	5.9	99.7
-0.4	23.8	-2.4	119.9
4.2	49.6	6.6	95.2
10.7	50.5	5.4	100.0
10.4	58.6	14.0	147.8
6.3	81.4	6.42	100.0
6.2	85.3	4.4	100.0
12.6	50.5	16.4	100.0
1.7	84.9	-13.7	100.0

12-21 四大主导产业主要经济指标 (2015年)

单位：亿元

类　别	Category	工　业 总产值 Gross Industrial Output Value	资 产 合 计 Total Assets	负 债 合 计 Total Liabilities
总　计	**Total**	**9418.3**	**12766.7**	**7146.0**
装备工业	Equipment Industry	1477.2	2814.6	1824.3
金属制品业	Manufacture of Metal Products	173.1	143.4	88.6
金属制品、机械和设备修理业	Metal Products, Machinery and Equipment Repair Industry	4.8	9.0	6.2
通用设备制造业	Manufacture of General Purpose Machinery	346.1	707.1	496.1
专用设备制造业	Manufacture of Special Purpose Machinery	294.5	728.6	400.6
汽车制造业	Manufacture of Automotive	197.5	306.5	304.1
铁路、船舶、航空航天和其他运输设备制造业	Manufacture of Railroad, Marine, Aerospace and Other Transportation Equipment	200.2	388.0	248.6
电气机械及器材制造业	Manufacture of Electrical Machinery and Equipment	208.1	432.1	237.2
计算机、通信和其他电子设备制造业	Manufacture of Computers, Communication and Other Electronic Equipment	23.7	40.0	18.4
仪器仪表制造业	Manufacture of Measuring Instrument	29.1	60.1	24.6
石化工业	Petrochemical Industry	1721.5	1318.6	834.3
石油加工、炼焦及核燃料加工业	Processing of Petroleum, Coking, Processing of Nuclear Fuel	988.6	661.6	436.0
化学原料及化学制品制造业	Manufacture of Chemical Raw Material and Chemical Products	533.8	487.1	304.5
化学纤维制造业	Manufacture of Chemical Fiber	2.11	3.34	1.31
橡胶和塑料制品业	Manufacture of Rubber and Plastics	197.0	166.7	92.5
能源工业	Energy Industry	2647.8	6403.6	3250.6
煤炭开采和洗选业	Mining and Washing of Coal	301.7	783.9	688.3
石油和天然气开采业	Extraction of Petroleum and Natural Gas	954.5	2826.5	605.7
电力、热力的生产和供应业	Production and Supply of Electric Power and Heat Power	1154.5	2512.0	1873.8
燃气生产和供应业	Production and Distribution of Gas	70.1	64.4	30.0
开采辅助活动	Mining Auxiliary Activities	167.0	216.9	52.8
食品工业	Food Industry	3571.8	2230.0	1236.8
农副食品加工业	Processing of Food from Agricultural Products	2691.3	1499.0	900.7
食品制造业	Manufacture of Foods	559.8	429.0	171.0
酒、饮料和精制茶制造业	Manufacture of Beverage	320.7	301.9	165.2

MAIN ECONOMIC INDICATORS OF FOUR LEADING INDUSTRY (2015)

(100 million yuan)

主营业务 收 入 Main Camp Service Income	主营业务 成 本 Main Camp Service Cost	销 售 费 用 Selling Expenses	管 理 费 用 Overhead Expenses	财 务 费 用 Financial Expenses	利 润 总 额 Total Profits	从业人员 平均人数(人) Average Employed Persons (person)
9500.6	**8071.7**	**215.4**	**513.9**	**118.7**	**321.4**	**978071**
1446.2	1245.4	39.8	131.8	19.2	18.8	188606
159.2	138.3	3.9	8.6	1.2	6.7	20554
3.9	3.3	0.04	0.53	0.02	0.08	959
341.8	293.0	9.4	25.0	1.8	9.6	43047
269.2	235.0	8.5	25.7	9.9	-12.0	40225
192.2	163.2	3.3	28.8	1.7	0.1	18445
208.4	179.2	4.5	23.2	2.1	4.9	30692
219.4	192.8	8.1	13.7	1.8	5.1	24834
22.7	17.3	0.5	2.7	0.4	2.2	3578
29.6	23.3	1.58	3.38	0.3	2.2	6272
1719.7	1363.6	25.6	77.7	18.5	30.9	104809
1000.3	730.5	10.8	51.6	10.3	-3.5	47998
526.0	465.2	9.9	18.6	6.36	22.0	38401
2.00	1.65	0.08	0.16	0.04	0.07	278
191.4	166.3	4.9	7.3	1.7	12.4	18132
2701.7	2249.5	23.8	212.1	54.5	102.6	479799
279.4	276.0	4.65	38.1	11.0	-39.6	219398
942.4	607.2	10.6	125.7	-0.7	108.0	112887
1238.7	1173.8	3.7	31.3	43.9	11.5	130541
76.3	66.5	4.7	3.0	-0.2	5.2	6310
164.8	126.1	0.1	14.0	0.56	17.6	10663
3632.9	3213.1	126.2	92.4	26.5	169.1	204857
2777.2	2531.6	54.5	61.2	21.3	105.8	135040
535.7	423.9	53.1	15.9	2.6	41.4	38904
320.0	257.6	18.6	15.2	2.6	21.9	30913

12-22 主要工业产品产量

OUTPUT OF MAJOR INDUSTRIAL PRODUCTS

指　　标	Item	2011	2012	2013	2014	2015
原油(万吨)	Crude Oil(10000 tons)	4006.0	4001.5	4001.0	4000.0	3838.6
天然气(亿立方米)	Natural Gas(100 million cu.m)	31.0	33.7	34.8	35.1	35.6
大米(万吨)	Rice(10000 tons)	932.1	1503.8	1619.9	1504.1	1462.7
铁矿石原矿量(万吨)	Original Ironstone Reserves(10000 tons)	226.9	472.5	585.9	539.9	444.9
精制食用植物油(万吨)	Purifier Edible Vegetable Oil(10000 tons)	288.8	304.8	352.9	313.0	253.5
成品糖(万吨)	Finished Product Sugar(10000 tons)	21.2	26.5	14.9	5.4	3.8
乳制品(万吨)	Dairy Products(10000 tons)	178.3	185.7	213.7	195.4	191.4
#液体乳	#Liguid Milk	103.6	134.1	150.3	141.1	140.7
白酒(万千升)	Liquor(10000 kiloliter)	20.9	38.0	50.1	57.0	57.4
啤酒(万千升)	Beer(10000 kiloliter)	222.4	209.1	218.9	203.7	208.1
卷烟(亿支)	Cigarettes(100 million pieces)	436.1	437.0	439.5	450.0	426.0
亚麻布(万米)	Linen(10000 m)	4625.2	5784.4	5514.9	6401.6	6666.5
人造板(万立方米)	Man-made Board(10000 cu.m)	253.1	306.5	433.9	460.8	397.4
机制纸及纸板(万吨)	Machine-made Paper and Paperboards(10000 tons)	65.0	61.6	75.1	59.5	51.7
原油加工量(万吨)	Crude Oil Processed(10000 tons)	1707.6	1676.7	1645.4	1579.6	1555.5
汽油(万吨)	Gasolene(10000 tons)	481.7	463.5	480.7	429.5	480.4
柴油(万吨)	Diesel oil(10000 tons)	609.1	573	584.5	530.5	534.4
焦炭(万吨)	Coke(10000 tons)	1000.2	957.2	815.2	802.8	687.5
硫酸(折100%,万吨)	Sulfuric Acid(convert into 100%, 10000 tons)	7.3	9.3	4.2	2.8	1.9
盐酸(万吨)	Muriatic Acid(10000 tons)	10.7	9.4	10.7	8.7	10.9
烧碱(万吨)	Caustic Soda(10000 tons)	11.3	12.8	12.7	11.4	15.8
合成氨(万吨)	Synthetic Ammonia(10000 tons)	78.6	85.2	73.8	68.9	62.7
农用化肥(折100%,万吨)	Chemical Fertilizer for Agricultural Use (convert into 100%,10000 tons)	67.6	71.6	60.4	49.0	49.2
化学农药(折100%,吨)	Chemical Presticide(convert into100%,ton)	3483	3129	11065	3164	1338
乙烯(万吨)	Ethylene(10000 tons)	61.6	67.2	76.0	103.9	84.0
化学原料药(吨)	Chemical Raw Medicine(ton)	5221.9	4896.3	4889.2	10679.4	11212.9
中成药(万吨)	Proprietary Chinese Medicine	15.0	14.0	5.2	4.2	2.7
化学纤维(万吨)	Chemical Fiber(10000 tons)	13.3	10.7	7.1	7.7	8.0
轮胎外胎(万条)	Tires(10000 units)	441	424.1	484.2	496.3	493.5
塑料制品(万吨)	Plastic Products(10000 tons)	54.8	63.8	47.1	41.3	38.0
水泥(万吨)	Cement(10000 tons)	4213.9	3872.9	4028.5	3672.1	3264.5
平板玻璃(万重量箱)	Plate Glass(10000 weight cases)	557.9	399.9	416.0	415.5	386.1
石墨及碳素制品(吨)	Graphite and Related Products(ton)	16459	92865	88369	88781	158813
生铁(万吨)	Pig Iron(10000 tons)	588.9	674.7	716.3	456.7	408.9
粗钢(万吨)	Crude Steel(10000 tons)	667.5	697.6	768.7	476.3	418.5
成品钢材(万吨)	End Product Steel Products(10000 tons)	596.6	610.2	631.0	483.5	403.8
铝材(万吨)	Aluminous Material(10000 tons)	10.7	6.1	7.0	9.1	8.8
电站锅炉(蒸发量吨)	Power Plant Boiler(vaporing ton)	114022	201471	171801	161107	144847
电站汽轮机(500千瓦以上)(万千瓦)	Power Plant Turbine(≥500 kw, 10000 kw)	2025.7	1404.5	1018.5	1757.9	1383.6
金属切削机床(台)	Metal-cutting Machine Tools(unit)	8109.0	4578.0	3980.0	990.0	505.0
发电设备(万千瓦)	Power Generating Equipment(10000 kw)	2186.7	2329.8	1916.3	2181.0	2040.6
矿山设备(吨)	Mining Equipment(ton)	68875	125486	101860	70502	37673
冶炼设备(吨)	Smelting Equipment(ton)	31231	200	3612	6671	88
金属轧制设备(吨)	Metal-rolling Equipment(ton)	111566	99343	107610	58573	44330
大中型拖拉机(台)	Large and Medium Tractors(unit)	3688	15793	13153	9854	9716
小型拖拉机(台)	Small-sized Tractors(unit)	6373	3464	1619	527	362
铁路货车(辆)	Railway Passenger Engines(unit)	15892	14009	11290	7940	6176
汽车(辆)	Motor Vehicles(unit)	181703	97989	122496	116003	80483
改装汽车(辆)	Special Automobile(unit)	2073	1487	1505	1686	1344
发电量(亿千瓦时)	Electricity(100 million kwh)	823.8	843.1	826.4	874.1	870.0
微型电子计算机(万台)	Mini-computers(10000 units)	3.5	3.6	3.5	3.5	1.7

12-23 分地区主要工业产品产量(2015年)

OUTPUT OF MAJOR INDUSTRIAL PRODUCTS BY REGION (2015)

地 区	Region	原 油 (万吨) Crude Oil (10000 tons)	大 米 (万吨) Rice (10000 tons)	精制食用植物油 (万吨) Purifier Edible Vegetable Oil (10000 tons)	成品糖 (吨) Finished Product Sugar (ton)	乳制品 (吨) Dairy Products (ton)
全 省	**Total**	**3838.6**	**1462.7**	**253.5**	**37564**	**1914002**
哈尔滨	Harbin		465.2	22.9	26544	231214
齐齐哈尔	Qiqihar		119.8	12.0	11020	755201
鸡 西	Jixi		51.4			903
鹤 岗	Hegang		65.8	2.6		
双鸭山	Shuangyashan		53.9	9.9		
大 庆	Daqing	3838.6	27.8	0.9		246482
伊 春	Yichun		7.3	0.26		548
佳木斯	Jiamusi		301.0	20.1		10753
七台河	Qitaihe		1.8	0.2		
牡丹江	Mudanjiang		66.4	7.3		1620
黑 河	Heihe			3.8		39193
绥 化	Suihua		107.8	4.8		363939
大兴安岭	Daxinganling					
农垦总局	ARB		185.6	168.7		264149
绥芬河	Suifenhe					
抚 远	Fuyuan		8.9			

12-23 续表1 CONTINUED

地 区	Region	卷 烟 (万支) Cigarettes (10000 pieces)	白 酒 (千升) Liquor (1000 litre)	啤 酒 (千升) Beer (1000 litre)	亚麻布 (万米) Linen (10000 m)	机制纸及纸板 (吨) Machine-made Paper and Paperboards (ton)	汽 油 (万吨) Gasolene (10000 tons)
全 省	**Total**	**4260000**	**574383**	**2081372**	**6666.5**	**517313**	**480**
哈尔滨	Harbin	4260000	372160	1196921	662.0	94776	120
齐齐哈尔	Qiqihar		30424	173132	1942.5	56605	
鸡 西	Jixi			40211		14300	
鹤 岗	Hegang		1159	20932		4443	
双鸭山	Shuangyashan		7185				
大 庆	Daqing		5849	168236		65152	360
伊 春	Yichun		923	47659		7188	
佳木斯	Jiamusi		69016	108463		94499	
七台河	Qitaihe						
牡丹江	Mudanjiang		51163	279139		172055	
黑 河	Heihe		216	11857			
绥 化	Suihua		22086	34822	4062.0	8295	
大兴安岭	Daxinganling						
农垦总局	ARB		14201				
绥芬河	Suifenhe						
抚 远	Fuyuan						

12-23 续表2 CONTINUED

地　区	Region	柴　油（万吨）Diesel Oil (10000 tons)	农用化肥（吨）Chemical Fertilizer for Agricultural Use (10000 tons)	化学农药（吨）Chemical Presticide (ton)	化学原料药（吨）Chemical Raw Medicine (ton)	水　泥（万吨）Cement (10000 tons)	平板玻璃（万重量箱）Plate Glass (10000 weight cases)
全　省	**Total**	**534.4**	**492494**	**1338**	**11213**	**3264.5**	**386.1**
哈尔滨	Harbin	113.7	10043		1037	870.3	
齐齐哈尔	Qiqihar		72354			723.3	
鸡　西	Jixi					136.8	
鹤　岗	Hegang			364		10.1	
双鸭山	Shuangyashan					101.6	
大　庆	Daqing	419.9	293022			200.9	
伊　春	Yichun				342	56.5	
佳木斯	Jiamusi		8449	974		432.3	386.1
七台河	Qitaihe					29.1	
牡丹江	Mudanjiang				8777	236.8	
黑　河	Heihe					180.5	
绥　化	Suihua		15008			230.8	
大兴安岭	Daxinganling					27.5	
农垦总局	ARB		93618		1057	28.0	
绥芬河	Suifenhe						
抚　远	Fuyuan						

12-23 续表3 CONTINUED

地　区	Region	汽　车（辆）Motor Vehicles (unit)	粗　钢（万吨）Crude Steel (10000 tons)	金属切削机床（台）Metal-cutting Machine Tools (unit)	金属轧制设备（吨）Metal-rolling Equipment (ton)	小型拖拉机（台）Small-sized Tractors (unit)	发电量（亿千瓦小时）Electricity (100 million kwh)
全　省	**Total**	**80483**	**418**	**505**	**44330**	**362**	**870.0**
哈尔滨	Harbin	15697	0.4	153	4115		171.6
齐齐哈尔	Qiqihar		84	352	40215		108.7
鸡　西	Jixi						55.1
鹤　岗	Hegang						63.3
双鸭山	Shuangyashan		184				86.1
大　庆	Daqing	64786					126.7
伊　春	Yichun		146				11.4
佳木斯	Jiamusi					362	53.8
七台河	Qitaihe						86.3
牡丹江	Mudanjiang		4				59.6
黑　河	Heihe						16.7
绥　化	Suihua						16.7
大兴安岭	Daxinganling						5.1
农垦总局	ARB						7.8
绥芬河	Suifenhe						
抚　远	Fuyuan						1.2

主要统计指标解释

工业 指从事自然资源的开采，对采掘品和农产品进行加工和再加工的物质生产部门。具体包括：(1)对自然资源的开采，如采矿、晒盐等(但不包括禽兽捕猎和水产捕捞)；(2)对农副产品的加工、再加工，如粮油加工、食品加工、缫丝、纺织、制革等；(3)对采掘品的加工、再加工，如炼铁、炼钢、化工生产、石油加工、机器制造、木材加工等，以及电力、燃气及水的生产和供应等；(4)对工业品的修理、翻新，如机器设备的修理等。

工业统计调查单位为工业法人单位。

工业法人单位指从事工业生产经营活动的法人单位。工业法人单位应同时具备以下条件：①依法成立，有自己的名称、组织机构和场所，能够独立承担民事责任；②独立拥有（或授权）使用资产，承担负债，有权与其他单位签订合同；③具有包括资产负债表在内的帐户，或者能够根据需要编制帐户。

国有控股企业 即原来的国有及国有控股企业，根据企业实收资本中国有经济成分的出资人的实际投资情况，或国有经济成分的出资人对企业资产的实际控制、支配程度进行分类。以下情况为国有控股：（1）在企业的全部实收资本中，国有经济成分的出资人拥有的实收资本（股本）所占企业全部实收资本（股本）的比例大于50%的国有绝对控股。（2）在企业的全部实收资本中，国有经济成分的出资人拥有的实收资本（股本）所占比例虽未大于50%，但相对大于其他任何一方经济成分的出资人所占比例的国有相对控股；或者虽不大于其他经济成分，但根据协议规定拥有企业实际控制权的国有协议控股。（3）投资双方各占50%，且未明确由谁绝对控股的企业，若其中一方为国有经济成分的，一律按国有控股处理。

本篇涉及的企业登记注册类型的解释详见综合篇。

资产总计 指企业过去的交易或者事项形成的、由企业拥有或者控制的、预期会给企业带来经济利益的资源。资产一般按流动性分为流动资产和非流动资产。其中流动资产可分为货币资金、交易性金融资产、应收票据、应收账款、预付款项、其他应收款、存货等；非流动资产可分为长期股权投资、固定资产、无形资产及其他非流动资产等。来源于会计“资产负债表”中“资产总计”项目的期末余额数。

流动资产合计 资产满足以下条件之一应归为流动资产：（1）预计在一个正常营业周期中变现、出售或耗用，主要包括存货、应收账款等；（2）主要为交易目的而持有；（3）预计在资产负债表日起一年内（含一年）变现；（4）自资产负债日起一年内，交换其他资产或清偿负债的能力不受限制的现金或现金等价物。包括货币资金、应收票据、应收账款、存货等项目。来源于会计“资产负债表”中“流动资产合计”项目的期末余额数。

负债合计 指企业过去的交易或者事项形成的，预期会导致经济利益流出企业的现时义务。负债一般按偿还期长短分为流动负债和非流动负债。来源于会计“资产负债表”中“负债合计”项目的期末余额数。

所有者权益合计 指企业资产扣除负债后由所有者享有的剩余权益。公司的所有者权益又称股东权益。包括实收资本、资本公积、盈余公积、未分配利润等。来源于会计“资产负债表”中“所有者权益合计”项目的期末余额数。

主营业务收入 指企业确认的销售商品、提供劳务等主营业务的收入。来源于会计“主营业务收入”科目的期末贷方余额（结转前）。

主营业务成本 指企业经营主要业务所发生的成本总额。来源于会计“主营业务成本”科目的期末借方余额（结转前）。

主营业务税金及附加 指企业经营主要业务应负担的营业税、消费税、城市维护建设税、教育费附加等。来源于会计“主营业务税金及附加”科目的期末借方余额（结转前）。

利润总额 指企业在一定会计期间的经营成果，是生产经营过程中各种收入扣除各种耗费后的盈余，反映企业在报告期内实现的盈亏总额。来源于会计“利润表”中“利润总额”项目的本期金额数。

应交增值税 指企业按税法规定，从事货物销售或提供加工、修理修配劳务等增加货物价值的活动本期应交纳的税金。计算公式为：

应交增值税=销项税额-（进项税额-进项税额转出）-出口抵减内销产品应纳税额-减免税款+出口退税

进项税额指企业在报告期内购入货物或接受应税劳务而支付的、准予从销项税额中抵扣的增值税额。

销项税额指企业在报告期内销售货物或提供应税劳务应收取的增值税额。

总资产贡献率 反映企业全部资产的获利能力，是企业经营业绩和管理水平的集中体现，是评价和考核企业盈利能力的核心指标。计算公式为：

$$\text{总资产贡献率}(\%)=\frac{\text{利润总额}+\text{税金总额}+\text{利息支出}}{\text{平均资产总额}}\times100\%$$

公式中：税金总额为主营业务税金及附加与应交增值税之和；平均资产总额为期初期末资产之和的算术平均值。

资产负债率 该指标既反映企业经营风险的大小，也反映企业利用债权人提供的资金从事经营活动的能力。计算公式为：

$$\text{资产负债率}(\%)=\frac{\text{负债总额}}{\text{资产总额}}\times100\%$$

资产与负债均为报告期期末数。

流动资产周转次数 指一定时期内流动资产完成的周转次数，反映投入工业企业流动资金的周转速度。计算公式为：

$$\text{流动资产周转次数}=\frac{\text{主营业务收入}}{\text{全部流动资产平均余额}}$$

公式中：全部流动资产平均余额为期初和期末的流动资产之和的算术平均值。

成本费用利润率 反映企业投入的生产成本及费用的经济效益，同时也反映企业降低成本所取得的经济效益。计算公式为：

$$\text{成本费用利润率}(\%)=\frac{\text{利润总额}}{\text{成本费用总额}}\times100\%$$

公式中：成本费用总额为主营业务成本、销售费用、管理费用、财务费用之和。

人均主营业务收入 该指标反映企业劳动投入的产出效率。计算公式为：

$$\text{人均主营业务收入}=\frac{\text{主营业务收入}}{\text{平均用工人数}}$$

Explanatory Notes on Main Statistical Indicators

Industry refers to the material production sector which is engaged in the extraction of natural resources and processing and reprocessing of minerals and agricultural products, including (1) extraction of natural resources, such as mining, salt production (but not including hunting and fishing); (2) processing and reprocessing of farm and sideline produces, such as grain and oil processing, food processing, silk reeling, spinning and weaving and leather making; (3) processing and reprocessing of mineral products, such as steel making, iron smelting, chemicals manufacturing, petroleum processing, machine building, timber processing, and production and supply of electricity, gas and water; (4) repairing and renovating of industrial products such as the machinery.

In industrial surveys, the units of enquiry are industrial corporate units.

Industrial corporate units refer to corporate units engaging in industrial production and operation activities, which meet the following requirements: (1) They are established legally, having their own names, organizations, location, and are able to take civil liability independently; (2) They possess (or are authorized to use) assets independently, assume liabilities and are entitled to sign contracts with other units; (3) They have accounts including the balance sheets or can compile the accounts according to the need.

State-holding Enterprises cover the original state-owned enterprises and state-holding enterprises. They are classified according to the actual investment made by the contribor of state-owned part in the paid-in capital of the enterprises, or the degree of control or dominance of the contributor on the assets of the enterprises. The following cases are regarded as state-holding: (1) Absolute state-holding in which the contribors of state-owned parts possess more than 50% of all the paid-in capital (stocks) of the enterprises; (2) Relative state-holding in which the contribors of state-owned parts possess no more than 50% of the paid-in capital (stocks) of the enterprises, but more than that of any other contributors; or Agreed state-holding in which the contribors of state-owned parts possess no more than other contributors but have actual control over the enterprises according to agreements; (3) In the case both contributors possess 50% and it is not clear which one is in absolute holding position, the enterprise is regarded as state-holding enterprise if one of the contributor has state-owned elements.

For explanation of types of registration covered in this chapter, please refer to General Survey.

Total Assets refer to all resources that are owned or controlled by enterprises through previous trades or transactions with expectation of making economic profits. Classified by the degree of liquidity, total assets include current assets and non-current assets. Current assets can be classified into monetary capital, trading financial assets, notes receivable, accounts receivable, advanced payments, other receivables and inventories. Non-current assets can be divided into long-term equity investment, fixed assets, intangible assets and other non-current assets. Data on this indicator can be obtained from the year-end figures of total assets in the Balance Sheet of accounting records.

Total Current Assets refer to the assets that meet one of the following requirements: (1) expected to be cashed, sold or used in a normal operation cycle, mainly including inventory and accounts receivable; (2) be owned for trading purpose mainly; (3) expected to be cashed in one year (including one year) from the day of the Balance Sheet; (4) unlimited cash or cash equivalents that can be exchanged with other assets or being capable of settling debts during one year since the day of the Balance Sheet. Included are monetary capital, notes receivable, accounts receivable and inventories. Data on this indicator can be obtained from the year-end figures of total current assets in the Balance Sheet of accounting records.

Total Liabilities refer to payable liabilities of enterprises that accumulated from previous trades or transactions with expectation of economic profits leaking out. In terms of payment, it can be divided into liquid liabilities and long-term liabilities. Data on this indicator can be obtained from the year-end figures of total liabilities in the Balance Sheet of accounting records.

Total Equity refers to the residual ownership of enterprise investors by deducting total liabilities from the total assets, including the paid-in capital, accumulation of capital, operating surplus and non-distributed profits. Data can be obtained from the year-end figures of total equity in the Balance Sheet of accounting records.

Revenue from Principal Business refers to the income confirmed of an enterprise from the principal business of selling products and providing labor services. Data on this indicator can be obtained from the year-end credit balance of "revenue from principal business" in the accounting record of enterprise (before carryover).

Cost of Principal Business refers to the total cost occurred from the principal business of the enterprise. Data can be obtained from the year-end debit balance of "cost of principal business" in the accounting record of enterprise (before carryover).

Tax and Extra Charges from Principal Business refer to the sales tax, consumption tax, urban maintenance and construction tax and education expenses shouldered by the enterprise from its principal business. Data are obtained from the year-end debit balance of "tax and extra charges from principal business" in the accounting record of enterprise (before carryover).

Total Profits refers to the operation results in a certain accounting period, and it is the balance of various incomes minus various spendings in the course of operation, reflecting the total profits and losses of enterprises in reference period. Data are obtained from the amount of total profits in the profit statement of the accounting record of enterprise.

Value-added Tax Payable refers to the payable tax according to Tax Law of enterprises which engaged in selling goods or providing services that bring added value to the goods, such as processing, repairing, fitting and other activities. The formula is as follows:

Value-added Tax Payable = tax on sales-(tax on purchase-transferred tax on purchase)-exports deduct tax payable on domestic sales-tax relief+the export tax rebate.

Tax on Purchase refers to the value-added tax payable by enterprises that purchase goods or receive taxable services during the reference period and this part of the tax is allowed to be deducted from the tax on sales.

Tax on Sales refers to the value-added tax chargeable by enterprises that sell goods or provide taxable services during the reference period.

Ratio of Profits, Taxes and Interests to Average Assets reflects the profit-making capability of all assets, manifests the performance and management of the enterprise, and is a key indicator for evaluating the profit-making potential of the enterprise. It is calculated as follows:

$$\text{Ratio of Profits, Taxes and Interests to Average Assets (\%)} = \frac{\text{total profits + total taxes + interest payment}}{\text{average assets}} \times 100\%$$

In the above formula, total taxes is the sum of tax and extra charges on the principal business and value-added tax payable; and average assets is the arithmetic mean of the sum of beginning assets and ending assets.

Ratio of Debts to Assets reflects both the operation risk and the capability of the enterprise in making use of the capital from the creditors. It is calculated as follows:

$$\text{Ratio of Debts to Assets (\%)} = \frac{\text{total debts}}{\text{total assets}} \times 100\%$$

Both assets and debts are figures at the end of the reference period.

Turnover of Current Assets refers to the number of times of turnover of current assets in a given period of time, which reflects the speed of the turnover of current assets of industrial enterprises, and is calculated as follows:

$$\text{Turnover of Current Assets} = \frac{\text{revenue from principal business}}{\text{average balance of total current assets}}$$

In the above formula, average balance of total current assets refers to the arithmetic mean of the sum of current assets at the beginning and at the end of the reference period.

Ratio of Profits to Total Industrial Costs reflects the economic efficiency of input cost and cost reduction. It is calculated as follows:

$$\text{Ratio of Profits to Total Industrial Cost (\%)} = \frac{\text{total profits}}{\text{total costs}} \times 100\%$$

Total costs in the above formula are the sum of cost of principal business, marketing cost, management cost and financial cost.

Per Capita Revenue from Principal Business reflects the output efficiency of labour input of enterprises. It is calculated as follows:

$$\text{Per Capita Revenue from Principal Business} = \frac{\text{revenue from principal business}}{\text{average number of workers}} \times 100\%$$

第十三篇 建筑业

CHAPTER 13 CONSTRUCTION

资料整理：戚 萍 王晓静

13-1 建筑业企业基本情况

BISIC CONDITIONS OF CONSTRUCTION ENTERPRISES

指　　标	Item	2011	2012	2013	2014	2015
施工企业单位数(个)	Number of Construction Enterprises(unit)	2020	2038	2008	1825	1599
年平均人数(万人)	Average Number of Employed Persons(10000 persons)	92.1	87.2	101.9	85.7	73.3
固定资产原价(亿元)	Original Value of Fixed Assets(100 million yuan)	310.1	321.8	310.1	300.2	287.9
固定资产净值(亿元)	Net Value of Fixed Assets(100 million yuan)	193.8	199.5	185.5	174.5	165.0
自有机械设备台数(万台)	Number of Machinery and Equipment Owned(10000 units)	15.6	13.5	13.5	15.3	12.4
自有机械设备净值(亿元)	Net Value of Machinery and Equipment Owned(10000 yuan)	78.4	80.5	77.0	85.4	76.4
自有机械设备总功率(万千瓦)	Total Power of Machinery and Equipment Owned(10000 kw)	364.4	312.5	283.5	330.0	306.6
总产值(亿元)	Gross Output Value of Construction(100 million yuan)	2029.2	2374.0	2471.9	2150.7	1675.1
#建筑工程	#Construction Projects	1711.0	1945.5	2006.3	1739.9	1312.0
安装工程	Installation Projects	265.0	345.1	394.2	358.8	312.8
竣工产值(亿元)	Output Value of Buildings Completed(100 million yuan)	1143.7	1226.0	1260.3	1037.4	1008.3
产值竣工率(%)	Ratio of Output Value of Buildings Completed to Gross Output Value(%)	56.4	51.6	51.0	48.2	60.2
签订的合同金额(亿元)	Contracted Fund(100 million yuan)	3191.6	3446.3	3303.0	3245.7	2512.8
#本年新签合同金额	#New singed Contracted Fund at Current year	2022.5	2056.0	2214.6	2035.2	1628.3
房屋建筑施工面积(万平方米)	Floor Space of Buildings under Construction(10000 sq.m)	8905.0	8563.0	8174.8	7034.6	5617.1
房屋建筑竣工面积(万平方米)	Floor Space of Buildings Completed(10000 sq.m)	4438.0	4341.0	4390.1	3884.6	2966.8
房屋建筑面积竣工率(%)	Rate of Floor Space of Buildings Completed(%)	49.8	50.7	53.7	55.2	52.8
利润总额(亿元)	Total Profits(100 million yuan)	58.9	61.8	67.0	50.9	46.6
利税总额(亿元)	Total Tax(100 million yuan)	132.2	133.9	132.0	113.9	101.1
按总产值计算全员劳动生产率(元/人)	Overall Labor ProductivityIn Terms of Gross Output Value(yuan/person)	220377	272229	242528	251080	228445
技术装备率(元/人)	Value of Machines per Laborer(yuan/person)	8514	9228	7555	9968	10425
动力装备率(千瓦/人)	Power of Machines per Laborer(kw/person)	4.0	3.6	2.8	3.9	4.2
产值利润率(%)	Ratio of Profit to Gross Output Value(%)	2.9	2.6	2.7	2.4	2.8
产值利税率(%)	Ratio of Pre-tax Profit to Gross Output Value(%)	6.5	5.6	5.3	5.3	6.0

13-2 建筑业企业生产情况（2015年）

类　别	Item	企业单位数（个）Number of Enterprises (unit)	签定的合同额（万元）Value of Newly Signed Contracts (10000 yuan)
总　计	**Total**	**1599**	**25128472**
#国有及国有控股	#State-owned and State-holding Enterprises	222	12738765
按登记注册类型分组	**Grouped by Status of Registration**		
内资企业	Domestic Funded Enterprises	1594	25063317
国有企业	State-owned Enterprises	110	3275234
集体企业	Collective-owned Enterprises	83	1141577
股份合作企业	Cooperative Enterprises	1	40000
联营企业	Joint Ownership Enterprises	1	685
有限责任公司	Limited Liability Corporations	732	15935744
股份有限公司	Share Holding Enterprises	70	1258968
私营企业	Private Enterprises	594	3395472
港、澳、台商投资企业	Enterprises with Funds from Hong Kong, Macao and Taiwan	2	5970
外商投资企业	Foreign Funded Enterprises	3	59185
按经济组织类型分组	**Grouped by Type of Economic Organizations**		
独资企业	Proprietorship	195	4423380
合作、合伙企业	Cooperative Enterprises and Partnership	6	59083
股份有限公司	Share Holding Enterprises	118	1727360
有限责任公司	Limited Liability Corporations	1280	18918650
按国民经济行业分组	**Grouped by Sector**		
房屋建筑业	Housing Building Construction	742	11631372
土木工程建筑业	Civil Engineering Construction	332	9278569
铁路、道路、隧道和桥梁	Railway, Road, Tunnel and Bridge	190	3746938
铁路工程建筑	Railway Engineering	9	127836
公路工程建筑	Highway Engineering	48	1710303
市政道路工程建筑	Municipal Road Engineering	86	1470154
其他道路、隧道和桥梁工程建筑	Other	47	438645
水利和内河港口工程建筑	Water Conservancy and Inland Port Engineering Construction	53	1160616
水源及供水设施工程建筑	Water Supply and Water Supply Facilities	32	557258
河湖治理及防洪设施工程建筑	Governance of Lakes and Flood Control Facilities	15	595949
港口及航运设施工程建筑	Port and Shipping Facilities	6	7409
工矿工程	Mining Engineering	13	2886340
架线和管道工程建筑	Line Putting-up and Pipeline Engineering	55	1429769
架线及设备工程建筑	Wiring and Equipment Engineering	36	1368113
管道工程建筑	Pipeline Engineering	19	61656
其他土木工程	Other Civil Engineering	21	54906
建筑安装业	Construction Installation	282	3063252
电气安装	Electrical Installation	78	745462
管道和设备安装	Piping and Equipment Installation	67	158084
其他建筑安装业	Other	137	2159706
建筑装饰和其他建筑业	Construction Decoration and Other Construction	243	1155279
建筑装饰业	Construction Decoration	152	625037
工程准备活动	Project Preparation Activities	46	350842
提供施工设备服务	Provide Construction Equipment Service	7	1821
其他未列明建筑业	Other Construction Not listed	38	177579
按隶属关系分组	**Grouped by Administration**		
#中　央	#Central	20	4372486
省	Provincial	110	7054785
地　市	Prefectural	275	4160275
按企业资质等级分组	**Grouped by Quality and Grade**		
施工总承包	Overall Contracted Construction	1067	22910983
特　级	Special Grade	3	3810818
一　级	First Grade	115	11493806
二　级	Second Grade	455	4282146
三　级	Third Grade	494	3324214
专业承包	Specialized Contraction	532	2217489
#一　级	#First Grade	76	361027
二　级	Second Grade	209	948824
三　级	Third Grade	247	907638

PRODUCTION OF CONSTRUCTION ENTERPRISES(2015)

#本年新签定 This Year	总产值 (万元) Gross Output Value (10000 yuan)	建筑工程 Construction Projects	安装工程 Installation Projects	其　他 Others	在总产值中(万元) in Gross Output Value(10000 yuan) 在外省完成的产值 Completed outside the Province	装修装饰产值 Building Decoration
16282773	**16750535**	**13119698**	**3127692**	**503145**	**2207291**	**1053148**
7471336	7089440	5027122	2004225	58093	1051670	399509
16224520	16697448	13067231	3127072	503145	2205163	1047610
2184880	2455195	1392999	1037025	25171	161750	9795
965857	1058614	859562	171651	27401	3914	9288
40000	40000	40000				
685	685	685				
9807955	9652872	7834936	1496341	321595	1820469	904489
974371	907411	649855	239386	18170	106979	17364
2243146	2573752	2280534	182410	110808	112051	106674
4870	5538	5538			1469	5538
53382	47549	46929	620		659	
3157306	3520390	2259143	1208675	52572	165664	19082
51072	52365	52105	260			
1250897	1260378	976985	247092	36301	108447	23711
11823498	11917402	9831465	1671664	414272	1933179	1010355
7310989	8357775	7962373	205349	190053	493231	186458
6734270	5364962	3696600	1595083	73278	1084218	390181
2829872	2703851	2652344	13918	37589	566841	11338
67671	89383	89383			6260	
1380701	1217849	1217059	290	500	158277	
1028970	1096520	1056018	7800	32702	384905	11338
352530	300099	289884	5828	4387	17399	
919271	596935	559710	26834	10412	4990	
454737	327642	302918	22896	1829		
458616	262576	253837	3938	4800	4707	
5918	6738	2955		3783	283	
2219798	1282650	280289	985783	16578	359573	378193
723307	731007	161398	561030	8580	150850	285
663206	659733	121479	530771	7483	150850	285
60101	71274	39919	30259	1097		
42023	50498	42860	7519	120	1964	366
1315574	2054167	632722	1246017	175428	252113	15411
234491	264859	73742	190474	642	17291	
136974	130844	41723	80212	8908	20408	6894
944109	1658465	517257	975330	165878	214414	8517
921939	973631	828002	81243	64386	377729	461098
470733	505181	442887	9421	52873	335493	460768
340727	350864	342610	5400	2854	172	
1821	3600	1779	1794	27	100	
108658	113986	40726	64628	8632	41965	329
2503543	1687571	690372	977443	19756	486438	385505
3788221	4510454	3668991	815773	25690	574835	4848
2844116	2609545	2113670	441070	54805	34032	82324
14464961	14843129	12089355	2356240	397533	1641628	581564
2185024	1739115	1209571	529544		425228	378193
6259050	6660289	5142976	1480334	36980	1073278	58521
3127846	3378898	2888479	236158	254261	74509	76199
2893041	3064828	2848330	110205	106293	68613	68652
1817812	1907406	1030343	771452	105611	565662	471584
194961	236822	118444	85631	32747	6999	65680
808650	845631	504640	312710	28281	363458	393305
814202	824953	407259	373111	44584	195205	12599

13-2 续表1

类别	Item	竣工产值（万元）Output Value of Buildings Completed (10000 yuan)
总计	**Total**	**10082677**
#国有及国有控股	#State-owned and State-holding Enterprises	3210666
按登记注册类型分组	**Grouped by Status of Registration**	
内资企业	Domestic Funded Enterprises	10075824
国有企业	State-owned Enterprises	1053394
集体企业	Collective-owned Enterprises	910810
股份合作企业	Cooperative Enterprises	40000
联营企业	Joint Ownership Enterprises	540
有限责任公司	Limited Liability Corporations	5468434
股份有限公司	Share Holding Enterprises	681414
私营企业	Private Enterprises	1914803
港、澳、台商投资企业	Enterprises with Funds from Hong Kong,Macao and Taiwan	4899
外商投资企业	Foreign Funded Enterprises	1955
按经济组织类型分组	**Grouped by Type of Economic Organizations**	
独资企业	Proprietorship	1970786
合作、合伙企业	Cooperative Enterprises and Partnership	49729
股份有限公司	Share Holding Enterprises	928239
有限责任公司	Limited Liability Corporations	7133923
按国民经济行业分组	**Grouped by Sector**	
房屋建筑业	Housing Building Construction	5374711
土木工程建筑业	Civil Engineering Construction	3167327
铁路、道路、隧道和桥梁	Railway,Road, Tunnel and Bridge	1438863
铁路工程建筑	Railway Engineering	9230
公路工程建筑	Highway Engineering	464108
市政道路工程建筑	Municipal Road Engineering	738043
其他道路、隧道和桥梁工程建筑	Other	227482
水利和内河港口工程建筑	Water Conservancy and Inland Port Engineering Construction	302651
水源及供水设施工程建筑	Water Supply and Water Supply Facilities	145436
河湖治理及防洪设施工程建筑	Governance of Lakes and Flood Control Facilities	152870
港口及航运设施工程建筑	Port and Shipping Facilities	4345
工矿工程	Mining Engineering	775916
架线和管道工程建筑	Line Putting-up and Pipeline Engineering	607705
架线及设备工程建筑	Wiring and Equipment Engineering	555055
管道工程建筑	Pipeline Engineering	52650
其他土木工程	Other Civil Engineering	42192
建筑安装业	Construction Installation	725804
电气安装	Electrical Installation	108747
管道和设备安装	Piping and Equipment Installation	96865
其他建筑安装业	Other	520192
建筑装饰和其他建筑业	Construction Decoration and Other Construction	814835
建筑装饰业	Construction Decoration	483535
工程准备活动	Project Preparation Activities	242713
提供施工设备服务	Provide Construction Equipment Service	1470
其他未列明建筑业	Other Construction Not listed	87117
按隶属关系分组	**Grouped by Administration**	
#中　央	#Central	936634
省	Provincial	1635502
地　市	Prefectural	1347656
按企业资质等级分组	**Grouped by Quality and Grade**	
施工总承包	Overall Contracted Construction	8592992
特　级	Special Grade	740780
一　级	First Grade	2830514
二　级	Second Grade	2324917
三　级	Third Grade	2696781
专业承包	Specialized Contraction	1489686
#一　级	#First Grade	170675
二　级	Second Grade	709031
三　级	Third Grade	609980

CONTINUED

产值竣工率（%）Ratio of Output Value of Buildings Completed to Gross Output Value (%)	房屋建筑施工面积（万平方米）Floor Space of Buildings under Construction (10000 sq. m)	#本年新开工 Starting Working at Current Year	#实行招标承包面积 Contract through Dublic Bidding	房屋建筑竣工面积（万平方米）Floor Space of Buildings Completed (10000 sq. m)	#住宅 Residence	房屋建筑面积竣工率（%）Rate of Floor Space of Buildings (%)
60.2	**5617.1**	**3390.4**	**4318.1**	**2966.8**	**2247.0**	**52.8**
45.3	1854.3	849.3	1481.8	591.8	415.2	31.9
60.3	5617.1	3390.4	4318.1	2966.8	2247.0	52.8
42.9	350.6	235.8	288.1	220.0	174.8	62.7
86.0	389.3	318.3	245.6	273.3	215.4	70.2
100.0	28.7	28.7	28.7	28.7	28.7	100.0
78.8	0.2			0.2		100.0
56.7	3507.6	1928.8	2823.3	1529.0	1159.6	43.6
75.1	211.4	142.9	138.8	158.7	106.2	75.1
74.4	1117.5	731.4	781.8	752.6	557.9	67.4
88.5						
4.1						
56.0	739.9	554.1	533.7	493.3	390.2	66.7
95.0	42.1	34.7	41.9	34.7	33.0	82.3
73.6	416.0	255.5	298.0	298.5	204.0	71.8
59.9	4419.1	2546.1	3444.5	2140.3	1619.8	48.4
64.3	5421.9	3280.3	4181.8	2884.0	2205.7	53.2
59.0	70.4	44.1	67.3	38.7	16.4	55.0
53.2	17.4	6.3	17.1	1.16	1.16	6.7
10.3						
38.1	10.8		10.8			
67.3	2.4	2.4	2.4			
75.8	4.2	3.9	3.9	1.2	1.2	27.6
50.7	8.9	8.9	8.9	8.9	4.9	100.0
44.4	8.9	8.9	8.9	8.9	4.9	100.0
58.2						
64.5						
60.5	11.7	11.0	11.6	7.9		67.8
83.1	22.1	10.1	21.9	10.6	0.14	47.8
84.1	21.9	10.0	21.9	10.4		47.5
73.9	0.14	0.14		0.14	0.14	100.0
83.6	10.4	7.8	7.8	10.2	10.2	97.8
35.3	122.8	64.1	69.0	42.1	22.9	34.3
41.1	23.1	17.5	16.5	1.5		6.5
74.0	0.05					
31.4	99.7	46.5	52.5	40.6	22.9	40.7
83.7	2.0	2.0		2.0	2.0	100.0
95.7						
69.2						
40.8						
76.4	2.0	2.0		2.0	2.0	100.0
55.5	72.4	35.3	61.5	38.5	10.8	53.2
36.3	1395.7	433.9	1217.0	338.7	232.8	24.3
51.6	1093.2	646.8	867.5	451.2	354.0	41.3
57.9	5579.4	3367.1	4311.9	2957.8	2238.9	53.0
42.6	675.7	147.0	675.7	101.7	67.4	15.1
42.5	1967.3	846.9	1527.2	648.8	454.2	33.0
68.8	1553.2	1189.9	1124.9	991.4	750.9	63.8
88.0	1383.3	1183.3	984.2	1215.9	966.3	87.9
78.1	37.7	23.3	6.2	9.0	8.1	24.0
72.1	4.8	1.3				
83.8	16.7	6.5	5.3	6.6	6.4	39.7
73.9	16.2	15.5	0.9	2.4	1.7	14.8

13-2 续表2

类 别	Item	自有机械设备数量（台） Number of Machinery and Equipment Owned (unit)	自有机械设备功率（万千瓦） Total Power of Machinery and Equipment Owned (10000 kw)
总 计	**Total**	**123778**	**306.6**
#国有及国有控股	#State-owned and State-holding Enterprises	58608	134.8
按登记注册类型分组	**Grouped by Status of Registration**		
内资企业	Domestic Funded Enterprises	123732	306.5
国有企业	State-owned Enterprises	17909	41.8
集体企业	Collective-owned Enterprises	5151	9.9
股份合作企业	Cooperative Enterprises	5	0.05
联营企业	Joint Ownership Enterprises		
有限责任公司	Limited Liability Corporations	75681	185.4
股份有限公司	Share Holding Enterprises	4932	23.2
私营企业	Private Enterprises	19421	45.7
港、澳、台商投资企业	Enterprises with Funds from Hong Kong, Macao and Taiwan	3	
外商投资企业	Foreign Funded Enterprises	43	0.2
按经济组织类型分组	**Grouped by Type of Economic Organizations**		
独资企业	Proprietorship	23158	51.9
合作、合伙企业	Cooperative Enterprises and Partnership	878	0.6
股份有限公司	Share Holding Enterprises	8330	30.8
有限责任公司	Limited Liability Corporations	91412	223.3
按国民经济行业分组	**Grouped by Sector**		
房屋建筑业	Housing Building Construction	56211	113.3
土木工程建筑业	Civil Engineering Construction	52420	155.2
铁路、道路、隧道和桥梁	Railway, Road, Tunnel and Bridge	11325	68.1
铁路工程建筑	Railway Engineering	243	0.6
公路工程建筑	Highway Engineering	5516	32.5
市政道路工程建筑	Municipal Road Engineering	3212	19.4
其他道路、隧道和桥梁工程建筑	Other	2354	15.7
水利和内河港口工程建筑	Water Conservancy and Inland Port Engineering Construction	4434	14.7
水源及供水设施工程建筑	Water Supply and Water Supply Facilities	2713	9.4
河湖治理及防洪设施工程建筑	Governance of Lakes and Flood Control Facilities	1610	4.8
港口及航运设施工程建筑	Port and Shipping Facilities	111	0.5
工矿工程	Mining Engineering	28388	61.1
架线和管道工程建筑	Line Putting-up and Pipeline Engineering	7763	10.6
架线及设备工程建筑	Wiring and Equipment Engineering	7128	7.3
管道工程建筑	Pipeline Engineering	635	3.2
其他土木工程	Other Civil Engineering	510	0.7
建筑安装业	Construction Installation	12151	32.3
电气安装	Electrical Installation	3221	5.4
管道和设备安装	Piping and Equipment Installation	971	2.3
其他建筑安装业	Other	7959	24.6
建筑装饰和其他建筑业	Construction Decoration and Other Construction	2996	5.8
建筑装饰业	Construction Decoration	1919	2.2
工程准备活动	Project Preparation Activities	686	1.8
提供施工设备服务	Provide Construction Equipment Service	63	0.4
其他未列明建筑业	Other Construction Not listed	328	1.4
按隶属关系分组	**Grouped by Administration**		
#中 央	#Central	32453	69.6
省	Provincial	14140	51.0
地 市	Prefectural	19270	49.6
按企业资质等级分组	**Grouped by Quality and Grade**		
施工总承包	Overall Contracted Construction	115205	290.6
特 级	Special Grade	22389	48.5
一 级	First Grade	39317	120.9
二 级	Second Grade	33005	84.1
三 级	Third Grade	20494	37.1
专业承包	Specialized Contraction	8573	16.0
#一 级	#First Grade	3078	6.4
二 级	Second Grade	3696	5.0
三 级	Third Grade	1799	4.6

CONTINUED

自有机械设备净值（万元）Net Value of Machinery and Equipment Owned (10000 yuan)	技　术装备率（元/人）Value of Machinery per Laborer (yuan/person)	动　力装备率（千瓦/人）Power of Machinery per Laborer (kw/person)	劳动生产率（元/人，按总产值计算）Overall Labor Productivity (yuan/person)	年　末从业人员（人）Number of Persons Employed (person)	#工程技术人员 Engineering Technicians
764419	**10425**	**4.2**	**228445**	**466601**	**69653**
278006	10199	4.9	260090	138622	23953
764056	10446	4.2	228291	466169	69497
64033	6884	4.5	263946	43019	8742
27467	6796	2.5	261942	26236	2972
2750	23109	0.4	336135	889	35
			285417	5	3
462100	11152	4.5	232964	256934	39453
41035	5805	3.3	128359	55468	3625
165560	14869	4.1	231149	83326	14524
200	8338	0.2	230758	150	30
163	1028	1.0	299049	282	126
93306	6978	3.9	263282	69421	11782
4411	25425	3.2	301815	1333	211
60816	7180	3.6	148803	64026	5180
605886	11809	4.4	232266	331821	52480
333763	9358	3.2	234337	211504	34034
369618	18227	7.7	264559	129385	22975
161274	15751	6.7	264074	54833	14028
10243	29183	1.6	254653	1549	461
77862	17910	7.5	280133	20625	3107
44550	11019	4.8	271215	21631	6720
28619	19110	10.5	200386	11028	3740
38844	16178	6.1	248617	16215	2826
29330	23100	7.4	258047	7731	1832
8782	8043	4.4	240476	8103	894
733	18544	13.5	170575	381	100
141157	29931	12.9	271973	43062	3416
21801	8064	3.9	270403	14072	2379
17996	7481	3.0	274260	12120	1880
3805	12774	10.9	239256	1952	499
6541	29828	3.3	230270	1203	326
45415	3998	2.8	180852	69614	9028
9762	8380	4.7	227346	8141	2703
5240	9059	3.9	226217	5334	1860
30413	3163	2.6	172489	56139	4465
15623	2595	1.0	161701	56098	3616
3083	723	0.5	118526	40268	2012
9858	8129	1.5	289349	11384	437
466	26759	21.2	206879	141	42
2217	4192	2.7	215475	4305	1125
142176	24334	11.9	288839	38483	4518
92776	5328	2.9	259037	81205	12579
119623	10930	4.5	238426	59018	15295
720425	11360	4.6	234059	382416	60115
128248	19529	7.4	264822	38108	4546
203264	7061	4.2	231369	158329	19828
251797	17062	5.7	228960	97138	21067
137116	10306	2.8	230353	88841	14674
43994	4440	1.6	192512	84185	9538
10502	10050	6.1	226645	8270	2302
12110	2203	0.9	153841	46580	4387
21382	6352	1.4	245062	29335	2849

13-3 建筑业企业财务状况(2015年)

单位：万元

类 别	Item	资产合计 Total Assets	#流动资产 Circulating Funds	#在建工程 Progress Under Construction
总 计	**Total**	**17275931**	**13862274**	**121914**
#国有及国有控股	#State-owned and State-holding Enterprises	6987780	5943368	31742
按登记注册类型分组	**Grouped by Status of Registration**			
内资企业	Domestic Funded Enterprises	17199902	13818870	121914
国有企业	State-owned Enterprises	1592122	1327556	11118
集体企业	Collective-owned Enterprises	774038	654157	481
股份合作企业	Cooperative Enterprises	10136	5279	
联营企业	Joint Ownership Enterprises	2167	2015	
有限责任公司	Limited Liability Corporations	10184242	8139167	56312
股份有限公司	Share Holding Enterprises	1338910	1006830	1552
私营企业	Private Enterprises	3290054	2677896	51953
港、澳、台商投资企业	Enterprises with Funds from Hong Kong,Macao and Taiwan	7786	6362	
外商投资企业	Foreign Funded Enterprises	68244	37043	
按经济组织类型分组	**Grouped by Type of Economic Organizations**			
独资企业	Proprietorship	2374617	1988364	11599
合作、合伙企业	Cooperative Enterprises and Partnership	21537	13543	499
股份有限公司	Share Holding Enterprises	1639466	1254640	2880
有限责任公司	Limited Liability Corporations	13240311	10605727	106936
按国民经济行业分组	**Grouped by Sector**			
房屋建筑业	Housing Building Construction	7575106	5931122	47296
土木工程建筑业	Civil Engineering Construction	7117612	5914982	57740
铁路、道路、隧道和桥梁	Railway,Road, Tunnel and Bridge	3371269	2642183	26519
铁路工程建筑	Railway Engineering	109795	85861	4356
公路工程建筑	Highway Engineering	1213319	867004	14215
市政道路工程建筑	Municipal Road Engineering	1440847	1177615	5773
其他道路、隧道和桥梁工程建筑	Other	607309	511704	2176
水利和内河港口工程建筑	Water Conservancy and Inland Port Engineering Construction	609833	495529	2613
水源及供水设施工程建筑	Water Supply and Water Supply Facilities	312537	244006	274
河湖治理及防洪设施工程建筑	Governance of Lakes and Flood Control Facilities	284350	245752	2339
港口及航运设施工程建筑	Port and Shipping Facilities	12947	5771	
工矿工程	Mining Engineering	2228848	1983471	20817
架线和管道工程建筑	Line Putting-up and Pipeline Engineering	848699	751428	7771
架线及设备工程建筑	Wiring and Equipment Engineering	747704	672235	7045
管道工程建筑	Pipeline Engineering	100996	79192	726
其他土木工程	Other Civil Engineering	58962	42372	20
建筑安装业	Construction Installation	1633762	1342809	6630
电气安装	Electrical Installation	487273	398420	1670
管道和设备安装	Piping and Equipment Installation	286967	257105	403
其他建筑安装业	Other	859522	687285	4557
建筑装饰和其他建筑业	Construction Decoration and Other Construction	949452	673360	10248
建筑装饰业	Construction Decoration	418559	285593	5256
工程准备活动	Project Preparation Activities	78677	57259	21
提供施工设备服务	Provide Construction Equipment Service	6181	3757	
其他未列明建筑业	Other Construction Not listed	446034	326751	4970
按隶属关系分组	**Grouped by Administration**			
#中 央	#Central	2358276	2108953	17285
省	Provincial	3791706	3160750	8486
地 市	Prefectural	3378084	2666399	23401
按企业资质等级分组	**Grouped by Quality and Grade**			
施工总承包	Overall Contracted Construction	15063677	12106238	110133
特 级	Special Grade	2427543	2062572	16897
一 级	First Grade	6473555	5395679	33051
二 级	Second Grade	4273263	3288635	38100
三 级	Third Grade	1889316	1359352	22084
专业承包	Specialized Contraction	2212254	1756036	11781
#一 级	#First Grade	340741	286757	5191
二 级	Second Grade	1178228	944429	4128
三 级	Third Grade	693286	524850	2462

FINANCIAL STATUS OF CONSTRUCTION ENTERPRISES (2015)

(10000 yuan)

#固定资产 Fixed Assets	#固定资产累计折旧 Accumulated Depreciation of Fixed Assets	负债合计 Total Liabilities	#流动负债 Circulating Liabilities	#非流动负债 Non-current Liabilities	所有者权益 Total Owners Rights and Interests	#实收资本 Actual Received Capital	#国家资本 State Capital
1944889	**1228601**	**11736030**	**11010992**	**470928**	**5539901**	**4022879**	**878984**
563569	529193	5805939	5521412	255794	1181842	1073988	832822
1943542	1226855	11666275	10941237	470928	5533626	4017957	878030
193425	146439	1302351	1231307	46985	289771	308320	232536
83070	44445	598960	587118	1751	175078	111225	100
4857	2236	6018	6018		4118	4118	
113	99	2208	2208		-41	464	
1133916	774418	7159139	6689920	352628	3025103	2225833	618728
121900	51096	793120	701064	52407	545790	245707	22812
404194	207228	1802830	1721987	17157	1487224	1116887	3703
990	561	4221	4221		3564	2729	
357	1186	65534	65534		2710	2192	954
278302	192110	1902292	1819406	48737	472325	423177	232636
7587	3349	10115	10080		11422	10596	150
161956	71378	960470	851594	52513	678997	329435	22812
1497044	961765	8863154	8329912	369678	4377157	3259671	623386
881032	394479	4871941	4485073	198901	2703165	1991799	248363
800640	673748	5475074	5272955	162332	1642538	1299451	531473
401099	261879	2234476	2090265	108721	1136793	743634	199920
23475	7304	81211	80344	713	28584	25609	13566
137983	91970	766088	708386	46075	447231	316625	116761
175162	110148	1070550	998346	54518	370297	247965	34031
64479	52457	316627	303190	7415	290682	153435	35561
93813	36620	432757	429950	286	177077	147170	47606
57285	25661	204610	201969	285	107927	86682	4784
30071	9597	227378	227212	1	56972	49495	36821
6458	1362	769	769		12178	10993	6000
214489	294346	2102082	2066792	33736	126766	255490	218902
77247	73534	681152	661455	19486	167548	123956	58695
59045	66097	613074	593877	18986	134630	96825	49118
18202	7437	68078	67577	500	32918	27131	9578
13992	7368	24608	24494	103	34354	29201	6350
160355	113942	1027435	927667	78132	606327	429129	90068
45266	29828	309948	226728	73045	177325	123836	12372
25072	18489	175597	173353	98	111370	86361	16176
90018	65625	541890	527586	4989	317632	218932	61520
102862	46433	361581	325296	31562	587871	302500	9080
29984	13866	205713	169752	31370	212847	150504	1625
16828	9377	36183	36061	93	42494	24676	6616
1176	1909	2319	2319		3862	4286	
54873	21280	117366	117164	100	328668	123034	839
237707	310002	2176033	2126205	48372	182243	306674	296424
216337	143377	3017657	2814393	197843	774049	573989	316349
381559	244108	2431880	2222531	137454	946204	698310	193328
1738894	1095256	10486950	9821433	434206	4576727	3463112	824068
152889	219376	2129389	1981212	148177	298154	282114	247030
605122	450473	4914288	4639880	211660	1559267	1126600	339192
628243	299442	2504639	2348518	66870	1768624	1369036	187035
352639	125965	938635	851824	7499	950682	685363	50812
205995	133346	1249081	1189558	36722	963174	559767	54916
38148	34974	177980	172889	3418	162760	125936	17751
73841	51328	807869	770640	31968	370358	236888	21569
94006	47043	263231	246029	1336	430055	196943	15597

13-3 续表1

单位：万元

类 别	Item			总收入
		#集体资本 Collective-Owned Capital	#法人资本 Corporation Capital	Total Income
总 计	**Total**	**290959**	**1034830**	**14578309**
#国有及国有控股	#State-owned and State-holding Enterprises	8574	151773	6098388
按登记注册类型分组	**Grouped by Status of Registration**			
内资企业	Domestic Funded Enterprises	290959	1033673	14554177
国有企业	State-owned Enterprises	3003	44924	1521058
集体企业	Collective-owned Enterprises	102903	4380	841631
股份合作企业	Cooperative Enterprises	4118		35878
联营企业	Joint Ownership Enterprises		464	685
有限责任公司	Limited Liability Corporations	119942	607327	9026669
股份有限公司	Share Holding Enterprises	34918	65487	915253
私营企业	Private Enterprises	23522	310492	2202025
港、澳、台商投资企业	Enterprises with Funds from Hong Kong,Macao and Taiwan		914	6892
外商投资企业	Foreign Funded Enterprises		243	17240
按经济组织类型分组	**Grouped by Type of Economic Organizations**			
独资企业	Proprietorship	105906	52304	2369271
合作、合伙企业	Cooperative Enterprises and Partnership	6672	1674	50300
股份有限公司	Share Holding Enterprises	34933	75004	1243411
有限责任公司	Limited Liability Corporations	143449	905848	10915327
按国民经济行业分组	**Grouped by Sector**			
房屋建筑业	Housing Building Construction	188128	502340	6937172
土木工程建筑业	Civil Engineering Construction	68215	275544	5244760
铁路、道路、隧道和桥梁	Railway,Road, Tunnel and Bridge	34544	187550	2352580
铁路工程建筑	Railway Engineering	1531	90	90385
公路工程建筑	Highway Engineering	12793	50780	841959
市政道路工程建筑	Municipal Road Engineering	13516	107628	1086381
其他道路、隧道和桥梁工程建筑	Other	6704	29051	333855
水利和内河港口工程建筑	Water Conservancy and Inland Port Engineering Construction	2000	45079	612014
水源及供水设施工程建筑	Water Supply and Water Supply Facilities	2000	41058	328573
河湖治理及防洪设施工程建筑	Governance of Lakes and Flood Control Facilities		2700	276250
港口及航运设施工程建筑	Port and Shipping Facilities		1321	7192
工矿工程	Mining Engineering		33218	1623172
架线和管道工程建筑	Line Putting-up and Pipeline Engineering	30544	7383	606486
架线及设备工程建筑	Wiring and Equipment Engineering	23977	2689	539598
管道工程建筑	Pipeline Engineering	6567	4695	66888
其他土木工程	Other Civil Engineering	1127	2313	30309
建筑安装业	Construction Installation	33471	128907	1554917
电气安装	Electrical Installation	27207	36801	317723
管道和设备安装	Piping and Equipment Installation	2724	32196	153317
其他建筑安装业	Other	3540	59910	1083877
建筑装饰和其他建筑业	Construction Decoration and Other Construction	1146	128039	841460
建筑装饰业	Construction Decoration	324	70773	557140
工程准备活动	Project Preparation Activities	822	9488	91229
提供施工设备服务	Provide Construction Equipment Service		70	3682
其他未列明建筑业	Other Construction Not listed		47709	189410
按隶属关系分组	**Grouped by Administration**			
#中 央	#Central	5875	4375	2085381
省	Provincial	43652	109737	3276330
地 市	Prefectural	98818	155102	2159401
按企业资质等级分组	**Grouped by Quality and Grade**			
施工总承包	Overall Contracted Construction	250543	856327	12937357
特 级	Special Grade	449		1718756
一 级	First Grade	51504	309030	5508450
二 级	Second Grade	125858	351502	2844517
三 级	Third Grade	72732	195795	2865634
专业承包	Specialized Contraction	40417	178503	1640952
#一 级	#First Grade	6016	29266	314888
二 级	Second Grade	24633	81483	806619
三 级	Third Grade	9768	67754	519445

CONTINUED

(10000 yuan)

				管理费用	财务费用	营业利润	利润总额	利税总额
工程结算收入 Revenue of Project Settlement Accounts	工程结算成本 Costs of Project Settlement Accounts	工程结算税金及附加 Taxes and Extra Charges on Project Settlement Accounts	营业外收入 Other Revenue from Business	Management Expenses	Financial Expenses	operating profit	Total Profits	Total Pre-tax Profits
14539979	**12749219**	**504767**	**35471**	**597455**	**66139**	**452296**	**466005**	**1011231**
6071336	5616990	169209	27478	192536	25958	54932	67366	245561
14515847	12728300	503744	35471	595549	66130	452080	465789	1009940
1515447	1353842	53164	5710	69283	4474	25363	28364	83536
840919	717267	41309	511	49166	-1582	34683	34711	79876
35878	29251	4938		80	25	1570	1281	6240
685	641	22		36		-14	-14	11
9001170	8083735	287470	24096	304089	41459	217854	225842	533917
910318	692885	26725	3454	52879	10387	56005	59222	88215
2200452	1840653	89742	1701	119548	11361	116518	116282	217667
6892	6038	216		432	5	201	201	422
17240	14881	806		1474	4	15	15	869
2362948	2076744	94926	6221	118823	2893	60164	63193	163986
50300	42087	5360		693	32	2113	1824	7215
1238445	980903	38040	3484	65569	13030	68824	72023	113912
10888285	9649484	366441	25767	412370	50184	321196	328966	726118
6934703	5987231	291898	3346	241755	30525	254843	253413	566141
5219539	4729729	139640	25095	219740	25478	78152	88740	240300
2350403	2082790	78316	2082	96296	23908	59847	58431	141590
90272	78171	2529	113	5773	-6	2730	2822	5462
840908	751050	29151	958	25703	9615	21921	22984	53159
1085544	962433	34944	837	47734	9748	27207	25394	63452
333680	291137	11692	174	17087	4552	7989	7231	19517
611915	545096	21954	100	22690	2013	17963	17879	41229
328535	286904	11967	38	13571	1233	14006	13885	26710
276188	252124	9565	62	8623	782	3805	3843	13661
7192	6068	423		497	-2	152	152	858
1601982	1553283	17989	20930	52535	510	-23812	-13168	9263
604787	506614	18793	1927	46263	-1177	20958	22365	42343
539000	450824	16589	825	40868	-2103	17477	17854	35439
65787	55790	2204	1101	5395	926	3480	4511	6905
50452	41946	2588	57	1956	224	3196	3232	5875
1549641	1350629	48224	4489	87257	6246	52268	55113	107691
315907	261589	9038	1652	28513	4021	12434	13602	24475
153010	127802	5580	307	11388	751	6967	7099	13267
1080724	961237	33607	2530	47356	1474	32868	34412	69948
836097	681631	25005	2541	48704	3891	67033	68740	97098
554254	479195	17648	86	16744	2711	36063	35332	54079
91214	79548	3125	16	3772	74	4451	4465	8316
3682	2788	80		681	79	26	26	123
186948	120101	4154	2439	27507	1027	26492	28917	34581
2068173	1970134	35669	17137	68545	862	-6771	1160	41441
3269917	2976061	106268	6957	97566	22265	31013	35803	145979
2153931	1926071	71016	5639	102177	6419	50846	51127	130380
12906403	11419948	453616	31019	479060	61149	348755	360775	848589
1703243	1637451	32193	15408	32278	4576	-1718	6568	42502
5498596	4999686	162553	9616	188049	35216	60760	64736	238110
2840191	2420692	115299	4654	150876	10593	105071	107917	232315
2864374	2362119	143571	1341	107857	10764	184643	181554	335662
1633576	1329271	51151	4453	118395	4990	103542	105231	162642
314433	273749	10486	455	20443	2181	7522	6886	18677
802863	661283	25626	1004	50006	451	51631	51890	80273
516281	394239	15040	2993	47946	2358	44389	46455	63693

13-4 分地区建筑业企业基本情况

BASIC CONDITIONS OF CONSTRUCTION ENTERPRISES BY REGION

年份 地区	Year Region	企业单位数（个） Number of Enterprises (unit)	年末从业人员（人） Number of Persons Employed (person)	自有机械设备数量（台） Number of Machinery and Equipment Owned(unit)	自有机械设备功率（万千瓦） Total Power of Machinery and Equipment Owned (10000 kw)	自有机械设备净值（万元） Net Value of Machinery and Equipment Owned (10000 yuan)
	2005	1948	430971	165903	341.9	679666
	2006	1781	432016	157684	334.1	711059
	2007	1733	471335	157949	366.3	748550
	2008	1971	479114	161174	372.3	798106
	2009	1919	674884	159810	358.9	762805
	2010	1945	561857	143340	327.8	749900
	2011	2020	490761	156112	364.4	783975
	2012	2038	490884	134579	312.5	804716
	2013	2008	440100	134516	283.5	770020
	2014	1825	363016	153448	330.0	853835
	2015	1599	466601	123778	306.6	764419
哈尔滨	Harbin	734	224699	45947	118.0	281536
齐齐哈尔	Qiqihar	95	16353	5647	12.8	40082
鸡西	Jixi	78	15597	3931	8.9	30860
鹤岗	Hegang	51	12536	3237	5.4	12224
双鸭山	Shuangyashan	41	7531	3404	7.6	7295
大庆	Daqing	185	45863	34770	74.0	183482
伊春	Yichun	34	4347	1471	4.5	17558
佳木斯	Jiamusi	63	28801	8800	18.8	34409
七台河	Qitaihe	28	2764	542	2.1	10398
牡丹江	Mudanjiang	124	73219	3978	12.6	45687
黑河	Heihe	52	11489	3126	5.7	14854
绥化	Suihua	86	18925	6351	21.5	68566
大兴安岭	Daxinganling	22	4151	2312	13.7	14798
绥芬河	Suifenhe	6	326	262	1.0	2671
抚远	Fuyuan					

13-4 续表1 CONTINUED

年份 地区	Year Region	劳动生产率（元/人，按总产值计算） Overall Labor Productivity (yuan/person)	产值竣工率(%) Ratio of Output Value of Buildings Completed to Gross Output Value(%)	房屋建筑面积竣工率(%) Rate of Floor Space of Buildings Completed(%)	技术装备率（元/人） Value of Machinery per Laborer (yuan/person)	动力装备率（千瓦/人） Power of Machinery per Laborer (kw/person)
	2005	91345	78.1	50.4	10837	5.5
	2006	109543	70.7	49.1	11130	5.2
	2007	139136	58.2	54.7	11891	5.8
	2008	127267	60.8	44.1	9797	4.6
	2009	146124	57.1	68.4	8303	3.9
	2010	183395	50.2	50.5	7771	3.4
	2011	220377	56.4	49.8	8514	4.0
	2012	272229	51.6	50.7	9228	3.6
	2013	242528	51.0	53.7	7555	2.8
	2014	251080	48.2	55.2	9968	3.9
	2015	228445	60.2	52.8	10425	4.2
哈尔滨	Harbin	236419	47.1	36.6	6806	2.9
齐齐哈尔	Qiqihar	219475	63.2	48.0	16695	5.3
鸡西	Jixi	199405	54.3	79.5	17391	5.0
鹤岗	Hegang	110681	76.6	29.7	7957	3.5
双鸭山	Shuangyashan	143695	63.0	50.0	9287	9.6
大庆	Daqing	259419	74.6	81.1	35232	14.2
伊春	Yichun	209761	86.0	72.4	32052	8.2
佳木斯	Jiamusi	244383	78.8	89.0	8765	4.8
七台河	Qitaihe	209164	105.0	41.9	33435	6.9
牡丹江	Mudanjiang	210407	78.1	68.1	4994	1.4
黑河	Heihe	216944	95.6	93.1	4954	1.9
绥化	Suihua	216164	98.8	96.8	25178	7.9
大兴安岭	Daxinganling	253826	72.5	77.7	26630	24.7
绥芬河	Suifenhe	275641	121.5	92.1	66604	25.4
抚远	Fuyuan					

13-4 续表2 CONTINUED

年 份 地 区	Year Region	资产合计 （万元） Total Assets (10000 yuan)	负债合计 （万元） Total Liabilities (10000 yuan)	所有者权益 （万元） owner's equity (10000 yuan)	#实收资本 #Paid-up capital	总收入 （万元） Total Income (10000 yuan)	利润总额 （万元） Total Profits (10000 yuan)	利税总额 （万元） Total Pre-tax Profits (10000 yuan)
	2005	7038066	4261973	2776123	2585760	5664967	52342	245187
	2006	8203440	5278702	2924738	2700632	6840358	76641	305123
	2007	9142571	6054731	3087840	2699169	8508795	98029	343990
	2008	10397027	6964890	3432138	3132750	10913499	457660	1520636
	2009	10829222	7133558	3695664	3232330	13078488	558203	1332707
	2010	11951907	8195121	3756786	3289940	16082766	564931	1781420
	2011	14595943	10040174	4555769	3587785	19446063	589187	1321917
	2012	16398329	11079601	5293964	4010791	21053609	617830	1338823
	2013	18019776	12563726	5456050	4061503	18358995	670536	1321228
	2014	17958140	12499104	5459037	4745830	17365202	508883	1139144
	2015	17275931	11736030	5539901	4022879	14578309	466005	1011231
哈尔滨	Harbin	9156289	6320243	2836046	2047035	7501639	182677	443393
齐齐哈尔	Qiqihar	764805	469374	295431	210511	595740	21409	40539
鸡 西	Jixi	469562	306481	163081	118328	323119	3527	15026
鹤 岗	Hegang	305508	176339	129169	73684	197116	4325	12720
双鸭山	Shuangyashan	265664	161503	104160	83249	123225	2161	7137
大 庆	Daqing	3326122	2733992	592130	577191	1882167	12268	54796
伊 春	Yichun	221716	149715	72001	54463	109009	5444	14469
佳木斯	Jiamusi	709765	340951	368814	191243	935919	47429	94245
七台河	Qitaihe	150645	78182	72463	54708	58398	2640	5405
牡丹江	Mudanjiang	996437	587353	409084	267142	1432138	109823	177727
黑 河	Heihe	193002	87822	105181	85072	661671	47011	87317
绥 化	Suihua	493881	198206	295676	193581	596107	20490	44604
大兴安岭	Daxinganling	190576	111395	79181	57285	143457	5351	11454
绥芬河	Suifenhe	31959	14475	17484	9387	18605	1449	2399
抚 远	Fuyuan							

13-4 续表3 CONTINUED

年 份 地 区	Year Region	产值利润率 (%) Profit Rate Value (%)	产值利税率 (%) Gross Output Value (%)	资本利润率 (%) profit ratio of capital (%)	资本利税率 (%) Profits to Assets (%)	人均利润 （元/人） per capita profit (yuan/person)	人均利税 （元/人） Per capita taxes (yuan/person)	资产负债率 (%) Assets-Liability Ratio(%)
	2005	0.9	4.3	2.0	10.5	835	3909	60.6
	2006	1.1	4.4	2.0	8.9	1200	4776	64.3
	2007	1.1	3.9	3.6	7.8	1557	5464	66.2
	2008	2.5	14.7	14.6	2.1	5618	18667	67.0
	2009	4.2	9.9	17.3	2.4	6076	14507	65.9
	2010	3.2	10.1	17.2	1.8	5854	18461	68.6
	2011	2.9	6.5	16.4	2.7	6399	14357	68.8
	2012	2.6	5.6	15.4	3.0	7085	15353	67.6
	2013	2.7	5.3	16.5	3.1	6579	12963	69.7
	2014	2.4	5.3	10.7	24.0	5941	13298	69.6
	2015	2.8	6.0	11.6	25.1	6355	13791	67.9
哈尔滨	Harbin	1.9	4.5	8.9	21.7	4416	10718	69.0
齐齐哈尔	Qiqihar	4.1	7.7	10.2	19.3	8917	16885	61.4
鸡 西	Jixi	1.0	4.2	3.0	12.7	1988	8468	65.3
鹤 岗	Hegang	2.5	7.5	5.9	17.3	2816	8280	57.7
双鸭山	Shuangyashan	1.9	6.3	2.6	8.6	2751	9086	60.8
大 庆	Daqing	0.9	4.1	2.1	9.5	2356	10522	82.2
伊 春	Yichun	4.7	12.6	10.0	26.6	9938	26412	67.5
佳木斯	Jiamusi	4.9	9.8	24.8	49.3	12081	24007	48.0
七台河	Qitaihe	4.1	8.3	4.8	9.9	8490	17379	51.9
牡丹江	Mudanjiang	5.7	9.2	41.1	66.5	12005	19427	58.9
黑 河	Heihe	7.2	13.4	55.3	102.6	15679	29122	45.5
绥 化	Suihua	3.5	7.6	10.6	23.0	7524	16379	40.1
大兴安岭	Daxinganling	3.8	8.1	9.3	20.0	9629	20612	58.5
绥芬河	Suifenhe	13.1	21.7	15.4	25.6	36142	59816	45.3
抚 远	Fuyuan							

主要统计指标解释

建筑业统计单位　指从事房屋、构筑物建造和设备安装活动的法人企业。建筑业法人企业应具有建筑业资质并能够独立核算，同时还应具备以下条件：①依法成立，有自己的名称、组织机构和场所，能够承担民事责任；②独立拥有和使用资产，承担负债，有权与其他单位签订合同；③独立核算盈亏，能够编制资产负债表。

建筑业总产值　是以货币形式表现的建筑业企业在一定时期内生产的建筑业产品和提供服务的总和。建筑业总产值包括：

⑴建筑工程产值：指列入建筑工程预算内的各种工程价值。

⑵安装工程产值：指设备安装工程价值，不包括被安装设备本身的价值。

⑶其他产值：建筑业总产值中除建筑工程、安装工程以外的产值。包括房屋构筑物修理产值、非标准设备制造产值、总包企业向分包企业收取的管理费以及不能明确划分的施工活动所完成的产值。

a. 房屋构筑物修理产值：指房屋和构筑物修理所完成的产值，但不包括被修理房屋、构筑物本身价值和生产设备的修理价值。

b. 非标准设备制造产值：指加工制造没有定型的非标准生产设备的加工费和原材料价值(如化工厂、炼油厂用的各种罐、槽，矿井生产统一使用的各种漏斗、三角槽、阀门等)以及附属加工厂为本企业承建工程制作的非标准设备的价值。

建筑业增加值　指建筑业企业在报告期内以货币形式表现的建筑业生产经营活动的最终成果。

从2004年第一次全国经济普查开始，建筑业现价增加值按生产法和分配法(收入法)两种方法计算，以收入法的计算结果为准，即从收入的角度出发，根据生产要素在生产过程中应得的收入份额计算。具体计算方法：经济普查年度建筑业增加值按照《经济普查年度GDP核算方案》计算，非经济普查年度建筑业增加值按照《非经济普查年度GDP核算方案》计算。

房屋施工面积　指报告期内施工的全部房屋建筑面积，包括本期新开工的房屋建筑面积、上期跨入本期继续施工的房屋建筑面积、上期停缓建在本期恢复施工的房屋建筑面积、本期竣工的房屋建筑面积及本期施工后又停缓建的房屋建筑面积。

房屋竣工面积　指报告期内房屋建筑按照设计要求已全部完工，达到住人和使用条件，经验收鉴定合格或达到竣工验收标准，可正式移交使用的各栋房屋建筑面积的总和。

Explanatory Notes on Main Statistical Indicators

Statistical Unit in the Construction Industry refers to a corporate enterprise engaged in the construction of buildings and structures and in the installation of equipment. A corporate construction enterprise should have qualification certificates with independent accounting system, and should meet the following 3 requirements: a) being set up in line with relevant legal basis, having its full name, organization and location, and capable of taking civil liabilities; b) independently possessing and using its assets and assuming its liabilities, and entitled to sign contracts with other institutions; and c) making independent accounts of its profits and losses, and capable of compiling its own balance sheet.

Gross Output Value of Construction refers to total of construction products and services, expressed in money terms, produced or rendered by construction and installation enterprises during a given period of time. It includes:

(1) Output value of construction projects: the value of projects covered by the project budgets;

(2) Output value of installation projects: the value of the installation of equipment, (excluding the value of the equipment to be installed);

(3) Other output values: the output value of construction industry apart from that of construction projects and installation projects. It includes: output value of repair of buildings and structures; output value of non-standard equipment manufacturing; overhead expenses received by contracted enterprises from the sub-contracted enterprises and the completed output value of construction activities for which there is no clear definition.

a. Output value of repair of buildings and structures: the value created through the repairs of buildings or structures. It does not include the value of buildings or structures being repaired and the value of the repair of production equipment;

b. Output value of manufactured non-standard equipment: the value of non-standard production equipment, including raw materials and manufacturing cost, made for the construction project (i.e., chemical plant; kettles or tanks used by refineries; various fillers, triangle tanks, valves used by mines). It also includes the output value of equipment manufactured by subsidiary workshops.

Value-added of Construction refers to the final result of the activities of production and operation of enterprises of the construction industry in monetary terms during the reference period.

Starting from the 2004 economic census, value-added of construction is calculated by both production approach and income approach, with the figures from the income approach as the final figures. Under the income approach, calculation starts from the perspective of income and is based on the share of income derived from the production process by the relevant factors of production. Specifically, value-added of construction for the Census years is calculated in accordance with the Programme of Compilation of GDP and National Accounts for the Year of Economic Census, and value-added of construction for other years is calculated in accordance with the Programme of Compilation of GDP and National Accounts for the Non Economic Census Years.

Floor Space of Buildings refers to floor space of buildings under construction in the reference period, including the space of buildings for which construction has newly started; buildings for which construction has started earlier and is continuing during the reference period; and buildings for which construction has been suspended earlier but has restarted during the reference period; buildings completed during the reference period; and buildings under construction but construction has subsequently been during the reference period.

Floor Space of Buildings Completed refers to the total floor space of each building that has been completed in the reference period in accordance with the requirements of the design, up to the standard for being resided in and put into use, or has been checked and accepted by departments concerned as qualified ones or up to the standard of buildings completed and can be handed over for putting into use.

第十四篇　住房和房地产

CHAPTER 14 HOUSING AND REAL ESTATE

资料整理：冯　瑞　刘　妍

14-1 房地产开发企业主要指标

MAIN INdICATORS OF ENTERPRISES FOR REAL ESTATE DEVELOPMENT

类　别	Category	2011	2012	2013	2014	2015
企业个数(个)	**Number of Enterprises(unit)**	**2157**	**2134**	**2118**	**2154**	**2041**
内资	Domestic Funded	2113	2092	2081	2119	2012
#国有	#State-owned Enterprises	88	78	49	47	39
集体	Collective-owned Enterprises	6	4	1	1	1
港、澳、台投资	Enterprises with Funds from Hong Kong, Macao and Taiwan	25	23	23	24	19
外商投资	Foreign Funded	19	17	13	11	10
从业人员期末人数(万人)	**Final Number of Employed Persons (10000 persons)**	**4.77**	**4.64**	**4.50**	**4.43**	**4.08**
内资企业	Domestic Funded	4.68	4.56	4.40	4.34	4.00
#国有	#State-owned Enterprises	0.46	0.26	0.10	0.11	0.09
集体	Collective-owned Enterprises	0.01	0.03			
港、澳、台投资企业	Enterprises with Funds from Hong Kong, Macao and Taiwan	0.05	0.05	0.06	0.07	0.05
外商投资企业	Foreign Funded	0.04	0.03	0.03	0.02	0.02
本年土地购置面积(万平方米)	**Land Space Purchased This Year(10000 sq.m)**	**1860.7**	**929.9**	**655.7**	**416.6**	**270.4**
本年完成投资(亿元)	**Investment Completed This Year(100 million yuan)**	**1227.6**	**1535.8**	**1604.8**	**1324.1**	**992.1**
#住宅	#Residential Buildings	947.9	1122.5	1124.7	946.0	681.2
资金来源小计(亿元)	**Sources of Funds(100 million yuan)**	**1601.1**	**1711.0**	**1833.6**	**1408.4**	**1221.0**
#国内贷款	#Domestic Loans	62.0	87.6	130.2	97.8	126.5
自筹资金	Self-raising Fund	1087.1	1104.1	1102.6	909.9	730.7
其他资金	Others	448.6	519.3	600.8	397.9	362.5
房屋建筑面积(万平方米)	**Floor Space of Buildings(10000 sq.m)**					
施工面积	Floor Space under Construction	12122.9	13485.0	13567.4	14218.1	12410.4
#住宅	#Residential Buildings	9662.9	10472.0	10241.4	10424.1	8785.0
#本年新开工	#Floor Space Started This Year	7274.2	5074.3	4030.4	3281.4	2181.8
竣工面积	Floor Space Completed	3231.3	3245.7	2932.7	3000.9	2924.2
商品房销售面积(万平方米)	**Floor Space of Commercialized Buildings Sold (10000 sq.m)**	**3397.8**	**3806.8**	**3340.0**	**2475.7**	**1996.6**
#住宅	#Residential Buildings	2919.1	3226.2	2944.2	2131.5	1710.6
实收资本合计(亿元)	**Total Capital Held(100 million yuan)**	**808.7**	**892.5**	**973.5**	**1025.1**	**1262.3**
资产负债率(%)	**Ratio of Liabilities to Assets(%)**	**72.4**	**60.9**	**62.4**	**60.7**	**69.4**
主营业务收入(亿元)	**Revenue from Principle Business(100 million yuan)**	**841.9**	**986.4**	**995.3**	**891.9**	**816.4**

14-2 房地产开发企业个数

NUMBER OF ENTERPRISES FOR REAL ESTATE DEVELOPMENT

单位：个 (unit)

年份 地区	Year Region	合计 Total	国有 State-owned Enterprises	集体 Collective-owned Enterprises	股份有限公司 Share-holding Corporations Ltd.	港澳台商投资 Enterprises with Funds from Hong Kong, Macao and Taiwan	外商投资 Foreign Funded Enterprises	其他 Others
	1995	295	183	24	44	30	9	5
	2000	439	170	32	71	25	9	132
	2001	483	152	32	79	23	8	189
	2002	606	142	24	111	23	18	288
	2003	776	144	21	131	25	17	438
	2004	1009	118	15	137	23	12	704
	2005	1050	124	7	170	21	17	711
	2006	1214	127	6	144	24	18	895
	2007	1320	117	7	137	25	18	1016
	2008	1589	102	11	145	23	19	1289
	2009	1576	101	7	133	25	17	1293
	2010	1890	97	9	164	23	19	1578
	2011	2157	88	6	165	25	19	1854
	2012	2134	78	4	144	23	17	1868
	2013	2118	49	1	137	23	13	1894
	2014	2154	47	1	124	24	11	1947
	2015	2041	39	1	116	19	10	1856
哈尔滨	Harbin	820	26	1	27	14	8	744
齐齐哈尔	Qiqihar	163	4		7	1		151
鸡西	Jixi	122	3		4			115
鹤岗	Hegang	72	2		4			66
双鸭山	Shuangyashan	48			4	1		43
大庆	Daqing	133			3		1	129
伊春	Yichun	40			1			39
佳木斯	Jiamusi	90	2		2		1	85
七台河	Qitaihe	31			1			30
牡丹江	Mudanjiang	199	1		16	3		179
黑河	Heihe	73			7			66
绥化	Suihua	173	1		22			150
大兴安岭	Daxinganling	18			2			16
绥芬河	Suifenhe	36			15			21
抚远	Fuyuan	6						6

14-3 房地产开发企业从业人员数

NUMBER OF EMPLOYED PERSONS IN ENTERPRISES FOR REAL ESTATE DEVELOPMENT

单位：人 (person)

年份 地区	Year Region	合计 Total	国有 State-owned Enterprises	集体 Collective-owned Enterprises	股份有限公司 Share-holding Corporations Ltd.	港澳台商投资 Enterprises with Funds from Hong Kong, Macao and Taiwan	外商投资 Foreign Funded Enterprises	其他 Others
1995		15473	11541	724	1005	785	320	1098
2000		23058	10756	858	5055	504	229	5656
2001		23792	9752	997	3624	521	198	8700
2002		25486	4710	623	5085	568	457	14043
2003		27465	4029	679	4302	307	385	17763
2004		33076	4199	403	5489	379	472	22134
2005		30169	4253	90	4278	318	611	20619
2006		29933	3554	151	3323	389	597	21919
2007		33353	3258	153	3097	414	562	25869
2008		35664	3195	211	3098	313	533	28314
2009		33929	2932	354	3402	366	388	26487
2010		40308	3420	398	3223	359	463	32445
2011		47678	4588	137	4633	490	434	37396
2012		46396	2639	325	2840	466	308	39818
2013		45004	1278	5	3043	566	257	39855
2014		44332	1077	5	2613	666	192	39779
2015		40786	869	5	2659	471	152	36630
哈尔滨	Harbin	17405	621	5	483	343	104	15849
齐齐哈尔	Qiqihar	3332	16		520	65		2731
鸡西	Jixi	1317	58		35			1224
鹤岗	Hegang	1135	105		35			995
双鸭山	Shuangyashan	800			116	10		674
大庆	Daqing	4588			305		38	4245
伊春	Yichun	857			9			848
佳木斯	Jiamusi	1951	42		72		10	1827
七台河	Qitaihe	493			17			476
牡丹江	Mudanjiang	3303	22		345	53		2883
黑河	Heihe	1153			91			1062
绥化	Suihua	3229	5		403			2821
大兴安岭	Daxinganling	164			4			160
绥芬河	Suifenhe	559			219			340
抚远	Fuyuan	124						124

14-4 房地产开发企业的土地开发、购置及投资规模

LAND DEVELOPMENT,PURCHASE AND INVESTMENT SCALE OF ENTERPRISES FOR REAL ESTATE DEVELOPMENT

年份 地区	Year Region	本年购置土地面积（平方米）Land Space Purchased This Year (sq.m)	实际需要的总投资（万元）Total Investment Actually Needed (10000 yuan)	开始建设累计完成投资（万元）Accumulative Investment Actually Completed Since Starting of Construction (10000 yuan)	全部建成尚需投资（万元）Further Investment Required for the Completion of Construction (10000 yuan)
	1995	2064	1366222	754008	612214
	2000	2564674	2202002	1575893	626109
	2001	2177103	2861880	2024592	837288
	2002	3892116	3543170	2102119	1441051
	2003	4943627	3903147	2447840	1455307
	2004	5691027	5892072	3350300	2541772
	2005	6925485	6823703	4089993	2733710
	2006	6197941	8014573	5415257	2599316
	2007	7043255	9580358	6590127	2990231
	2008	8709744	11266041	7434679	3831362
	2009	8333122	15162888	10451311	4711577
	2010	11743040	23411233	14348207	9063026
	2011	18606548	40598254	21536691	19061563
	2012	9299142	51698029	31809107	19888922
	2013	6556746	57810218	39909895	17900323
	2014	4165769	64563657	45766253	18797404
	2015	2703960	60605240	42875259	17729981
哈尔滨	Harbin	1079751	34089010	24312122	9776888
齐齐哈尔	Qiqihar	384191	3708509	3025936	682573
鸡西	Jixi	184868	1674875	1208172	466703
鹤岗	Hegang		493716	358130	135586
双鸭山	Shuangyashan	241020	1075528	606664	468864
大庆	Daqing	178897	5883024	4478680	1404344
伊春	Yichun	105341	652493	287016	365477
佳木斯	Jiamusi	231811	2579328	1763789	815539
七台河	Qitaihe	13210	449747	312140	137607
牡丹江	Mudanjiang	61321	6159387	3839861	2319526
黑河	Heihe	31022	675147	493557	181590
绥化	Suihua	5772	1263607	1038031	225576
大兴安岭	Daxinganling	13900	200817	135343	65474
绥芬河	Suifenhe	172856	549359	409506	139853
抚远	Fuyuan		17754	12848	4906

14-5 房地产开发完成投资额

ACTUALLY COMPLETED INVESTMENT OF ENTERPRISES FOR REAL ESTATE

单位：万元 (10000 yuan)

年份 地区	Year Region	本年完成投资额 Investment Completed This Year	按构成分 By Use of Funds 建筑安装工程 Construction and Installation	设备、工器具购置 Purchase of Equipment and Instrument	其他费用 Others	#土地购置 Land Purchase
	1995	473651	417508	8318	47825	30988
	2000	1040979	782764	14412	243803	83939
	2001	1470839	1173669	25869	271301	109197
	2002	1457937	1021700	23967	412270	238993
	2003	1632806	1140727		461438	265734
	2004	2140702	1589430	66980	484292	302887
	2005	2676332	2106481	47981	521870	324360
	2006	3213152	2607672	32091	573389	220157
	2007	3823651	2838824	56278	928549	466463
	2008	4398563	3041451	57241	1299871	896126
	2009	5639170	4272536	63859	1302775	743112
	2010	8431198	6752877	88864	1589457	906816
	2011	12275672	10060375	106728	2108569	1530448
	2012	15358438	12635375	124052	2599011	1509508
	2013	16048330	13418518	214380	2415432	1253332
	2014	13240875	11013966	249453	1977456	1671406
	2015	9921453	8569430	114075	1237948	994961
哈尔滨	Harbin	5817879	4689925	88127	1039827	880645
齐齐哈尔	Qiqihar	973364	921263	3190	48911	34874
鸡西	Jixi	185756	175750	60	9946	3708
鹤岗	Hegang	51317	44866	457	5994	1180
双鸭山	Shuangyashan	166186	152322	210	13654	7086
大庆	Daqing	453738	432574	1960	19204	3500
伊春	Yichun	100497	85483		15014	15014
佳木斯	Jiamusi	634117	612599	2360	19158	17736
七台河	Qitaihe	27234	24980	1800	454	454
牡丹江	Mudanjiang	698781	646698	5910	46173	20493
黑河	Heihe	229341	211827	7050	10464	5093
绥化	Suihua	387582	379788	2551	5243	3924
大兴安岭	Daxinganling	9764	9764			
绥芬河	Suifenhe	63962	62288	400	1274	1254
抚远	Fuyuan					

14-6 房地产开发建设按工程用途分的投资和新增固定资产

ACTUALLY COMPLETED INVESTMENT OF ENTERPRISES FOR REAL ESTATE BY USE AND NEWLY INCREASED FIXED ASSETS

单位：万元 (10000 yuan)

年份 地区	Year Region	按工程用途分的投资额 by Use of Projects				新增固定资产 Newly Increased Fixed Assets
		住宅 Residential Buildings	办公楼 Office Buildings	商品营业用房 House for Business Use	其他 Others	
	1999	532679	49827	145167	91880	679863
	2000	712644	35691	162186	130458	961671
	2001	1016457	42330	254384	157668	1274384
	2002	771661	76021	276203	334052	904095
	2003	886210	63710	351126	331760	1067546
	2004	1397332	80734	451728	262031	1351368
	2005	1748422	82290	461665	383955	1572296
	2006	2476493	59546	472631	204482	1907823
	2007	2796442	64450	505361	457398	2426086
	2008	3065870	35325	566332	731036	2052819
	2009	4425157	91569	699868	422576	3657239
	2010	6575367	109197	1053409	693225	5517655
	2011	9478981	166726	1446218	1183747	6769528
	2012	11225245	269161	2183563	1680469	8246658
	2013	11247187	311156	2763097	1726890	8353877
	2014	9460270	252529	2368761	1159315	9527092
	2015	6811541	253191	2102305	754416	11476701
哈尔滨	Harbin	4095424	198124	1012808	511523	7482528
齐齐哈尔	Qiqihar	619124	1396	280894	71950	897832
鸡　西	Jixi	147466	617	27733	9940	203935
鹤　岗	Hegang	22305	1000	19171	8841	16696
双鸭山	Shuangyashan	112219	5719	41176	7072	52745
大　庆	Daqing	330610	19632	78714	24782	890883
伊　春	Yichun	66011		17988	16498	80121
佳木斯	Jiamusi	399393	11800	213798	9126	370870
七台河	Qitaihe	21345	921	3144	1824	60160
牡丹江	Mudanjiang	501877	6101	145758	45045	647487
黑　河	Heihe	130085	6878	71382	20996	208929
绥　化	Suihua	282079	300	88637	16566	454414
大兴安岭	Daxinganling	8060	60	1390	254	17286
绥芬河	Suifenhe	37859	523	15713	9867	92800
抚　远	Fuyuan					

14-7 房地产开发企业的资金来源

CAPITAL SOURCE OF ENTERPRISES FOR REAL ESTATE DEVELOPMENT

单位：万元　　　　　　　　　　　　　　　　　　　　　　　　　　(10000 yuan)

年份 地区	Year Region	本年资金来源合计 Total Funds the Year	上年末结余资金 A Balance at End of Previous Year	本年资金来源小计 Sources of Funds	国家预算内资金 State Budget	国内贷款 Domestic Loans	利用外资 Foreign Investment	自筹资金 Self-raising Fund	其他资金 Others
	1999	752630	39319	713311	4021	147930	3010	276685	281665
	2000	957753	38734	919019	1000	182528	10543	362915	362033
	2001	1385794	60016	1325778		159546	420	566232	599580
	2002	1415734	97988	1317746	4570	236117	6233	618710	452116
	2003	1721670	113689	1607981	350	260166	4050	870635	472780
	2004	2246559	151780	2094779	2300	183776	54912	1092193	761598
	2005	2844133	163416	2680717		178057	35300	1362272	1105088
	2006	3585481	148891	3436590		331881	39073	1859085	1206551
	2007	4288367	220609	4067758		261860	18718	2436261	1350919
	2008	5009858	385031	4624827		294758	13771	3145679	1170619
	2009	7271208	480773	6790435		737899	25877	3605959	2420700
	2010	11430442	926816	10503626		488956	15000	6513529	3486141
	2011	17685735	1675059	16010676		619884	33500	10870814	4486478
	2012	19633386	2522968	17110418		876365	165	11040675	5193213
	2013	20920924	2584488	18336436		1301852		11026235	6008349
	2014	16956270	2872261	14084009		978225	27000	9099429	3979355
	2015	14903067	2693467	12209600		1264556	13228	7306680	3625136
哈尔滨	Harbin	9363870	1859565	7504305		965439	13228	3889738	2635900
齐齐哈尔	Qiqihar	982272	149144	833128		39150		603238	190740
鸡西	Jixi	262884	29525	233359		73294		101172	58893
鹤岗	Hegang	92903	15636	77267		200		62677	14390
双鸭山	Shuangyashan	189650	20479	169171		14600		106211	48360
大庆	Daqing	1075479	124553	950926		101196		705336	144394
伊春	Yichun	97945		97945				96945	1000
佳木斯	Jiamusi	688044	1630	686414		1500		576654	108260
七台河	Qitaihe	40859	12758	28101				25986	2115
牡丹江	Mudanjiang	967923	304462	663461		55027		381032	227402
黑河	Heihe	238448	11292	227156		1800		207172	18184
绥化	Suihua	471575	10520	461055				457496	3559
大兴安岭	Daxinganling	13172	50	13122				10684	2438
绥芬河	Suifenhe	88589	8617	79972		8650		69031	2291
抚远	Fuyuan	110	100	10				10	

14-8 房地产开发建设房屋施工面积

FLOOR SPACE OF BUILDINGS UNDER CONSTRUCTION OF REAL ESTATE DEVELOPMENT

单位：平方米 (sq. m)

年份 地区	Year Region	施工房屋建筑面积 Floor Space of Buildings Under Construction	#新开工 Started This Year	住宅 Residential Buildings	办公楼 Office Buildings	商业营业用房 House for Business Use	其他 Others
	1999	11187155	7273868	8268285	630728	2065737	222405
	2000	14513563	8473110	10995283	535182	2640151	342947
	2001	17685892	9172691	13612689	611730	3164906	296567
	2002	15895856	8685336	11647486	812504	2924268	511598
	2003	19000320	11104078	13111334	792962	4154636	941388
	2004	22550629	11931656	15830527	800083	5014827	905192
	2005	26304651	14851141	19226052	934958	4894991	1248650
	2006	31064526	17477365	24271325	711888	4622027	1459286
	2007	33017345	18340732	26363154	437141	4780785	1436265
	2008	36111387	22410734	29066535	401381	4528881	2114590
	2009	45213490	29955500	36926884	586070	5078374	2622162
	2010	75328812	50214326	61074452	752647	8622671	4879042
	2011	121229416	72742236	96628625	1220343	13710366	9670082
	2012	134849706	50743456	104719594	1776618	15699880	12653614
	2013	135673668	40304430	102413971	1993260	18778597	12487840
	2014	142180884	32813806	104241125	2505387	20862869	14571503
	2015	124103540	21817937	87849756	2491408	21131449	12630927
哈尔滨	Harbin	54570791	11416486	36360166	1904975	9802779	6502871
齐齐哈尔	Qiqihar	10364285	2385753	7606204	26035	1730231	1001815
鸡西	Jixi	6536243	561046	5168535	149464	645623	572621
鹤岗	Hegang	1482604	226775	1308974	3937	118016	51677
双鸭山	Shuangyashan	2684955	662167	1890807	7231	598094	188823
大庆	Daqing	11068446	973577	8256629	52650	1868368	890799
伊春	Yichun	1191328	367070	955482		167731	68115
佳木斯	Jiamusi	5302400	1351716	3806025	138537	999273	358565
七台河	Qitaihe	1179790	121960	851550	21002	239808	67430
牡丹江	Mudanjiang	17144822	956439	12857159	93789	2270432	1923442
黑河	Heihe	2432582	794008	1724746	28885	529539	149412
绥化	Suihua	6650149	1591003	5000318	2200	1416592	231039
大兴安岭	Daxinganling	313734	17385	192116	3938	74902	42778
绥芬河	Suifenhe	1872895	214972	1137024	6023	332534	397314
抚远	Fuyuan	91534		70482		10042	11010

14-9 房地产开发建设房屋竣工面积和造价

FLOOR SPACE OF BUILDINGS COMPLETED AND THEIR COST IN REAL ESTATE DEVELOPMENT

年份 地区	Year Region	竣工房屋建筑面积（平方米） Floor Space of Buildings Completed (sq. m)	住宅 Residential Buildings	办公楼 Office Buildings	商业营业用房 House for Bussiness Use	其他 Others	竣工房屋造价（元/平方米） Cost of Buildings Completed (yuan/sq. m)	#住宅 Residential Buildings
	1999	5474196	4288778	195416	889600	100402	897	820
	2000	8278630	6293041	365015	1428150	192424	905	819
	2001	10138189	8283706	218061	1472774	163648	944	914
	2002	8035908	6398979	229070	1209003	198856	929	873
	2003	8834762	6590471	257897	1573139	413255	984	906
	2004	11132574	8323312	231200	2222841	355221	1051	956
	2005	13050250	10394472	272514	1847289	535975	1089	1044
	2006	13981158	11535031	305411	1619101	521615	1230	1184
	2007	15956174	12448764	272726	2540478	694206	1404	1034
	2008	14047031	11600798	126015	1773934	546284	1195	1122
	2009	18882802	15754595	181325	1942761	1004121	1548	1495
	2010	26458267	21989911	242769	3032968	1192619	1718	1677
	2011	32313443	25979788	219545	4344276	1769834	1661	1650
	2012	32457265	26462053	285203	3402487	2307522	1977	1942
	2013	29327010	23444092	320683	3398376	2163859	2190	2160
	2014	30009026	22957015	534876	3607919	2909216	2433	2287
	2015	29242070	21268196	262082	5327396	2384396	2309	2256
哈尔滨	Harbin	13605557	9648467	192969	2567650	1196471	2680	2658
齐齐哈尔	Qiqihar	3470821	2388036	2876	720267	359642	2278	2230
鸡西	Jixi	1050476	776433	17052	130631	126360	1602	1572
鹤岗	Hegang	25658	19101		3419	3138	1606	1576
双鸭山	Shuangyashan	235573	209280		26293		1449	1305
大庆	Daqing	2295353	1493375	8391	610156	183431	2218	2063
伊春	Yichun	569963	496778		53492	19693	1386	1352
佳木斯	Jiamusi	1498799	1174525	12620	190484	121170	1859	1801
七台河	Qitaihe	163721	120626	10017	30139	2939	2409	2227
牡丹江	Mudanjiang	2693177	2180306	10965	343057	158849	2109	2117
黑河	Heihe	969666	698073	4159	198075	69359	1986	1902
绥化	Suihua	2285740	1844289	1200	343090	97161	1639	1645
大兴安岭	Daxinganling	63390	29933	1833	22936	8688	2727	2785
绥芬河	Suifenhe	314176	188974		87707	37495	1644	1495
抚远	Fuyuan							

14-10 按用途分商品房屋销售面积

FLOOR SPACE OF COMMERCIALIZED BUILDINGS SOLD BY USE

单位：平方米 (sq. m)

年 份 地 区	Year Region	商品房屋销售面积 Floor Space of Commercialized Buildings Sold	住 宅 Residential Buildings	#别墅、高档公寓 Villas, High-grade Apartments	办公楼 Office Buildings	商业营业用房 Houses for Business Use	其 他 Others
	1999	3513834	2946888	11621	94633	430949	41364
	2000	4998452	4244271	156915	106813	585997	61371
	2001	5946410	4906264	84552	182549	763290	94307
	2002	6924691	5743325	99919	131366	968783	81217
	2003	8146447	6731129	22275	146593	1154425	114300
	2004	9846508	7900508	46261	127929	1562776	255295
	2005	12428124	10482603	72356	290082	1382206	273233
	2006	14827148	12985068	180519	204711	1411379	225990
	2007	17092455	15185671	837951	114405	1436368	356011
	2008	14865665	12866198	258154	89502	1593543	316422
	2009	20169765	17512157	575101	194221	1922128	541259
	2010	27209459	23856799	518243	83786	2347388	921486
	2011	33977745	29191147	198249	79085	3603816	1103697
	2012	38068231	32262165	229540	242575	4108684	1454807
	2013	33399501	29442296	158394	248432	2562090	1146683
	2014	24757412	21314633	212268	153360	2395608	893811
	2015	19966142	17106037	150395	181983	1982818	695304
哈尔滨	Harbin	8760424	7873973	68564	147263	544444	194744
齐齐哈尔	Qiqihar	2097720	1658639	470	1300	273659	164122
鸡 西	Jixi	320860	267444	1395	10103	33402	9911
鹤 岗	Hegang	206384	191010			9657	5717
双鸭山	Shuangyashan	285387	253193	10170		31952	242
大 庆	Daqing	2636390	2241987	50386	8391	336525	49487
伊 春	Yichun	201989	169442			27682	4865
佳木斯	Jiamusi	916276	832117			76195	7964
七台河	Qitaihe	116252	88102		7926	8899	11325
牡丹江	Mudanjiang	1566581	1320564	14698	7000	157206	81811
黑 河	Heihe	708852	507554			146820	54478
绥 化	Suihua	1695624	1324027	1368		276355	95242
大兴安岭	Daxinganling	91767	75711	3344		10067	5989
绥芬河	Suifenhe	153764	97928			47160	8676
抚 远	Fuyuan						

14-11 按用途分商品房屋销售额

TOTAL SALE OF COMMERCIALIZED BUILDINGS BY USE

单位：万元 (10000 yuan)

年份 地区	Year Region	商品房屋销售额 Total Sale of Commercialized Buildings	住宅 Residential Buildings	#别墅、高档公寓 Villas, High-grade Apartments	办公楼 Office Buildings	商业营业用房 Houses for Business Use	其他 Others
	2004	1873625	1315782	12204	36577	450912	70354
	2005	2608815	1963185	30667	119489	452856	73285
	2006	3255377	2642682	58552	70609	473964	68122
	2007	4224086	3575076	143480	29895	511022	108093
	2008	4209652	3399086	139762	25092	689934	95540
	2009	6536890	5370482	323094	80446	875396	210566
	2010	10119482	8330469	318940	35809	1367963	385241
	2011	13573379	10819917	162007	38358	2238139	476965
	2012	15482979	12019303	214318	138229	2645351	680096
	2013	15823382	13059034	104195	176126	1968866	619356
	2014	12085441	9626924	252725	119604	1919667	419246
	2015	10271369	8242147	121055	134932	1529970	364320
哈尔滨	Harbin	5647157	4840713	73452	119829	563146	123469
齐齐哈尔	Qiqihar	903672	662350	146	1240	148206	91876
鸡西	Jixi	102538	78381	598	3727	16483	3947
鹤岗	Hegang	66787	57796			5996	2995
双鸭山	Shuangyashan	75955	57705	1500		18189	61
大庆	Daqing	1448728	1075068	37873	3261	342534	27865
伊春	Yichun	53669	40861			8538	4270
佳木斯	Jiamusi	328428	272888			52474	3066
七台河	Qitaihe	41558	27627		3170	7146	3615
牡丹江	Mudanjiang	598748	447186	5635	3705	114116	33741
黑河	Heihe	225961	129560			73089	23312
绥化	Suihua	585176	392765	547		152033	40378
大兴安岭	Daxinganling	33270	21566	1304		8972	2732
绥芬河	Suifenhe	53145	33243			17114	2788
抚远	Fuyuan						

14-12 按不同分组分房地产开发企业投资完成情况(2015年)

单位：万元

项 目	Item	计划总投资 Total Investment Planed	累计完成投资 Accumulated Investment Completed	本年完成投资 Investment Completed This Year
总 计	**Total**	**60605240**	**42875259**	**9921453**
按登记注册类型分组	**By Status of Registration**			
内资企业	Domestic Funded	58623980	41644676	9629849
#国有企业	#State-owned Enterprises	477225	350496	100953
集体企业	Collective-owned Enterprises	4000	3950	
股份合作企业	Cooperative Enterprises	4874	4874	874
国有联营企业	State Joint Ownership Enterprises			
国有独资公司	State Sole funded Corporations	2260365	1423184	415705
其他有限责任公司	Other Limited Liability Corporations	33968675	24564619	5762904
股份有限公司	Share-holding Corporations Limited	2514905	1833207	390951
私营独资企业	Private-funded Enterprises	89000	34536	34526
私营合伙企业	Private Partnership Enterprises			
私营有限责任公司	Private Limited Liability Corporations	18011677	12609085	2663982
私营股份有限公司	Private Share-holding Corporations Limited	1269259	800045	239274
其他企业	Other Enterprises	24000	20680	20680
港澳台商投资企业	Enterprises with Funds from Hong Kong, Macao and Taiwan	951260	722537	258434
与港澳台商合资经营企业	Joint-ventures Enterprises	411280	388484	156477
与港澳台商合资合作经营企业	Cooperative Enterprises	60000	80977	61660
港澳台商独资经营企业	Enterprises with Sole Investment	479980	253076	40297
港澳台商投资股份有限公司	Share-holding Corporations Ltd.			
外商投资企业	Foreign Funded Enterprises	1030000	508046	33170
中外合资经营企业	Joint-venture Enterprises			
中外合作经营企业	Cooperation Enterprises			
外资企业	Enterprises with Sole Funds	1030000	508046	33170
外商投资股份有限公司	Share-holding Corporations Ltd.			
按控股情况分组	**By Share-holding**			
国有控股	State-owned Enterprises	10081928	6815775	1429414
集体控股	Collective-owned Enterprises	1005830	934763	184494
私人控股	Private Share-holding	35967453	25132637	6048164
港澳台商控股	Enterprise swith Funds from Hong Kong, Macao and Taiwan	827940	590414	213311
外商控股	Foreign Funded Enterprises	1540000	1075133	116459
其他	Others	11182089	8296537	1929611
按资质等级分组	**By Qualification Grade**			
一级	First Grade	2878252	1968244	137478
二级	Second Grade	15125410	10902384	1662845
三级	Third Grade	26494865	19968235	4624920
四级	Fourth Grade	938384	649535	162326
暂定	Interim	13626923	8358747	3057925
其他	Others	1541406	1028114	275959
按隶属关系分组	**By Jurisdiction of Management**			
中央	Central	1084141	876238	147210
省	Province	3623496	1908804	543480
地区	District	8749008	6345048	1549493
县及县以下	County and Under County Level	7972022	6291026	1403778
其他	Others	39176573	27454143	6277492

INVESTMENT ACTUALLY COMPLETED BY ENTERPRISES FOR REAL ESTATE DEVELOPMENT BY DIFFERENT GROUPING(2015)

(10000 yuan)

住宅 Residential Buildings	#别墅、高档公寓 Villas, High-grade Apartments	办公楼 Office Buildings	商业营业用房 Houses for Business Use	其他 Others	本年新增固定资产 Newly Increased Fixed Assets This Year	本年资金来源小计 Sources of Funds
6811541	**173062**	**253191**	**2102305**	**754416**	**11476701**	**12209600**
6611067	164025	237191	2081258	700333	11291996	11862786
56229		5068	26566	13090	134681	130839
					6160	
575			194	105		874
350314			42967	22424	20644	779673
3873590	156922	133927	1314994	440393	6125268	7120640
251340	1017	3817	103941	31853	536264	482676
16047		5000	8365	5114		40426
					6000	
1871206	6086	88450	534079	170247	4283552	3035392
178086		929	43152	17107	179427	251586
13680			7000			20680
167304	6537	16000	21047	54083	184705	276735
82900	6537	16000	11187	46390	110834	175894
48347			6620	6693		63675
36057			3240	1000	73871	37166
33170	2500					70079
						51292
33170	2500					18787
1096201	3850	44812	149390	139011	2137401	2150743
105552	1500	2119	65354	11469	169777	231270
4158435	37444	171884	1246997	470848	6947178	6928865
147681	6537	16000	20547	29083	184705	191532
107709	2530		6700	2050		179671
1195963	121201	18376	613317	101955	2037640	2527519
111542	6612	375	12772	12789	83600	429017
1195934	10616	36734	295532	134645	3085299	2020718
3113494	127037	108837	1059709	342880	5984925	5443219
113577		583	39052	9114	332038	168454
2066482	28797	101090	645854	244499	1624141	3902619
210512		5572	49386	10489	366698	245573
125644			20145	1421		486098
403776	91000	18392	111998	9314	222826	771338
1097834	10850	31494	298416	121749	1663967	1628623
944298	1653	26077	328563	104840	2262818	1694317
4239989	69559	177228	1343183	517092	7327090	7629224

14-13 按不同分组分房地产开发企业商品房销售情况(2015年)

项　目	Item	商品房销售面积（平方米）Floor Space of Commercialized Buildings Sold (sq. m)	住宅 Residential Buildings
总　计	**Total**	**19966142**	**17106037**
按登记注册类型分组	**By Status of Registration**		
内资企业	Domestic Funded	19512334	16734843
#国有企业	#State-owned Enterprises	280993	228507
集体企业	Collective-owned Enterprises		
股份合作企业	Cooperative Enterprises	3426	3426
国有联营企业	State Joint Ownership Enterprises		
国有独资公司	State Sole funded Corporations	390293	385418
其他有限责任公司	Other Limited Liability Corporations	10225872	8886525
股份有限公司	Share-holding Corporations Limited	1351526	1105932
私营独资企业	Private-funded Enterprises	12578	
私营合伙企业	Private Partnership Enterprises		
私营有限责任公司	Private Limited Liability Corporations	6683144	5617416
私营股份有限公司	Private Share-holding Corporations Limited	564502	507619
其他企业	Other Enterprises		
港澳台商投资企业	Enterprises with Funds from Hong Kong, Macao and Taiwan	368946	286970
与港澳台商合资经营企业	Joint-ventures Enterprises	248764	173038
与港澳台商合资合作经营企业	Cooperative Enterprises	55434	49431
港澳台商独资经营企业	Enterprises with Sole Investment	64748	64501
港澳台商投资股份有限公司	Share-holding Corporations Ltd.		
外商投资企业	Foreign Funded Enterprises	84862	84224
中外合资经营企业	Joint-venture Enterprises	26297	25801
中外合作经营企业	Cooperation Enterprises		
外资企业	Enterprises with Sole Funds	58565	58423
外商投资股份有限公司	Share-holding Corporations Ltd.		
按控股情况分组	**By Share-holding**		
国有控股	State-owned Enterprises	2122197	1914683
集体控股	Collective-owned Enterprises	527305	429740
私人控股	Private Share-holding	14099368	11870329
港澳台商控股	Enterprise swith Funds from Hong Kong, Macao and Taiwan	273699	192061
外商控股	Foreign Funded Enterprises	236023	227462
其他	Others	2707550	2471762
按资质等级分组	**By Qualification Grade**		
一级	First Grade	636804	580991
二级	Second Grade	4687437	4054528
三级	Third Grade	9655370	8281679
四级	Fourth Grade	496483	373745
暂定	Interim	4118184	3556550
其他	Others	371864	258544
按隶属关系分组	**By Jurisdiction of Management**		
中央	Central	263942	256232
省	Province	920728	831232
地区	District	2269175	1949051
县及县以下	County and Under County Level	4020855	3279841
其他	Others	12491442	10789681

SALE OF COMMERCIALIZED BUILDINGS BY ENTERPRISES FOR REAL ESTATE DEVELOPMENT BY DIFFERENT GROUPING(2015)

办公楼 Office Buildings	商业营业用房 Houses for Business Use	其他 Others	商品房销售额（万元） Total Sale of Commercialized Buildings Sold (10000 yuan)	住宅 Residential Buildings	办公楼 Office Buildings	商业营业用房 Houses for Business Use	其他 Others
181983	**1982818**	**695304**	**10271369**	**8242147**	**134932**	**1529970**	**364320**
123254	1969756	684481	9980321	8023328	89299	1512003	355691
	39970	12516	79653	60934		15739	2980
			1096	1096			
2419	2456		262005	252256	5768	3981	
75138	885643	378566	5448372	4488994	48291	705559	205528
6700	186799	52095	564019	395204	3600	138816	26399
	12578		7719			7719	
38997	800050	226681	3369937	2635444	31640	588152	114701
	42260	14623	247520	189400		52037	6083
58729	12559	10688	242162	170601	45633	17398	8530
58729	6373	10624	184767	122029	45633	8605	8500
	6003		28542	19811		8731	
	183	64	28853	28761		62	30
	503	135	48886	48218		569	99
	361	135	21763	21295		369	99
	142		27123	26923		200	
27323	120092	60099	1290647	1126320	15071	125911	23345
	84873	12692	235555	165235		60191	10129
94072	1591723	543244	6596597	5070960	72421	1178958	274258
58729	12221	10688	182304	111757	45633	16384	8530
	503	8058	199970	192864		569	6537
1859	173406	60523	1766296	1575011	1807	147957	41521
11733	41132	2948	464127	383709	7978	71156	1284
1579	460009	171321	2522499	2067351	1357	379003	74788
117478	918031	338182	4701293	3754929	85483	681248	179633
6400	87403	28935	154895	102332	2245	41842	8476
36955	395702	128977	2225156	1819946	30041	286430	88739
7838	80541	24941	203399	113880	7828	70291	11400
	94	7616	189348	183948		81	5319
15590	47476	26430	510119	445356	7093	50354	7316
25298	227794	67032	1254553	954784	20214	244325	35230
23594	485852	231568	1477592	1079006	15372	283887	99327
117501	1221602	362658	6839757	5579053	92253	951323	217128

14-14 按不同分组分房地产开发企业主要财务指标(2015年)

单位：万元

项目	Item	资产总计 Total Assets	流动资产合计 Total Working Capitals	固定资产原价 Original Value of Fixed Assets	累计折旧 Accumulated depreciation
总计	**Total**	**85246840**	**64902204**	**2038313**	**431158**
按登记注册类型分组	**By Status of Registration**				
内资企业	Domestic Funded	83454321	63336667	1954870	395901
#国有企业	#State-owned Enterprises	1036368	662928	254683	25607
集体企业	Collective-owned Enterprises	5957	4410	951	951
股份合作企业	Cooperative Enterprises	2257	2200	62	4
国有联营企业	State Joint Ownership Enterprises				
国有独资公司	State Sole funded Corporations	8085539	6608357	228066	42476
其他有限责任公司	Other Limited Liability Corporations	48004550	32912377	970119	161266
股份有限公司	Share-holding Corporations Limited	3993323	3243656	110750	39194
私营独资企业	Private-funded Enterprises	53349	53224	164	81
私营合伙企业	Private Partnership Enterprises				
私营有限责任公司	Private Limited Liability Corporations	21107471	18820871	360553	116317
私营股份有限公司	Private Share-holding Corporations Limited	1142169	1006369	28573	9413
其他企业	Other Enterprises	23337	22275	950	592
港澳台商投资企业	Enterprises with Funds from Hong Kong, Macao and Taiwan	1132641	1068997	57988	24763
与港澳台商合资经营企业	Joint-ventures Enterprises	673272	638121	33856	19247
与港澳台商合资合作经营企业	Cooperative Enterprises	82072	82006	80	28
港澳台商独资经营企业	Enterprises with Sole Investment	349068	346069	1680	938
港澳台商投资股份有限公司	Share-holding Corporations Ltd.	28231	2800	22372	4550
外商投资企业	Foreign Funded Enterprises	659878	496540	25455	10493
中外合资经营企业	Joint-venture Enterprises	287293	283573	5767	2236
中外合作经营企业	Cooperation Enterprises	11539	11081	557	99
外资企业	Enterprises with Sole Funds	361046	201887	19131	8158
外商投资股份有限公司	Share-holding Corporations Ltd.				
按控股情况分组	**By Share-holding**				
国有控股	State-owned Enterprises	30339870	16697953	918790	116270
集体控股	Collective-owned Enterprises	1965917	1658607	45302	17315
私人控股	Private Share-holding	38617430	34261641	844510	222876
港澳台商控股	Enterprise swith Funds from Hong Kong, Macao and Taiwan	1322359	1232564	58455	24996
外商控股	Foreign Funded Enterprises	1455209	1289524	26407	11269
其他	Others	11546056	9761915	144848	38433
按资质等级分组	**By Qualification Grade**				
一级	First Grade	2788695	2609799	40103	20883
二级	Second Grade	28347825	24823027	481114	155068
三级	Third Grade	33730400	27555966	1126423	201552
四级	Fourth Grade	791678	654637	35565	6195
暂定	Interim	18536912	8424717	317959	34387
其他	Others	1051329	834058	37149	13074
按隶属关系分组	**By Jurisdiction of Management**				
中央	Central	1295521	1252830	26233	11675
省	Province	5330704	3121820	224153	22807
地区	District	26865417	16491107	484249	122315
县及县以下	County and Under County Level	9012760	6122488	387585	50667
其他	Others	42742437	37913959	916092	223696

MAIN FINANCIAL INDICATORS BY ENTERPRISES OF REAL ESTATE DEVELOPMENT BY DIFFERENT GROUPING(2015)

(10000 yuan)

负债合计 Total Liabilities	实收资本 Paidin Capital	主营业务收入 Revenue from Principal Business	土地转让收入 Land Transferred Revenue	商品房屋销售收入 Sales Revenue of Commercial Houses	房屋出租收入 Revenue from Houses Leasing	其他收入 Other Revenue	主营业务成本 Cost of Principal Business	主营业务税金及附加 Taxes and Other Charges on Principal Business	主营业务利润 Profits of Principal Business	利润总额 Total Profits
59150715	**12623098**	**8163520**	**12444**	**7810823**	**60799**	**279455**	**6173682**	**760811**	**273880**	**420611**
57843557	12203945	7950730	12444	7606422	55637	276228	6014913	731753	287551	433309
667191	109638	91313	5	87285	803	3220	81792	5571	-7621	-4985
4410	200								-11	-11
14	2000	1096		1096			913	55	99	20
4993831	601408	302095		290081	7684	4330	230141	21284	16818	55290
30862524	5046306	4390458	7636	4142822	25241	214759	3260251	371468	219220	322029
2918936	434532	695295		689601	856	4839	554811	54794	15580	17816
46784	8880	3966		3966			3375	348	-625	-382
17380505	5840982	2356278	4783	2282546	20043	48906	1790816	261499	54328	54302
952399	152999	110228	20	109024	1009	175	92815	16735	-10205	-10736
16964	7000								-32	-32
815480	273232	122642		117443	5163	36	86575	19865	-5312	-6049
479015	158811	21071		17747	3288	36	14558	11162	-13552	-13291
48105	35000	9659		9659			8018	732	-484	-484
264467	75083	91838		90038	1800		63957	7970	8712	7714
23893	4337	75			75		43	1	12	12
491678	145921	90148		86958		3191	72194	9193	-8359	-6649
265765	31000	20636		19585		1051	15862	2363	-9746	-10030
-2	5000	599		599			10	46	342	342
225915	109921	68914		66774		2140	56322	6784	1045	3040
15142000	1857896	1239957	20	1057691	14380	167866	1011379	95633	4104	74583
1789412	236702	122309	3657	112639	854	5160	94678	12147	-38735	-42607
30619634	8404820	5187104	8767	5052446	37374	88519	3935084	498605	238489	234059
928520	349029	218727		213528	5163	36	168268	28198	-1805	-2474
1330760	183113	90148		86958		3191	72194	9193	-20138	-18394
9340390	1591537	1305274		1287561	3029	14684	892078	117035	91966	175444
2618428	369584	487244		486967	262	16	416584	25473	4095	3493
21466925	2783362	2033601	2727	1979817	16068	34990	1620214	208763	-71043	-32354
25930791	4203240	4157533	8500	3962243	31617	155173	3031990	358966	302545	402411
540479	161685	184352	50	182517	677	1108	141072	24786	-1179	8624
7892301	4744710	1096118	6	1008085	4232	83796	847831	116042	113	-3978
701792	360516	204671	1160	191194	7944	4373	115991	26781	39348	42415
1436438	58672	112004		111174	47	784	87384	6732	-15169	-15085
3086369	584359	502741	3677	487685	1525	9854	374817	49444	19298	17111
13118518	1873067	1463733		1326369	24094	113270	1049922	107012	133699	197959
6789091	1147859	1083121	3700	1062589	7821	9010	795242	99458	74501	93646
34720300	8959140	5001921	5067	4823005	27311	146538	3866317	498166	61550	126980

14-15 按不同分组分房地产开发企业土地购置及建设房屋面积(2015年)

单位：平方米

项　目	Item	企业数(个) Number of Enterprises (unit)	本年购置土地面积 Land Space Pending Development
总　计	**Total**	**2041**	**2703960**
按登记注册类型分组	**By Status of Registration**		
内资企业	Domestic Funded	2012	2600182
#国有企业	#State-owned Enterprises	39	162963
集体企业	Collective-owned Enterprises	1	
股份合作企业	Cooperative Enterprises	1	
国有联营企业	State Joint Ownership Enterprises		
国有独资公司	State Sole funded Corporations	25	97290
其他有限责任公司	Other Limited Liability Corporations	985	1273264
股份有限公司	Share-holding Corporations Limited	116	56418
私营独资企业	Private-funded Enterprises	4	23431
私营合伙企业	Private Partnership Enterprises		
私营有限责任公司	Private Limited Liability Corporations	763	909941
私营股份有限公司	Private Share-holding Corporations Limited	76	76875
其他企业	Other Enterprises	2	
港澳台商投资企业	Enterprises with Funds from Hong Kong, Macao and Taiwan	19	103778
与港澳台商合资经营企业	Joint-ventures Enterprises	9	
与港澳台商合资合作经营企业	Cooperative Enterprises	1	
港澳台商独资经营企业	Enterprises with Sole Investment	8	103778
港澳台商投资股份有限公司	Share-holding Corporations Ltd.	1	
外商投资企业	Foreign Funded Enterprises	10	
中外合资经营企业	Joint-venture Enterprises	4	
中外合作经营企业	Cooperation Enterprises	1	
外资企业	Enterprises with Sole Funds	5	
外商投资股份有限公司	Share-holding Corporations Ltd.		
按控股情况分组	**By Share-holding**		
国有控股	State-owned Enterprises	140	406074
集体控股	Collective-owned Enterprises	61	6987
私人控股	Private Share-holding	1621	1895921
港澳台商控股	Enterprise swith Funds from Hong Kong, Macao and Taiwan	21	103778
外商控股	Foreign Funded Enterprises	13	
其他	Others	185	291200
按资质等级分组	**By Qualification Grade**		
一级	First Grade	16	9100
二级	Second Grade	304	231426
三级	Third Grade	1104	1228909
四级	Fourth Grade	179	97887
暂定	Interim	378	1090314
其他	Others	60	46324
按隶属关系分组	**By Jurisdiction of Management**		
中央	Central	7	
省	Province	73	222915
地区	District	273	529094
县及县以下	County and Under County Level	386	682357
其他	Others	1302	1269594

LAND PURCHASE AND FLOOR SPACE OF BUIDINGS DEVELOPED
BY ENTERPRISES FOR REAL ESTATE DEVELOPMENT BY DIFFERENT GROUPING(2015)

(sq. m)

施工房屋面积 Floor Space of Buildings under Construction	本年新开工面积 Floor Space Started This Year	竣工房屋面积 Floor Space of Buildings Completed	竣工房屋价值（万元）Value of Buildings Completed (10000 yuan)	从业人员期末人数(人) Final Number of Employed Persons (person)
124103540	**21817937**	**29242070**	**6753274**	**40786**
121348847	21084221	28624389	6570982	40163
1206440	482173	374503	98344	869
22000		22000	6160	5
8563				5
3797667	650006	79650	10260	2083
69307989	12201213	15588899	3706507	20178
6854209	675642	1816062	327618	2659
219470	102413			70
27642		27642	4920	
37230385	6392968	10074590	2306910	13228
2633224	538548	641043	110263	1002
41258	41258			64
2251225	653479	617681	182292	471
972975	257759	407341	110834	226
351195	307236			53
927055	88484	210340	71458	190
				2
503468	80237			152
				46
				11
503468	80237			95
17426036	2828928	3179944	827489	5887
3197427	414083	896617	151246	1670
82282159	14579237	20506295	4540630	27435
1950134	528263	617681	182292	517
1412145	80237			286
17835639	3387189	4041533	1051617	4991
5350423	143133	328094	80254	1419
26938813	2128840	7452225	1658176	9859
57622860	10337440	15561014	3614164	19917
3629460	893618	779609	145306	2296
26927983	7009000	4158896	1031733	6119
3634001	1305906	962232	223641	1176
1936974				759
5505272	886104	826385	166068	1503
19225127	3296557	3992581	868669	7612
21819165	4577529	6541887	1462403	6643
75617002	13057747	17881217	4256134	24269

14-16 分地区房地产开发企业主要经济指标

MAIN INDICATORS OF REAL ESTATE DEVELOPMENT BY REGION

单位：万元 (10000 yuan)

年份 地区	Year Region	资产总计 Total Assets	负债合计 Total Liabilities	所有者权益合计 Owners' Equity	主营业务收入 Revenue from Principal Business	主营业务成本 Cost of Principal Business	利润总额 Total Profits
2005		7638744	5708433	1930311	1935485	1653916	31628
2006		9346277	6663943	2682334	2519647	2013278	320243
2007		11532354	8641649	2890705	3224432	2563256	259949
2008		14624206	9494495	5129711	3439803	2739794	258924
2009		18613889	12677221	5936668	5149500	4093066	453941
2010		25874201	18398317	7475884	6755674	5322608	649961
2011		43470000	31489751	11980249	8419015	6287589	890654
2012		71072452	43317095	27755357	9863946	7787222	610619
2013		84893771	52968613	31925157	9953489	7603988	623345
2014		101241094	61424461	39816633	8919262	6929111	257089
2015		85246840	59150715	26096125	8163520	6173682	420611
哈尔滨	Harbin	56728799	39064430	17664369	3954357	3061367	32189
齐齐哈尔	Qiqihar	4002066	3339182	662883	795754	568199	82956
鸡西	Jixi	1371817	985813	386004	106652	93940	-14098
鹤岗	Hegang	560860	325409	235451	78286	56144	6171
双鸭山	Shuangyashan	794957	681322	113636	47125	35247	-2390
大庆	Daqing	11604974	7297737	4307237	1100910	732962	207647
伊春	Yichun	347171	245636	101534	51469	38390	1794
佳木斯	Jiamusi	2064022	1531870	532152	355310	267587	16896
七台河	Qitaihe	517236	400868	116368	43791	38211	-1321
牡丹江	Mudanjiang	3886036	3078276	807760	597740	508946	-27963
黑河	Heihe	560474	298296	262178	208028	157452	11179
绥化	Suihua	1082659	663422	419237	548303	446626	54917
大兴安岭	Daxinganling	81443	54708	26734	28963	26598	-503
绥芬河	Suifenhe	678876	513904	164971	88184	50428	24316
抚远	Fuyuan	7909	4105	3804	4706	3473	146

主要统计指标解释

待开发土地面积　指房地产开发企业经有关部门批准，通过各种方式获得土地使用权，但尚未开工建设的土地面积。

本年土地购置面积　指房地产开发企业本年通过各种方式获得土地使用权的土地面积。

本年土地成交价款　指房地产开发企业本年进行土地使用权交易活动的最终金额。在土地一级市场，是指土地最后的划拨款、“招拍挂”价格和出让价；在土地二级市场是指土地转让、出租、抵押等最后确定的合同价格。土地成交价款与土地购置面积同口径。

土地购置费　指房地产开发企业通过各种方式取得土地使用权而支付的费用。土地购置费按本年实际发生额计入投资。土地购置费为分期付款的，分期计入房地产开发投资。

计划总投资　指房地产开发企业在建的建设工程按照总体设计（或按设计概算或预算）规定的内容全部建成计划需要的总投资。

自开始建设累计完成投资　指房地产开发企业在建的房屋建设工程或正在开发的土地开发工程从开始建设到本年末止累计完成的全部投资。

房地产开发投资　指房地产开发企业本年完成的全部用于房屋建设工程、土地开发工程的投资额以及公益性建筑和土地购置费等的投资。

本年实际到位资金小计　指房地产开发企业本年实际到位，可用于房地产开发的各种货币资金及来源渠道。具体细分为国内贷款、利用外资、自筹资金和其他资金。

房屋施工面积　指房地产开发企业本年施工的全部房屋建筑面积。包括本年新开工的房屋建筑面积、上年跨入本年继续施工的房屋建筑面积、上年停缓建在本年恢复施工的房屋建筑面积、本年竣工的房屋建筑面积以及本年施工后又停缓建的房屋建筑面积。多层建筑应填各层建筑面积之和。

房屋新开工面积　指房地产开发企业本年新开工建设的房屋建筑面积，以单位工程为核算对象。不包括在上年开工跨入本年继续施工的房屋建筑面积和上年停缓建而在本年恢复施工的房屋建筑面积。房屋的开工应以房屋正式开始破土刨槽（地基处理或打永久桩）的日期为准。房屋新开工面积指整栋房屋的全部建筑面积，不能分割计算。

房屋竣工面积　指房地产开发企业本年按照设计要求已全部完工，达到住人和使用条件，经验收鉴定合格或达到竣工验收标准，可正式移交使用的各栋房屋建筑面积的总和。

商品房销售面积　指房地产开发企业本年出售商品房屋的合同总面积(即双方签署的正式买卖合同中所确定的建筑面积)。

商品房销售额　指房地产开发企业本年出售商品房屋的合同总价款(即双方签署的正式买卖合同中所确定的合同总价)。该指标与商品房销售面积同口径。

Explanatory Notes on Main Statistical Indicators

Land Space Pending Development refers to the area of land with its use rights already approved by authorities and obtained by real estate development companies but the land development not yet starts.

Land Space Purchased in the Year refers to the area of land with its use rights already obtained in the year by real estate development companies.

Transaction Value of Land in the Year refers to the final amount of transactions made by real estate development companies to obtain the land use rights in the year. At the primary land market, it refers to the amount of final assignment, or the amount reached and transferred as a result of bidding, auction or listing procedures. In the secondary land market, it refers to the final amount on contracts with land transfer, lease and mortgage. The transaction value of land and the land space purchased have the same scope.

Value of Land Purchased refers to the payment made by real estate development companies for land use rights. The actual payment incurred in the year is included in the investment. The payment by installment when occurring is included in the investment.

Total Investment Planned refers to the total amount required for the completion of the activities according to the planned design or budget for the project under construction by real estate development companies.

Accumulative Investment Actually Completed Since Starting of Construction refers to all the investment accompalished by real estate development companies in the construction of building or the development of land from the beginning to the end of the year.

Investment in Real Estate Development refers to the investment made by real estate development companies in the construction of housing, development of land, nonprofit buildings and value of land purchased.

Total Actual Funds in Place This Year refers to the total amount available for real estate development regardless of kinds of currencies or sources of the funds which are further classified as domestic loans, foreign investment, self-raising funds and others.

Floor Space of Buildings under Construction refers to the total space area of the buildings under construction in the year by real estate development companies. It includes buildings started in the year, continued from the previous year, suspended in earlier years but restarted in the year, completed in the year, and started in the year but suspended in the year as well. The floor space of a multi-storied building should be the sum of floor space of all the stories.

Floor Space of Buildings Started This Year refers to the total floor space area of the buildings started in the year by real estate development companies. It excludes the buildings started in previous years and continued in the year, and the buildings suspended in previous years but restarted in the year. The start of a construction is defined by the date of ground breaking or pile driving. The floor space of the building includes that of the entire building.

Floor Space of Buildings Completed refers to the total floor space area of the buildings completed in the year by real estate development companies, which meet the requirements as designed, reach the criteria set for people to live in or use, have passed the acceptance checks, and are ready for delivery or use.

Area of Commercialized Housing Sold refers to total contracted area of commercialized housing (i.e. area of floor space as designated in the formal contracts signed by both sides) sold by real estate development companies during the reference time. It constitutes floor space of completed housing and floor space of future housing.

Value of Commercialized Housing Sold refers to the total contracted value (i.e. value of sales/purchase for selling/purchase of commercialized housing as designated in the contract signed by both sides) received from the sales of the buildings by real estate development companies during the reference time. This indicator has the same coverage as the area of commercialized housing sold, which constitutes floor space of completed housing and floor space of housing yet to be completed.

第十五篇　国内贸易和旅游业

CHAPTER 15 DOMESTIC TRADE AND TOURISM

资料整理：王古先　李明武　张莹娣

15-1 国内贸易和旅游基本情况

BASIC CONDITIONS OF DOMESTIC TRADE AND TOURISM

单位：亿元　　　　(100 million yuan)

指　标	Item	2011	2012	2013	2014	2015
社会消费品零售总额	**Total Retail Sales of Consumer Goods**	**4750.1**	**5491.0**	**6251.2**	**7015.3**	**7640.2**
按地区分	By Region					
城　镇	City	4218.8	4815.5	5480.7	6148.8	6685.9
#城　区	#County	3382.0	3844.9	4401.6	4941.1	5564.1
乡　村	Under County Level	531.3	675.5	770.5	866.5	954.3
按行业分	By Sector					
批发零售贸易业	Wholesale and Retail Trade	4162.2	4801.3	5508.1	6204.7	6728.1
住宿和餐饮业	Hotels and Catering Services	587.9	689.7	743.1	809.1	900.7
限上批发零售业企业情况	**Indicators of Enterprise above Designated Size in Wholesale and Retail Trade**					
企业数(个)	Number of Enterprises(unit)	1638	1929	2037	2059	1933
从业人数(万人)	Employee(10000 persons)	13.2	14.8	15.0	14.8	14.1
商品销售总额	Total Sales	4454.2	4965.4	5698.2	5498.0	4728.2
限上住宿餐饮业企业情况	**Indicators of Enterprise above Designated Size in Hotels and Catering Services**					
企业数(个)	Number of Enterprises(unit)	492	488	444	402	379
从业人数(万人)	Employee (10000 persons)	4.1	4.5	3.8	3.1	2.9
营业额	Business Revenue	58.5	67.0	58.7	52.9	51.4
限上连锁店情况	**Indicators of Branch Chain Store above Designated Size**					
连锁门店数(个)	Number of Branch Chain Store(unit)	1598	1866	1831	1956	1933
营业面积(万平方米)	Business Areas(sq. m)	64.6	70.0	76.7	80.8	93.6
从业人员(人)	Number of Person Employed(person)	23963	22966	25520	23897	24042
销售总额	Total Sales	248.0	232.4	238.3	239.5	243.5
旅　游	**Tourism**					
国际旅游人数(万人)	Number of International Tourists(10000 person)	206.5	207.6	152.9	141.7	83.5
外国人	Foreigners	197.8	194.7	145.0	132.3	78.7
港、澳、台合计	Tourists from Hong Kong, Macao and Taiwan	8.7	12.9	7.8	9.4	4.8
香港同胞	Chinese Compatriots From Hong Kong	3.3	4.5	1.9	2.2	0.7
澳门同胞	Chinese Compatriots From Macao	0.8	0.5	0.3	0.5	0.03
台湾同胞	Chinese Compatriots FromTaiwan Province	4.6	7.9	5.7	6.7	4.0
旅游外汇收入总额(亿美元)	Total of Foreign Exchange Earnings(USD 100 million)	9.2	8.4	6.0	5.6	4.0
国内旅游人数(亿人次)	Number of Domestic Tourists (10000 million person-times)	2.0	2.5	2.9	1.1	1.3
国内旅游收入(亿元)	Receipts of Domestic Tourism (100 million yuan)	1032	1248	1348	1031	1337

15-2 社会消费品零售总额(1978-2009年)

TOTAL RETAIL SALE OF CONSUMER GOODS (1978-2009)

单位：亿元 (100 million yuan)

年 份 Year	社会消费品零售总额 Total Retail Sale of Consumer Goods	按地区分 By Region			按行业分 By Sector				
		市 City	县 County	县以下 Under County Level	批发零售贸易业 Wholesale and Retail Trade	餐饮业 Catering Trade	制造业 Manufacturing	农业生产者 Farm Producers	其他 Others
1978	61.8	23.3	23.8	14.7	53.2	2.4	2.9		3.3
1980	81.0	37.1	23.9	20.0	68.6	3.7	4.4		4.3
1985	156.7	86.2	46.7	23.8	119.8	9.0	11.3		16.6
1990	341.0	199.5	74.6	66.9	271.4	17.9	19.6	19.1	13.0
1991	352.2	231.7	82.9	37.6	276.2	19.1	21.7		35.2
1992	403.0	269.9	84.3	48.8	313.9	20.8	24.0		44.3
1993	459.5	323.2	83.4	52.9	363.1	24.2	24.8	31.2	16.2
1994	551.7	388.3	96.7	66.7	420.5	35.6	30.7	47.8	17.1
1995	682.7	476.7	116.0	90.0	524.3	41.8	29.7	61.5	25.4
1996	782.2	554.2	124.1	103.9	600.9	54.3	37.6	73.0	16.4
1997	880.2	623.2	139.6	117.4	683.5	63.4	37.9	80.9	14.5
1998	949.7	679.9	138.0	131.8	734.1	77.2	36.9	87.2	14.3
1999	1016.2	725.8	150.5	139.8	778.4	86.9	41.6	91.1	18.3
2000	1094.0	785.2	160.6	148.3	848.7	98.5	39.7	88.2	19.0
2001	1198.9	867.4	171.5	159.7	929.1	115.9	46.0	85.3	22.7
2002	1320.0	959.6	186.6	173.8	1030.0	135.7	44.0	86.4	23.9
2003	1376.4	1019.4	186.6	170.4	1191.9	152.3			32.2
2004	1557.3	1160.7	206.1	190.5	1343.0	178.3			35.9
2005	1773.8	1323.0	226.3	210.7	1518.0	204.1			37.9
2006	2029.0	1524.7	237.8	235.2	1718.6	241.2			37.9
2007	2386.2	1799.9	273.0	258.2	2008.5	284.4			38.2
2008	2928.3	2201.5	325.2	311.9	2445.7	351.4			41.5
2009	3401.8	2640.0	386.1	375.7	2927.0	429.4			45.4

注：1.2000及以后商品购进、销售和库存总额为限额以上企业统计口径。
2.2003年起社会消费品零售总额不再包括"制造业"企业的科、室对居民及社会集团的零售额和"农业生产者"对非农业居民的零售额。
3.2005年及以前社会消费品零售总额不包括住宿业统计，所以住宿和餐饮业数据中不含住宿业(下同)。
4.2005年-2008年全省社会消费品零售总额为普查衔接后的数据，其他分项数据未做衔接，因此加总后不等于总额（下同）。

Note:a) The total purchases, sales and inventory only include enterprises above designated size from 2000.
b) The total retail sales of consumer goods do not include the retail sales of residents and social groups sold by unit of manufacturing and the retail sales sold by farmers to non-agricultural residents.
c) The total retail sales of consumer goods before 2005 do not include the statistics of hotel, so the number of hotel and food services do not include hotel (the same as next table).
d) Total Retail Sales of Consumer Goods from 2005 to 2008 are adjusted according to the Second National Economic Census in 2008, the other sub-data unadjusted (the same as next table).

15-3 社会消费品零售总额

TOTAL RETAIL SALE OF CONSUMER GOODS

单位：亿元 (100 million yuan)

年份 地区	Year Region	社会消费品零售总额 Total Retail Sale of Consumer Goods	按地区分 By Region 城镇 City	#城区 County	乡村 Under County Level	按行业分 By Sector 批发零售贸易业 Wholesale and Retail Trade	住宿和餐饮业 Hotels and Catering Services
2010		4039.2	3585.9	2866.3	453.3	3542.6	496.6
2011		4750.1	4218.8	3382.0	531.3	4162.2	587.9
2012		5491.0	4815.5	3844.9	675.5	4801.3	689.7
2013		6251.2	5480.7	4401.6	770.5	5508.1	743.1
2014		7015.3	6148.8	4941.1	866.5	6204.7	809.1
2015		7640.2	6685.9	5564.1	954.3	6728.1	900.7
哈尔滨	Harbin	3394.5	3053.9	2434.9	340.6	2946.6	447.9
齐齐哈尔	Qiqihar	684.1	604.6	527.4	79.5	630.8	53.3
鸡西	Jixi	222.2	185.4	158.1	36.8	184.6	37.2
鹤岗	Hegang	116.2	108.2	98.4	8.0	101.6	14.6
双鸭山	Shuangyashan	119.2	109.0	60.9	10.2	106.0	12.1
大庆	Daqing	1037.6	960.7	766.6	76.9	952.9	84.7
伊春	Yichun	107.7	102.6	82.3	5.1	77.3	30.1
佳木斯	Jiamusi	401.1	353.0	300.6	48.1	349.7	51.4
七台河	Qitaihe	94.8	79.8	67.3	15.0	78.5	16.3
牡丹江	Mudanjiang	501.8	420.7	311.6	81.1	424.1	76.9
黑河	Heihe	103.8	77.7	44.2	26.1	84.3	19.5
绥化	Suihua	511.4	449.9	198.0	61.4	452.8	58.9
大兴安岭	Daxinganling	58.9	56.4	53.4	2.5	43.3	15.2
农垦总局	ARB	217.8	181.1	147.7	36.7	180.8	37.0
绥芬河	Suifenhe	25.1	19.9	16.8	5.2	22.2	2.9
抚远	Fuyuan	9.7	7.2	5.8	2.5	7.9	1.8

15-4 限额以上批发零售业企业商品销售情况(2015年)

单位：万元

类　别	Category	企业数（个）Number of Enterprises (unit)
总　计	**Total**	**1933**
批发业	**Wholesale Trade**	**737**
按登记注册类型分组	**Grouped by Status of Registration**	
内资企业	Domestic Funded Enterprises	732
国有企业	State-owned Enterprises	65
集体企业	Collective-owned Enterprises	12
股份合作企业	Cooperative Enterprises	
联营企业	Joint Ownership Enterprises	
有限责任公司	Limited Liability Corporations	299
国有独资企业	Sole State-funded Corporations	20
其他有限责任公司	Others Limited Liability Corporations	279
股份有限公司	Share-holding Corporations Ltd.	46
私营企业	Private Enterprises	305
私营独资企业	Private-funded Enterprises	
私营合伙企业	Private Partnership Enterprises	
私营有限责任公司	Private Limited Liability Corporations	291
私营股份有限公司	Private Share-holding Corporations Ltd.	14
其他企业	Other Enterprises	5
港、澳、台商投资企业	Enterprises with Funds from Hong Kong, Macao and Taiwan	4
外商投资企业	Foreign Funded Enterprises	1
按国民经济行业分组	**Grouped by Sector**	
农、林、牧产品批发业	Wholesale of Agriculture, Forestry and Livestock Products	188
食品、饮料及烟草制品批发业	Wholesale of Foods, Beverages and Tobaccos	82
#米、面制品及食用油批发	#Wholesale of Rice, Flour and Edible Oil	17
烟草制品批发	Wholesale of Tobaccos	18
纺织、服装及家庭用品批发业	Wholesale of Textile, Wearing Apparel and Household Articles	10
#服装批发	#Wholesale of Garments	11
文化、体育用品及器材批发业	Wholesale of Culture, Sports Appliances and Equipments	11
医药及医疗器材批发业	Wholesale of Medicines and Medical Appliances	82
矿产品、建材及化工产品批发业	Wholesale of Mineral Products, Building Materials and Chemical Products	213
#煤炭及制品批发	#Wholesale of Coal and Related Products	18
石油及制品批发	Wholesale of Petroleum and Related Products	35
金属及金属矿批发	Wholesale of Metal Materials	35
建材批发	Wholesale of Building Materials	31
化肥批发	Wholesale of Chemical Fertilizer	36
机械设备五金产品及电子产品批发	Wholesale of Machinery, Hardware and Electronics	104
汽车批发	Wholesale of Automobiles	20
摩托车及零配件	Wholesale of Motorcycles and Their Accessories	1
五金产品批发	Wholesale of Hardware Products	3
计算机、软件及辅助设备批发	Wholesale of Computer, Software and Assistant Appliances	18
贸易经纪与代理	Trade Broker and Agency	7
其他批发业	Other Wholesale not Classified Elsewhere	10

SALES STATISTICS OF ENTERPRISE ABOVE DESIGNATED SIZE IN WHOLESALE AND RETAIL TRADE (2015)

(10000 yuan)

商品购进额 Total Purchases	从业人数（人） Employment (person)	商品销售总额 Total Sales		
		合计 Total	批发 Wholesale Trade	零售 Retail Trade
40327081	**140970**	**47281676**	**27637371**	**19644305**
28007130	**44006**	**31582172**	**26989475**	**4592698**
27160089	43267	30719112	26137533	4581580
5281563	9117	5823638	5502550	321089
84995	528	85870	67655	18216
12226634	15171	13957414	13136954	820460
532902	1476	568333	561481	6852
11693732	13695	13389080	12575472	813608
5192014	11792	5815022	3446054	2368968
4318715	6587	4979074	3952202	1026872
4128305	6235	4785000	3765376	1019624
190410	352	194074	186826	7248
56169	72	58094	32118	25976
78379	739	93852	82734	11118
768662		769208	769208	
3188618	9398	2955519	2517093	438426
4715961	9211	6627919	5664903	963016
601751	808	880507	878782	1725
1722002	4845	2727115	2671283	55833
473928	1633	569888	494756	75132
45546	350	129729	74593	55136
80035	381	83999	77628	6370
2068548	4071	2390882	2292870	98012
15254899	15518	16550062	13804466	2745596
422107	836	457703	444450	13252
10449858	11456	10910171	8403926	2506245
260777	275	264964	264081	883
401373	663	807377	645536	161841
3155711	1619	3500601	3444049	56552
2053982	3291	2222790	1972880	249911
1082009	395	1078009	969938	108071
3252	8	3399	3399	
15015	54	16963	16963	
117064	300	131278	119494	11784
40040	46	42513	42513	
131120	457	138601	122366	16235

15-4 续表

单位：万元

类　别	Category	企业数（个）Number of Enterprises (unit)
零售业	**Retail Trade**	**1196**
按登记注册类型分组	**Grouped by Status of Registration**	
内资企业	Domestic Funded Enterprises	1174
国有企业	State-owned Enterprises	76
集体企业	Collective-owned Enterprises	27
股份合作企业	Cooperative Enterprises	16
联营企业	Joint Ownership Enterprises	3
有限责任公司	Limited Liability Corporations	459
国有独资企业	Sole State-funded Corporations	6
其他有限责任公司	Others Limited Liability Corporations	453
股份有限公司	Share-holding Corporations Ltd.	72
私营企业	Private Enterprises	501
私营独资企业	Private-funded Enterprises	34
私营合伙企业	Private Partnership Enterprises	4
私营有限责任公司	Private Limited Liability Corporations	438
私营股份有限公司	Private Share-holding Corporations Ltd.	25
其他企业	Other Enterprises	20
港、澳、台商投资企业	Enterprises with Funds from Hong Kong, Macao and Taiwan	14
外商投资企业	Foreign Funded Enterprises	8
按国民经济行业分组	**Grouped by Sector**	
综合零售业	Integrated Retail	258
#百货零售	#Retail of General Merchandise	179
超级市场零售	Retail of Supermarkets	62
食品、饮料及烟草制品专门零售业	Special Retail of Food, Beverages and Tobaccos	49
纺织、服装及日用品专门零售业	Special Retail of Textiles, Garments and Daily Consumer Articles	90
#服装零售	#Retail of Garments	71
文化、体育用品及器材专门零售业	Special Retail of Culture, Sports Appliances and Equipments	77
#体育用品及器材零售	#Retail of Sports Appliances and Equipment	7
图书、报刊零售	Retail of Books, Newspapers and Magazines	55
医药及医疗器材专门零售业	Special Retail of Medicines and Medical Appliances	118
#药品零售	#Retail of Medicines	111
汽车、摩托车、燃料及零配件专门零售业	Special Retail of Motor Vehicles, Motorcycles, Fueland Parts	376
#汽车零售	#Retail of Motor Vehicles	258
机动车燃料零售	Retail of Fuel of Motor Vehicles	94
家用电器及电子产品专门零售业	Special Retail of Household Electric Appliances and Electronic Products	128
家用视听设备零售	Retail of Household Electric Appliances	14
计算机、软件及辅助设备零售	Retail of Computer, Software and Assistant Appliances	34
通讯设备零售	Retail of Communication Equipments	14
五金、家具及室内装修材料专门零售业	Special Retail of Hardware, Furniture and Interior Decoration Materials	38
货摊、无店铺及其他零售业	Stalls, Non-shop and Other Retails	62
#邮购及电视、电话零售	#Mail Order, Television and Telephone Selling	1

CONTINUED

(10000 yuan)

商品购进额 Total Purchases	从业人数(人) Employment (person)	商品销售总额 Total Sales		
		合计 Total	批发 Wholesale Trade	零售 Retail Trade
12319951	**96964**	**15699504**	**647896**	**15051608**
11760871	90506	14932840	647889	14284951
333905	4116	381970	10534	371436
148346	1544	155196	23951	131245
41752	855	42341	1663	40678
49711	73	46457		46457
5074163	40692	6418994	131719	6287275
56046	341	67758		67758
5018117	40351	6351236	131719	6219517
2036545	12095	3410726	396976	3013749
3983569	30221	4354084	83046	4271038
133020	1000	138090	3893	134197
25886	341	28236		28236
3559214	25743	3900563	78168	3822395
265449	3137	287194	984	286210
92881	910	123073		123073
294822	3761	476888		476888
264258	2697	289776	7	289769
3699467	43340	5978723	101151	5877572
2709151	30062	4805865	91203	4714662
914486	12397	1015124	4631	1010492
340061	2317	394406	8757	385650
798444	11379	956038	16876	939162
620615	10199	748774	5207	743568
231916	3924	329943	19966	309977
41547	1109	132313	92	132221
136821	2504	144192	12768	131424
1441250	12580	1639445	352214	1287231
1357625	12270	1554742	350302	1204440
4333790	14225	4760761	52908	4707853
3698744	11564	4095567	33755	4061812
533862	2339	562343	11906	550437
1091128	6394	1190833	71303	1119530
88598	1300	86043	65	85978
143627	953	170863	5071	165792
150413	632	172786	39124	133662
212784	1423	256297	7640	248657
171112	1382	193058	17082	175976
6881	272	11198		11198

15-5 限额以上批发零售贸易业商品分类销售额(2015年)

TOTAL SALES OF ENTERPRISE ABOVE DESIGNATED SIZE IN WHOLESALE AND RETAIL TRADE BY CATEGORY OF COMMODITIES (2015)

单位：万元 (10000 yuan)

类别	Category	销售合计 Total	批发 Wholesale Trade	零售 Retail Trade
合计	**Total**	**55413417**	**31466487**	**23946930**
粮油、食品类	Grain and Oil,Food	9915354	6888001	3027353
#粮油类	#Grain and Oil	5140417	4304086	836331
肉禽蛋类	Meat, Poultry and Eggs	540098	165966	374132
水产品类	Aquatic Products	448116	186369	261747
蔬菜类	Vegetables	1198252	773512	424741
干鲜果品类	Dry and Fresh Fruits	352140	177043	175097
饮料类	Beverages	591469	254258	337211
烟酒类	Tobacco and Liquor	3721595	3180767	540828
服装、鞋帽、针纺织品类	Clothing, Shoes, Hats and Textiles	4472962	221645	4251317
服装类	Clothing	3201132	85470	3115662
鞋帽类	Shoes and Hats	947340	106794	840546
针纺织品类	Knitwear and Textiles	324490	29381	295109
化妆品类	Cosmetics	391092	99494	291599
金银珠宝类	Gold, Silver and Jewelry	540184	13849	526336
日用品类	Articles for Daily Use	796778	148347	648431
#儿童玩具类	#Children's Toys	35081	398	34683
五金、电料类	Hardware and Electrical Materials	227273	11859	215413
体育、娱乐用品类	Sports and Recreation Articles	94013	587	93426
书报、杂志类	Newspapers and Magazines	231168	76387	154781
电子出版物及音像制品类	E-journal and Video Products	86452	66462	19990
家用电器及音像器材类	Household Appliances and Video Appliances	1343341	155554	1187787
中西药品类	Traditional Chinese and Western Medicines	4290766	2557755	1733010
文化办公用品类	Cultural and Official Goods	632391	64209	568182
家俱类	Furniture	495523	3016	492508
通讯器材类	Communication Appliances	672344	176503	495841
煤炭及制品类	Coal and Related Product	1102330	901581	200750
木材及制品类	Wood and Wooden Product	685041	685041	
石油及制品类	Petroleum Related Product	10992556	7752442	3240113
化工材料及制品类	Chemical Materials and Products	3760331	3760331	
#化肥类	#Fertilizer	3231117	3231117	
金属材料类	Metal Materials	1370254	1370254	
建筑及装潢材料类	Building and Decoration Materials	1380019	415977	964043
机电产品及设备类	Mechanical and Electrical Products	763676	643049	120627
汽车类	Automobiles	5296189	1054072	4242117
种子饲料类	Seed and Feedstuff	499562	499562	
棉麻类	Cotton and Hemp	11598	6845	4753
其他类	Others	1049158	458643	590515

15-6 分地区限额以上批零贸易业商品销售情况(2015年)

SALES STATISTICS OF ENTERPRISE ABOVE DESIGNATED SIZE IN WHOLESALE AND RETAIL TRADE BY REGION (2015)

地　区	Region	企业数（个）Number of Enterprises (unit)	产业活动单位数（个）Number of Establishments (unit)	从业人数（人）Employment (person)
全　省	**Total**	**1933**	**5721**	**140970**
哈尔滨	Harbin	841	2350	49897
齐齐哈尔	Qiqihar	108	322	8011
鸡　西	Jixi	87	280	5126
鹤　岗	Hegang	55	279	5263
双鸭山	Shuangyashan	42	153	6368
大　庆	Daqing	258	523	17451
伊　春	Yichun	27	130	1257
佳木斯	Jiamusi	52	244	12051
七台河	Qitaihe	18	52	1470
牡丹江	Mudanjiang	223	402	11256
黑　河	Heihe	47	193	3355
绥　化	Suihua	83	453	12184
大兴安岭	Daxinganling	16	80	1027
农垦总局	ARB	26	210	5351
绥芬河	Suifenhe	47	47	730
抚　远	Fuyuan	3	3	173

15-6 续表 CONTINUED

地　区	Region	商品销售总额(万元) Total Sales (10000 yuan)		
		合计 Total	批发 Wholesale Trade	零售 Retail Trade
全　省	**Total**	**47281676**	**27637371**	**19644305**
哈尔滨	Harbin	21239243	11234885	10004358
齐齐哈尔	Qiqihar	1941811	905458	1036353
鸡　西	Jixi	1387937	689938	697999
鹤　岗	Hegang	365832	196230	169602
双鸭山	Shuangyashan	618011	306616	311395
大　庆	Daqing	10516986	7992550	2524436
伊　春	Yichun	280888	149908	130979
佳木斯	Jiamusi	1134992	246840	888152
七台河	Qitaihe	325858	81136	244722
牡丹江	Mudanjiang	2948248	1413260	1534988
黑　河	Heihe	620153	260028	360125
绥　化	Suihua	1605542	277815	1327727
大兴安岭	Daxinganling	135446	60576	74871
农垦总局	ARB	1747674	1449490	298184
绥芬河	Suifenhe	2407903	2372641	35262
抚　远	Fuyuan	5152		5152

15-7 限额以上住宿和餐饮业企业经营状况(2015年)

SALES STATISTICS OF ACCOMADATION AND RESTAURANTS ABOVE DESIGNATED SIZE (2015)

项　目	Item	企业数（个）Number of Enterprises (unit)	从业人数（人）Employment (person)	营业额(万元) Business Revenue (10000 yuan)	#客房收入 Guest Room Revenue	#餐费收入 Food Revenue
总　计	**Total**	**379**	**28800**	**513805**	**208288**	**251656**
住宿业	**Accommodation**	**227**	**19428**	**354613**	**194152**	**121451**
按登记注册类型分组	**Grouped by Status of Registration**					
内资企业	Domestic Funded Enterprises	213	17650	303128	164966	103604
国有企业	State-owned Enterprises	51	5393	76550	36654	32153
集体企业	Collective-owned Enterprises	5	262	5882	4912	734
股份合作企业	Cooperative Enterprises	1	336	9301	1840	2810
联营企业	Joint Ownership Enterprises					
有限责任公司	Limited Liability Corporations	81	6922	98595	58283	30870
国有独资企业	Sole State-funded Corporations	3	198	1712	376	1140
其他有限责任公司	Others Limited Liability Corporations	78	6724	96883	57907	29730
股份有限公司	Share-holding Corporations Ltd.	12	1378	26778	17613	3716
私营企业	Private Enterprises	60	3287	84967	44897	33040
私营独资企业	Private-funded Enterprises	11	327	8599	3540	3912
私营合伙企业	Private Partnership Enterprises	1	20	707	549	116
私营有限责任公司	Private Limited Liability Corporations	44	2798	74700	39957	28904
私营股份有限公司	Private Share-holding Corporations Ltd.	4	142	961	851	108
其他企业	Other Enterprises	3	72	1055	767	282
港、澳、台商投资企业	Enterprises with Funds from Hong Kong, Macao and Taiwan	9	1075	24692	13218	8703
合资经营企业	Joint-venture Enterprises	4	462	9940	6645	2725
合作经营企业	Cooperative Enterprises					
独资经营企业	Enterprises with Sole Investment	4	517	13291	5892	5396
投资股份有限公司	Share-holding Corporations Ltd. With Investment	1	96	1461	681	582
其他港澳台投资企业	Other Enterprisess					
外商投资企业	Foreign Funded Enterprises	5	703	26794	15968	9144
中外合资经营企业	Joint-venture Enterprises	1	91	3495	2790	705
中外合作经营企业	Cooperative Enterprises	1	24	1543	1414	129
外资企业	Enterprises with Sole Foreign Investment	2	558	21414	11508	8250
外商投资股份有限公司	Share-holding Corporations Ltd. With Foreign Investment	1	30	341.8	255.4	61
其他外商投资企业	Other foreign investment enterprise					
按国民经济行业分组	**Grouped by Sector**					
旅游饭店	Tourist Hotel	160	15416	272960	138182	99654
一般旅馆	General Hotel	57	3314	72855	50816	18979
其他住宿服务	Others	10	698	8798	5154	2818
按星级分组	**Grouped by Star**					
五　星	Five-star hotel	10	1566	52098	26527	19776
四　星	Four-star hotel	46	6300	97859	45579	37928
三　星	Three-star hotel	56	3451	52559	28440	18909
二　星	Two-star hotel	13	542	12223	7009	4122
一　星	One-star hotel	3	68	935	576	132
其　他	Others	99	7501	138938	86022	40583

15-7 续表 CONTINUED

项 目	Item	企业数（个） Number of Enterprises (unit)	从业人数（人） Employment (person)	营业额（万元） Business Revenue (10000 yuan)	#客房收入 Guest Room Revenue	#餐费收入 Food Revenue
餐饮业	**Restaurants**	**152**	**9372**	**159192**	**14136**	**130206**
按登记注册类型分组	**Grouped by Status of Registration**					
内资企业	Domestic Funded Enterprises	128	6672	120749	14136	95240
国有企业	State-owned Enterprises	12	568	8040	2692	4807
集体企业	Collective-owned Enterprises	1	30	381		381
股份合作企业	Cooperative Enterprises	1	15	89		71
联营企业	Joint Ownership Enterprises					
有限责任公司	Limited Liability Corporations	35	2200	39912	7436	27225
国有独资企业	Sole State-funded Corporations					
其他有限责任公司	Others Limited Liability Corporations	35	2200	39912	7436	27225
股份有限公司	Share-holding Corporations Ltd.	5	270	1995		1917
私营企业	Private Enterprises	70	3293	67451	4009	58211
私营独资企业	Private-funded Enterprises	15	607	12271	555	10787
私营合伙企业	Private Partnership Enterprises	1	66	1262	451	811
私营有限责任公司	Private Limited Liability Corporations	52	2547	53288	3003	46023
私营股份有限公司	Private Share-holding Corporations Ltd.	2	73	630		590
其他企业	Other Enterprises	4	296	2881		2627
港、澳、台商投资企业	Enterprises with Funds from Hong Kong, Macao and Taiwan	11	2190	28028		26353
合资经营企业	Joint-venture Enterprises	5	1627	16130		14673
合作经营企业	Cooperative Enterprises					
独资经营企业	Enterprises with Sole Investment	5	537	9195		8977
投资股份有限公司	Share-holding Corporations Ltd. With Investment	1	26	2703		2703
其他港澳台投资企业	Other Enterprisess					
外商投资企业	Foreign Funded Enterprises	13	510	10415		8612
中外合资经营企业	Joint-venture Enterprises	4	177	3381		2973
中外合作经营企业	Cooperative Enterprises	1	8	262		262
外资企业	Enterprises with Sole Foreign Investment	8	325	6772		5377
外商投资股份有限公司	Share-holding Corporations Ltd. With Foreign Investment					
其他外商投资企业	Other foreign investment enterprise					
按国民经济行业分组	**Grouped by Sector**					
正餐服务业	Dinner Service	149	8752	142359	14136	113407
快餐服务业	Snack Service	2	589	16317		16299
饮料及冷饮服务业	Beverage and Cold Drink Service	1	31	516		500
其他餐饮服务业	Other Food and Beverage Services					

15-8 分地区限额以上住宿和餐饮业经营状况(2015年)

SALES STATISTICS OF ACCOMADATION AND RESTAURANTS ABOVE DESIGNATED SIZE BY REGION (2015)

地　区	Region	住宿业 Accommodation				
		企业数(个) Number of Enterprises(unit)	从业人数(人) Employment (person)	营业额(万元) Business Revenue (10000 yuan)	#客房收入 Guest Room Revenue	#餐费收入 Food Revenue
全　省	**Total**	**227**	**19428**	**354613**	**194152**	**121451**
哈尔滨	Harbin	117	10785	212557	125354	63411
齐齐哈尔	Qiqihar	8	417	8862	6740	1732
鸡　西	Jixi	7	275	1470	899	116
鹤　岗	Hegang	9	614	2894	1703	1063
双鸭山	Shuangyashan	1	135	3152	722	1164
大　庆	Daqing	13	1284	13068	7281	3539
伊　春	Yichun	15	1054	24546	9341	12799
佳木斯	Jiamusi	4	205	1396	991	328
七台河	Qitaihe	3	184	1396	991	328
牡丹江	Mudanjiang	24	2229	60140	27701	26219
黑　河	Heihe	5	469	5025	2595	2377
绥　化	Suihua	7	329	3854	1910	1471
大兴安岭	Daxinganling	6	663	5066	2648	2141
农垦总局	ARB	6	720	9434	4016	4317
绥芬河	Suifenhe	2	65	659	561	61
抚　远	Fuyuan					

15-8 续表 CONTINUED

地　区	Region	餐饮业 Restaurants				
		企业数(个) Number of Enterprises(unit)	从业人数(人) Employment (person)	营业额(万元) Business Revenue (10000 yuan)	#客房收入 Guest Room Revenue	#餐费收入 Food Revenue
全　省	**Total**	**152**	**9372**	**159192**	**14136**	**130206**
哈尔滨	Harbin	86	5633	99813	5183	86385
齐齐哈尔	Qiqihar	9	255	6002	52	4697
鸡　西	Jixi	3	111	1379	359	812
鹤　岗	Hegang	1	25	268	50	185
双鸭山	Shuangyashan	5	237	1829	600	1061
大　庆	Daqing	11	539	11876	1280	9827
伊　春	Yichun	6	211	5774	1149	4079
佳木斯	Jiamusi	11	739	7639	1033	5813
七台河	Qitaihe	1	22	205		173
牡丹江	Mudanjiang	10	978	18006	3494	12095
黑　河	Heihe	3	264	1978	619	1348
绥　化	Suihua	2	56	461	30	343
大兴安岭	Daxinganling					
农垦总局	ARB	3	250	3451	288	2874
绥芬河	Suifenhe					
抚　远	Fuyuan	1	52	513		513

15-9 限额以上批发零售贸易业商品销售数量(2015年)

TOTAL SALES NUMBER OF ENTERPRISE ABOVE DESIGNATED SIZE IN WHOLESALE AND RETAIL TRADE BY COMMODITIES (2015)

品名	Item	购进量 Total Purchases volume	销售量 Total Sales volume
大米(稻米)(万吨)	Rice (rice)(10000 tons)	570.4	539.7
面粉(小麦面)(万吨)	Flour (wheat flour)(10000 tons)	1.9	1.9
杂粮(万吨)	Grains (10000 tons)	283.1	281.8
食用植物油(吨)	Edible Vegetable Oil(ton)	40258.2	40174.3
猪肉(吨)	Pork(ton)	14325.7	14662.2
牛肉(吨)	Beef(ton)	3934.3	3572.5
羊肉(吨)	Lamb(ton)	1751.3	1819.9
禽肉(吨)	Meat of Poultry(ton)	3709.9	3992.9
鲜蛋(吨)	Fresh Eggs(ton)	134325.6	134591.9
彩色电视机(台)	Color TV(unit)	1149903	1024185
家用电冰箱(台)	Household Refrigerator(unit)	486297	483929
房间空调器(台)	Household Air Conditioner(unit)	172431	160492
电脑(微型计算机)(台)	Computer (microcomputer)(unit)	551104	548970
钢材(吨)	Steel Products(ton)	1525778	1517106
铝(吨)	Aluminum(ton)	5289	5189
水泥(吨)	Cement(ton)	274631	274577
化学肥料(吨)	Chemical Fertilizers(ton)	8208737	8469719
化学农药(吨)	Chemical Pesticide(ton)	8685	8358
汽车(辆)	Motor Vehicles(unit)	534363	513431
#轿车	#Car	343681	342594

15-10 限额以上批发零售贸易企业财务状况(2015年)

单位：万元

项　　目	Item	企业数(个) Numbers of Enterprises (unit)	流动资产小计 Circulating Funds
总　计	**Total**	**1932**	**24404770**
批发企业	**Wholesale Trade**	**737**	**19539010**
按登记注册类型分组	**Grouped by Status of Registration**		
内资企业	Domestic Funded Enterprises	732	19320247
国有企业	State-owned Enterprises	65	5374607
集体企业	Collective-owned Enterprises	12	18501
股份合作企业	Cooperative Enterprises		
联营企业	Joint Ownership Enterprises		
有限责任公司	Limited Liability Corporations	299	6982423
国有独资企业	Sole State-funded Corporations	20	727698
其他有限责任公司	Others Limited Liability Corporations	279	6254725
股份有限公司	Share-holding Corporations Ltd.	46	5502805
私营企业	Private Enterprises	305	1437920
其他企业	Other Enterprises	5	3991
港、澳、台商投资企业	Enterprises with Funds from Hong Kong, Macao and Taiwan	4	7209
外商投资企业	Foreign Funded Enterprises	1	211555
按国民经济行业分组	**Grouped by Sector**		
农、林、牧产品批发业	Wholesale of Agriculture,Forestry and Livestock Products	188	5903681
食品、饮料及烟草制品批发业	Wholesale of Foods, Beverages and Tobaccos	82	2493095
#米、面制品及食用油批发	#Wholesale of Rice,Flour and Edible Oil	17	851397
烟草制品批发	Wholesale of Tobaccos	18	1094355
纺织、服装及家庭用品批发业	Wholesale of Textile,Wearing Apparel and Household Articles	40	159018
#服装批发	#Wholesale of Garments	11	55286
文化、体育用品及器材批发业	Wholesale of Culture, Sports Appliances and Equipments	11	62257
医药及医疗器材批发业	Wholesale of Medicines and Medical Appliances	82	632928
矿产品、建材及化工产品批发业	Wholesale of Mineral Products, Building Materials and Chemical Products	213	9378034
#煤炭及制品批发	#Wholesale of Coal and Related Products	18	196295
石油及制品批发	Wholesale of Petroleum and Related Products	35	5733818
金属及金属矿批发	Wholesale of Metal Materials	35	311986
建材批发	Wholesale of Building Materials	31	499006
化肥批发	Wholesale of Chemical Fertilizer	36	2473388
机械设备五金交电及电子产品批发	Wholesale of Machinery, Hardware and Electronics	104	853335
#汽车摩托车及零配件批发	#Wholesale of Automobiles, Motorcycles and Their Accessories	20	275284
五金产品批发	Wholesale of Hardware Products	8	26201
计算机软件及辅助设备批发	Wholesale of Computer, Software and Assistant Appliances	18	21585
贸易经纪与代理	Trade Broker and Agency	7	14255
其他批发业	Other Wholesale not Classified Elsewhere	10	42407

注：本表中数据按照批发零售住宿餐饮业财务报表填报，企业个数是指有财务活动的企业个数。
Note: Data in this table according to wholesale and retail hotels and catering provided financial statements, enterprise number refers to the number of enterprise financial activities.

FINANCIAL INDICATORS OF ENTERPRISE ABOVE DESIGNATED SIZE IN WHOLESALE AND RETAIL TRADE (2015)

(10000 yuan)

资产合计 Total Assets	负债合计 Total Liabilities	实收资本 Paicl-up Capital	固定资产原价 Original Value of Fixed Assets	累计折旧 Total Depreciation	主营业务收入 Revenue in Major Business	主营业务成本 Cost in Major Business	主营业务税金及附加 Tax and Extra Changes in Major Business
30032550	**24703329**	**3232753**	**4307429**	**1306566**	**44983669**	**40565971**	**522649**
22336689	**18908631**	**1947943**	**1917523**	**652074**	**31315335**	**28513207**	**405786**
22117366	18690490	1947333	1916767	651697	30452817	27654459	405518
5800383	4716974	158916	489695	213550	5516129	4781991	296572
29343	19399	7523	9181	3520	58271	53252	192
8272432	7227753	917593	761417	175121	14687230	13536245	24390
870724	905539	77163	110640	35681	611510	599245	225
7401708	6322214	840430	650777	139440	14075720	12937000	24166
6343151	5432022	654360	472684	206239	5235897	4903180	10465
1665470	1289671	207026	181758	52660	4898100	4327734	71154
6587	4671	1916	2033	608	57191	52057	2744
7769	6649	510	756	377	93310	89968	183
211555	211492	100			769208	768780	85
6375824	5660675	489853	382465	96887	2985302	2745404	10440
3286345	1894488	422166	510606	178369	6114514	4958463	302856
992564	873379	151043	53190	15225	888438	861650	208
1233381	408814	24082	198025	107181	2440559	1768363	234721
269974	203045	40493	63599	9334	682538	656113	3247
66572	48083	4642	5232	1227	261061	251873	1294
95930	68595	30185	20152	1504	69020	62041	27
715641	576472	91207	27047	10488	3189073	2513702	8610
10454480	9595367	750134	827816	330177	15827912	15299933	69885
232403	161399	67092	31426	12510	382762	367171	1477
6351927	5851834	474132	518304	255972	10272581	10081026	63103
334387	323653	33094	4760	3133	257965	241411	249
619575	550655	39151	80660	12494	805784	724513	573
2740310	2534707	109109	181356	41936	3510986	3313502	4147
1027610	792042	110299	78124	22224	2268153	2104854	10557
337643	308592	18760	16437	5543	1070507	1021181	6944
28418	26260	1861	2691	755	53166	51744	55
23510	13104	8832	2106	1052	127277	117608	269
16251	14184	2160	2093	1073	41653	39619	18
94635	103762	11446	5621	2019	137171	133079	146

15-10 续表1

单位：万元

项　　目	Item	企业数(个) Numbers of Enterprises (unit)	流动资产小计 Circulating Funds
零售企业	**Retail Trade**	**1195**	**4865760**
按登记注册类型分组	**Grouped by Status of Registration**		
内资企业	Domestic Funded Enterprises	1173	4673343
国有企业	State-owned Enterprises	76	88158
集体企业	Collective-owned Enterprises	27	20194
股份合作企业	Cooperative Enterprises	16	18067
联营企业	Joint Ownership Enterprises	3	5361
有限责任公司	Limited Liability Corporations	459	2067276
国有独资企业	Sole State-funded Corporations	6	8218
其他有限责任公司	Others Limited Liability Corporations	453	2059058
股份有限公司	Share-holding Corporations Ltd.	72	1069227
私营企业	Private Enterprises	501	1355826
其他企业	Other Enterprises	19	49235
港、澳、台商投资企业	Enterprises with Funds from Hong Kong, Macao and Taiwan	14	135335
外商投资企业	Foreign Funded Enterprises	8	57083
按国民经济行业分组	**Grouped by Sector**		
综合零售业	Integrated Retail	257	1472696
#百货零售	#Retail of General Merchandise	179	1179581
超级市场零售	Retail of Supermarkets	61	280907
食品、饮料及烟草制品专门零售业	Special Retail of Food, Beverages and Tobaccos	49	42091
纺织、服装及日用品专门零售业	Special Retail of Textiles, Garments and Daily Consumer Articles	90	356957
#服装零售	#Retail of Garments	71	325780
文化、体育用品及器材专门零售业	Special Retail of Culture, Sports Appliances and Equipments	77	224965
#体育用品及器材零售	#Retail of Sports Appliances and Equipment	7	128315
图书、报刊零售	Retail of Books, Newspapers and Magazines	55	79450
医药及医疗器材专门零售业	Special Retail of Medicines and Medical Appliances	118	611051
#药品零售	#Retail of Medicines	111	563622
汽车、摩托车、燃料及零配件专门零售业	Special Retail of Motor Vehicles, Motorcycles, Fueland Parts	376	1720006
#汽车零售	#Retail of Motor Vehicles	258	1383114
机动车燃料零售	Retail of Fuel of Motor Vehicles	94	303073
家用电器及电子产品专门零售业	Special Retail of Household Electric Appliances and Electronic Products	128	314813
#家用视听设备零售	#Retail of Home Audio-visual Equipment	14	15236
计算机、软件及辅助设备零售	Retail of Computer, Software and Assistant Appliances	34	33478
通讯设备零售	Retail of Communication Equipments	14	30933
五金、家具及室内装修材料专门零售业	Special Retail of Hardware, Furniture and Interior Decoration Materials	38	49397
货摊、无店铺及其他零售业	Stalls, Non-shop and Other Retails	62	73784
#邮购及电视、电话零售	#Mail Order,Television and Telephone Selling	1	7545

CONTINUED

(10000 yuan)

资产合计 Total Assets	负债合计 Total Liabilities	实收资本 Paicl-up Capital	固定资产原价 Original Value of Fixed Assets	累计折旧 Total Depreciation	主营业务收入 Revenue in Major Business	主营业务成本 Cost in Major Business	主营业务税金及附加 Tax and Extra Changes in Major Business
7695861	**5794699**	**1284809**	**2389906**	**654492**	**13668334**	**12052764**	**116864**
7278332	5359568	1204319	2116314	553632	12980563	11465653	113895
436738	359921	59288	363519	21672	376282	333488	3031
46224	30187	6324	11242	3955	149954	135033	1412
28635	22843	4965	14607	4602	42132	35424	261
6702	6112	407	1619	771	44701	43622	42
3131908	2373471	513300	872924	234731	5712686	4999848	52044
28950	24938	6767	15855	3262	53663	46126	80
3102958	2348533	506533	857069	231469	5659023	4953722	51965
1629614	987244	182877	380477	165075	2552748	2261941	14507
1855651	1474220	399765	404824	116340	3991468	3558367	40308
142861	105571	37395	67102	6487	110593	97929	2291
303242	268371	54829	180145	50882	432169	370864	2495
114287	166759	25662	93448	49978	255602	216247	473
2952576	2088896	488327	1357892	372945	4559808	3954788	43174
2471347	1664447	395124	1140872	288016	3587689	3112012	36012
464889	415351	87400	213680	83518	887309	774915	6581
98009	42773	27059	21629	5472	370197	295924	17746
641247	464585	134821	246976	60089	877834	724644	11637
577545	427887	125926	193209	30930	687891	548400	10752
336670	189308	79554	98401	10531	319705	260833	2216
137223	71983	7397	2476	957	131944	101086	859
179486	108469	64868	93192	8454	138030	114619	919
714670	501978	68295	101271	30506	1474720	1290630	7753
657345	472640	59221	93610	29312	1400670	1223494	7555
2289023	1988288	357872	354283	123509	4421524	4090117	21182
1768439	1541929	293202	290026	100522	3809274	3543442	15265
475391	415769	50787	58731	21403	517763	461281	4067
449046	367846	72471	127635	28247	1139205	997724	8820
60769	58185	16350	50539	5406	78524	68201	1134
42546	23666	14151	6167	1562	168955	132723	2751
32707	23316	9115	2697	1383	161876	152100	296
99138	77615	24170	33476	4175	308992	275187	1965
115482	73409	32240	48344	19019	196348	162918	2372
8478	6005	1000	1482	996	9653	6413	82

15-10 续表2

单位：万元

项　　目	Item	其他业务利　润 Other Business Profit	营业费用 Business Expenses
总　计	**Total**	**146627**	**1305062**
批发企业	**Wholesale Trade**	**42335**	**722938**
按登记注册类型分组	**Grouped by Status of Registration**		
内资企业	Domestic Funded Enterprises	42222	719020
国有企业	State-owned Enterprises	942	138042
集体企业	Collective-owned Enterprises	689	2303
股份合作企业	Cooperative Enterprises		
联营企业	Joint Ownership Enterprises		
有限责任公司	Limited Liability Corporations	30238	293768
国有独资企业	Sole State-funded Corporations	4078	18253
其他有限责任公司	Others Limited Liability Corporations	26160	275515
股份有限公司	Share-holding Corporations Ltd.	2875	191735
私营企业	Private Enterprises	7478	92913
其他企业	Other Enterprises		259
港、澳、台商投资企业	Enterprises with Funds from Hong Kong, Macao and Taiwan	113	3918
外商投资企业	Foreign Funded Enterprises		
按国民经济行业分组	**Grouped by Sector**		
农、林、牧产品批发业	Wholesale of Agriculture, Forestry and Livestock Products	7964	103339
食品、饮料及烟草制品批发业	Wholesale of Foods, Beverages and Tobaccos	7778	136710
#米、面制品及食用油批发	#Wholesale of Rice, Flour and Edible Oil	7029	12863
烟草制品批发	Wholesale of Tobaccos	109	64198
纺织、服装及家庭用品批发业	Wholesale of Textile, Wearing Apparel and Household Articles	3450	16431
#服装批发	#Wholesale of Garments	106	5860
文化、体育用品及器材批发业	Wholesale of Culture, Sports Appliances and Equipments	89	2202
医药及医疗器材批发业	Wholesale of Medicines and Medical Appliances	5828	74856
矿产品、建材及化工产品批发业	Wholesale of Mineral Products, Building Materials and Chemical Products	8093	348421
#煤炭及制品批发	#Wholesale of Coal and Related Products	52	2132
石油及制品批发	Wholesale of Petroleum and Related Products	2940	187880
金属及金属矿批发	Wholesale of Metal Materials		10779
建材批发	Wholesale of Building Materials	222	46643
化肥批发	Wholesale of Chemical Fertilizer	3895	84685
机械设备五金交电及电子产品批发	Wholesale of Machinery, Hardware and Electronics	8628	34126
#汽车摩托车及零配件批发	#Wholesale of Automobiles, Motorcycles and Their Accessories	144	1561
五金产品批发	Wholesale of Hardware Products	272	691
计算机软件及辅助设备批发	Wholesale of Computer, Software and Assistant Appliances	38	760
贸易经纪与代理	Trade Broker and Agency	318.3	1328
其他批发业	Other Wholesale not Classified Elsewhere	186	5525

CONTINUED

(10000 yuan)

管理费用 Management Expenses	财务费用 Financial Expenses	营业利润 Business Profits	利润总额 Total Profits	应交所得税 Payable Income Tax	应付工资 Total Wage Payable	本年应交增值税 Value-added Tax Payable
914599	**428521**	**2186821**	**1244605**	**173552**	**950512**	**490339**
426185	**313501**	**1672388**	**789908**	**117680**	**527800**	**357739**
424891	313488	1673996	791503	117482	525467	356912
156571	102027	29188	254288	65696	190104	128411
1590	576	1094	1070	12	1444	288
176332	187585	1085043	135218	31543	122369	42140
15535	23965	-31017	3999	3627	10267	3116
160796	163620	1116060	131219	27916	112101	39025
36355	795	218367	57699	8668	172681	165680
53930	22479	338356	343228	11562	38660	19490
114	27	1949			210	903
899	14	-1560	-1547	198	2333	186
394	-2	-48	-48			641
68629	187965	-75319	157184	12018	45337	7920
175261	16285	611383	490483	70082	249755	111046
11147	25248	-14496	-7457	60	3382	529
125191	-20300	370318	223398	57205	136167	85993
10850	4461	-4815	387	786	5256	9376
4181	259	-1853	-2230	404	1303	6157
4025	503	267	114	18	21637	83
31288	3927	1102898	87363	3485	18702	14084
91526	85276	-54794	7716	28029	128753	204125
7570	1867	1464	834	1230	6033	6855
23077	4026	-83174	-34982	7576	103489	193145
2933	2118	527	3104	176	1050	1337
21512	10014	2992	9923	2803	9942	199
28355	64238	25325	29812	15908	5461	186
41931	9356	72055	56305	2987	56944	10747
4738	404	35969	35446	34	1245	932
880	-95	172	258	42	676	432
1603	142	7007	4621	124	991	333
691	-74	71	94	30	163	32
1986	5802			244	1255	326

15-10 续表3

单位：万元

项 目	Item	其他业务利润 Other Business Profit	营业费用 Business Expenses
零售企业	**Retail Trade**	**104291**	**582124**
按登记注册类型分组	**Grouped by Status of Registration**		
内资企业	Domestic Funded Enterprises	86661	503013
国有企业	State-owned Enterprises	2032	8393
集体企业	Collective-owned Enterprises		4290
股份合作企业	Cooperative Enterprises	817	2630
联营企业	Joint Ownership Enterprises		110
有限责任公司	Limited Liability Corporations	66994	259224
国有独资企业	Sole State-funded Corporations	111	2711
其他有限责任公司	Others Limited Liability Corporations	66883	256513
股份有限公司	Share-holding Corporations Ltd.	25280	80007
私营企业	Private Enterprises	-10183	140005
其他企业	Other Enterprises	1722	8354
港、澳、台商投资企业	Enterprises with Funds from Hong Kong, Macao and Taiwan	17578	40296
外商投资企业	Foreign Funded Enterprises	52	38815
按国民经济行业分组	**Grouped by Sector**		
综合零售业	Integrated Retail	78765	253335
#百货零售	#Retail of General Merchandise	88856	139848
超级市场零售	Retail of Supermarkets	-10396	104020
食品、饮料及烟草制品专门零售业	Special Retail of Food, Beverages and Tobaccos	211	15615
纺织、服装及日用品专门零售业	Special Retail of Textiles, Garments and Daily Consumer Articles	1354	52493
#服装零售	#Retail of Garments	1188	45312
文化、体育用品及器材专门零售业	Special Retail of Culture, Sports Appliances and Equipments	3137	32590
#体育用品及器材零售	#Retail of Sports Appliances and Equipment	65	20437
图书、报刊零售	Retail of Books, Newspapers and Magazines	3073	10714
医药及医疗器材专门零售业	Special Retail of Medicines and Medical Appliances	1218	42570
#药品零售	#Retail of Medicines	864	41070
汽车、摩托车、燃料及零配件专门零售业	Special Retail of Motor Vehicles, Motorcycles, Fueland Parts	10367	114275
#汽车零售	#Retail of Motor Vehicles	9829	89228
机动车燃料零售	Retail of Fuel of Motor Vehicles	479	23089
家用电器及电子产品专门零售业	Special Retail of Household Electric Appliances and Electronic Products	8568	56851
#家用电器零售	#Retail of Household Electric Appliances	399	3714
计算机、软件及辅助设备零售	Retail of Computer, Software and Assistant Appliances	52	2220
通讯设备零售	Retail of Communication Equipments	3765	5656
五金、家具及室内装修材料专门零售业	Special Retail of Hardware, Furniture and Interior Decoration Materials	310	6441
货摊、无店铺及其他零售业	Stalls, Non-shop and Other Retails	361	7954
#邮购及电视、电话零售	#Mail Order, Television and Telephone Selling		813

CONTINUED

（10000 yuan）

管理费用 Management Expenses	财务费用 Financial Expenses	营业利润 Business Profits	利润总额 Total Profits	应交所得税 Payable Income Tax	应付工资 Total Wage Payable	本年应交增值税 Value-added Tax Payable
488414	**115020**	**514433**	**454697**	**55873**	**422712**	**132601**
449967	108904	509072	451030	53584	389185	124659
12748	1534	17758	8004	993	69582	1510
2759	277	6673	1242	275	19410	2726
2299	186	344	503	14	1337	433
458	303	166	166	42	203	57
213610	52465	231023	196946	22455	139765	59813
959	137	-996	665	19	1313	412
212651	52328	232019	196281	22436	138451	59401
98751	4996	147045	148887	23639	71385	40147
114812	48032	106701	95023	5678	82074	18934
4530	1112	-637	259	489	5430	1040
28139	5507	4244	4149	2020	18246	4801
10309	609	1117	-482	269	15281	3141
211969	36941	230990	211601	35191	231597	39391
177249	32151	236863	214198	32413	189786	32934
31908	4696	-10192	-7246	1541	38999	5475
12996	1570	29214	22907	303	6511	1194
36082	5150	49972	39101	2121	27871	5386
30629	4452	50687	39543	1599	23919	3830
13094	1978	10849	9485	230	14460	6008
3601	1707	4265	4274	5	1590	5541
8292	-24	5105	3747	112	11864	117
63041	5057	63095	57561	11601	49889	22523
61536	4868	59236	55365	11562	48906	21941
95437	56970	51058	58406	4135	61194	30762
86917	55137	32200	42070	3260	48511	25482
6518	1406	16094	15264	742	11892	4182
38829	3727	52255	40062	1983	22849	24828
8046	1172	4034	-4148	16	4735	167
3040	528	27612	27033	145	3014	360
4949	495	1767	1558	433	1797	963
6892	1205	12246	7102	120	3400	1118
10074	2423	14753	8473	189	4941	1390
2165	-63	369	370	60	1598	423

15-11 限额以上住宿业财务指标(2015年)

单位：万元

项　　目	Item	企业数(个) Numbers of Enterprises (unit)	流动资产小计 Circulating Funds
总 计	**Total**	**227**	**259279**
按登记注册类型分组	**Grouped by Status of Registration**		
内资企业	Domestic Funded Enterprises	213	214261
国有企业	State-owned Enterprises	51	38891
集体企业	Collective-owned Enterprises	5	1984
股份合作企业	Cooperative Enterprises	1	6840
联营企业	Joint Ownership Enterprises		
有限责任公司	Limited Liability Corporations	81	117991
国有独资企业	Sole State-funded Corporations	3	1950
其他有限责任公司	Others Limited Liability Corporations	78	116041
股份有限公司	Share-holding Corporations Ltd.	12	11105
私营企业	Private Enterprises	60	37139
私营独资企业	Private-funded Enterprises	11	1130
私营合伙企业	Private Partnership Enterprises	1	
私营有限责任公司	Private Limited Liability Corporations	44	35690
私营股份有限公司	Private Share-holding Corporations Ltd.	4	319
其他企业	Other Enterprises	3	312
港、澳、台商投资企业	Enterprises with Funds from Hong Kong, Macao and Taiwan	9	21323
合资经营企业	Joint-venture Enterprises	4	4377
合作经营企业	Cooperative Enterprises		
独资经营企业	Enterprises with Sole Investment	4	9412
投资股份有限公司	Share-holding Corporations Ltd. With Investment	1	7534
其他港澳台投资企业	Other Enterprisess		
外商投资企业	Foreign Funded Enterprises	5	23694
中外合资经营企业	Joint-venture Enterprises	1	1269
中外合作经营企业	Cooperative Enterprises	1	1553
外资企业	Enterprises with Sole Foreign Investment	2	20826
外商投资股份有限公司	Share-holding Corporations Ltd. With Foreign Investment	1	47
其他外商投资企业	Other foreign investment enterprise		
按国民经济行业分组	**Grouped by Sector**		
旅游饭店	Restaurant for Tourism	160	220531
一般旅馆	Ordinary Hotels	57	33420
其他住宿服务	Others	10	5328

注：本表中数据按照批发零售住宿餐饮业财务报表填报，企业个数是指有财务活动的企业个数。
Note: Data in this table according to wholesale and retail hotels and catering provided financial statements, enterprise number refers to the number of enterprise financial activities.

FINANCIAL INDICATORS OF ENTERPRISE ABOVE DESIGNATED SIZE IN HOTELS SERVICES (2015)

(10000 yuan)

资产合计 Total Assets	负债合计 Total Liabilities	实收资本 Paicl-up Capital	固定资产原价 Original Value of Fixed Assets	累计折旧 Total Depreciation	主营业务收入 Revenue in Major Business	主营业务成本 Cost in Major Business	主营业务税金及附加 Tax and Extra Changes in Major Business
959677	**608943**	**547099**	**897125**	**343675**	**354011**	**145596**	**17496**
759183	453839	394001	632227	211005	301888	132764	14606
216754	91971	128318	231963	76099	76442	33209	3824
5420	7392	2040	7413	4578	6193	3324	217
19763	12878	4373	15690	6169	9164	3036	326
302651	198129	164466	212253	83186	97222	33843	5736
2182	1030	1865	729	542	1712	725	96
300470	197099	162601	211524	82644	95510	33118	5639
77084	55469	25174	68545	18554	26761	8659	1187
136827	87571	69461	95740	22004	85051	50165	3262
10259	1671	8382	10263	1205	8680	6725	108
56	12	35	39	17	707	376	34
123246	83258	60561	81744	19901	74646	42627	3059
3266	2629	483	3694	881	1018	437	61
685	429	170	624	415	1055	529	55
125388	118942	133480	182346	92458	24734	8660	1367
22010	59466	23063	74630	63104	9873	1890	517
86637	54641	100817	95722	24779	13192	5919	769
16741	4836	9600	11994	4575	1669	851	80
75106	36162	19618	82552	40212	27390	4171	1524
2917	2072	800	8264	6755	4160	471	273
2245	296	1440	1569	879	1543	1101	87
69897	31980	17227	72719	32579	21414	2522	1145
47	1814	152			273	77	19
837347	486086	490470	768674	274362	271840	103970	13190
100999	64256	42256	66169	17815	73128	38185	3574
21331	58601	14374	62282	51499	9043	3440	733

15-11 续表

单位：万元

项　目	Item	其他业务利润 Other Business Profit	营业费用 Business Expenses
总 计	**Total**	**3149**	**96799**
按登记注册类型分组	**Grouped by Status of Registration**		
内资企业	Domestic Funded Enterprises	3048	83065
国有企业	State-owned Enterprises	271	23736
集体企业	Collective-owned Enterprises		1107
股份合作企业	Cooperative Enterprises		2577
联营企业	Joint Ownership Enterprises		
有限责任公司	Limited Liability Corporations	2750	29195
国有独资企业	Sole State-funded Corporations		222
其他有限责任公司	Others Limited Liability Corporations	2750	28973
股份有限公司	Share-holding Corporations Ltd.	4	9217
私营企业	Private Enterprises	23	17040
私营独资企业	Private-funded Enterprises		672
私营合伙企业	Private Partnership Enterprises		
私营有限责任公司	Private Limited Liability Corporations	23	15963
私营股份有限公司	Private Share-holding Corporations Ltd.		406
其他企业	Other Enterprises		193
港、澳、台商投资企业	Enterprises with Funds from Hong Kong, Macao and Taiwan	33	5978
合资经营企业	Joint-venture Enterprises		2470
合作经营企业	Cooperative Enterprises		
独资经营企业	Enterprises with Sole Investment	33	3056
投资股份有限公司	Share-holding Corporations Ltd. With Investment		452
其他港澳台投资企业	Other Enterprisess		
外商投资企业	Foreign Funded Enterprises	68	7756
中外合资经营企业	Joint-venture Enterprises		2631
中外合作经营企业	Cooperative Enterprises		123
外资企业	Enterprises with Sole Foreign Investment		4925
外商投资股份有限公司	Share-holding Corporations Ltd. With Foreign Investment	68	77
其他外商投资企业	Other foreign investment enterprise		
按国民经济行业分组	**Grouped by Sector**		
旅游饭店	Restaurant for Tourism	1633	76644
一般旅馆	Ordinary Hotels	1516	17137
其他住宿服务	Others		3018

CONTINUED

（10000 yuan）

管理费用 Management Expenses	财务费用 Financial Expenses	营业利润 Business Profits	利润总额 Total Profits	应交所得税 Payable Income Tax	应付工资 Total Wage Payable	本年应交增值税 Value-added Tax Payable
101681	**7836**	**-4375**	**-8401**	**13660**	**67196**	**1071**
78788	5222	-6083	-5040	12357	62476	1067
23929	844	-8440	-6433	180	21499	55
1752	-14	-174	-283	37	746	
2548	270	4638	4820	1167	2622	759
30766	1871	-4253	-5161	681	24390	240
871	7	-209	-209		849	
29896	1864	-4044	-4952	681	23541	240
6319	111	1350	347	199	3974	5
13323	2118	692	1566	10093	9083	7
427	138	606	790		790	
2	6	288	288	2	54	
12224	1970	357	985	10089	7942	7
670	4	-559	-498	3	298	
152	22	105	105		161	
11819	3126	-1699	-6460		3291	11
7501	417	-2816	-2872		1433	
4092	2707	1059	-3708		1742	11
227	2	57	119		116	
11074	-512	3408	3100	1303	1429	-7
1321	31	-567	-567		317	
84	2	32	32	8	75	
9292	-545	4075	3766	1295	880	-7
378	0	-132	-132		158	
83077	7348	-1222	-5806	13283	56008	887
14558	484	-798	330	300	9572	184
4046	4	-2355	-2924	76	1616	

15-12 限额以上餐饮业财务指标(2015年)

单位：万元

项　目	Item	企业数(个) Numbers of Enterprises (unit)	流动资产小计 Circulating Funds
总 计	**Total**	**152**	**88110**
按登记注册类型分组	**Grouped by Status of Registration**		
内资企业	Domestic Funded Enterprises	128	67577
国有企业	State-owned Enterprises	12	2595
集体企业	Collective-owned Enterprises	1	10
股份合作企业	Cooperative Enterprises	1	327
联营企业	Joint Ownership Enterprises		
有限责任公司	Limited Liability Corporations	35	40442
国有独资企业	Sole State-funded Corporations		
其他有限责任公司	Others Limited Liability Corporations	35	40442
股份有限公司	Share-holding Corporations Ltd.	5	712
私营企业	Private Enterprises	70	22943
私营独资企业	Private-funded Enterprises	15	1399
私营合伙企业	Private Partnership Enterprises	1	83
私营有限责任公司	Private Limited Liability Corporations	52	20831
私营股份有限公司	Private Share-holding Corporations Ltd.	2	629
其他企业	Other Enterprises	4	548
港、澳、台商投资企业	Enterprises with Funds from Hong Kong, Macao and Taiwan	11	17231
合资经营企业	Joint-venture Enterprises	5	10249
合作经营企业	Cooperative Enterprises		
独资经营企业	Enterprises with Sole Investment	5	6417
投资股份有限公司	Share-holding Corporations Ltd. With Investment	1	566
其他港澳台投资企业	Other Enterprisess		
外商投资企业	Foreign Funded Enterprises	13	3302
中外合资经营企业	Joint-venture Enterprises	4	1341
中外合作经营企业	Cooperative Enterprises	1	111
外资企业	Enterprises with Sole Foreign Investment	8	1850
外商投资股份有限公司	Share-holding Corporations Ltd. With Foreign Investment		
其他外商投资企业	Other foreign investment enterprise		
按国民经济行业分组	**Grouped by Sector**		
正餐服务业	Dinner Service	149	79868
快餐服务业	Snack Service	2	7775
饮料及冷饮服务业	Beverage and Cold Drink Service	1	467
其他餐饮服务业	Other Food and Beverage Services		

FINANCIAL INDICATORS OF ENTERPRISE ABOVE DESIGNATED SIZE IN CATERING SERVICES (2015)

(10000 yuan)

资产合计 Total Assets	负债合计 Total Liabilities	实收资本 Paicl-up Capital	固定资产原价 Original Value of Fixed Assets	累计折旧 Total Depreciation	主营业务收入 Revenue in Major Business	主营业务成本 Cost in Major Business	主营业务税金及附加 Tax and Extra Changes in Major Business
191612	**120521**	**76241**	**111581**	**33360**	**159989**	**89098**	**9393**
158136	109975	61616	100280	26326	120547	70262	7145
18530	21256	2641	26886	7882	7964	6663	422
176	125	50	84	17	381	248	33
361	1.2	360	42	8.1	89	34	7.4
66332	46755	21591	25245	8441	39676	21937	2350
66332	46755	21591	25245	8441	39676	21937	2350
3126	2018	201	1751	260	2468	1595	263
68248	39134	36140	45312	9569	66875	38253	3767
6765	3316	2133	5741	1329	12282	8235	561
274	5.0	80	196	4.5	1262	697	63
60487	35178	33867	39077	8029	52751	29109	3102
722	635	60	299	206	580	212	40
1363	686	634	960	150	3094	1533	303
27971	8511	12669	5807	3523	29018	13255	1592
19189	5918	7628	4181	2303	16153	5849	937
8041	2174	4984	1071	722	10162	5372	611
740	419	57	555	498	2703	2035	44
5505	2035	1956	5495	3512	10424	5581	657
2879	1489	578	4271	2853	3391	1966	179
115	8.4	220	15	15	262	68	17
2512	538	1158	1209	645	6771	3547	461
174170	109316	57168	105854	32265	143172	83022	8606
16767	10851	18682	5399	974	16317	5938	759
675	353	390	329	121	500	138	28

15-12 续表

单位：万元

项　　目	Item	其他业务利　润 Other Business Profit	营业费用 Business Expenses
总 计	**Total**	**3893**	**40467**
按登记注册类型分组	**Grouped by Status of Registration**		
内资企业	Domestic Funded Enterprises	1510	27322
国有企业	State-owned Enterprises	131	229
集体企业	Collective-owned Enterprises		97
股份合作企业	Cooperative Enterprises		47
联营企业	Joint Ownership Enterprises		
有限责任公司	Limited Liability Corporations	547	9002
国有独资企业	Sole State-funded Corporations		
其他有限责任公司	Others Limited Liability Corporations	547	9002
股份有限公司	Share-holding Corporations Ltd.	123	422
私营企业	Private Enterprises	710	16664
私营独资企业	Private-funded Enterprises	79	1105
私营合伙企业	Private Partnership Enterprises		42
私营有限责任公司	Private Limited Liability Corporations	631	15264
私营股份有限公司	Private Share-holding Corporations Ltd.		253
其他企业	Other Enterprises		860
港、澳、台商投资企业	Enterprises with Funds from Hong Kong, Macao and Taiwan	2382	10848
合资经营企业	Joint-venture Enterprises		8320
合作经营企业	Cooperative Enterprises		
独资经营企业	Enterprises with Sole Investment	2382	2422
投资股份有限公司	Share-holding Corporations Ltd. With Investment		106
其他港澳台投资企业	Other Enterprisess		
外商投资企业	Foreign Funded Enterprises	0.3	2298
中外合资经营企业	Joint-venture Enterprises	0.3	463
中外合作经营企业	Cooperative Enterprises		156
外资企业	Enterprises with Sole Foreign Investment		1679
外商投资股份有限公司	Share-holding Corporations Ltd. With Foreign Investment		
其他外商投资企业	Other foreign investment enterprise		
按国民经济行业分组	**Grouped by Sector**		
正餐服务业	Dinner Service	3893	30575
快餐服务业	Snack Service		9601
饮料及冷饮服务业	Beverage and Cold Drink Service		291
其他餐饮服务业	Other Food and Beverage Services		

CONTINUED

（10000 yuan）

管理费用 Management Expenses	财务费用 Financial Expenses	营业利润 Business Profits	利润总额 Total Profits	应交所得税 Payable Income Tax	应付工资 Total Wage Payable	本年应交增值税 Value-added Tax Payable
14958	**2799**	**4436**	**191**	**1012**	**51039**	**246**
11997	2522	2450	-348	558	42057	245
1194	29	-444	-963	22	2813	3.2
1.1		2.6	2.6		47	
0.5		0.2		0.2	31	
5065	1389	534	-631	180	28871	63
5065	1389	534	-631	180	28871	63
138	1.5	49	47	30	544	
5150	1102	2359	1371	325	9206	180
909	119	1402	1256	64	1448	
32	1.6	426	426	85	146	
4168	977	501	-341	177	7508	180
41	4.0	30	30		105	
449	0.5	-50	-174		546	
2408	256	670	300	175	7788	
1067	227	-238	-222	13	2436	
1238	25	497	-78	163	5208	
103	3.8	412			145	
554	22	1317	839	279	1194	0.6
239	4.8	539	261	23	269	
7.9		13	14	11	22	
307	17	765	565	245	903	0.6
14118	2199	5815	1574	1012	48308	149
743	601	-1325	-1346		2501	97
98	-1.1	-54	-38		231	

15-13 限额以上批发和零售连锁经营情况(2015年)

CONDITIONS OF CHAIN WHOLESALE AND RETAIL ENTERPRISES ABOVE DESIGNATED SIZE(2015)

指　标	Item	合 计 Totul	直营店 Manufacturer Outlet Store	加盟店 Leagued Store
门店总数(个)	Number of Stores(unit)	1895	1451	444
年末从业人员数(人)	Employed Persons at Year_end(person)	21350	20054	1296
年末零售营业面积(平方米)	Operating Area of Retail Enterprises at Year_end(sq.m)	932876	910146	22730
连锁门店商品购进额(万元)	Total Purchases Value(10000yuan)	2207685	2160591	47094
#统一配送商品购进额	#Centralized Purchase and Delivery	1813135	1812262	873
连锁门店商品销售额(万元)	Total Sales of Commodities(10000yuan)	2387165	2317460	69704
#零售额	#Retail Sales	1868727	1804761	63966

15-14 限额以上住宿和餐饮业连锁经营情况(2015年)

CONDITIONS OF CHAIN HOTELS AND CATERING ENTERPRISES ABOVE DESIGNATED SIZE(2015)

指　标	Item	合 计 Totul	直营店 Manufacturer Outlet Store	加盟店 Leagued Store
门店总数(个)	Number of Stores(unit)	98	94	4
年末从业人员数(人)	Employed Persons at Year_end(person)	2692	2586	106
年末餐饮营业面积(平方米)	Operating Area of Catering Enterprises at Year_end(sq.m)	33841	33644	197
客房数(间)	Number of Room(room)	2439	2045	394
床位数(个)	Number of Beds(bed)	3216	2696	520
餐位数(位)	Number of Dining-seats(unit)	11755	11661	94
连锁门店商品购进(采购)额(万元)	Total Purchases Value(10000 yuan)	18327	18308	19
#统一配送商品购进(采购)额	#Ceubralized Purchase and Delivery	17593	17574	19
连锁门店营业额(万元)	Business Revenue(10000 yuan)	47991	46566	1425
#餐费收入	#From Meals	36413	36346	68
商品销售额	Sales	1050	1050	

15-15 亿元以上商品交易市场基本情况(2015年)

BASIC STATISTICS ON COMMODITY EXCHANGE MARKETS OF TRANSACTION VALUE OVER 100 MILLION YUAN(2015)

类别	Type	摊位数量(个) Numberof Booths (Unit)	总成交额(亿元) Total Turnover (100 million yuan)
总计	**Total**	**53362**	**1064.20**
粮油、食品类	Grain, Edible Oil, Food	13550	576.62
#粮油类	#Grain, Edible Oil	1438	67.34
肉禽蛋类	Meat, Poultry and Eggs	2332	54.88
水产品类	Aquatic Products	2224	94.47
蔬菜类	Vegetables	4782	210.03
干鲜果品类	Dried and Fresh Melons and Fruits	2578	129.49
饮料类	Beverages	452	38.15
烟酒类	Tobacco and Liquor	645	61.29
服装、鞋帽、针纺织品类	Garments, Footwears, Hats, Kintwear and Textiles	23027	121.94
服装类	Clothing	11659	79.53
鞋帽类	Shoes and Hats	3623	15.60
针纺织品类	Knitwear and Textiles	7745	26.81
化妆品类	Cosmetics	571	2.01
金银珠宝类	Gold, Silver and Fewelry	348	2.39
日用品类	Articles for Daily Use	1154	6.75
#儿童玩具类	#Childern toys	191	0.78
五金、电料类	Hardware and Electrical Materials	417	2.18
体育、娱乐用品类	Sports & Recreation Articles	73	0.78
#照相器材类	#Photography Equipment	1	0.0048
书报杂志类	Newspapers and Magazines	16	0.09
电子出版物及音像制品类	E-journals and Video Products	61	0.23
家用电器和音像器材类	Household Appliances and Video Appliances	182	11.68
中西药品类	Traditional Chinese and Western Medicines	27	1.23
#西药类	#Western Medicines	11	0.66
中草药及中成药类	Traditional Chinese l Medicines	15	0.55
文化办公用品类	Cultural and Official Appliances	2352	33.41
#计算机及其配套产品	#Computers and Related Products	2210	31.81
家具类	Furniture	790	13.25
通讯器材类	Communication Appliances	64	1.91
煤炭及制品类	Coal and Related Products		
木材及制品类	Wood and Wooden Products	81	0.95
石油及制品类	Petroleum and Related Products		
化工材料及制品类	Chemical Materials and Related Products	59	3.84
#化肥类	#Fertilizers	59	3.84
金属材料类	Metals Materials	745	109.80
建筑及装潢材料类	Building and Decoration Materials	4998	40.13
机电产品及设备类	Mechanical & Electrical Products		
#农机类	#Agricultural Machineries		
汽车类	Automobiles	1330	3.06
种子饲料类	Seeds and Feedstuff	85	4.01
棉麻类	Cotton and Hemp	7	0.03
其他类	Others		

15-16 旅游发展情况

DEVELOPMENT OF TOURISM

指 标	Item	2011	2012	2013	2014	2015
国际旅游人数总计(人次)	International Tourists(person-times)	2065195	2076165	1528554	1417227	834716
外国人	Foreigners	1978434	1947335	1450170	1322891	786811
港、澳、台合计	Tourists form Hong Kong, Macao and Taiwan	86761	128830	78384	94336	47905
香港同胞	Chinese Compatriots From Hong Kong	33110	44747	18730	22413	7353
澳门同胞	Chinese Compatriots FromMacao	7831	5428	2760	4575	316
台湾同胞	Chinese Compatriots FromTaiwan Province	45820	78655	56894	67348	40236
国际旅游外汇收入总额(万美元)	Foreign Exchange Earnings from International Tourism (USD 10000)	91762	83548	60436	56356	39533
国内旅游人数(万人次)	Number of Domestic Visitors (10000 person-times)	20237	25174	29004	10531	12926
国内旅游收入(亿元)	Earnings from Domestic Tourism (100 million yuan)	1032	1248	1348	1031	1337

注：2014年开始国内旅游人数及收入按照“住宿+景点”口径统计，与以前年份不可比。
Number of domestic tourism and Earnings from Domestic Tourism in accordance with the "accommodation +spots" caliber statistics.

15-17 按国别分外国入境游客

NUMBER OF OVERSEA VISITOR ARRIVALS BY COUNTRY/REGION

单位：人次 (person-times)

国 家	Countries	2008	2009	2010	2011	2012	2013	2014	2015
总 计	**Total**	**1933370**	**1350307**	**1648303**	**1978434**	**1947335**	**1450170**	**1322891**	**786811**
#日 本	#Japan	49208	45731	59237	116956	47969	23879	21536	23314
菲律宾	Philippines	1057	2051	1384	7904	1475	2877	983	257
新加坡	Singapore	8881	10544	9027	3261	9516	12880	7839	2139
泰 国	Thailand	3983	4351	5932	11387	2052	2625	2594	777
印度尼西亚	Indonesia	1596	2229	1424	161	1272	1581	1590	1237
马来西亚	Malaysia	5447	4448	3643	2511	5987	3739	4871	2380
韩 国	Republic of Korea	76944	117248	146172	210803	194201	185742	178980	122871
蒙 古	Mongolia	445	818	625	15857	657	550	304	148
印 度	India	1252	1784	1701	4558	2517	1787	1593	549
美 国	United States	16350	23200	22900	38673	43369	33010	33083	5498
加拿大	Canada	4936	4735	4958	10263	9638	16713	10209	1400
英 国	United Kingdom	4306	4436	4538	5966	9178	8780	7896	1211
法 国	France	12212	19792	20461	17477	13639	14076	12291	1103
德 国	Germany	6820	5852	5729	8035	6719	5987	5116	1577
意大利	Italy	1764	2180	2304	4832	8973	10347	9354	838
瑞 士	Switzerland	597	637	522	758	1315	812	787	300
瑞 典	Sweden	751	601	797	2080	549	246	502	211
荷 兰	Netherlands	125	144	2	150	81	10	19	311
俄罗斯	Russia	1713821	1070994	1317308	1463368	1527864	972879	919053	609696
西班牙	Spain	944	2929	2261	12072	6321	12884	11288	470
澳大利亚	Australia	4034	5440	5525	7568	8524	9039	8637	1682
新西兰	New Zealand	739	780	632	1295	1525	1008	1031	310

主要统计指标解释

批发业 指向其他批发或零售单位（含个体经营者）及其他企事业单位、机关团体等批量销售生活用品、生产资料的活动，以及从事进出口贸易和贸易经纪与代理的活动，包括拥有货物所有权，并以本单位(公司)的名义进行交易活动,也包括不拥有货物的所有权，收取佣金的商品代理、商品代售活动；还包括各类商品批发市场中固定摊位的批发活动，以及以销售为目的的收购活动。

零售业 指百货商店、超级市场、专门零售商店、品牌专卖店、售货摊等主要面向最终消费者（如居民等）的销售活动，以互联网、邮政、电话、售货机等方式的销售活动，还包括在同一地点，后面加工生产，前面销售的店铺（如面包房）；谷物、种子、饲料、牲畜、矿产品、生产用原料、化工原料、农用化工产品、机械设备（乘用车、计算机及通信设备除外）等生产资料的销售不作为零售活动；多数零售商对其销售的货物拥有所有权，但有些则是充当委托人的代理人，进行委托销售或以收取佣金的方式进行销售。

批发和零售业商品购进、销售、库存额 指各种登记注册类型的批发和零售业企业(单位)以本企业(单位)为总体的，从国内、国外市场购进的商品总量，销售和出口的商品总量，库存的商品总量等情况。该指标可以反映商品流转过程中商品的购进、销售、库存之间的比例关系和存在的问题。

商品购进额 指从本企业以外的单位和个人购进（包括从国外直接进口）作为转卖或加工后转卖的商品金额（含增值税）。商品购进包括：（1）从工农业生产者、批发和零售业企业、住宿和餐饮业企业、出版社或报社的出版发行部门和其他服务业企业购进的商品；（2）从机关团体、事业单位购进的商品；（3）从海关、市场管理部门购进的缉私和没收的商品；（4）从居民收购的废旧商品等。不包括：（1）企业为本单位自身经营用，不是作为转卖而购进的商品，如材料物资、包装物、低值易耗品、办公用品等；（2）未通过买卖行为而收入的商品，如接受其他部门移交的商品、借入的商品、收入代其他单位保管的商品、其他单位赠送的样品、加工回收的成品等；（3）经本单位介绍，由买卖双方直接结算，本单位只收取手续费的业务；（4）销售退回和买方拒付货款的商品；（5）商品溢余。

商品销售额 指对本单位以外的单位和个人出售的商品金额（包括售给本单位消费用的商品，含增值税）。商品销售包括（1）售给城乡居民和社会集团消费用的商品；（2）售给农业、工业、建筑业、服务业等国民经济各行业用于生产、经营用的商品，包括售予批发和零售业作为转卖或加工后转卖的商品；（3）对国（境）外直接出口的商品。不包括：（1）未通过买卖行为付出的商品，如随机构变动移交给其他企业单位的商品、借出的商品、归还受其他单位委托代保管的商品、付出的加工原料和赠送给其他单位的样品等；（2）经本单位介绍，由买卖双方直接结算，本单位只收取手续费的业务；（3）购货退回的商品；（4）商品损耗和损失；（5）出售本单位自用的废旧物资。

商品库存额 对于批发和零售业法人单位和个体经营户，是指报告期末取得所有权的全部商品金额（含增值税）；对于批发和零售业产业活动单位，是指报告期末实际在库且归属法人具有所有权的全部商品金额（含增值税）。库存商品包括：(1)存放在本单位(如门市部、批发站、采购站、经营处)的仓库、货场、货柜和货架中的商品；(2)挑选、整理、包装中的商品；(3)已记入购进而尚未运到本单位的商品，即发货单或银行承兑凭证已到而货未到的商品；(4)寄放他处的商品，如因购货方拒绝付款而暂时存在购货方的商品；(5)委托其他单位代销(未作销售或调出)尚未售出的商品；(6)代其他单位购进尚未交付的商品。不包括：所有权不属于本单位的商品；委托外单位加工的商品；外贸企业代理其他单位从国外进口，尚未付给订货单位的商品；代国家储备部门保管的商品。

连锁总店（总部） 指负责连锁企业资源（商号、商誉、经营模式、服务标准、管理模式等等）的开发、配置、控制或使用等功能的企业核心管理机构。连锁经营是指经营同类商品或服务，使用统一商号的若干店铺，在同一总店（总部）的管理下，采取统一采购或特许经营等方式，实现规模效益的组织形式，包括直营连锁、特许连锁和自愿连锁三种形式。

其中，直营连锁是指连锁店铺由连锁公司全资或控股开设，在总部的直接控制下，开展统一经营的连锁经营形式；特许连锁是指拥有注册商标、企业标志、专利、专有技术等经营资源的企业（特许人），以合同形式将其拥有的经营资源许可其他经营者（被特许人）使用，被特许人按合同约定在统一的经营模式下开展经营，并向特许人支付特许经营费用的连锁经营形式；自愿连锁是指若干个店铺或企业自愿组合起来，在不改变各自资产所有权关系的情况下，以同一个品牌形象面对消费者，以共同进货为纽带开展的连锁经营形式。

亿元以上商品交易市场 指年成交额在亿元及以上的商品交易市场。商品交易市场是指经有关部门和组织批准设立，有固定场所、设施，有经营管理部门和监管人员，若干市场经营者入内，常年或实际开业三个月以上，集中、公开、独立地进行生活消费品、生产资料等现货商品交易以及提供相关服务的交易场所，包括各类消费品市场、生产资料市场等。

社会消费品零售总额 指企业（单位、个体户）通过交易直接售给个人、社会集团非生产、非经营用的实物商品金额，以及提供餐饮服务所取得的收入金额。个人包括城乡居民和入境人员，社会集团包括机关、社会团体、部队、学校、企事业单位、居委会或村委会等。

住宿业 指为旅行者提供短期留宿场所的活动，有些单位只提供住宿，也有些单位提供住宿、饮食、商务、娱乐一体的服务，不包括主要按月或按年长期出租房屋住所的活动。

餐饮业 指通过即时制作加工、商业销售和服务性劳动等，向消费者提供食品和消费场所及设施的服务。

营业额 指住宿和餐饮业单位在经营活动中因提供服务或销售商品等取得的收入。包括：客房收入、餐费收入、商品销售额（含增值税）和其他收入。其中，客房收入指住宿和餐饮业单位在经营活动中因提供住宿服务取得的收入。餐费收入指本单位为顾客提供就餐服务取得的收入，包括：经烹饪、调制加工后出售的各种食品，如主食、炒菜、凉拌菜等的收入。

入境游客 指报告期内来中国（大陆）观光、度假、探亲访友、就医疗养、购物、参加会议或从事经济、文化、体育、宗教活动的外国人、港澳台同胞等游客（即入境旅游人数）。统计时，入境游客按每入境一次统计1人次。入境旅游人数包括入境过夜游客和入境一日游游客。

出境人数（出境游客） 指中国（大陆）居民因公或因私出境前往其他国家、中国香港特别行政区、澳门特别行政区和台湾省观光、度假、探亲访友、就医疗养、购物、参加会议或从事经济、文化、体育、宗教活动的人数（即出境游客）。统计时，出境游客按每出境一次统计1人次。

国内游客 指报告期内在中国（大陆）观光游览、度假、探亲访友、就医疗养、购物、参加会议或从事经济、文化、体育、宗教活动的中国（大陆）居民人数，其出游的目的不是通过所从事的活动谋取报酬。统计时，国内游客按每出游一次统计1人次。

国际旅游(外汇)收入 指入境游客在中国（大陆）境内旅行、游览过程中用于交通、参观游览、住宿、餐饮、购物、娱乐等全部花费。

国内旅游收入(旅游总花费) 指国内游客在国内旅行、游览过程中用于交通、参观游览、住宿、餐饮、购物、娱乐等全部花费。

星级饭店 指设备、设施、服务符合《旅游饭店星级的划分与评定》（GB/T14308-2003），通过相关旅游管理部门评定，并取得星级饭店称号的饭店（含预备星级饭店）。

Explanatory Notes on Main Statistical Indicators

Wholesale Trade refers to the activities of selling wholesale commodities for daily use and capital goods to enterprises of wholesale and retail trades (including self-employed individuals) and other enterprises, institutions and government organs and organizations, and the activities of engaging in import and export and acting as a trade agent. The wholesaler may have the ownership of the commodities for wholesale and trade in the name of its own (a company), and the wholesaler can act as commission agent or commodity broker without the ownership of commodities. Also included are the wholesale activities at the fixed stalls in wholesale market and the acquisition for sales purpose.

Retail Trade refers to the activities of department store, supermarket, franchised store, brand store, retail stall and on-the-spot-making-selling store selling commodities to the final consumers (residents) by any means including internet, post, telephone, sales machine. It also includes shops with sales and production localted in the same places (such as bakeries). Retail trade excludes the activities of sales of capital goods such as grain, seed, feed, livestock, mineral products, raw material for production, industrial chemicals, chemical products for agricultural use, machine and equipment (excluding vehicles, computers and communication equipment). Most retailers have the ownership of commodities to sell, but some are acting as agents or brokers to make transactions for a commission.

Purchase, Sales and Stock of Commodities by Wholesale and Retail Trades refer to the total volume of commodities purchased, total volume of sales and exports, and the stock of commodities by wholesale and retail enterprises (establishments) of different status of registration from domestic and overseas markets. This indicator reflects the relationship among purchase, sales and stock of commodities in the circulation of goods and reveals the existing problems.

Total Purchases of Commodities refer to the total value of purchases of commodities by enterprises (establishments) from other establishments or individuals (including direct import from abroad) for the purpose of re-selling, either with or without further processing of the commodities purchased. The commodities include: (1) commodities purchased from agricultural and industrial producer, wholesaler, retailer, publishing house and other service business; (2) commodities purchased from institutions and government departments; (3) confiscated goods purchased from the customs authorities or market management agencies; (4) second-hand goods and wastes purchased from residents; The commodities exclude (1) commodities purchased by enterprises (establishments) for use in their own business operation, commodities obtained without buying or selling procedures such as materials, consumable goods of low value, office appliance, etc. (2) received goods without trading, such as goods handed over from others, borrowed goods, preserved goods for others, donated goods from others, processed and retrieved goods, etc. (3) goods of direct settlement between buyer and seller with handling fees introduced by others, (4) goods returned or refused to pay by the buyer, (5) excessive goods.

Total Sales of Commodities refer to value of commodities sold by the establishments to other establishments and individuals (including goods sold for self consumption, including the value-added tax).

The commodities include: (1) commodities sold to urban and rural residents and social groups for their consumption; (2) commodities sold to establishments in all industries for their production and operation, including agriculture, industry, construction, and catering services including commodities sold to wholesale and retail establishments for re-selling, with or without further processing; and (3) commodities for direct export to abroad. Excluded are (1) extended commodities without trading, such as goods handed over to other enterprises and institutions because of the change of organizations, lent goods, returned goods preserved for others, extended processing materials and samples donated to others, (2) goods of direct settlement between buyer and seller with handling fees introduced by others, (3) goods returned after purchase, (4) damaged and spoiled goods, (5) waste and used goods of self use,

Total Stock of Commodities For the legal entities and self-employed individuals engaged in wholesale and retail trade, it refers to total value (including VAT) of commodities possessed at the end of the reference period; and for wholesale and retail establishments, it refers to the value (including VAT) of all commodities actually in stock and owned by their legal persons at the end of reference period. The commodities in stock includes: (1) commodities located in storage, garages, counters, and shelves of operating places of wholesale and retail trades (such as sale stores, wholesale centres, procurement stations and operating offices); (2) commodities in the process of being selected, sorted, and packed; (3) commodities not arrived but recorded as purchase in the account, i.e. commodities not arrived but payment receipts for the commodities from the sellers or the banks arrived; (4) commodities deposited in other places rather than places mentioned above, for instance: commodities in the hold of purchasers temporarily due to the refusal of payment; (5) commodities entrusted to other units to sell but not sold yet; (6) commodities purchased for other units but not delivered yet. Commodities not included as stock are those not owned by the enterprises (units), commodities on commission for processing, imported commodities of agency of foreign trade enterprise but not yet delivered to ordering units and finally those put in stock on behalf of the state reserves units.

Chain Head Stores (headquarter) refer to the core leading stores responsible for development, allocation, administration and utilization of resources (name of stores, brand of stores, operation model, service standard, management way, etc.) of chain stores. Chain stores refers to the stores engaged in providing homogeneous commodities or services, with the central leadership of head store (headquarters) and guided by common policies, conduct centralized purchase and distributed selling of commodities, in order to gain better efficiency through standardized operation. The chain stores include regular chain stores, franchise chain stores and voluntary chain stores.

Regular Chain store refers to chain stores that are invested or controlled by the headquarters. They operate under direct and unified management from the headquarters.

Franchise chain store refers to the chain stores (franchisees) which are franchised with operation resources such as trade marks, names, patent and operation know-how by the franchisors in form of contract and pay the operation fees to the franchisors.

Voluntary chain store refers to the stores operate jointly on the voluntary bases while maintaining their status of independent legal entities with full ownership of their assets. They sell goods of same brand from same channel of resource to the consumers.

Large Commodity Markets with Transaction Value over 100 Million Yuan refers to the commodity markets with an annual transaction at and above 100 million. The commodity market refers to the markets approved and managed by related departments, where there are fixed sites, facilities, managers and administration offices, where there are a certain number of traders to operate for three month and above or all the year, where the commodities including the articles for daily consumption and capital goods and services are traded in a centralized, independent and open way. Such market includes markets of daily goods and market of capital goods, etc.

Total Retail Sales of Consumer Goods refer to the amount obtained by enterprises (units, self-employed individuals) through direct sales of non-production and non-business physical commodity to individuals, social institutions, and revenue from providing catering services. Individuals include rural and urban households, population from abroad, social institutions include government agencies, social organizations, military units, schools, institutions, neighbourhood (village) committees.

Hotel Services refer to the accommodation services provided to visitors. Some units may provide only accommodation while others provide a combination of accommodation, meals, business services and/or recreational facilities. It excludes activities related to the provision of long-term primary residences in facilities such as apartments typically leased on a monthly or annual basis.

Catering Services refer to the activities of providing foods, serving locations and facilities to customers through instant processing, commercial sales and service-type labor.

Business Revenue refers to revenue of hotels and catering services received from providing services or selling commodities through business activities, including income from hotels, from catering services, from selling of commodities (including VAT) and from other services. Income from hotels refers to income of hotels and catering services by providing lodging services through business activities. Income from catering services refers to income from providing catering services, including selling of cooked or prepared foods, such as staple food, cooked dishes, or cold dishes.

Overseas Visitor Arrivals refer to the number of tourists of foreigners, Chinese compatriots from Hong Kong, Macao and Taiwan who come to China (mainland) within the reference period for sight-seeing, vacation, visiting relatives, medical treatment, shopping, attending conference, or to engage in economic, cultural, sports and religious activities (namely the number of overseas visitor arrivals). In compiling statistics, each arrival is counted as one person-time. The number of overseas visitor arrivals includes inbound overnight tourists and one-day tourists.

Number of Chinese Residents Going Abroad (Chinese Outbound Visitors) refers to the number of Chinese (mainland) residents going to other countries, Hong Kong Special Administrative region, Macao Special Administrative region and Taiwan for on official or private purposes, for sight-seeing, vacation, visiting relatives, medical treatment, shopping, attending conference, or to engage in economic, cultural, sports and religious activities (namely the Chinese outbound visitors). In compiling statistics, each time of leaving is counted as one person-time.

Number of Domestic Tourists refers to the number of Chinese (mainland) residents who travel within China (mainland) for sight-seeing, vacation, visiting relatives, medical treatment, shopping, attending conference, or to engage in economic, cultural, sports and religious activities. In compiling statistics, each time of travelling is counted as one person-time.

Foreign Exchange Earnings from International Tourism refer to the total expenditure of foreigners, overseas Chinese, Chinese compatriots from Hong Kong, Macao and Taiwan during their stay in the mainland of China on transportation, sighting, accommodation, food, shopping and entertainment.

Income from Domestic Tourism refer to expenditure of domestic tourists on transportation, sighting, accommodation, food, shopping and entertainment while they travel.

Star-rated Hotels refer to hotels rated with stars as assessed by the relevant tourism authorities according to GB/T14308-2003 standard with reference to their infrastructure, facilities and service levels.

第十六篇 运输邮电软件业

CHAPTER 16 TRANSPORT, POSTS AND SOFTWARE INPUSTRY

资料整理：韩　姝

16-1 交通运输业基本情况

BASIC CONDITIONS OF TRANSPORT

类　别	Category	2011	2012	2013	2014	2015
运输线路长度(公里)	**Length of Transport Routes (km)**					
铁路营业里程	Railways in Operation	5832	6022	5906	5906	6120
#地方铁路	#Local Railways	751	751	748	748	748
铁路正线延展里程	Extension Length of the Trunk Lines	7652	7881	7873	7882	8510
公路线路里程	Length of Highways	155592	159063	160206	162464	163233
内河通航里程	Length of Navigable Inland Waterways	5495	5495	5495	5495	5495
定期航班航线里程	Length of Civil Aviation Routes	236674	267537	319043	398576	378183
管道输油(气)里程	Petroleum and Gas Pipelines	7313	7675	8413	8467	9633
客运量(万人)	**Total Passenger Traffic (10000 persons)**	**51262**	**53353**	**46761**	**48258**	**44480**
铁　路	Railways	10604	10380	10056	10041	9794
公　路	Highways	39424	41551	35102	36379	32632
水　运	Waterways	312	329	357	366	372
民　航	Civil Aviation	923	1093	1246	1472	1682
旅客周转量(亿人公里)	**Total Passenger-Kilometers (100 million passenger-km)**	**678.3**	**733.9**	**679.2**	**736.5**	**762.5**
铁　路	Railways	259.7	254.7	250.2	254.1	251.1
公　路	Highways	273.9	296.8	216.1	231.2	229.6
水　运	Waterways	0.4	0.4	0.4	0.4	0.4
民　航	Civil Aviation	144.3	182.0	212.5	250.7	281.4
货运量(万吨)	**Total Freight Traffic (10000 tons)**	**66449**	**68450**	**64317**	**65195**	**59591**
铁　路	Railways	17378	16170	14101	11442	8866
公　路	Highways	44420	47465	45288	47173	44200
水　运	Waterways	1118	1175	1245	1262	1245
民　航	Civil Aviation	8.2	9.2	9.9	11.3	12.0
管　道	Petroleum and Gas Pipelines	3525	3631	3673	5306	5268
货物周转量(亿吨公里)	**Total Freight Ton-kilometers (100 million ton-km)**	**1984.7**	**2020.8**	**2098.4**	**1979.5**	**1725.4**
铁　路	Railways	1092.3	1041.1	928.3	775.4	593.6
公　路	Highways	843.5	929.0	972.9	1008.5	929.3
水　运	Waterways	7.4	7.6	7.9	7.9	8.1
民　航	Civil Aviation	1.6	1.8	2.0	2.2	2.2
管　道	Petroleum and Gas Pipelines	40.0	41.3	41.6	185.4	192.1
民用汽车拥有量(万辆)	**Number of Civil Motor Vehicles (10000 units)**	**242.3**	**269.3**	**296.4**	**327.1**	**354.7**
#载客汽车	#Number of Buses and Cars	173.4	201.4	228.9	258.3	288.7
载货汽车	Number of Trucks	55.3	55.9	58.1	61.8	60.3
#普通载货汽车	#Ordinary Trucks	31.4	31.4	32.6	33.9	33.3
#私人汽车	#Number of Private-owned Motor Vehicles	182.7	210.2	237.2	269.0	301.7
民用运输船舶拥有量(艘)	**Number of Civil Transport Vessels (unit)**	**1592**	**1592**	**1590**	**1585**	1569
机动船	Motor Vessels	1233	1238	1239	1234	1219
驳　船	Barges	359	354	351	351	350
私人运输船舶拥有量(艘)	**Number of Private-owned Transport Vessels (unit)**	**1023**	**1026**	**1020**	**1016**	1015
机动船	Motor Vessels	861	864	859	855	855
驳　船	Barges	162	162	161	161	160

注：根据交通部2013年专项调查，对2013年公路、水路客（货）运量进行了修订(下同)。
Note:According to Ministry of Transportation special investigation in 2013, ,the 2013 highway and waterway passenger (cargo) traffic has been revised (the same below).

16-2 运输线路长度

LENGTH OF TRANSPORTATION ROUTES

单位：公里 (km)

年 份 Year	铁 路 营业里程 Length of Railways in Operation	#地方铁路 Local Railways	铁路正线 延展里程 Extension Length of the Trunk Lines	公路线路 里 程 Length of Highways	内河通航 里 程 Length of Navigable Inland Waterways	定期航班 航线里程 Length of Civil Aviation Routes	管道输油 (气)里程 Petroleum and Gas Pipelines
1952	3669		4099	8919	3871		
1957	3740		4153	16892	4095		
1965	3750		4644	26256	5912		20.9
1975	4595		5506	40117	6810		148.2
1978	4594		5538	44797	6595	1261	182.2
1979	4796		5693	42191	5137	1261	182.2
1980	4796		5707	44590	5137	1261	240.2
1981	4819		5771	44749	4776	1261	240.2
1982	4818		5701	44965	4776	6693	240.2
1983	4861		5825	45295	4776	6693	240.2
1984	4917		6026	45396	4776	6705	240.2
1985	4681		6096	45487	4776	6705	302.2
1986	4956		6096	45659	4776	6705	302.2
1987	5020		6096	46090	4776	6705	302.2
1988	5121		6506	46617	4696	14274	302.2
1989	5124	187	6363	47045	4696	14274	302.2
1990	5316	428	6363	47203	4696	14274	422.5
1991	5316	428	6396	47188	4696	14274	474.2
1992	5307	428	6419	47882	4696	14274	737.4
1993	5262	428	6398	48023	4696	14274	746.6
1994	5262	428	6447	48356	5057	14274	746.6
1995	5262	428	6474	48819	5057	14274	749.4
1996	5295	428	6481	48986	5057	72000	749.4
1997	5336	428	6974	49631	5057	69000	802.4
1998	5336	428	7046	49766	5057	90000	802.4
1999	5464	490	7047	49928	5057	114000	985.4
2000	5465	491	7130	50284	5057	112000	985.4
2001	5464	490	7125	62979	5057	123416	985.4
2002	5464	490	7123	63046	5057	117406	985.4
2003	5373	490	7088	65123	5528	108716	985.4
2004	5432	650	7095	66821	5528	127486	985.4
2005	5499	718	7260	67077	5528	116624	985.4
2006	5503	723	7250	139335	5528	138845	985.4
2007	5563	723	7340	140909	5528	208119	985.4
2008	5563	723	7422	150846	5528	159587	985.4
2009	5644	724	7501	151470	5528	182243	6143.1
2010	5673	752	7535	151945	5495	203249	6938.0
2011	5832	751	7652	155592	5495	236674	7313.2
2012	6022	751	7881	159063	5495	267537	7674.6
2013	5906	748	7873	160206	5495	319043	8413.0
2014	5906	748	7055	162464	5495	398576	8467.1
2015	6120	748	8510	163233	5495	378183	9632.7

注：2009年起，输油（气）管道里程包括液化气、天然气、人工煤气和输油管道里程。
Note:Since 2009, Length of Petroleum and Gas Pipelines included length of liquefied gas, natural gas, artificial gas and oil pipeline mileage.

16-3 公路里程

LENGTH OF HIGHWAYS

单位：公里 (km)

年 份 Year	总 计 Total	等级公路 Expressway and Class I to IV Highway	高 速 Expressway	一 级 First Class	二 级 Second Class	三 级 Third Class	四 级 Fourth Class	等外公路 Highway Below Class IV
1979	42191	39966		14	490	8027	31435	2225
1980	44590	42567		18	597	8494	33458	2023
1981	44749	42762		18	623	8606	33515	1987
1982	44965	42989		18	623	8746	33602	1976
1983	45295	43361		18	652	9384	33307	1934
1984	45396	43558		18	697	9859	32984	1838
1985	45487	43649		18	716	9776	33139	1838
1986	45659	43821		32	758	9964	33067	1838
1987	46090	44343		162	780	10361	33040	1747
1988	46617	44715		160	573	12485	31497	1902
1989	47045	45186		189	806	13276	30915	1859
1990	47203	45495		191	891	14158	30255	1708
1991	47188	45568		192	939	14880	29557	1620
1992	47880	46264		213	1124	15662	29265	1616
1993	48023	46527		213	1302	16953	28059	1496
1994	48356	46919		214	1466	17979	27260	1437
1995	48819	47626	36	230	1977	18574	26809	1193
1996	48986	47787	36	271	2503	18547	26430	1199
1997	49631	48956	147	345	3135	22811	22518	675
1998	49766	49098	176	356	3616	22572	22378	668
1999	49928	49263	176	356	4113	22630	21988	665
2000	50284	49623	285	387	4643	22757	21551	661
2001	62979	57762	414	548	5638	33320	17842	5217
2002	63046	57882	413	707	5821	33132	17809	5164
2003	65123	59599	413	925	6623	33083	18555	5524
2004	66821	61303	722	1040	7034	33169	19339	5518
2005	67077	61691	958	1118	7140	32806	19669	5386
2006	139335	83546	958	1325	7279	33611	40373	55789
2007	140909	93850	1044	1453	7443	33027	50883	47059
2008	150846	104102	1044	1534	7743	32621	61160	46744
2009	151470	114511	1219	1576	8599	32186	70931	36960
2010	151945	118918	1358	1451	9063	32128	74918	33028
2011	155592	124132	3708	1289	8849	32298	77989	31460
2012	159063	129260	4084	1521	9623	32182	81850	29803
2013	160206	131778	4084	1593	9853	33108	83140	28429
2014	162464	135033	4084	1771	10598	34030	84550	27431
2015	163233	136325	4346	1930	11308	33833	84908	26908

注：2006年全省农村公路普查核实后，公路线路里程统计口径调整，增加了“农村公路里程”（下同）。
Note:After the general survey of countryside road in April 2006,the item of length of highways add" length of countryside road".(the same as following tabales)

16-4 分地区运输线路长度(2015年底)

LENGTH OF TRANSPORT ROUTES AT YEAR-END BY REGION (2015)

单位：公里　　(km)

地　区	Region	公路里程 Total Length of Highways	等级公路 Expressway and Class I to IV Highways	#高速 Express way	#一级 First Class	#二级 Second Class	等外公路 Highways Below Class IV
全　省	**Total**	**163232.8**	**136325.2**	**4346.3**	**1929.8**	**11307.9**	**26907.6**
哈尔滨	Harbin	25010.0	22391.2	879.1	356.5	1221.5	2618.8
齐齐哈尔	Qiqihar	22931.3	20018.4	450.7	146.1	1264.8	2912.9
鸡　西	Jixi	9312.4	7565.1	343.3	105.5	560.0	1747.3
鹤　岗	Hegang	5973.8	4238.3	10.6	117.2	328.2	1735.4
双鸭山	Shuangyashan	9047.7	6046.0	162.1	42.9	883.8	3001.7
大　庆	Daqing	8741.9	6946.6	265.2	278.9	616.6	1795.3
伊　春	Yichun	6995.7	6688.0	132.4	65.9	993.4	307.6
佳木斯	Jiamusi	13485.4	8981.3	388.9	101.0	888.3	4504.1
七台河	Qitaihe	2562.1	2079.9	115.9	57.1	172.4	482.3
牡丹江	Mudanjiang	12255.3	11383.6	436.8	187.0	852.7	871.7
黑　河	Heihe	15948.7	12706.8	514.6	57.9	1052.4	3241.9
绥　化	Suihua	21505.9	18724.9	422.5	235.5	1175.0	2781.0
大兴安岭	Daxinganling	7034.5	6986.2		135.3	1097.1	48.2
绥芬河	Suifenhe	234.5	192.3	8.2	21.8	18.3	42.3
抚　远	Fuyuan	2193.7	1376.6	215.9	21.1	183.5	817.1

16-5 运输线路质量

QUALITY OF TRANSPORT ROUTES

指　标	Item	2011	2012	2013	2014	2015
铁路营业里程(公里)	**Length of Railways in Operation(km)**	**5081**	**5158**	**5158**	**5158**	**5372**
#复线里程(公里)	#Double-Tracking Length(km)	1632	1639	1709	1711	2098
复线里程比重(%)	Proportion(%)	32.1	31.8	33.1	33.2	39.1
#自动闭塞里程(公里)	#Automatic Blocking Length(km)	2108	2206	2206	2199	2617
自动闭塞里程比重(%)	Proportion(%)	41.5	42.8	42.8	42.6	48.7
公路线路里程(公里)	**Length of Highways(km)**	**155592**	**159063**	**160206**	**162464**	**163233**
#有路面里程(公里)	#Paved Highways(km)	125455	129260	133053	135096	137551
有路面里程比重(%)	Proportion(%)	80.6	81.3	83.1	83.2	84.3
内河航道里程(公里)	**Length of Navigable Inland Waterways(km)**	**5562**	**5562**	**5562**	**5562**	**5562**
#水深一米以上(公里)	#Upwards of one meter(km)	3347	3347	3347	3347	3347
水深一米以上比重(%)	Proportion(%)	60.1	60.1	60.1	60.1	60.1

注：铁路里程为哈尔滨铁路局在黑龙江省境内数据。
Note:Length of Railways in Operation is data of Harbin Railway Bureau in churchyard of Heilongjiang Province.

16-6 客运量

PASSENGER TRAFFIC

单位：万人 (10000 persons)

年 份 Year	合 计 Total	铁 路 Railways	公 路 Highways	水 运 Waterways	民 航 Civil Aviation
1978	13369	7707	5560	99	3
1979	14236	8329	5756	84	4
1980	14946	8963	5896	84	3
1981	15997	9806	6076	111	4
1982	17503	10566	6843	89	5
1983	18826	11281	7411	130	4
1984	20605	12111	8362	126	6
1985	20338	11625	8562	142	9
1986	21118	11413	9566	124	15
1987	26247	11697	14404	130	16
1988	26109	12689	13268	133	19
1989	25144	11999	13021	103	21
1990	22799	9855	12840	81	23
1991	23791	9938	13754	66	33
1992	23726	10573	13058	58	37
1993	22810	11658	11026	51	75
1994	23143	12231	10819	34	59
1995	23499	11881	11506	37	75
1996	38631	9515	29000	41	75
1997	45731	9604	36008	45	74
1998	47628	10070	37439	45	74
1999	48516	9847	38562	41	66
2000	49806	9819	39864	45	78
2001	50712	9692	40900	39	81
2002	51026	9188	41490	137	211
2003	47961	8207	39347	176	231
2004	51425	8724	42170	233	298
2005	55619	8251	46808	240	320
2006	60470	8801	51023	253	393
2007	64820	9495	54592	257	476
2008	41969	9872	31379	176	542
2009	43971	10000	32947	285	739
2010	47612	10468	36001	292	851
2011	51262	10604	39424	312	923
2012	53353	10380	41551	329	1093
2013	46761	10056	35102	357	1246
2014	48258	10041	36379	366	1472
2015	44480	9794	32632	372	1682

注：2008年，交通运输部组织开展了全国公路水路运输量专项调查。统计口径发生较大变化，公路、水运数据不宜进行历史对比（下同）。
Note:In 2008, the Department of Transportation organized special investigation on national highway and waterway traffic.
Changes in statistical large-caliber, highways, waterways historical data should not be compared (the same below).

16-7 旅客周转量

PASSENGER-KILOMETERS

单位：亿人公里 (100 million passenger-km)

年 份 Year	合 计 Total	铁 路 Railways	公 路 Highways	水 运 Waterways	民 航 Civil Aviation
1978	90.8	72.2	17.5	0.7	0.3
1979	97.5	78.7	17.9	0.6	0.2
1980	102.6	83.5	18.4	0.6	0.2
1981	110.7	90.8	18.9	0.9	0.1
1982	119.7	97.2	21.8	0.6	0.2
1983	130.8	106.1	23.8	0.9	0.1
1984	146.4	118.2	27.2	0.8	0.2
1985	162.6	132.0	29.5	0.9	0.2
1986	176.5	140.1	35.4	0.7	0.2
1987	209.2	151.8	56.3	0.7	0.4
1988	227.9	174.0	52.9	0.7	0.4
1989	215.5	162.4	52.1	0.5	0.5
1990	183.6	131.6	50.3	0.4	1.3
1991	195.4	138.5	54.7	0.4	1.9
1992	212.1	155.7	50.9	0.3	5.2
1993	225.5	169.3	43.0	0.3	13.0
1994	225.3	171.8	42.9	0.2	10.4
1995	228.8	169.2	47.8	0.2	11.6
1996	280.3	141.9	126.8	0.2	11.4
1997	336.7	151.9	173.0	0.2	11.6
1998	355.5	156.0	186.9	0.1	12.5
1999	376.6	158.5	206.7	0.1	11.0
2000	388.8	160.9	214.5	0.1	13.3
2001	396.2	163.3	219.0	0.1	13.8
2002	400.3	163.2	221.8	0.1	15.2
2003	389.9	149.2	203.3	0.3	36.9
2004	444.7	171.0	225.8	0.3	47.6
2005	478.6	175.2	254.3	0.3	48.8
2006	536.5	192.5	280.6	0.3	63.1
2007	603.8	210.6	313.9	0.3	79.0
2008	524.1	220.7	213.6	0.3	89.5
2009	577.1	232.3	226.9	0.3	117.6
2010	627.8	252.3	243.2	0.3	132.0
2011	678.3	259.7	273.9	0.4	144.3
2012	733.9	254.7	296.8	0.4	182.0
2013	679.2	250.2	216.1	0.4	212.5
2014	736.5	254.1	231.2	0.4	250.7
2015	762.5	251.1	229.6	0.4	281.4

16-8 货运量

FREIGHT TRAFFIC

单位：万吨　　(10000 tons)

年　份 Year	合　计 Total	铁　路 Railways	公　路 Highways	水　运 Waterways	民　航 Civil Aviation	管　道 Pipelines
1978	20659	8592	7888	314	0.1	3865
1979	20882	9101	7562	296	0.1	3923
1980	20600	9387	6897	287	0.1	4029
1981	20025	9321	6329	288	0.1	4087
1982	20096	9952	5720	314	0.1	4110
1983	19780	10436	4825	358	0.1	4161
1984	19185	10731	3752	383	0.2	4319
1985	22999	11341	6735	415	0.3	4508
1986	29926	11627	13386	442	0.3	4471
1987	33254	11722	16552	509	0.4	4471
1988	35899	11709	19180	539	0.5	4471
1989	37268	12389	20009	524	0.6	4345
1990	40062	12920	22239	516	1.0	4386
1991	38148	13108	20164	505	0.6	4371
1992	38392	13069	20416	556	0.5	4350
1993	37429	12947	19518	628	1.0	4335
1994	37221	13248	18857	699	1.0	4416
1995	37739	13607	19281	626	1.0	4224
1996	55568	13659	37000	650	1.0	4258
1997	59250	14290	40023	753	1.0	4183
1998	55336	12248	38291	651	1.1	4145
1999	56565	12877	38685	825	1.2	4177
2000	57213	12959	39685	788	1.7	3779
2001	58050	13671	39900	750	1.3	3728
2002	58006	13258	40317	708	4.1	3719
2003	57491	14118	39031	1052	4.7	3285
2004	59968	14975	40712	1156	5.5	3119
2005	64612	15959	44376	1301	4.2	2972
2006	68880	15859	48389	1389	4.6	3238
2007	73122	16599	51996	1250	5.4	3272
2008	56805	17511	35424	757	6.0	3107
2009	57046	16558	36486	978	6.8	3017
2010	61950	17463	40582	1015	7.6	2883
2011	66449	17378	44420	1118	8.2	3525
2012	68450	16170	47465	1175	9.2	3631
2013	64317	14101	45288	1245	9.9	3673
2014	65195	11442	47173	1262	11.3	5306
2015	59591	8866	44200	1245	11.6	5268

注:2014年管道货运统计口径调整，与往年不可比。

Note: Pipelines freight statistical standards of 2014 were adjusted,not comparable with previous years.

16-9 货物周转量

FREIGHT TON-KILOMETERS

单位：亿吨公里 (100 million ton-km)

年 份 Year	合 计 Total	铁 路 Railways	公 路 Highways	水 运 Waterways	民 航 Civil Aviation	管 道 Pipelines
1978	441.1	376.9	11.1	7.8		45.3
1979	461.9	398.4	10.1	7.5		46.0
1980	486.3	419.2	12.2	7.6		47.3
1981	504.4	420.7	27.5	8.3		47.9
1982	524.3	455.2	12.4	8.5		48.2
1983	564.2	494.4	10.3	10.7		48.8
1984	581.4	509.4	9.7	11.6		50.7
1985	633.9	559.9	18.2	13.9		41.9
1986	697.7	598.1	34.3	13.8		51.5
1987	739.8	629.1	44.1	15.1		51.5
1988	758.3	639.4	51.1	15.8		52.0
1989	810.8	689.6	54.9	16.0		50.3
1990	832.5	706.5	59.6	16.4		50.0
1991	836.5	713.0	57.7	16.2		49.6
1992	842.3	717.0	59.8	16.1		49.3
1993	846.1	724.9	55.9	16.1		49.1
1994	856.6	731.3	57.0	18.5		49.8
1995	867.9	748.3	55.9	16.1		47.6
1996	950.6	754.3	129.0	19.5	0.1	47.7
1997	1005.5	801.3	136.0	21.4	0.1	46.7
1998	889.5	684.7	140.4	18.5	0.1	45.8
1999	937.1	715.2	156.7	20.5	0.2	44.5
2000	943.0	718.5	161.9	19.5	0.3	42.8
2001	975.0	747.2	166.0	17.5	0.3	44.0
2002	976.2	748.3	167.5	16.2	0.3	43.9
2003	1015.1	788.6	163.1	19.3	1.0	43.1
2004	1122.0	856.9	203.8	18.9	1.1	41.3
2005	1180.6	898.7	227.6	20.0	0.8	33.5
2006	1228.6	917.8	252.1	21.2	1.0	36.5
2007	1297.7	956.1	289.9	13.6	1.1	37.0
2008	1704.3	1006.5	653.2	8.5	1.2	34.9
2009	1655.8	956.6	657.1	6.8	1.3	34.0
2010	1852.1	1032.9	762.4	7.0	1.4	48.4
2011	1984.8	1092.3	843.5	7.4	1.6	40.0
2012	2020.8	1041.1	929.0	7.6	1.8	41.3
2013	1952.7	928.3	972.9	7.9	2.0	41.6
2014	1979.5	775.4	1008.5	7.9	2.2	185.4
2015	1725.4	593.6	929.3	8.1	2.2	192.1

16-10 铁路按货物种类分的货运量和货物周转量
RAILWAY FREIGHT TRAFFIC AND FREIGHT TON-KILOMETERS BY CATEGORY OF CARGO

指　标	Item	货运量（万吨）Freight Traffic (10000 tons)		货物周转量（百万吨公里）Freight Ton-km (million ton-km)		平均运距（公里）Average Transport Distance (km)	
		2014	2015	2014	2015	2014	2015
总　计	**Total**	**22072**	**17888**	**109686**	**85690**	**497**	**479**
煤	Coal	10371	8883	65087	53010	628	597
焦　炭	Coke	780	513	4719	3020	605	589
石　油	Petroleum	1195	1122	4113	3971	344	354
钢　铁	Steel and Iron	641	437	2234	1526	349	349
金属矿石	Metal Ores	635	876	5147	5219	810	596
非金属矿石	Nonmetal Ores	652	444	1474	992	226	223
矿建材料	Mineral Building Materials	1833	1036	4067	2373	222	284
水　泥	Cement	619	400	1456	1135	235	227
木　材	Timber	1495	1348	4584	3055	307	435
化肥和农药	Chemical Fertilizers and Pesticides	908	869	4255	4145	469	181
粮　食	Grain	1859	748	8968	3252	482	533
其　他	Others	1084	1212	3582	3992	330	329

注：本表为哈尔滨铁路局数据。
Note:Figures in this table are the data of Harbin Railway Bureau.

16-11 信息传输基本情况
BASIC CONDITIONS OF INFORMATION TRANSFER

指　标	Item	2011	2012	2013	2014	2015
电信业务总量(亿元)	Business Volume of Telecommunications Service (100 million yuan)	277.6	296.8	337.8	386.0	459.3
固定电话用户(万户)	Number of Fixed Telephone Subscribers at Year-end (10000 subscribers)	793.5	776.1	747.8	640.5	596.0
城市电话用户(万户)	Urban Fixed Telephones Subscribers(10000 subscribers)	608.0	594.3	602.0	536.6	503.8
#住宅电话用户	#Household Fixed Telephones Subscribers	448.3	442.3	452.4	451.6	404.7
农村电话用户(万户)	Rural Fixed Telephones Subscribers(10000 subscribers)	185.4	181.7	145.8	103.9	92.2
#住宅电话用户	#Household Fixed Telephones Subscribers	170.1	167.1	142.7	100.9	88.6
公用电话用户(万户)	Public Telephone(10000 subscribers)	57.4	50.7	48.3	43.5	36.7
移动电话用户(万户)	Number of Mobile Telephones Subscribers(10000 subscribers)	2566.0	2663.9	3020.4	3457.8	3329.8
#3G移动电话用户	#3G Mobile Phone Subscribers	268.8	471.7	837.4	1144.2	705.6
移动电话通话时长(亿分钟)	Time of Mobile Telephones Conversation(100 million minutes)	1370.1	1487.3	1562.1	1567.0	1516.3
移动短信业务量(亿条)	Business Volume of Shot Message(100 million messages)	179.7	164.4	137.3	100.1	76.5
固定互联网络用户(万户)	Number of Subscribers of Internet Service(10000 subscribers)	398.4	453.7	469.7	492.5	527.4
拨号用户	The Digit Dialing Subscribers of Internet Service	11.7	17.8	10.1	7.9	7.9
宽带接入用户	ADSL Subscribers of Internet Service	386.7	435.8	459.6	484.6	519.5
长途光缆线路长度(公里)	Length of Long-distance Optical Cable Lines(km)	40070	40496	45054	45619	46513

16-12 铁路运输技术经济主要指标

PRINCIPLE ECONOMIC AND TECHNICAL INDICATORS OF RAILWAY TRANSPORT

指　　标	Item	2011	2012	2013	2014	2015
货运机车日产量(万吨公里)	Average Daily Ton-kilometers of Freight Locomotives(10000 ton-km)	142.3	146.5	147.1	153.6	152.6
内燃机车	Diesel Locomotives	135.7	140.8	140.8	146.8	147.0
电力机车	Electric Locomotives	240.7	237.5	248.9	270.2	249.9
货运机车平均牵引总重(吨)	Average Total Tonnage of Freight Locomotives(ton)	3029	3056	3089	3119	3101
内燃机车	Diesel Locomotives	2943	2985	3022	3053	3044
电力机车	Electric Locomotives	4061	3969	3893	3924	3855
货运机车日车公里(公里)	Daily Distance per Freight Locomotive(km)	535	548	538	554	554
客运机车日车公里(公里)	Daily Distance per Passenger Locomotive(km)	820	815	781	785	791
内燃机车每万吨公里耗油(公斤)	Oil Consumption of Diesel Locomotives(kg/10000 ton-km)	23.9	24.0	24.0	23.7	24.7
电力机车每万吨公里耗电(千瓦小时)	Electricity Consumption of Electric Locomotives(kwh/10000 ton-km)	87.5	92.6	96.5	104.4	120.3
货物列车出发正点率(%)	Punctuality Rate of Freight Trains at Departure(%)	99.5	99.5	99.5	99.5	99.5
货物列车运行正点率(%)	Punctuality Rate of Freight Trains in Running(%)	99.5	99.5	99.5	99.5	99.5
旅客列车出发正点率(%)	Punctuality Rate of Passenger Trains at Departure(%)	100.0	100.0	100.0	100.0	100.0
旅客列车运行正点率(%)	Punctuality Rate of Passenger Trains in Running(%)	99.9	99.9	99.9	99.9	99.9
货物列车技术速度(公里/小时)	Technical Speed of Freight Trains(km/hour)	49.6	48.8	48.2	50.6	51.0
货物列车运行速度(公里/小时)	Running Speed of Freight Trains(km/hour)	39.0	38.5	38.1	40.2	41.5
货运密度(万吨/公里)	Density of Freight Transport(10000s ton/km)	1992	1972	1781	1545	1225
旅客列车技术速度(公里/小时)	Technical Speed of Passenger Trains(km/hour)	68.5	68.9	69.1	69.5	69.5
旅客列车运行速度(公里/小时)	Running Speed of Passenger Trains(km/hour)	61.4	61.3	61.4	61.4	61.6
客运密度(公里/小时)	Density of Passenger Transport(10000 passengers/km)	409.6	398.4	401.4	399.2	327.9
每万吨货运量拥有货车数(辆)	Number of Freight Cars per 10000 Tons(coach)	539.5	709.8	806.8	1027.6	1115.8
每百万货物吨公里拥有货车数(辆)	Number of Freight Cars per million Ton-km(unit)	108.8	123.1	139.6	179.9	203.4
货车周转时间(天)	Turning Around Time of Freight Cars(day)	2.6	2.9	2.9	2.9	2.6
一次货物作业时间(小时)	Handling Time of Freight(hour)	14.9	18.2	24.0	18.6	18.8
每车中转停留时间(小时)	Transfer Waiting Time per Car(hour)	4.9	5.8	6.2	6.5	6.0
货车净载重(准轨)(吨)	Static Load of Freight Cars(Standard Gauge)(ton)	61.7	62.2	62.6	63.2	62.4

注：本表为哈尔滨铁路局数据。

Note:Figures in this table are the data of Harbin Railway Bureau.

16-13 主要交通运输工具拥有量

NUMBER OF MAJOR MEANS OF TRANSPORTATION

指　标	Item	2011	2012	2013	2014	2015
铁路机车(台)	**Railway Locomotives(unit)**	**1172**	**1196**	**1128**	**1130**	**1078**
#内燃机车	#Diesel Locomotives	1170	1194	1126	1128	1050
电力机车	Electric Locomotives	2	2	2	2	28
铁路客车(辆)	**Railway Passenger Coaches(coach)**	**3959**	**4195**	**4040**	**4573**	**5178**
#软卧车	#Soft Berth Coaches	334	336	342	373	417
硬卧车	Hard Berth Coaches	1328	1365	1374	1640	1920
软座车	Soft Seat Coaches	108	324	388	446	560
硬座车	Hard Seat Coaches	1520	1524	1446	1511	1673
载货汽车(辆)	**Trucks(coach)**	**552744**	**558566**	**581362**	**617730**	**603118**
普通载货汽车	Ordinary Trucks	314313	313937	326007	339170	333240
专用载货汽车	Special Trucks	238431	244629	255355	278560	269878
#集装箱	#Containers	41	30	25	24	13
#私　人	#Private-owned	341965	363553	387630	416650	419209
特种汽车(辆)	**Special Motor Vehicles(unit)**	**22059**	**23398**	**24685**	**25269**	**24513**
载客汽车(辆)	**Passenger Vehicles(coach)**	**1733658**	**2014178**	**2289447**	**2583428**	**2886922**
#私　人	#Private-owned	1372949	1644174	1916680	2227067	2565008
民用轮驳船(艘)	**Civil Transport Vessels(unit)**	**359**	**354**	**351**	**351**	**350**
民用飞机(架)	**Civil Aircrafts(unit)**	**153**	**152**	**167**	**170**	**180**

16-14 民用车辆拥有量(2015年)

NUMBER OF CIVIL MOTOR VEHICLES OWNED (2015)

单位：辆　　(coach)

指标名称	Item	总计 Total	#个人 Individual	营运 Working	非营运 non-Working	校车 Schoolbus	#特种 Special
合　计	**Total**	**5686270**	**3514757**	**744539**	**3363158**	**3607**	**24513**
汽　车	**Automobile**	**3547373**	**3017378**	**626523**	**2917243**	**3607**	**24094**
载客汽车	Passenger Vehicles	2886922	2565008	154630	2728685	3607	20027
大　型	Large-sized	45761	6229	30469	12528	2764	374
中　型	Medium-sized	24553	9789	3560	20188	805	995
小　型	Small-sized	2753824	2492766	119968	2633818	38	18089
微　型	Mini-sized	62784	56224	633	62151		569
#轿　车	#Car	1856264	1694835	112205	1744059		11155
载货汽车	Trucks	603118	419209	440224	162894		2361
重　型	Heavy-sized	184324	83480	177444	6880		273
中　型	Medium-sized	55443	40174	50478	4965		335
轻　型	Light-sized	361281	293823	211593	149688		1752
微　型	Mini-sized	2070	1732	709	1361		1
#普通载货	#Accommodation Trucks	333240	267298	200180	133060		2104
其它汽车	Others	57333	33161	31669	25664		1706
摩托车	**Motorcycle**	**478371**	**476321**	**34818**	**443553**		**380**
普　通	Ordinary	467913	465889	34783	433130		380
轻　便	Light	10458	10432	35	10423		
拖拉机	**Tractor**	**1576259**					
大中型	Large and Medium-sized	968946					
小　型	Small-sized	607313					
挂　车	**Trailer**	**83698**	**20297**	**82685**	**1013**		**9**
其它类型车	**Others**	**1862**	**761**	**513**	**1349**		**30**

16-15 邮电业务量

地　区　Region	邮电业务总　量（亿元）Business Volume of Postal and Telecommunication Services (100 million yuan)	邮政业务总　量 Business Volume of Postal Services	电信业务总　量 Business Volume of Telecommunication Services	函　件（万件）Number of Letters (10000 pcs)	包　裹（万件）Package (10000 pcs)	特快专递（万件）EMS (10000 pcs)	报　刊期发数（万份）Issue of Newspapers and Magazines (10000 copies)
2009	697.3	39.7	657.6	8667.7	232.1	866.0	377.0
2010	811.0	34.6	776.4	9305.1	237.6	902.9	367.7
2011	303.1	25.5	277.6	7772.0	253.4	456.0	446.3
2012	325.0	28.2	296.8	7057.5	234.4	496.3	607.0
2013	367.7	29.9	337.8	8681.0	240.5	459.9	323.8
2014	417.3	31.3	386.0	6842.1	117.5	349.0	312.3
2015	491.2	31.6	459.6	4609.1	87.3	514.4	297.3
哈尔滨 Harbin	185.2	8.9	176.3	2959.1	28.5	145.7	82.8
齐齐哈尔 Qiqihar	51.7	2.9	48.8	368.5	6.6	55.4	26.0
鸡　西 Jixi	21.9	2.4	19.5	165.3	2.1	30.4	27.0
鹤　岗 Hegang	13.8	1.0	12.8	17.3	0.7	15.9	16.7
双鸭山 Shuangyashan	16.3	1.3	15.1	78.4	2.4	22.5	17.5
大　庆 Daqing	47.7	2.8	44.9	231.4	6.6	35.6	7.0
伊　春 Yichun	13.2	1.0	12.2	49.6	2.7	26.3	8.6
佳木斯 Jiamusi	31.7	2.2	29.5	83.6	2.3	31.4	41.8
七台河 Qitaihe	11.1	0.5	10.6	110.5	1.7	11.4	7.1
牡丹江 Mudanjiang	32.9	2.9	30.1	172.5	15.5	44.9	3.9
黑　河 Heihe	19.2	1.3	18.0	161.0	7.0	33.8	19.6
绥　化 Suihua	38.6	2.5	36.1	177.9	3.1	32.3	14.5
大兴安岭 Daxinganling	6.4	0.6	5.8	31.9	8.2	19.0	4.1

注：自2011年起邮电业务总量是按照2010年的不变单价计算，与往年数据不可比。
Note: Business Volume of Postal and Telecommunication Services since 2011 based on the 2010 re-calculated the average unit price of the same calculation, not comparable with previous years.

BUSINESS VOLUME OF POSTALI AND TELECOMMUNICATION SERVICES

汇票（万笔） Postal Order (10 000 times)	集邮业务（万枚） Stamps for Collection (10 000 pieces)	邮路及农村投递线路长度（万公里） Length of Post Routes and Rural Delivery Routes (10000 km)	邮政局所数（处） Number of Post and Telecommunications Offices (unit)	#设在农村 in Rural	移动电话用户（万户） Number of Mobile Telephone Subscribers at Year-end (10 000 subscribers)	#3G移动电话用户 3G Mobile Phone Subscribers	固定电话用户（万户） Number of Fixed Telephone Subscribers at Year-end (10000 subscribers)	宽带接入用户（万户） ADSL Subscribers of Internet Service (10000 subscribers)
502.9	3637.0	26.9	1513	979	1865.9	19.2	870.2	277.2
534.1	3477.5	16.9	1552	925	2243.0	90.4	813.5	326.6
487.5	4090.0	16.4	1963	976	2566.0	268.8	793.5	386.7
411.6	3838.3	17.2	1963	976	2663.9	471.7	776.1	435.8
307.1	4105.9	22.1	1978	962	3020.4	837.4	747.8	459.6
186.9	5389.8	22.9	1626	1041	3457.8	1144.2	640.5	484.6
130.5	6306.2	18.2	1626	1041	3329.8	705.6	596.0	519.5
36.8	2606.8	3.1	293	175	1086.3	374.5	222.2	165.6
21.1	230.0	2.9	222	142	370.7	108.6	61.6	55.3
8.1	240.8	1.1	123	72	168.9	47.3	28.8	23.4
2.7	151.2	0.3	49	93	113.0	30.9	11.6	15.0
4.9	336.9	0.7	84	65	136.0	37.5	23.3	20.8
7.9	201.6	1.3	136	31	309.0	102.7	31.3	33.6
2.1	217.5	0.2	54	64	95.0	27.8	16.6	17.3
4.8	313.8	1.1	116	57	252.6	72.8	40.9	37.2
1.1	133.7	0.1	41	26	82.1	27.1	9.7	12.2
12.8	503.4	1.1	154	20	244.3	73.9	44.9	44.7
6.6	180.9	1.1	109	161	140.4	40.4	23.7	20.2
17.0	215.0	2.4	189	98	391.5	83.8	71.7	48.2
1.0	113.9	0.2	56	37	40.7	13.2	9.6	8.6

16-16 民用运输船舶拥有量

NUMBER OF TRANSPORT VESSELS OWNED

指标	Item	总计 Total			#私人 Private		
		2013	2014	2015	2013	2014	2015
合计	**Total**	**1590**	**1585**	**1569**	**1020**	**1016**	**1015**
机动船(艘)	**Motor Vessels(unit)**	**1239**	**1234**	**1219**	**859**	**855**	**855**
载客量(客位)	Passenger Capacity(seat)	22186	21821	20427	9654	9635	9454
净载重量(吨位)	Dead Weight Tonnage(ton)	25572	25390	23559	15961	15819	16692
总功率(千瓦)	Total Power(kw)	121404	121100	118630	57507	57150	56562
客船(艘)	Passenger Vessels(unit)	641	642	632	450	449	449
载客量(客位)	Passenger Capacity(seat)	19623	19258	18045	7091	7072	7072
净载重量(吨位)	Dead Weight Tonnage(ton)	6188	6170	3658	3060	3048	3048
功率(千瓦)	Power(kw)	52910	52898	51565	20460	20415	20415
客货船(艘)	Passenger- Cargo Vessels(unit)	64	64	67	64	64	67
载客量(客位)	Passenger Capacity(seat)	2563	2563	2382	2563	2563	2382
净载重量(吨位)	Dead Weight Tonnage(ton)	1886	1886	3089	1886	1886	3089
功率(千瓦)	Power(kw)	7298	7298	7317	7298	7298	7317
货船(艘)	Cargo Vessels(unit)	356	351	344	247	245	243
净载重量(吨位)	Dead Weight Tonnage(ton)	17498	17334	16812	11015	10885	10555
功率(千瓦)	Power(kw)	19743	19723	18964	10850	10810	10600
拖船(艘)	Towages(unit)	178	177	176	98	97	96
功率(千瓦)	Power(kw)	41453	41181	40784	18899	18627	18230
驳船(艘)	**Barges(unit)**	**351**	**351**	**350**	**161**	**161**	**160**
净载重量(吨位)	Dead Weight Tonnage(ton)	211038	211038	210090	40976	40976	39848

16-17 民用航空航线和飞机数量

NUMBER OF MAJOR MEANS OF TRANSPORTATION

指标	Item	2011	2012	2013	2014	201
民用航空航线数量(条)	**Number of Civil Aviation Routes(unit)**	**104**	**117**	**137**	**157**	**160**
国际航线	International Routes	10	15	15	17	18
国内航线	Domestic Routes	92	100	120	139	140
地区航线	Regional Routes	2	2	2	1	2
民用航空航线里程(公里)	**Length of Civil Aviation Routes(km)**	**236674**	**267537**	**319043**	**398576**	**378183**
国际航线	International Routes	11948	23218	24388	33220	35298
国内航线	Domestic Routes	219516	239109	289445	362780	338103
地区航线	Regional Routes	5210	5210	5210	2576	4782
民用飞机数量(架)	**Number of Civil Aircrafts(unit)**	**153**	**152**	**167**	**170**	**180**
运输飞机	Aerotransport	25	29	34	40	42
通用飞机	General Aircraft	128	123	133	130	138
通用飞行时间(小时)	**Flying Time of General Aviation(hour)**	**24466**	**23411**	**26181**	**28001**	**26712**
农林业航空作业	Flight for Agriculture and Forestry	7647	8033	7809	8590	8150
航空护林	Forest Protection Service	3135	2117	1224	1518	1819
其他	Others	13684	13261	17148	17893	16743

主要统计指标解释

铁路营业里程　又称营业长度，指投入客货运输营业或临时营业的线路长度。

电气化里程　指具备了电力机车牵引条件，并已交付运营的线路里程。

公路里程　指报告期末公路的实际长度。统计范围：包括城间、城乡间、乡（村）间能行驶汽车的公共道路，公路通过城镇街道的里程，公路桥梁长度、隧道长度、渡口宽度。不包括城市街道里程，断头路里程，农（林）业生产用道路里程，工（矿）企业等内部道路里程。统计原则：按已竣工验收或交付使用的实际里程计算；两条或多条公路共同经由同一路段的重复里程，只计算一次。

内河航道里程　指在一定时期内，能通航运输船舶及排筏的天然河流、湖泊水库、运河及通航渠道的长度。包括全年季节性通航累计三个月以上的航道，不包括仅供零散流放竹、木排的河道。两省以河为界的航道里程，双方均按一半计算，以免重复。

定期航班航线里程　指定期航班营运里程的总长度，以万公里为计算单位。航线里程的统计分为按重复距离计算和按不重复距离计算两种形式。“按重复距离计算”是指不同航线的相同航段距离可以重复累加；“按不重复距离计算”则不同航线相同航段只统计一次。

管道输油(气)里程　指油、气、成品油等各类介质实际输送距离，是反映运输管线长度的指标，也是计算周转量的依据。对于有复线和备用线的地段，原则上按单线计算管输里程。双线同时输送又不能分开计量的情况下，管输里程为双线长度之和除以2。

货(客)运量　指在一定时期内，各种运输工具实际运送的货物重量(旅客数量)。该指标是反映运输业为国民经济和人民生活服务的数量指标，也是制定和检查运输生产计划、研究运输发展规模和速度的重要指标。货运按吨计算，客运按人计算。货物不论运输距离长短、货物类别，均按实际重量统计。旅客不论行程远近或票价多少，均按一人一次客运量统计；半价票、小孩票也按一人统计。

货(客)运密度　指在一定时期内某种运输方式在营运线路的某一区段平均每公里线路通过的货物(旅客)运输周转量。计算公式为：

$$\text{货(客)运密度}=\frac{\text{货物(旅客)周转量}}{\text{营业线路长度}}$$

该指标可以反映交通运输线路上的货物(旅客)运输量运输繁忙程度，是平衡运输线路运输能力和通过能力，规划线路建设及改造、配备技术设备，研究运输网布局的重要依据。

货物(旅客)周转量　指在一定时期内，由各种运输工具运送的货物(旅客)数量与其相应运输距离的乘积之总和。该指标可以反映运输业生产的总成果，也是编制和检查运输生产计划，计算运输效率、劳动生产率以及核算运输单位成本的主要基础资料。计算货物周转量通常按发出站与到达站之间的最短距离，也就是计费距离计算。计算公式为：

货物（旅客）周转量=Σ（货物（旅客）运输量×运输距离）

铁路货车平均静载重　指货物在装车时的静止装载重量。计算公式为：

货车平均静载重(吨)=货物发送吨数 / 装车数

铁路货运机车日产量　指在一定时期内，平均每台货运机车在一昼夜内所完成的总重吨公里数，包括载运货物的重量和车辆本身的自重。该指标从时间和牵引能力两方面反映了机车运用效率。计算公式为：

$$\text{货运机车平均日产量}=\frac{\text{货运总重吨公里数}}{\text{货运机车台日数}}$$

港口货物吞吐量 指经由水路进、出港区范围，并经过装卸的货物数量。按货物流向分为进港吞吐量和出港吞吐量，按货物的贸易性质分为内贸和外贸吞吐量。货物类别根据现行的交通行业《运输货物分类和代码》标准分类。

民用运输船舶拥有量 指报告期末在水路运输管理部门注册登记的从事水上客、货运输活动的我国企业或私人拥有的营业性运输船舶（含我国企业或私人拥有的悬挂外国旗的船舶）数量。不包括非运输船舶及农业、渔业生产船舶。

民用汽车拥有量 指报告期末，在公安交通管理部门按照《机动车注册登记工作规范》，已注册登记领有民用车辆牌照的全部汽车数量。汽车拥有量统计的主要分类：根据汽车结构分为载客汽车、载货汽车及其他汽车；根据汽车所有者不同分为个人(私人)汽车、单位汽车；根据汽车的使用性质分为营运汽车、非营运汽车；根据汽车大小规格不同，载客汽车分为大型、中型、小型和微型，载货汽车分为重型、中型、轻型和微型。

邮电业务总量 指以货币形式表现的邮电企业为社会提供各类邮电通信服务的总数量。该指标是用于观察邮电业务发展变化总趋势的综合性总量指标，分别按邮政业务总量和电信业务总量统计。邮电业务总量是以各类业务的实物量分别乘以相应的不变单价，求出各类业务的货币量加总求得。不变单价是一定时期内计算业务总量的同度量因素，是根据基年各类邮电业务量与相对应的邮电业务收入测算的平均单价。

移动电话用户 指在电信运营企业营业网点办理开户登记手续，通过移动电话交换机进入移动电话网，占用移动电话号码的各类电话用户。包括各类签约用户、智能网预付费用户、无线上网卡用户。

互联网上网人数 指过去半年内使用过互联网的6周岁及以上中国居民人数。

固定电话用户 指在电信企业营业网点办理开户登记手续并已接入固定电话网上的全部电话用户。包括普通电话用户、无线市话用户、公用电话用户、窄带综合业务数字网（N—ISDN）用户、智能网专用接入终端用户等。

城市电话用户 指按行政区划属于中央直辖市、省辖市、地级市、县级市的市区、市郊区及县城区范围内的电话用户数。包括分布在农村地区但以县团级以上建制的独立工矿区、林区、驻军的电话用户。

农村电话用户 指按行政区划属于城市范围以外的乡（镇）、村电话用户。

住宅电话用户 指私人付费或安装在居民住宅并按照私人或住宅电话用户登记注册和收费的各类电话用户。

互联网宽带接入端口 指用于接入互联网用户的各类实际安装运行的接入端口的数量，包括xDSL用户接入端口、LAN接入端口、其他类型接入端口等，不包括窄带拨号接入端口。

Explanatory Notes on Main Statistical Indicators

Length of Railways in Operation refers to the total length of the trunk line for passenger and freight transportation in full operation or temporary operation.

Length of Electrified Trunk Line refers to the length of the trunk line capable for the running of electrified locomotives and having been put into operation.

Length of Highways refers to the actual length of highways at the end of reference period. It covers public roads running vehicles among cities, city and rural areas, township (villages), highways passing through streets at small cities and towns, length of bridges and tunnels, width of ferry piers. It does not include the length of streets in cities, dead end highways, the length of streets built for agricultural (forest) production and inside factories (mines). It can only be calculated with the actual mileage having been completed, checked and accepted or put into operation. If two or more highways go the same section of the way, the length of the section is only calculated for once.

Length of Navigable Inland Waterways refers to the length of natural rivers, lakes, reservoirs and canals that are open to navigation for ships and rafts during a given period. It includes the channels with annual seasonal navigation for more than three months other than the waterways only for scattered bamboo and wooden rafts. If two provinces share one river as the border, the length of waterways will be half divided for each province to avoid duplication.

Length of Routes with Scheduled Flights refers to the total length of all routes for scheduled flights, which is calculated using million kilometres as the unit. There are usually two ways to calculate the route length: duplicated calculation and non-duplicated calculation. Duplicated calculation means that the same segment of different routes can be added duplicately, while the non-duplicated calculation allows the same segment of different routes be counted once only.

Length of Oil (Gas) Pipelines refers to the actual transport distance of oil, gas and oil products, an indicator reflecting the length of transportation routes and a reference to calculate the freight-kilometers. For those sections with double pipelines and alternate pipeline, the length will be calculated according to the length of single pipeline in principle. If the double pipelines perform the transportation at the same time and unable to be counted separately, the length of pipelines will be the length of double pipelines divided by 2.

Freight (Passenger) Traffic refers to the weight of freight (number of passenger) transported with various means within a specific period of time. This indicator reflects the service of the transport industry towards the national economy and people' s living conditions, as well as an important indicator used in formulating and monitoring transport production plans and research into the scale and pace of transport development.Freight transport is calculated in tons and passenger traffic is calculated in terms of number of persons. Freight transport is calculated in terms of the actual weight of the goods and takes no account of the type of freight and distance of travel. Passenger traffic is calculated by the principle that one person can be counted only once in one trip and takes no account of the travelling distance and ticket price. The passengers who travel with a half price ticket or a child' s ticket is also calculated as one person.

Freight (Passenger) Traffic Density refers to the freight (passenger) traffic volume carried by a particular means of transportation during a given period through one kilometre of a specific section of transportation route. The formula is as follows:

$$\text{Freight (Passenger) traffic density} = \frac{\text{freight ton-kilometres (passenger-kilometres)}}{\text{length of route in operation}}$$

Freight (passenger) traffic density reflects how busy freight (passenger) traffic is on transportation routes. It provides an important basis for balancing transport capability and throughput capability, planning construction and upgrading of transport routes, installing technical facilities and studying the distribution of transport networks.

Freight Ton-kilometres (Passenger-kilometres) refers to the sum of the product of the volume of transported cargo (passengers) multiplied by the transport distance. It is an important indicator to reflect the achievement of the transportation industry. This is an important indicator to show the total results of the transport industry; to prepare and examine the transport plan; and to serve as the main basic data for calculating the efficiency, labour productivity and unit cost of transport. Normally, the shortest distance between the departure station and the destination station (i.e., the payable distance) is the basis in calculating the freight ton-kilometres. The formula is as follows:

$$\text{Freight ton-kilometres (passenger-kilometres)} = \sum \text{freight (passenger)traffic} \times \text{distance of transportation}$$

Average Static Load of Freight Cars refers to the average cargo weight when loaded onto each freight car under the static condition. For its calculation, the following formula is applied:

$$\text{Averagestatic load of freight cars (tons)} = \frac{\text{Tonnage of goods dispatched}}{\text{Number of freight carsloaded}}$$

Average Daily Haul of Freight Locomotives refers to the average total ton-kilometres accomplished by each freight transport locomotive over one day and night during a given period of time. It includes both the weight of the goods carried and the dead weight of the train itself. It is a comprehensive indicator reflecting the locomotive efficiency in terms of both time and the pulling force.

$$\text{Average daily haul of freight transport locomotive (ton-kilometre)} = \frac{\text{Total ton-kilometres of freight}}{\text{Daily number of freight transport locomotive}}$$

Volume of Freight Handled in Coastal Ports above Designated Size refers to the volume of cargo passing in and out of the harbour area of the major coastal ports and having been loaded and unloaded. The volume of freight handled may be classified by direction of cargo flow as in-port freight and out-port freight, or by nature of cargo as freight for domestic trade and freight for foreign trade. It can also be classified by type of freight based on the existing standard classification for transportation industry "Classification and Coding for Freight".

Possession of Civil Transport Vessels refers to the total number at the end of reference period of operating transport vessels owned by Chinese enterprises or privately that are registered in the water transportation management institutions and permitted to perform cargo transport activities (including vessels with foreign flags but owned by Chinese enterprises or citizens). Non-transport vessels and vessels used for agriculture and fishery are not included.

Possession of Civil Motor Vehicles refer to the total numbers of vehicles that are registered and received vehicles license tags according to the Work Standard for Motor Vehicles Registration formulated by the Transport Management Office under the department of public security at the end of the reference period. They are divided into categories. According to the structure of motor vehicles, they are divided into passenger vehicles, trucks and others; according to ownership into private vehicles and vehicles for the unit' s use; according to kind of usage into working vehicles and non-working vehicles; and according to size of vehicles into large passenger vehicles, medium-sized passenger vehicles, small passenger vehicles and mini passenger vehicles, heavy trucks, light-heavy trucks, light trucks and mini-trucks.

Business Volume of Post and Telecommunications refers to the total amount of postal and telecommunication services, expressed in value terms, provided by the post and telecommunications departments for society. This indicator reflects the overall results of development of postal and telecommunication services. It can be classificated as postal services and telecommunication services. Business volume of post and telecommunications is the sum of each service in kind multiplying with its correspondent unit price (constant price).

Mobile Telephone Subscribers refer to persons who have gone through registration procedures in the operation points of enterprises engaged in telecommunications and are hence connected with the mobile telephone communication network through the mobile telephone switchboards and occupy mobile phone numbers. Included are various types of subscriber, prepaid users for intelligent network and wireless network card users.

Internet Users refer to the number of Chinese citizens aged 6 and over who use the Internet in the past six months.

Local Telephone Subscribers refer to all subscribers who have gone through registration procedures in the operation points of enterprises engaged in telecommunications and are hence connected to the local telecommunications service provider through fixed line network. Included are general subscribers, wireless local telephone subscribers, public telephones subscribers, N-ISDN subscribers and intelligent network terminal subscribers.

Urban Telephone Subscribers refer to the number of telephone subscribers, located at the municipalities directly under the Central Government, cities under the jurisdiction of province, cities at prefecture level, downtown and suburb of city at county level town and county towns according to the administrative division, including subscribers in rural mineral area, forest area, military area that are at or above county level.

Rural Telephone Subscribers refer to telephone subscribers, located at the towns and villages outside the coverage of urban areas according to the administrative division.

Household Telephone Subscribers refer to all kinds of subscribers with telephone sets paid privately or installed in the dwelling units of residents, and registered as private subscribers or residence subscribers for payment.

Broadband Connection Terminals refer to the connection terminals to internet users actually installed and put into operation, including connection terminals for XDSL, connection terminals for LAN, and other types of connection terminals. N-ISDN connection terminals are not included.

第十七篇 教育与科技

CHAPTER 17 EDUCATION, SCIENCE AND TECHNOIOGY

资料整理：孙 冰 杨 卓

17-1 教育事业基本情况

BASIC STATISTICS ON EDUCATION

项 目	Item	2011	2012	2013	2014	2015
学校数(所)	**Number of Schools (unit)**					
普通高等学校	Regular Institutions of Higher Education	78	79	80	80	81
成人高等学校	Adult Institutions of Higher Education	19	26	22	22	21
中等专业学校	Specialized Secondary Schools	75	73	73	74	72
成人中等专业学校	Adult Specialized Secondary Schools	163	163	156	154	44
普通中学	Regular Secondary Schools	2092	2043	1965	1946	1940
#高 中	#Senior Secondary Schools	411	398	379	378	377
职业中学	Vocational Secondary Schools	161	154	145	134	127
技工学校	Technical Schools	133	134	134	133	131
小 学	Primary Schools	5620	4834	3261	3115	2802
专任教师数(万人)	**Number of Full-time Teachers(10000 persons)**					
普通高等学校	Regular Institutions of Higher Education	4.5	4.5	4.6	4.7	4.7
成人高等学校	Adult Institutions of Higher Education	0.2	0.2	0.3	0.2	0.1
中等专业学校	Specialized Secondary Schools	0.4	0.4	0.4	0.5	0.5
成人中等专业学校	Adult Specialized Secondary Schools	0.5	0.5	0.5	0.5	0.2
普通中学	Regular Secondary Schools	15.5	15.8	15.5	15.5	15.3
#高 中	#Senior Secondary Schools	5.0	5.0	4.9	5.0	5.0
职业中学	Vocational Secondary Schools	0.8	0.8	0.8	0.8	0.8
技工学校	Technical Schools	0.8	0.9	0.8	0.8	0.8
小 学	Primary Schools	13.4	12.9	12.0	11.5	10.9
招生数(万人)	**New Student Enrollment(10000 persons)**					
普通高等学校	Regular Institutions of Higher Education	19.9	20.3	20.3	20.3	20.6
成人高等学校	Adult Institutions of Higher Education	1.1	1.1	1.2	1.1	0.7
中等专业学校	Specialized Secondary Schools	4.3	4.2	4.1	3.9	3.6
成人中等专业学校	Secondary Schools for Adults	2.7	2.5	1.6	1.7	1.7
技工学校	Vestibule Schools	10.1	9.5	4.5	3.0	2.3
普通中学	Regular Secondary Schools	54.3	54.7	47.3	44.5	43.2
#高 中	#Senior Secondary Schools	20.8	20.2	19.4	18.2	18.1
职业中学	Vocational Secondary Schools	3.9	3.3	2.7	2.3	2.3
小 学	Primary Schools	33.4	32.9	27.4	22.7	24.9
在校学生数(万人)	**Student Enrollment(10000 persons)**					
普通高等学校	Regular Institutions of Higher Education	71.1	70.5	71.8	73.1	73.5
成人高等学校	Adult Institutions of Higher Education	2.4	2.5	2.6	2.6	2.0
中等专业学校	Specialized Secondary Schools	11.9	12.1	11.9	11.7	11.2
成人中等专业学校	Adult Specialized Secondary Schools	8.1	6.4	6.1	5.3	4.8
普通中学	Regular Secondary Schools	184.5	181.7	152.2	148.3	145.4
#高 中	#Senior Secondary Schools	62.2	61.3	58.9	56.7	55.4
职业中学	Vocational Secondary Schools	12.3	10.9	9.4	7.3	7.0
技工学校	Technical Schools	19.5	22.6	14.4	9.6	6.3
小 学	Primary Schools	187.5	186.8	154.0	148.6	147.8
毕业生数(万人)	**Graduates(10000 persons)**					
普通高等学校	Regular Institutions of Higher Education	19.6	20.4	18.4	18.5	19.4
成人高等学校	Adult Institutions of Higher Education	1.0	0.9	1.0	1.0	1.1
中等专业学校	Specialized Secondary Schools	3.5	3.7	3.7	3.7	3.6
成人中等专业学校	Adult Specialized Secondary Schools	4.6	4.2	1.5	2.7	2.4
普通中学	Regular Secondary Schools	60.2	60.0	57.9	46.8	46.1
#高 中	#Senior Secondary Schools	20.4	20.6	20.6	19.9	19.4
职业中学	Vocational Secondary Schools	4.2	4.5	3.9	3.6	2.4
技工学校	Technical Schools	3.1	5.5	9.1	7.2	4.9
小 学	Primary Schools	33.6	34.7	33.0	26.7	25.4
每一教师负担学生(人)	**Student-teacher Ratio(person)**					
普通高等学校	Regular Institutions of Higher Education	15.9	15.5	15.5	15.6	15.7
中等学校	Secondary Schools	12.4	12.0	10.3	10.0	9.9
小 学	Primary Schools	13.9	14.5	12.8	13.0	13.6

17-2 各级各类学校数

NUMBER OF SCHOOLS BY LEVEL AND TYPE OF SCHOOL

单位：所 (unit)

年 份 Year	普通高等学校 Regular Institutions of Higher Education	中等学校 Secondary Schools	中等专业学校 Specialized Secondary Schools	中等技术学校 Technical Secondary Schools	中等师范学校 Teacher Secondary Schools	职业中学 Vocational Secondary Schools
1978	24	4140	75	55	20	
1980	28	3522	93	68	25	89
1985	40	3403	99	71	28	400
1990	42	3338	107	77	30	413
1995	38	3190	111	81	30	398
1996	38	3199	113	83	30	361
1997	37	3202	114	84	30	336
1998	38	3123	114	84	30	297
1999	39	3080	112	83	29	269
2000	36	3023	109	83	26	240
2001	41	3034	96	74	22	163
2002	48	3003	75	58	17	182
2003	55	2937	51	40	11	167
2004	59	2907	44	35	9	166
2005	62	2799	56	47	9	156
2006	65	2758	63	55	8	179
2007	68	2677	66	60	6	197
2008	70	2617	66	62	4	196
2009	78	2504	70	66	4	186
2010	79	2426	72	68	4	180
2011	78	2328	75	71	4	161
2012	79	2270	73	69	4	154
2013	80	2183	73	70	3	145
2014	80	2154	74	71	3	134
2015	81	2139	72	70	2	127

17-2 续表 CONTINUED

年 份 Year	普通中学 Regular Secondary Schools	高中 Senior Secondary Schools	初中 Junior Secondary Schools	小学 Primary Schools	幼儿园 Kindergartens	盲聋哑学校 Blind, Deaf, Deaf-mute Schools
1978	4065	2119	1946	26425	1654	62
1980	3340	1480	1860	25879	2594	58
1985	2904	828	2076	18157	3216	61
1990	2818	600	2218	17092	1826	64
1995	2681	475	2206	16163	3918	68
1996	2725	470	2255	15902	3993	67
1997	2752	474	2278	15377	4168	67
1998	2712	461	2251	15193	4506	66
1999	2699	467	2232	14754	4830	70
2000	2674	463	2211	13995	4503	65
2001	2775	462	2313	12636	2089	72
2002	2746	447	2299	11990	2100	71
2003	2719	481	2238	11400	2181	71
2004	2697	479	2218	10791	3179	73
2005	2587	475	2112	9995	4156	72
2006	2516	475	2041	9288	4287	71
2007	2414	463	1951	8738	4135	71
2008	2355	445	1910	8142	4466	71
2009	2248	430	1818	7202	4092	72
2010	2174	416	1758	6490	3942	74
2011	2092	411	1681	5620	4504	73
2012	2043	398	1645	4834	4796	74
2013	1965	379	1586	3261	5571	74
2014	1946	378	1568	3115	5853	74
2015	1940	377	1563	2802	5770	73

17-3 各级各类学校教职工数

NUMBER OF TEACHERS AND STAFF BY LEVEL AND TYPE OF SCHOOL

单位：人 (person)

年 份 Year	普 通 高等学校 Regular Institutions of Higher Education	中等学校 Secondary Schools	中等专业 学 校 Specialized Secondary Schools	中 等 技术学校 Technical Secondary Schools	中 等 师范学校 Teacher Secondary Schools
1978	23867	188718	12062	9445	2617
1980	29070	192575	13057	10013	3044
1985	36949	194053	15991	13067	2924
1990	42418	214098	17483	13843	3640
1995	43324	208562	18075	14087	3988
1996	43204	208805	18387	14486	3901
1997	41212	209992	18282	14321	3961
1998	40564	211976	18013	14117	3896
1999	42608	213841	17440	13686	3754
2000	43120	210698	16443	12971	3472
2001	46163	210046	13433	10352	3081
2002	52140	207103	10221	7890	2331
2003	60609	203403	6592	4970	1622
2004	64831	201713	6055	4602	1453
2005	65640	193714	6648	5322	1326
2006	68252	193053	6969	5714	1255
2007	72316	192299	7519	6609	910
2008	74480	192253	7519	7002	517
2009	75062	192092	7880	7378	502
2010	75741	189957	7418	6810	608
2011	76205	204497	7462	6873	589
2012	77510	207351	7302	6935	367
2013	77234	201949	7263	6906	357
2014	77000	200828	7541	7361	180
2015	76086	197551	7551	7385	166

17-3 续表 CONTINUED

年 份 Year	普通中学 Regular Secondary Schools	职业中学 Vocational Secondary Schools	小 学 Primary Schools	幼儿园 Kindergartens	盲聋哑 学 校 Blind, Deaf, Deaf-mute Schools
1978	176656		217179	13176	1064
1980	176247	3271	219967	23478	1197
1985	163216	14846	239660	32172	1562
1990	176687	19928	250064	40631	2164
1995	173311	17176	247894	42219	2779
1996	174556	15862	246032	40868	2577
1997	176878	14832	246444	39793	2524
1998	180066	13897	242001	37391	2598
1999	183112	13289	236864	34884	2550
2000	182246	12009	221859	32840	2466
2001	185718	10895	209888	19975	2598
2002	186394	10488	207924	19586	2628
2003	186384	10427	204820	20298	2546
2004	185184	10474	201911	24145	2484
2005	176524	10542	188256	25668	2290
2006	174745	11339	184214	27872	2295
2007	172633	12147	181778	27812	2281
2008	172718	12016	179467	29623	2295
2009	172299	11913	176830	28883	2285
2010	171212	11327	172707	29803	2312
2011	185966	11069	152915	39417	2308
2012	188935	11114	145978	44708	2312
2013	184377	10309	136461	51578	2253
2014	183497	9790	130444	55788	2281
2015	180505	9495	123574	59559	2222

17-4 各级各类学校教师数

NUMBER OF TEACHERS BY LEVEL AND TYPE OF SCHOOL

单位：人 (person)

年份 Year	普通高等学校 Regular Institutions of Higher Education	中等学校 Secondary Schools	中等专业学校 Specialized Secondary Schools	中等技术学校 Technical Secondary Schools	中等师范学校 Teacher Secondary Schools	职业中学 Vocational Secondary Schools
1978	8380	142761	4193	3094	1099	
1980	10365	144291	4946	3477	1469	2589
1985	13448	135366	5953	4610	1343	9306
1990	15915	149499	7253	5435	1818	12198
1995	16542	148057	7757	5726	2031	11028
1996	16403	149560	7917	5904	2013	10316
1997	15736	152402	7999	5938	2061	9883
1998	15505	156257	7958	5918	2040	9331
1999	15804	159855	7787	5762	2025	9032
2000	16169	160153	7358	5464	1894	8396
2001	18042	161133	6193	4389	1804	7617
2002	23179	161352	4925	3505	1420	7373
2003	28525	160108	3302	2267	1035	7177
2004	32119	159719	3039	2089	950	7208
2005	35105	153952	3247	2348	899	7517
2006	36866	154299	3647	2741	906	8124
2007	39792	154769	4017	3338	679	8830
2008	41727	156018	4069	3723	346	8932
2009	43057	156205	4353	4011	342	9020
2010	44198	155048	4198	3773	425	8694
2011	44821	168152	4349	3972	377	8371
2012	45448	170671	4211	3964	247	8441
2013	46215	167746	4279	4036	243	8005
2014	46870	167073	4523	4406	117	7626
2015	46806	165186	4587	4479	108	7630

17-4 续表 CONTINUED

年份 Year	普通中学 Regular Secondary Schools	高中 Senior Secondary Schools	初中 Junior Secondary Schools	小学 Primary Schools	幼儿园 Kindergartens	盲聋哑学校 Blind, Deaf, Deaf-mute Schools
1978	138568	28151	110417	187061	9306	642
1980	136756	27606	109150	193787	13317	694
1985	120107	23099	97008	207256	21255	974
1990	130048	22785	107263	215735	24429	1367
1995	129272	21536	107736	214944	28890	1936
1996	131327	21722	109605	213124	27659	1741
1997	134520	22294	112226	214807	27717	1724
1998	138968	22845	116123	210954	26273	1869
1999	143036	23582	119454	206807	25962	1793
2000	144399	24172	120227	193113	24221	1751
2001	147323	25502	121821	182929	11733	1899
2002	149054	26695	122359	180900	11145	1931
2003	149629	29728	119901	178122	11779	1926
2004	149472	32648	116824	175274	13956	1910
2005	143188	34093	109095	163204	14534	1782
2006	142528	35788	106740	160511	15955	1799
2007	141922	37373	104549	158918	16313	1801
2008	143017	39386	103631	157436	17233	1843
2009	142832	40113	102719	155025	16768	1868
2010	142156	40726	101430	151344	17559	1873
2011	155432	49559	105873	134479	22696	1872
2012	158019	50245	107774	128792	25427	1879
2013	155462	49378	106084	120214	28747	1850
2014	154924	50029	104895	114606	30865	1899
2015	152969	49667	103302	109061	32328	1877

17-5 各级各类学校在校学生数

NUMBER OF STUDENTS ENROLLMENT BY LEVEL AND TYPE OF SCHOOL

单位：人 (person)

年 份 Year	普 通 高等学校 Regular Institutions of Higher Education	中等学校 Secondary Schools	中等专业学 校 Specialized Secondary Schools	#中 等 技术学校 Technical Secondary Schools	#中 等 师范学校 Teacher Secondary Schools	职业中学 Vocational Secondary Schools
1978	33248	2622047	36051	19339	16712	
1980	43627	2509164	41177	23483	17694	47822
1985	65940	2218705	59686	34629	25057	141245
1990	79908	2003199	66235	45337	20898	135486
1995	113523	2012719	100003	71239	28764	121520
1996	116379	2114982	111502	81527	29975	117839
1997	115767	2213940	118429	89123	29306	114606
1998	125140	2395561	123854	95414	28440	120185
1999	157063	2601909	128485	103235	25250	116937
2000	200386	2707986	115489	94596	20893	105060
2001	271435	2717522	116315	99280	17035	80619
2002	334627	2767789	121718	106897	14821	84884
2003	392246	2674379	111540	43778	6263	88916
2004	465703	2613122	107997	41862	5134	94725
2005	540867	2480041	97559	44002	5847	103092
2006	584112	2378916	94547	55101	5088	116684
2007	634902	2313072	105562	72217	2856	137601
2008	678139	2263200	115559	91325	1791	143016
2009	708935	2219578	115624	96818	1612	156894
2010	719117	2159652	119002	94312	1751	132873
2011	711198	2088030	119458	95753	3699	123127
2012	704538	2046550	120694	88286	4340	109139
2013	717856	1734842	119341	84363	4331	93773
2014	730614	1673320	117012	84031	4416	73231
2015	735151	1635788	111562	81633	3199	70264

17-5 续表 CONTINUED

年 份 Year	普通中学 Regular Secondary Schools	高 中 Senior Secondary Schools	初 中 Junior Secondary Schools	小 学 Primary Schools	幼儿园 Kindergartens	盲聋哑 学 校 Blind, Deaf, Deaf-mute Schools
1978	2585996	493965	2092031	4958068	139791	4277
1980	2420165	455716	1964449	5002632	298740	4515
1985	2017774	335914	1681860	4677937	496132	5416
1990	1801478	267169	1534309	3977121	577053	5522
1995	1791196	252376	1538820	3729337	651655	5607
1996	1885641	260071	1625570	3713483	645365	4845
1997	1980905	270276	1710629	3705059	589276	4595
1998	2151522	292464	1859058	3448558	555898	4793
1999	2356487	309567	2046920	3101578	510631	4548
2000	2487437	328765	2158672	2830578	470317	4311
2001	2520588	362410	2158178	2587506	369821	7518
2002	2561187	413251	2147936	2437336	371120	7002
2003	2473923	486096	1987827	2401918	345116	6404
2004	2410400	546793	1863607	2315394	422998	6475
2005	2279390	583567	1695823	2204055	377242	6679
2006	2167685	607896	1559789	2103073	414227	6591
2007	2069909	607254	1462655	2040767	426913	6358
2008	2004625	611287	1393338	1982828	437284	8332
2009	1947060	608221	1338839	1903733	424717	9706
2010	1907777	616885	1290892	1879609	491647	8326
2011	1845445	622251	1223194	1874996	561714	6731
2012	1816717	612579	1204138	1867729	578793	6933
2013	1521728	589379	932349	1540035	540777	6482
2014	1483077	566805	916272	1486016	535854	6693
2015	1453962	554173	899789	1477992	532286	6903

17-6 各级各类学校招生数

NUMBER OF NEW STUDENTS ENROLLMENT BY LEVEL AND TYPE OF SCHOOL

单位：人　　(person)

年份 Year	普通高等学校 Regular Institutions of Higher Education	中等学校 Secondary Schools	中等专业学校 Specialized Secondary Schools	#中等技术学校 Technical Secondary Schools	#中等师范学校 Teacher Secondary Schools
1978	13192	988741	19051	9907	9144
1980	11440	964834	19383	10304	9079
1985	24701	774608	24699	14729	9970
1990	24289	697999	19069	14176	4893
1995	35270	764356	35879	26806	9073
1996	36448	736548	39720	30156	9564
1997	36288	739193	41747	31605	10142
1998	39881	913767	44557	34779	9778
1999	62480	934441	46585	40237	6348
2000	76450	847161	35473	29187	6286
2001	98162	810737	31566	26573	4993
2002	115702	789643	40743	36057	4686
2003	125402	686475	36258	15540	2085
2004	149924	725222	33267	13253	1248
2005	172054	710305	31954	16629	1529
2006	180386	714447	35078	24506	1883
2007	195766	693270	40903	33282	999
2008	216022	690791	42038	35868	571
2009	210372	705121	42954	36594	418
2010	195365	650019	40329	32271	781
2011	199414	625026	42931	32830	1595
2012	203066	622583	42296	29130	2170
2013	202707	540110	40612	28258	1366
2014	203081	506653	39026	28905	1260
2015	205725	490720	35936	27604	605

17-6 续表 CONTINUED

年份 Year	普通中学 Regular Secondary Schools	高中 Senior Secondary Schools	初中 Junior Secondary Schools	职业中学 Vocational Secondary Schools	小学 Primary Schools	盲聋哑学校 Blind, Deaf, Deaf-mute Schools
1978	969690	244752	724938		1189813	730
1980	901537	216203	685334	43914	1078553	792
1985	676789	116124	560665	73120	736004	1059
1990	619527	95016	524511	59403	636998	820
1995	678617	93860	584757	49860	639529	831
1996	652427	90282	562145	44401	633284	672
1997	655077	98005	557072	42369	599270	703
1998	816060	113234	702826	53150	510911	796
1999	852360	110095	742265	35496	464113	580
2000	780271	118418	661853	31417	442988	618
2001	751164	141132	610032	28007	414318	884
2002	716662	159228	557434	32238	406494	1024
2003	618877	187643	431234	31340	405337	830
2004	661363	203315	458048	30592	383832	760
2005	641065	205541	435524	37286	240241	778
2006	630939	208852	422087	48430	333206	800
2007	595430	198023	397407	56937	340170	783
2008	598813	209254	389559	49940	336919	1126
2009	597601	207927	389674	64566	312389	1511
2010	570688	207452	363236	39002	341438	1233
2011	542744	207742	335002	39351	333945	664
2012	547433	202090	345343	32854	328950	700
2013	472887	193979	278908	26611	274454	731
2014	444859	181627	263232	22768	227120	1154
2015	431869	180950	250919	22915	249113	977

17-7 各级各类学校毕业生数

NUMBER OF GRADUATES BY LEVEL AND TYPE OF SCHOOL

单位：人 (person)

年 份 Year	普 通 高等学校 Regular Institutions of Higher Education	中等学校 Secondary Schools	中等专业学校 Specialized Secondary Schools	#中 等 技术学校 Technical Secondary Schools	#中 等 师范学校 Teacher Secondary Schools
1980	7828	704698	19911	11708	8203
1985	11772	583165	17347	10620	6727
1990	22972	584486	15986	10607	5379
1995	30622	576053	23369	16177	7192
1996	33439	569253	28852	19881	8971
1997	30589	594398	33861	22956	10905
1998	30055	669351	37397	26665	10732
1999	30218	655719	39353	29862	9491
2000	31737	661074	38157	27606	10551
2001	37359	710566	30327	23054	7273
2002	46401	684420	32431	27214	5217
2003	69050	729371	45279	18758	2636
2004	84964	751291	34596	12241	2150
2005	100791	792618	32449	12201	752
2006	129465	778185	24699	13062	
2007	148883	721246	19317	9399	
2008	169988	708092	20032	12344	56
2009	174380	716578	34407	26216	61
2010	180982	678382	30569	24070	13
2011	196075	679656	35264	31111	581
2012	203792	682859	37357	30082	392
2013	184085	656062	37314	30449	491
2014	185376	541426	37011	27722	971
2015	193980	521228	36425	28274	1822

17-7 续表 CONTINUED

年 份 Year	普通中学 Regular Secondary Schools	高 中 Senior Secondary Schools	初 中 Junior Secondary Schools	职业中学 Vocational Secondary Schools	小 学 Primary Schools	盲聋哑 学 校 Blind, Deaf, Deaf-mute Schools
1980	684422	169152	515270	365	760548	441
1985	527026	102731	424295	38792	654517	432
1990	522845	89285	433560	45655	635770	554
1995	507909	73306	434603	44775	638456	585
1996	497697	74005	423692	42704	606170	569
1997	515521	79682	435839	45016	591032	476
1998	586482	86053	500429	45472	749160	549
1999	575538	82932	492606	40828	785711	508
2000	578390	91419	486971	44527	698124	632
2001	630624	102784	527840	49615	638339	950
2002	621709	105634	516075	30280	570422	670
2003	658977	115778	543199	25115	438218	536
2004	688863	139441	549422	27832	462923	566
2005	726516	161301	565215	33653	443962	669
2006	718229	181583	536646	35257	427035	724
2007	669849	193767	476082	32080	398638	639
2008	650950	203680	447270	37110	390554	879
2009	642951	206616	436335	39220	389841	1629
2010	600743	195518	405225	47070	363943	931
2011	602472	204287	398185	41920	336006	642
2012	600231	206310	393921	45271	346553	576
2013	579347	206088	373259	39401	330069	799
2014	468483	198990	269493	35932	267124	653
2015	460988	193938	267050	23815	254050	655

17-8 普通高等学校本专科分学科学生数 (2015年)

NUMBER OF STUDENTS ENROLLMENT IN INSTITUTIONS OF HIGHER EDUCATION BY FIELD OF STUDY (2015)

单位：人 (person)

学 科	Subject	本科毕业生数 Graduates of Regular College Course	本科招生数 New Student Enrollment of Regular College Course	本科在校生数 Student Enrollment of Regular College Course
总 计	**Total**	**124928**	**127738**	**513966**
#女 性	#Female	66039	67142	269440
哲 学	Philosophy	82	112	398
经济学	Economics	6415	6190	24329
法 学	Law	2672	3112	11238
教育学	Education	4480	4501	18340
文 学	Literature	13135	11524	46748
历史学	History	569	494	2111
理 学	Science	6873	8030	30502
工 学	Engineering	45621	49305	192980
农 学	Agriculture	2305	2973	10717
医 学	Medicine	8521	9217	43300
管理学	Manage	24541	22093	92504
艺术学	Art	9714	10187	40799

17-8 续表 CONTINUED

单位：人 (person)

学 科	Subject	专科毕业生数 Graduates of Regular Specialized Subject	专科招生数 New Student Enrollment of Regular Specialized Subject	专科在校学生数 Student Enrollment of Regular Specialized Subject
总 计	**Total**	**69052**	**77987**	**221185**
#女 性	#Female	34180	38284	109494
农林牧渔大类	Agriculture,Forestry, Animal Husbandry & Fishery	1845	2973	8032
交通运输大类	Traffic and Transport	6347	8050	22380
生化与药品大类	Biochemistry and Pharmaceuticals	2039	2945	7694
资源开发与测绘大类	Resource Development and Mapping	1498	1088	3367
材料与能源大类	Materials and Energy	1093	1009	3506
土建大类	Civil Engineering	10102	7441	27235
水利大类	Water Conservancy	128	136	459
制造大类	Manufacturing	8701	9569	27305
电子信息大类	Electronic Information	4532	6587	16570
环保、气象与安全大类	Environmental Protection, Meteorology and Security	224	266	792
轻纺食品大类	Textile Food	1876	2084	6252
财经大类	Finance	11450	12148	34135
医药卫生大类	Medical and Health	7143	9235	24236
旅游大类	Tourism	1783	2250	6458
公共事业大类	Public Career	424	405	1283
文化教育大类	Culture and Education	6701	7090	19937
艺术设计传媒大类	Art and Design Media	1897	2746	7366
公安大类	Public Security	239	437	916
法律大类	Law	1030	1528	3262

17-9 普通高等学校分科专任教师数 (2015年)

NUMBER OF FULL-TIME TEACHERS BY FIELD OF STUDY IN REGULAR HIGHER EDUCATION INSTITUTIONS (2015)

单位：人 (person)

学科	Subject	合计 Total	教授 Professors	副教授 Asso. Prof	讲师 Lecturers	助教 Assistants	教员 Instructors
总计	**Total**	**46806**	**7388**	**15490**	**19216**	**3398**	**1314**
#女性	#Female	25093	3173	8008	11074	1998	840
哲学	Philosophy	972	176	323	372	76	25
经济学	Economics	1913	299	676	733	140	65
法学	Law	2037	247	632	895	158	105
教育学	Education	3523	410	1189	1474	365	85
文学	Literature	6317	544	1853	3257	480	183
历史学	History	282	62	123	84	10	3
理学	Science	4937	859	1698	1922	332	126
工学	Engineering	14854	2893	5224	5452	935	350
农学	Agriculture	1678	455	557	577	70	19
医学	Medicine	3349	637	1016	1419	193	84
管理学	Manage	3698	528	1319	1489	250	112
艺术学	Art	3246	278	880	1542	389	157

17-10 平均每万人口在校学生数和大中小学学生构成

NUMBER OF STUDENTS ENROLLMENT PER 10000 POPULATION AND COMPOSITION OF STUDENTS ENROLLED

年份 Year	大中小学校在校学生占全省人口(%) Students as Percentage of Total Population(%)	平均每万人口学生数(人) Number of Students per 10000 Population(person)			大中小学学生构成(%) Student Structure of Different Level(%)		
		大学生 University and College Students	中学生 Secondary School Students	小学生 Primary School Students	大学生 University and College Students	中学生 Secondary School Students	小学生 Primary School Students
1978	24.3	10.6	837.8	1584.2	0.4	34.4	65.1
1980	23.6	13.6	783.2	1561.5	0.6	33.2	66.2
1985	20.7	19.6	660.9	1393.5	0.9	31.9	67.2
1990	17.1	22.6	565.4	1122.5	1.3	33.1	65.6
1995	15.8	30.7	543.8	1007.7	1.9	34.4	63.7
1996	15.9	31.2	567.3	996.1	2.0	35.6	62.5
1997	16.1	30.9	590.2	987.8	1.9	36.7	61.4
1998	15.8	33.2	634.9	914.0	2.1	40.1	57.8
1999	15.5	41.4	686.2	817.9	2.7	44.4	52.9
2000	15.1	52.6	711.3	743.5	3.5	47.2	49.3
2001	14.6	71.2	713.1	679.0	4.9	48.7	46.4
2002	14.5	87.8	725.9	639.2	6.0	50.0	44.0
2003	14.3	102.8	698.0	629.8	7.2	48.9	43.9
2004	14.7	157.8	704.2	606.8	10.7	47.9	41.3
2005	14.4	192.3	673.0	577.0	13.3	46.7	40.0
2006	14.2	213.3	655.0	550.0	15.0	46.2	38.8
2007	14.0	226.5	641.9	533.7	15.8	46.0	38.2
2008	14.0	242.7	636.1	518.5	17.4	45.5	37.1
2009	13.9	253.0	637.7	497.6	18.2	45.9	35.9
2010	13.8	257.1	629.8	491.0	18.7	45.7	35.6
2011	13.6	255.4	616.6	489.1	18.8	45.3	35.9
2012	13.5	258.3	609.3	487.1	19.1	45.0	36.0
2013	11.7	266.3	506.0	401.6	22.7	43.1	34.2
2014	11.3	270.4	475.4	387.6	23.9	41.9	34.2
2015	11.1	267.6	456.9	386.7	24.1	41.1	34.8

17-11 中等专业学校分科学生数(2015年)

NUMBER OF STUDENTS IN SPECIALIZED SECONDARY SCHOOLS BY FIELD OF STUDY (2015)

单位：人 (person)

学 科	Subject	毕业生数 Graduates	招生数 New Student Enrollment	在校学生数 Student Enrollment
总 计	**Total**	**36425**	**35936**	**111562**
农林牧渔类	Agriculture, Forestry, Animal Husbandry & Fishery	5588	2344	8890
资源环境类	Resource and Environment	15	99	428
能源与新能源类	Energy and New Energy	7	14	45
土木水利类	Civil Engineering class	2393	1855	6463
加工制造类	Machining and Manufacture	2751	1905	6685
石油化工类	Petroleum Chemical	1		
轻纺食品类	Textile Food	1209	255	1096
交通运输类	Traffic and Transport	2330	6492	16271
信息技术类	Information Technology	4441	3185	10118
医药卫生类	Medicine and Sanitation	9249	10721	32709
休闲保健类	Leisure-care	218	248	732
财经商贸类	Financial Business	2113	2249	6087
旅游服务类	Tourism Services	950	908	2561
文化艺术类	Culture and Art	1748	1642	5177
体育与健身	Sports and Fitness	684	657	2298
教育类	Educational	2194	3044	10970
司法服务类	Judicial Service	78	68	316
公共管理与服务类	Public management and service	366	200	579
其他	Others	90	50	137

17-12 中等专业学校专任教师数(2015年)

NUMBER OF FULL-TIME TEACHERS IN SPECIALIZED SECONDARY SCHOOLS (2015)

单位：人 (person)

项 目	Item	合 计 Total	#高级讲师 Senior Lecturers	#讲 师 Lecturers
总 计	**Total**	**4587**	**1448**	**1396**
文化基础课	Culture Basic Course	1566	471	483
专业课	Professionnal Course	2838	936	874
农林牧渔类	Agriculture, Forestry, Animal Husbandry & Fishery	148	49	49
资源环境类	Resource and Environment	14	2	6
能源与新能源类	Energy and New Energy	9	3	1
土木水利类	Civil Engineering class	119	31	43
加工制造类	Machining and Manufacture	288	99	84
石油化工类	Petroleum Chemical			
轻纺食品类	Textile Food	31	21	4
交通运输类	Traffic and Transport	359	92	101
信息技术类	Information Technology	370	123	128
医药卫生类	Medicine and Sanitation	748	252	226
休闲保健类	Leisure-care	18	5	7
财经商贸类	Financial Business	199	88	55
旅游服务类	Tourism Services	110	23	31
文化艺术类	Culture and art	159	36	56
体育与健身	Sports and Fitness	96	46	30
教育类	Educational	80	33	27
司法服务类	Judicial Service	4	1	1
公共管理与服务类	Public management and service	55	24	19
其他	Others	31	8	6
实习指导课	Practise and Direction Course	183	41	39

17-13 研究生数

NUMBER OF POSTGRADUATES

单位：人 (person)

年 份 Year	在校学生数 Student Enrollment	招生数 New Student Enrollment	毕业生数 Graduates	每十万人拥有研究生数 Number of Postgraduates per 100000 Population		
				在校学生数 Student Enrollment	招生数 New Student Enrollment	毕业生数 Graduates
1978	350	350		1.1	1.1	
1980	437	115	202	1.4	0.4	0.6
1985	3572	1926	588	10.7	5.8	1.8
1990	4011	1285	1572	11.4	3.6	4.5
1995	5643	1914	1344	15.3	5.2	3.6
1996	6269	2249	1606	16.8	6.0	4.3
1997	6662	2326	1667	17.8	6.2	4.4
1998	7195	2345	1774	19.1	6.2	4.7
1999	8465	3116	1903	22.4	8.2	5.0
2000	10647	4494	2293	28.0	11.8	6.0
2001	13861	5741	2455	36.4	15.1	6.4
2002	17586	7091	2999	46.1	18.6	7.9
2003	23630	9906	3862	62.0	26.0	10.1
2004	30268	12023	5345	79.3	31.5	14.0
2005	37075	13653	6608	97.1	35.8	17.3
2006	42683	14863	9064	111.7	38.9	23.7
2007	46109	15125	11679	120.6	39.6	30.5
2008	48890	15533	12903	127.8	40.6	33.7
2009	51915	17580	14667	135.7	46.0	38.3
2010	54467	18369	15468	142.3	48.0	40.4
2011	57829	19432	15247	150.8	50.7	39.8
2012	60819	20286	16824	158.6	52.9	43.9
2013	62249	20824	18439	162.3	54.3	48.1
2014	61174	20471	20685	159.6	53.4	54.0
2015	62044	21172	19151	162.3	55.4	50.1

17-14 分学科研究生数(2015年)

NUMBER OF POSTGRADUATES BY SUBJECT (2015)

单位：人 (person)

学 科	Subject	毕业生数 Graduates		招生数 New Student Enrollment		在校生数 Student Enrollment	
		博士 doctor	硕士 master	博士 doctor	硕士 master	博士 doctor	硕士 master
总 计	**Total**	**1700**	**17451**	**2570**	**18602**	**11872**	**50172**
#女 性	#Female	660	9063	993	9744	4273	26388
哲 学	Philosophy	21	134	24	114	116	344
经济学	Economics	3	328	12	327	50	834
法 学	Law	37	910	58	931	237	2678
教育学	Education	9	535	9	877	25	1933
文 学	Literature	27	913	38	827	142	2290
历史学	History		81		118		329
理 学	Science	137	1172	164	1306	715	3931
工 学	Engineering	995	7988	1663	8235	7791	21661
农 学	Agriculture	87	889	143	881	683	2492
医 学	Medicine	265	2337	297	2614	1095	7335
军事学	Military						
管理学	Manage	109	1706	149	1967	983	5055
艺术学	Art	10	458	13	405	35	1290
学术型学位	Academic Degree	1697	10601	2550	10485	11825	30894
专业学位	Professional Degree	3	6850	20	8117	47	19278

17-15 各级各类学校女学生数和女教师数

NUMBER OF FEMALE STUDENTS AND TEACHERS BY LEVEL AND TYPE OF SCHOOL

项目	Item	2011	2012	2013	2014	2015
女学生数(万人)	**Number of Female Students(10000 persons)**	**229.9**	**227.4**	**197.9**	**192.4**	**190.1**
普通高等学校	Institutions of Higher Education	36.8	36.4	37.1	37.6	37.9
中等专业学校	Specialized Secondary Schools	6.4	6.4	6.3	6.2	5.8
普通中学	Regular Secondary Schools	91.3	90.0	76.2	74.1	72.6
职业中学	Vocational Secondary Schools	5.7	5.1	4.2	3.1	2.9
小学	Primary Schools	89.8	89.6	74.1	71.4	71.0
女学生占学生总数(%)	**Percentage of Female Students to Total Students (%)**	**49.2**	**49.2**	**49.6**	**49.5**	**49.4**
普通高等学校	Institutions of Higher Education	51.7	51.6	51.7	51.5	51.5
中等专业学校	Specialized Secondary Schools	53.7	52.9	53.0	53.2	51.8
普通中学	Regular Secondary Schools	49.5	49.6	50.1	49.9	49.9
职业中学	Vocational Secondary Schools	46.3	46.3	45.1	42.5	41.1
小学	Primary Schools	47.9	48.0	48.1	48.0	48.1
女教师数(万人)	**Number of Female Teachers (10000 persons)**	**21.3**	**21.3**	**20.8**	**20.6**	**20.3**
普通高等学校	Institutions of Higher Education	2.3	2.4	2.4	2.5	2.5
中等专业学校	Specialized Secondary Schools	0.3	0.2	0.3	0.3	0.3
普通中学	Regular Secondary Schools	8.8	10.0	9.8	9.9	9.8
职业中学	Vocational Secondary Schools	0.5	0.5	0.5	0.5	0.5
小学	Primary Schools	9.5	8.2	7.8	7.5	7.3
女教师占教师总数(%)	**Percentage of Female Teachers to Total Teachers (%)**	**61.4**	**61.7**	**62.1**	**62.7**	**63.2**
普通高等学校	Institutions of Higher Education	51.8	52.3	52.8	53.0	53.6
中等专业学校	Specialized Secondary Schools	58.9	58.4	59.8	59.5	59.4
普通中学	Regular Secondary Schools	61.9	63.0	63.3	63.7	64.1
职业中学	Vocational Secondary Schools	58.9	58.5	58.9	59.8	59.9
小学	Primary Schools	64.0	63.7	64.5	65.6	66.5

17-16 各级学校教师负担学生数

STUDENT-TEACHER RATIO BY LEVEL OF SCHOOL

单位：人 (person)

年 份 Year	普通高等学校 Institutions of Higher Education		中等学校 Secondary Schools		小 学 Primary Schools	
	教师数 Number of Teachers	平均每个教师负担学生 Student-teacher Ratio	教师数 Number of Teachers	平均每个教师负担学生 Student-teacher Ratio	教师数 Number of Teachers	平均每个教师负担学生 Student-teacher Ratio
1978	8380	4.0	142761	18.4	187061	26.5
1980	10365	4.2	144291	17.4	193787	25.8
1985	13448	4.9	135366	16.4	207256	22.6
1990	15915	5.0	149499	13.4	215735	18.4
1991	15823	5.0	149950	13.3	216342	17.9
1992	15641	5.4	149918	13.2	216377	17.5
1993	15604	6.2	147621	12.7	213823	17.5
1994	16097	6.8	147699	12.8	215222	17.5
1995	16542	6.9	148057	13.6	214944	17.4
1996	16403	7.1	149560	14.1	213124	17.4
1997	15736	7.4	152402	14.5	214807	17.2
1998	15505	8.1	156257	15.3	210954	16.3
1999	15804	9.9	159855	16.3	206807	15.0
2000	16169	12.4	160153	16.9	193113	14.7
2001	18042	15.0	161133	16.9	182929	14.1
2002	23179	14.6	160153	17.2	180900	13.5
2003	28525	13.5	160108	16.6	178122	13.5
2004	32119	14.6	159719	16.4	175274	13.2
2005	35105	15.4	153952	16.1	163204	13.5
2006	36866	16.7	154299	15.1	160511	13.1
2007	39792	16.0	154769	14.9	158918	12.8
2008	41727	16.3	156018	14.5	157436	12.6
2009	43057	16.5	156205	14.2	155025	12.3
2010	44198	16.3	155048	13.9	151344	12.4
2011	44821	15.9	168152	12.4	134479	13.9
2012	45448	15.5	170671	12.0	128792	14.5
2013	46215	15.5	167746	10.3	120214	12.8
2014	46870	15.6	167073	10.0	114606	13.0
2015	46806	15.7	165186	9.9	109061	13.6

17-17 中小学升学及学龄儿童入学情况

STATISTICS OF JUNIOR SECONDARY SCHOOLS AND PRIMARY SCHOOLS ENTERING HIGHER LEVEL SCHOOLS, STATISTICS OF SCHOOL-AGE CHILDREN ENROLLED

单位：万人，%　　(10000 persons, %)

年份 Year	初中毕业生数 Graduates of Junior Secondary Schools	高级中等学校招生数 Students Entering Senior Secondary Schools	小学毕业生数 Graduates of Primary Schools	初级中等学校招生数 Students Entering Junior Secondary Schools	小学升学率 Percentage of Graduates of Primary Schools Entering Junior Secondary Schools	学龄儿童数 School-age Children	已入学学龄儿童数 School-age Children Enrolled in Schools	学龄儿童入学率 Percentage of School-age Children Enrolled
1978	46.9	24.5	77.4	72.5	93.7	406.7	386.9	95.1
1980	51.5	26.0	76.1	68.5	90.1	417.9	395.1	94.5
1985	42.5	21.7	65.5	56.2	85.8	341.5	333.8	97.7
1990	43.5	20.0	63.6	52.7	82.8	313.1	310.0	99.0
1995	43.5	19.3	63.8	59.4	93.1	347.9	343.9	98.9
1996	42.4	18.4	60.6	57.3	94.6	346.9	345.8	99.7
1997	43.6	20.5	59.1	55.7	94.2	355.9	351.2	98.8
1998	50.0	20.8	74.9	70.3	94.0	334.0	327.7	98.1
1999	49.3	20.3	78.6	74.2	94.4	296.6	292.0	98.4
2000	48.7	18.9	69.8	66.2	95.9	275.1	271.7	98.8
2001	52.8	20.6	63.8	61.0	96.1	248.4	240.6	96.9
2002	52.3	26.3	57.0	56.1	98.4	232.0	226.5	97.6
2003	55.1	28.3	43.8	43.3	98.9	247.2	225.1	91.1
2004	55.6	28.5	46.3	45.9	99.2	232.1	217.8	93.8
2005	57.3	32.6	44.4	43.6	98.2	211.2	207.9	98.4
2006	54.2	36.2	42.7	42.2	98.9	201.2	198.9	98.9
2007	47.7	36.7	40.0	39.8	99.5	196.3	193.7	98.7
2008	44.8	39.2	39.1	39.0	99.7	189.7	188.5	99.4
2009	43.7	41.9	39.0	39.0	99.9	183.1	182.2	99.5
2010	40.5	40.6	36.4	36.4	99.9	181.6	180.0	99.1
2011	39.9	41.8	33.6	33.5	99.8	182.1	181.7	99.8
2012	39.4	39.7	34.7	34.6	99.7	181.7	181.3	99.8
2013	37.3	32.2	33.0	27.9	84.6	145.6	145.5	99.9
2014	27.0	29.0	26.7	26.3	98.5	141.1	141.0	99.9
2015	26.7	28.0	25.4	25.1	98.8	139.6	139.6	99.9

注：2002起年高级中等学校招生数中新增了成人中专招生数，使相关数据明显增大。

Note:From 2002, the data of senior secondary schools include the data of specialized secondary schools for adults.

17-18 各类技工学校基本情况（2015年）

STATISTICS ON VARIOUS TECHNICAL SCHOOLS (2015)

单位：人　　(person)

指标	Item	合计 Total	地方劳动保障部门办 Local Labor Safeguard Ministries	地方国有经济单位办 Launched by Local State-owned Economic Institution: 行业办 Launched by Sector	地方国有经济单位办: 企业办 Launched by Enterprise	国务院部委办 Ministries of the State Council	其他 Others
学校数(所)	Number of Schools(unit)	131	65	34	18	16	32
在校学生数	Number of Students	63300	32483	9239	4041	5198	21578
招生数	New Student Enrollment	22771	11852	2918	2105	813	8001
毕业生数	Graduates	48680	33256	5908	2095	3813	9516
在职教职工数	Teachers and Staff	11274	7916	1671	732	939	1687
#文化技术理论课教师	#Classroom Teachers	5947	4379	920	460	460	648
生产实习课指导教师	Practical Training Teachers	2107	1326	277	185	92	504

17-19 技工学校数、学生数和教职工数

NUMBER OF TECHNICAL SCHOOLS, STUDENTS, STAFF AND TEACHERS

单位：人 (person)

年 份 Year	学校数（所） Schools (unit)	在 校 学生数 Student Enrollment	毕业生数 Graduates	招生数 New Student Enrollment	教职工数 Staff and Teachers	#教师数 Teachers
1978	128	25200	4523	19969	4887	1855
1980	217	50731	19969	25529	8941	3670
1985	202	50257	18949	25048	12902	5192
1990	220	95665	32103	33409	18271	7745
1995	220	85809	49100	29608	16179	8002
1996	195	64105	30884	20261	15245	7993
1997	192	62580	30898	22788	14990	7578
1998	168	44107	27155	13903	12595	6667
1999	170	35795	21884	10969	11962	7040
2000	172	28979	13126	9886	9375	5392
2001	166	24939	13379	9769	10429	7966
2002	150	28008	11567	13458	8892	5903
2003	147	31789	11135	17104	9454	7099
2004	135	41411	12318	21591	10833	7620
2005	128	60407	16429	28264	9417	6064
2006	124	68658	17167	32860	9256	6170
2007	121	88076	21775	46796	10457	7465
2008	130	91059	21063	40428	10261	7474
2009	130	101307	25158	44570	11101	8417
2010	133	142109	39697	82949	12316	7982
2011	133	194501	31131	100878	11539	8211
2012	134	225762	55013	94975	12338	8695
2013	134	144221	91463	44647	11671	7987
2014	133	95985	71838	30150	10789	7965
2015	131	63300	48680	22771	11274	8054

17-20 分地区普通高等学校基本情况(2015年)

BASIC STATISTICS ON REGULAR INSTITUTIONS OF HIGHER EDUCATION BY REGION (2015)

单位：人 (person)

地 区	Region	学校数（所） Schools (unit)	教职工数 Staff and Teachers	#专任教师 Full-time Teachers	#教授 Professors	#副教授 Asso. Prof	招生数 New Student Enrollment	在校生数 Student Enrollment	毕业生数 Graduates	授予学位数 Degrees Conferred
哈尔滨	harbin	51	52883	32673	5509	11150	142099	510846	133074	87990
齐齐哈尔	Qiqihar	6	4681	3217	336	1057	14259	54251	13444	8025
鸡 西	Jixi	1	924	495	78	83	2835	8206	2778	
鹤 岗	Hegang	1	416	202	22	113	787	1727	466	
双鸭山	Shuangyashan	1	341	164	16	62	255	835	465	
大 庆	Daqing	5	5693	3337	572	1116	13924	50971	14084	10363
伊 春	Yichun	1	356	205	14	67	453	1256	389	
佳木斯	Jiamusi	4	4041	2207	285	694	8324	29957	8373	5900
七台河	Qitaihe	1	177	144	28	53	681	1187	148	
牡丹江	Mudanjiang	7	4645	2861	416	785	15327	51013	14229	6051
黑 河	Heihe	1	779	525	62	119	2475	9662	2219	2217
绥 化	Suihua	1	810	523	33	117	2857	11104	2664	2659
大兴安岭	Daxinganling	1	340	253	17	74	1015	2667	801	

17-21 分地区中等职业学校基本情况(2015年)

BASIC STATISTICS ON SECONDARY VOCATIDNAL SCHOOLS BY REGION (2015)

单位：人 (person)

地 区	Region	学校数（所）Schools (unit)	教职工数 Staff and Teachers	#专任教师 Full-time Teachers	#副高级以上 Deputy High Above	毕业生数 Graduates	招生数 New Student Enrollment	#初中毕业 Graduate from Senior Secondary Schools	在校生数 Student Enrollment
全 省	**Total**	**242**	**19799**	**14185**	**4682**	**76280**	**55228**	**229407**	**84332**
哈尔滨	harbin	59	5925	4309	1446	24203	18879	73972	23774
齐齐哈尔	Qiqihar	31	2748	1943	647	14392	8576	41255	12490
鸡 西	Jixi	14	616	457	126	1730	1519	6671	2938
鹤 岗	Hegang	9	1010	728	276	2920	1760	8101	3430
双鸭山	Shuangyashan	10	607	429	179	2741	2464	7262	3425
大 庆	Daqing	14	1441	979	302	3889	1911	10073	1948
伊 春	Yichun	11	955	477	148	2543	801	6834	2909
佳木斯	Jiamusi	22	1640	1201	305	6501	5971	19958	6697
七台河	Qitaihe	3	82	46	19	571	564	2187	302
牡丹江	Mudanjiang	20	1228	987	290	6481	4611	18863	5106
黑 河	Heihe	20	1450	1053	478	4794	3175	16460	12728
绥 化	Suihua	23	1916	1458	450	4403	4271	14366	7567
大兴安岭	Daxinganling	6	181	118	16	1112	726	3405	1018

17-22 分地区普通中学学校数(2015年)

NUMBER OF REGULAR SECONDARY SCHOOLS BY REGION (2015)

单位：所 (unit)

地 区	Region	合 计 Total	#高 中 Senior Secondary Schools	城 区 Urban Areas	#高 中 Senior Secondary Schools	镇 区 Counties and Towns	#高 中 Senior Secondary Schools	乡 村 Rural Areas	#高 中 Senior Secondary Schools
全 省	**Total**	**1941**	**377**	**639**	**210**	**793**	**159**	**509**	**8**
哈尔滨	harbin	486	105	193	65	161	40	132	
齐齐哈尔	Qiqihar	257	40	62	22	103	18	92	
鸡 西	Jixi	110	25	35	15	47	7	28	3
鹤 岗	Hegang	62	15	31	7	28	8	3	
双鸭山	Shuangyashan	95	16	27	6	53	10	15	
大 庆	Daqing	150	29	74	20	43	8	33	1
伊 春	Yichun	57	18	41	14	15	4	1	
佳木斯	Jiamusi	133	24	36	11	67	10	30	3
七台河	Qitaihe	50	10	21	6	16	4	13	
牡丹江	Mudanjiang	130	36	45	17	63	18	22	1
黑 河	Heihe	104	22	18	8	66	14	20	
绥 化	Suihua	268	30	40	15	110	15	118	
大兴安岭	Daxinganling	39	7	16	4	21	3	2	

17-23 分地区普通中学在校学生数(2015年)

NUMBER OF STUDENTS OF REGULAR SECONDARY SCHOOLS BY REGION (2015)

单位：人 (person)

地区	Region	合计 Total	#高中 Senior Secondary Schools	城区 Urban Areas	#高中 Senior Secondary Schools	镇区 Counties and Towns	#高中 Senior Secondary Schools	乡村 Rural Areas	#高中 Senior Secondary Schools
哈尔滨	harbin	374023	135668	234538	94263	114476	41405	25009	
齐齐哈尔	Qiqihar	176133	67164	61031	29324	94832	37840	20270	
鸡西	Jixi	78265	30557	42226	19677	24940	8555	11099	2325
鹤岗	Hegang	43683	20556	23013	11844	20475	8712	195	
双鸭山	Shuangyashan	60566	26809	17408	8863	40078	17946	3080	
大庆	Daqing	151782	55949	89869	36990	50923	18859	10990	100
伊春	Yichun	38951	19519	31232	16956	7132	2563	587	
佳木斯	Jiamusi	100235	41222	47877	22197	43081	14804	9277	4221
七台河	Qitaihe	38452	14580	23166	8476	11743	6104	3543	
牡丹江	Mudanjiang	98401	41969	46420	16819	43364	22668	8617	2482
黑河	Heihe	63464	25459	22444	10574	39146	14885	1874	
绥化	Suihua	213656	66774	77480	35463	101680	31311	34496	
大兴安岭	Daxinganling	16365	7947	9928	5203	6204	2744	233	

17-24 分地区普通中学招生数(2015年)

NUMBER OF NEW ENROLLMENT STUDENTS OF REGULAR SECONDARY SCHOOLS BY REGION (2015)

单位：人 (person)

地区	Region	合计 Total	#高中 Senior Secondary Schools	城区 Urban Areas	#高中 Senior Secondary Schools	镇区 Counties and Towns	#高中 Senior Secondary Schools	乡村 Rural Areas	#高中 Senior Secondary Schools
全省	**Total**	**431869**	**180950**	**212096**	**103169**	**182285**	**74698**	**37488**	**3083**
哈尔滨	harbin	113155	46501	69830	32554	35658	13947	7667	
齐齐哈尔	Qiqihar	55963	20998	18773	9017	30436	11981	6754	
鸡西	Jixi	20920	9584	11429	6085	6864	2796	2627	703
鹤岗	Hegang	12644	6364	6716	3663	5864	2701	64	
双鸭山	Shuangyashan	18366	8645	5177	2788	12233	5857	956	
大庆	Daqing	41620	17960	24279	11900	14339	5960	3002	100
伊春	Yichun	11790	6386	9454	5536	2180	850	156	
佳木斯	Jiamusi	31302	13536	14707	7193	13643	4875	2952	1468
七台河	Qitaihe	10952	4694	6300	2707	3681	1987	971	
牡丹江	Mudanjiang	30051	14011	13327	5389	14049	7810	2675	812
黑河	Heihe	19770	8125	6882	3351	12285	4774	603	
绥化	Suihua	60536	21696	22383	11405	29169	10291	8984	
大兴安岭	Daxinganling	4800	2450	2839	1581	1884	869	77	

17-25 分地区普通中学毕业生数(2015年)

NUMBER OF GRADUATES OF REGULAR SECONDARY SCHOOLS BY REGION (2015)

单位：人 (person)

地 区	Region	合 计 Total	#高 中 Senior Secondary Schools	城 区 Urban Areas	#高 中 Senior Secondary Schools	镇 区 Counties and Towns	#高 中 Senior Secondary Schools	乡 村 Rural Areas	#高 中 Senior Secondary Schools
全 省	**Total**	**460997**	**193938**	**236473**	**113830**	**186709**	**77068**	**37815**	**3040**
哈尔滨	harbin	116568	46100	72590	32802	35706	13298	8272	
齐齐哈尔	Qiqihar	58440	24282	21084	10614	31099	13668	6257	
鸡 西	Jixi	24365	10678	12992	7006	7963	2761	3410	911
鹤 岗	Hegang	15568	7820	9086	4865	6409	2955	73	
双鸭山	Shuangyashan	19866	8551	6248	2975	12632	5576	986	
大 庆	Daqing	45618	21609	28792	14830	14397	6779	2429	
伊 春	Yichun	14513	7205	11706	6256	2581	949	226	
佳木斯	Jiamusi	35007	14195	16502	7603	15366	5369	3139	1223
七台河	Qitaihe	11458	4918	6954	3114	3547	1804	957	
牡丹江	Mudanjiang	33637	13920	16341	5679	14275	7335	3021	906
黑 河	Heihe	20761	8171	7673	3495	12431	4676	657	
绥 化	Suihua	58978	23503	22800	12616	27883	10887	8295	
大兴安岭	Daxinganling	6218	2986	3705	1975	2420	1011	93	

17-26 分地区普通中学教职工数(2015年)

NUMBER OF TEACHERS AND STAFF OF REGULAR SECONDARY SCHOOLS BY REGION (2015)

单位：人 (person)

地 区	Region	合 计 Total	按城乡分 By Urban and Rural Areas			按主管部门分 By Department			
			城 区 Urban Areas	镇 区 Counties and Towns	乡 村 Rural Areas	教育部门办 Run by Educational Department	其他部门办 Schools Run by Other Department	地方企业办 Run by Local Businesses	民 办 Run by Private and Other Social Sources
全 省	**Total**	**180505**	**79130**	**74761**	**26614**	**149867**	**23825**	**35**	**6778**
哈尔滨	harbin	44863	25499	13507	5857	38532	1752		4579
齐齐哈尔	Qiqihar	21411	6866	10123	4422	20394	747	35	235
鸡 西	Jixi	10699	4316	4241	2142	7771	2586		342
鹤 岗	Hegang	6668	3115	3442	111	3818	2435		415
双鸭山	Shuangyashan	8406	2688	5011	707	6050	2231		125
大 庆	Daqing	17548	10928	4542	2078	17171	260		117
伊 春	Yichun	6100	4566	1368	166	2484	3616		
佳木斯	Jiamusi	12708	4378	6658	1672	8687	3590		431
七台河	Qitaihe	3989	1992	1338	659	3844	145		
牡丹江	Mudanjiang	11310	4598	5196	1516	9224	1817		269
黑 河	Heihe	10164	2356	7077	731	5912	4181		71
绥 化	Suihua	23544	6345	10710	6489	22885	465		194
大兴安岭	Daxinganling	3095	1483	1548	64	3095			

17-27 分地区普通中学教师数(2015年)

NUMBER OF TEACHERS OF REGULAR SECONDARY SCHOOLS BY REGION (2015)

单位：人 (person)

地 区	Region	合 计 Total	#高 中 Senior Secondary Schools	按城乡分 By Urban and Rural Areas 城 区 Urban Areas	镇 区 Counties and Towns	乡 村 Rural Areas	按主管部门分 By Department 教育部门办 Run by Educational Department	其他部门办 Schools Run by Other Department	地方企业办 Run by Local Businesses	民 办 Run by Private and Other Social Sources
全 省	**Total**	**152969**	**42314**	**67573**	**62162**	**23234**	**129641**	**18204**	**20**	**5104**
哈尔滨	harbin	39062	11007	22456	11527	5079	34046	1480		3536
齐齐哈尔	Qiqihar	17889	4965	5798	8545	3546	17062	640	20	167
鸡 西	Jixi	8934	2172	3783	3312	1839	6724	1920		290
鹤 岗	Hegang	4873	1443	2283	2523	67	2880	1732		261
双鸭山	Shuangyashan	6653	1912	2151	3909	593	4913	1665		75
大 庆	Daqing	14876	4598	8918	4023	1935	14582	204		90
伊 春	Yichun	4842	1643	3719	996	127	1999	2843		
佳木斯	Jiamusi	10731	3068	3831	5440	1460	7671	2747		313
七台河	Qitaihe	3600	999	1774	1220	606	3483	117		
牡丹江	Mudanjiang	9806	3141	3947	4503	1356	8288	1337		181
黑 河	Heihe	8184	1979	2038	5505	641	4944	3172		68
绥 化	Suihua	21197	4830	5768	9500	5929	20727	347		123
大兴安岭	Daxinganling	2322	557	1107	1159	56	2322			

17-28 分地区小学学校数和在校学生数(2015年)

BASIC STATISTICS ON PRIMARY SCHOOLS AND STUDENTS ENROLLMENT BY REGION (2015)

地 区	Region	学校数（所） Number of Schools (unit)	按城乡分 By Urban and Rural Areas 城 区 Urban Areas	镇 区 Counties and Towns	乡 村 Rural Areas	在校学生数（人） Student Enrollment (person)	按城乡分 By Urban and Rural Areas 城 区 Urban Areas	镇 区 Counties and Towns	乡 村 Rural Areas
全 省	**Total**	**2802**	**643**	**675**	**1484**	**1477992**	**619235**	**597048**	**261709**
哈尔滨	harbin	590	176	142	272	421911	218713	139945	63253
齐齐哈尔	Qiqihar	667	63	98	506	216250	56091	101961	58198
鸡 西	Jixi	73	23	23	27	59515	25089	21837	12589
鹤 岗	Hegang	85	52	18	15	35653	19060	15536	1057
双鸭山	Shuangyashan	118	31	44	43	57779	14256	37471	6052
大 庆	Daqing	356	71	55	230	127649	61195	40418	26036
伊 春	Yichun	63	41	14	8	30236	22403	7047	786
佳木斯	Jiamusi	196	46	57	93	113919	46977	54148	12794
七台河	Qitaihe	50	22	12	16	36477	19319	10744	6414
牡丹江	Mudanjiang	189	52	60	77	109012	53521	37895	17596
黑 河	Heihe	121	19	45	57	67023	20069	42085	4869
绥 化	Suihua	259	38	90	131	189331	55732	82195	51404
大兴安岭	Daxinganling	35	9	17	9	13237	6810	5766	661

17-29 分地区小学招生数和毕业生数(2015年)

NUMBER OF NEW STUDENTS ENROLLMENT AND GRADUATES OF PRIMARY SCHOOLS BY REGION (2015)

单位：人 (person)

地区	Region	招生数 Number of New Students Enrollment	按城乡分 By Urban and Rural Areas			毕业生数 Number of Graduates	按城乡分 By Urban and Rural Areas		
			城区 Urban Areas	镇区 Counties and Towns	乡村 Rural Areas		城区 Urban Areas	镇区 Counties and Towns	乡村 Rural Areas
全省	**Total**	**249113**	**111988**	**96438**	**40687**	**254050**	**104529**	**101907**	**47614**
哈尔滨	harbin	74400	43126	22048	9226	68331	35982	21318	11031
齐齐哈尔	Qiqihar	32962	8560	15760	8642	34978	9356	16399	9223
鸡西	Jixi	10596	4831	3610	2155	11495	4980	4011	2504
鹤岗	Hegang	5564	3025	2404	135	6482	3218	3024	240
双鸭山	Shuangyashan	8860	2162	5976	722	9788	2416	6189	1183
大庆	Daqing	24105	12165	7279	4661	23770	11442	7568	4760
伊春	Yichun	4478	3320	1041	117	5550	3986	1418	146
佳木斯	Jiamusi	17759	7678	8320	1761	18013	7001	8779	2233
七台河	Qitaihe	6025	3383	1712	930	6310	3635	1652	1023
牡丹江	Mudanjiang	17789	9045	6051	2693	16160	7421	5812	2927
黑河	Heihe	10103	3128	6330	645	11669	3170	7473	1026
绥化	Suihua	34550	10530	15105	8915	39140	10759	17181	11200
大兴安岭	Daxinganling	1922	1035	802	85	2364	1163	1083	118

17-30 分地区小学教职工数(2015年)

NUMBER OF TEACHERS AND STAFF OF PRIMARY SCHOOLS BY REGION (2015)

单位：人 (person)

地区	Region	合计 Total	按城乡分 By Urban and Rural Areas			按主管部门分 By Department			
			城区 Urban Areas	镇区 Counties and Towns	乡村 Rural Areas	教育部门办 Run by Educational Department	其他部门办 Schools Run by Other Department	地方企业办 Run by Local Businesses	民办 Run by Private and Other Social Sources
全省	**Total**	**123574**	**42249**	**44073**	**37252**	**114167**	**8807**	**139**	**461**
哈尔滨	harbin	32935	12780	10569	9586	31402	1233		300
齐齐哈尔	Qiqihar	15017	3694	5164	6159	14510	450	57	
鸡西	Jixi	4618	1660	1555	1403	4401	202		15
鹤岗	Hegang	3785	2212	1045	528	3512	266		7
双鸭山	Shuangyashan	4978	1383	2702	893	4084	873		21
大庆	Daqing	10582	3902	2932	3748	10582			
伊春	Yichun	4727	3270	1150	307	1732	2995		
佳木斯	Jiamusi	9425	3178	3851	2396	8960	385		80
七台河	Qitaihe	2297	1319	569	409	2200	97		
牡丹江	Mudanjiang	9491	3567	3573	2351	8109	1344		38
黑河	Heihe	5766	1520	3012	1234	4928	792	46	
绥化	Suihua	18165	3036	7123	8006	17959	170	36	
大兴安岭	Daxinganling	1788	728	828	232	1788			

17-31 分地区小学专任教师数(2015年)

NUMBER OF FULL-TIME TEACHERS OF PRIMARY SCHOOLS BY REGION (2015)

单位：人 (person)

地 区	Region	合 计 Total	按城乡分 By Urban and Rural Areas			按主管部门分 By Department			
			城 区 Urban Areas	镇 区 Counties and Towns	乡 村 Rural Areas	教育部门办 Run by Educational Department	其他部门办 Schools Run by Other Department	地方企业办 Run by Local Businesses	民 办 Run by Private and Other Social Sources
全 省	**Total**	**109061**	**36935**	**38693**	**33433**	**101718**	**6887**	**100**	**356**
哈 尔 滨	harbin	29557	11355	9471	8731	28313	1022		222
齐齐哈尔	Qiqihar	12960	3233	4616	5111	12535	397	28	
鸡 西	Jixi	3895	1536	1247	1112	3738	142		15
鹤 岗	Hegang	2843	1556	883	404	2605	231		7
双 鸭 山	Shuangyashan	4162	1166	2234	762	3459	691		12
大 庆	Daqing	9528	3324	2627	3577	9528			
伊 春	Yichun	3703	2531	953	219	1391	2312		
佳 木 斯	Jiamusi	8447	2969	3338	2140	8097	284		66
七 台 河	Qitaihe	2133	1216	522	395	2070	63		
牡 丹 江	Mudanjiang	8635	3292	3085	2258	7598	1003		34
黑 河	Heihe	5100	1425	2556	1119	4444	610	46	
绥 化	Suihua	16722	2783	6530	7409	16564	132	26	
大兴安岭	Daxinganling	1376	549	631	196	1376			

17-32 分地区幼儿园基本情况(2015年)

BASIC STATISTICS ON KINDERGARTENS BY REGION (2015)

地 区	Region	园 数 (个) Number of Kindergartens (unit)	班 数 (个) Number of Classes (unit)	幼儿数 (人) Student Enrollment (person)	教职工数 (人) Staff and Teachers (person)	#专任教师 Full-time Teachers
全 省	**Total**	**5770**	**24318**	**532286**	**59559**	**32328**
哈 尔 滨	harbin	1343	6702	162821	18598	9555
齐齐哈尔	Qiqihar	921	3242	73845	5901	3307
鸡 西	Jixi	231	985	20295	2332	1238
鹤 岗	Hegang	159	631	11998	1738	845
双 鸭 山	Shuangyashan	199	925	18868	2190	1185
大 庆	Daqing	532	2154	49190	6783	3616
伊 春	Yichun	93	439	9806	1468	918
佳 木 斯	Jiamusi	414	2045	41136	4377	2359
七 台 河	Qitaihe	146	554	10089	1273	707
牡 丹 江	Mudanjiang	364	1687	36564	4244	2479
黑 河	Heihe	363	1236	21862	3033	1671
绥 化	Suihua	923	3405	71039	6611	3926
大兴安岭	Daxinganling	82	313	4773	1011	522

17-33 分级各类成人学校基本情况(2015年)

BASIC STATISTICS ON ADULT SCHOOLS BY LEVEL AND TYPE (2015)

单位：人 (person)

学校类别	Category	学校数(所) Schools (unit)	毕业生数 Graduates	招生数 New Student Enrollment	在校生数 Student Enrollment	教职工数 Staff and Teachers	#专任教师 Full-time Teachers
总计	**Total**	**2363**	**677149**	**24380**	**658407**	**25501**	**18940**
成人高等学校	Adult Education Schools	21	11486	6951	19779	2698	1360
广播电视大学	Radio and TV Universities	2	1306	1138	2800	441	220
职工高等学校	Schools of Higher Education for Staff and Workers	12	2410	1013	3699	944	549
管理干部学院	College for Management Cadres	3	2615	2012	4730	693	403
教育学院	Pedagogical Colleges	4	5155	2788	8550	620	188
成人中等学校	Secondary Schools for Adults	2304	664245	17429	637463	21847	16711
中等专业学校	Specialized Secondary Schools for Adults	44	24101	17429	47595	2377	1740
成人中学	Secondary Schools for Adults	106	12823		12584	1320	1057
职工中学	Secondary Schools for Staff and Workers	14	3186		3668	985	802
农民中学	Secondary Schools for Peasants	92	9637		8916	335	255
成人技术培训学校	Technical Training Schools for Adults	2154	627321		577284	18150	13914
职工技术培训学校(机构)	Worker's Technical Training School	139	42127		51170	4950	3853
农村成人文化技术培训学校(机构)	Rural Culture & Technology Training School(Institution)	1264	351455		339636	6177	4191
其他培训机构(含社会培训机构)	Other Training School	751	233739		186478	7023	5870
成人初等学校	Primary Schools for Adults	38	1418		1165	956	869
职工小学	Primary School for Employee						
民办小学	Primary Schools for Peasants	38	1418		1165	956	869
#扫盲班	#Literacy Courses						

17-34 分级各类成人学校在校学生数

STUDENT ENROLLMENT IN ADULT SCHOOLS BY LEVEL AND TYPE

单位：万人 (10000 persons)

学校类别	Category	2011	2012	2013	2014	2015
成人高等学校	**Adult Education Schools**	**2.4**	**2.5**	**2.6**	**2.6**	**2.0**
广播电视大学	Radio and TV Universities	0.4	0.3	0.3	0.3	0.3
职工高等学校	Schools of Higher Education for Staff and Workers	0.9	0.9	0.8	0.6	0.4
管理干部学院	College for Management Cadres	0.5	0.6	0.6	0.6	0.5
教育学院	Pedagogical Colleges	0.6	0.7	1.0	1.1	0.9
成人中等学校	**Secondary Schools for Adults**	**68.9**	**54.3**	**58.3**	**51.9**	**63.7**
中等专业学校	Specialized Secondary Schools for Adults	8.1	6.4	6.1	5.3	4.8
成人中学	Secondary Schools for Adults	3.1	2.2	1.5	1.1	1.3
成人技术培训学校	Technical Training Schools for Adults	57.6	45.7	50.7	45.5	57.7
成人初等学校	**Primary Schools for Adults**	**3.2**	**1.7**	**1.2**	**1.1**	**0.1**
职工小学	Primary School for Employee					
民办小学	Primary Schools for Peasants	3.2	1.7	1.2	1.1	0.1
#扫盲班	#Literacy Courses	0.1	0.2			

17-35 科技活动基本情况

BASIC STATISTICS ON SCIENTIFIC AND TECHNOLOGICAL ACTIVITIES

指 标	Item	2011	2012	2013	2014	2015
单位基本情况	**Basic Statistics on Unit**					
单位数(个)	Number of Unit(unit)	945	997	957	937	939
有R&D活动单位数(个)	Number of Unit With R&D Activities(unit)	372	373	253	246	335
研究与试验发展(R&D)投入情况	**Statistics on R&D Input**					
R&D人员全时当量(人年)	Full-time Equivalent of R&D Personnel(man-year)	56410	57206	53305	55985	49705
#基础研究	#Basic Research	8011	9427	10374	9653	7696
应用研究	Applied Research	6870	8180	8074	7789	8077
试验发展	Experimental Development	41528	39589	34855	38477	31290
R&D经费内部支出(万元)	Expenditure on R&D(10000 yuan)	1164377	1296006	1154167	1385590	1307662
#基础研究	#Basic Research	119461	128558	150882	115016	143202
应用研究	Applied Research	181618	226403	255185	282400	265852
试验发展	Experimental Development	863297	941045	748098	988173	863509
#政府资金	#Government Appropriation Funds	344210	491042	348310	471762	511156
企业资金	Self-raised Funds by Enterprises	789494	770716	773422	852608	746068
R&D经费内部支出相当于地区生产总值比例(%)	Proportion of R&D Expenditure to GDP(%)	0.93	0.95	0.80	0.92	0.87
R&D项目(课题)情况	**Statistics on R&D Topics**					
R&D项目(课题)数(项)	Projects of R&D(item)	20546	22672	23582	23886	24473
R&D项目(课题)人员全时当量(人年)	Participants(man-year)	49691	51313	49414	50915	43232
R&D项目(课题)经费内部支出(万元)	Intramural Expenditure(10000 yuan)	828370	979215	923712	1063733	1163843
科技产出及成果情况	**Statistics on S&T Outputs and Results**					
发表科技论文(篇)	Scientific Papers Issued(piece)	45933	41954	42028	44851	45052
出版科技著作(种)	Publication on Science and Technology(kind)	1595	1511	1471	932	1031
科技成果登记数(项)	Number of Major Achievements(item)	1376	1461	1472	1479	1612
国家技术发明奖(项)	State Technological Invention Award(item)	4	5	4	8	11
国家科学技术进步奖(项)	National Science and Technology Progress Award(item)	8	12	12	21	9
专利申请受理数(件)	Number of Patent Applications Accepted(piece)	23432	30610	10161	10081	12317
#发明专利	#Inventions	5063	7068	5116	5563	6314
专利申请授权数(件)	Number of Patent Applications Granted(piece)	12236	20261	5087	4298	6542
#发明专利	#Inventions	1953	2427	1636	1693	2693
技术市场情况	Basic Statistics on Technical Market					
成交技术合同(件)	Number of Technical Contracts Completed (piece)	1918	2772	2581	2134	1854
技术市场成交额(亿元)	Transaction Value in Technical Market(100 million yuan)	62.1	100.5	112.2	121.2	127.3

17-36 科学研究与开发机构基本情况

BASIC STATISTICS ON RESEARCH AND DEVELOPMENT INSTITUTIONS

指 标	Item	2011	2012	2013	2014	2015
机构基本情况	**Basic Statistics on Institutions**					
机构数(个)	Number of R&D Institutions(unit)	228	226	226	226	226
#中央属	#Subordinated to Central Level	18	16	16	16	16
地方属	Subordinated to Local Level	210	210	210	210	210
研究与试验发展(R&D)投入情况	**Statistics on R&D Input**					
R&D人员(人)	R&D Personnel(person)	7618	7677	7710	7739	7663
R&D人员全时当量(人年)	Full-time Equivalent of R&D Personnel(man-year)	7169	7099	7591	7686	6778
#基础研究	#Basic Research	904	1076	1374	1212	1268
应用研究	Applied Research	1424	2192	2239	2375	2229
试验发展	Experimental Development	4841	3831	3978	4099	3281
R&D经费内部支出(万元)	Expenditure on R&D(10000 yuan)	119871	144408	150448	161622	139353
#基础研究	#Basic Research	17463	24407	22768	25846	30880
应用研究	Applied Research	29869	40316	40491	42287	36789
试验发展	Experimental Development	72538	79686	87189	93490	71684
#政府资金	#Government Appropriation Funds	96823	116722	117118	113682	107780
企业资金	Self-raised Funds by Enterprises	5590	9851	16263	7719	7056
R&D项目(课题)情况	**Statistics on R&D Topics**					
R&D项目(课题)数(项)	Projects of R&D(item)	2001	1901	2050	2066	2165
R&D项目(课题)人员全时当量(人年)	Participants(man-years)	5953	6829	6966	6216	5806
R&D项目(课题)经费内部支出(万元)	Intramural Expenditure(10000 yuan)	50620	58427	63569	59811	65969
科技产出及成果情况	**Statistics on S&T Outputs and Results**					
发表科技论文(篇)	Scientific Papers Issued(piece)	4626	3781	3835	3791	3543
#国外发表	#Published in Foreign Periodicals	353	275	356	512	427
出版科技著作(种)	Publication on Science and Technology(kind)	132	129	127	103	139
专利申请受理数(件)	Number of Patent Applications Accepted(piece)	522	688	578	521	624
#发明专利	#Inventions			290	235	303
专利申请授权数(件)	Number of Patent Applications Granted(piece)	249	448	363	378	412
#发明专利	#Inventions			153	117	134

17-37 高等学校科技活动情况

BASIC STATISTICS ON HIGHER EDUCATION FOR SCIENTIFIC AND TECHNOLOGICAL ACTIVITIES

指　　标	Item	2011	2012	2013	2014	2015
机构基本情况	**Basic Statistics on Institutions**					
学校数(个)	Number of Schools(unit)	94	90	93	83	121
#理工农医	#Science, Agricultural, Medicine	54	54	54	46	56
#人文社科	#Humanities and Social Sciences	40	36	39	37	65
R&D机构(个)	R&D Institutions(unit)	278	304	288	267	305
研究与试验发展(R&D)投入情况	**Statistics on R&D Input**					
R&D人员全时当量(人年)	Full-time Equivalent of R&D Personnel(man-year)	12939	15175	15267	14076	14787
#基础研究	#Basic Research	7107	8493	9000	8441	6428
应用研究	Applied Research	5446	6260	5816	5221	5176
试验发展	Experimental Development	385	422	449	348	541
R&D经费内部支出(万元)	Expenditure on R&D(10000 yuan)	270335	312084	363449	340561	380956
#基础研究	#Basic Research	101998	105341	128114	89170	112322
应用研究	Applied Research	151749	190116	214054	238823	221990
试验发展	Experimental Development	16588	16627	21279	12567	11544
#政府资金	#Government Appropriation Funds	159855	200274	209214	170908	212066
企业资金	Self-raised Funds by Enterprises	106034	106822	148880	166922	166070
R&D项目(课题)情况	**Statistics on R&D Topics**					
R&D项目(课题)数(项)	Projects of R&D(item)	14631	16988	18203	18100	19807
R&D项目(课题)人员全时当量(人年)	Participants(man-year)	12937	14925	15264	14012	15577
R&D项目(课题)经费内部支出(万元)	Intramural Expenditure(10000 yuan)	220256	287615	299994	317633	379856
科技产出及成果情况	**Statistics on S&T Outputs and Results**					
发表科技论文(篇)	Scientific Papers Issued(piece)	37564	37450	35282	37358	38123
#国外发表	#Published in Foreign Periodicals	12673	11071	10810	12669	14050
出版科技著作(种)	Publication on Science and Technology(kind)	1463	1419	1344	829	892
专利申请受理数(件)	Number of Patent Applications Accepted(piece)	4217	7054	6998	6497	8974
#发明专利	#Inventions			3868	3974	4763
专利申请授权数(件)	Number of Patent Applications Granted(piece)	2324	4084	4724	3920	6130
#发明专利	#Inventions			1483	1576	2559

17-38 大中型工业企业科技活动基本情况

BASIC STATISTICS ON SCIENCE AND TECHNOLOGY ACTIVITIES OF LARGE AND MEDIUM-SIZED INDUSTRIAL ENTERPRISES

指　　标	Item	2011	2012	2013	2014	2015
企业基本情况	**Basic Statistics on Enterprises**					
企业数(个)	Number of Enterprises(unit)	623	635	638	618	592
有R&D活动企业数(个)	Number of Enterprises With R&D Activities(unit)	135	144	111	115	121
R&D活动情况	**R&D Activities**					
R&D人员全时当量(人年)	R&D Personnel Full-time Equivalent(man-year)	36302	33592	30447	30943	28140
R&D经费内部支出(万元)	Intramural Expenditure(10000 yuan)	774171	856410	640270	613848	787353
R&D经费内部支出与主营业务收入之比(%)	Ratio of R&D Internal Expenditure and Main Business Income(%)	0.96	1.00	0.75	0.73	1.10
R&D项目数(项)	Projects(item)	3914	3853	3329	3304	2501
R&D项目经费内部支出(万元)	Internal Expenditure of R&D Project Funds(10000 yuan)	557493.5	642154	560149	520407	718018
企业办R&D机构情况	**Basic Statistics on Companies Organized R&D institutions**					
机构数(个)	Number of Institutions(unit)	152	154	113	117	125
机构人员数(人)	Personnel(person)	20584	16224	18891	18952	21226
机构经费支出(万元)	Expenditures(10000 yuan)	307326	373370	274680	277119	333829
新产品开发及生产情况	**Statistics onNew Product Development and Production**					
新产品开发项目数(个)	Number of New Product Development Projects(unit)	3109	2865	2315	2430	2082
新产品开发经费支出(万元)	New Product Development Expenditure(10000 yuan)	664119	704050	456729	489594	637566
新产品销售收入(万元)	New Product Sales(10000 yuan)	5311872	5190962	4892842	4389898	4629396
#新产品出口	#Exports	306910	526974	381943	267354	343999
技术获取和技术改造情况	**Statistics on Technology Acquisition and Transformation**					
引进国外技术经费支出(万元)	Introduction of Foreign Technology Expenditure(10000 yuan)	45408	42154	19602	19453	25087
引进技术消化吸收经费支出(万元)	Digestion and Absorption of Imported Technology Expenditure(10000 yuan)	19138	12447	5348	2177	16099
购买国内技术经费支出(万元)	Purchase of Technology Expenditure(10000 yuan)	7436	6244	6554	3135	2293
技术改造经费支出(万元)	Technological Innovation Expenditure(10000 yuan)	678131	649875	461580	384971	295806

17-39 按登记注册类型分规模以上工业企业研究与试验发展(R&D)活动及专利情况(2015年)

STATISTICS ON R&D ACTIVITIES AND PATENTS OF INDUSTRIAL ENTERPRISES ABOVE DESIGNATED SIZE BY REGISTRATION STATUS(2015)

登记注册类型	Status of Registration	R&D人员全时当量(人年) Full-time Equivalent of R&D Personnel (man-year)	R&D经费内部支出(万元) Expenditure on R&D (10000 yuan)	R&D项目数(项) R&D Projects (unit)	专利申请数(件) Number of Patent Applications (piece)	#发明专利 Inventions	有效发明专利数(件) Number of Inventions In Force (piece)
合　计	**Total**	**31762**	**880392**	**3080**	**3902**	**1752**	**3351**
#大中型工业企业	Large and Medium-sized Industrial Enterprises	28140	787353	2501	2719	1248	2388
内资企业	Domestic Funded Enterprises	28934	826583	2756	3659	1613	3078
国有企业	State-owned Enterprises	2169	134931	209	116	76	219
集体企业	Collective-owned Enterprises	255	446	9			36
股份合作企业	Cooperative Enterprises	9	828	5	4	1	3
联营企业	Joint Ownership Enterprises	1	668	3	15	1	
国有联营企业	State Joint Ownership Enterprises						
有限责任公司	Limited Liability Corporations	21150	576399	1834	2590	1219	2042
国有独资公司	State Sole Funded Corporations	2319	89004	165	502	290	457
股份有限公司	Share-holding Corporations Ltd.	3935	77112	479	439	184	429
私营企业	Private Enterprises	1414	36199	217	495	132	349
其他企业	Other Enterprises						
港、澳、台商投资企业	Enterprises with Funds from Hong Kong, Macao and Taiwan	463	20883	153	97	93	52
合资经营企业	Joint-venture Enterprises	193	4214	36	8	5	39
合作经营企业	Cooperative Enterprises						
独资经营企业	Enterprises with Sole Fund	270	16669	117	89	88	13
投资股份有限公司	Share-holding Corporations Ltd.						
外商投资企业	Foreign Funded Enterprises	2364	32926	171	146	46	221
中外合资经营企业	Joint-venture Enterprises	2190	30441	165	124	36	171
中外合作经营企业	Cooperation Enterprises						
外资企业	Enterprises with Sole Fund	62	1668	4	22	10	38
外商投资股份有限公司	Share-holding Corporations Ltd.	113	817	2			12

17-40 按行业分规模以上工业企业研究与试验发展(R&D)活动及专利情况(2015年)

STATISTICS ON R&D ACTIVITIES AND PATENTS OF INDUSTRIAL ENTERPRISES ABOVE DESIGNATED SIZE BY INDUSTRIAL SECTOR(2015)

行业	Sector	R&D人员全时当量(人年) Full-time Equivalent of R&D Personnel (man-year)	R&D经费内部支出(万元) Expenditure on R&D (10000 yuan)	R&D项目数(项) R&D Projects (unit)	专利申请数(件) Number of Patent Applications (piece)	#发明专利 Inventions	有效发明专利数(件) Number of Inventions In Force (piece)
全省总计	**Total**	**31762**	**880392**	**3080**	**3902**	**1752**	**3351**
煤炭开采和洗选业	Mining and Washing of Coal	377	15882	15	36		5
石油和天然气开采业	Extraction of Petroleum and Natural Gas	8857	173192	543	270	79	359
黑色金属矿采选业	Mining and Processing of Ferrous Metal Ores						
有色金属矿采选业	Mining and Processing of Non-ferrous Metal Ores				1	1	1
非金属矿采选业	Mining and Processing of Non-metal Ores						
农副食品加工业	Processing of Food from Agricultural Products	151	5886	31	35	18	48
食品制造业	Manufacture of Foods	148	2616	15	29	27	40
酒、饮料和精制茶制造业	Manufacture of Liquor, Beverages and Refined Tea	61	2130	7	64	50	21
烟草制品业	Manufacture of Tobacco	36	1424	11	3	1	3
纺织业	Manufacture of Textile	6	111	1			
纺织服装、服饰业	Manufacture of Textile, Wearing Apparel and Accessories						
皮革、毛皮、羽毛及其制品和制鞋业	Manufacture of Leather, Fur, Feather and Related Products and Footwear						
木材加工和木、竹、藤、棕、草制品业	Processing of Timber, Manufacture of Wood, Bamboo, Rattan, Palm and Straw Products	63	2158	8	39	13	28
家具制造业	Manufacture of Furniture	18	805	3	102	51	1
造纸及纸制品业	Manufacture of Paper and Paper Products	52	1894	17	22	8	20
印刷和记录媒介复制业	Printing and Reproduction of Recording Media	50	666	9	5	2	2
文教、工美、体育和娱乐用品制造业	Manufacture of Articles for Culture, Education, Arts and Crafts, Sport and Entertainment Activities	1	23	2			
石油加工、炼焦及核燃料加工业	Processing of Petroleum, Coking and Processing of Nuclear Fuel	439	19380	58	48	13	104
化学原料及化学制品制造业	Manufacture of Raw Chemical Materials and Chemical Products	673	22350	68	124	57	170
医药制造业	Manufacture of Medicines	3082	47849	450	263	156	408
化学纤维制造业	Manufacture of Chemical Fibre	6	70	3	4	4	5
橡胶和塑料制品业	Manufacture of Rubber and Plastics Products	315	16958	130	121	109	32
非金属矿物制品业	Manufacture of Non-metallic Mineral Products	237	8585	38	50	19	97
黑色金属冶炼和压延加工业	Smelting and Pressing of Ferrous Metals	276	15566	42	2	2	34
有色金属冶炼和压延加工业	Smelting and Pressing of Non-ferrous Metals	457	24527	60	36	26	100
金属制品业	Manufacture of Metal Products	760	12722	84	77	34	112
通用设备制造业	Manufacture of General Purpose Machinery	4311	212704	593	588	199	324
专用设备制造业	Manufacture of Special Purpose Machinery	1771	42092	166	292	80	321
汽车制造业	Manufacture of Automobiles	1141	21344	54	201	77	106
铁路、船舶、航空航天和其他运输设备制造业	Manufacture of Railway, Ship, Aerospace and Other Transport Equipments	4409	141302	372	690	375	513
电气机械和器材制造业	Manufacture of Electrical Machinery and Apparatus	2129	59079	158	281	104	145
计算机、通信和其他电子设备制造业	Manufacture of Computers, Communication and Other Electronic Equipment	205	2884	26	36	4	18
仪器仪表制造业	Instruments and Meters	1047	21762	70	231	116	212
其他制造业	Other Manufacturing	42	432	4	11	1	3
金属制品、机械和设备修理业	Repair Service of Metal Products, Machinery and Equipment	18	375	1			
电力、热力生产和供应业	Production and Supply of Electric Power and Heat Power	543	2193	30	223	121	101
燃气生产和供应业	Production and Supply of Gas	62	705	5	4	2	2
水的生产和供应业	Production and Supply of Water	12	174	2	3	1	6

17-41 按登记注册类型分规模以上工业企业新产品开发及生产情况(2015年)

NEW PRODUCTS DEVELOPMNET AND PRODUCTION OF INDUSTRIAL ENTERPRISES ABOVE DESIGNATED SIZE BY REGISTRATION STATUS(2015)

登记注册类型	Status of Registration	新产品项目数(项) New Products (unit)	开发新产品经费(万元) Expenditure on New Products Development (10000 yuan)	新产品销售收入(万元) Sales Revenue of New Products (10000 yuan)	#出口 Exports
合　计	**Total**	**2760**	**722307**	**5110495**	**353881**
#大中型工业企业	#Large and Medium-sized Industrial Enterprises	2082	637566	4629396	343999
内资企业	Domestic Funded Enterprises	2486	661234	4778872	281394
国有企业	State-owned Enterprises	213	135544	76351	
集体企业	Collective-owned Enterprises				
股份合作企业	Cooperative Enterprises	6	1086	2287	1180
联营企业	Joint Ownership Enterprises				
国有联营企业	State Joint Ownership Enterprises				
有限责任公司	Limited Liability Corporations	1514	406827	2633153	229037
国有独资公司	State Sole Funded Corporations	164	89273	222116	15285
股份有限公司	Share-holding Corporations Ltd.	495	79216	1630494	46712
私营企业	Private Enterprises	258	38560	436587	4465
其他企业	Other Enterprises				
港、澳、台商投资企业	Enterprises with Funds from Hong Kong, Macao and Taiwan	131	18898	91462	43309
合资经营企业	Joint-venture Enterprises	16	2835	11751	
合作经营企业	Cooperative Enterprises				
独资经营企业	Enterprises with Sole Fund	115	16063	79711	43309
投资股份有限公司	Share-holding Corporations Ltd.				
外商投资企业	Foreign Funded Enterprises	143	42175	240161	29179
中外合资经营企业	Joint-venture Enterprises	136	39384	204803	29179
中外合作经营企业	Cooperation Enterprises				
外资企业	Enterprises with Sole Fund	4	1647	23287	
外商投资股份有限公司	Share-holding Corporations Ltd.	3	1144	12071	

17-42 按行业分规模以上工业企业新产品开发及生产情况(2015年)

NEW PRODUCTS DEVELOPMNET AND PRODUCTION OF INDUSTRIAL ENTERPRISES ABOVE DESIGNATED SIZE BY INDUSTRIAL SECTOR(2015)

行 业	Sector	新产品项目数(项) New Products (unit)	开发新产品经费(万元) Expenditure on New Products Development (10000 yuan)	新产品销售收入(万元) Sales Revenue of New Products (10000 yuan)	#出口 Exports
全省总计	**Total**	**2760**	**722307**	**5110495**	**353881**
煤炭开采和洗选业	Mining and Washing of Coal	1	189	2787	
石油和天然气开采业	Extraction of Petroleum and Natural Gas	97	16233	39836	
黑色金属矿采选业	Mining and Processing of Ferrous Metal Ores				
有色金属矿采选业	Mining and Processing of Non-Ferrous Metal Ores	6	122		
非金属矿采选业	Mining and Processing of Non-metal Ores				
农副食品加工业	Processing of Food from Agricultural Products	34	6715	42904	
食品制造业	Manufacture of Foods	16	2475	25231	2562
酒、饮料和精制茶制造业	Manufacture of Liquor, Beverages and Refined Tea	9	2403	21512	
烟草制品业	Manufacture of Tobacco	13	1502	6552	
纺织业	Manufacture of Textile	1	0.4		
纺织服装、服饰业	Manufacture of Textile, Wearing Apparel and Accessories				
皮革、毛皮、羽毛及其制品和制鞋业	Manufacture of Leather, Fur, Feather and Related Products and Footwear				
木材加工和木、竹、藤、棕、草制品业	Processing of Timber, Manufacture of Wood, Bamboo, Rattan, Palm and Straw Products	6	1669	170	
家具制造业	Manufacture of Furniture	7	1391	4737	
造纸及纸制品业	Manufacture of Paper and Paper Products	15	1497	89504	14738
印刷和记录媒介复制业	Printing and Reproduction of Recording Media	10	950	2077	
文教、工美、体育和娱乐用品制造业	Manufacture of Articles for Culture, Education, Arts and Crafts, Sport and Entertainment Activities	1	20		
石油加工、炼焦及核燃料加工业	Processing of Petroleum, Coking and Processing of Nuclear Fuel	21	2491	917138	
化学原料及化学制品制造业	Manufacture of Raw Chemical Materials and Chemical Products	68	19417	363829	1006
医药制造业	Manufacture of Medicines	433	45180	234569	1597
化学纤维制造业	Manufacture of Chemical Fibres	5	255	553	
橡胶和塑料制品业	Manufacture of Rubber and Plastics Products	154	16535	97218	43309
非金属矿物制品业	Manufacture of Non-metallic Mineral Products	42	8059	137808	2225
黑色金属冶炼和压延加工业	Smelting and Pressing of Ferrous Metals	39	11482	278053	8771
有色金属冶炼和压延加工业	Smelting and Pressing of Non-ferrous Metals	60	24422	62516	547
金属制品业	Manufacture of Metal Products	73	11613	48160	457
通用设备制造业	Manufacture of General Purpose Machinery	626	214519	971482	9994
专用设备制造业	Manufacture of Special Purpose Machinery	235	50987	415811	45239
汽车制造业	Manufacture of Automobiles	65	39748	118314	1666
铁路、船舶、航空航天和其他运输设备制造业	Manufacture of Railway, Ship, Aerospace and Other Transport Equipments	403	148738	602889	132485
电气机械和器材制造业	Manufacture of Electrical Machinery and Apparatus	180	62772	570120	87873
计算机、通信和其他电子设备制造业	Manufacture of Computers, Communication and Other Electronic Equipment	35	4805	5195	
仪器仪表制造业	Manufacture of Measuring Instruments and Machinery	78	22670	42384	1414
其他制造业	Other Manufacture	2	220	509	
金属制品、机械和设备修理业	Repair Service of Metal Products, Machinery and Equipment	1	375	7012	
电力、热力生产和供应业	Production and Supply of Electric Power and Heat Power	8	1032		
燃气生产和供应业	Production and Supply of Gas	5	705	1624	
水的生产和供应业	Production and Supply of Water	1	106		

17-43 三项专利受理和授权情况

THREE TYPES OF PATENT APPLICATIONS EXAMINED AND GRANTED

单位：件　　　　(item)

项　　目	Item	2011	2012	2013	2014	2015
受理专利数	**Number of Patent Applications Examined**	**23432**	**30610**	**32264**	**31856**	**34611**
发　明	Inventions	5063	7068	10338	13468	14663
实用新型	Utility Models	9704	13359	16118	14557	16914
外观设计	Designs	8665	10183	5808	3831	3034
授权专利数	**Number of Patent Applications Certified**	**12236**	**20261**	**19819**	**15412**	**18942**
发　明	Inventions	1953	2427	2238	2454	4023
实用新型	Utility Models	5855	9680	12435	11036	12502
外观设计	Designs	4428	8154	5146	1922	2417
在受理专利中	**In Patent Applications Examined**					
个　人	Individual	14014	14198	12023	7974	8110
大专院校	Universities and Colleges	4217	7054	8791	9112	10967
科研单位	Research Institutions	522	688	919	982	1058
企　业	Enterprises	4582	8509	10433	13586	14236
机关团体	Government Agencies and Organizations	97	161	98	202	240
在授权专利中	**In Patent Applications Certified**					
个　人	Individual	7176	12049	9702	5447	5219
大专院校	Universities and Colleges	2324	4084	5439	5201	7355
科研单位	Research Institutions	249	448	467	448	598
企　业	Enterprises	2441	3581	4165	4255	5709
机关团体	Government Agencies and Organizations	46	99	1	61	61

17-44 科学技术协会机构和人员数

NUMBER OF INSTITUTIONS AND EMPLOYED PERSONS OF ASSOCIATIONS FOR SCIENCE AND TECHNOLOGY

项　　目	Item	2011	2012	2013	2014	2015
机构数(个)	**Number of Associations or Learned Societies (unit)**					
科协合计	Total Number of Associations for Science and Technology	80	80	140	140	140
省　级	Provincial Level	1	1	1	1	1
市地级	City Level	13	13	13	13	13
县　级	County Level			126	126	126
学会合计	Total Number of Learned Societies	142	140	144	144	144
省　级	Provincial Level	142	140	144	144	144
地市级	City Level					
人员数(人)	**Personnel (person)**					
科协合计	Total Number of Associations for Science and Technology	600	817	892	899	977
#科学家和工程师	#Scientists and Engineers					
省　级	Provincial Level	36	254	251	262	262
市地级	City Level	143	146	198	211	289
县　级	County Level	421	417	443	426	426
学会理事	Members of Boards of Directors	5469	5259	4776	3969	3969
#高级职称	#Members with Senior Titles					
省　级	Provincial Level	5469	5259	4776	3969	3969
市地级	City Level					

17-45 科协系统科技活动情况

BASIC STATISTICS ON SCIENTIFIC AND TECHNOLOGICAL ACTIVITIES OF ASSOCIATIONS FOR SCIENCE AND TECHNOLOGY

项 目	Item	2011	2012	2013	2014	2015
学术活动	**Academic Activities**					
国内学术会议次数(次)	Domestic Academic Meeting(times)	251	599	515	426	485
参加人数(人次)	Number of Participants(person-times)	17574	38240	35655	46824	58951
交流学术论文(篇)	Number of Papers Presented(piece)	9736	8637	12643	7040	7157
科技培训	**Training Program**					
一般培训班培训人数（万人次)	Number of Persons Trained in Training Classes (10000 person-times)	128	270	239	223	199
科普活动	**Activities for Popular Science**					
科普讲座次数(次)	Number of Lectures(times)	5255	15326	8149	25445	11680
听讲人数(万人次)	Number of Participants(10000 person-times)	209	474	343	442	347
科普展览次数(次)	Number of Exhibitions(times)	2178		1519	2357	2633
参观人数(万人次)	Number of Participants(10000 person-times)	274		94	64	98
青少年科技竞赛次数(次)	Number of Teenagers Participating in Science and Technology Competitions(times)	256	416	449	346	317
科技出版	**Publications**					
科技报纸(种)	Number of Newspapers(kind)	3		3	6	4
发行量(万份)	Number of Issue(10000 shares)	295		200	191	71
科技期刊(种)	Number of Academic Journals(kind)	26	26	18	17	19
发行量(万册)	Number of Issue(10000 copies)	49	121	99	113	84
论文集(种)	Number of Copies Distributed(kind)	17				
发行量(万册)	Number of Issue(10000 copies)	0.5				

17-46 公有经济企业专业技术人才基本情况(年底数)

NUMBER OF SCIENTIFIC AND TECHNICAL PERSONNEL IN STATE-OWNED AND COLLECTIVE-OWNED ENTERPRISES AT YEAR-END

单位：人 (person)

类 别	Category	合 计 Total		#高级职称 Members with Senior Titles		#中级职称 Members with Secondary Titles	
		2014	2015	2014	2015	2014	2015
总 计	**Total**	**144931**	**148270**	**19503**	**22155**	**51610**	**46893**
工程技术人员	Engineering	56458	53434	8192	11104	20745	17688
农业技术人员	Agriculture	14346	14145	684	750	5389	4253
科学技术人员	Scientific Research	312	678	83	84	110	113
卫生技术人员	Health Care	13432	13005	2524	2432	4669	4481
教学人员	Teaching	10505	9503	1349	1166	5068	4576
其 它	Economy	49878	57505	6671	6619	15629	15782

17-47 事业单位专业技术人才基本情况(2015年)

BASIC STATISTICS ON PROFESSIONAL AND TECHNICAL PERSONNEL IN INSTITUTIONS (2015)

单位：人　　(person)

类　别	Category	学　历 Academic				
		研究生 Graduate	大学本科 Undergraduate	大学专科 College	中专 Secondary	高中及以下 High school and below
总　计	**Total**	**591791**	**322063**	**175326**	**56305**	**2941**
工程技术人员	Engineering	56613	27886	20093	5458	484
农业技术人员	Agriculture	26419	10549	11601	3645	118
科学技术人员	Scientific Research	7633	3909	826	174	22
卫生技术人员	Health Care	120670	54748	33939	22745	854
教学人员	Teaching	338081	201341	96149	20565	752
其　它	Economy	42375	23630	12718	3718	711

17-48 地方国有企事业单位五大类专业技术人员数

NUMBER OF SCIENTIFIC AND TECHNICAL PERSONNEL IN LOCAL STATE-DWNED ENTERPRISES AND INSTITUTIONS

单位：人　　(person)

年　份 Year	合　计 Total	工　程 技术人员 Engineering	农　业 技术人员 Agriculture	卫　生 技术人员 Health Care	科　学 研究人员 Scientific Research	教　学 人　员 Teaching
1990	394936	173781	31010	112878	4873	72394
1995	660685	176636	28672	119136	4885	331356
1996	674304	173885	29181	123875	4889	342474
1997	687448	174120	29795	126429	5107	351997
1998	704590	176209	31968	127156	5808	363449
1999	733932	183370	30466	133307	5398	381391
2000	737890	182346	31134	135295	5252	383863
2001	737459	175644	29905	132167	5069	394674
2002	716539	158157	29564	130269	5047	393502
2003	716404	155432	30731	132671	5694	391876
2004	640340	127635	28149	123452	3251	357853
2005	652998	118318	28008	132515	6244	367913
2006	659834	115626	28653	130183	7043	378329
2007	678115	116311	32285	137244	7448	384827
2008	683084	111820	34084	140072	6955	390153
2009	688324	116152	35310	141749	5898	389215
2010	676844	114200	36220	137487	5027	383910
2011	692097	117109	36121	154820	6638	377409
2012	637316	99522	38198	132778	6911	359907
2013	656165	109558	40763	136690	8084	361070
2014	1293481	209080	78961	269468	14995	720977
2015	640181	110047	40564	133675	8311	347584

主要统计指标解释

普通高等学校 指通过国家普通高等教育招生考试，招收高中毕业生为主要培养对象，实施高等学历教育的全日制大学、独立设置的学院、独立学院和高等专科学校、高等职业学校及其他机构。

大学、独立设置的学院主要实施本科及本科层次以上的教育。独立学院主要实施本科层次的教育。高等专科学校、高等职业学校实施专科层次的教育。其他机构是指承担国家普通招生计划任务不计校数的机构，包括普通高等学校分校、大专班等。

成人高等学校 指通过国家成人高等教育招生考试，招收具有高中毕业或同等学力的人员为主要培养对象，利用函授、业余、脱产等多种形式，对其实施高等学历教育的学校。包括：职工高等学校、农民高等学校、管理干部学院、教育学院、独立函授学院、广播电视大学、其他机构。其他机构是指承担国家成人招生计划任务不计校数的机构。

小学学龄儿童净入学率 指调查范围内已入小学学习的学龄儿童占校内外学龄儿童总数的比重。计算公式为：

$$\begin{matrix}\text{小学学龄儿童}\\\text{净入学率}\end{matrix}=\frac{\text{已入学的小学学龄儿童数}}{\text{校内外小学学龄儿童总数}}\times 100\%$$

研究与试验发展(R&D) 指在科学技术领域，为增加知识总量，以及运用这些知识去创造新的应用进行的系统的创造性的活动，包括基础研究、应用研究、试验发展三类活动。国际上通常采用R&D活动的规模和强度指标反映一国的科技实力和核心竞争力。

基础研究 指为了获得关于现象和可观察事实的基本原理的新知识(揭示客观事物的本质、运动规律，获得新发现、新学说)而进行的实验性或理论性研究，它不以任何专门或特定的应用或使用为目的。其成果以科学论文和科学著作为主要形式。用来反映知识的原始创新能力。

应用研究 指为获得新知识而进行的创造性研究，主要针对某一特定的目的或目标。应用研究是为了确定基础研究成果可能的用途，或是为达到预定的目标探索应采取的新方法(原理性)或新途径。其成果形式以科学论文、专著、原理性模型或发明专利为主。用来反映对基础研究成果应用途径的探索。

试验发展 指利用从基础研究、应用研究和实际经验所获得的现有知识，为产生新的产品、材料和装置，建立新的工艺、系统和服务，以及对已产生和建立的上述各项作实质性的改进而进行的系统性工作。其成果形式主要是专利、专有技术、具有新产品基本特征的产品原型或具有新装置基本特征的原始样机等。在社会科学领域，试验发展是指把通过基础研究、应用研究获得的知识转变成可以实施的计划(包括为进行检验和评估实施示范项目)的过程。人文科学领域没有对应的试验发展活动。主要反映将科研成果转化为技术和产品的能力，是科技推动经济社会发展的物化成果。

R&D人员 指参与研究与试验发展项目研究、管理和辅助工作的人员，包括项目(课题)组人员，企业科技行政管理人员和直接为项目(课题)活动提供服务的辅助人员。反映投入从事拥有自主知识产权的研究开发活动的人力规模。

R&D人员全时当量 指全时人员数加非全时人员按工作量折算为全时人员数的总和。例如：有两个全时人员和三个非全时人员(工作时间分别为20%、30%和70%)，则全时当量为2+0.2+0.3+0.7=3.2人年。为国际上比较科技人力投入而制定的可比指标。

R&D经费支出合计 指调查单位用于内部开展R&D活动（基础研究、应用研究和试验发展）的实际支出。包括用于R&D项目（课题）活动的直接支出，以及间接用于R&D活动的管理费、服务费、与R&D有关的基本建设支出以及外协加工费等。不包括生产性活动支出、归还贷款支出以及与外单位合作或委托外单位进行R&D活动而转拨给对方的经费支出。

R&D经费支出中政府资金 指R&D经费内部支出中来自各级政府部门的各类资金，包括财政科学技术拨款、科学基金、教育等部门事业费以及政府部门预算外资金的实际支出。

R&D经费支出中企业资金　指R&D经费内部支出中来自本企业的自有资金和接受其他企业委托而获得的经费，以及科研院所、高校等事业单位从企业获得的资金的实际支出。

R&D项目（课题）数　指在当年立项并开展研究工作、以前年份立项仍继续进行研究的研发项目（课题）数，包括当年完成和年内研究工作已告失败的研发项目（课题），但不包括委托外单位进行的研发项目（课题）数。

R&D项目（课题）人员全时当量　指实际参加研发项目（课题）活动人员折合的全时当量。

R&D项目（课题）经费支出　指调查单位内部在报告年度进行研发项目（课题）研究和试制等的实际支出。包括劳务费、其他日常支出、固定资产购建费、外协加工费等，不包括委托或与外单位合作进行项目（课题）研究而拨付给对方使用的经费。

新产品销售收入　指报告期企业销售新产品实现的销售收入。新产品是指采用新技术原理、新设计构思研制、生产的全新产品，或在结构、材质、工艺等某一方面比原有产品有明显改进，从而显著提高了产品性能或扩大了使用功能的产品。既包括经政府有关部门认定并在有效期内的新产品，也包括企业自行研制开发，未经政府有关部门认定，从投产之日起一年之内的新产品。

专利　是专利权的简称，是对发明人的发明创造经审查合格后，由专利局依据专利法授予发明人和设计人对该项发明创造享有的专有权。包括发明、实用新型和外观设计。反映拥有自主知识产权的科技和设计成果情况。

发明（专利）　指对产品、方法或者其改进所提出的新的技术方案。是国际通行的反映拥有自主知识产权技术的核心指标。

实用新型（专利）　指对产品的形状、构造或者其结合所提出的适于实用的新的技术方案。反映具有一定技术含量的技术成果情况。

外观设计（专利）　指对产品的形状、图案、色彩或者其结合所作出的富有美感并适于工业上应用的新设计。反映拥有自主知识产权的外观设计成果情况。

科技活动　指在自然科学、农业科学、医药科学、工程与技术科学、人文与社会科学领域(简称科学技术领域)中，与科技知识的产生、发展、传播和应用密切相关的有组织的活动。可分为研究与试验发展(R&D)、研究与试验发展成果应用及相关的科技服务三类活动。该定义是联合国教科文组织考虑成员国特别是发展中国家开展科技统计工作的需要，而对科技活动所作的统计界定。

科技活动人员　指直接从事科技活动、以及专门从事科技活动管理和为科技活动提供直接服务，累计的实际工作时间占全年制度工作时间10%及以上的人员。(1)直接从事科技活动的人员包括：在独立核算的科学研究与技术开发机构、高等学校、各类企业及其他事业单位内设的研究室、实验室、技术开发中心及中试车间(基地)等机构中从事科技活动的研究人员、工程技术人员、技术工人及其它人员；虽不在上述机构工作，但编入科技活动项目(课题)组的人员；科技信息与文献机构中的专业技术人员；从事论文设计的研究生等。(2)专门从事科技活动管理和为科技活动提供直接服务的人员，包括：独立核算的科学研究与技术开发机构、科技信息与文献机构、高等学校、各类企业及其他事业单位主管科技工作的负责人，专门从事科技活动的计划、行政、人事、财务、物资供应、设备维护、图书资料管理等工作的各类人员，但不包括保卫、医疗保健人员、司机、食堂人员、茶炉工、水暖工、清洁工等为科技活动提供间接服务的人员。该指标用来反映投入科技活动人力的规模。

科学家与工程师　指科技活动人员中具有高、中级技术职称(职务)的人员和不具有高、中级技术职称(职务)的大学本科及以上学历人员。该指标用来反映投入科技活动人力的素质。

专业技术人员　指从事专业技术工作和专业技术管理工作的人员，即企事业单位中已经聘任专业技术职务从事专业技术工作和专业技术管理工作的人员，以及未聘任专业技术职务，现在专业技术岗位上工作的人员。包括工程技术人员，农业技术人员，科学研究人员，卫生技术人员，教学人员，经济人员，会计人员，统计人员，翻译人员，图书资料、档案、文博人员，新闻出版人员，律师、公证人员，广播电视播音人员，工艺美术人员，体育人员，艺术人员及企业政治思想工作人员，共十七个专业技术职务类别。用来反映科技人力资源情况。

Explanatory Notes on Main Statistical Indicators

Regular Institutions of Higher Education refer to educational establishments recruiting graduates from senior secondary schools as the main target through National Matriculation TEST. They include full-time universities, independently established colleges, colleges, and institutions of higher professional education, institutions of higher vocational education and others.

Universities and independently established colleges primarily provide undergraduate and above courses; colleges mainly impart undergraduate courses, institutions of higher professional education and institutions of higher vocational education primarily provide professional trainings; and others refer to educational establishments, which are responsible for enrolling higher education students under the State Plan but not enumerated in the total number of schools, including: branch schools of universities and colleges and junior colleges.

Institutions of Higher Education for Adults refer to educational establishments, enrolling personnel with senior secondary school or equivalent education through National Matriculation TEST for Adult, and providing higher education courses in forms of correspondence, spare time, or full time for adults. Institutions of higher learning for adults include schools of higher education for staff and workers, schools of higher education for peasants, colleges for management cadres, pedagogical colleges, independent correspondence colleges, radio and television universities and other educational establishments. Other educational establishments refer undertakings to enrol adult students but not enumerated in the number of schools under the State Plan.

Net Enrolment Ratio of Primary Schools refers to the proportion of school age children enrolled at schools to the total number of school age children both in and outside schools (including retarded children, but excluding blind, deaf and mute children). The formula is:

$$\text{Net Enrolment Ratio of Primary Schools} = \frac{\text{Total Primary School-age Children at Schools}}{\text{Total Primary School-age Children Whether or Not Attending School}} \times 100\%$$

Research and Development (R&D) refers to systematic and creative activities in the field of science and technology aiming at increasing the knowledge and using the knowledge for new application. R&D includes 3 categories of activities: basic research, applied research and experiments and development. The scale and intensity of R&D are widely used internationally to reflect the strength of S&T and the core competitiveness of a country in the world.

Basic Research refers to empirical or theoretical research aiming at obtaining new knowledge on the fundamental principles regarding phenomena or observable facts to reveal the intrinsic nature and underlying laws and to acquire new discoveries or new theories. Basic research takes no specific or designated application as the aim of the research. Results of basic research are mainly released or disseminated in the form of scientific papers or monographs. This indicator reflects the innovation capacity for original knowledge.

Applied Research refers to creative research aiming at obtaining new knowledge on a specific objective or target. Purpose of the applied research is to identify the possible uses of results from basic research, or to explore new (fundamental) methods or new approaches. Results of applied research are expressed in the form of scientific papers, monographs, fundamental models or invention patents. This indicator reflects the exploration of ways to apply the results of basic research.

Experiments and Development refer to systematic activities aiming at using the knowledge from basic and applied researches or from practical experience to develop new products, materials and equipment, to establish new production process, systems and services, or to make substantial improvement on the existing products, process or services. Results of experiment and development activities are embodied in patents, exclusive technology, and monotype of new products or equipment. In social sciences, experiment and development activities refer to the process of converting the knowledge from basic or applied researches into feasible programmes (including conduct of demonstration projects for assessment and evaluation). There are no experiment and development activities in the science of humanities. This indicator reflects the capability of transferring the results of S&T into technique and products, and measures the realization of S&T in spearheading the economic and social development.

R & D Personnel refer to persons engaged in research, management and supporting activities of R & D, including persons in the project teams, persons engaged in the management of S&T activities of enterprises and supporting staff providing direct service to the research projects. This indicator reflects the size of personnel engaged in R&D activities with independent intellectual property.

Full-time Equivalent of R&D Personnel refers to the sum of the full-time persons and the full-time equivalent of part-time persons converted by workload. For instance, if there are 2 full-time persons and 3 part-time workers (20%, 30% and 70% of working hours respectively on R&D activities), the full-time equivalent are 2+0.2+0.3+0.7=3.2 person-years. This is an internationally comparable indicator of S&T manpower input.

Total Expenditure of Funds on R&D refers to the real expenditure of surveyed units on their own R&D activities (basic research, applied research, experiments and development) including direct expenditure on R&D activities, indirect expenditure of management and services on R&D activities, expenditure on capital construction and material processing by others. Excluding the expenditure on production activities, return of loan, and fees transferred to cooperated or entrusted agencies on R&D activities.

Expenditure of Government Funds on R&D refers to the expenditure of funds on R&D activities from government agencies at different levels, including appropriate funds on science and technology from financial departments, scientific funds, operating expenses from education departments and the real expenditure of extra budgetary funds from government agencies.

Expenditure of Funds of Enterprises on R&D refers to the expenditure of funds on R&D activities from self-raised funds of enterprises and funds from other enterprises through entrustment, and the expenditure of funds of institutions, such as institution of scientific research and universities, from enterprises.

Number of R&D Projects (subjects) refers to the number of R&D projects (subjects) set up and implemented at the reference year, and the number of R&D projects (subjects) set up in former years and under implementation, including the projects (subjects) finished and failed at the reference year, excluding the projects (subjects) implemented by others through entrustment.

Full-time Equivalent of R&D Personnel refers to the full-time equivalent of persons actually engaged in R&D projects (subjects).

Expenditure of Funds on R&D Projects (subjects) refers to the real expenditure of internal funds of the surveyed units on research and test of R&D projects (subjects) at the reference year, including service fee, other daily expenditure, cost for fixed assets, cost of external process; excluding expenditure of funds transferred to other cooperated or entrusted units of the projects.

Sales Income of New Products refers to the sales income of new products of the enterprises at the reference period. New products refer to products developed and produced with new technologies and designs or improved in structure, material, process or other aspects so that their performance are improved or their functions expanded. New products include those affirmed by government authorities in their validity period and also those developed by enterprises without the affirmation of government authorities within one year after they are put into production.

Patent is an abbreviation for the patent right and refers to the exclusive right of ownership by the inventors or designers for the creation or inventions, given from the patent offices after due process of assessment and approval in accordance with the Patent Law. Patents are granted for inventions, utility models and designs. This indicator reflects the achievements of S&T and design with independent intellectual property.

Patented Inventions refer to new technical proposals to the products or methods or their modifications. This is universal core indicator reflecting the technologies with independent intellectual property.

Patented Utility Models refer to the practical and new technical proposals on the shape and structure of the product or the combination of both. This indicator reflects the condition of technological results with certain technical content.

Designs refer to the aesthetics and industrially applicable new designs for the shape, pattern and colour of the product, or their combinations. This indicator reflects the appearance design achievements with independent intellectual property.

Scientific and Technological Activities (S&T Activities) refer to organized activities which are closely related with the creation, development, dissemination and application of the scientific and technical knowledge in the fields of natural sciences, agricultural science, medical science, engineering and technological science, humanities and social sciences (referred to as scientific and technological fields). S&T activities can be classified into 3 categories: research and development (R&D) activities, application of R&D results, and related S&T services. This statistical definition is made by UNICHIEF for scientific and technological activities to meet the need of carrying out statistical work in this field for its member countries particularly the developing countries.

Personnel Engaged in S&T Activities refer to personnel directly engaged in S&T activities, in the management of S&T activities, and in providing direct service to S&T activities, with over 10% of the total working hours in a year spent on S&T activities. (1) Personnel directly engaged in S&T activities include researchers, engineers, technicians and other related personnel engaged in S&T activities in independent-accounting R&D institutions, institutions of higher learning, and in research institutes, laboratories, technology development centres and central experiment workshops under enterprises and institutions. Also included are people working in S&T research project teams, professional and technical personnel working in S&T information archiving institutes, and graduate students working on the design of their thesis. (2) Personnel engaged in the management of S&T activities and in providing direct service to S&T activities include senior management people responsible for S&T activities in independent-accounting R&D institutions, S&T information archiving institutes, institutions of higher learning and in enterprises and institutions where S&T activities are undertaken. Also included are people responsible for the planning, administration, personnel management, financial management, logistics supply, equipment maintenance, information and library management that are related with S&T activities. People providing indirect services are excluded, such as security, medical service, drivers, plumbers, cleaners and those providing catering and related service. This indicator reflects the size of personnel engaged in S&T activities.

Scientists and Engineers refer to persons engaged in S&T activities either having obtained titles of senior and middle level professional positions, or those without such positions but have completed university or higher education. This indicator reflects the quality of personnel engaged in S&T activities.

Professional and Technical Personnel refer to persons engaged in professional and technical work or in the management of professional and technical activities, i.e., people with professional or technical positions who are engaged in professional and technical work or in the management of professional and technical activities, and people without professional or technical positions but are working on professional or technical posts. They include professionals and technicians working in 17 categories of technical occupations including engineering, agriculture, scientific researches, medical service, teaching, economic research and application, accounting, statistics, translation, libraries, archives, cultural and museum service, journalism and publication, lawyers, notarization service, radio and television broadcasting, handicraft and fine arts, sports, performing art, and political workers in enterprises. This indicator reflects the condition of human resources in S&T.

第十八篇　文化、体育、卫生和社会服务

CHAPTER 18 CULTURE, SPORTS, PUBLIC HEALTH AND SOCIAL SERVICES

资料整理：孙　冰　曹夏茵

18-1 文化文物机构数、从业人员数

NUMBER OF INSTITUTIONS AND MUSEUMS IN CULTURE

项 目	Year	总 计 Total	艺术业 Art Institutions	图书馆业 Public Libraries	群众文化服务业 Mass Culture	艺 术 教育业 Culture and Education	博物馆 Museums	其他文化事 业 Other Culture Units
机构数(个)	**Number of Institutions(unit)**							
	1980	1519	222	83	1201	3	6	4
	1985	1639	197	90	1338	5	15	4
	1990	1686	172	96	1391	4	20	3
	1995	1711	141	96	1417	7	29	21
	2000	1496	158	97	1201	10	41	21
	2001	1361	153	97	946	9	41	115
	2002	1458	157	97	1037	9	46	112
	2003	1491	153	97	1081	9	45	106
	2004	1419	146	96	1018	9	46	104
	2005	1408	141	96	1015	8	46	102
	2006	1401	142	96	1000	8	47	108
	2007	1521	138	98	1033	8	53	191
	2008	1630	142	101	1141	8	56	182
	2009	1804	139	100	1227	7	71	260
	2010	2338	138	107	1654	7	76	356
	2011	2372	140	107	1652	6	103	364
	2012	2373	136	106	1641	6	104	380
	2013	2376	70	107	1640	6	156	397
	2014	2381	73	107	1640	6	158	397
	2015	2397	89	107	1641	6	158	396
从业人员数(人)	**Number of Personnel(person)**							
	1980	15089	10348	894	3425	240		182
	1985	14090	8664	1335	3550	328		213
	1990	13825	7255	1819	3811	354	412	174
	1995	13370	6547	2014	3561	314	425	509
	2000	12344	6522	1846	3167	338	436	35
	2001	11423	5683	1565	2621	365	494	695
	2002	12768	6200	1751	3070	378	570	799
	2003	12700	6196	1706	3068	347	578	805
	2004	12304	6147	1664	2767	360	698	668
	2005	12574	6129	1669	2947	342	706	781
	2006	12704	6067	1803	2978	362	726	768
	2007	14297	5997	1800	2538	354	894	2714
	2008	14022	5829	1819	2754	359	967	2294
	2009	14517	5602	1806	3387	339	1206	2177
	2010	16245	5571	1846	4324	330	1245	2929
	2011	17416	5506	1772	4530	324	1636	3648
	2012	18056	5308	1796	4633	323	1788	4208
	2013	18213	3660	1817	5110	469	2369	4788
	2014	18657	3935	1697	5299	535	2387	4804
	2015	18335	3782	1693	5193	298	2618	4751

注：不包括文化市场经营机构

18–2 艺术表演团体演出场次

NUMBER OF PERFORMANCE OF ART TROUPES

项 目	Item	国内演出场次（场）Number of Performance (show)		#到农村演出 Shows in Rural Areas		国内演出观众人次(千人次) Audience of Domestic Performance (1000 person-times)	
		2014	2015	2014	2015	2014	2015
总 计	**Total**	**4920**	**7080**	**1310**	**1690**	**3107**	**3276**
#国有剧团	#Troupes Sponsored by State-owned Units	4140	4570	1180	1160	3069	2596
按剧种分	**Grouped by Art Troupes**						
话剧、儿童剧、滑稽剧类	Drama, Plays for Children and Comedy Troupes	1140	1280	120	100	583	472
歌舞、音乐类	Dance, Music	820	1530	220	310	794	787
京剧、昆曲类	Peking Opera, Kunqu	440	180	70	90	232	175
#京 剧	#Local Beijing Opera Troupes	440	180	70	90	232	175
地方戏曲类	Local opera class	480	910	290	350	493	521
杂技、魔术、马戏类	Acrobatics, magic, circus class	90	440		140	30	122
曲艺类	Folk art class	380	490	40	110	148	115
综合性艺术表演团体	General Art Performing Troupes	1590	2240	580	590	828	1085

18–3 群众艺术馆、文化馆(站)综合情况

BASIC STATISTICS ON NATIONAL MASS ART CENTERS AND CULTURAL CENTERS (STATIONS)

指 标	Item	2010	2011	2012	2013	2014	2015
机构数(个)	Number of Institutions(unit)	1654	1652	1641	1640	1640	1641
从业人员(人)	Number of Staff and Works(person)	4324	4530	4633	5110	5299	5193
组织各类理论研讨和讲座次数(次)	Number of Theoretical Lectures(times)	233	554	597	681	692	631
举办展览(个)	Number of Exhibitions(unit)	2988	2581	2718	2837	2819	2946
组织文艺活动(次)	Art Performances and Story-Telling Sessions(times)	17351	17507	18834	19250	20961	21569
举办业余文艺训练班(次)	Number of TrainingCourses(times)	6129	6419	5736	6437	7030	7620
藏书(千册)	Books Collected(1000 copies)	3027	3899	4539	4686	4961	5153
本年收入合计(万元)	Revenue this Year(10000 yuan)	18876	21722	24104	32452	36446	42604
本年支出合计(万元)	Expenditure this Year(10000 yuan)	17356	21100	23534	32492	40296	40859
#基本支出	#Basic Expenditures	14105	17635	19931	26828	27299	29550
馆办文艺团体	Art Performance Troupes Run by Centers	257	344	388	249	243	275
馆办老年大学	Aging College Run by Centers	25	29	28	29	25	23
群众业余演出团(队)	Part-time Art Groups	5695	5140	5665	5890	6886	7090

18-4 博物馆、文物机构业务活动

FACILITIES AND SERVICES OF MUSEUMS AND CULTURAL RELIC AGENCIES

项 目	Item	博物馆 Museums		文物机构 Cultural Relic Agencies		#文物保护管理机构 Protection and Management Agencies	
		2014	2015	2014	2015	2014	2015
机构数(个)	Number of Institutions(unit)	158	158	93	92	86	86
从业人员(人)	Number of Employed Persons(person)	2387	2618	403	375	330	308
藏品(件)	Number of Collections(piece)	694942	750650	27265	22570	22079	17384
#一级品	#Grade One	2813	2938	53	52	42	41
参观人次(万人次)	Spectators(10000 person-times)	2066	2092	68	64	68	64
经费支出(万元)	Total Expenditures(10000 yuan)	37704	47567	6331	6158	5195	4624
增加值(万元)	Value Added(10000 yuan)	24050	33246	2846	3926	2019	2602

18-5 分地区公共图书馆基本情况(2015年)

STATISTICS ON PUBLIC LIBRARIES BY REGION(2015)

地 区	Region	公共图书馆数(个) Number of Public Library (unit)	从业人员(人) Number of Staff and Works (person)	总藏量(千册件) Total Collections (1000 copies)	#图书 #Books	#本年新购藏量 #Purchased the Year	累计发放有效借书证数(千个) Accumulative Number of Library Cards Distributed (1000 units)
全 省	**Total**	**107**	**1693**	**18273**	**15096**	**879**	**613**
#省 级	Province Level	1	200	3511	2813	75	214
#县 级	County Level	95	963	7229	6460	491	163
哈尔滨	Harbin	18	289	4761	3616	312	125
齐齐哈尔	Qiqihar	13	180	2100	1788	65	56
鸡 西	Jixi	4	69	415	358	21	13
鹤 岗	Hegang	3	34	445	402	19	10
双鸭山	Shuangyashan	5	59	388	283	26	10
大 庆	Daqing	6	161	1301	1156	174	51
伊 春	Yichun	18	194	1364	1170	30	59
佳木斯	Jiamusi	6	45	410	366	11	10
七台河	Qitaihe	2	25	255	208	16	2
牡丹江	Mudanjiang	8	122	1083	1009	25	38
黑 河	Heihe	6	82	370	331	29	8
绥 化	Suihua	11	186	1343	1118	62	15
大兴安岭	Daxinganling	6	47	523	475	14	3

18-5 续表1 CONTINUED

地 区	Region	总流通人次(千人次) Total Number of Circulation (1000 person-times)	#书刊文献外借人次 Borrowing from Libraries	书刊文献外借册次(千册次) Number of Books and Periodicals Lent to Readers(1000 copiestimes)	阅览室座席数(个) Seats of Reading Room (unit)	公用房屋建筑面积(千平方米) Floor Space of Buildings of Public Libraries (1000 sq. m)	#书库 #Stack Rooms	#阅览室 Reading Rooms
全 省	**Total**	**9678**	**3302**	**6880**	**23324**	**292.1**	**56.5**	**81.2**
#省 级	Province Level	2665	1014	1859	1488	33.9	3.4	9.0
#县 级	County Level	3683	1441	2803	14669	141.8	27.9	45.4
哈尔滨	Harbin	2394	494	1378	4508	49.9	12.3	13.8
齐齐哈尔	Qiqihar	363	118	245	3193	33.5	4.2	10.1
鸡 西	Jixi	306	115	243	895	7.9	1.8	2.8
鹤 岗	Hegang	221	79	99	539	9.4	5.9	1.7
双鸭山	Shuangyashan	64	24	70	330	4.0	1.1	1.0
大 庆	Daqing	1166	411	1082	2863	51.1	9.1	13.4
伊 春	Yichun	511	173	394	3242	25.3	3.8	9.3
佳木斯	Jiamusi	235	119	233	857	10.0	1.4	3.1
七台河	Qitaihe	60	29	55	340	3.0	1.0	1.0
牡丹江	Mudanjiang	784	309	483	1865	25.3	4.4	4.1
黑 河	Heihe	144	61	136	724	9.3	1.7	3.0
绥 化	Suihua	601	327	540	1830	22.2	4.6	6.4
大兴安岭	Daxinganling	162	27	62	650	7.6	1.9	2.4

18-5 续表2 CONTINUED

地 区	Region	为读者举办各种活动 Service Activities Provided for Readers		计算机(台) Computers (set)	#电子阅览室终端数 Terminals in Electronic Media Reading Rooms	总支出(万元) Total Expenditures (10000 yuan)	增加值(万元) Value Added (10000 yuan)
		次数(次) Number of Activities (times)	参加人次(千人次) Number of Readers Involved(1000 person-times)				
全 省	**Total**	**2150**	**868.2**	**5990**	**3821**	**31318**	**19069**
#省 级	Province Level	719	239.3	713	458	10502	3742
#县 级	County Level	1012	355.3	3810	2490	10436	7875
哈尔滨	Harbin	328	102.5	1020	629	5217	3752
齐齐哈尔	Qiqihar	158	55.5	682	416	2683	2053
鸡 西	Jixi	26	14.4	182	97	938	714
鹤 岗	Hegang	15	26.7	172	78	663	469
双鸭山	Shuangyashan	8	3.8	134	68	672	559
大 庆	Daqing	296	197.1	438	281	3146	1949
伊 春	Yichun	191	48.4	817	558	1386	971
佳木斯	Jiamusi	109	87.8	189	155	379	289
七台河	Qitaihe	9	2.3	80	73	250	207
牡丹江	Mudanjiang	122	34.4	475	348	2187	1696
黑 河	Heihe	39	18.5	276	168	753	644
绥 化	Suihua	92	35.4	627	371	1843	1458
大兴安岭	Daxinganling	38	2.1	185	121	700	566

18-6 广播电视事业发展情况

BASIC STATISTICS ON RADIO AND TELEVISION STATIONS

指　标	Item	2011	2012	2013	2014	2015
广播	**Radio**					
广播电台(座)	Number of Broadcasting Stations(set)	14	14	12	14	14
广播节目综合人口覆盖率(%)	Radio Coverage of Population(%)	98.6	98.6	98.6	98.6	98.6
公共广播节目套数(套)	Number of Public Radio Programs(set)	94	102	90	95	101
全年制作广播节目时间(小时)	Length of Radio Programs Produced(hour)	243608	232625	293119	292229	219863
全年公共广播节目播出时间(小时)	Length of Public Radio Programs Broadcasted(hour)	438118	416169	470438	489207	488597
电视	**Television**					
电视台(座)	Number of Television Stations(set)	15	15	13	15	15
电视节目综合人口覆盖率(%)	TV Coverage of Population(%)	98.8	98.8	98.8	98.8	98.8
全省有线广播电视用户数(万户)	Number of Users of Cable Radio and TV(10000 households)	550.8	613.2	703.9	764.6	685.7
#农村	#Rural	183.4	198.5	192.9		162.2
数字电视用户数	Number of Users of Digital TV	309.7	372.2	620.7	701.4	619.7
有线广播电视入户率(%)	Popularization Rate of Cable Radio and TV(%)	43.8	48.4	55.2	57.8	45.7
#农村	#Rural	31.8	34.4	34.1		23.7
公共电视节目套数(套)	Number of Public TV Programs(set)	121	118	105	118	117
全年制作电视节目时间(小时)	Length of TV Programs Produced(hour)	97669	108144	107224	109622	97437
全年公共电视节目播出时间(小时)	Length of Public TV Programs Broadcasted(hour)	677427	619993	625562	627979	605044
全年电视剧播出数(部)	Number of TV Plays Broadcasted(set)	4097	3912	7794	4365	4061
全年电视剧播出数(集)	Number of TV Plays Broadcasted(part)	107373	104848	129081	121639	125578
#进口电视剧播出数(部)	#Imported TV Plays(set)	92	53	190	102	5
进口电视剧播出数(集)	Imported TV Plays(part)	3275	1921	6360	3080	160
广播电视技术及其他	**TV Technology and Others**					
广播电视总收入(亿元)	Revenue of Radio and TV(100 million yuan)	48.7	52.2	54.9	59.6	57.8
广播电视从业人员数(人)	Staff and Workers of Radio and TV(person)	18559	18333	18807	19283	25194
中、短波转播发射台(座)	Transmission and Relaying Stations of Medium and Short Wave Broadcast(unit)	40	41	43	43	41
发射功率(千瓦)	Power of Transmitters(kw)	1733	1718	1778	1953	2162
调频转播发射台(座)	Relaying Stations of Frequency Modulation Broadcasting(unit)	146	143	145	148	148
发射功率(千瓦)	Power of Transmitters(kw)	400.0	417.1	470.5	496.8	673.2
电视转播发射台(座)	TV Transmission and Relaying Stations(unit)	240	233	181	184	184
发射功率(千瓦)	Power of Transmitters(kw)	560.2	603.7	575.8	576.6	625.4
有线广播电视传输干线网络总长(万公里)	Length of Transmission Trunk for Cable Radio and TV(10000 km)	17.0	17.6	18.1	17.1	17.9

18-7 广播电视节目制作情况(2015年)

BASIC STATISTICS ON RADIO AND TELEVISION PROGRAMS PRODUCED (2015)

单位：小时 (hour)

项　目	Item	总计 Total	省级 Province Level	地市级 City Level	县、区级 County Level
广播节目制作	**Production of Radio Programs**	**219863**	**68489**	**109085**	**42289**
新　闻	News Programs	30021	6596	13655	9770
专　题	Special Subject Programs	61903	23643	28079	10181
综　艺	General Entertainment Programs	38194	10423	17026	10745
广播剧	Radio Play Programs	9891	6420	1098	2373
广　告	Advertising Programs	23027	10159	10754	2114
其　他	Others	56827	11248	38473	7106
电视节目制作	**Production of TV Programs**	**97437**	**20012**	**41028**	**36397**
新　闻	News Programs	26206	3728	13494	8984
专　题	Special Subject Programs	19719	6780	7669	5270
综　艺	General Entertainment Programs	16786	2546	6487	7753
影视剧	TV Play Programs	7046	4316	2730	
广　告	Advertising Programs	12640	1391	5718	5531
其　他	Others	15040	1251	4930	8859

18-8 广播、电视节目播出情况(2015年)

BASIC STATISTICS ON RADIO AND TELEVISION PROGRAMS BROADCASTING (2015)

单位：小时 (hour)

项　目	Item	总计 Total	省级 Province Level	地市级 City Level	县、区级 County Level
广　播	**Radio Broadcasting**				
公共节目套数(套)	Number of Public Programs(set)	101	10	27	64
平均每日播出时间	Broadcasting Hours per Day	1339	196	501	642
新闻资讯	News Programs	225	20	56	149
专题服务	Special Subject Programs	316	65	117	133
综艺益智	General Entertainment Programs	268	32	97	138
广播剧	Radio Play Programs	78	19	22	36
广　告	Advertising Programs	124	28	63	33
其　他	Others	328	31	146	151
电　视	**Television Broadcasting**				
公共节目套数(套)	Number of Public Programs(set)	117	13	29	75
平均每周播出时间	Broadcasting Hours per Day	11635	1431	3442	6762
新闻资讯	News Programs	1217	144	464	610
专题服务	Special Subject Programs	963	238	398	327
综艺益智	General Entertainment Programs	842	56	312	473
影视剧	TV Play Programs	4066	505	1466	2095
广　告	Advertising Programs	1128	271	448	409
其　他	Others	3420	218	355	2847

18-9 出版、发行事业机构和人员数

NUMBER OF INSTITUTIONS AND PERSONNEL ENGAGED IN NEWS AND PUBLISHING UNDERTAKINGS

指　标	Item	2010	2011	2012	2013	2014	2015
机构数(个)	**Number of Institutions (unit)**	**667**	**694**	**696**	**662**	**693**	**692**
出版单位	Publishing Units	422	422	420	420	419	418
书刊印刷厂	Printing Houses	146	173	177	156	169	169
新华书店	Book Stores	99	99	99	86	105	105
人员数(人)	**Number of Personnel (person)**	**23759**	**26744**	**26800**	**23469**	**23031**	**21045**
出版单位	Publishing Units	12369	14670	14686	13387	13468	12809
书刊印刷厂	Printing Houses	7314	8252	8169	7018	6539	5304
新华书店	Book Stores	4076	3822	3945	3064	3024	2932

18-10 图书、期刊和报纸出版情况

NUMBER OF BOOKS, MAGAZINES AND NEWSPAPER PUBLISHED

年　份 Year	出版数量(种) Number of Publications (kind)			印刷数量(万册、万份) Printed Copies (10000 copies)			总印张数(万印张) Printed Sheets (10000 sheets)		
	图　书 Books	期　刊 Magazines	报　纸 Newspaper	图　书 Books	期　刊 Magazines	报　纸 Newspaper	图　书 Books	期　刊 Magazines	报　纸 Newspaper
1978	269	24	3	10512	1361	13797	33915	3325	12789
1980	246	59	9	11108	2151	15324	50301	6161	13463
1985	855	88	28	16513	2795	49649	62240	8143	31764
1990	1176	184	58	12342	5302	56480	46750	14390	37577
1995	1868	311	86	11342	6718	69115	53136	19103	72446
2000	2070	319	75	9944	7919	73571	49187	24908	119448
2001	2281	322	76	9779	7391	69783	58022	24030	114053
2002	2258	323	76	8747	6459	74244	56561	23116	141986
2003	2098	323	76	7865	5615	73639	50934	21291	143870
2004	2828	312	76	7704	4331	74339	50388	21703	159947
2005	2930	315	76	5938	3503	71410	45850	14985	261470
2006	2667	307	95	5520	3870	89458	48814	18045	267697
2007	3099	309	95	5285	4996	78166	39911	23662	290481
2008	3182	313	91	5167	5092	72667	43260	25191	238501
2009	3408	314	90	6114	5210	75726	44384	26235	229434
2010	3515	314	70	7420	5253	78219	55880	26568	256544
2011	4430	315	89	8284	5502	79234	61349	28559	299480
2012	4218	315	89	6353	5640	78997	52721	29575	311360
2013	5247	314	88	6636	5789	74931	53024	29213	281419
2014	5043	315	88	7426	5279	69039	62513	28070	232130
2015	6087	314	88	7170	4467	66308	62626	25358	173144

18-11 体育系统从业人员情况(2015年)

STATISTICS ON STAFF AND WORKERS IN PHYSICAL EDUCATION SYSTEM (2015)

单位：人 (person)

项 目	Item	总 计 Total	公务员 Civil Servants	教练员 Coaches	运动员 Athletes	科研人员 Scientific and Technical Personnel
总 计	**Total**	**5149**	**762**	**1062**	**1324**	**68**
体育行政机关	Administrative Agencies of Physical Culture and Sports	831	762			
运动项目管理部门	Sports Events Management	2179		338	1324	17
本科院校	Colleges					
职业、运动技术学院	Sports Technical Institutes	55				
体育运动学校	Physical Education and Sports Schools	354		126		
竞技体校	Competitive Sports School	48		14		
少儿体育运动学校	Spare-time Sports School	893		568		
单项运动学校	Physical Education and Sports Schools	9		7		
训练基地	Training Bases	95				
体育场馆	Stadium and Gymnasium	347				
科研所	Science and Technology Institute	58				51
其他事业单位	Other Institutions	280		9		
其他	Others					

18-11 续表 CONTINUED

单位：人 (person)

项 目	Item	医务人员 Medical Personnel	文化教师 Teachers	管理人员 Administrative Personnel	工勤人员 Logistics Workers	其他 Others
总 计	**Total**	**51**	**206**	**656**	**373**	**647**
体育行政机关	Administrative Agencies of Physical Culture and Sports				12	57
运动项目管理部门	Sports Events Management	32		164	99	205
本科院校	Colleges					
职业、运动技术学院	Sports Technical Institutes	10	28	6		11
体育运动学校	Physical Education and Sports Schools	9	110	41	24	44
竞技体校	Competitive Sports School			6		28
少儿体育运动学校	Spare-time Sports School		23	145	44	113
单项运动学校	Physical Education and Sports Schools		2			
训练基地	Training Bases			22	56	17
体育场馆	Stadium and Gymnasium			136	129	82
科研所	Science and Technology Institute			4		3
其他事业单位	Other Institutions		43	132	9	87
其他	Others					

18-12 体育事业发展情况

DEVELOPMENT OF SPORTS

指 标	Item	2011	2012	2013	2014	2015
运动员教练员裁判员人数(人)	**Number of Coaches and Referees (person)**					
等级运动员	Number of Athletes in Grades	1008	1051	1149	1170	1483
等级教练员	Number of Coaches in Grades	37	20	30	20	25
等级裁判员	Number of Referees in Grades	1509	896	557	773	690
优秀运动员	Excellent Athletes	861	828	971	1064	1286

18–13 卫生机构基本情况

BASIC CONDITIONS OF HEALTH INSTITUTIONS

年　份 Year	卫生机构数（个）Number of Health Institutions (unit)	床位数（张）Number of Beds (unit)	人员数（人）Number of Personnel (person)	#卫生技术人员 Medical Technical Personnel	万人拥有卫生机构床位（张）Number of Health Institutions Beds per 10000 Persons (unit)	万人拥有卫生技术人员（人）Number of Medical Technical Personnel per 10000 Persons (person)
1980	8685	104022	175286	133527	32.5	41.7
1985	8794	107527	201065	151337	32.0	45.1
1990	8945	122328	227003	172821	34.5	48.8
1991	8878	124949	232614	178220	35.0	49.9
1992	8853	127164	237985	182368	35.2	50.5
1993	7702	127896	236793	179536	35.1	49.3
1994	7714	128390	235334	179362	35.0	48.8
1995	7637	126466	234074	178842	34.2	48.3
1996	7065	121441	230843	177663	32.6	47.7
1997	7676	121263	231589	178483	32.3	47.6
1998	7620	120470	226719	174980	31.9	46.4
1999	7653	120211	226532	176100	31.7	46.4
2000	8038	120454	222746	171252	31.6	45.0
2001	7944	118037	219624	169865	31.0	44.6
2002	8755	119547	198462	154660	31.4	40.6
2003	8469	115930	192858	149964	30.4	39.3
2004	8230	119645	190563	149274	31.4	39.1
2005	8326	119833	191172	150657	31.4	39.5
2006	8181	123308	191945	151916	32.3	39.8
2007	8464	126058	200346	158726	33.0	41.6
2008	7928	136315	203502	161927	35.6	42.3
2009	8678	146568	215412	172118	38.3	45.0
2010	8938	159957	233900	188612	41.8	49.3
2011	8656	165402	236101	191396	43.1	49.9
2012	8836	178342	241266	197168	46.5	51.4
2013	9582	189290	250191	203741	49.4	53.1
2014	9603	201538	256148	209169	52.6	54.6
2015	9304	211637	259395	212504	55.4	55.6

18–14 卫生机构各类人员(2015年)

EMPLOYED PERSONS IN HEALTH CARE INSTITUTIONS BY TYPE OF OCCUPATION (2015)

单位：人　　(person)

类　别	Category	总计 Total	医院 Hospitals	卫生院 Health Centers	疾病预防控制中心 Diseases Prevent and control Centers	其他卫生机构 Other Institutes
总　计	**Total**	**259395**	**180993**	**23734**	**6189**	**48479**
卫生技术人员	**Medical Technical Personnel**	**212504**	**148319**	**19851**	**4462**	**39872**
执业医师	Doctors on Certified Doctors	69259	48247	5159	1528	14325
执业助理医师	Assistant Doctors on Guard	10215	3890	3208	346	2771
注册护士	Registered Nurses	81196	65505	3791	309	11591
药剂人员	Pharmacists of Chinese Medicine Personnel	11503	8030	1358	84	2031
检验人员	Laboratory Technicians Personnel	8591	5603	639	822	1527
其　他	Others	31740	17044	5696	1373	7627
其他人员	**Other Personnel**	**46891**	**32674**	**3883**	**1727**	**8607**
其他技术人员	Other Technical Personnel	9919	6173	1000	608	2138
管理人员	Managerial Personnel	16471	11640	1233	575	3023
工勤人员	Logistics Works	20501	14861	1650	544	3446
平均每万人拥有卫生技术人员	**Number of Medical Technical Personnel per 10000 Population**	**55.6**	**38.8**	**5.2**	**1.2**	**10.4**

18-15 卫生机构、床位、人员数(2015年)

NUMBERS OF HEALTH INSTITUTIONS, BEDS AND EMPLOYED PERSONS (2015)

机构名称	Name of Institutions	机构数（个）Number of Institutions (unit)	床位数（张）Number of Beds (unit)	人员数（人）Number of Personnel (person)	#卫生技术人员 Medical Technical Personnel
总 计	**Total**	**9304**	**211637**	**259395**	**212504**
医 院	Hospitals	1014	173730	180993	148319
综合医院	General Hospitals	671	122806	132509	109972
中医院	Hospitals Specialized in Traditional	132	21407	24932	20184
中西医结合医院	Hospitals Combining Chinese and Western Medicine	8	847	632	560
民族医院	National Hospitals	5	282	175	139
专科医院	Specialized Hospitals	197	28328	22708	17427
口腔医院	Hospitals of Mouth Cavity Diseases Care	20	494	1050	832
眼科医院	Hospitals for Eye Care	7	472	616	392
耳鼻喉科医院	Hospitals for Ear,Nose and Throat Care	3	353	537	432
肿瘤医院	Tumor Hospitals	4	3403	3625	2803
心血管医院	Hospitals for Vas of Heart	4	674	916	786
胸科医院	Hospitals for Chest	1	650	511	435
妇产(科)医院	Hospitals of Maternity	21	1884	2581	2075
儿童医院	Hospitals of Children	3	1064	836	709
精神病医院	Mental hospitals	27	9288	4237	2997
传染病医院	Hospitals for Infectious Diseases	12	3168	2360	1793
结核病医院	Hospitals for Tuberculosis	1	600	203	171
骨科医院	Orthopedics Hospitals	12	1012	714	637
康复医院	Rehabilitation Hospitals	10	1398	720	551
其他专科医院	Other Specialized Hospitals	72	3868	3802	2814
护理院	Nursing Home	1	60	37	37
疗养院	Sanatoriums	2	950	315	246
县（区）社区卫生服务站	Sanitation and Service Agencies of Community of County	701	6803	15257	12809
卫生院	Health Cares	997	22257	23734	19851
县（区）卫生所、医务室	Institutions of Sanitation of County	1306		2807	2687
门诊部	Clinics	338	435	3115	2720
县（区）诊所	Cliniques of County	3596		7221	6984
急救中心	First-aid Centers	14	4	872	405
采供血机构	Institutions of Pick and Supply Blood	27		985	717
妇幼保健院(所、站)	Maternity and Child Care Centers	142	3975	7428	6021
专科疾病防治院(所、站)	Specialized Disease Prevention and Treatment Institutes	109	3483	3955	3032
疾病预防控制中心	Center for Diseases control and Prevention	168		6189	4462
卫生监督所	Medical Supervise Institutions	147		2956	2589
卫生监督检验所(站)	Medical Supervise and Test Institutions				
医学科学研究机构	Research Institutes of Medical Sciences	7		141	80
医学在职培训机构	Medical Institutions of In-service Education	10		245	58
健康教育所(站、中心)	Health Education Centers				
其他卫生机构	Other Medical Institutions	726		3182	1524

18-16 分地区卫生事业基本情况(2015年)

BASIC STATISTICS ON PUBLIC HEALTH BY CITY(2015)

地区	Region	卫生机构数（个）Number of Health Institutions (unit)	#医院 Hospital	#疗养院、所 Sanatoriums	#县（区）社区卫生服务站 Sanitation and Service Agencies of Community of County	#卫生院 Health Centers	#县（区）诊所、卫生所、医务室 Institutions of Sanitation of County	#县（区）门诊部 Clinics of County
全 省	**Total**	**9304**	**1014**	**671**	**701**	**997**	**4902**	**338**
哈尔滨	harbin	1746	272	163	140	189	802	113
齐齐哈尔	Qiqihar	967	100	65	59	150	439	52
鸡 西	Jixi	539	67	46	30	54	316	10
鹤 岗	Hegang	493	50	38	20	22	333	20
双鸭山	Shuangyashan	637	54	42	78	42	376	9
大 庆	Daqing	831	98	61	96	64	454	15
伊 春	Yichun	674	37	30	55	17	465	21
佳木斯	Jiamusi	752	84	60	37	91	413	25
七台河	Qitaihe	249	27	15	16	20	148	3
牡丹江	Mudanjiang	856	81	43	37	62	533	33
黑 河	Heihe	488	65	54	75	75	183	5
绥 化	Suihua	799	49	32	47	175	294	14
大兴安岭	Daxinganling	273	30	22	11	36	146	18

18-16 续表 CONTINUED

地区	Region	卫生机构床位数（张）Number of Beds in Health Institutions (unit)	#医院 Hospital	卫生机构人员数（人）Number of Persons in Health Institutions (person)	#卫生技术人员数（人）Medical Technical Personnel (person)	#执业(助理)医师 Assistant Doctors on Guard	#注册护师、护士 Registered Nurses
全 省	**Total**	**211637**	**173442**	**259395**	**212504**	**79474**	**81196**
哈尔滨	harbin	68422	57956	75246	61384	22764	24580
齐齐哈尔	Qiqihar	27712	22518	30830	24849	9429	10004
鸡 西	Jixi	11700	9753	12888	10843	3865	4525
鹤 岗	Hegang	8781	7851	10254	8077	2769	3438
双鸭山	Shuangyashan	9289	6910	10940	9191	3342	3711
大 庆	Daqing	16015	14450	24633	20226	9159	7222
伊 春	Yichun	6600	5841	8736	7015	2497	2545
佳木斯	Jiamusi	15429	11915	19231	15522	5360	6311
七台河	Qitaihe	4244	3306	5398	4289	1597	1714
牡丹江	Mudanjiang	17166	14767	25026	21701	7094	7621
黑 河	Heihe	7600	6571	11288	9638	3651	3420
绥 化	Suihua	15692	9173	20629	16306	6703	4725
大兴安岭	Daxinganling	2987	2431	4296	3463	1244	1380

18-17 医疗机构运营情况 (2015年)

OPERATION OF MEDICAL INSTITUTIONS (2015)

指　标	Item	合计 Total	医院 Hospitals	卫生院 Health Centers	门诊部 Clinics	妇幼保健院 Maternity and Child Care Centers	专科疾病防治院 Specialized Disease Prevention &Treatment Institutes
门诊服务	**Service of Clinics**						
诊疗人次(万人次)	Total Number of Patients Treated (10000 person-times)	7557.4	6151.8	982.7	118.3	217.4	87.2
#门　诊	#Clinics Patients	6897.0	5594.0	917.6	89.5	210.2	85.6
急　诊	Emergency Patients	478.4	450.1	23.4		4.8	0.2
住院服务	**Service of Clinics**						
入院人数(万人)	Hospital Admissions(10000 patients)	507.3	433.7	61.7	1.3	7.1	3.4
住院病人手术人次(万人)	Number of Operation of Patients(10000 patients)	111.9	108.6			3.0	0.3
每百门、急诊的入院人数(人)	Hospital Admissions per 100 Out-patient and Emergency Patient(person)	6.9	7.2	6.6		3.3	3.9
床位利用	**Utilization of Hospital Beds**						
平均床位周转率(次)	Average Turnover of Beds(times)	25.5	26.0	28.5		19.2	9.8
平均床位工作日(日)	Number of Days per Bed in Use in a Year(days)	279.2	296.8	197.5		128.4	295.9
床位使用率(%)	Utilization Rate of Beds(%)	76.5	81.3	54.1		35.2	81.1
出院者平均住院日(日)	Average Hospitalization Period(days)	10.4	10.9	6.5		6.4	29.1

18-18 享受补助、救济人员情况

PERSONS RECEIVING SUBSIDIES OR RELIEF FUNDS

单位：万人　　(10000 persons)

项　目	Item	2011	2012	2013	2014	2015
城乡居民最低生活保障人数	**Number of Persons Receiving Minimum Living Allowance in Urban Area and Rural Area**	**277.0**	**271.9**	**265.2**	**244.6**	**238.4**
城镇居民最低生活保障人数	Number of Persons Receiving Minimum Living Allowance in Urban Area	155.6	152.5	143.7	127.3	120.2
农村居民最低生活保障人数	Number of Persons Receiving Minimum Living Allowance in Rural Area	121.4	119.4	121.5	117.3	118.2
传统救济情况	**Traditional Relief**					
农村五保供养人数	Number of Persons in Rural Aears Receiving Livelihood Guaranteed in Five Aspects	14.5	14.6	14.6	13.6	13.3

18–19 社会福利事业、企业单位和工作人员数

NUMBER OF SOCIAL WELFARE INSTITUTIONS AND ENTERPRISES AND PERSONS ENGAGED

项目	Item	机构数（个）Number of Institutions or Enterprises (unit)			工作人员（人）Number of Persons Engaged (person)		
		2013	2014	2015	2013	2014	2015
总计	**Total**	**1497**	**1700**	**1444**	**32585**	**25236**	**23052**
社会福利事业单位	Social Welfare Institutions	727	1090	978	10330	9587	9125
社会福利企业单位	Social Welfare Enterprises	535	386	258	18115	11872	10222
收容遣送站	Collecting and Repatriation Units	83	75	77	743	678	698
殡葬事业单位	Funeral and Interment Institutions	152	149	141	3397	3099	3007

18–20 社会福利事业单位基本情况 (2015年)

BASIC STATISTICS ON SOCIAL WELFARE INSTITUTIONS (2015)

项目	Item	单位数（个）Number of Institutions or Enterprises(unit)	工作人员（人）Number of Persons Engaged (person)	床位数（张）Number of Beds (unit)	年末收养人数（人）Number of Persons Housed (year-end) (person)
总计	**Total**	**978**	**9125**	**126508**	
优抚安置单位	Institutions for Aftercare and Martyrs	52	498	995	2653
收养性单位	Adopting Institutions	926	8627	125513	84740
#光荣院	#Homes for Disabled Veterans	38	225	2818	2489
社会福利院	Social Welfare Homes	58	1571	13734	10601

注：优抚安置单位的年末收养人数为全年接待人次数。
Note:The number of persons housed in the table of Institutions for Aftercare and Martyrs is the

18–21 社会福利企业基本情况

BASIC STATISTICS ON SOCIAL WELFARE ENTERPRISES

年份 Year	民政部门办 Managed by Civil Affairs Departments			社会办 Managed by Society		
	单位（个）Number of Units (unit)	职工（人）Number of Staff and Workers (person)	#残疾职工 Disabled Persons	单位（个）Number of Units (unit)	职工（人）Number of Staff and Workers (person)	#残疾职工 Disabled Persons
1990	286	12681	5323	1075	25464	11558
1995	463	16320	6749	1263	30492	13876
2000	1000	27631	13023	87	1105	706
2001	1049	23623	10486	40	705	355
2002	1159	25454	11546	72	1593	749
2003	959	22609	10851	142	3014	1480
2004	1038	25603	12276	159	3420	1656
2005	873	30994	10591	133	3945	1931
2006	791	18142	9725	159	3918	1826
2007	654	22780	9200	136	3518	1824
2008	612	18262	9214	110	3952	1699
2009	568	17837	8433	122	4065	2438
2010	517	18652	8169	92	4608	1986
2011	495	15355	7149	74	3057	1836
2012	565	17872	8795	74	3057	1832
2013	473	15257	7867	62	2858	1737
2014	349	11274	6062	37	598	303
2015	225	9202	4737	33	1020	512

18-22 劳动争议案件受理和处理情况
THE DISPOSAL OF LABOR DISPUTES

单位：件 (case)

项　目	Item	2011	2012	2013	2014	2015
案件受理情况	**Cases Accepted**					
当期案件受理数	Number of Cases	7181	7577	7088	9411	11364
#集体劳动争议案件数	#Collective Labour Disputes	79	47	44	43	66
劳动者申诉案件数	Cases Appealed by Laborers	6731	7526	6904	9351	11279
劳动者当事人数(人)	Number of Laborers Involved(person)	2192	8624	8675	11002	13079
#集体劳动争议劳动者当事人数	#Laborers Involved in Collective Labour Disputes		899	1207	1389	1442
争议原因	Cause of the Disputes					
劳动报酬	Labour Remuneration	1520	2186	2059	2315	3528
社会保险	Social Insurances	3837	3970	3478	2478	2379
变更劳动合同	Change the Labour Contract					
解除、终止劳动合同	Relieve and End the Labour Contract	486	351	419	871	670
其　他	Others	565	499	527	2823	3755
案件处理情况	**Cases Disposed**					
结案数	Number of Cases Settled	6955	7626	7164	9283	11437
处理方式	by Manners of Settlment					
仲裁调解	by Mediation	3568	3718	2977	2787	3572
仲裁裁决	by Arbitrition Lawsuit	3038	3479	3756	4952	6092
其　他	Other	349	429	431	1544	1773
处理结果	by Result of Settlment					
用人单位胜诉	Lawsuit Won by Units	564	592	626	667	731
劳动者胜诉	Lawsuit Won by Laborers	4955	5179	4837	4562	5193
双方部分胜诉	Lawsuit Partly Won by Both Parties	1087	1331	1426	1667	1913
本期末结案件数	**Number of Cases Dissettled**	**489**	**440**	**364**	**492**	**419**
其他方式调解案件数	**Number of the Arbitrated Cases through Other Forms**	**3857**	**2791**	**1657**	**2326**	**2357**

18-23 律师、公证、调解工作基本情况
BASIC STATISTICS ON LAWYERS, NOTARIZATION AND MEDIATION

项　目	Item	2011	2012	2013	2014	2015
律师工作	**Lawyers**					
律师事务所(个)	Number of Law Offices(unit)	710	724	750	799	827
律师(人)	Number of Lawyers(person)	4342	4353	4309	4812	5009
#专职律师	#Full-time Lawyers	4026	4066	4038	4450	4614
兼职律师	Part-time Lawyers	163	172	171	198	231
聘请担任常年法律顾问的单位(处)	Number of Units with Permanent Legal Advisors(unit)	5310	6748	7194	6996	6275
民事诉讼代理(件)	Agent of Civil Cases(case)	22684	28559	30232	24437	23190
行政诉讼代理(件)	Agent of Administrative Action(case)	1079	1090	955	1871	720
刑事辩护(件)	Defender of Criminal Cases(case)	14474	16188	15990	18442	22967
非诉讼法律事务(件)	Agent of Non-Litigious Legal Affairs(case)	7225	8829	8047	5524	4638
解答法律询问(件)	Agent of Legal Advisory Services(case)	123709	125655	117403	308950	341355
代写法律事务文书(件)	Agent of Legal Documents Written on Behalf of Clients(case)	17552	21150	19529	45567	52753
公证工作	**Notarization**					
公证处(个)	Number of Notary Offices(unit)	134	149	149	149	149
#办理涉外的	#Related to Foreign	57	70	70	70	77
公证人员(人)	Notarial Personnel(person)	937	937	1006	985	999
#公证员	#Notaries	446	459	440	432	424
公证员助理	Assistant Notaries	304	348	331	345	338
办理公证件数(件)	Number of Transacted Notarization(case)	394544	402587	458435	425022	380509
#国内经济合同公证	#Notarization of Domestic Economic	57090	55645	58435	53871	33751
人民调解工作	**Number of People's Mediation**					
专职司法助理员(人)	Number of Full-time Judicial Assistants(person)	2871	2871	2807	2425	2449
人民调解委员会(个)	Number of People's Mediation Committees(unit)	14389	15771	15816	16185	15699
调解人员(人)	Number of Mediators(person)	43296	74156	73318	74015	67627
调解民间纠纷(件)	Number of Civil Disputes Mediated(case)	277101	281625	284770	287914	262728

18-24 国内公证业务分类

DOMESTIC NOTARIAL SERVICES BY TYPE

单位：件 (piece)

分 类	Item	2014		2015	
		办理公证 Number of Notarial Documents Issued	比重（%） Percentage (%)	办理公证 Number of Notarial Documents Issued	比重（%） Percentage (%)
总计	**Total**	**251439**	**100.00**	**226270**	**100.00**
合同(协议)	Contract(Agreement)	53871	21.43	33751	14.92
买卖合同	Trade Contracts	2509	1.00	3165	1.40
赠与合同	Gift Contracts	4632	1.84	3594	1.59
借款合同	Contracts for Loan of Money	7150	2.84	7146	3.16
租赁合同	Leasing Contracts	52	0.02	32	0.01
承揽合同	Contracts of Hired Work	5		1	
建设工程合同	Contracts for Construction Projects			1	
委托合同	Agency Appointment Contracts	2424	0.96	92	0.04
担保合同	Guarantee Contracts	297	0.12	166	0.07
土地使用权合同	Land Use Contracts	21816	8.68	1630	0.72
知识产权合同	Intellectual Property Contracts	3		4	
承包合同	Contract Agreements	4576	1.82	6146	2.72
企业经营合同	Enterprise Operating Contracts	3		3	
劳动（劳务）合同	Labor (Labor Service) Contracts				
其他合同	Other Contracts	2374	0.94	2267	1.00
合伙协议	Partnership Agreements	28	0.01	13	0.01
财产分割协议	Property Division Agreements	128	0.05	196	0.09
财产约定协议	Property Agreement	837	0.33	540	0.24
扶养协议	Child Support Agreements	27	0.01	35	0.02
出国留学协议	Studying Abroad Agreement	745	0.30	743	0.33
拆迁安置协议	Removal and Resettlement Agreements	1335	0.53	669	0.30
赔偿协议	Compensation Agreements	89	0.04	61	0.03
还款协议	Payment Contracts	69	0.03	52	0.02
其他	Others	4772	1.90	7195	3.18
继承	Inheritance	34062	13.55	35530	15.70
单方法律行为	Unilateral Legal Acts	76614	30.47	79855	35.29
委托	Proxy	39322	15.64	39420	17.42
声明	Announcement	27500	10.94	31271	13.82
赠与	Gift	4194	1.67	4436	1.96
遗嘱	Testaments	2249	0.89	1826	0.81
其他	Other	3349	1.33	2902	1.28
现场监督	Site Supervision	8101	3.22	7617	3.37
招标投标	Bidding	2969	1.18	3652	1.61
拍卖	Auction	201	0.08	16	0.01
其他	Other	4928	1.96	3949	1.75
保全证据	Evidence Preservation	1825	0.73	1342	0.59
公司章程	Corporation Constitutions	6		3	
组织资格	Organization Qualification	1		4	
财产权	Property Rights	275	0.11	6	
身份	Identity	221	0.09	215	0.10
收养关系	Adoptive Relationship	4		4	
婚姻状况	Marital Status	732	0.29	1236	0.55
亲属关系	Kinship Confirmation	3975	1.58	3692	1.63
有无违法犯罪记录	Illegal and Criminal Record Check	773	0.31	455	0.20
其他有法律意义事实	Other Facts of Legal Significance	2639	1.05	3291	1.45
出生	Birth	1076	0.43	472	0.21
死亡	Death	796	0.32	890	0.39
其他	Other	767	0.31	1929	0.85
证书（执照）	Certificate (License)	1198	0.48	517	0.23
签名（印鉴）	Signature (Seal)	14101	5.61	23753	10.50
文本相符	Conformity of Documentation	13509	5.37	9043	4.00
赋予执行效力	Executor Force	7399	2.94	1829	0.81
执行证书	Certificate of Execution	418	0.17	228	0.10
抵押登记	Mortgage Registration	880	0.35	2703	1.19
提存	Drawing	113	0.04	71	0.03
保管	Storage	55	0.02	6	
其他	Others	30667	12.20	21119	9.33

18-25 涉外公证文书分类

FOREIGN-RELATED NOTARIAL DOCUMENTS BY TYPE

单位：件 (piece)

分　类	Item	2014		2015	
		办理公证 Number of Notarial Documents Issued	比重 (%) Percentage (%)	办理公证 Number of Notarial Documents Issued	比重 (%) Percentage (%)
总　计	**Total**	**171634**	**100.00**	**151954**	**100.00**
合同(协议)	Contracts(Agreements)	2683	1.56	11	0.01
继承	Inheritance	61	0.04	98	0.06
委托	Power of Attorney	6586	3.84	1735	1.14
声明	Declaration	1494	0.87	1313	0.86
遗嘱	Testaments	5	0.003		
其他单方法律行为	Other Unilateral Legal Acts			50	0.03
公司章程	Corporation Constitutions	18	0.01	7	0.01
组织资格	Organization Qualification	5	0.003	1	0.001
收养关系	Adoptive Relationship	22	0.01	30	0.02
婚姻关系	Marital Relationship	5396	3.14	5981	3.94
亲属关系	Kinship Confirmation	21552	12.56	21608	14.22
出生	Births	14714	8.57	13006	8.56
死亡	Deaths	759	0.44	663	0.44
生存、居住	Survival and Residence	243	0.14	61	0.04
学历(学位)	Education Background(Academic Degree)	8893	5.18	8451	5.56
经历	Resume	547	0.32	411	0.27
职务(职称)	Professional Titles	652	0.38	459	0.30
身份	Identity	249	0.15	127	0.08
有无违法犯罪记录	Illegal and Criminal Record Check	19918	11.60	16875	11.11
其他有法律意义事实	Other Facts of Legal Significance	190	0.11	19	0.01
证书(执照)	Certificate(Licence)	4171	2.43	7505	4.94
签名(印鉴)	Signature(Seal)	1516	0.88	1819	1.20
文本相符	Conformity of Documentation	25520	14.87	34477	22.69
其他	Others	56440	32.88	37247	24.51

18-26 调解民间纠纷分类

NUMBER OF CIVIL DISPUTES MEDIATED BY TYPE

分 类	Item	调解纠纷(件) Civil Disputes (cases)			各种纠纷所占比重(%) Percentage (%)		
		2013	2014	2015	2013	2014	2015
总 计	**Total**	**284770**	**287914**	**262728**	**100.0**	**100.0**	**100.0**
婚姻家庭	Family Disputes	32869	37770	37756	11.5	13.1	14.4
房屋、宅基地	Housing and Housing Sites	11134	12206	10860	3.9	4.2	4.1
邻 里	Neighbor Disputes	32570	38358	36386	11.4	13.3	13.9
损害赔偿	Compensation for Damages	16413	18612	16671	5.8	6.5	6.3
其 他	Others	191784	180968	161055	67.3	62.9	61.3

18-27 婚姻登记和离婚情况

BASIC STATISTICS ON MARRIAGES AND DIVORCES

年 份 Year	居民登记结婚(对) Registered Marriages (couple)	初 婚 (人) First Marriages (person)	再 婚 (人) Remarriages (person)	涉外及华侨、港澳台同胞准予登记结婚的国内居民 Registered Marriages Related to Foreign, Oversea Chinese, Hong Kong, Macao & Taiwan 合 计(人) Total (person)	#女 性 Female	准予登记离 婚(对) Registered Divorces (couple)	法院协议判决离婚(对) Agreement and Adjudged Divorces (couple)	离婚率(‰) Divorce Rate (‰)
1985	284282	547585	20979	56	39	9155	30018	2.3
1990	284720	529796	39644	173	128	17104	37224	3.1
1995	267300	490744	43856	4312	4271	19237	54733	4.0
1996	260229	473216	47242	4002	3771	20571	58705	4.3
1997	270653	498139	43167	3173	3154	20737	61855	4.4
1998	234488	416018	52958	2745	2700	19792	56600	4.0
1999	224610	403756	45464	2168	2060	22654	52976	4.0
2000	217730	384399	51101	2560	2385	23739	51137	3.9
2001	222294	392712	51876	3889	3675	24940	50925	4.0
2002	193072	335930	50214	3770	3592	26698	45552	3.8
2003	201202	348460	53944	4208	3920	35186	42388	4.1
2004	235120	410058	60182	2844	2558	49278	43733	4.9
2005	228311	395978	60644	2448	2055	53932	42065	5.0
2006	231917	409739	54095	2942	2034	55506	43026	5.2
2007	252041	438465	65617	1982	1738	66779	40340	5.6
2008	283017	486996	79038	2879	2470	79403	40044	6.2
2009	303854	519276	88432	2929	2460	91355	36961	6.7
2010	308886	529835	87937	3093	2286	104406	35272	7.3
2011	332683	555952	109414	2390	1459	116019	35272	7.9
2012	345617	591433	99801	2348	1199	124138	32616	8.2
2013	376612	651424	101800	2101	1163	147613	30643	9.3
2014	352253	617682	86824	1853	1171	157983	29302	9.8
2015	318224	553715	82733	1500	997	162094	27708	9.9

18-28 社会保险基本情况

BASIC STATISTICS OF SOCIAL INSURANCE

项　目	Item	2011	2012	2013	2014	2015
年末参加城镇基本养老保险人数(万人)	Number of Urban Basic Pension Insurance Contributors at Year-end(10000 persons)	981.0	1013.0	1062.1	1090.0	1118.0
#职工	#Staff and Workers	540.7	554.2	639.9	646.7	646.9
离退休人员	Retirees	359.4	380.0	422.2	443.4	471.1
基金收入(亿元)	Revenue(100 million yuan)	653.2	870.7	845.6	922.2	1030.7
基金支出(亿元)	Expenses(100 million yuan)	677.5	867.8	886.0	1028.3	1223.1
累计结余(亿元)	Balance at Year-end(100 million yuan)	416.4	469.9	429.5	323.4	131.0
年末参加城镇基本医疗保险人数	Number of Urban Basic Medical Care Insurance	1578.0	1580.3	1580.4	1586.4	1594.8
年末参加城镇职工基本医疗保险人数(万人)	Number of Urban Staff Basic Medical Care Insurance Contributors at Year-end (10000 persons)	881.0	867.8	868.1	873.9	873.7
职工	Staff and Workers	587.4	558.3	556.5	549.6	543.6
离退休人员	Retirees	293.6	309.5	311.6	324.3	330.1
基金收入(亿元)	Revenue(100 million yuan)	107.2	163.5	187.4	210.4	229.8
基金支出(亿元)	Expenses(100 million yuan)	82.4	145.2	170.0	192.8	213.0
累计结余(亿元)	Balance at Year-end(100 million yuan)	155.7	221.8	239.2	256.9	273.5
年末参加城镇居民基本医疗保险人数(万人)	Number of Urban Residents Basic Medical Care Insurance Contributors at Year-end (10000 persons)	697.0	712.5	712.3	712.5	721.1
年末参加失业保险人数(万人)	Number of Unemployment Insurance Contributors at Year-end(10000 persons)	474.5	476.2	477.4	478.4	312.8
#领取失业保险金	#Beneficiaries of Unemployment Insurance Fund	12.0	12.1	11.6	9.5	7.3
基金收入(亿元)	Revenue(100 million yuan)	22.4	32.3	28.3	33.9	34.0
基金支出(亿元)	Expenses(100 million yuan)	5.7	7.4	5.9	7.0	20.9
累计结余(亿元)	Balance at Year-end(100 million yuan)	71.2	96.1	118.9	145.7	158.8
年末参加工伤保险人数(万人)	Number of Work Injury Insurance Contributors at Year-end(10000 persons)	450.0	470.6	493.1	505.5	512.0
#享受工伤待遇	#Beneficiaries	8.2	6.8	7.2	6.3	6.5
基金收入(亿元)	Revenue(100 million yuan)	15.6	18.7	21.1	21.7	22.3
基金支出(亿元)	Expenses(100 million yuan)	6.2	16.6	18.8	20.4	21.3
累计结余(亿元)	Balance at Year-end(100 million yuan)	17.9	27.7	30.1	31.4	32.5
年末参加生育保险人数(万人)	Number of Maternity Insurance Contributors at Year-end(10000 persons)	350.0	353.1	355.1	356.1	357.1
#享受待遇	#Beneficiaries	3.6	4.2	6.8	7.8	6.4
基金收入(亿元)	Revenue(100 million yuan)	2.5	5.1	5.7	6.7	7.1
基金支出(亿元)	Expenses(100 million yuan)	1.4	3.5	4.0	5.6	4.5
累计结余(亿元)	Balance at Year-end(100 million yuan)	4.9	9.6	11.3	12.4	15.5
年末参加城乡居民社会养老保险人数(万人)	Number of Urban and Rural Residents Basic Pension Insurance Contributors at Year-end (10000 persons)	309.3	871.4	815.8	821.8	828.6
#领取养老金	#Farmer Beneficiaries	82.9	173.5	231.3	263.8	290.2

主要统计指标解释

广播/电视节目综合人口覆盖率 指根据原国家广电总局制定的《广播电视人口覆盖率统计技术标准和方法》进行统计调查的，在对象区内能接收到由中央、省、地市或县通过无线、有线或卫星等各种技术方式转播的各级广播/电视节目的人口数占全国总人口数的百分比。

艺术表演团体 指由文化部门主办或实行行业管理（经文化行政部门审批或已申报登记并领取相关许可证），专门从事表演艺术等活动的各类专业艺术表演团体，含民间职业剧团。不包括群众业余文艺表演团体。

艺术表演场馆 指由文化部门主办或实行行业管理（经文化市场行政部门审批或已申报登记并领取相关许可证），有观众席、舞台、灯光设备，公开售票、专供文艺团体演出的文化活动场所。

文化市场经营机构 指经文化市场行政部门审批或已申报登记并领取相关许可证的、从事文化经营和文化服务活动的机构。

国家综合档案馆 指由中央或地方各级档案行政管理部门直接管理的，按行政区划或历史时期设置的，收集和管理所辖范围内多种门类档案的档案馆。

等级运动员 指经考核正式批准授予运动员称号的运动员，分为国际级运动健将、运动健将、一级、二级运动员。

等级教练员 指经考核正式批准授予等级教练员职称的教练员，分为国家级、高级、中级、初级教练员。

医疗卫生机构 指从卫生行政部门取得《医疗机构执业许可证》、《计划生育技术服务许可证》，或从民政、工商行政、机构编制管理部门取得法人单位登记证书，为社会提供医疗保健、疾病控制、卫生监督服务或从事医学科研和医学在职培训等工作的单位。医疗卫生机构包括医院、基层医疗卫生机构、专业公共卫生机构、其他医疗卫生机构。

医院 包括综合医院、中医医院、中西医结合医院、民族医院、各类专科医院和护理院，不包括专科疾病防治院、妇幼保健院和疗养院。

基层医疗卫生机构 包括社区卫生服务中心、社区卫生服务站、街道卫生院、乡镇卫生院、村卫生室、门诊部、诊所(医务室)。

专业公共卫生机构 包括疾病预防控制中心、专科疾病防治机构、妇幼保健机构（含妇幼保健计划生育服务中心）、健康教育机构、急救中心（站）、采供血机构、卫生监督机构、取得《医疗机构执业许可证》或《计划生育技术服务许可证》的计划生育技术服务机构。

其他医疗卫生机构 包括疗养院、临床检验中心、医学科研机构、医学在职教育机构、医学考试中心、农村改水中心、人才交流中心、统计信息中心等卫生事业单位。

卫生人员 指在医院、基层医疗卫生机构、专业公共卫生机构及其他医疗卫生机构工作的职工，包括卫生技术人员、乡村医生和卫生员、其他技术人员、管理人员和工勤人员。一律按支付年底工资的在岗职工统计，包括各类聘任人员(含合同工)及返聘本单位半年以上人员，不包括临时工、离退休人员、退职人员、离开本单位仍保留劳动关系人员、本单位返聘和临聘不足半年人员。

卫生技术人员 包括执业医师、执业助理医师、注册护士、药师（士）、检验技师（士）、影像技师、卫生监督员和见习医（药、护、技）师（士）等卫生专业人员。不包括从事管理工作的卫生技术人员(如院长、副院长、党委书记等)。

执业医师 指《医师执业证》“级别”为“执业医师”且实际从事医疗、预防保健工作的人员，不包括实际从事管理工作的执业医师。执业医师类别分为临床、中医、口腔和公共卫生四类。

执业(助理)医师 指《医师执业证》“级别”为“执业助理医师”且实际从事医疗、预防保健工作的人员，不包括实际从事管理工作的执业助理医师。执业助理医师类别分为临床、中医、口腔和公共卫生四类。

每万人口执业(助理)医师　每万人口执业(助理)医师=（执业医师数+执业助理医师数)/人口数×10000。人口数系年末常住人口。

每万人口卫生技术人员　每万人口卫生技术人员=卫生技术人员数/人口数×10000。人口数系年末常住人口。

每万人口医疗卫生机构床位　每万人口医疗卫生机构床位=医疗卫生机构床位数/人口数×10000。人口数系年末常住人口。

社会工作师　指通过全国社会工作师职业水平考试并取得社会工作师职业水平证书的人员。

社会福利企业　指以集中安置有一定劳动能力的残疾人就业为目的（残疾职工占生产人员10%以上）、带有社会福利性质的企业总称。社会福利企业分类为：社会福利工厂、假肢厂、其他福利企业。性质分为：国有、集体和其他性质。

城市居民最低生活保障人数　指在报告期末家庭平均收入在当地规定的最低生活保障线以下的城镇居民数。包括“三无”对象，失业人员和在职、下岗、退休人员等。

农村居民最低生活保障人数　指报告期末在建立农村最低生活保障制度的地区，得到当地政府或集体给予最低生活保障的农业人口家庭人数。

五保户　指无法定抚养义务人，或者虽有法定抚养义务人，但是抚养人无抚养能力的；无劳动能力的；无生活来源的老年人、残疾人和未成年人。

传统救济人数　指国家规定由民政部门救济的特殊人员和60年代精简退职老职工救济人员。特殊人员包括麻风病人、原国民党起义、投诚人员、归侨、台胞台属、宽大释放人员、摘掉右派帽子人员、因公负伤的下乡知青、因计划生育手术事故造成死亡和丧失劳动能力人员等传统民政救济对象。

社区服务机构数　指报告期末设立的社区服务指导中心、社区服务中心、社区服务站、社区养老机构和设施、互助型的养老设施等其他社区服务机构的总和数。具有面向老人，残疾人，儿童及其家庭的商品递送、医疗保健、家庭保洁、日间照料、陪伴服务等为社区居家养老服务的设施和突出综合服务的职能。

粗离婚率　指某地区当年离婚对数占该地区年平均人口的比重。计算公式为：

$$粗离婚率 = \frac{当年离婚对数}{年平均人口数} \times 1000‰$$

人民检察院直接立案侦查案件　指按照管辖的规定，由人民检察院直接立案侦查的贪污贿赂犯罪、渎职犯罪、国家机关工作人员利用职权实施的侵犯公民人身权利和民主权利的犯罪以及经省级人民检察院决定立案侦查的国家机关工作人员利用职权实施的其他重大犯罪案件。

要案　指县、处级以上干部的犯罪案件。该指标主要反映职务犯罪案件中县、处级以上干部被人民检察院依法立案侦查的情况。

批准逮捕　指人民检察院对公安机关、国家安全机关、监狱管理机关提出逮捕的犯罪嫌疑人进行审查，根据事实，依法做出逮捕决定。该指标主要反映人民检察院对提请逮捕犯罪嫌疑人进行审查后依法做出批准逮捕决定的情况。

决定逮捕　指人民检察院对直接立案侦查的案件，认为需要逮捕犯罪嫌疑人时，依据法律做出的逮捕决定。该指标主要反映人民检察院对直接受理的案件行使决定逮捕权的情况。

适用简易程序　指人民法院对依法可能判处三年以下有期徒刑、拘役、管制、单处罚金的公诉案件，事实清楚，证据充分，人民检察院建议或者同意适用简易程序的案件；告诉才处理的案件；被害人起诉的有证据证明的轻微刑事案件。

提出抗诉　指人民检察院对人民法院的判决、裁定认为确有错误，向人民法院提出对案件重新进行审理的诉讼活动。包括按照第二审程序提出的抗诉和按照审判监督程序（再审程序）提出的抗诉。

立案监督　指人民检察院对侦查机关刑事立案活动的监督。包括对应当立案而不立案的监督和不应立案而立案的监督。

监督立案　包括侦查机关接到要求说明不立案理由后主动立案和执行通知立案两个内容。

监管活动 指人民检察院对监狱等监管改造场所的管理活动进行的监督。青少年罪犯 指人民法院在报告期内判决发生法律效力的有罪判决中14周岁以上不满25周岁的罪犯。其中14周岁以上不满18周岁的罪犯为未成年罪犯。

行政案件 指公民、法人和其他组织不服行政机关作出的具体行政行为，向人民法院提起行政诉讼，人民法院依法审理的案件。

单独赔偿 指单独提起行政赔偿的案件。当事人对行政行为的合法性没有争议，就行政侵权造成的损害赔偿单独提起赔偿诉讼。

公证人员 指在公证处工作的人员总称，包括公证处主任、副主任、公证员、公证员助理(助理公证员)和其他从事辅助性工作的人员。

公证文书 指公证处根据当事人申请，依照事实和法律，按照法定程序制作的，具有法律效力的司法证明文书。

受理劳动人事争议案件数 指劳动人事争议仲裁委员会根据国家有关规定，对劳动人事争议当事人的申请予以审查，符合受理条件而正式立案、准备处理的劳动人事争议案件数。

城镇职工基本养老保险

1. 参保职工人数 指报告期末按照国家法律、法规和有关政策规定参加城镇职工基本养老保险并在社保经办机构已建立缴费记录档案的职工人数，包括中断缴费但未终止养老保险关系的职工人数，不包括只登记未建立缴费记录档案的人数。

2. 离退休人员人数 指报告期末参加城镇职工基本养老保险的离休、退休和退职人员的人数。

3. 基金收入 指根据国家有关规定，由纳入基本养老保险范围的缴费单位和个人按国家规定的缴费基数和缴费比例缴纳的养老保险基金，以及通过其他方式取得的形成基金来源的收入。包括单位和职工个人缴纳的基本养老保险费、基本养老保险基金利息收入、上级补助收入、下级上解收入、转移收入、财政补贴和其他收入。

4. 基金支出 指按照国家政策规定的开支范围和开支标准从养老保险基金中支付给参加基本养老保险的个人的养老金、丧葬抚恤补助，以及由于保险关系转移、上下级之间调剂资金等原因而发生的支出。包括离休金、退休金、退职金、各种补贴、医疗费、死亡丧葬补助费、抚恤救济费、社会保险经办机构管理费、补助下级支出、上解上级支出、转移支出、其他支出等。

5. 基金累计结余 指截止报告期末基本养老保险基金收支相抵后的累计余额。

城乡居民基本养老保险

1. 参保人数 指报告期末，参加城乡居民养老保险（在经办机构参保登记并已建立缴费记录以及制度实施当年已经年满60周岁并在经办机构参保登记）的总人数（不包括已经办理注销登记手续的人数）。

2. 基金收入 指根据国家有关规定，由参加城乡居民基本养老保险的个人按规定缴费的城乡居民基本养老保险基金，以及通过集体补助、财政补助等其他方式取得的形成基金来源的收入。包括个人缴费收入、集体补助收入、政府补贴收入、利息收入、转移收入、上级补助收入、下级上解收入和其他收入。

3. 基金支出 指按照国家政策规定的开支范围和开支标准从城乡居民基本养老保险基金中支付给参加城乡居民基本养老保险的个人养老金待遇支出，以及由于参保人员跨统筹地区流动而发生的支出等。包括养老金待遇支出、转移支出、补助下级支出、上解上级支出、其他支出。

4. 基金累计结余 指截止报告期末城乡居民基本养老保险基金收支相抵后的累计余额。

基本医疗保险

1. 参保人数 指报告期末按国家有关规定参加相应基本医疗保险的人数。

2. 基金收入 指由用人单位和个人按照国家规定的缴费基数、缴费比例或缴费标准缴纳的基本医疗保险基金，财政补助资金以及通过其他方式取得的形成基金来源的款项，包括：单位缴纳收入、个人缴纳收入、财政补助收入（含医疗救助补助个人收入）、财政补贴收入、利息收入和其他收入。

3. 基金支出　指按照国家政策规定的开支范围和开支标准，从基本医疗保险基金中支付给参保人员的医疗保险待遇支出，以及其他支出。包括住院医疗费用支出、门急诊医疗费用支出、个人账户基金支出、其他支出。

4. 基金累计结余　指截止报告期末基本医疗保险基金累计结余金额。

失业保险

1. 参保人数　指报告期末按照国家法律、法规和有关政策规定参加了失业保险的城镇企业、事业单位的职工及地方政府规定参加失业保险的其他人员的人数。

2. 基金收入　指报告期内筹集的失业保险基金的总额，包括失业保险费收入、利息收入、财政补贴收入、其他收入、转移收入、上级补助收入、下级上解收入。

3. 基金支出　指报告期内为保障失业人员基本生活、促进其再就业等支出的基金总额，包括失业保险金支出、医疗补助金支出、丧葬补助金和抚恤金支出、职业培训和职业介绍补贴支出、农民合同制工人一次性生活补助支出、其他支出、转移支出、上级补助支出、下级上解支出。

4. 基金累计结余　指截止报告期末失业保险基金收支相抵后的累计余额。

工伤保险

1. 参保人数　指报告期末依据国家有关规定参加工伤保险的职工人数和有雇工的个体工商户的雇工数。

2. 享受保险待遇人数　指年初至报告期末因工伤或职业病而享受工伤保险待遇的人数。为享受工伤医疗待遇中未评定等级的人数、享受伤残待遇人数以及享受因工死亡待遇人数之和。

3. 基金收入　指根据国家有关规定，由参加工伤保险的单位按国家规定的缴费基数和缴费比例缴纳的工伤保险基金，以及通过其他形式取得的形成基金来源的款项。包括：单位缴纳的社会统筹基金收入、财政补贴收入、利息收入、其他收入。

4. 基金支出　指按照国家政策规定的开支范围和开支标准从工伤保险基金中支付给参加工伤保险的人员及供养直系亲属工伤保险待遇支出及其他支出。包括工伤医疗费、伤残补助金、工亡补助金、护理费、丧葬补助费、工伤预防费用、职业康复费用和其他支出。

5. 基金累计结余　指截止报告期末工伤保险基金累计结余金额。

生育保险

1. 参保人数　指报告期末依据有关规定参加生育保险的人数。

2. 基金收入　指根据国家有关规定，由参加生育保险的单位按照国家规定的缴费基数和缴费比例缴纳的生育保险基金，以及通过其他方式取得的形成基金来源的款项，包括：单位缴纳的基金收入、利息收入和其他收入。

3. 基金支出　指按照国家政策规定的开支范围和开支标准，从生育保险基金中支付给参加生育保险的职工，因妊娠、分娩和计划生育手术而享受的待遇及其他支出。包括：生育津贴、医疗费用支出及其他支出。

4. 基金累计结余　指截止报告期末生育保险基金累计结余金额。

Explanatory Notes on Main Statistical Indicators

The Population Coverage Rate of Radio/Television refers to the percentage of the whole country's population who can receive radio/television programmes transmitted by national, provincial, municipal or county stations through wireless, cable or satellite techniques, according to Statistical Standard and Method on Television and Radio Coverage of Population established by the former State Administration of Broadcasting, Film and Television.

Arts Performance Troupes refer to the various professional performing arts groups, which sponsored by the cultural sectors or guided by the cultural society (approved by the cultural administration authority, or registered and permitted with the relative certificate), including non-governmental troupes. The mass amateur arts performance troupes are not included. administration, or registered and permitted with the relative certificate), with the facility of auditorium, stage and lighting, and selling tickets in public.

Arts Performance Places refer to the various sites for cultural activities, which sponsored by the cultural sectors or guided by the cultural society (approved by the cultural market.

Cultural Market Operating Units refer to the units dealing in culture and cultural services, which registered and permitted with the relative certificate by cultural market administration.

National Comprehensive Archives refer to all archives institutions, which are directly managed by the central and local levels archives administration, collecting and keeping various documents and materials by administrative regions or historical periods.

Certified Grade Athletes refer to those who are awarded the title of athletes through assessment. The titles include international level athletes, master of sports, first grade athletes and second grade athletes.

Certified Grade Coaches refer to those who are awarded the title of grade coaches through assessment. The titles include national level coaches, senior grade coaches, medium grade coaches and junior grade coaches.

Medical and Health Care Institutions refer to the units which have been qualified the Certification of Health Care Institution, certification of family planning technical service by the administration of public health, or qualified the Certification of Corporate Unit by the civil affairs, administration for industry and commerce, commission office for public sector reform, and engaging in medical care, disease prevention and control, health supervision and inspection, medicine research and on-job training, etc., including: hospitals, health care institutions at grass-root level, specialized public health institutions, and other medical and health care institutions.

Hospitals include general hospitals, hospitals specialized in traditional Chinese medicine, hospitals of integrated traditional Chinese and western medicine, ethnic hospitals, specialized hospitals and nursing hospitals, excluding specialized disease prevention and treatment institutes, maternal and child health care hospitals and convalescent hospitals.

Health Care Institutions at Grass-root Level include community health service centers, community health service stations, urban health centers, township health centers, village clinics, outpatient departments and clinics (health centers).

Specialized Public Health Institutions include centers for disease control and prevention, specialized disease prevention and treatment institutions, women and children care agencies(including women and children health care family planning service center), health education institutions, first aid centers, blood gathering and supplying institutions, health supervision and inspection agencies, and family planning technical service centers that obtained the Certification of Health Care Institution or certification of family planning technical service centers.

Other Medical and Health Care Institutions include sanatoriums, clinical laboratory centers, medicinal scientific research institutions, on-job training institutions, medical examination centers, rural water improvement centers, talent exchange centers, and statistical information centers, etc.

Health Care Employees refer to all employees engaged in the health care institutions, such as hospitals, health care institutions at grass-root level, specialized public health institutions, and other medical and health care institutions, including medical technical personnel, village doctors and assistants, other technical personnel, managerial and service staff. The data is based on the year end payroll, including personnel hired (including contract labor) and re-employed after retirement by the institution for over half a year and excluding temporary workers, retired personnel, resigned personnel, personnel who have left the institution but kept the contract relation and personnel who are re-employed after retirement or temporarily employed for less than half a year.

Medical Technical Personnel refer to the professional staff engaged in health care, including licensed doctors, licensed assistant doctors, registered nurses, pharmacists, laboratory technicians, imaging staff, health care supervisors and intern doctors, pharmacists, nurses, and technical personnel, excluding the medical technical personnel engaged in managerial job (e.g. president, vice president and secretary of the party committee etc).

Licensed Doctors refer to the medical workers who have obtained the licenses of qualified doctors and are employed in medical treatment, disease prevention or healthcare institutions, excluding the licensed doctors engaged in management job. The licensed doctors are divided into 4 categories: clinician, Chinese medicine physicians, dentist and public health physicians.

Licensed Assistant Doctors refer to the medical workers who have obtained the licenses of qualified assistant doctors and are employed in medical treatment, disease prevention or healthcare institutions, excluding the licensed assistant doctors engaged in management job. The classification of licensed assistant doctors is clinician, Chinese medicine, dentist and public health.

Number of Licensed (Assistant) Doctors per 10000 Population The formula is:

Number of Licensed Doctors per 10000 Population = (Number of Licensed Doctors + Number of Licensed Assistant Doctors) / Population *10000

The population is the figure of usual population at year-end.

Number of Medical Technical Personnel per 10000 Population The formula is:

Number of Medical Technical Personnel per 10000 Population = Number of Medical Technical Personnel / Population *10000

The population is the figure of usual population at year-end.

Number of Beds of Medical and Health Care Institutions per 10000 Population the formula is:

Number of Beds of Medical and Health Care Institutions per 10000 Population = Number of Beds of Medical and Health Care Institutions / Population *10000

The population is the figure of usual population at year-end.

Social Welfare Enterprises refer to those welfare-oriented enterprises employing a significant number of handicapped people with certain labour ability (handicapped employees shall exceed 10% of the production staff). They can be categorized as welfare factories, artificial limb plants and other welfare enterprises. They can be in the form of state ownership, collective ownership or other kinds of ownership.

Number of Urban Residents Entitled to Minimum Living Allowances refers to the number of those whose average family income is below a minimum local standard by the end of the reporting period, including both the employed and unemployed, laid off and retired, and those jobless people without stable residence or valid IDs.

Number of Rural Residents Entitled to Minimum Living Allowances refers to the number of those receiving the minimum living allowances from the local government or community in the rural areas where this allowances system is in place as of the end of the reference period.

Households Enjoying Five Guarantees refers to those senior citizens, handicapped or under-aged who, without labour ability, can not make a living by themselves and whose statutory providers are unable to support them or who have no statutory providers at all.

Number of Recipients of Traditional Relief refers to special personnel receiving support from civil affair department according to national regulations and personnel who resigned because of the streamlining in the 1960s. Special personnel include traditional recipients of civil affair support, such as lepers, insurrectionists and surrenders of former KMT, returned overseas Chinese, Taiwan compatriots, personnel pardoned and released early from prisons, personnel removed of the label "rightist", educated youth suffered from work injuries in the "Down to the Countryside Movement" and personnel who have lost their work capacity due to family planning surgeries.

Number of Service Institutions in Communities refers to the total number of community service guidance centers, community service centers, community service stations, community pension institutions and facilities and mutual aid pension facilities and other community service institutions at the end of the reporting period. These institutions offer home keeping and elderly care services for the elderly, handicapped people, children and their families, like commodity delivery, health care, cleaning, adult day care, companion and others.

Crude Divorce Rate refers to ratio of divorced couples to the annual average population in a certain region for the reference year, the formula is:

$$\text{Crude Divorce Rate} = \frac{\text{number of couples divorced for the reference year}}{\text{annual average population}} \times 1000\ ‰$$

Cases Registered and Handled Directly by People's Procuratorate Offices refer to those serious criminal cases that, according to the functional jurisdiction, are registered and handled by the People's

Procuratorate Offices, including the ones on bribery and corruption, the ones on abuse and dereliction of duty, offenses against citizens' personal and democratic rights by government officials abusing their powers; and that are registered and handled by the provincial Procuratorate offices in relation to other major crimes committed by government officials by abusing their powers.

Key Cases refer to crimes committed by county and director-level and above officials. This indicator reflects the situation of those county and director-level and above officials involved in criminal cases registered and handled by People' s Procuratorate offices.

Approval for Arrest refers to the decision made by people' s procuratorate office, in accordance with the law and relevant facts, to approve the arrest of the suspect(s) as proposed by the public security departments, state security departments or prisons authority. This indicator reflects approved arrests made by people' s procuratorate offices that are proposed by related departments.

Decision on Arrest refers to decision made by the people' s procuratorate office, in accordance with laws, to arrest the suspect(s) in the cases that are accepted and to be investigated by the procurators office. This indicator mainly reflects the implementation of the decision on arrest by people' s procuratorate office.

Application of Summary Procedure refers to those cases of public prosecution where the suspects might be, according to law, sentenced to fixed-term imprisonment of no more than three years, criminal detention, public surveillance or punishment with fines exclusively by People' s Court ; those cases where the facts are clear and the evidence is sufficient, and which the People's Procuratorate suggests or agrees that the summary procedure is applied to; those cases to be handled only upon complaints; and those minor criminal cases prosecuted by the victims with evidence.

Protests Presented refer to those protests presented by local People's Procuratorate at any level who considers that there exists some definite error in a judgment or order of first instance made by a People's Court at the same level to the People's Court at the next higher level, including the protests raised in accordance with the second instance and protests raised in accordance with procedure for trial supervision.

Supervision of Case Registered refers to the actions made by the People's Procuratorate to supervise the criminal cases registered by investigative authorities, including supervision of the cases which have wrongly not been registered and have wrongly been registered.

Supervision of Case Registration includes both the supervision of the registrations by the investigatory authorities and the supervision of the implementation of the notifications to register after the investigatory authorities are requested to state reasons for not registering a case.

Supervisory Activities refers to the supervision of the People' s Procuratorate over the management of prisons as well as other places of criminal reformation.

Juvenile Criminals refers to the offenders within the age range of 14 to 25 convicted guilty by the court during the reporting period while those between 14 and 18 are defined as minor offenders.

Administrative Cases refer to the cases filed by citizens, corporations and other organizations against the specific administrative conducts of administrative authorities and handled by the court.

Separate Compensation refers to cases that are separately filed for administrative compensation by the party who has no dispute on the legality of administrative conducts but brings proceedings separately to claim for damages caused by administrative tort.

Notary Personnel refers to people working for notary offices including: directors, deputy directors, notaries, assistant notaries and other people providing assistance.

Notary Documents refer to legally binding judicial notary documents developed at the request of the interested party based on facts and the law following certain legal proceedings.

Number of Labour Disputes Cases Accepted refers to the number of cases of labour disputes submitted that, after being reviewed by the labour dispute arbitration committees in line with the relevant national regulations, are accepted and registered for treatment.

Basic Pension Insurance for Urban Staff and Workers

1. Number of staff and workers covered refers to staff and workers participating in the basic pension insurance for urban staff and workers programme according to national laws, regulations and related policies at the end of the reference period, who have already had payment records in social security management agencies, including those who have interrupt payment without terminating the insurance programme. Those who have registered in the programme but with no payment records are not included.

2. Number of retirees refers to the number of retirees participating in the basic pension insurance for urban staff and workers programmes by the end of the reference period.

3. Revenue of the basic pension insurance programme refers to payments made by employers and individuals participating in the pension insurance programme in accordance with the basis and proportion stipulated in State regulations, and income from other sources that become the source of pension insurance fund, including the premium paid by employers and staff and workers, interest income, subsidies from higher level agencies, income as transfer from subordinate agencies, transferred income, government financial subsidies and other income.

4. Expenditure of basic pension insurance programme refer to payment made on pensions and funeral subsidies to those covered in pension insurance programmes according to related national policies on scope and standard of expenditure. Also included are expenditure which arises due to shift of the insurance relationship or adjustment of funds among agencies. More specifically, included are pensions for resigned people, pensions for retired people, pension for people quitting jobs, various subsidies, medical fees, funeral subsidies, compensation payments, management fees for social security agencies, expenses on subsidies to lower subordinates, expenses as transfer to agencies at higher level, transferred expenditure and other expenditure.

5. Balance of basic pension insurance programme refers to the balance of basic pension insurance funds at the end of the reference period after deducting expenses from revenue.

Basic Pension Insurance for Urban and Rural Residents

1. Number of participants refers to people participating in the basic pension insurance for urban and rural residents programme who registered with the participation and established payment records, and who were 60 years old or above when the system was established and registered with the participation.. Those who cancelled their registration are not included.

2. Revenue of the insurance programme refers to the revenue from the payments made, in accordance with related regulations of the government, by individuals participating in the basic pension insurance for urban and rural residents programme and from the subsidies contributed by collective subsidies, public finance and other sources. It includes the payment by individual participants, collective subsidies, government subsidies, interest income, transferred income, subsidies from higher levels, contributions from lower levels, and income from other sources.

3. Expenditure of the insurance programme refers to payment made to those covered in the basic pension insurance for urban and rural residents according to related national policies on scope and standard of expenditure. Also included are expenditures which arise due to movement of participants among different locations. It includes the payment to the individual participants, transferred expenditures, expenses on subsidies to lower subordinates, expenses as transfer to agencies at higher level, and other expenditures.

4. Balance of insurance programme refers to the balance of basic pension insurance funds for urban and rural residents at the end of the reference period after deducting expenses from revenue.

Basic Medical Care Insurance

1. Number of people participating in the insurance programme refers to people participating in the basic medical care insurance programme according to related regulations at the end of the reference period.

2. Revenue of the insurance programme refers to payments made by employers and individuals participating in the medical care insurance programme in accordance with the basis and proportion stipulated in State regulations, government subsidies and income from other sources that become the source of medical insurance fund, including payment by employers and individuals, financial assistance (including medical assistance subsidiaries to individuals), financial subsidies, interest income and other incomes.

3. Expenditure of the insurance programme refers to medical care payment made to people covered in basic medical care insurance programme within the scope and standards of expenditure according to related national policies, and other expenses, including medical expenses of hospital inpatients, medical expenses for outpatients and emergency patients, payment to individual accounts and other expenditure.

4. Balance of the basic medical care insurance programme refers to the balance of medical care insurance funds at the end of the reference period after deducting expenses from revenue.

Unemployment Insurance

1. Number of people covered refers to staff and workers in urban enterprises or institutions who have participated in the unemployment insurance programme according to relevant policies and regulations, and other people who have participated according to local government regulations at the end of the reference period.

2. Revenue of the unemployment insurance programme refers to the total unemployment insurance funds raised in the reference period, including unemployment insurance premium, interest income, financial subsidies, other incomes, transferred income, subsidies from higher level agencies and income as transfer from subordinate agencies.

3. Expenditure of the unemployment insurance programme refers to total expenses during the reference period to guarantee the basic livelihood of unemployed people, and to encourage their re-employment. Included are unemployment relief, medical fees, funeral subsidies, compensation payments, training expenses, job placement expenses, one-time subsistence allowance for contracted migrant workers, other expenditures, transferred expenditure, expenses as transfer to higher level agencies and subsidies to lower level agencies.

4. Balance of the unemployment insurance programme refers to the balance of revenue of the programme after deducting expenses at the end of the reference period.

Work Injury Insurance

1. Number of people covered refers to staff and workers who have participated in the work injury insurance programme and employees who work for the self employed and have participated in the work injury insurance programme according to relevant national regulations at the end of the reference period.

2. Number of beneficiaries refers to number of people benefited from work injury insurance, as a result of work injury or occupational disease. It is the sum of beneficiaries of medical treatment of unrated work injuries, disability benefits for work injuries and compensation for deaths at work places.

3. Revenue of the work injury insurance programme refers to payments made by employers participating in the work injury insurance programme in accordance with the basis and proportion stipulated in State regulations, and income from other sources that become source of work injury insurance fund, including income of social comprehensive funds paid by employers, government financial subsidies, interest income and other incomes.

4. Expenditure of the work injury insurance programme refers to payments made from work injury insurance funds to those who participated in the work injury insurance programme and their direct dependents within the scope and standards of expenditure according to related national policies, and other expenditure, including medical fees for work injury, injury and disability subsidies, death subsidies, nursing fees, funeral subsidies, injury prevention fees, occupational rehabilitation fees and other expenditure.

5. Balance of the work injury insurance programme refers to the balance of the work injury funds at the end of the reference period.

Maternity Insurance

1. Number of people covered refers to people who have participated in the maternity insurance programme according to relevant regulation at the end of the reference period.

2. Revenue of maternity insurance programme refers to payments made by employers participating in the maternity insurance programme in accordance with the basis and proportion stipulated in State regulations, and income from other sources that become source of maternity insurance fund, including income of funds paid by employers, interest income and other income.

3. Expenditure of the maternity insurance programme refers to payments made from maternity insurance funds to staff and workers who participate in the maternity insurance programme within the scope and standards of expenditure in accordance with related national policies, expenses paid for pregnancy, child delivery or surgeries related to family planning, and other expenditure, including allowance for child bearing, medical fees and other expenditure.

4. Balance of the maternity programme refers to the balance of the maternity insurance funds at the end of the reference period.

第十九篇　城市概况

CHAPTER 19 GENERAL SURVEY OF CITIES

资料整理：戚　萍　赵秋梅　韩　姝

19-1 城市公用事业基本情况

BASIC STATISTICS ON URBAN PUBLIC UTILITIES

指 标	Item	2011	2012	2013	2014	2015
城市建设	**City Areas and Floor Space of Buildings**					
城区面积(平方公里)	Urban Area(sq. km)	2653.2	2718.3	2765.7	2786.8	2578.3
建成区面积(平方公里)	Area of Built Districts(sq. km)	1678.6	1725.5	1758.4	1785.1	1772.2
城市建设用地面积(平方公里)	Area of Land Used for Urban Construction(sq. km)	1722.1	1747.7	1763.7	1773.7	1788.9
城市人口密度(人/平方公里)	Population Density of City Districts(persons/sq. km)	5146	5054	4922	4946	5504
城市供水、燃气及集中供热	**Water Supply, Gas Supply and Heating**					
全年供水总量(亿立方米)	Annual Volume of Tap Water Supply(100 million cu. m)	15.2	15.2	14.5	15.0	14.9
#生活用水	#Water Consumption for Residential Use	4.0	4.1	4.0	3.8	3.4
人均生活用水(升)	Per Capita Water Consumption for Residential Use(liter)	128.0	125.5	119.3	116.5	116.3
城市人口用水普及率(%)	Coverage Rate of Urban Population with Access to Tap Water(%)	90.8	94.1	95.5	96.2	97.2
人工煤气供气量(亿立方米)	Gaswork Gas Supply (100 million cu. m)	0.8	0.8	0.8	0.8	0.7
#家庭用量	#Consumption of Gaswork Gas for Residential Use	0.4	0.4	0.5	0.4	0.4
液化石油气供气量(万吨)	Liquefied Petroleum Gas(10000 tons)	21.1	20.6	21.8	21.4	21.0
#家庭用量	#Consumption of Liquefied Gas for Residential Use	11.6	11.5	11.7	12.3	12.3
供气管道长度(公里)	Length of Gas Pipelines(km)	647	709	772	8073	8282
燃气普及率(%)	Coverage Rate of Urban Population with Access to Tap Gas(%)	81.4	83.4	85.6	86.2	86.6
集中供热面积(万平方米)	Area of Centralized Heating(10000 sq. m)	42940	48336	53804	57656	62457
城市市政设施	**Municipal Infra-structure**					
年末实有道路长度(公里)	Length of Paved Roads at Year-end(km)	10629	11128	12102	12252	12364
每万人拥有道路长度(公里)	Length of Paved Roads Per 10000 Persons(km)	6.7	5.1	5.4	5.5	5.6
年末实有道路面积(万平方米)	Area of Paved Roads at Year-end(10000 sq. m)	15296	16252	17899	18359	18651
人均拥有道路面积(平方米)	Per Capita Area of Paved Roads(sq. m)	11.2	11.8	13.2	13.3	13.1
城市排水管道长度(公里)	Length of City Sewage Pipes(km)	8294	9376	9583	9922	10345
平均每万人拥有(公里)	Length of Sewer Pipelines per 10000 Population(km)	4.7	4.3	4.3	4.4	4.6
城市公共交通	**Public Transportation**					
年末公共交通车辆运营数(辆)	Number of Public Vehicles under Operation at Year-end (Buses and Trolley Buses, etc.)(10000 units)	15772	16075	17581	17845	18631
每万人拥有公共交通车辆(标台)	Number of Public Transportation Vehicles Per 10000 Population(unit)	13.7	14.0	15.2	15.3	17.8
出租汽车数(万辆)	Taxis (10000 units)	10.9	11.4	11.7	12.2	10.3
城市绿化和园林	**City Greening**					
园林绿地面积(公顷)	Public Green Areas(hectare)	72166	73820	75065	76346	76501
人均公园绿地面积(平方米)	Per Capita Public Green Areas(sq. m)	11.5	11.8	12.1	12.1	12.0
公园个数(个)	Number of Parks(unit)	296	304	321	331	345
公园面积(公顷)	Area of Parks(hectare)	9339	9372	9516	9626	9777
城市环境卫生	**Environmental Sanitation**					
生活垃圾清运量(万吨)	Volume of Garbage Disposal(10000 tons)	651	710	582	553	523
粪便清运量(万吨)	Volume of Excrement and Urine Disposal(10000 tons)	179	151	153	135	122
每万人拥有公厕(座)	Number of Public Toilets per 10000 Population(unit)	5.8	5.5	5.0	5.4	5.0

19-2 12个省辖城市社会经济主要指标 (2014年,不含所辖县及县级市)

项　目	Item	哈尔滨市 Harbin	齐齐哈尔市 Qiqihar
人口、就业	**Population,Employment**		
年末总人口(万人)	Total Population at the Year-end(10000 persons)	473.8	138.2
年平均人口(万人)	Annual Mean Population(10000 persons)	473.7	138.3
年出生人口(人)	Annual Birth Population(person)	46596	9329
年死亡人口(人)	Annual Death Population(person)	35823	11561
年末总户数(万户)	Total Households at the Year-end(10000 households)	198.1	59.3
年末单位从业人员数(人)	Total Number of Employed Persons at the Year-end(persons)	1097750	295272
#第一产业	#Primary Industry	14507	64150
第二产业	Secondary Industry	418707	92035
第三产业	Tertiary Industry	664536	139087
年末城镇登记失业人员数(人)	Number of Registered Unemployed Persons in Urban Areas at Year-end(person)	62345	3700
土地面积	**Land Areas**		
行政区域土地面积(平方公里)	Total Area of Administration Region(sq. km)	7086	4365
#建成区面积	#Developed Areas	401	140
城市建设用地面积(平方公里)	Urban Construction Land Areas(sq. km)	392	140
#居住用地面积	#Land Areas of Living	123	44
公共设施用地面积(平方公里)	Land Areas of Public Facilities(sq. km)	11	14
工业用地面积(平方公里)	Land Areas of Industry(sq. km)	86	30
综合经济	**Total Economy**		
地区生产总值(当年价格)(万元)	Gross Domestic Product(10000 yuan)	33866861	5731460
第一产业增加值	Primary Industry	1179734	232808
第二产业增加值	Secondary Industry	12169366	1932114
第三产业增加值	Tertiary Industry	20517761	3566538
人均地区生产总值(元)	Per Capita GDP(yuan)	71495	41441
地区生产总值增长率(%)	Growth Rate of GDP(%)	5.5	2.4
地方公共财政收入(万元)	Local Public Financial Revenue(10000 yuan)	3638224	569802
#各项税收	#Taxes	3067958	275050
地方公共财政支出(万元)	Local Public Financial Expenditure(10000 yuan)	5034040	1148977
年末金融机构存款余额(万元)	Balance of Deposits of National Banking System at the Year-end(10000 yuan)	79549510	8743694
#城乡居民储蓄年末余额	#Balance of Deposits of Urban and Rural Residence	30514290	5716680
年末金融机构各项贷款余额(万元)	Balance of Loans of National Banking System at the Year-end(10000 yuan)	66642783	6925209
规模以上工业	**Industry**		
工业企业数(个)	Number of Industrial Enterprises(unit)	599	172
内资企业	Domestic Funded Enterprises	528	166
#国有企业	#State-Owned Enterprises	23	2
私营企业	Private Enterprises	167	90
港、澳、台商投资企业	Enterprises with Funds from Hong Kong, Macao and Taiwan	19	3
外商投资企业	Foreign Funded Enterprises	52	3
工业总产值(当年价)(万元)	Gross Industrial Output Value(10000 yuan)	20627859	5417645
内资企业	Domestic Funded Enterprises	16506344	5101853
#国有企业	#State-Owned Enterprises	3535939	125853
私营企业	Private Enterprises	1133797	1690343
港、澳、台商投资企业	Enterprises with Funds from Hong Kong, Macao and Taiwan	734098	78000
外商投资企业	Foreign Funded Enterprises	3387417	237792

MAJOR SOCIAL AND ECONOMIC INDICATORS OF 12 PROVINCIAL CAPITALS (2014, NOT INCLUDING THE CITIES AT COUNTY LEVEL AND COUNTIES)

鸡西市 Jixi	鹤岗市 Hegang	双鸭山市 Shuangyashan	大庆市 Daqing	伊春市 Yichun	佳木斯市 Jiamusi	七台河市 Qitaihe	牡丹江市 Mudanjiang	黑河市 Heihe	绥化市 Suihua
84.5	66.0	50.1	135.5	78.0	79.0	53.9	88.9	21.5	84.3
84.5	66.4	46.4	129.4	78.0	79.1	54.7	88.9	21.5	84.1
5778	4315	3202	11854	4028	6300	3985	6581	1199	5873
6656	5451	4086	7956	7543	6298	2750	6519	1314	5704
37.0	34.5	23.8	51.8	35.5	33.7	20.8	34.6	8.4	30.1
127973	114481	115646	464086	140100	88901	111396	95000	35437	26336
606	2226	2896	592	67400	4403	2919		2408	627
79378	74772	69483	257878	29300	28863	77460	28000	6398	6633
47989	37483	43267	205616	43400	55635	31017	67000	26631	19076
10445	12903	6901	36795	15639	11154	6068	13701	1497	1735
2300	4551	1760	5107	19608	1875	3646	2360	14444	2756
79	53	58	245	171	97	71	81	19	35
79	53	57	319	161	83	71	81	29	27
48	19	30	82	65	27	27	32	8	11
2	1	4	12	8	3	6	2	6	1
10	11	2	74	19	18	16	17	4	4
1641091	1301504	1277669	34653144	1589691	3870080	1576730	3186038	289833	1431800
120875	126351	43304	369052	553007	242699	146277	148117	87621	656119
749496	557205	544550	27745315	439269	1171696	697912	1183617	89993	381717
770720	617948	689815	6538777	597415	2455685	732541	1854304	112219	393964
19334	24497	25671	255966	20264	48959	27800	32862	23532	26235
-2.9	-15.9	-5.6	3.6	-11.6	7.1	0.3	5.3	19.3	8.8
288531	125865	98198	1193372	111267	276427	152855	428703	91211	50377
118112	70246	70599	923740	79175	160084	99462	213984	49304	30843
460094	470310	468174	1375263	749968	819691	446265	953761	359848	289873
4730047	3505584	3037393	18107728	3781164	5061488	2842339	6319654	1813549	2698888
3383619	2599759	1979296	10506853	2617411	3691774	1883445	4241682	1198804	1933310
2252126	1491143	3067595	6858676	877743	1608008	1571626	3410199	920773	1812895
54	72	56	310	83	142	65	106	24	36
52	71	55	293	78	133	64	97	22	35
3	2	1	6	5	1	3	4	2	1
14	14	54	195	33	93	39	52	7	34
2			5		2		2	1	1
	1	1	12	5	7	1	7	1	
1482702	1242365	1682345	37987008	1002665	2475520	1586300	1568257	401183	565972
1435482	1234835	1641659	36977455	952732	2116639	1583200	1182806	396862	554715
36606	25249		3504132	43569	10027	39000	74112	68465	14035
185303	17909	152979	2126659	214715	1245052	361800	396432	121496	540680
47220		40686	54863		6380		77068	1347	11257
	7530		954690	49933	352501	3100	308383	2974	

19-2 续表1

项目	Item	哈尔滨市 Harbin	齐齐哈尔市 Qiqihar
从业人员年平均人数(万人)	Annual Average Number of persons Employed(10000 persons)	10.1	8.7
流动资产合计(万元)	Total of Working Capitals(10000 yuan)	20695607	6132548
固定资产合计(万元)	Total of Fixed Assets(10001 yuan)	9387920	3649079
主营业务收入(万元)	Revenue from Principal Business(10000 yuan)	22812263	5136625
主营业务成本(万元)	Cost of Principal Business(10000 yuan)	18855893	4285444
主营业务税金及附加(万元)	Tax and Extra Charges from Principal Business(10000 yuan)	906566	30257
本年应交增值税(万元)	Value-added Tax Payable in the Current Year(10000 yuan)	659763	207204
利润总额(万元)	Total Profits(10000 yuan)	468737	124214
邮电通讯	**Post and Telecommunication**		
年末邮政局(所)数(处)	Number of Post and Telecommunications Offices(unit)	106	81
贸易、外经	**Domestic** and Foreign Trade		
社会消费品零售总额(万元)	Total Retail Sale of Consumer Goods(10000 yuan)	24760648	5447129
限额以上批发零售贸易业商品销售总额(万元)	Total Sales of Wholesale and Retail Trade Above Designated Size(10000 yuan)	20883380	2033523
限额以上批发零售企业数(法人数)(个)	Number of Corporation Enterprises of of Wholesale and Retail Trade Above Designated Size(unit)	730	93
#零售业	#Retail Trade	370	60
外商直接投资项目个数（个）	Number of Projects for Contracted Foreign Direct Investment(unit)	53	3
当年实际使用外资金额(万美元)	Foreign Capital Actual Used(USD 10000)	239416	47783
固定资产投资	**Total Investment in Fixed Assets**		
固定资产投资总额（不包农户）(万元)	Total Investment in Fixed Assets(Excluding Farm Households)(10000 yuan)	29629225	2802916
#房地产开发投资额	#Real Estate Development	6225813	848643
#住宅	#Residential Buildings	4546093	662180
全年新增固定资产(万元)	Newly Increased Fixed Assets(10000 yuan)	25626264	2222671
商品房屋销售面积(万平方米)	Floor Space of Commercialized Buildings Sold(10000 sq.m)	880.1	67.4
#住宅	#Residential Buildings	786.2	59.6
商品房屋销售额(万元)	Total Sale of Commercialized Buildings(10000 yuan)	5812599	386800
#住宅	#Residential Buildings	4868319	334076
教育、科技、文化、卫生	**Education,Science and Technology ,Health**		
中等职业教育学校数(所)	Number of Specialized Secondary Schools(unit)	79	21
普通中学学校数(所)	Number of Regular Secondary Schools(unit)	206	73
小学学校数(所)	Number of Primary Schools(unit)	187	114
普通高等学校教师数(人)	Number of Full-time Teachers of Regular Institutions of Higher Education(person)	31947	3593
中等职业教育学校教师数(人)	Number of Full-time Teachers of Specialized Secondary Schools(person)	4545	1006
普通中学教师数(人)	Number of Full-time Teachers of Regular Secondary Schools(person)	21762	5769
小学教师数(人)	Number of Full-time Teachers of Primary Schools(person)	11985	3771
普通高等学校学生数(人)	Student Enrollment of Regular Institutions of Higher Education(person)	498533	54815
高中阶段在校学生数(人)	Student Enrollment of Senior Secondary Education(person)	134879	25162
中等职业教育学校学生数(人)	Student Enrollment of Specialized Secondary Schools(person)	94187	6785
普通中学学生数(万人)	Student Enrollment of Regular Secondary Schools(10000 persons)	21.28	5.47
小学学生数(万人)	Student Enrollment ofPrimary Schools(10000 persons)	19.18	5.93
初中毕业生升学率(%)	Proportion of Junior Secondary Graduates Entering into Senior Secondary Schools(%)	68	72
成人高等学校在校学生数(人)	Student Enrollment in Adult Education Schools(person)	22940	19942

COUNTINUED

鸡西市 Jixi	鹤岗市 Hegang	双鸭山市 Shuangyashan	大庆市 Daqing	伊春市 Yichun	佳木斯市 Jiamusi	七台河市 Qitaihe	牡丹江市 Mudanjiang	黑河市 Heihe	绥化市 Suihua
7.2	5.7	4.5	22.2	2.3	2.6	7.6	2.5	0.6	0.3
1139149	990504	946465	12933701	906354	1239918	1421100	1166139	207731	127483
1668644	1049024	2776193	25713826	1131432	976917	1905900		194680	75568
1352232	1305166	1721793	38065097	971033	2388008	1717600	1678792	370155	447540
1321167	1292626	1569512	23908456	951347	2142866	1635600	1342397	289094	407558
16637	12382	13856	4740390	4456	9190	26600	16417	12319	630
88584	63444	86246	2909060	14744	39622	106300	69269	31257	1127
-178276	-134852	-48858	6706480	-122432	-1358	-170900	81302	88693	22778
48	33	32	112	64	89	21	64	25	20
979899	883218	567082	9339555	713185	1898013	667936	2440900	60059	761037
1286258	398168	351826	14518950	3987	1038492	289400	1162914	273555	478337
47	56	15	255	22	24	16	51	15	15
28	37	11	179	19	19	12	40	10	12
2			4		4		5		
7200		869	46000		2578	1160	19958		996
1122637	667768	518316	7443887	955163	1622763	873658	1774614	439439	700843
190905	57230	62454	1397511	56746	387426	40189	530833	37021	108321
91161	51304	51977	972975	46181	162916		379999	20415	81240
496210	308747	160815	5611013	1227311	841263	378701	1052978	93658	700843
35.0	9.4	8.5	291.2	19.7	26.2	11.4	75.3	13.1	35.6
28.0	9.2	7.8	261.6	18.0	24.7	10.6	67.8	10.2	25.8
168751	30526	29828	1538148	55158	112992	39065	335830	51243	150421
104937	28849	25842	1286707	47668	98061	35784	279320	41986	77898
6	7	4	14	7	8	2	6	4	1
62	31	29	80	31	35	30	41	7	36
24	52	35	144	37	55	25	63	10	60
498	208	220	3758	210	1482	462	2968	498	525
219	547	148	731	280	253	28	144	226	121
4539	2366	1915	8416	2953	2946	2195	3052	1093	2326
1772	1717	1578	5529	1858	3153	1637	3052	715	3019
8812	1854	3490	62407	1060	44716	2337	48091	11348	10212
15506	13103	8501	40674	12867	15970	10465	16904	4329	2941
2710	2197	1585	7016	1388	14183	296	1712	2135	254
3.60	2.54	0.96	9.81	2.51	3.62	2.84	3.73	0.83	2.27
2.20	1.94	1.51	6.90	1.60	3.20	2.36	3.34	0.96	3.42
98		99	95	84	68	96	95	94	99
	1648	733	13309	920	12853		11161	986	9875

19-2 续表2

项目	Item	哈尔滨市 Harbin	齐齐哈尔市 Qiqihar
体育场馆数(个)	Number of Public Stadiums and Gymnasiums(unit)	82	14
剧场、影剧院数(个)	Number of Theaters ,Music Halls and Cinemas(unit)	59	3
公共图书馆图书总藏量(千册、件)	Total Collections of Public Libraries(1000 volumes)	7111	1092
医院、卫生院数(个)	Number of Hospitals(unit)	281	429
医院、卫生院床位数(张)	Number of Beds in Health Institutions(unit)	60044	13889
医生数(执业医师+执业助理医师)(人)	Number of Doctors (Certified (assistant)Doctors)(person)	15092	4047
注册护士(人)	Registered Nurses(person)	19039	8556
人民生活	**People's Livelihood**		
在岗职工平均人数(万人)	Number of Staff and Workers(10000 persons)	107	26
在岗职工工资总额(万元)	Total Wages Bill of Staff and Workers(10000 yuan)	5951017	1201226
城镇居民人均可支配收入(元)	Annual Per Capita Disposable Income of Urban Households(yuan)	28816	21352
城镇居民人均消费支出(元)	Annual Per Capita Consumption Expenditure of Urban Households(yuan)	21640	17381
每百户居民家庭拥有家用汽车(辆)	Number of Automobile Per 100 Urban Households(unit)	19	11
每百户居民家庭拥有家用计算机(台)	Number of Computer Per 100 Urban Households(unit)	83	51
人均住房建筑面积(平方米)	Per Capita Gross Floor Space of Urban Residents(sq. m)	39	26
居民消费价格指数(上年为100)	Consumer Price Indices (preceding year=100)	102.0	102.1
社会保障	**Social Security**		
城镇职工基本养老保险参保人数(人)	Urban Active Contributors of Basic Endowment Insurance(persons)	1081159	281834
基本医疗保险参保人数(人)	Active Contributors of Basic Medical Treatment Insurance(persons)	2890646	1136536
失业保险参保人数(人)	Active Contributors of Unempolyment Insurance(persons)	1232616	487003
社会福利院数(个)	Number of Social Welfare Institutions(unit)	455	2
社会福利院床位数(张)	Number of Beds in Social Welfare Institutions(unit)	25749	1591
社区服务设施数(个)	Number of Community Services Facilities(unit)	815	211
城镇居民最低生活保障人数(人)	Number of Minimum Living Guarantee of Urban Residents(person)	72150	120413
社会治安	**Public Order**		
交通事故死亡人数(人)	Number of Deaths of Traffic Accidents(person)	252	47
交通事故损失额(万元)	Amount of Loss of Traffic Accidents(10000 yuan)	2454	34
火灾事故死亡人数(人)	Number of Deaths of Fire Accidents(person)	19	
火灾事故损失额(万元)	Amount of Loss of Fire Accidents(10000 yuan)	5700	615
刑事案件立案数(件)	Number of Criminal Cases Registered(unit)	18901	350
犯罪人数(人)	Number of Criminals(person)	8746	190
#青少年人数(年龄16-25周岁)	#Young Offenders(Age 16-25 years old)	1607	112
市政公用事业	**Municipal Utilities**		
年末实有城市道路面积(万平方米)	Area of Paved Roads at Year-end(10000 sq. m)	4872	944
排水管道长度(公里)	Length of City Sewage Pipes(km)	2830	723
供水综合生产能力(包括自备水源)(万立方米/日)	Production Capacity of Tap Water Supply(10000 cu. m/day)	179	39
供水总量(万吨)	Total Annual Volume of Water Supply(10000 tons)	37639	9590
#居民家庭用水量	#For Residential Use	13391	2472
用水人口(万人)	Number of Residents with Access to Tap Water(10000 persons)	404	109
供气总量(人工、天然气)(万立方米)	Volume of Gas Supply (Coal Gas and Natural Gas)(10000 tons)	53445	21791
#家庭用量	#For Residential Use	13023	3502
用气人口(人)	Population with Access to Gas(person)	4039300	1030000
液化石油气供气总量(吨)	Volume of Liquefied Petroleum Gas Supply(ton)	78000	16000
#家庭用量	#For Residential Use	24000	6500
用液化气人口(人)	Population with Access to Liquefied Petroleum Gas(person)	133500	33000
年末实有公共汽(电)车营运车辆数(辆)	Number of Public Vehicles under Operation at Year-end (Buses and Trolley Buses, etc.)(unit)	6270	981
全年公共汽(电)车客运总量(万人次)	Number of Passengers Carried of Bus, Trolley Bus(10000 person-times)	127877	89
年末实有出租汽车数(辆)	Number of Taxi(unit)	16518	3310
绿地面积(公顷)	Area of Urban Green Areas(hectare)	13452	6097
#公园绿地面积	#Area of Parks Green Areas	4346	1091
建成区绿化覆盖面积(公顷)	Green Covered Area of Completed Area(hectare)	14219	6301

COUNTINUED

鸡西市 Jixi	鹤岗市 Hegang	双鸭山市 Shuangyashan	大庆市 Daqing	伊春市 Yichun	佳木斯市 Jiamusi	七台河市 Qitaihe	牡丹江市 Mudanjiang	黑河市 Heihe	绥化市 Suihua
9	2	3	10	2	7	6	6	7	7
1	1	3	18	6	4	2	5	1	3
135	302	220	2229	720	282	179	653	130	141
47	38	43	75	42	55	38	52	18	29
6033	5372	3155	11985	6033	6606	3232	9559	964	1032
1938	1773	1357	13912	2337	2026	1317	2683	1183	561
2350	2411	1723	5670	2262	2985	1404	3985	358	156
13	11	8	43	15	8	10	9	2	3
533782	431256	344323	3124220	357402	379268	416162	434082	119485	99714
19375	18116	19965	32307	19091	21518	20068	24734	21092	19111
16042	14874	12792	20001	13990	15949	16809	19541	16078	15501
12	4	3	19	3	7	18	10	11	6
81	53	44	66	53	71	52	68	76	60
25	25	25	29	23	25	25	27	32	28
101.0	101.9	99.8	100.8		101.0	100.9	101.3	101.2	102.0
174550	105556	115487	417436	26645	85900	249991	195498	32597	31205
551665	242425	250956	632912	508995	626048	267611	537749	74219	60112
147760	91186	78800	170846	116520	135148	86568	142912	17921	38242
43	136	4	56	60	125	35	68	4	2
3231	4418	960	4600	3386	7050	1524	6144	894	985
	260	4600	1010	112	2019	82	92	71	32
75000	85376	48020	9120	112269	33173	41232	28824	10029	30001
47	15		107	36	22	28	33	6	16
19	7		45	47	112	30	15	7	83
2			2	1	7				
779	76	36	389	298	400	170	73	20	85
2988	2917	381	2442	650	145	2282	2666	108	502
785	818	574	3333	735	10	822	901	129	670
210	59	73	444	12		97	136	51	27
649	450	397	3456	916	573	485	981	168	2300
319	310	261	1528	491	492	174	430	109	180
7	20	21	150	4	46	32	123	8	35
2540	4513	2539	26806	4899	6628	3804	23804	621	983
1203	1083	1075	4446	1571	1740	800	1685	257	552
26	53	38	139	60	77	39	68	11	43
1046	1122	735	34800		4800	3611	2446		1869
865	1106	500	7762		1500	1670	718		1465
426400	160600	95000	1380000		482400	228500	226000		184300
6391	7778	3250	9319	8811	6000	1548	18021	1400	1735
5186	6302	3250	6766	7206	2000	1341	10708	950	1472
200000	193400	150000	133000	290000	7000	52000	410000	129080	184255
739	473	333	1406	366	436	443	728	107	132
9690	9800	5232	20089	4610	9613	7000	14707	1125	2762
2914	2013	1100	7950	5320	2559	1000	2919	1024	2553
2803	2886	2268	22355	154	3875	2467	5182	472	800
775	824	621	2153	64	847	483	809	294	170
3179	2244	2500	11113	174	4031	2734	3063	586	1113

19-3 分地区城市建设情况 (2015年)

STATISTICS ON CITY CONSTRUCTION BY REGION (2015)

地区	Region	城区面积（平方公里）Urban Area (sq. km)	建成区面积（平方公里）Area of Built Districts (sq. km)	城市建设用地面积（平方公里）Area of Land Used for Urban Construction (sq. km)	征用土地面积（平方公里）Land Put in Requisition for State Construction Projects (sq. km)	城市人口密度（人/平方公里）Population Density of Urban Area (persons/sq. km)
总计	**Total**	**2578.3**	**1772.2**	**1788.9**	**14.7**	**5504**
地级市合计	**Total Number of Cities at Prefectural Level**	**1707.1**	**1439.9**	**1488.4**	**10.8**	**6393**
哈尔滨	Harbin	402.9	402.9	393.8	2.3	11366
齐齐哈尔	Qiqihar	139.6	139.6	139.6	0.7	7799
鸡西	Jixi	80.6	80.6	78.9	0.6	8968
鹤岗	Hegang	85.0	53.2	53.2		6498
双鸭山	Shuangyashan	118.0	58.0	57.2		4051
大庆	Daqing	320.2	244.8	320.2	2.4	4667
伊春	Yichun	182.8	157.0	156.3		4196
佳木斯	Jiamusi	97.0	97.0	83.4		6187
七台河	Qitaihe	67.6	67.6	67.6	0.6	5985
牡丹江	Mudanjiang	92.7	82.2	82.2	2.5	7952
黑河	Heihe	27.9	20.0	20.0		5215
绥化	Suihua	92.8	37.0	36.0	1.7	3827
县级市合计	**Total Number of Cities at County Level**	**871.2**	**332.3**	**300.5**	**3.9**	**4320**
双城	Shuangcheng	55.0	29.6	25.3	0.5	3267
尚志	Shangzhi	152.0	18.3	18.3	0.4	884
五常	Wuchang	100.6	26.5	16.8	0.1	1385
讷河	Nehe	20.0	11.2	11.2	0.03	4995
密山	Mishan	91.0	19.4	17.4	0.2	1016
虎林	Hulin	148.9	10.8	10.8		485
铁力	Tieli	21.4	16.5	15.7		5678
同江	Tongjiang	15.0	10.3	10.8		4767
富锦	Fujin	17.9	16.2	16.2		6899
绥芬河	Suifenhe	27.6	27.1	19.4	0.7	3168
海林	Hailin	24.3	16.8	16.8	0.4	4140
宁安	Ningan	13.5	11.2	11.2		5556
穆棱	Muling	10.4	10.4	10.4		7567
北安	Beian	57.3	22.6	22.6	1.3	2361
五大连池	Wudalianchi	10.0	5.6	5.6		5120
安达	Anda	25.1	25.1	21.8		9287
肇东	Zhaodong	48.8	34.2	35.6	0.1	6459
海伦	Hailun	32.5	20.6	14.5	0.3	4729

19-4 分地区城市供水情况(2015年)

BASIC STATISTICS ON TAP WATER SUPPLY IN CITIES BY REGION (2015)

地 区	Region	年末供水综合生产能力(万立方米/日) Production Capacity of Tap Water Supply (year-end) (10000 cu. m/day)	年末供水管道长度(公里) Length of Water Supply Pipelines (year-end) (km)	全年供水总量(万立方米) Total Annual Volume of Water Supply (10000 cu. m)	#生活用水 For Residential Use	#生产用水 For Productive Use	用水人口(万人) Number of Residents with Access to Tap Water (10000 persons)	人均日生活用水量(升) Per Capita Daily Consumption of Tap Water for Residential Use (liter)
总 计	**Total**	**828.4**	**14355.3**	**148852.6**	**33857.9**	**58183.2**	**1379.3**	**116.3**
地级市合计	**Total Number of Cities at Prefectural Level**	**744.8**	**11527.7**	**133943.1**	**27252.7**	**53952.6**	**1161.1**	**111.5**
哈尔滨	Harbin	179.1	2146.5	38750.1	9321.1	5829.1	458.0	135.0
齐齐哈尔	Qiqihar	40.9	1162.0	9493.7	2461.9	2162.6	108.9	100.1
鸡 西	Jixi	21.7	748.9	5767.3	1617.0	2262.8	71.2	100.6
鹤 岗	Hegang	19.7	590.1	4023.6	1081.1	1426.6	54.8	84.9
双鸭山	Shuangyashan	33.5	432.2	2822.1	1088.0	678.0	47.4	100.2
大 庆	Daqing	206.0	2584.3	28652.0	3637.3	18029.9	139.9	116.4
伊 春	Yichun	33.2	1298.2	4511.0	1698.3	1498.4	67.0	93.2
佳木斯	Jiamusi	35.4	616.2	6039.6	1657.9	1499.7	57.5	112.8
七台河	Qitaihe	31.9	747.1	5626.5	923.2	2930.5	38.6	92.5
牡丹江	Mudanjiang	123.0	599.0	23196.9	1809.2	16325.9	68.4	109.0
黑 河	Heihe	7.5	184.4	1013.0	361.2	196.4	14.1	98.5
绥 化	Suihua	13.0	418.9	4047.4	1596.5	1112.9	35.4	195.2
县级市合计	**Total Number of Cities at County Level**	**83.6**	**2827.6**	**14909.5**	**6605.2**	**4230.6**	**218.2**	**107.7**
双 城	Shuangcheng	3.9	241.3	897.5	539.8	151.9	18.0	97.6
尚 志	Shangzhi	3.6	191.0	1134.5	537.7	243.1	12.9	165.3
五 常	Wuchang	8.8	203.0	942.0	521.0	129.0	13.9	121.9
讷 河	Nehe	2.8	110.4	391.9	250.4	1.0	9.5	82.4
密 山	Mishan	3.5	202.5	620.0	306.0	161.0	9.2	115.5
虎 林	Hulin	2.3	199.8	479.0	207.0	91.0	7.2	104.7
铁 力	Tieli	5.2	235.7	1027.0	784.0	72.0	10.9	199.2
同 江	Tongjiang	1.0	146.0	350.0	190.0	37.0	6.7	107.9
富 锦	Fujin	6.5	92.1	781.3	179.0	315.0	12.3	76.0
绥芬河	Suifenhe	8.7	157.0	935.0	241.0	300.0	8.7	132.0
海 林	Hailin	3.3	87.0	607.1	178.0	317.2	10.0	62.8
宁 安	Ningan	3.0	143.7	775.0	315.0	274.0	7.5	133.3
穆 棱	Muling	2.4	141.0	465.2	248.8	50.4	7.9	113.3
北 安	Beian	5.4	138.4	934.0	411.0	161.0	13.4	110.9
五大连池	Wudalianchi	0.6	106.8	187.0	140.0	4.5	4.5	90.0
安 达	Anda	6.2	96.5	1003.0	684.1	197.5	22.1	88.6
肇 东	Zhaodong	9.0	149.0	2845.0	666.5	1583.0	30.3	86.6
海 伦	Hailun	7.4	186.5	535.0	206.0	142.0	13.1	51.2

19-5 分地区城市燃气情况(2015年)

BASIC STATISTICS ON SUPPLY OF GAS IN CITIES BY REGION (2015)

地　区	Region	人工煤气生产能力(万立方米/日) Production Capacity of Gaswork Gas (10000 cu. m/day)	管道长度(公里) Length of Gas Pipelines (km)			全年供气总量(万立方米) Volume of Gas Supply (10000 cu. m)			用气人口(万人) Population with Access to Gas (10000 persons)		
			人工煤气 Coal Gas	液化石油气 Liquefied Petroleum Gas	天然气 Natural Gas	人工煤气 Coal Gas	液化石油气(吨) Liquefied Petroleum Gas (ton)	天然气 Natural Gas	人工煤气 Coal Gas	液化石油气 Liquefied Petroleum Gas	天然气 Natural Gas
总　计	**Total**	**115.0**	**514.4**	**28.4**	**7738.9**	**7202**	**210492**	**113245**	**57.3**	**424.9**	**746.9**
地级市合计	**Total Number of Cities at Prefectural Level**	**115.0**	**514.4**	**8.4**	**7470.2**	**7202**	**155343**	**112230**	**57.3**	**253.0**	**735.9**
哈尔滨	Harbin				3225.1		72000	58427		40.0	418.0
齐齐哈尔	Qiqihar				1269.0		4700	20421		2.7	105.0
鸡　西	Jixi				140.9		5852	35		18.5	1.2
鹤　岗	Hegang				156.9		7782	1017		19.3	16.2
双鸭山	Shuangyashan	13.0	77.2			975	3250		11.4	13.9	
大　庆	Daqing			8.4	1830.0		7593	27574		13.0	136.4
伊　春	Yichun				43.5		14614	1		61.7	
佳木斯	Jiamusi				684.7		6000	4300		6.0	50.2
七台河	Qitaihe	90.0	223.7		13.7	3568	1311	35	22.7	5.0	0.9
牡丹江	Mudanjiang	12.0	213.6		44.3	2659	17841	60	23.2	41.0	3.4
黑　河	Heihe						2400			13.2	
绥　化	Suihua				62.0		12000	360		18.7	4.5
县级市合计	**Total Number of Cities at County Level**			**20.0**	**268.8**		**55149**	**1015**		**171.9**	**11.0**
双　城	Shuangcheng				55.0		6261			16.8	
尚　志	Shangzhi				13.0		5100			10.8	
五　常	Wuchang			1.0			6650			13.0	
讷　河	Nehe				55.8		1502	420		6.0	3.4
密　山	Mishan				32.5		980	373		5.7	3.1
虎　林	Hulin						1350			6.5	
铁　力	Tieli				14.0		2645	3		7.0	0.4
同　江	Tongjiang				29.6		320	24		1.3	0.4
富　锦	Fujin						4900			12.0	
绥芬河	Suifenhe						1180			8.7	
海　林	Hailin				35.0		2730	17		9.0	0.7
宁　安	Ningan						1590			7.5	
穆　棱	Muling				10.5		1186	70		4.6	3.0
北　安	Beian						1750			5.0	
五大连池	Wudalianchi						240			1.0	
安　达	Anda				12.0		7094			21.0	
肇　东	Zhaodong			19.0			7800	110		29.0	
海　伦	Hailun				11.4		1871			7.0	

19-6 分地区城市集中供热情况(2015年)

BASIC STATISTICS ON HEATING IN CITIES BY REGION (2015)

地区	Region	供应能力 Heating Capacity		供热总量 Quantity of Heat Supplied		管道长度 Length of Heating Pipelines		供热面积(万平方米)
		蒸汽(吨/小时) Steam (ton/hour)	热水(兆瓦) Hot Water (Mega Watts)	蒸汽(万吉焦) Steam (10000 gigajoules)	热水(万吉焦) Hot Water (10000 gigajoules)	蒸汽(公里) Steam (km)	热水(公里) Hot Water (km)	Area of Centralized Heating (10000 sq. m)
总计	**Total**	**4573.8**	**46602.3**	**2243.4**	**36938.6**	**361.8**	**17536.5**	**62457.2**
地级市合计	**Total Number of Cities at Prefectural Level**	**4024.0**	**39708.5**	**1876.8**	**32672.4**	**294.4**	**15202.6**	**54006.4**
哈尔滨	Harbin	2659.0	15689.0	1366.0	14308.5	150.8	3029.6	22100.0
齐齐哈尔	Qiqihar	150.0	3932.9	136.0	2515.0	10.0	1346.8	4752.0
鸡西	Jixi	200.0	1214.8	66.0	896.9	93.0	586.2	1681.0
鹤岗	Hegang		1437.2		1244.0		699.6	1932.8
双鸭山	Shuangyashan		1290.0		700.0		244.2	2180.8
大庆	Daqing		6368.0		6307.0		6449.0	8818.0
伊春	Yichun	130.0	1885.6	22.8	1291.4	10.8	900.7	2156.6
佳木斯	Jiamusi		1746.0		1350.0		511.5	2900.0
七台河	Qitaihe		925.0		950.4		317.1	1382.6
牡丹江	Mudanjiang	885.0	2882.0	286.0	1845.0	29.8	535.0	3415.0
黑河	Heihe		990.0		619.8		363.3	930.0
绥化	Suihua		1348.0		644.5		219.7	1757.7
县级市合计	**Total Number of Cities at County Level**	**549.8**	**6893.8**	**366.6**	**4266.2**	**67.4**	**2333.9**	**8450.8**
双城	Shuangcheng		415.0		208.0		102.5	621.0
尚志	Shangzhi		434.0		226.0		175.0	512.0
五常	Wuchang		693.0		253.0		75.6	662.6
讷河	Nehe		405.0		198.0		71.8	366.0
密山	Mishan	152.3	174.0	160.6	91.0	47.2	102.1	385.0
虎林	Hulin		249.0		220.0		183.0	320.0
铁力	Tieli	240.0	147.0	116.0	150.0	15.4	119.3	445.0
同江	Tongjiang		232.0		192.6		74.5	283.0
富锦	Fujin		287.0		385.0		15.4	569.0
绥芬河	Suifenhe		698.7		386.3		261.4	570.3
海林	Hailin		377.0		274.0		165.7	480.0
宁安	Ningan		254.4		169.7		88.1	338.5
穆棱	Muling		282.0		225.0		134.8	324.9
北安	Beian		810.0		369.5		307.6	565.0
五大连池	Wudalianchi		244.0		123.0		120.0	295.0
安达	Anda		213.5		142.0		90.8	409.0
肇东	Zhaodong		474.2		420.0		112.0	658.0
海伦	Hailun	157.5	504.0	90.0	233.3	4.8	134.4	646.5

19-7 分地区城市市政设施(2015年)

BASIC STATISTICS ON MUNICIPAL INFRASTRUCTURE IN CITIES BY REGION (2015)

地　区	Region	年末实有道路长度(公里) Length of Paved Roads (year-end) (km)	年末实有道路面积(万平方米) Area of Paved Roads (year-end) (10000 sq. m)	城市桥梁(座) Number of City Bridges (unit)	城市排水管道长度(公里) Length of City Sewage Pipes (km)	城市污水日处理能力(万立方米) Daily Disposal Capacity of City Sewage (10000 cu. m)	城市道路照明灯(千盏) Number of Street Lights (1000 units)
总　计	**Total**	**12363.8**	**18651.3**	**1065**	**10345.5**	**347.4**	**635.8**
地级市合计	**Total Number of Cities at Prefectural Level**	**9904.4**	**15497.4**	**931**	**8143.5**	**298.9**	**533.8**
哈尔滨	Harbin	2823.0	5976.9	378	2956.0	129.0	112.1
齐齐哈尔	Qiqihar	593.8	1155.8	37	860.8	31.5	52.8
鸡　西	Jixi	403.5	654.2	78	320.3	12.0	33.6
鹤　岗	Hegang	391.0	457.3	29	313.9	8.0	46.5
双鸭山	Shuangyashan	399.6	426.4	25	271.9	5.0	11.2
大　庆	Daqing	2481.7	3456.3	190	1527.7	42.5	79.8
伊　春	Yichun	883.0	885.9	80	474.0	10.6	28.0
佳木斯	Jiamusi	322.9	582.4	28	508.5	16.3	48.5
七台河	Qitaihe	531.9	487.5	14	173.9	9.0	35.7
牡丹江	Mudanjiang	805.0	981.0	68	430.0	20.0	60.1
黑　河	Heihe	83.3	179.9	3	102.7	5.0	14.2
绥　化	Suihua	186.0	253.9	1	203.8	10.0	11.1
县级市合计	**Total Number of Cities at County Level**	**2459.4**	**3154.0**	**134**	**2201.9**	**48.5**	**102.1**
双　城	Shuangcheng	132.6	246.6	7	203.0	6.0	10.4
尚　志	Shangzhi	146.8	205.7	14	93.4	4.0	2.9
五　常	Wuchang	119.1	163.4	5	116.7	3.0	4.2
讷　河	Nehe	79.8	139.2	5	106.3	2.0	4.5
密　山	Mishan	199.9	197.0	5	107.2	1.5	3.2
虎　林	Hulin	77.3	105.1		61.0	2.0	6.3
铁　力	Tieli	231.0	193.8	14	85.8	3.0	5.8
同　江	Tongjiang	91.0	141.3		117.6	2.0	3.2
富　锦	Fujin	205.8	190.0		94.0	1.5	3.0
绥芬河	Suifenhe	110.5	174.7	17	112.5	2.0	12.2
海　林	Hailin	189.0	274.0	12	153.3	2.0	8.3
宁　安	Ningan	83.8	100.4	4	82.1	2.0	3.2
穆　棱	Muling	148.2	104.8	19	66.2	2.0	7.7
北　安	Beian	124.0	291.9	15	120.6	3.0	6.6
五大连池	Wudalianchi	42.1	34.4	1	75.4	1.0	2.5
安　达	Anda	180.7	181.8	3	178.3	4.5	2.4
肇　东	Zhaodong	218.5	303.3	11	303.8	5.0	3.6
海　伦	Hailun	79.3	106.8	2	124.7	2.0	12.1

19-8 分地区城市公共交通情况(2015年)

BASIC STATISTICS ON PUBLIC TRANSPORTTATION IN CITIES BY REGION (2015)

地 区	Region	年末公共交通车辆运营数(辆) Number of Public Vehicles under Operation at Year-end (unit)	#公共汽、电车 Bus and Trolley Bus	运营线路总长度(公里) Length under Operation (km)	#公共汽、电车 Bus and Trolley Bus	公共交通客运总量(万人次) Passengers Transported by Public Vehicles (10 000 person-times)	#公共汽、电车 Bus and Trolley Bus	出租汽车(辆) Number of Taxi (unit)
地级市合计	**Total Number of Cities at Prefectural Level**	**18631**	**18565**	**26923**	**26906**	**274728**	**268164**	**102880**
哈尔滨	Harbin	8583	8517	10247	10230	154502	147938	30514
齐齐哈尔	Qiqihar	1240	1240	2046	2046	12738	12738	14616
鸡西	Jixi	979	979	1672	1672	11140	11140	4673
鹤岗	Hegang	462	462	398	398	9681	9681	2492
双鸭山	Shuangyashan	670	670	971	971	7150	7150	3661
大庆	Daqing	2482	2482	4573	4573	19104	19104	7208
伊春	Yichun	524	524	636	636	5378	5378	5649
佳木斯	Jiamusi	774	774	755	755	13209	13209	6704
七台河	Qitaihe	444	444	480	480	7882	7882	1712
牡丹江	Mudanjiang	1126	1126	2245	2245	20593	20593	6410
黑河	Heihe	401	401	1054	1054	4438	4438	6407
绥化	Suihua	946	946	1846	1846	8914	8914	12834
县级市合计	**Total Number of Cities at County Level**	**2362**	**2362**	**3920**	**3920**	**22463**	**22463**	**20222**
双城	Shuangcheng	119	119	173	173	1479	1479	1605
尚志	Shangzhi	563	563	352	352	4381	4381	1467
五常	Wuchang	159	159	705	705	1802	1802	894
讷河	Nehe	53	53	69	69	1027	1027	1332
密山	Mishan	194	194	51	51	1121	1121	688
虎林	Hulin	62	62	38	38	516	516	706
铁力	Tieli	155	155	318	318	2210	2210	1302
同江	Tongjiang	30	30	24	24	87	87	547
富锦	Fujin	95	95	210	210	920	920	2300
绥芬河	Suifenhe	60	60	107	107	611	611	579
海林	Hailin	48	48	72	72	494	494	988
宁安	Ningan	94	94	212	212	996	996	393
穆棱	Muling	166	166	250	250	1035	1035	452
北安	Beian	113	113	238	238	900	900	1799
五大连池	Wudalianchi	85	85	372	372	1641	1641	813
安达	Anda	113	113	417	417	782	782	670
肇东	Zhaodong	177	177	233	233	1381	1381	1555
海伦	Hailun	76	76	80	80	1080	1080	2132

19-9 分地区城市绿地和园林(2015年)

BASIC STATISTICS ON PARKS AND GREEN AREAS IN CITIES BY REGION (2015)

地区 Region	城市园林绿地面积(公顷) Area of Parks and Green Land (hectare)	#公园绿地 Park Green Areas	公园(个) Number of Parks (unit)	公园面积(公顷) Area of Parks (hectare)	建成区绿化覆盖率(%) Green Covered Area as % of Completed Area (%)
总计 Total	**76501.2**	**16996.9**	**345**	**9777.0**	**35.8**
地级市合计 Total Number of Cities at Prefectural Level	**67873.0**	**14317.9**	**262**	**8114.0**	**37.6**
哈尔滨 Harbin	13514.0	4364.0	90	1868.0	35.4
齐齐哈尔 Qiqihar	6097.0	1091.0	19	615.0	38.6
鸡西 Jixi	2808.5	780.5	8	539.0	39.5
鹤岗 Hegang	2897.0	824.0	7	652.0	42.3
双鸭山 Shuangyashan	2318.5	690.0	17	284.0	43.7
大庆 Daqing	22410.0	2167.0	13	599.0	45.6
伊春 Yichun	4396.6	1770.0	43	1412.1	29.8
佳木斯 Jiamusi	3878.0	849.0	19	830.0	41.6
七台河 Qitaihe	2679.4	497.0	17	367.8	43.9
牡丹江 Mudanjiang	5155.0	782.0	19	619.0	20.6
黑河 Heihe	719.5	194.2	7	202.1	40.5
绥化 Suihua	999.5	309.2	3	126.0	30.1
县级市合计 Total Number of Cities at County Level	**8628.3**	**2679.0**	**83**	**1663.0**	**29.0**
双城 Shuangcheng	445.0	230.0	1	47.0	17.2
尚志 Shangzhi	275.0	147.0	3	112.0	15.2
五常 Wuchang	406.6	198.0	4	184.0	17.3
讷河 Nehe	399.2	182.0	1	180.0	36.7
密山 Mishan	511.0	121.0	3	114.0	24.4
虎林 Hulin	319.0	109.0	7	60.0	39.9
铁力 Tieli	641.0	189.0	6	72.0	38.9
同江 Tongjiang	379.9	103.1	4	103.0	41.3
富锦 Fujin	428.2	97.8	2	5.1	28.7
绥芬河 Suifenhe	895.7	125.2	18	156.8	38.5
海林 Hailin	530.0	140.5	14	120.0	32.9
宁安 Ningan	368.1	112.1	3	63.0	37.3
穆棱 Muling	282.4	122.4	6	73.2	36.9
北安 Beian	483.2	176.7	2	84.0	23.9
五大连池 Wudalianchi	68.0	48.0	1	45.0	14.2
安达 Anda	353.8	86.8	4	23.0	14.3
肇东 Zhaodong	1445.0	416.5	3	200.0	44.0
海伦 Hailun	397.2	74.0	1	21.0	20.4

19-10 分地区城市市容环境卫生情况(2015年)

BASIC STATISTICS ON URBAN SANITATION IN CITIES BY REGION (2015)

地 区	Region	清扫保洁面 积(万平方米) Area under Cleaning Program (10000 sq. m)	生活垃圾清运量(万吨) Volume of Garbage Disposal (10000 tons)	粪 便清运量(万吨) Volume of Excrement and Urine Disposal (10000 tons)	市容环卫专用车辆设备总数(台) Number of Special Vehicles for Environmental Sanitation (unit)	公共厕所(座) Number of Public Lavatories (unit)	#三类以上 Third Grade and Above
总 计	**Total**	**23484**	**523.0**	**122.1**	**7273**	**6617**	**2668**
地级市合计	**Total Number of Cities at Prefectural Level**	**19970**	**419.5**	**90.2**	**6147**	**4934**	**2061**
哈尔滨	Harbin	8255	143.3	17.8	3067	1248	1158
齐齐哈尔	Qiqihar	1599	45.4	19.6	367	545	15
鸡 西	Jixi	610	36.1	4.6	419	592	134
鹤 岗	Hegang	436	23.2	6.0	199	447	14
双鸭山	Shuangyashan	272	18.4	4.4	152	183	83
大 庆	Daqing	3542	43.6		595	243	243
伊 春	Yichun	1037	28.6	11.9	363	577	94
佳木斯	Jiamusi	1301	23.0	10.0	103	515	98
七台河	Qitaihe	559	14.9	0.5	185	210	151
牡丹江	Mudanjiang	1300	21.5	10.2	319	102	36
黑 河	Heihe	410	6.9	0.7	174	90	32
绥 化	Suihua	649	14.6	4.5	204	182	3
县级市合计	**Total Number of Cities at County Level**	**3514**	**103.5**	**31.9**	**1126**	**1683**	**607**
双 城	Shuangcheng	281	7.4		45	179	
尚 志	Shangzhi	260	4.3	2.0	71	42	18
五 常	Wuchang	180	7.3	0.3	40	12	
讷 河	Nehe	185	4.1	1.5	87	88	
密 山	Mishan	150	5.2	1.4	96	71	9
虎 林	Hulin	135	4.5	1.2	105	66	22
铁 力	Tieli	186	6.1	0.9	54	48	11
同 江	Tongjiang	48	3.2	1.0	52	40	3
富 锦	Fujin	417	7.0	2.5	45	86	22
绥芬河	Suifenhe	260	3.7	0.2	96	25	8
海 林	Hailin	230	5.6	1.3	28	35	5
宁 安	Ningan	189	7.0	0.9	40	48	2
穆 棱	Muling	92	2.8	1.2	39	69	15
北 安	Beian	131	6.5	4.2	85	215	100
五大连池	Wudalianchi	53	1.9	1.5	44	38	
安 达	Anda	242	8.4	4.9	67	173	14
肇 东	Zhaodong	230	12.5	5.0	103	402	370
海 伦	Hailun	245	6.3	2.0	29	46	8

19-11 分地区城市设施水平(2015年)

LEVEL OF PUBLIC FACILITIES IN CITIES BY REGION (2015)

地　区	Region	城市用水普及率(%) Coverage Rate of Urban Population with Access to Tap Water (%)	城市燃气普及率(%) Coverage Rate of Urban Population with Access to Gas (%)	每万人拥有公共交通车辆(标台) Number of Public Transportation Vehicles Per 10000 Population (unit)	人均城市道路面积(平方米) Per Capita Area of Paved Roads (sq.m)	人均公园绿地面积(平方米) Per Capita Public Green Areas (sq.m)	每万人拥有公共厕所(座) Number of Public Lavatories Per 10000 Population (unit)
总　计	**Total**	**97.2**	**86.6**	**17.8**	**13.1**	**12.0**	**5.0**
地级市合计	**Total Number of Cities at Prefectural Level**	**96.5**	**78.0**	**17.8**	**11.6**	**13.0**	**4.5**
哈尔滨	Harbin	100.0	100.0	24.1	13.1	9.5	3.1
齐齐哈尔	Qiqihar	100.0	98.9	11.2	10.6	10.0	5.0
鸡　西	Jixi	98.5	27.3	11.9	9.1	10.8	8.4
鹤　岗	Hegang	99.2	64.4	8.9	8.3	14.9	8.2
双鸭山	Shuangyashan	99.2	52.9	12.4	8.9	14.4	3.9
大　庆	Daqing	93.6	100.0	20.2	23.1	14.5	2.2
伊　春	Yichun	87.4	80.5	6.6	11.6	23.1	7.6
佳木斯	Jiamusi	95.8	93.7	13.4	9.7	14.2	8.7
七台河	Qitaihe	95.4	70.6	11.8	12.1	12.3	5.7
牡丹江	Mudanjiang	92.7	91.7	16.9	13.3	10.6	1.4
黑　河	Heihe	97.0	90.8	21.5	12.4	13.4	6.6
绥　化	Suihua	99.8	65.4	24.7	7.2	8.7	5.4
县级市合计	**Total Number of Cities at County Level**	**96.5**	**78.1**	**7.9**	**14.9**	**12.5**	**7.7**
双　城	Shuangcheng	100.0	93.5	6.3	13.7	12.8	10.2
尚　志	Shangzhi	96.1	80.4	25.3	15.3	10.9	3.2
五　常	Wuchang	99.6	93.3	10.1	11.7	14.2	0.9
讷　河	Nehe	95.4	94.5	3.6	13.9	18.2	9.2
密　山	Mishan	99.0	95.1	17.2	21.3	13.1	7.8
虎　林	Hulin	100.0	90.0	8.5	14.6	15.1	9.3
铁　力	Tieli	89.9	60.9	12.0	16.0	15.6	4.0
同　江	Tongjiang	94.1	24.2	5.3	19.8	14.4	7.1
富　锦	Fujin	99.2	97.2	7.8	15.4	7.9	7.1
绥芬河	Suifenhe	100.0	100.0	6.6	20.0	14.3	3.9
海　林	Hailin	99.9	96.2	3.4	27.3	14.0	3.5
宁　安	Ningan	100.0	99.3	10.5	13.4	15.0	6.7
穆　棱	Muling	100.0	95.8	12.3	13.3	15.5	9.1
北　安	Beian	99.3	37.0	6.1	21.6	13.1	16.1
五大连池	Wudalianchi	88.3	20.1	13.0	6.7	9.4	8.3
安　达	Anda	94.9	90.1	4.5	7.8	3.7	7.6
肇　东	Zhaodong	96.2	92.1	5.5	9.6	13.2	13.0
海　伦	Hailun	85.2	45.2	4.0	7.0	4.8	3.1

主要统计指标解释

供水综合生产能力　指按供水设施取水、净化、送水、出厂输水干管等环节设计能力计算的综合生产能力。包括在原设计能力的基础上，经挖、革、改增加的生产能力。计算时，以四个环节中最薄弱的环节为主确定能力。

供水管道长度　指从送水泵至用户水表之间所有管道的长度。不包括新安装尚未使用、水厂内以及用户建筑物内的管道。

城市供水总量　指报告期供水企业(单位)供出的全部水量。包括有效供水量和漏损水量。

生产运营用水　指在城区范围内生产、运营的农、林、牧、渔业、工业、建筑业、交通运输业等单位在生产、运营过程中的用水。

公共服务用水　指为城区社会公共生活服务的用水。包括行政事业单位、部队营区和公共设施服务、批发零售业、住宿餐饮业以及社会服务业等单位的用水。

居民家庭用水　指城市范围内所有居民家庭的日常生活用水。包括城市居民、农民家庭、公共供水站用水。

用水普及率　指报告期末城区用水人口数与城市人口总数的比率。计算公式：

$$\text{用水普及率}=\frac{\text{城区用水人口(含暂住人口)}}{\text{城区人口+城区暂住人口}}\times 100\%$$

人工煤气生产能力　指报告期末人工燃气生产厂制气、净化、输送等环节的综合生产能力，不包括备用设备能力。一般按设计能力计算，当实际生产能力大于设计能力时，应按实际测定的生产能力计算。测定时应以制气、净化、输送三个环节中最薄弱的环节为主。

供气管道长度　指报告期末从气源厂压缩机的出口或门站出口至各类用户引入管之间的全部已经通气、投入使用的管道长度。不包括煤气生产厂、输配站、液化气储存站、灌瓶站、储配站、气化站、混气站、供应站等厂(站)内的管道。

城市供气总量　指报告期燃气企业(单位)向用户供应的燃气数量。包括销售量和损失量。

燃气普及率　指报告期末城区使用燃气的城市人口数与城市人口总数的比率。其中燃气包括人工煤气、天然气、液化石油气三种。计算公式为：

$$\text{燃气普及率}=\frac{\text{城区用水人口(含暂住人口)}}{\text{城区人口+城区暂住人口}}\times 100\%$$

城市供热能力　指供热企业(单位)向城市热用户输送热能的设计能力。

城市供热总量　指在报告期供热企业(单位)向城市热用户输送全部蒸汽和热水的总热量。

城市供热管道长度　指从各类热源到热用户建筑物接入口之间的全部蒸汽和热水的管道长度。不包括各类热源厂内部的管道长度。

道路长度　指道路长度和与道路相通的桥梁、隧道的长度，按车行道中心线计算。

城市桥梁　指为跨越天然或人工障碍物而修建的构筑物。包括跨河桥、立交桥、人行天桥以及人行地下通道等。

城市排水管道长度　指所有排水总管、干管、支管、检查井及连接井进出口等长度之和。

城市污水日处理能力　指污水处理厂(或污水处理装置)每昼夜处理污水量的设计能力。

年末运营车数　指年末城市用于公共交通运营业务的全部车辆数。新购、新制和调入的运营车辆，自投入之日起开始计算；调出、报废和调作他用的运营车辆，自上级主管机关批准之日起不再计入。

城市绿地面积　指报告期末用作园林和绿化的各种绿地面积。包括公园绿地、生产绿地、防护绿地、附属绿地和其他绿地的面积。

公园绿地 城市中向公众开放的、以游憩为主要功能，有一定的游憩设施和服务设施，同时兼有健全生态、美化景观、防灾减灾等综合作用的绿化用地。包括综合公园、社区公园、专类公园、带状公园和街旁绿地。其中综合公园、专类公园和带状公园面积之和为公园面积。

道路清扫保洁面积 指报告期末对城市道路和公共场所（主要包括城市行车道、人行道、车行隧道、人行过街地下通道、道路附属绿地、地铁站、高架路、人行过街天桥、立交桥、广场、停车场及其他设施等）进行清扫保洁的面积。一天清扫保洁多次的，按清扫保洁面积最大的一次计算。

市容环卫专用车辆设备 指用于环境卫生作业、监察的专用车辆和设备，包括用于道路清扫、冲洗、洒水、除雪、垃圾粪便清运、市容监察以及与其配套使用的车辆和设备。

每万人拥有公共交通车辆 指按城市人口计算的每万人平均拥有的公共交通车辆标台数。计算公式：

$$\text{每万人拥有公共交通车辆} = \frac{\text{公共交通运营车标台数}}{\text{城区人口+城区暂住人口}}$$

Explanatory Notes on Main Statistical Indicators

Production Capacity of Water Supply refers to the designed overall production capacity of water facilities, covering the four segments of water collection, purification, conveyance, and outflow through trunk pipelines. Increased capacity through transformation and innovation projects is included as well. The capacity is determined mainly on the weakest of the above-mentioned four segments.

Length of Water Supply Pipelines refers to the total length of all the pipelines between the water pumps and the user water meters, excluding pipelines newly installed but not used yet, pipeline in the water factory, and pipeline in the user' s buildings.

Total Volume of Urban Water Supply refers to the total volume of water supplied by water-works (units) during the reference period, including both the effective water supply and loss during the water supply.

Consumption of Water for Production and Operation Use refers to water consumption in the process of production and operation by production and operation units of agriculture, forestry, animal husbandry, fisheries, industry, construction industry, and transportation industry, etc. in urban areas.

Consumption of Water for Public Service Use refers to water consumption for public service in the urban areas. It includes water consumption of administrative institutions, army camps, public facilities, wholesale and retail, accommodation and catering industry and social service industry, etc.

Consumption of Water for Households Use refers to consumption of water for daily life of all households in cities, including households of urban residents and farmers, and public water supply stations.

Coverage Rate of Urban Population with Access to Tap Water refers to the ratio of the urban population with access to tap water to the total urban population at the end of reference period. The formula is:

$$\text{Coverage of urban population with access to tap water} = \frac{\text{Urban population with access to tap water}}{\text{Urban population}} \times 100\%$$

Production Capacity of Gaswork Gas refers to the overall production capacity of the urban gasworks in gas generation, purification and delivery at the end of the reference period, excluding capacity of the reserved facilities. In general, it is determined by the designed capacity, and when actual production capacity is larger than the designed capacity, the capacity is determined by the actual measurement on the weakest segment in the production, purification and delivery.

Length of Gas Pipelines refers to the total length of pipelines in use between the outlet of the compressor of gas-work or outlet of gas stations and the leading pipe of users, excluding pipelines within gasworks, delivery stations, LPG storage stations, refilling stations, gas-mixing stations and supply stations.

Volume of Gas Supply refers to the total volume of gas provided to users by gas-producing enterprises (units) during the reporting period, including the volume sold and the volume lost.

Coverage Rate of Urban Population with Access to Gas refers to the ratio of the urban population with access to gas to the total urban population at the end of the reference period. Gas here includes artificial coal gas, natural gas and liquefied petroleum gas. The formula is:

$$\text{Coverage rate of urban population with access to gas} = \frac{\text{Urban population with access to gas}}{\text{Urban population}} \times 100\%$$

Heating Capacity in Urban Areas refers to the designed capacity of heating enterprises (units) in supplying heating energy to urban users during the reference period.

Quantity of Heat Supplied in Urban Areas refers to the total quantity of heat from steam and hot water supplied to urban users by heating enterprises (units) during the reference period.

Length of Urban Heating Pipelines refers to the total length of steam or hot water pipelines for sources of heat to the leading pipelines of the buildings of the users, excluding internal pipelines in heat generating enterprises.

Length of Paved Roads refers to the length of roads with paved surface including bridges and tunnels connected with roads. Length of the roads is measured by the central lines.

Urban Bridges refer to bridges built to cross over natural or man-made barriers, including bridges over rivers, overpasses for traffic and for pedestrians, underpasses for pedestrians, etc.

Length of Urban Sewage Pipes refers to the total length of general drainage, trunks, branch and inspection wells, connection wells, inlets and outlets, etc.

Daily Disposal Capacity of Urban Sewage refers to the designed 24-hour capacity of sewage disposal by the sewage treatment works or facilities.

Number of Vehicles under Operation at Year-end refers to the total number of vehicles under operation by public transport enterprises (units) at the end of the year, based on the records of operational vehicles by the enterprises (units).

Area of Urban Green Land refers to the total area occupied for green projects at the end of the reference period, including park green land, production green land, protection green land, green land attached to institutions, and other green areas.

Park Green Area refers to green areas open to the public for amusement and rest with the facilities of amusement, rest and services. Its function includes perfecting ecology, beautifying landscape, and preventing and reducing disaster. Park green areas include comprehensive park, community park, theme park, linear park and roadside green space. Total areas of comprehensive park, topic park and belt-shaped is the area of park.

Road Area Cleaned refers to the area which are regularly cleaned, as at the end of the reference period, at urban roads and public places (mainly including urban roadways, pedestrian walkways, vehicular tunnels, pedestrian underpasses, underground railway stations, lifted roads, pedestrians walk bridges, overpasses, plazas, parking lots and other facilities). If there are several times of cleaning in a day at a location, the area of that time of cleaning with the largest area cleaned will be taken.

Vehicles and Facilities Dedicated to Urban Cleanliness and Environmental Sanitation refer to vehicles and facilities dedicated for use in the operation, management and monitoring of environmental hygiene work. They include vehicles for road cleaning, washing, showering, ice removal, disposal of garbage and human wastes, cleanliness monitoring and related activities.

Public Transportation Vehicles per 10000 Population refers to the number of public transportation vehicles, calculated by urban population, per 10000 population in the city district. The formula for calculation is:

$$\text{Public Transportation Vehicles per 10000 Population} = \frac{\text{Number of Public Transportation Vehicles}}{\text{City District Population}}$$

附录Ⅰ　各县、市主要指标

APPENDIX Ⅰ MAIN INDICATORS OF COUNTIES

资料整理：崔赫男　翟　雪　曹夏茵　赵春贵
孙崇智　赵秋梅　接广军　燕慧军
于占占　魏书慧　张莹娣　高松凡
韩　姝　孙　冰　吕后中　李　娜

附录Ⅰ 各县、市主要指标(2015年)

MAIN INDICATORS OF COUNTIES (2015)

县、市名称	Name	行政区域土地面积(平方公里) Total Land Area (sq. km)	年底总人口(万人) Total Population (year-end) (10000 persons)	乡镇(个) Township and Towns (unit)	#建制镇 Organic Town	村民委员会(个) Villagers Committee (unit)
阿城区	Acheng	2814	61.8	7	7	108
呼兰区	Hulan	2197	55.9	10	7	170
宾县	Bin County	3845	58.0	17	12	143
依兰县	Yilan County	4616	39.2	9	6	132
方正县	Fangzheng County	2969	23.0	8	4	67
双城区	Shuangcheng	3112	78.7	24	12	246
尚志市	Shangzhi City	8825	58.4	17	10	163
五常市	Wuchang City	7512	91.9	24	12	260
巴彦县	Bayan County	3138	66.8	18	10	116
木兰县	Mulan County	3600	25.6	8	6	86
通河县	Tonghe County	5675	24.5	8	6	82
延寿县	Yanshou County	3150	25.3	9	5	106
龙江县	Longjiang County	6200	59.5	14	8	158
依安县	Yian County	3678	48.8	15	6	149
泰来县	Tailai County	3922	31.3	10	8	83
甘南县	Gannan County	4792	38.5	10	5	95
富裕县	Fuyu County	4060	29.0	10	6	90
克山县	Keshan County	3320	48.3	15	7	122
克东县	Kedong County	2083	28.8	7	5	98
拜泉县	Baiquan County	3599	57.4	16	7	186
梅里斯区	Meilisi Daur District	2078	16.8	6		49
讷河市	Nehe City	6648	71.4	15	11	171
鸡东县	Jidong County	3243	28.4	11	8	123
虎林市	Hulin City	9334	28.3	11	7	85
密山市	Mishan City	7843	41.2	16	8	154
萝北县	Luobei County	2167	22.2	8	6	63
绥滨县	Suibin County	3335	18.6	9	3	109
集贤县	Jixian County	2258	30.8	8	5	153
友谊县	Youyi County	1647	11.1			
宝清县	Baoqing County	10001	41.9	10	6	145
饶河县	Raohe County	6765	14.2	9	4	79
肇州县	Zhaozhou County	2445	44.0	12	6	104
肇源县	Zhaoyuan County	4120	45.4	16	8	135
林甸县	Lindian County	3493	26.3	8	5	83
杜蒙自治县	Durbote Mongolia Autonomous County	6054	24.8	11	5	79
大同区	Datong	2372	23.0	6	8	4

注：阿城区、呼兰区、双城区、梅里斯区、大同区、阳明区、爱辉区、北林区、加格达奇区、佳木斯郊区和五大连池风景区的主要指标数据来自当地统计局(下同)。

Note:The main indicators data of Acheng,Hulan,Shuangcheng, Meilisi Daur,Datong,Yangming,Aihui,Beilin and Jiagedaqi District, Jiamusi Suburb,Wudalianchi Scenic Spot come from local Statistics (the same as following tables).

附录Ⅰ 续表1 CONTINUED

县、市名称	Name	行政区域土地面积(平方公里) Total Land Area (sq. km)	年底总人口(万人) Total Population (year-end) (10000 persons)	乡镇(个) Township and Towns (unit)	#建制镇 Organic Town	村民委员会(个) Villagers Committee (unit)
嘉荫县	Jiayin County	6739	7.3	9	3	73
铁力市	Tieli City	6730	37.0	7	4	76
桦南县	Huanan County	4415	42.3	10	6	192
桦川县	Huachuan County	2268	20.8	9	5	105
汤原县	Tangyuan County	3416	24.9	10	4	137
抚远县	Fuyuan County	6263	8.4	9	4	69
同江市	Tongjiang City	6300	17.6	10	5	85
富锦市	Fujin City	8227	46.0	10	10	267
佳木斯郊区	Jiamusi Suburb	1748	26.3	13	6	127
勃利县	Boli County	4455	33.2	10	5	133
穆棱市	Muling City	6673	29.1	8	6	127
东宁县	Dongning County	7139	21.0	6	6	102
林口县	Linkou County	7185	35.4	11	9	176
绥芬河市	Suifenhe City	422	7.0	2	2	11
海林市	Hailin City	8814	38.7	8	8	112
宁安市	Ningan City	7924	42.5	12	7	240
阳明区	Yangming	1345	22.6	4		59
北安市	Beian City	7194	45.2	9	5	62
五大连池市	Wudalianchi City	9846	35.0	10	5	93
五大连池风景区	Wudalianchi scenic spot	748	2.2	1		3
爱辉区	Aihui	14443	18.8	11	3	89
嫩江县	Nenjiang County	15109	49.4	14	8	147
逊克县	Xunke County	17344	9.9	9	3	78
孙吴县	Sunwu County	4319	9.7	11	2	94
安达市	Anda City	3586	47.2	14	11	116
肇东市	Zhaodong City	3905	90.7	21	11	186
海伦市	Hailun City	4667	78.2	23	8	243
北林区	Beilin	2756	83.5	20	13	148
望奎县	Wangkui County	2314	45.9	15	9	109
兰西县	Lanxi County	2499	49.6	15	6	105
青冈县	Qinggang County	2685	51.4	15	10	165
庆安县	Qingan County	5469	37.2	14	6	93
明水县	Mingshui County	2308	34.4	12	5	99
绥棱县	Suiling County	4238	30.6	11	5	76
呼玛县	Huma County	14335	31.2	8	2	54
塔河县	Tahe County	14059	8.2	7	4	11
漠河县	Mohe County	18432	7.8	6	6	8
加格达奇区	Jiagedaqi District	1359	14.6	8		8

附录Ⅰ 续表2 CONTINUED

县、市名称	Name	地 区 生产总值（万元） Gross Domestic Product (10000 yuan)	第一产业 Primary Industry	第二产业 Secondary Industry	第三产业 Tertiary Industry	地区生产总值指数（上年=100） Indices of Gross Domestic Product (preceding year=100)
阿城区	Acheng	2912777	372028	749229	1791520	105.9
呼兰区	Hulan	3252502	662889	1303007	1286606	107.5
宾　县	Bin County	2870167	493729	1034830	1341608	106.0
依兰县	Yilan County	1762829	488492	585548	688789	109.5
方正县	Fangzheng County	664191	212488	203226	248477	106.4
双城区	Shuangcheng	5266200	1435158	1278243	2552799	110.5
尚志市	Shangzhi City	2206742	593120	633105	980517	92.7
五常市	Wuchang City	3882535	1001056	1164949	1716530	108.5
巴彦县	Bayan County	1817097	569278	340805	907014	109.1
木兰县	Mulan County	764927	240496	98327	426104	105.8
通河县	Tonghe County	677645	217700	122352	337593	104.3
延寿县	Yanshou County	749173	244795	193434	310944	109.6
龙江县	Longjiang County	925872	402903	282007	240962	107.1
依安县	Yian County	735240	311993	238870	184377	110.5
泰来县	Tailai County	452310	206868	82923	162519	109.0
甘南县	Gannan County	683503	339356	140091	204056	108.4
富裕县	Fuyu County	666572	317678	179452	169442	109.5
克山县	Keshan County	765060	314322	191263	259475	109.9
克东县	Kedong County	393612	140270	174837	78505	112.0
拜泉县	Baiquan County	931021	338263	294205	298553	108.6
梅里斯区	Meilisi Daur District	349415	144812	124276	80327	105.0
讷河市	Nehe City	1104870	374959	327267	402644	108.9
鸡东县	Jidong County	900319	338541	241788	319990	104.3
虎林市	Hulin City	1317233	816416	174195	326622	106.1
密山市	Mishan City	1303801	573808	237076	492917	105.0
萝北县	Luobei County	831490	458714	127197	245579	98.8
绥滨县	Suibin County	500785	348702	26487	125596	104.8
集贤县	Jixian County	649382	184562	151624	313196	92.2
友谊县	Youyi County	381031	153029	91844	136158	103.7
宝清县	Baoqing County	1474685	846608	231720	396357	101.2
饶河县	Raohe County	497874	356417	44717	96740	104.4
肇州县	Zhaozhou County	2146226	440959	1079264	626003	106.2
肇源县	Zhaoyuan County	1659586	401973	851896	405717	90.2
林甸县	Lindian County	521177	179789	197226	144162	74.8
杜蒙自治县	Durbote Mongolia Autonomous County	1031745	330058	461744	239943	80.3
大同区	Datong	1278325	288846	676247	313232	105.0

附录Ⅰ 续表3 CONTINUED

县、市名称	Name	地区生产总值（万元）Gross Domestic Product (10000 yuan)	第一产业 Primary Industry	第二产业 Secondary Industry	第三产业 Tertiary Industry	地区生产总值指数（上年=100）Indices of Gross Domestic Product (preceding year=100)
嘉荫县	Jiayin County	267349	162743	31512	73094	108.3
铁力市	Tieli City	740029	371026	134537	234466	104.0
桦南县	Huanan County	1157518	494954	305871	356693	107.5
桦川县	Huachuan County	536290	245548	181678	109064	107.3
汤原县	Tangyuan County	794333	354132	239826	200375	107.0
抚远县	Fuyuan County	505208	350368	31583	123257	106.0
同江市	Tongjiang City	1072961	757289	94794	220878	107.0
富锦市	Fujin City	2020314	1116941	338916	564457	107.2
佳木斯郊区	Jiamusi Suburb	600036	239012	181996	179028	108.2
勃利县	Boli County	525716	168670	120200	236846	100.9
穆棱市	Muling City	1820897	305714	914878	600305	107.1
东宁县	Dongning County	1600764	367429	420913	812422	106.0
林口县	Linkou County	1026866	389313	331608	305945	106.3
绥芬河市	Suifenhe City	1321161	10053	147655	1163453	105.1
海林市	Hailin City	2094529	445629	973901	674999	106.6
宁安市	Ningan City	1981501	561669	740994	678838	107.0
阳明区	Yangming	630544	82922	304739	242883	106.8
北安市	Beian City	1075193	355532	224458	495203	110.1
五大连池市	Wudalianchi City	802522	525280	65863	211379	108.1
五大连池风景区	Wudalianchi scenic spot	58968	20740	6606	31622	108.2
爱辉区	Aihui	213237	66306	63844	83087	108.0
嫩江县	Nenjiang County	1871076	950320	258934	661822	106.4
逊克县	Xunke County	256256	156711	35665	63880	106.9
孙吴县	Sunwu County	147270	75140	19481	52649	107.1
安达市	Anda City	3281711	593675	1592169	1095867	103.2
肇东市	Zhaodong City	3949840	836655	1796854	1316331	105.9
海伦市	Hailun City	1239662	631767	304672	303223	106.8
北林区	Beilin	1548001	719352	408445	420204	107.6
望奎县	Wangkui County	735385	390350	221888	123147	107.3
兰西县	Lanxi County	592821	284449	176610	131762	108.3
青冈县	Qinggang County	578852	290266	199748	88838	107.1
庆安县	Qingan County	810646	360079	246802	203765	107.1
明水县	Mingshui County	609605	308529	220527	80549	108.5
绥棱县	Suiling County	719681	404531	158870	156280	107.6
呼玛县	Huma County	153172	96758	12266	44148	102.9
塔河县	Tahe County	202366	122235	13978	66153	97.7
漠河县	Mohe County	294105	131550	34150	128405	101.1
加格达奇区	Jiagedaqi District	346150	75339	54178	216633	106.5

注：本表按当年价格计算，为初步核算数。

附录Ⅰ 续表4 CONTINUED

单位：人 (person)

县、市名称	Name	城镇非私营单位就业人数 Number of Employment In Urban Units(yuan, Excluding Private)	国有单位 State-owned Units	集体单位 Collective-owned Units	其他单位 Other	城镇非私营单位就业人员平均工资(元) Average wage of Employed Persons (yuan, Excluding Private)
阿城区	Acheng	28834	19752	1700	7382	44525
呼兰区	Hulan	40190	26792	1395	12003	54289
宾县	Bin County	29110	19448	475	9187	45631
依兰县	Yilan County	30082	18681	1325	10076	37087
方正县	Fangzheng County	15513	13116	1343	1054	38425
双城区	Shuangcheng	28769	20384	284	8101	49688
尚志市	Shangzhi City	35468	29561	579	5328	38974
五常市	Wuchang City	33658	26902	2726	4030	44056
巴彦县	Bayan County	26572	22038	596	3938	43254
木兰县	Mulan County	18489	14741	579	3169	45009
通河县	Tonghe County	17812	13843	272	3697	41081
延寿县	Yanshou County	13092	11919	332	841	46088
龙江县	Longjiang County	17160	13115	345	3700	38301
依安县	Yian County	12930	9114	651	3165	37322
泰来县	Tailai County	11645	10165	360	1120	40602
甘南县	Gannan County	10169	7903	667	1599	44662
富裕县	Fuyu County	13509	9291	312	3906	44628
克山县	Keshan County	12887	10086	374	2427	46048
克东县	Kedong County	10035	7073	309	2653	37955
拜泉县	Baiquan County	11085	8925	406	1754	38920
梅里斯区	Meilisi Daur District	6019	3307	39	2673	43893
讷河市	Nehe City	18572	14716	780	3076	39066
鸡东县	Jidong County	12356	9915	759	1682	40630
虎林市	Hulin City	20851	17518	423	2910	44105
密山市	Mishan City	16436	12814	452	3170	36441
萝北县	Luobei County	13966	12840	442	684	38818
绥滨县	Suibin County	8281	6296	321	1664	45494
集贤县	Jixian County	14984	10275	972	3737	38924
友谊县	Youyi County	5861	4924		937	45130
宝清县	Baoqing County	20427	18652	131	1644	42419
饶河县	Raohe County	7405	6099	155	1151	40985
肇州县	Zhaozhou County	24324	17775	1536	5013	42216
肇源县	Zhaoyuan County	16042	11452	397	4193	44668
林甸县	Lindian County	10158	7942	279	1937	42641
杜蒙自治县	Durbote Mongolia Autonomous County	11830	8907	248	2675	44682
大同区	Datong	8886	4906	1097	2883	76153

附录 I 续表5 CONTINUED

单位：人 (person)

县、市名称	Name	城镇非私营单位就业人数 Number of Employment In Urban Units(yuan, Excluding Private)	国有单位 State-owned Units	集体单位 Collective-owned Units	其他单位 Other	城镇非私营单位就业人员平均工资(元) Average wage of Employed Persons (yuan, Excluding Private)
嘉 荫 县	Jiayin County	6655	6006	274	375	44599
铁 力 市	Tieli City	36165	33176	394	2595	27215
桦 南 县	Huanan County	31563	22003	1470	8090	34947
桦 川 县	Huachuan County	9342	8110	271	961	42774
汤 原 县	Tangyuan County	13663	12323	285	1055	33512
抚 远 县	Fuyuan County	7100	6523	214	363	48271
同 江 市	Tongjiang City	10367	7103	204	3060	43616
富 锦 市	Fujin City	20440	16301	1360	2779	39815
佳木斯郊区	Jiamusi Suburb	9218	8999	219		37986
勃 利 县	Boli County	14238	10326	323	3589	34591
穆 棱 市	Muling City	28666	19470	486	8710	41801
东 宁 县	Dongning County	25637	14340	15	11282	44856
林 口 县	Linkou County	16547	13123	444	2980	44382
绥芬河市	Suifenhe City	10139	6893	188	3058	51780
海 林 市	Hailin City	50919	23193	8738	18988	35242
宁 安 市	Ningan City	30931	21377	686	8868	41317
阳 明 区	Yangming	12166	5244	376	6546	50226
北 安 市	Beian City	26475	21010	433	5032	40106
五大连池市	Wudalianchi City	22532	16939	105	5488	37511
五大连池风景区	Wudalianchi scenic spot	3237	2817	10	410	33176
爱 辉 区	Aihui	8625	7351	46	1228	49198
嫩 江 县	Nenjiang County	23112	15968	396	6748	42174
逊 克 县	Xunko County	6296	5334	449	513	43908
孙 吴 县	Sunwu County	7477	6317	371	789	44330
安 达 市	Anda City	24712	14776	1052	8884	40517
肇 东 市	Zhaodong City	43169	25373	878	16918	38556
海 伦 市	Hailun City	33159	18769	622	13768	39728
北 林 区	Beilin	27068	16569	1081	9418	43071
望 奎 县	Wangkui County	18658	15535	306	2817	31575
兰 西 县	Lanxi County	16999	11251	1545	4203	38091
青 冈 县	Qinggang County	18216	10707	706	6803	38415
庆 安 县	Qingan County	18905	13962	241	4702	36108
明 水 县	Mingshui County	17476	14019	581	2876	33723
绥 棱 县	Suiling County	15900	14450	687	763	28866
呼 玛 县	Huma County	7369	6269	591	509	42626
塔 河 县	Tahe County	12764	12206		558	32411
漠 河 县	Mohe County	18387	17232		1155	31496
加格达奇区	Jiagedaqi District	23365	17882	65	5418	53321

附录Ⅰ 续表6 CONTINUED

单位：万元 (10000 yuan)

县、市名称	Name	固定资产投资总额 Total Investment in Fixed	按类型分 Group by Ownership			按构成分 By Use of Funds			
			国有单位 State-owned Units	城镇集体单位 Collective-owned Units	其他单位 Other	建筑工程 Construction Engineering	安装工程 Installation Engineering	设备工器具购置 Purchase of Equipment and Instrument	其他费用 Others
阿城区	Acheng	3164912	571184		2593728	1252016	25950	1093480	793466
呼兰区	Hulan	1980060	367641	22836	1589583	1321502	109685	406343	142530
宾县	Bin County	1646422	257353		1389069	478392	401642	734151	32237
依兰县	Yilan County	800881	491479		309402	679820	3159	112614	5288
方正县	Fangzheng County	300368	119724	13000	167644	175634	51790	54844	18100
双城区	Shuangcheng	2763571	580576	12800	2170195	2010987	329835	289535	133214
尚志市	Shangzhi City	1036197	337934	65700	632563	1003757	7336	13316	11788
五常市	Wuchang City	2170817	609219		1561598	1311723	61694	790210	7190
巴彦县	Bayan County	1763178	351576	8610	1402992	1593197	30100	110116	29765
木兰县	Mulan County	359895	197347		162548	297222	10496	49792	2385
通河县	Tonghe County	346756	209082		137674	235241	87505	20150	3860
延寿县	Yanshou County	607922	143182	1900	462840	466315	25128	115729	750
龙江县	Longjiang County	812229	188212		624017	692014		106615	13600
依安县	Yian County	630491	159124		471367	396251	9229	177704	47307
泰来县	Tailai County	937358	202230		735128	935887	1471		
甘南县	Gannan County	155054	47554		107500	122533	764	24830	6927
富裕县	Fuyu County	601518	220964		380554	538550	62968		
克山县	Keshan County	601749	270261		331488	464296	116151	21136	166
克东县	Kedong County	460468	66102		394366	330996	11710	109510	8252
拜泉县	Baiquan County	479384	44746	11000	423638	445591		29105	4688
梅里斯区	Meilisi Daur District	139794	67999	4080	67715	119898	6507	9593	3796
讷河市	Nehe City	862129	91558		770571	780374	2780	75448	3527
鸡东县	Jidong County	235300	29894		205406	131319	11180	76326	16475
虎林市	Hulin City	379016	175551	500	202965	294519	3547	47532	33418
密山市	Mishan City	384672	127850		256822	257745	10708	83114	33105
萝北县	Luobei County	127938	50783		77155	90204	1765	35652	317
绥滨县	Suibin County	120149	86386		33763	61723	9424	18174	30828
集贤县	Jixian County	170166	3589		166577	141414	1443	22150	5159
友谊县	Youyi County	56313	9615		46698	56313			
宝清县	Baoqing County	378822	188237		190585	257987	61294	49463	10078
饶河县	Raohe County	89007	29665		59342	72199	12578	4230	
肇州县	Zhaozhou County	270537	70333		200204	258957	6636	4944	
肇源县	Zhaoyuan County	308538	212198		96340	294808		11650	2080
林甸县	Lindian County	175447	61741		113706	157057	5507	7831	5052
杜蒙自治县	Durbote Mongolia Autonomous County	206467	112602		93865	145017	16940	31215	13295
大同区	Datong	161852	138072		23780	144782	5222	11848	

附录Ⅰ 续表7 CONTINUED

单位：万元　　　　(10000 yuan)

县、市名称	Name	固定资产投资总额 Total Investment in Fixed	按类型分 Group by Ownership			按构成分 By Use of Funds			
			国有单位 State-owned Units	城镇集体单位 Collective-owned Units	其他单位 Other	建筑工程 Construction Engineering	安装工程 Installation Engineering	设备工器具购置 Purchase of Equipment and Instrument	其他费用 Others
嘉荫县	Jiayin County	91234	88629		2605	90445	789		
铁力市	Tieli City	195596	155741		39855	180077	555	12978	1986
桦南县	Huanan County	962532	157747		804785	954434	2500	5598	
桦川县	Huachuan County	496692	99894		396798	334196	68163	74433	19900
汤原县	Tangyuan County	609950	91720		518230	420270	10470	157187	22023
抚远县	Fuyuan County	223105	197760		25345	207381			15724
同江市	Tongjiang City	701204	631682		69522	606786	80485	6377	7556
富锦市	Fujin City	845098	219156	37800	588142	793092	200	51250	556
佳木斯郊区	Jiamusi Suburb	631722	31613		600109	491052	1600	132750	6320
勃利县	Boli County	220270			220270	219770	500		
穆棱市	Muling City	1764638	313820	9000	1441818	1266123	37358	359898	101259
东宁县	Dongning County	1053733	212594	23650	817489	531730	268896	166823	86284
林口县	Linkou County	612378	180077		432301	587612	8809	7950	8007
绥芬河市	Suifenhe City	900045	148789		751256	704311	74389	68960	52385
海林市	Hailin City	2169006	547077		1621929	1959652	3240	166401	39713
宁安市	Ningan City	1894996	650763		1244233	1025696	9345	850072	9883
阳明区	Yangming	575619	35096	1681	538842	330699	7473	194009	43438
北安市	Beian City	691420	373329		318091	584148	48788	36498	21986
五大连池市	Wudalianchi City	344587	115650		228937	195022	240	977	148348
五大连池风景区	Wudalianchi scenic spot	41273	35498		5775	38629	850	1359	435
爱辉区	Aihui	365070	124726		240344	139521	3228	222147	174
嫩江县	Nenjiang County	608762	536384		72378	251374	10192	186695	160501
逊克县	Xunke County	139673	47805		91868	110399	1949	19214	8111
孙吴县	Sunwu County	114031	32505	2530	78996	95023	150	9118	9740
安达市	Anda City	1400012	103439		1296573	1345100	15586	39326	
肇东市	Zhaodong City	1630483	524580		1105903	1496682	8130	117371	8300
海伦市	Hailun City	539887	4291		535596	316193	5423	218271	
北林区	Beilin	826959	159481		667478	767844	4740	54375	
望奎县	Wangkui County	798982	29025		769957	760558		38424	
兰西县	Lanxi County	456028	111971		344057	261068	32644	85069	77247
青冈县	Qinggang County	288884	116619		172265	260735	12124	11660	4365
庆安县	Qingan County	486532	96761		389771	327356	100	138165	20911
明水县	Mingshui County	154050	31412		122638	154050			
绥棱县	Suiling County	251038	112232	600	138206	183099	4204	50119	13616
呼玛县	Huma County	69163	64963		4200	64885	86	4055	137
塔河县	Tahe County	83410	75607		7803	70286	2834	9610	680
漠河县	Mohe County	205685	169417		36268	188570	10014	7041	60
加格达奇区	Jiagedaqi District	126476	41334		85142	103922	4899	13699	3956

附录Ⅰ 续表8 CONTINUED

单位：万元 (10000 yuan)

县、市名称	Name	农林牧渔业总产值 Gross Output Value of Farming, Forestry, Animal Husbandry and Fishery					城镇常住居民人均可支配收入（元） Annual Per Capita Disposable Income of Urban Households (yuan)	农村常住居民人均可支配收入（元） Annual Per Capita Disposable Income of Rural Households (yuan)
		合 计 Total	#农 业 Farming	#林 业 Forestry	#牧 业 Animal Husbandry	#渔 业 Fishery		
阿 城 区	Acheng	696105	401821	11502	248423	11271	28535	14671
呼 兰 区	Hulan	1283653	510122	12469	714431	32368	28265	14676
宾 县	Bin County	870971	324762	25508	509329	5362	21692	12731
依 兰 县	Yilan County	627190	430405	17748	155468	6852	21274	14047
方 正 县	Fangzheng County	391339	271285	28464	71146	16830	19124	11269
双 城 区	Shuangcheng	2536525	1317824	9195	1122996	26610	21881	12575
尚 志 市	Shangzhi City	1062383	778775	46950	207368	18903	21778	14637
五 常 市	Wuchang City	1819369	1191140	69221	467585	43030	20546	13818
巴 彦 县	Bayan County	1315005	693410	42090	552903	15405	20079	11137
木 兰 县	Mulan County	449306	282184	7296	134016	10212	18122	9917
通 河 县	Tonghe County	366514	227080	20975	101467	8829	18820	12545
延 寿 县	Yanshou County	359540	238850	8253	97858	4480	18245	6347
龙 江 县	Longjiang County	840590	490245	3336	336420	9594	16147	11413
依 安 县	Yian County	640321	355321	18888	260174	5428	18472	9553
泰 来 县	Tailai County	452780	248092	1961	184155	17412	15440	5860
甘 南 县	Gannan County	465712	269319	2489	184917	7657	14959	5696
富 裕 县	Fuyu County	512936	255519	2891	240821	13418	19794	7484
克 山 县	Keshan County	547577	329036	1621	197815	11241	18514	10626
克 东 县	Kedong County	270553	148402	5689	111865	4180	14129	8854
拜 泉 县	Baiquan County	686247	388145	18600	267460	6662	15181	5950
梅里斯区	Meilisi Daur District	247256	158755	1914	84809	1053		10580
讷 河 市	Nehe City	875400	564956	8291	284499	15455	20546	11404
鸡 东 县	Jidong County	533685	324525	49117	134419	23534	21296	13505
虎 林 市	Hulin City	539897	391305	52425	79199	15462	21521	15268
密 山 市	Mishan City	620460	362106	8491	196931	43760	21932	14116
萝 北 县	Luobei County	197109	126914	12088	50403	2204	21516	14829
绥 滨 县	Suibin County	217922	172234	1073	34921	9015	19007	4791
集 贤 县	Jixian County	287634	204080	3385	71796	4390	22841	12730
友 谊 县	Youyi County	8481	174		8307		19581	12027
宝 清 县	Baoqing County	692516	422896	20826	235294	11500	22961	14727
饶 河 县	Raohe County	296718	191128	5143	94710	5353	20110	5318
肇 州 县	Zhaozhou County	976767	376155	3592	590966	4988	21601	11489
肇 源 县	Zhaoyuan County	831087	398635	9113	390597	31936	20989	11449
林 甸 县	Lindian County	399904	217226	2674	164649	13945	14148	6093
杜蒙自治县	Durbote Mongolia Autonomous County	562106	220465	2370	308698	29985	19646	11591
大 同 区	Datong	60200	35200	5600	233800	8600	34407	16365

附录Ⅰ 续表9 CONTINUED

单位：万元 (10000 yuan)

县、市名称	Name	农林牧渔业总产值 Gross Output Value of Farming, Forestry, Animal Husbandry and Fishery					城镇常住居民人均可支配收入（元） Annual Per Capita Disposable Income of Urban Households (yuan)	农村常住居民人均可支配收入（元） Annual Per Capita Disposable Income of Rural Households (yuan)
		合计 Total	#农业 Farming	#林业 Forestry	#牧业 Animal Husbandry	#渔业 Fishery		
嘉荫县	Jiayin County	236794	168903	25400	39821	1420	19658	13184
铁力市	Tieli City	605441	321093	63045	217205	1587	17801	11363
桦南县	Huanan County	983028	526051	21382	381255	51030	20437	4657
桦川县	Huachuan County	458424	317701	2295	113565	24758	18320	5051
汤原县	Tangyuan County	696181	416999	14241	250893	12555	19057	3921
抚远县	Fuyuan County	365832	281287	3600	38095	41530	20928	3967
同江市	Tongjiang City	360592	282681	2826	58185	15670	19978	5885
富锦市	Fujin City	1274881	963693	3422	280763	25488	21508	15270
佳木斯郊区	Jiamusi Suburb	490861	236978	15845	224456	13112	23033	15950
勃利县	Boli County	318456	180215	18000	105641	3600	16916	10127
穆棱市	Muling City	577986	398653	5480	149924	4129	23738	14794
东宁县	Dongning County	603734	526873	3797	30220	3573	27397	20004
林口县	Linkou County	671284	535521	5478	120247	3122	21001	12778
绥芬河市	Suifenhe City	17656	10486	61	6680	351	30604	16627
海林市	Hailin City	691171	617393	7785	58989	5021	23954	15258
宁安市	Ningan City	955936	651188	7390	243231	12061	23732	15252
阳明区	Yangming	140130	82440	420	56434	836		
北安市	Beian City	335850	252124	8738	59160	3815	22132	11642
五大连池市	Wudalianchi City	598076	357658	152951	68938	15607	20583	11801
五大连池风景区	Wudalianchi scenic spot	20111	13031	506	3405	2800		
爱辉区	Aihui	157661	104185	13737	34560	2900	22935	11867
嫩江县	Nenjiang County	1190626	995887	8769	160606	2853	21617	11852
逊克县	Xunke County	233594	195417	3621	23846	3128	20785	11997
孙吴县	Sunwu County	126119	103333	4077	16257	587	16692	9743
安达市	Anda City	952217	347241	3563	574993	17442	23095	12927
肇东市	Zhaodong City	1749817	676282	4113	1016109	50921	23229	12886
海伦市	Hailun City	1145964	803974	12425	321537	5248	17850	8422
北林区	Beilin	1322587	603896	7834	658039	44523		
望奎县	Wangkui County	752235	303530	1655	445030	1355	15734	9593
兰西县	Lanxi County	568965	378205	4920	175753	8812	14075	6723
青冈县	Qinggang County	707693	324538	4136	364251	9911	14590	8195
庆安县	Qingan County	729474	538724	15742	142679	20907	20480	12209
明水县	Mingshui County	471731	301612	4370	156540	7387	14170	7602
绥棱县	Suiling County	532362	375293	11074	128141	14628	14268	11449
呼玛县	Huma County	157481	117266	16251	16204	2060	20799	11802
塔河县	Tahe County	192811	35453	135237	14032	3189	19666	9915
漠河县	Mohe County	207165	67880	83368	38327	851	21804	15163
加格达奇区	Jiagedaqi District	65111	49610	1071	11968	1111	22916	10664

附录Ⅰ 续表10 CONTINUED

县、市名称 Name		化肥施用折纯量（吨）Consumption of Chemical Fertilizers (ton, Converting the gross weight into weight containing 100% effective component)	农村用电量（万千瓦时）Electricity Consumed in Rural Areas (10000 kwh)	农用机械总动力（万千瓦）Total Agricultural Machinery Power (10000 kw)	进出口总额（万美元）Total Value of Imports and Exports (USD 10000)	实际利用域外资金（万元）Total Amount of Ecdemic Capital Actually Used (10000 yuan)
阿城区	Acheng	18184	9904	47.1	1468	1134300
呼兰区	Hulan	42626	15107	58.3	659	1651000
宾县	Bin County	57934	10410	95.0	3466	1129700
依兰县	Yilan County	22797	14658	55.0	3011	936950
方正县	Fangzheng County	14721	6685	75.6	1065	258722
双城区	Shuangcheng	77010	28039	81.6	4566	1112100
尚志市	Shangzhi City	29052	16732	72.4	4018	1048750
五常市	Wuchang City	66270	22715	144.3	914	718165
巴彦县	Bayan County	39269	6533	135.6	298	482800
木兰县	Mulan County	17921	6305	71.8	1219	235900
通河县	Tonghe County	16919	8775	89.0	1210	355438
延寿县	Yanshou County	29127	7433	47.2	6697	381000
龙江县	Longjiang County	57204	11748	172.3	773	754200
依安县	Yian County	21853	6148	62.5	211	458000
泰来县	Tailai County	39271	6368	82.2		109000
甘南县	Gannan County	23714	7298	72.1	2	210850
富裕县	Fuyu County	21939	7431	50.2	510	726991
克山县	Keshan County	17167	5128	62.8	1293	450000
克东县	Kedong County	9742	3355	54.5	1674	668050
拜泉县	Baiquan County	39487	7778	69.1		364738
梅里斯区	Meilisi Daur District	42583	2691	53.8	12	
讷河市	Nehe City	48296	17873	111.2	3312	781000
鸡东县	Jidong County	8302	10510	49.3	649	461380
虎林市	Hulin City	15841	5996	84.7	8788	640815
密山市	Mishan City	23561	12863	77.1	14239	737300
萝北县	Luobei County	17867	1846	30.1	20859	120043
绥滨县	Suibin County	19462	2852	58.1		87001
集贤县	Jixian County	24436	10289	66.6	10344	242800
友谊县	Youyi County	13	4	3.1	713	180000
宝清县	Baoqing County	28029	7462	79.4	16255	519000
饶河县	Raohe County	13686	1940	31.4	35709	183000
肇州县	Zhaozhou County	34222	4208	64.5	462	240200
肇源县	Zhaoyuan County	28011	10954	49.9	2118	214200
林甸县	Lindian County	21172	7136	92.5	446	187840
杜蒙自治县	Durbote Mongolia Autonomous County	24925	7264	77.1	4	164000
大同区	Datong	17256	4227	21.1	23	32387

附录Ⅰ 续表11 CONTINUED

县、市名称	Name	化肥施用折纯量（吨）Consumption of Chemical Fertilizers (ton,Converting the gross weight into weight containing 100% effective component)	农村用电量（万千瓦时）Electricity Consumed in Rural Areas (10000 kwh)	农用机械总动力（万千瓦）Total Agricultural Machinery Power (10000 kw)	进出口总额（万美元）Total Value of Imports and Exports (USD 10000)	实际利用域外资金（万元）Total Amount of Ecdemic Capital Actually Used (10000 yuan)
嘉荫县	Jiayin County	7933	663	17.3	2624	5551
铁力市	Tieli City	12424	2874	43.7	1520	158168
桦南县	Huanan County	42086	7500	89.8	9604	1450100
桦川县	Huachuan County	52984	8948	68.7	573	656400
汤原县	Tangyuan County	19296	7928	51.1	625	592500
抚远县	Fuyuan County	10022	7294	65.6	60335	131800
同江市	Tongjiang City	40710	4170	55.8	78526	639000
富锦市	Fujin City	64317	14424	120.6	3533	1397200
佳木斯郊区	Jiamusi Suburb	18375	14188	31.4		502516
勃利县	Boli County	26640	9021	43.4	0.04	61200
穆棱市	Muling City	12308	3784	28.7	12398	1203033
东宁县	Dongning County	9745	8347	51.6	71852	934706
林口县	Linkou County	17608	6601	51.8	5026	753741
绥芬河市	Suifenhe City	369	290	4.4	352176	813054
海林市	Hailin City	11880	7162	39.0	10101	1178495
宁安市	Ningan City	24900	12652	87.6	10519	1045583
阳明区	Yangming	5122	4344	9.6	1864	
北安市	Beian City	26534	4164	43.9	1692	677000
五大连池市	Wudalianchi City	21961	9690	35.1	167	220500
五大连池风景区	Wudalianchi scenic spot	1997	170	3.4		
爱辉区	Aihui	10583	1792	27.2	3236	
嫩江县	Nenjiang County	39791	6042	85.8	3188	474496
逊克县	Xunke County	27907	1611	47.1	7801	103060
孙吴县	Sunwu County	8748	1127	42.9	1322	62000
安达市	Anda City	24037	13004	53.1	157	1215704
肇东市	Zhaodong City	73366	21565	57.8	8745	1210560
海伦市	Hailun City	70176	12552	65.5	311	12457
北林区	Beilin	43105	19517	75.4	4129	
望奎县	Wangkui County	28545	5645	38.2		13883
兰西县	Lanxi County	44878	12439	47.3	2317	81750
青冈县	Qinggang County	31641	10372	63.4	2119	103544
庆安县	Qingan County	17293	13808	54.6	120	135070
明水县	Mingshui County	12998	8187	62.8		235290
绥棱县	Suiling County	15597	11855	53.3	92	245300
呼玛县	Huma County	4030	623	23.7		9440
塔河县	Tahe County	278	410	3.1		111000
漠河县	Mohe County	156	770	2.7	54903	132600
加格达奇区	Jiagedaqi District	1137	106	5.5	333	65150

附录Ⅰ 续表12 CONTINUED

单位：公顷 (hectare)

县、市名称	Name	农作物总播种面积 Total Sown Areas of Farm Crops	主要农作物播种面积 Sown Areas of Main Farm Crops				
			粮 食 Grain Crops	#谷 物 Cereal	#大 豆 Soja	油 料 Oil-bearing Crops	甜 菜 Beetroots
阿 城 区	Acheng	77129	68827	67769	552	11	
呼 兰 区	Hulan	143971	136390	131650	498		
宾 县	Bin County	172897	162844	159036	688	263	
依 兰 县	Yilan County	222059	218895	213615	3907	71	
方 正 县	Fangzheng County	73569	70413	66547	3766	1314	
双 城 区	Shuangcheng	235067	222301	218462	207	2491	10
尚 志 市	Shangzhi City	165753	149823	118012	30366	2542	
五 常 市	Wuchang City	285860	272540	269408	2932		
巴 彦 县	Bayan County	229645	226271	204335	18052		
木 兰 县	Mulan County	102379	100909	86738	13976	63	
通 河 县	Tonghe County	120181	119002	113793	5034		
延 寿 县	Yanshou County	108761	107684	104076	3534	70	
龙 江 县	Longjiang County	326519	321705	316619	1280	302	15
依 安 县	Yian County	271871	268101	230918	24556	290	648
泰 来 县	Tailai County	174620	171618	168934	838	2592	
甘 南 县	Gannan County	233931	233300	224009	3538	255	
富 裕 县	Fuyu County	156488	152852	145248	3061		700
克 山 县	Keshan County	201803	201253	94849	71427		7
克 东 县	Kedong County	125682	125483	69130	55991		
拜 泉 县	Baiquan County	244269	242406	109556	122194	21	587
梅里斯区	Meilisi Daur District	97294	89154	88215	939	67	33
讷 河 市	Nehe City	404667	399532	278471	62954	754	30
鸡 东 县	Jidong County	103511	100342	95453	4829	737	
虎 林 市	Hulin City	171791	170012	149967	18257	370	
密 山 市	Mishan City	179601	177544	168985	6486	903	
萝 北 县	Luobei County	75999	75207	65417	7223	283	
绥 滨 县	Suibin County	91864	90966	86162	3975	78	
集 贤 县	Jixian County	127062	119732	119131	547	1427	
友 谊 县	Youyi County	125	125	125			
宝 清 县	Baoqing County	162184	159847	146626	12070	937	
饶 河 县	Raohe County	91023	87936	74687	12460	1938	
肇 州 县	Zhaozhou County	149220	141641	140345	252	1576	
肇 源 县	Zhaoyuan County	176278	167157	162396	370	6568	
林 甸 县	Lindian County	154444	150825	140581	4843	84	7
杜蒙自治县	Durbote Mongolia Autonomous County	153236	149343	140783	2014	1681	
大 同 区	Datong	78493	63394	61814	614	3497	

附录 I　续表13 CONTINUED

单位：公顷　　(hectare)

县、市名称	Name	农作物总播种面积 Total Sown Areas of Farm Crops	主要农作物播种面积 Sown Areas of Main Farm Crops				
			粮　食 Grain Crops	#谷　物 Cereal	#大　豆 Soja	油　料 Oil-bearing Crops	甜　菜 Beetroots
嘉 荫 县	Jiayin County	81551	80591	35467	39579		
铁 力 市	Tieli City	99801	98028	52615	45275	54	
桦 南 县	Huanan County	228100	221680	194280	26000	1350	
桦 川 县	Huachuan County	140113	133647	132195	1391	79	
汤 原 县	Tangyuan County	118366	116569	111751	4643	84	
抚 远 县	Fuyuan County	172292	172183	137076	34705		
同 江 市	Tongjiang City	150000	148941	116672	31400	16	
富 锦 市	Fujin City	379072	376111	333904	41358	404	
佳木斯郊区	Jiamusi Suburb	109920	105821	104258	1553		
勃 利 县	Boli County	114433	102968	97512	4505	341	
穆 棱 市	Muling City	120514	96390	54843	39628	15967	
东 宁 县	Dongning County	66699	51876	30291	20717	9123	
林 口 县	Linkou County	151132	125998	102806	20667	16701	
绥芬河市	Suifenhe City	3734	3057	2371	637	522	
海 林 市	Hailin City	77940	71533	57657	13299	3000	
宁 安 市	Ningan City	170427	150319	134919	12853	1030	
阳 明 区	Yangming	31142	28135	21807	6282	909	
北 安 市	Beian City	192527	191528	84634	105884		
五大连池市	Wudalianchi City	241862	240876	99603	139439	29	
五大连池风景区	Wudalianchi scenic spot	12160	12152	5590	6310	7	
爱 辉 区	Aihui	113430	110476	72681	32249	2	
嫩 江 县	Nenjiang County	431776	427643	150813	258526	9	
逊 克 县	Xunke County	161087	157801	102146	53772	233	
孙 吴 县	Sunwu County	117362	112005	50419	53154	152	
安 达 市	Anda City	135610	131849	131529	173	33	
肇 东 市	Zhaodong City	265669	260541	257859	814	176	
海 伦 市	Hailun City	310067	308733	194333	113733		
北 林 区	Beilin	216102	211368	193228	16550		
望 奎 县	Wangkui County	170817	169532	154556	13642	290	
兰 西 县	Lanxi County	167140	164060	161599	2013		
青 冈 县	Qinggang County	170891	168996	164795	3820	31	
庆 安 县	Qingan County	190698	188373	162949	24102		
明 水 县	Mingshui County	139500	139420	126995	11146		
绥 棱 县	Suiling County	139342	137711	94765	41330		
呼 玛 县	Huma County	75248	72895	11759	59473		
塔 河 县	Tahe County	7555	7369	73	7193		
漠 河 县	Mohe County	3392	3040	212	2642		
加格达奇区	Jiagedaqi District	89410	88637	6073	75951		

附录Ⅰ 续表14 CONTINUED

县、市名称	Name	主要农作物产量(吨) Yield of Main Farm Crops (ton)					猪牛羊肉产量(吨) Yield of Pork Beef and Mutton (ton)	水产品产量(吨) Aquatic Products (ton)
		粮食 Grain Crops	#谷物 Cereal	#大豆 Soja	油料 Oil-bearing Crops	甜菜 Beetroots		
阿城区	Acheng	594922	591382	1005	33		38229	9908
呼兰区	Hulan	1145964	1122369	1121			62523	5015
宾县	Bin County	1097891	1081832	1558	785		85684	8203
依兰县	Yilan County	1507785	1488030	17019	112		32669	5549
方正县	Fangzheng County	457997	449973	7588	1824		9940	8394
双城区	Shuangcheng	2053504	2035074	427	13341	261	78646	10223
尚志市	Shangzhi City	990885	919680	66349	8624		37136	7228
五常市	Wuchang City	2324053	2316605	6604			72312	9695
巴彦县	Bayan County	1693468	1638917	32555			103093	11532
木兰县	Mulan County	676365	644925	30124	122		30910	5233
通河县	Tonghe County	718142	708930	8760			19276	6687
延寿县	Yanshou County	718052	706603	11214	91		6837	3658
龙江县	Longjiang County	2576126	2562941	2496	640	420	65581	7063
依安县	Yian County	1405064	1282781	65587	500	30132	54892	2873
泰来县	Tailai County	846775	833702	1692	5598		34700	12651
甘南县	Gannan County	1164515	1066106	5986	398		53871	6742
富裕县	Fuyu County	928867	922001	5529		17500	21116	3567
克山县	Keshan County	727975	378932	170837		368	39307	2320
克东县	Kedong County	392788	256887	133782			7566	2534
拜泉县	Baiquan County	1181106	929124	235406	138	20631	79830	4137
梅里斯区	Meilisi Daur District						18055	1300
讷河市	Nehe City	1802079	1429370	152363	1226	1359	59324	10531
鸡东县	Jidong County	762699	754047	8527	1243		31415	5740
虎林市	Hulin City	1001242	960889	35532	340		11773	8804
密山市	Mishan City	1130748	1085766	39499	658		43538	24411
萝北县	Luobei County	375847	357881	13659	254		17624	1206
绥滨县	Suibin County	476199	463421	9858	196		5546	4699
集贤县	Jixian County	976469	975268	1029	1997		38667	2003
友谊县	Youyi County	995	995				2783	
宝清县	Baoqing County	1145715	1111099	30869	1038		48350	5650
饶河县	Raohe County	514449	484009	29042	3230		3583	1975
肇州县	Zhaozhou County	1231489	1224504	944	5205		61385	7293
肇源县	Zhaoyuan County	1309127	1302855	942	17201		79605	21521
林甸县	Lindian County	1235467	1216827	8167	411	280	46407	10516
杜蒙自治县	Durbote Mongolia Autonomous County	926333	891749	3618	5106		29987	26092
大同区	Datong	530595	528073	981	10312		33730	9355

附录 I 续表15 CONTINUED

县、市名称	Name	主要农作物产量(吨) Yield of Main Farm Crops (ton)					猪牛羊肉产量(吨) Yield of Pork Beef and Mutton (ton)	水产品产量(吨) Aquatic Products (ton)
		粮食 Grain Crops	#谷物 Cereal	#大豆 Soja	油料 Oil-bearing Crops	甜菜 Beetroots		
嘉荫县	Jiayin County	261776	170329	77770			4007	681
铁力市	Tieli City	416877	325556	90597	5		34297	830
桦南县	Huanan County	1309081	1239209	64820	2025		90065	7594
桦川县	Huachuan County	929395	915034	6243	85		55181	7656
汤原县	Tangyuan County	863786	853106	9806	218		75579	7741
抚远县	Fuyuan County	918223	861868	55497			5361	1680
同江市	Tongjiang City	865421	775319	87614	39		15901	12860
富锦市	Fujin City	2357258	2254486	98957	529		85339	11617
佳木斯郊区	Jiamusi Suburb	780759	777476	3268			88170	11217
勃利县	Boli County	626661	616501	8360	631		16630	2024
穆棱市	Muling City	415076	343152	67526	27826		31571	2214
东宁县	Dongning County	206960	160530	43969	14227		7398	1676
林口县	Linkou County	583698	474135	98839	29139		20361	1707
绥芬河市	Suifenhe City	10895	9480	1250	499		2506	193
海林市	Hailin City	387666	344558	40618	3620		13054	2654
宁安市	Ningan City	970877	928051	32194	1458		82848	6731
阳明区	Yangming	105743	95391	10273	1498		19370	501
北安市	Beian City	684601	479761	203198			7343	2551
五大连池市	Wudalianchi City	478726	244545	232210	127		16232	3577
五大连池风景区	Wudalianchi scenic spot	29050	17839	10412	53		819	935
爱辉区	Aihui	313383	233361	71179	2		9785	1405
嫩江县	Nenjiang County	1224436	648157	549599	61		63591	2385
逊克县	Xunke County	406128	283289	117799	311		7206	2698
孙吴县	Sunwu County	255143	146107	94089	200		5841	641
安达市	Anda City	1124601	1123791	308	102		51600	14234
肇东市	Zhaodong City	2352871	2342983	1830	470		126211	35046
海伦市	Hailun City	1687868	1443297	241166			101115	10243
北林区	Beilin	1533417	1501721	25502			81883	27241
望奎县	Wangkui County	1270652	1237218	26651	254		96926	7790
兰西县	Lanxi County	1178651	1172801	3517			45991	7684
青冈县	Qinggang County	1303673	1293078	8877	49		64792	7155
庆安县	Qingan County	1191230	1131421	52613			35319	10918
明水县	Mingshui County	988652	965355	23297			30460	4455
绥棱县	Suiling County	829814	740027	86248			24531	8308
呼玛县	Huma County	160358	72405	83329			1981	355
塔河县	Tahe County	11590	233	10949			2570	352
漠河县	Mohe County	4386	428	3463			3299	302
加格达奇区	Jiagedaqi District	209470	28282	161895			1469	311

附录Ⅰ 续表16 CONTINUED

县、市名称	Name	猪年底数量（头）Number of Hogs (year-end) (head)	羊年底数量（只）Number of Sheep and Goats (year-end) (head)	牛奶产量（吨）Cow Milk (ton)	大牲畜年底数量（头）Number of Large Animals (head)	#牛 Cattle and Buffaloes	#奶牛 Milch Cows
阿城区	Acheng	213383	28400	7992	104360	101900	2372
呼兰区	Hulan	315989	55522	30100	58464	56413	12005
宾县	Bin County	438351	30008	95	429648	418070	40
依兰县	Yilan County	163570	161034	3882	108350	103498	1241
方正县	Fangzheng County	68097	12291		20872	20395	
双城区	Shuangcheng	324800	87183	1206150	665511	643270	327790
尚志市	Shangzhi City	146100	38780	63000	192107	184118	25918
五常市	Wuchang City	671590	124844	84941	205445	193782	31057
巴彦县	Bayan County	723800	69617	4620	132666	119745	1675
木兰县	Mulan County	122375	44391	125	75366	73764	35
通河县	Tonghe County	150835	45411	646	44193	43221	320
延寿县	Yanshou County	28723	30161	900	61213	58240	226
龙江县	Longjiang County	373208	639107	225790	398642	380023	74232
依安县	Yian County	321800	382945	59156	141910	136764	23651
泰来县	Tailai County	243279	135591	143025	106243	88578	44900
甘南县	Gannan County	367262	600218	150676	84200	82327	37002
富裕县	Fuyu County	278115	172154	238100	115917	111389	92100
克山县	Keshan County	214261	152162	47409	96586	92362	20036
克东县	Kedong County	69200	56930	168000	80200	80150	55000
拜泉县	Baiquan County	430693	149305	5150	163217	160054	5478
梅里斯区	Meilisi Daur District	136466	147000	110154	25955	24479	15500
讷河市	Nehe City	368200	333232	50035	215286	206287	18326
鸡东县	Jidong County	172540	86474	3500	23804	21215	1028
虎林市	Hulin City	47012	16990	24080	20962	20715	11955
密山市	Mishan City	255747	158418	28800	62875	62723	8690
萝北县	Luobei County	124156	12507	7961	5520	5508	1696
绥滨县	Suibin County	30024	19895	716	6327	6205	167
集贤县	Jixian County	329400	41838	417	19583	19539	180
友谊县	Youyi County	26450	8610	157	1413	1413	43
宝清县	Baoqing County	340600	247046	17200	41008	41008	4300
饶河县	Raohe County	42603	41113	600	20481	20316	150
肇州县	Zhaozhou County	300000	352575	165744	223605	214927	43000
肇源县	Zhaoyuan County	485373	362495	71974	76176	69554	27371
林甸县	Lindian County	276059	192845	73000	55642	54480	40018
杜蒙自治县	Durbote Mongolia Autonomous County	128074	211125	415755	175165	165648	105444
大同区	Datong	134130	142150	72562	38707	37163	23327

附录 I 续表17 CONTINUED

县、市名称	Name	猪年底数量（头）Number of Hogs (year-end) (head)	羊年底数量（只）Number of Sheep and Goats (year-end) (head)	牛奶产量（吨）Cow Milk (ton)	大牲畜年底数量（头）Number of Large Animals (head)	#牛 Cattle and Buffaloes	#奶牛 Milch Cows
嘉荫县	Jiayin County	20270	61200	2990	28915	28155	1760
铁力市	Tieli City	155854	41672	44996	58890	57689	22054
桦南县	Huanan County	586230	521408	55	311859	304043	125
桦川县	Huachuan County	586444	66246	3409	68369	68131	1358
汤原县	Tangyuan County	506936	98162	61859	76155	75875	24926
抚远县	Fuyuan County	36529	19083	174	12262	11832	45
同江市	Tongjiang City	51020	47440		32040	32040	
富锦市	Fujin City	607316	150770	20893	129953	129512	14508
佳木斯郊区	Jiamusi Suburb	559617	71462	24016	59632	58490	11354
勃利县	Boli County	116916	110172		24803	24669	
穆棱市	Muling City	162493	84973	1018	150759	146330	210
东宁县	Dongning County	59571	28395	843	23550	22654	329
林口县	Linkou County	114594	152898	280	100789	86821	76
绥芬河市	Suifenhe City	22152	2594	307	1064	926	102
海林市	Hailin City	71245	49162	1342	43774	41731	620
宁安市	Ningan City	530323	149501	580	77390	74993	160
阳明区	Yangming	92801	21718	79	22481	20118	25
北安市	Beian City	78203	50657	94114	66576	66326	37312
五大连池市	Wudalianchi City	42997	205204	26264	64385	63573	12156
五大连池风景区	Wudalianchi scenic spot	1717	1815	108	634	433	141
爱辉区	Aihui	16913	66856	39897	61120	58320	13177
嫩江县	Nenjiang County	599050	286460	72161	293232	285654	33433
逊克县	Xunke County	10921	167897	211	40237	37572	120
孙吴县	Sunwu County	34780	256239	515	81430	80469	306
安达市	Anda City	331700	159471	589455	232248	222346	163365
肇东市	Zhaodong City	701800	251963	412506	403447	386240	119978
海伦市	Hailun City	761806	226690	14941	300691	293579	5704
北林区	Beilin	572700	187061	45456	227441	226683	21243
望奎县	Wangkui County	752100	101300	13860	133790	122750	6250
兰西县	Lanxi County	338100	137184	15841	81469	77957	6167
青冈县	Qinggang County	404600	251338	65540	297902	291560	50958
庆安县	Qingan County	362468	71798	745	86831	78691	438
明水县	Mingshui County	201764	595543	23362	244082	230713	32943
绥棱县	Suiling County	274554	26769	4805	46609	46549	3966
呼玛县	Huma County	8286	28779	405	6239	5618	219
塔河县	Tahe County	27062	11418	413	11831	9887	276
漠河县	Mohe County	24300	5418	765	4576	3368	228
加格达奇区	Jiagedaqi District	12408	25284	1925	5078	4986	782

附录Ⅰ 续表18 CONTINUED

单位：万元 (10000 yuan)

县、市名称	Name	全年主营业务收入2000万元及以上的工业企业 Industrial Enterprises With Annual Revenue From Principal Business Over 20 Million Yuan					
		企业单位数（个） Number of Enterprises (unit)	#亏损企业 Losses	工业总产值 Gross Industrial Output Value	工业销售产值 Sales Industrial Output Value	资产合计 Total Assets	流动资产合计 Total Working Capitals
阿城区	Acheng	49	24	386485	375535	1015244	463583
呼兰区	Hulan	65	19	1313347	1337914	2162552	862535
宾县	Bin County	82	14	3390815	3399996	3076078	716835
依兰县	Yilan County	43	12	771795	747123	1375927	374848
方正县	Fangzheng County	50	1	518853	514454	347305	141868
双城区	Shuangcheng	161	15	2991142	2877628	2053923	639546
尚志市	Shangzhi City	129	6	1576574	2754328	408317	166907
五常市	Wuchang City	218	14	4540460	4504423	1333447	794745
巴彦县	Bayan County	35	3	883904	829824	386987	177434
木兰县	Mulan County	23	2	107795	99235	107699	40383
通河县	Tonghe County	33	4	179099	169694	173829	68473
延寿县	Yanshou County	46	8	466184	443851	335561	199574
龙江县	Longjiang County	16	2	675724	652788	1057002	167547
依安县	Yian County	27	2	774539	729304	443097	204326
泰来县	Tailai County	19	3	259702	257266	166312	90209
甘南县	Gannan County	31	4	651877	631644	422056	253454
富裕县	Fuyu County	23	10	321339	306154	404743	153501
克山县	Keshan County	16	1	583252	538017	372809	165892
克东县	Kedong County	15	4	670558	664115	618453	446639
拜泉县	Baiquan County	19	1	619367	617660	176463	83874
梅里斯区	Meilisi Daur District	9	0	415004	414597	107051	45036
讷河市	Nehe City	35	1	865604	858614	454303	226425
鸡东县	Jidong County	18	10	202698	104432	261869	114266
虎林市	Hulin City	49	17	742251	738925	1081460	750456
密山市	Mishan City	37	9	333988	311281	501707	201307
萝北县	Luobei County	30	6	254441	247174	346199	115895
绥滨县	Suibin County	10	5	56534	56076	163184	59151
集贤县	Jixian County	23	8	335897	340058	502928	238258
友谊县	Youyi County	15	6	259592	244071	200411	82600
宝清县	Baoqing County	43	6	528442	595179	398515	186857
饶河县	Raohe County	15	2	103792	105190	117491	45734
肇州县	Zhaozhou County	55	3	3718402	3705151	1544717	311408
肇源县	Zhaoyuan County	63	8	1767714	1758577	666986	385302
林甸县	Lindian County	4	2	123329	122992	282423	142872
杜蒙自治县	Durbote Mongolia Autonomous County	27	2	759849	745641	691847	323427
大同区	Datong	17	6	403279	423870	696103	241365

附录Ⅰ 续表19 CONTINUED

单位：万元 (10000 yuan)

县、市名称	Name	全年主营业务收入2000万元及以上的工业企业 Industrial Enterprises With Annual Revenue From Principal Business Over 20 Million Yuan					
		企业单位数（个） Number of Enterprises (unit)	#亏损企业 Losses	工业总产值 Gross Industrial Output Value	工业销售产值 Sales Industrial Output Value	资产合计 Total Assets	流动资产合计 Total Working Capitals
嘉荫县	Jiayin County	4	3	24927	24927	95965	51659
铁力市	Tieli City	31	5	264247	247136	609061	125079
桦南县	Huanan County	50	4	861592	792804	810920	211925
桦川县	Huachuan County	51	3	1073168	1067436	470550	117232
汤原县	Tangyuan County	34	4	685721	686342	344631	231620
抚远县	Fuyuan County	7	1	65886	65886	91510	31541
同江市	Tongjiang City	44	4	444854	446918	449258	172743
富锦市	Fujin City	69	13	870087	867780	597380	234929
佳木斯郊区	Jiamusi Suburb	41	6	844133	860713	558243	245234
勃利县	Boli County	38	16	241714	206275	660478	325736
穆棱市	Muling City	99	4	2814574	2758631	1144927	322243
东宁县	Dongning County	35	13	401879	400717	419566	151610
林口县	Linkou County	53	2	873215	873215	335495	89241
绥芬河市	Suifenhe City	17	9	173165	169959	169437	105336
海林市	Hailin City	100	8	2455799	2455587	1339188	301335
宁安市	Ningan City	98	7	1745166	1742550	706378	242316
阳明区	Yangming	45	18	1049553	1005154	1710541	680942
北安市	Beian City	35	4	435483	416460	593585	218831
五大连池市	Wudalianchi City	10	2	85291	78358	147613	64433
五大连池风景区	Wudalianchi scenic spot	3		6225	6102	47753	13110
爱辉区	Aihui	28	11	366594	367640	593016	197791
嫩江县	Nenjiang County	24	6	397501	369353	653191	186959
逊克县	Xunke County	6	2	43760	43256	300154	86566
孙吴县	Sunwu County	4	1	22256	21243	49664	14965
安达市	Anda City	63	5	2094257	1921780	1025890	419015
肇东市	Zhaodong City	79	16	2705997	2550443	2091182	631798
海伦市	Hailun City	36	15	853220	816904	843774	124812
北林区	Beilin	61	10	1043827	1016500	781172	350681
望奎县	Wangkui County	29	3	635438	632988	293925	117204
兰西县	Lanxi County	25	3	460979	442860	134156	58941
青冈县	Qinggang County	19	6	517897	522771	414671	195903
庆安县	Qingan County	29	5	673884	629699	478976	266213
明水县	Mingshui County	13	2	324748	321091	298758	175737
绥棱县	Suiling County	25	6	323490	303469	252986	103292
呼玛县	Huma County	1		8014	8014	127968	87819
塔河县	Tahe County	3	1	13027	13027	43613	22994
漠河县	Mohe County	8	4	45872	57719	204454	84309
加格达奇区	Jiagedaqi District	6	1	74558	77124	129792	65463

附录Ⅰ 续表20 CONTINUED

单位：万元 (10000 yuan)

县、市名称	Name	全年主营业务收入2000万元及以上的工业企业 Industrial Enterprises With Annual Revenue From Principal Business Over 20 Million Yuan					
		固定资产合计 Total of Fixed Assets	负债合计 Total Liabilities	所有者权益 Creditors' Equity	主营业务收入 Sales Revenue	利润总额 Total Profit	从业人员平均人数(人) Average Employed Persons (person)
阿城区	Acheng	370854	664673	349652	372758	-4560	8028
呼兰区	Hulan	703798	1191933	970618	1303122	197911	15501
宾县	Bin County	1924252	1461784	1614293	3440204	477208	14350
依兰县	Yilan County	655261	1019173	356754	702885	-6277	11090
方正县	Fangzheng County	171326	198114	149190	524385	37668	3035
双城区	Shuangcheng	1148415	738192	1315731	2630805	121152	17189
尚志市	Shangzhi City	145825	234946	173371	1508010	63572	9170
五常市	Wuchang City	378515	639215	694229	4545692	194489	28123
巴彦县	Bayan County	121468	146505	240482	777341	35726	4342
木兰县	Mulan County	60220	62000	45484	105300	2073	2144
通河县	Tonghe County	75027	129529	44299	171186	2692	2078
延寿县	Yanshou County	91002	191248	144312	430618	9491	4049
龙江县	Longjiang County	647205	388816	668185	626482	81792	3378
依安县	Yian County	167286	212735	230362	646518	40456	3791
泰来县	Tailai County	65574	80616	79848	237547	10197	1566
甘南县	Gannan County	164935	88888	333168	662700	55414	4205
富裕县	Fuyu County	222085	264405	140338	289415	-1183	3273
克山县	Keshan County	124398	177788	195022	518636	30699	4124
克东县	Kedong County	161778	445372	173081	681548	45324	3603
拜泉县	Baiquan County	70106	89967	86496	617807	17884	3111
梅里斯区	Meilisi Daur District	43131	43289	63763	418360	47523	5679
讷河市	Nehe City	178606	205211	249092	863636	118873	4797
鸡东县	Jidong County	90263	201037	60832	107873	-7357	1824
虎林市	Hulin City	235943	481680	599779	761565	68974	5659
密山市	Mishan City	281293	335830	165877	315312	3835	3185
萝北县	Luobei County	219031	178432	167766	262055	7892	3862
绥滨县	Suibin County	96748	112096	51088	56198	-501	895
集贤县	Jixian County	199390	361703	141225	343854	-26392	1758
友谊县	Youyi County	103149	202005	-1594	260095	-5223	1890
宝清县	Baoqing County	122360	206109	189659	606326	27814	5289
饶河县	Raohe County	63397	86707	30784	101849	3364	928
肇州县	Zhaozhou County	983356	255891	1288825	3695154	198731	8461
肇源县	Zhaoyuan County	192622	326308	323537	1791303	76864	5868
林甸县	Lindian County	136802	143166	139257	121171	9133	1852
杜蒙自治县	Durbote Mongolia Autonomous County	286279	412800	279046	748258	78044	2769
大同区	Datong	269490	509648	186454	438389	2851	5331

附录Ⅰ 续表21 CONTINUED

单位：万元 (10000 yuan)

县、市名称	Name	全年主营业务收入2000万元及以上的工业企业 Industrial Enterprises With Annual Revenue From Principal Business Over 20 Million Yuan					
		固定资产合计 Total of Fixed Assets	负债合计 Total Liabilities	所有者权益 Creditors' Equity	主营业务收入 Sales Revenue	利润总额 Total Profit	从业人员平均人数(人) Average Employed Persons (person)
嘉荫县	Jiayin County	29911	42494	53471	23754	-3535	1934
铁力市	Tieli City	376113	555464	53597	237184	-20923	4218
桦南县	Huanan County	360245	410705	400215	796535	49386	4692
桦川县	Huachuan County	328533	176540	294009	1038770	48314	2745
汤原县	Tangyuan County	102023	205034	139597	686233	38111	5744
抚远县	Fuyuan County	52917	58794	32716	63724	3344	476
同江市	Tongjiang City	98199	281238	168021	459452	20158	2241
富锦市	Fujin City	327515	400235	197145	866522	54461	4679
佳木斯郊区	Jiamusi Suburb	219844	361389	196853	835441	28523	5789
勃利县	Boli County	215324	402107	258371	231892	-14965	4747
穆棱市	Muling City	819930	254874	890053	2760913	128414	16269
东宁县	Dongning County	261391	279921	139645	402341	29842	4334
林口县	Linkou County	241509	151124	184371	876556	112036	7524
绥芬河市	Suifenhe City	22250	123091	46346	176041	2656	1080
海林市	Hailin City	925000	518192	820996	2471596	141394	23860
宁安市	Ningan City	458123	335359	371019	1740400	42979	14844
阳明区	Yangming	790440	964745	745795	954585	58792	15487
北安市	Beian City	299752	432217	161367	397085	22301	4039
五大连池市	Wudalianchi City	69292	90034	57579	63003	1669	930
五大连池风景区	Wudalianchi scenic spot	32093	18789	28964	6021	63	167
爱辉区	Aihui	328716	357802	235215	357516	28396	6352
嫩江县	Nenjiang County	291055	386858	266332	368270	7777	3923
逊克县	Xunke County	77714	233439	66715	42538	2040	1030
孙吴县	Sunwu County	26597	39222	10442	19993	45	393
安达市	Anda City	355583	561573	464317	2001757	135459	8648
肇东市	Zhaodong City	1316758	837851	1253331	2718768	257594	19810
海伦市	Hailun City	717942	597704	246070	810573	31419	15912
北林区	Beilin	316381	539119	228841	953754	42936	7610
望奎县	Wangkui County	109938	112383	181541	577086	56922	3923
兰西县	Lanxi County	62182	71944	62213	445001	19261	16133
青冈县	Qinggang County	191480	247815	166855	495854	14979	5584
庆安县	Qingan County	183974	275203	203773	603563	22535	4492
明水县	Mingshui County	117721	88559	210199	321741	46211	3050
绥棱县	Suiling County	81411	174226	78578	298895	10598	2759
呼玛县	Huma County	21276	106599	21369	8014	268	183
塔河县	Tahe County	20618	14744	28869	12809	671	426
漠河县	Mohe County	99524	173589	30866	57651	-6791	1857
加格达奇区	Jiagedaqi District	62570	108126	21666	77626	1893	3184

附录Ⅰ 续表22 CONTINUED

单位：万元 (10000 yuan)

县、市名称	Name	全年主营业务收入2000万元及以上的国有控股工业企业 State-holding Industrial Enterprises With Annual Revenue From Principal Business Over 20 Million Yuan					
		企业单位数（个） Number of Enterprises (unit)	#亏损企业 Losses	工业总产值 Gross Industrial Output Value	工业销售产值 Sales Industrial Output Value	资产合计 Total Assets	流动资产合计 Total Working Capitals
阿城区	Acheng	9	7	84795	90916	318128	105064
呼兰区	Hulan	5	2	86944	93007	209998	72322
宾县	Bin County	5	1	163405	163456	337065	137718
依兰县	Yilan County	8	5	183523	182819	993913	197298
方正县	Fangzheng County	4		25510	25510	85966	8007
双城区	Shuangcheng	6	1	140399	140766	48175	17286
尚志市	Shangzhi City	5	1	34360	53885	57146	21540
五常市	Wuchang City	4	1	69757	65317	46892	13037
巴彦县	Bayan County	3		72101	72101	86634	13189
木兰县	Mulan County	1	1	6684		12368	302
通河县	Tonghe County	3	1	21512	16775	61556	5913
延寿县	Yanshou County	2	2	16077	16857	75901	50080
龙江县	Longjiang County	5	1	45832	44172	137328	25432
依安县	Yian County	2	1	34714	21353	26130	6889
泰来县	Tailai County	1	1	16022	16022	27061	5315
甘南县	Gannan County	3	2	23437	7811	63857	4302
富裕县	Fuyu County	4	2	175026	165162	226632	85485
克山县	Keshan County	2	1	26372	26372	69671	11126
克东县	Kedong County	2		16561	16561	50445	4825
拜泉县	Baiquan County	1		8644	8694	17199	5091
梅里斯区	Meilisi Daur District	1		155212	155108	23402	17792
讷河市	Nehe City	2	1	29035	27637	31870	4227
鸡东县	Jidong County	2	1	23533	21807	47964	12370
虎林市	Hulin City	3	2	120037	119353	184557	58456
密山市	Mishan City	8	2	57145	56950	255353	44021
萝北县	Luobei County	3	2	30397	30397	92633	10279
绥滨县	Suibin County	2	1	9930	9930	55284	2080
集贤县	Jixian County						
友谊县	Youyi County	3	1	57183	47978	92877	39325
宝清县	Baoqing County	2	1	36915	36915	68588	20899
饶河县	Raohe County	2	1	8940	10366	46356	13557
肇州县	Zhaozhou County	1	1	12284	12284	17838	2728
肇源县	Zhaoyuan County	3	1	61176	61176	21344	6039
林甸县	Lindian County	1	1	12493	12493	13893	3035
杜蒙自治县	Durbote Mongolia Autonomous County	4	1	143282	137320	141279	85797
大同区	Datong	3		165395	166580	274698	36859

附录Ⅰ 续表23 CONTINUED

单位：万元 (10000 yuan)

		全年主营业务收入2000万元及以上的国有控股工业企业 State-holding Industrial Enterprises With Annual Revenue From Principal Business Over 20 Million Yuan					
		企业单位数（个） Number of Enterprises (unit)	#亏损企业 Losses	工业总产值 Gross Industrial Output Value	工业销售产值 Sales Industrial Output Value	资产合计 Total Assets	流动资产合计 Total Working Capitals
嘉荫县	Jiayin County	1	1	13530	13530	22710	9759
铁力市	Tieli City	1	1	92353	86711	423757	16445
桦南县	Huanan County	3	3	25825	25825	175009	9595
桦川县	Huachuan County	4		48410	48410	234941	9889
汤原县	Tangyuan County	3	2	22317	22284	71435	10683
抚远县	Fuyuan County	2		6925	6925	36362	4886
同江市	Tongjiang City	4		33065	33275	172159	15765
富锦市	Fujin City	9	3	170612	168258	298602	69244
佳木斯郊区	Jiamusi Suburb	1	1	17827	17827	38148	65
勃利县	Boli County	1	1	7938	7938	16222	1921
穆棱市	Muling City	2	1	16351	16351	22837	5357
东宁县	Dongning County	5	3	28061	27761	178518	20760
林口县	Linkou County	4	1	178472	178472	89571	13851
绥芬河市	Suifenhe City						
海林市	Hailin City	5	3	40085	40085	167188	20866
宁安市	Ningan City	3	2	10235	10200	51371	4943
阳明区	Yangming	6	2	400441	393585	953848	305518
北安市	Beian City	7	2	136348	124918	231803	73919
五大连池市	Wudalianchi City						
五大连池风景区	Wudalianchi scenic spot						
爱辉区	Aihui	5	1	67182	69679	233531	45536
嫩江县	Nenjiang County	4	1	49508	50224	122989	44786
逊克县	Xunke County	1	1	6065	6065	15902	1704
孙吴县	Sunwu County	1	1	5241	5241	9436	918
安达市	Anda City	6	2	158319	156516	249105	55160
肇东市	Zhaodong City	7	1	652518	651633	892376	76733
海伦市	Hailun City	2		35057	34921	39463	11534
北林区	Beilin	7	3	113314	110484	217817	87668
望奎县	Wangkui County	1	1	15575	15575	15781	1357
兰西县	Lanxi County	1	1	15198	15198	17939	2742
青冈县	Qinggang County	1	1	13095	13095	14838	2646
庆安县	Qingan County	2	1	76488	76488	41493	5192
明水县	Mingshui County	2	1	42158	40374	95810	62758
绥棱县	Suiling County	1	1	10566	10566	15185	3293
呼玛县	Huma County						
塔河县	Tahe County	1	1	1440	1440	3918	2733
漠河县	Mohe County	3	3	24378	29293	146394	54883
加格达奇区	Jiagedaqi District	3	1	30857	32962	85354	33445

附录Ⅰ 续表24 CONTINUED

单位：万元 (10000 yuan)

县、市名称	Name	全年主营业务收入2000万元及以上的国有控股工业企业 State-holding Industrial Enterprises With Annual Revenue From Principal Business Over 20 Million Yuan					
		固定资产合计 Total of Fixed Assets	负债合计 Total Liabilities	所有者权益 Creditors' Equity	主营业务收入 Sales Revenue	利润总额 Total Profit	从业人员平均人数(人) Average Employed Persons (person)
阿城区	Acheng	147420	177674	140455	91400	-5315	2410
呼兰区	Hulan	113325	135788	74211	84551	-3990	2142
宾县	Bin County	139467	249834	87230	163021	35071	1507
依兰县	Yilan County	494022	808321	185593	202484	-19609	7137
方正县	Fangzheng County	74972	63555	22411	26500	1113	299
双城区	Shuangcheng	27546	36465	11710	140991	2726	764
尚志市	Shangzhi City	31833	50745	6401	51729	2033	819
五常市	Wuchang City	31940	41455	5437	69757	156	1069
巴彦县	Bayan County	38479	42562	44071	64052	3360	895
木兰县	Mulan County	12056	14386	-2018	8374	-490	315
通河县	Tonghe County	36873	50644	10912	21559	758	334
延寿县	Yanshou County	23665	70663	5238	18223	-1934	261
龙江县	Longjiang County	47443	84363	52965	40585	2542	541
依安县	Yian County	18294	24935	1195	25576	-238	362
泰来县	Tailai County	20840	27576	-514	13406	-298	422
甘南县	Gannan County	58672	30180	33676	25157		447
富裕县	Fuyu County	130338	139792	86840	151991	5039	1477
克山县	Keshan County	16022	54551	15121	23676	1338	368
克东县	Kedong County	43885	39339	11106	15782	201	267
拜泉县	Baiquan County	12095	18245	-1046	8644	178	243
梅里斯区	Meilisi Daur District	3391	8607	14794	155224	12052	1290
讷河市	Nehe City	26047	30720	1150	30415	253	729
鸡东县	Jidong County	28527	31909	16055	21807	476	611
虎林市	Hulin City	68036	121941	62616	118737	1862	584
密山市	Mishan City	206036	159290	96063	59427	204	1330
萝北县	Luobei County	78776	70162	22472	37807	-623	644
绥滨县	Suibin County	52769	48230	7054	9582	-535	186
集贤县	Jixian County						
友谊县	Youyi County	50602	96567	-3689	49030	810	865
宝清县	Baoqing County	44452	52616	15972	34874	1277	907
饶河县	Raohe County	29743	34506	11850	10366	531	227
肇州县	Zhaozhou County	14613	18400	-563	14384	-594	319
肇源县	Zhaoyuan County	15104	19183	2161	58376	-4	382
林甸县	Lindian County	10858	14323	-429	10673	-175	248
杜蒙自治县	Durbote Mongolia Autonomous County	51385	87437	53842	139636	16505	1112
大同区	Datong	97913	182638	92060	166578	8279	1827

附录Ⅰ 续表25 CONTINUED

单位：万元 (10000 yuan)

县、市名称	Name	全年主营业务收入2000万元及以上的国有控股工业企业 State-holding Industrial Enterprises With Annual Revenue From Principal Business Over 20 Million Yuan					
		固定资产合计 Total of Fixed Assets	负债合计 Total Liabilities	所有者权益 Creditors' Equity	主营业务收入 Sales Revenue	利润总额 Total Profit	从业人员平均人数(人) Average Employed Persons (person)
嘉荫县	Jiayin County	5234	6867	15843	13530	-3494	1004
铁力市	Tieli City	316377	441561	-17804	85694	-28047	564
桦南县	Huanan County	163359	108377	66632	25825	-2925	384
桦川县	Huachuan County	215742	105963	128978	49150	4593	344
汤原县	Tangyuan County	55353	62326	9109	22164	832	263
抚远县	Fuyuan County	28817	24161	12201	6925	925	107
同江市	Tongjiang City	13477	129144	43015	33464	1324	369
富锦市	Fujin City	217873	223393	75209	168416	10546	2033
佳木斯郊区	Jiamusi Suburb		38148		18670	-106	18
勃利县	Boli County	13953	17125	-903	7938	-778	135
穆棱市	Muling City	17480	9839	12999	17397	309	389
东宁县	Dongning County	153244	140814	37704	27670	-1020	542
林口县	Linkou County	75720	45740	43830	181813	27850	2832
绥芬河市	Suifenhe City						
海林市	Hailin City	146271	83812	83376	43504	1521	547
宁安市	Ningan City	45905	41496	9875	10251	-412	242
阳明区	Yangming	568370	613608	340240	399583	12290	8254
北安市	Beian City	95882	159781	72022	111872	3171	1846
五大连池市	Wudalianchi City						
五大连池风景区	Wudalianchi scenic spot						
爱辉区	Aihui	174217	164041	69490	69605	7280	1696
嫩江县	Nenjiang County	76426	102192	20797	52728	1489	1015
逊克县	Xunke County	13853	16909	-1007	6065	-190	206
孙吴县	Sunwu County	8500	9697	-261	4498	-478	111
安达市	Anda City	78139	118064	131041	154129	6857	1805
肇东市	Zhaodong City	810147	163351	729025	644094	80458	5998
海伦市	Hailun City	27546	36187	3276	34921	109	589
北林区	Beilin	121051	168594	49223	108439	4474	2092
望奎县	Wangkui County	14419	17203	-1422	14574	-759	183
兰西县	Lanxi County	15197	20212	-2273	15198	-486	450
青冈县	Qinggang County	11951	14367	471	14087	-334	440
庆安县	Qingan County	32453	28040	13453	71517	2773	449
明水县	Mingshui County	31228	19476	76335	39828	12737	867
绥棱县	Suiling County	11892	14668	517	11600	-323	230
呼玛县	Huma County						
塔河县	Tahe County	1184	2344	1574	1440	-30	65
漠河县	Mohe County	71785	140879	5515	29259	-8823	1380
加格达奇区	Jiagedaqi District	51787	73005	12348	32962	363	2397

附录Ⅰ 续表26 CONTINUED

县、市名称	Name	公共财政收入（万元）General Budgetary Financial Revenue (10000 yuan)	政府性基金收入（万元）Governmental Fund Income (10000 yuan)	公共财政支出（万元）General Budgetary Financial Expenditure (10000 yuan)	政府性基金支出（万元）Governmental Fund Expenditure (10000 yuan)	公路线路里程（公里）Length of Highways (km)	普通中学在校学生（人）Students in Regular Secondary Schools (person)	小学在校学生（人）Students in Primary Schools (person)
阿城区	Acheng	77057	388	258290	3334	1818	20435	24515
呼兰区	Hulan	146185	1184	304645	16313	1347	20052	31118
宾县	Bin County	77950	20196	333389	20982	2247	19950	30625
依兰县	Yilan County	55016	6675	244153	14968	1758	13259	17299
方正县	Fangzheng County	32856	3995	174205	5661	1239	8178	9775
双城区	Shuangcheng	103537	26736	399393	32137	2499	26604	39104
尚志市	Shangzhi City	56504	13973	304964	22521	2616	22696	25267
五常市	Wuchang City	87177	4238	432770	22773	3683	29197	39264
巴彦县	Bayan County	33550	4457	316629	10039	2304	18455	26707
木兰县	Mulan County	18700	16561	191331	8562	1305	7650	11934
通河县	Tonghe County	27206	5295	165388	6380	1446	7559	10544
延寿县	Yanshou County	26504	6042	184332	8384	1115	7419	11007
龙江县	Longjiang County	45395	16953	347053	23946	2518	21153	29193
依安县	Yian County	36254	7793	262339	17721	2613	11233	16092
泰来县	Tailai County	27035	7081	212311	15271	2254	12181	13071
甘南县	Gannan County	37123	5535	252024	5959	2545	13273	21569
富裕县	Fuyu County	38931	3635	211156	18294	1993	9503	13780
克山县	Keshan County	19746	6783	271280	7771	2297	12447	14572
克东县	Kedong County	30294	11742	208217	14847	1621	8819	10285
拜泉县	Baiquan County	24501	4539	274332	7439	2087	13005	17835
梅里斯区	Meilisi Daur District	7807	5208	90569	6299	789	4608	7127
讷河市	Nehe City	44182	13630	338445	40845	2859	21366	27096
鸡东县	Jidong County	20376	3157	178254	10582	1750	11266	9123
虎林市	Hulin City	50007	6943	217781	10382	3364	12590	12440
密山市	Mishan City	40150	5611	253118	14000	2894	21234	15784
萝北县	Luobei County	35381	3467	166347	9461	2641	13368	8124
绥滨县	Suibin County	13062	2459	152276	14380	1861	6540	7114
集贤县	Jixian County	19960	15603	184840	19840	1215	13416	13750
友谊县	Youyi County	15269	4203	73567	3075	507	9025	3721
宝清县	Baoqing County	42163	6593	232575	8806	4066	15080	18317
饶河县	Raohe County	10224	6307	125407	12555	2507	5098	7096
肇州县	Zhaozhou County	48830	5035	210394	9130	1327	17938	16520
肇源县	Zhaoyuan County	41959	27246	215616	26988	1649	18966	18290
林甸县	Lindian County	37130	3499	193839	12886	1481	8643	12329
杜蒙自治县	Durbote Mongolia Autonomous County	42591	2131	213751	11760	1845	12617	10783
大同区	Datong	56500	18067	92919	18067	1166	9360	9149

附录Ⅰ 续表27 CONTINUED

县、市名称	Name	公共财政收入（万元） General Budgetary Financial Revenue (10000 yuan)	政府性基金收入（万元） Governmental Fund Income (10000 yuan)	公共财政支出（万元） General Budgetary Financial Expenditure (10000 yuan)	政府性基金支出（万元） Governmental Fund Expenditure (10000 yuan)	公路线路里程（公里） Length of Highways (km)	普通中学在校学生（人） Students in Regular Secondary Schools (person)	小学在校学生（人） Students in Primary Schools (person)
嘉荫县	Jiayin County	13777	836	95024	875	1407	2649	3260
铁力市	Tieli City	27238	19860	186658	25268	1765	12806	10398
桦南县	Huanan County	33855	10151	286284	15883	1708	15105	17661
桦川县	Huachuan County	22718	14969	169331	21186	1390	7298	9938
汤原县	Tangyuan County	22129	5442	197601	9968	1651	7719	9278
抚远县	Fuyuan County	20688	1347	196079	6557	2194	3835	6545
同江市	Tongjiang City	24389	8397	195901	9535	2481	7226	11496
富锦市	Fujin City	50239	17156	381428	22862	4974	23360	25899
佳木斯郊区	Jiamusi Suburb	25008	66	177048	1620	1158	5468	7716
勃利县	Boli County	22337	4954	194445	9169	1516	10007	12513
穆棱市	Muling City	64228	4757	288501	6280	2101	9412	12502
东宁县	Dongning County	50877	6442	215885	13279	1855	9103	10036
林口县	Linkou County	41433	3624	239615	8585	2451	10536	12918
绥芬河市	Suifenhe City	44522	8386	194806	5528	235	5935	7647
海林市	Hailin City	62123	11198	254393	24270	2562	14237	13622
宁安市	Ningan City	48948	2975	278660	28284	2684	14090	17780
阳明区	Yangming	19210		55766	9153	153	12424	7414
北安市	Beian City	62100	9630	336428	12285	3142	17519	14706
五大连池市	Wudalianchi City	23780	6868	209779	8644	2852	10411	12307
五大连池风景区	Wudalianchi scenic spot	5341	877	53793	1385	228	763	718
爱辉区	Aihui	17140	50	172175	4092	1903	8232	9405
嫩江县	Nenjiang County	61906	6956	314626	16162	3714	20189	20839
逊克县	Xunke County	20240	1475	150300	3839	2375	3536	4471
孙吴县	Sunwu County	12487	2397	133236	3614	1394	3577	5295
安达市	Anda City	110580	19626	356327	18776	1914	15882	20266
肇东市	Zhaodong City	126212	48421	446476	44273	2164	37059	32784
海伦市	Hailun City	40687	15722	385474	29226	3575	28358	24348
北林区	Beilin	46476	7010	349955	8440	2454	37164	31014
望奎县	Wangkui County	34275	6466	254325	16430	1682	18441	15177
兰西县	Lanxi County	24580	3668	249413	6436	1899	18450	16007
青冈县	Qinggang County	19910	12532	273964	18525	2010	19062	14608
庆安县	Qingan County	32184	7201	255206	15067	2260	13610	14622
明水县	Mingshui County	22567	12456	204783	17607	1441	10993	9814
绥棱县	Suiling County	19408	7662	224573	11897	2108	14637	10691
呼玛县	Huma County	8683	262	97477	3408	1474	1839	1900
塔河县	Tahe County	11435	2976	68003	2587	1304	2334	1914
漠河县	Mohe County	24602	1187	87718	3260	1689	2152	2239
加格达奇区	Jiagedaqi District	33088	4109	101608	2741	310	7813	5367

附录Ⅱ　各类开发区情况

APPENDIX Ⅱ GENERAL SURVEY OF ALL DEVELOPMENT AREAS

资料整理：张莹娣

附录2-1 各类开发区基本情况(2015年)

GENERAL SURVEY OF ALL DEVELOPMENT AREAS (2015)

单位：个 (unit)

项　目	Item	已批准项目数 Authorized Item	#外商投资企业 Foreign-funded Enterprises
合　计	**Total**	**1871**	**47**
国务院批准	**State Department Sanctioning**		
哈尔滨经济技术开发区	Harbin Economic-Technological Development Zone		
哈尔滨高新技术产业开发区	Harbin High & New Technology Industrial Development Zone	44	1
哈尔滨利民经济技术开发区	Harbin Limin Economic and Technological Development Zone	790	2
大庆高新技术产业开发区	Daqing Hi-Tech Industrial Development Zone	123	2
黑河边境经济合作区	Hei He Border Economy Cooperate District	26	
绥芬河边境经济合作区	Suifenhe Border Economy Cooperate District	67	30
省政府批准	**The Provincial Government Sanctioning**		
齐齐哈尔高新技术产业开发区	Qiqihar High and New Technology Industrial Development Zone	3	
黑龙江省富拉尔基民营科技企业示范区	Fulaerji Private Scien-tech Enterprise Demonstration Area in Heilongjiang Province	134	
讷河工业示范基地	Nehe Industry Model Base	4	
富裕工业示范基地	Fuyu Industry Model Base		
泰来工业示范基地	Tailai Industry Model Base	3	
黑龙江阳明经济开发区	Yang Ming Economic Eevelopment District in Heilongjiang	2	
牡丹江对俄经济开发区	Mudanjiang of Russian Economic Eevelopment District	15	
佳木斯高新技术产业开发区	Jiamusi High & New Technology Industrial Development Zone	3	
佳木斯经济技术开发区	Jiamusi Economic-Technological Development Zone	2	
双鸭山市经济技术开发区	Shuangyashan Economic-Technological Development Zone	6	
双城经济技术开发区	Shuangcheng Economic-Technological Development Zone	29	
尚志经济开发区	Shangzhi E&T Zone		
宾西经济技术开发区	Binxi Economic-Technological Development Zone	143	5
黑龙江东宁经济开发区	Dongning Economic Eevelopment District of Heilongjiang	1	
同江经济开发区	Tongjiang Economic Eevelopment District	12	
五大连池旅游度假区	Wudalianchi Tour Vacation Zone	11	
镜泊湖旅游度假区	Jingpo Lake Tour Vacation Zone	9	
黑龙江海林经济开发区	Hailin Economic Eevelopment District	269	7
黑龙江宝泉岭经济开发区	Baoquanling Economic Eevelopment District	2	
省直有关部门批准	**The Provincial Related Departments Sanctioning**		
黑龙江肇东经济开发区	Zhaodong Economic Eevelopment District	159	
穆棱经济开发区	Muling Economic Eevelopment District	11	
黑龙江林口经济开发区	Lin Kou Economic Eevelopment District	3	

附录2-1 续表2 CONTINUED

项　目	Item	内资企业投资总额(万元) Total Investment of Domestic-funded Enterprises (10000 yuan)	外资企业实际投资额(万美元) Total Investment of Foreign-funded Enterprises (USD 10000)
合　计	**Total**	**11627071**	**302768**
国务院批准	**State Department Sanctioning**		
哈尔滨经济技术开发区	Harbin Economic-Technological Development Zone	3841651	115527
哈尔滨高新技术产业开发区	Harbin High & New Technology Industrial Development Zone	970369	39445
哈尔滨利民经济技术开发区	Harbin Limin Economic and Technological Development Zone	857422	15271
大庆高新技术产业开发区	Daqing Hi-Tech Industrial Development Zone	556012	5143
黑河边境经济合作区	Hei He Border Economy Cooperate District	190600	2000
绥芬河边境经济合作区	Suifenhe Border Economy Cooperate District	1000000	80000
省政府批准	**The Provincial Government Sanctioning**		
齐齐哈尔高新技术产业开发区	Qiqihar High and New Technology Industrial Development Zone	13000	
黑龙江省富拉尔基民营科技企业示范区	Fulaerji Private Scien-tech Enterprise Demonstration Area in Heilongjiang Province	43780	
讷河工业示范基地	Nehe Industry Model Base	92730	
富裕工业示范基地	Fuyu Industry Model Base	212120	
泰来工业示范基地	Tailai Industry Model Base	60000	
黑龙江阳明经济开发区	Yang Ming Economic Eevelopment District in Heilongjiang	5600	
牡丹江对俄经济开发区	Mudanjiang of Russian Economic Eevelopment District	727665	4459
佳木斯高新技术产业开发区	Jiamusi High & New Technology Industrial Development Zone	352900	14383
佳木斯经济技术开发区	Jiamusi Economic-Technological Development Zone	93570	
双鸭山市经济技术开发区	Shuangyashan Economic Technological Development Zone	12800	
双城经济技术开发区	Shuangcheng Economic-Technological Development Zone	314205	
尚志经济开发区	Shangzhi E&T Zone	159671	10833
宾西经济技术开发区	Binxi Economic-Technological Development Zone	495880	8730
黑龙江东宁经济开发区	Dongning Economic Eevelopment District of Heilongjiang	2000	
同江经济开发区	Tongjiang Economic Eevelopment District	47600	
五大连池旅游度假区	Wudalianchi Tour Vacation Zone	19510	
镜泊湖旅游度假区	Jingpo Lake Tour Vacation Zone	1200	
黑龙江海林经济开发区	Hailin Economic Eevelopment District	540000	6977
黑龙江宝泉岭经济开发区	Baoquanling Economic Eevelopment District	37800	
省直有关部门批准	**The Provincial Related Departments Sanctioning**		
黑龙江肇东经济开发区	Zhaodong Economic Eevelopment District	727986	
穆棱经济开发区	Muling Economic Eevelopment District	216000	
黑龙江林口经济开发区	Lin Kou Economic Eevelopment District	35000	

附录2-2 经济技术开发区基本情况

BASIC CONDITIONS OF ECONOMIC AND TECHNOLOGIC DEVELOPMENT AREAS

开发区名称	Name	企业数(个) Number of Enterprises(unit)		从业人员(人) Number of Employed Persons(person)	
		2014	2015	2014	2015
合 计	**Total**	**12696**	**8100**	**336390**	**473083**
哈尔滨经济技术开发区	Harbin Economic-Technological Development Zone	9030	4095	171310	261494
哈尔滨利民经济技术开发区	Harbin Limin Economic and Technological Development Zone	1169			
富拉尔基民营科技企业示范区	Fulaerji Private Scien-tech Enterprise Demonstration Area	127	115	8511	8550
讷河工业示范基地	Nehe Industry Model Base	27	27	2117	2900
富裕工业示范基地	Fuyu Industry Model Base	49	49	4000	4500
泰来工业示范基地	Tailai Industry Model Base	6	35	1100	2100
黑龙江阳明经济开发区	Yang Ming Economic Eevelopment District in Heilongjiang	28	29	921	860
牡丹江对俄经济开发区	Mudanjiang of Russian Economic Eevelopment District		1835		50427
佳木斯经济技术开发区	Jiamusi Economic-Technological Development Zone	12	29	1720	2890
双鸭山市经济技术开发区	Shuangyashan Economic-Technological Development Zone	45	45	16000	16500
双城经济技术开发区	Shuangcheng Economic-Technological Development Zone	146		23410	32650
尚志经济开发区	Shangzhi E&T Zone	63	70	3818	4120
宾西经济技术开发区	Binxi Economic-Technological Development Zone	724	738	15610	15650
绥化经济开发区	Suihua Economic Eevelopment District	133		16294	
鸡西市金三角经济开发区	Jixi Jinsanjiao Economic Development Zone	418	416	7850	7800
同江经济开发区	Tongjiang Economic Eevelopment District	14	12	3265	3008
黑龙江海林经济开发区	Hailin Economic Eevelopment District	257	269	31002	31065
黑龙江林口经济开发区	Lin Kou Economic-Technological Development Zone	25	22	3200	3300
穆棱经济开发区	Muling Economic Eevelopment District	145	111	3780	2519
黑龙江宝泉岭经济开发区	Baoquanling Economic Eevelopment District	64	64	3992	4750
黑龙江肇东经济开发区	Zhaodong Economic Eevelopment District	164	139	18490	18000

附录2-2 续表1 CONTINUED

开发区名称	Name	总产值(万元) Gross Output Value (10000 yuan)		利润总额(万元) Total Profits (10000 yuan)	
		2014	2015	2014	2015
合 计	**Total**	**46351081**	**40959783**	**3372017**	**1846236**
哈尔滨经济技术开发区	Harbin Economic-Technological Development Zone	27904051	18750807	2656762	1083087
哈尔滨利民经济技术开发区	Harbin Limin Economic and Technological Development Zone	5200000	5647200		
富拉尔基民营科技企业示范区	Fulaerji Private Scien-tech Enterprise Demonstration Area	329135	406446	17042	19926
讷河工业示范基地	Nehe Industry Model Base	325171	583846	59289	102727
富裕工业示范基地	Fuyu Industry Model Base	267022	298907	8153	1000
泰来工业示范基地	Tailai Industry Model Base	92000	122000	10200	15600
黑龙江阳明经济开发区	Yang Ming Economic Eevelopment District in Heilongjiang	54433	18128	2520	1156
牡丹江对俄经济开发区	Mudanjiang of Russian Economic Eevelopment District		2355166		35515
佳木斯经济技术开发区	Jiamusi Economic-Technological Development Zone	110990	121080	4750	
双鸭山市经济技术开发区	Shuangyashan Economic-Technological Development Zone	1199329	1223316	31674	32308
双城经济技术开发区	Shuangcheng Economic-Technological Development Zone	2149431	2494630	68087	68360
尚志经济开发区	Shangzhi E&T Zone	116452	488317	2213	46888
宾西经济技术开发区	Binxi Economic-Technological Development Zone	2969358	3082691	148254	102560
绥化经济开发区	Suihua Economic Eevelopment District	400586		11731	
鸡西市金三角经济开发区	Jixi Jinsanjiao Economic Development Zone	38000	38000	2150	1584
同江经济开发区	Tongjiang Economic Eevelopment District	118500	95307	6350	4479
黑龙江海林经济开发区	Hailin Economic Eevelopment District	2270974	2430695	144488	130621
黑龙江林口经济开发区	Lin Kou Economic-Technological Development Zone	274986	292237	43032	42348
穆棱经济开发区	Muling Economic Eevelopment District	526700	542400	28100	31600
黑龙江宝泉岭经济开发区	Baoquanling Economic Eevelopment District	497112	521128	18726	18436
黑龙江肇东经济开发区	Zhaodong Economic Eevelopment District	1506851	1447482	108496	108041

附录2-2 续表2 CONTINUED

开发区名称	Name	税收总额(万元) Total Profits and Taxes(10000 yuan)		出口总额(万美元) Total Exports (USD 10000)	
		2014	2015	2014	2015
合 计	**Total**	**2371949**	**1961839**	**299466**	**179399**
哈尔滨经济技术开发区	Harbin Economic-Technological Development Zone	1610709	1042492	226008	147787
哈尔滨利民经济技术开发区	Harbin Limin Economic and Technological Development Zone	237979	197881	6217	3776
富拉尔基民营科技企业示范区	Fulaerji Private Scien-tech Enterprise Demonstration Area	16165	16973		
讷河工业示范基地	Nehe Industry Model Base	15561	28275	224	71
富裕工业示范基地	Fuyu Industry Model Base	7884	10263	8	601
泰来工业示范基地	Tailai Industry Model Base	3300	5300		
黑龙江阳明经济开发区	Yang Ming Economic Eevelopment District in Heilongjiang	1979	943	1094	1021
牡丹江对俄经济开发区	Mudanjiang of Russian Economic Eevelopment District		243442		8688
佳木斯经济技术开发区	Jiamusi Economic-Technological Development Zone	4680	5040		318
双鸭山市经济技术开发区	Shuangyashan Economic-Technological Development Zone	14153	14436		
双城经济技术开发区	Shuangcheng Economic-Technological Development Zone	63431	81540		
尚志经济开发区	Shangzhi E&T Zone	2797	7150	306	
宾西经济技术开发区	Binxi Economic-Technological Development Zone	66344	41852	3496	2518
绥化经济开发区	Suihua Economic Eevelopment District	23120		9110	
鸡西市金三角经济开发区	Jixi Jinsanjiao Economic Development Zone	950	850		
同江经济开发区	Tongjiang Economic Eevelopment District	3711	2675	1685	2870
黑龙江海林经济开发区	Hailin Economic Eevelopment District	106107	89774	27501	8877
黑龙江林口经济开发区	Lin Kou Economic-Technological Development Zone	15332	21159	150	
穆棱经济开发区	Muling Economic Eevelopment District	88000	74000	22834	2131
黑龙江宝泉岭经济开发区	Baoquanling Economic Eevelopment District	3458	4512	833	741
黑龙江肇东经济开发区	Zhaodong Economic Eevelopment District	86289	73282		

附录2-3 高新技术产业开发区基本情况

BASIC CONDITIONS OF HIGH-TECH DEVELOPMENT AREAS

开发区名称	Name	企业数(个) Number of Enterprises(unit)		从业人员(人) Number of Employed Persons(person)	
		2014	2015	2014	2015
合 计	**Total**	**4523**	**5977**	**306750**	**294224**
哈尔滨高新技术产业开发区	Harbin High & New Technology Industrial Development Zone	1121	2032	167320	155034
齐齐哈尔高新技术产业开发区	Qiqihar High and New Technology Industrial Development Zone	95	97	19860	18500
佳木斯高新技术产业开发区	Jiamusi High & New Technology Industrial Development Zone	57	98	7535	10163
大庆高新技术产业开发区	Daqing High & New Technology Industrial Development Zone	3250	3750	112035	110527

附录2-3 续表 CONTINUED

开发区名称	Name	总产值(亿元) Gross Output Value (100 million)		利税总额(亿元) Total Profits and Taxes (100 million yuan)	
		2014	2015	2014	2015
合 计	**Total**	**3489.3**	**3432.9**	**419.2**	**416.2**
哈尔滨高新技术产业开发区	Harbin High & New Technology Industrial Development Zone	1604.9	1472.2	275.2	262.3
齐齐哈尔高新技术产业开发区	Qiqihar High and New Technology Industrial Development Zone	61.6	61.4	5.0	5.9
佳木斯高新技术产业开发区	Jiamusi High & New Technology Industrial Development Zone	105.8	105.3	4.4	5.3
大庆高新技术产业开发区	Daqing High & New Technology Industrial Development Zone	1717.0	1794.0	134.6	142.7

附录2-4 边境经济合作区基本情况

BASIC CONDITIONS OF ECONOMIC DEVELOPMENT AREAS ON FRONTIER

开发区名称	Name	企业数(个) Number of Enterprises(unit)		从业人员(人) Number of Employed Persons(person)	
		2014	2015	2014	2015
合 计	**Total**	**845**	**1254**	**13053**	**3903**
黑河边境经济合作区	Hei He Border Economy Cooperate District	746	782	7558	1903
绥芬河边境经济合作区	Suifenhe Border Economy Cooperate District	11	380	95	2000
黑龙江东宁经济开发区	Dongning Economic Eevelopment District of Heilongjiang	88	92	5400	
逊克边境经济合作区	Xunke Border Economy Cooperate District				

附录2-4 续表 CONTINUED

开发区名称	Name	出口总额(万美元) Total Exports (USD 10000)		进口总额(万美元) Total Imports (USD 10000)	
		2014	2015	2014	2015
合 计	**Total**	**205199**	**45746**	**12351**	**44707**
黑河边境经济合作区	Hei He Border Economy Cooperate District	29881	7689	11486	23615
绥芬河边境经济合作区	Suifenhe Border Economy Cooperate District			123	20000
黑龙江东宁经济开发区	Dongning Economic Eevelopment District of Heilongjiang	175141	38057	736	1092
逊克边境经济合作区	Xunke Border Economy Cooperate District	177		6	

附录2-5 旅游度假区基本情况

BASIC CONDITIONS OF TOUR VACATION AREAS

开发区名称	Name	从业人员(人) Number of Employed Persons(person)		宾馆(饭店)(个) Number of Hotels (unit)	
		2014	2015	2014	2015
合 计	**Total**	**9101**	**7401**	**161**	**161**
镜泊湖旅游度假区	Jingpo Lake Tour Vacation Zone	2600	900	79	79
五大连池旅游度假区	Wudalianchi Tour Vacation Zone	6400	6385	40	40
黑龙江省农垦当壁镇	Xingkai Lake Tour Vacation Zone in Dangbi Town	101	116	42	42

附录2-5 续表1 CONTINUED

开发区名称	Name	接待人数(万人) Number of Tourist (10000 persons)		营业收入(万元) Takings (10000 yuan)	
		2014	2015	2014	2015
合 计	**Total**	**225.5**	**199**	**50178**	**56225**
镜泊湖旅游度假区	Jingpo Lake Tour Vacation Zone	82	55	6109	9852
五大连池旅游度假区	Wudalianchi Tour Vacation Zone	123	138	40000	45800
黑龙江省农垦当壁镇	Xingkai Lake Tour Vacation Zone in Dangbi Town	20.5	6	4069	573

附录2-5 续表2 CONTINUED

开发区名称	Name	外汇收入(万美元) Foreign Exchange Earnings(USD 10000)		利税总额(万元) Total Profits and Taxes(10000 yuan)	
		2014	2015	2014	2015
合 计	**Total**			**5737**	**404**
镜泊湖旅游度假区	Jingpo Lake Tour Vacation Zone			2516	-2512
五大连池旅游度假区	Wudalianchi Tour Vacation Zone			2625	2828
黑龙江省农垦当壁镇	Xingkai Lake Tour Vacation Zone in Dangbi Town			596	88

主要统计指标解释

边境经济合作区 经省政府或国务院批准设立的，在边境地区一定范围内集中建设并享有一定优惠政策和配套设施的开发区。边境经济合作区以与毗邻国家对外贸易、经济技术合作为主。经省政府批准的即为省级开发区，经国务院批准设立的为国家级开发区。

经济技术开发区 经省政府或国务院批准设立的，设在内陆地区依托中心城市集中在一定地域建设，享有一定优惠政策和配套设施的开发区。经济技术开发区以招商引资、建立出口加工基地为主，成为本地招商引资，扩大开放的窗口和基地。

高新技术产业开发区 经省政府或国务院批准设立的，依托具有一定经济实力和科技力量的中心城市，享有一定优惠政策和配套设施，通过招商引资，扩大开放，发展高新技术产业开发区。

Explanatory Notes on Main Statistical Indicators

Border Economic Cooperation Zone Border economic cooperation zone is authorized by provincial government or the State Council, being concentrating constructed on the border, enjoying some preferential policies and corresponding establishment. Abutted countries are major foreign trade, economic and technology cooperation partners of the Border Economic Cooperation Zone . A border economic cooperation zone authorized by provincial government is a province-level development zone, authorized by the State Council is a state-level development zone. New high technology industry development district.

Economic and Technology Cooperation Development Zone Economic and technology cooperation development zone is authorized by provincial government or the State Council, locating in inland central city and being concentrating constructed, enjoying some preferential policies and corresponding establishment. The economic and technology cooperation development zone becomes local window and base of investment promotion & extended opening through promoting investment and establishing export-processing bases.

New High Technology Industry Development Zone New high technology industry development zone is authorized by provincial government or the State Council, locating in central city possessing stronger economic and technological capability, enjoying some preferential policies and corresponding establishment. New high technology industry development zone develop new high technology industry through investment promotion & extended opening.